全国工程管理
专业学位研究生教育
核心课程规划教材

质量与可靠性管理

郭　波　主　编
王孟钧　李彦夫　副主编

清華大学出版社
北　京

内容简介

本书系统介绍质量与可靠性管理的基本概念，质量与可靠性管理体系，质量设计，过程质量控制，质量检验，质量改进，可靠性模型、预计与分配，故障分析技术，可靠性试验与分析，系统可靠性评估，维修性管理，安全性管理等。在内容上既注重介绍质量与可靠性的基本理论与方法，又力图反映实用性、可操作性和先进性。

本书是为工程管理专业学位硕士研究生编写的，也可作为工程管理、管理科学与工程、土木工程等专业的本科生或研究生教材，还可供企业和事业单位从事质量与可靠性管理方面工作的人员学习参考。

图书在版编目(CIP)数据

质量与可靠性管理/郭波主编. —北京：清华大学出版社，2023.8
全国工程管理专业学位研究生教育核心课程规划教材
ISBN 978-7-302-62366-3

Ⅰ. ①质… Ⅱ. ①郭… Ⅲ. ①质量管理—研究生—教材 ②可靠性管理—研究生—教材 Ⅳ. ①F273.2

中国国家版本馆 CIP 数据核字(2023)第 012935 号

责任编辑：冯 昕 赵从棉
封面设计：傅瑞学
责任校对：薄军霞
责任印制：刘海龙

出版发行：清华大学出版社
网 址：http://www.tup.com.cn，http://www.wqbook.com
地 址：北京清华大学学研大厦 A 座 **邮 编**：100084
社 总 机：010-83470000 **邮 购**：010-62786544
投稿与读者服务：010-62776969，c-service@tup.tsinghua.edu.cn
质量反馈：010-62772015，zhiliang@tup.tsinghua.edu.cn
印 装 者：三河市铭诚印务有限公司
经 销：全国新华书店
开 本：185mm×260mm **印 张**：23.5 **字 数**：567 千字
版 次：2023 年 9 月第 1 版 **印 次**：2023 年 9 月第 1 次印刷
定 价：72.00 元

产品编号：098407-01

编写组名单

主　编　郭　波　国防科技大学

第二届全国工程管理专业学位研究生教育指导委员会委员

副主编　王孟钧　中南大学

第二届全国工程管理专业学位研究生教育指导委员会委员

李彦夫　清华大学

成　员　方志耕　南京航空航天大学

第二届全国工程管理专业学位研究生教育指导委员会委员

王　华　上海交通大学/上海应用技术大学

苏　秦　西安交通大学

第二届全国工程管理专业学位研究生教育指导委员会委员

陈辉华　中南大学

蒋　平　国防科技大学

张涑贤　西安建筑科技大学

孙海燕　中南大学

唐汝佳　中南大学

蔡佳佳　南京航空航天大学

吴　双　南京航空航天大学

王　召　南京航空航天大学

门天立　清华大学

邵成武　清华大学

全国工程管理专业学位研究生教育核心课程规划教材
编委会

丛书序

FOREWORD

工程管理硕士(Master of Engineering Management,MEM)是经中国工程院多次建议,经严密论证,于2010年批准新设立的专业学位类别。MEM培养重大工程建设项目实施中的管理者,重要复杂新产品、设备、装备在开发、制造、生产、运维过程中的管理者,技术创新与改造、企业转型转轨以及与国际接轨中的管理者,以及产业、工程和科技的重要布局与发展战略的研究与管理者等工程管理人才。2011年3月18日,国务院学位委员会、教育部、人力资源和社会保障部在京联合召开了全国工程管理等29个专业学位研究生教育指导委员会成立会议。

2018年,按照国务院学位委员会办公室统一部署,全国工程管理专业学位研究生教育指导委员会(以下简称工程管理教指委)确定了《工程管理导论》《工程经济学》《系统工程》《定量分析:模型与方法》《质量与可靠性管理》《工程信息管理》6门MEM核心课程,研究起草了核心课程大纲,并由国务院学位办统一发布。

2019年4月,工程管理教指委正式启动6门核心课程的教材编写工作,组建了核心课程系列教材编写委员会,由时任(第二届)副主任委员叶金福教授担任编委会主任,时任秘书长郑力教授担任副主任,十多位第二届工程管理教指委委员主动担任教材主编、副主编工作,并牵头组建了各门课程的编写小组。核心教材的出版工作得到了清华大学出版社和重庆大学出版社的大力支持。

根据工程管理教指委和教材编委会的统一规划设计,核心教材的编写充分考虑MEM培养要求,体现专业学位教育特点,根据发布的核心课程大纲选择知识点内容,精心设计编写方式,采用问题导向的思路,以工程管理实际问题引出各章节的知识点内容,并在各章节后提供了思考题目。

2020年新冠疫情期间,工程管理教指委克服困难,利用线下和线上工作方式,对教材草稿进行了初审、复审等工作,邀请全国多位工程管理重点培养院校有丰富教学经验的专家就教材知识框架、知识点和写作质量等内容给出详细意见和建议,秘书处逐一反馈至教材主编。教材编写小组在主编组织下开展了认真细致的修改工作。

在工程管理教指委和教材编委会统一指导下,经过众多专家创造性的辛苦劳动,这套系列教材才得以出版。这套教材不仅适用于MEM人才培养,也适用于从事工程管理实际工作的广大专业人员深入学习工程管理核心知识。下一步,工程管理教指委(目前为第三届)将围绕本系列教材,开展6门对应核心课程的师资培训和交流工作,征集相应的精品配套资料(PPT、教学视频、延伸学习材料、精品案例等),全面提高课程质量,服务我国MEM高质量人才培养的教育目标。

因作者水平所限，时间仓促，加之工程管理发展迅速，故教材中不妥之处在所难免，欢迎广大读者批评指正，以便再版时修改、完善。

郑　力

2023年4月于清华大学

前言

PREFACE

随着科学技术的发展，产品的结构日趋复杂、功能越来越多，对产品质量与可靠性的要求越来越高，研制高质量、高可靠性产品的难度越来越大，产品的质量与可靠性问题更加受到重视。目前质量管理与可靠性技术已在电子、航空、航天、机械、土木等工程领域中得到广泛运用，广大工程技术与管理人员迫切需要掌握质量与可靠性技术。

质量管理和可靠性技术通常是分开编写成书的，而产品质量与可靠性有着密切的联系，产品质量包括可靠性，可靠性管理是质量管理的重要组成部分，将可靠性纳入质量管理体系中，是对质量管理的丰富和发展。此次我们将质量管理与可靠性技术相结合编写成一本书，旨在推动质量与可靠性的相互促进和发展。

本书是为全国的工程管理专业学位硕士研究生编写的教材，由全国工程管理专业学位研究生教育指导委员会组织国防科技大学、中南大学、清华大学、南京航空航天大学、上海交通大学、西安交通大学、西安建筑科技大学的学者联合编写，是作者在多年的研究工作和教学实践的基础上完成的。全书共分 12 章，介绍了质量与可靠性管理的基本概念，质量与可靠性管理体系，质量设计，过程质量控制，质量检验，质量改进，可靠性模型、预计与分配，故障分析技术，可靠性试验与分析，系统可靠性评估，维修性管理，安全性管理等内容。在内容上既注重介绍质量与可靠性管理的基本理论与方法，又力图反映实用性、可操作性和先进性。本书除可作为工程管理等专业的研究生或本科生教材外，也可作为科技工作者和技术管理者学习的参考书。

本书第 1 章由郭波、王华编写，第 2 章由张涑贤、苏秦、郭波编写，第 3 章由王华编写，第 4 章由王孟钧、孙海燕编写，第 5 章由王华编写，第 6 章由陈辉华、唐汝佳编写，第 7 章由郭波编写，第 8 章由李彦夫、门天立编写，第 9 章由蒋平编写，第 10 章由方志耕、王召编写，第 11 章由李彦夫、邵成武编写，第 12 章由方志耕、蔡佳佳、吴双编写。全书由郭波统稿。在编写过程中参考了很多相关文献，主要参考文献及作者已列于书后，这里谨对全部参考文献的作者表示衷心的感谢。

在本书的写作过程中，得到全国工程管理专业学位研究生教育指导委员会、国防科技大学、中南大学、清华大学、南京航空航天大学、上海交通大学、西安交通大学、西安建筑科技大学的有关领导、老师和学生的热诚支持和帮助，清华大学出版社的冯昕、赵从棉编辑对全书进行了认真的编辑，在此一并表示诚挚的谢意。

作　者

2023 年 8 月

CONTENTS

第1章

绪　论

"5·14"川航航班备降成都事件

2018年5月14日，四川航空公司3U8633航班由重庆飞往拉萨，早上6时25分起飞，7时左右，在成都区域巡航阶段，没有任何征兆，驾驶舱右座前风挡玻璃突然爆裂，"轰"一声发出巨大的声响。瞬间失压一度将副驾驶吸出机外，身体飞出去一半，半边身体在窗外悬挂。幸好他系了安全带。驾驶舱失压，当时飞机飞行高度为3.2万ft(约9754m)，气温迅速降到−40℃以下，风速又大，当班机组人员穿短袖衬衫，驾驶舱物品全都飞起来了，许多设备出现故障，噪声非常大，无法听到无线电的声音。整个飞机震动非常大，使人无法看清仪表，操作困难。机长刘传健完全是人工操作，靠自己目视来判断，靠毅力掌握方向杆，完成返航迫降，幸运的是早上几乎无云，能见度非常好。07:10，3U8633航班发出"7700"紧急求助信号；07:12，3U8633航班从9400m高空急速下降到7200m；07:13，3U8633航班暂时与地面失去联系；07:15，地面确认该航班风挡玻璃破裂，决定备降成都双流机场；07:20，3U8633航班与地面进行间歇性联系，成都双流机场现已做好备降准备。机长刘传健凭着过硬的飞行技术和良好的心理素质，在民航各保障单位密切配合下，机组正确处置，飞机于07:46安全备降成都双流机场，所有乘客平安落地，有序下机并得到妥善安排。备降期间右座副驾驶面部划伤、腰部扭伤，一名乘务员在下降过程中受轻伤。

四川航空公司3U8633航班共有旅客119人，飞机型号为空中客车A319，飞机编号B-6419，于2011年7月26日首次交付给川航，机龄为6.8年，为单通道飞机，飞行次数达1859次，次数超过约87%中国民航运营客机。脱落的右侧风挡玻璃为该机原装件，投入运营至事发前无任何故障记录，也未进行过任何维修和更换工作。

事故起因有以下几种可能：第一种可能：安装风挡玻璃时使用的螺丝不合格，或安装时用力过猛，产生裂纹，造成隐患。第二种可能：玻璃材质存在问题。第三种可能：飞机在飞行过程中，由于高空机舱外温度极低，通常前风挡玻璃需要加温以维持其强度，但如果加温过程中出现短路或发热不均衡，也可能导致玻璃强度变化，在内外压力差的作用下破裂。第四种可能：风挡玻璃遭到外来物撞击，导致破裂脱落。

民航局方面在通报中称，在这次重大突发事故中，机组临危不乱、果断应对、正确处置，避免了一次重大航空事故的发生，反映出高超的技术水平和职业素养，是当代民航精神(即忠诚担当的政治品格，严谨科学的专业精神，团结协作的工作作风，敬业奉献的职业操作)的具体体现，也是对民航局近年来抓基层、打基础、苦练基本功和提升应急能力建设成效的一次重大检验。

由此可见，航空器的全寿命周期中的质量管理关系到飞行的安全与可靠，是与我们每个人密切相关的工作。只有重视和加强产品的质量与可靠性管理，才能保证航空器的可靠性和人身安全。那么，什么是质量？什么是可靠性？什么是质量与可靠性管理？质量与可靠性管理有哪些研究内容？本章讨论这些问题，并介绍质量管理与可靠性的发展历史和重要性，作为全书的绪论。

参考资料："5·14"川航航班备降成都事件，来自百度百科。

1.1 质量管理与可靠性的重要性

1.1.1 质量管理的重要性

质量对于现代社会经济发展有着重要的作用。当今科学技术迅猛发展，市场竞争激烈，而竞争的核心是人才、科学技术、质量的竞争。质量是产品进入世界市场的"国际通行证"，是社会进步和生产力发展的推动力，是增加社会财富，提高人们生活水平，提高企业知名度以及企业求生存、求发展的保证。质量管理是指导和控制与质量有关的活动，通常包括质量方针和质量目标的建立、质量策划、质量控制、质量保证和质量改进。

"质量改进永无止境"是质量管理的基本信念。只有改进质量形成过程中各环节的工作，才能使产品服务质量不断提高，从而使企业不断地保持竞争的优势。质量管理对提高产品质量或服务质量、降低成本、提高生产率、增强产品市场占有率和竞争力、提高经济效益、改善企业素质和企业管理等各方面都有十分重要的意义。

质量管理是企业创名牌、保名牌的秘诀。保名牌是市场竞争的重要取胜手段。但是，任何产品都有一定的寿命周期，名牌产品的寿命周期比普通产品长久，短寿命的产品不可能成为真正的名牌产品。名牌产品长寿的关键就是不断地根据顾客的需求和潜在的期望适时地进行质量改进，使名牌产品始终领先一步。

质量管理有利于推动企业技术进步和产品开发。开发新产品需要采用新技术、新材料、新工艺和新装备等，因而新产品本身就是一个方方面面改进的集合体。所以良好的质量管理能增强企业创新能力，使产品能更好地满足用户、市场和社会的需要，为企业赢得更高的质量信誉和良好的企业形象。

质量管理有利于提高企业的管理效率、生产效率和服务效率。提高效率对顾客、对本企业和社会都有好处，而提高效率并不是靠埋头苦干，而是依靠质量改进加强企业质量职能的管理，不断提高科学管理水平，改变工艺方法和装备，改进服务的方式方法等。

质量管理是降低成本、减少浪费及资源消耗的最佳方法。价格是市场竞争的关键因素之一，低成本意味着高利润和价格优势，控制偶发性缺陷和减少经常性的缺陷都能降低质量成本和生产总成本。其中偶发性缺陷出现较少，对成本的影响有限，而通过质量改进把经常性的缺陷造成的影响降下来，对降低质量成本是显著而长久的，可使企业获得显著的质量效益。

质量管理的相关过程和活动有利于调动员工的参与积极性，吸引员工关心企业的经营管理现状，有利于充分体现人的创造价值，有利于充分开发和利用员工的潜在能力，为企业创造更多的财富。在很大程度上，它体现了以"人"为本的全面质量管理原则，能够调动全体员工的积极性，增强企业凝聚力。

1.1.2 可靠性的重要性

现代科学和技术的迅速发展使得工程产品和工程活动越来越复杂，规模越来越庞大，构成产品的元器件越来越多，这些产品处于多变和变化急剧的环境中，在这种情况下产品的可靠性问题显得更加重要、更加突出。

下面从几个侧面说明这一性质。

(1) 现代大型工程系统具有功能多样、使用环境复杂、子系统和组件数量巨大等特点，对系统可靠性提出了巨大的挑战。如我国载人航天工程由航天员、空间应用、载人飞船、运载火箭、发射场、测控通信、着陆场、空间实验室八大系统构成，其中，神舟五号载人飞船约由7万个零部件组成，发射飞船的运载火箭约有5万个零部件，火箭、飞船总共加起来约有12万个零部件。零部件越多，出故障的可能性就越高，在这种情况下，如果不加强对载人航天工程可靠性的控制，载人航天工程的可靠性就会逐渐下降，这是显而易见的。因此，加强载人航天工程系统可靠性相关工作，保证系统达到要求的高可靠性，是可靠性工作者要完成的艰巨而重要的任务。

(2) 大规模工程系统的开发给人类带来巨大的经济效益，但一旦出现故障就会造成重大损失。例如，2003年8月14日起在美国克利夫兰、托莱多、纽约市等东北部部分地区以及加拿大多伦多等东部地区出现大范围停电，估计受影响的人在美国有4000万，在加拿大有1000万，受影响地区大约有24 000km^2，涉及美国8个州和加拿大安大略省，停电持续10天。事故起始于俄亥俄州克利夫兰的一家电力公司没有及时修剪树木导致电缆短路，随后接连发生一系列突发事件产生累计效应，历时1h发展成大面积停电事故，给人们的生活和生产带来诸多不便，造成巨大损失。

美国"挑战者"号航天飞机于美国东部时间1986年1月28日上午11时39分在美国佛罗里达州发射升空，航天飞机在发射后73s在空中爆炸解体，机上7名宇航员全部遇难。事后调查得知，原因为其右侧固体火箭推进器的环形密封圈在低温条件下失效导致液体燃料泄漏引发爆炸。

国际上空难造成机毁人亡的事件也时有发生。例如，2018年2月18日，伊朗一架载有66人的客机当天从首都德黑兰飞往西南部城市亚苏季的途中在塞米罗姆市坠毁，无人生还。

2018年8月14日意大利热那亚莫兰迪公路桥突然坍塌，数十辆汽车和卡车瞬间坠落桥下，造成43人死亡，多人受伤。坍塌的主要原因是维护保养不善，大桥处于近海环境，桥梁的钢筋长期暴露在外，直接造成了硫化物和氯化物的腐蚀，致使钢筋锈蚀，从而降低了大桥承载能力。

(3) 高可靠性可提高武器装备作战能力。高可靠性意味着故障次数减少，从而使装备的战备完好率提高，保证装备有较高的使用频率、出动率，提高装备持续作战和完成任务的能力。例如，美国F-15A战斗机由于可靠性、维修性较差，其战备完好率长期保持在50%左右，经过改型的F-15E，由于显著地提高了可靠性、维修性及测试性，在海湾战争中的战备完好率高达95.5%，其连续作战能力几乎提高1倍。因此，故障多、维修困难的装备其性能再好也是没有好的战斗力的。F-111是美国高性能的战斗轰炸机，1986年美国空袭利比亚时，24架F-111从英国基地起飞，其中6架飞机因故障原因而中途返回，到达目标地点后又有5架因火控系统故障而未能投弹轰炸。由此可见，装备必须具有高可靠性才能保持高作战能力。

美国空军F-117隐形战斗机由于在研制过程中重视隐身性能而忽视可靠性，致使1982年刚投入服役时，每飞行小时的维修工时高达150～200工时，平均一架飞机每四天出动一次，几乎每10次飞行中有9次在飞行后要对低探测性系统进行维修，飞机能执行任务率不到50%。1991年，经过8年实施可靠性、维修性、保障性的改进，改进了隐身材料的喷涂工艺，增加了航空电子设备的维修口盖，改进了发动机排气系统等，使改进后的F-117A每飞行小时的维修工时下降到45工时。在对伊拉克发动的“沙漠风暴”行动中，其战备完好率达到75.5%，成为美军主要的空中杀手。

由上述几个侧面可以看出：在科学与技术迅速发展的今天，产品的可靠性显得更加突出。产品的可靠性已被列为评价系统的最基本的价值目标之一。它不仅是一个系统的重要质量指标，而且关系到整个系统研制的成败，系统的可靠性与其性能、成本、进度等基本价值目标有着密切的关系。如果在确定价值目标的序值时，忽视可靠性或者在设计时和生产中不能保证系统具备所要求的可靠性，其技术性能就不能很好地发挥，甚至不能被实际应用，从而使系统失去实用价值，为之而付出的一切投入也就会全部丧失意义，甚至还可能造成不可估量的潜在损失，包括生命安全和政治上的损失。钱学森教授明确指出：“在研究一个大而复杂的系统(不论是技术领域还是经济领域)时不能不考虑它的可靠性，不仅是其各个组成部分的可靠性，更要研究它们组成的整个系统的可靠性。”对武器系统来说，人们希望它能自始至终可靠地工作，即使性能降低了，仍能可靠地工作，而不需要在性能指标上能满足严格的要求但可靠性不高的武器系统。有时为了某种目的也可以不顾成本而要求达到高可靠性，但一般情况下不适当地制定可靠性目标，以致使得在技术上不能实现或者虽然可以实现但须耗费大量资金和很长的研制时间，就会损害到其他基本价值目标，从而降低了整个产品的总价值，自然也是不可取的。所以，产品可靠性目标要与性能、费用、研制时间等要素进行综合权衡。

1.2 质量管理与可靠性的发展历程

质量是社会生活中最常见的概念之一，质量管理是各类企业永恒的主题。当今世界高度重视和关注产品质量，并不遗余力地追求和创造高质量。质量问题不仅关系到广大消费者的权益，关系到企业的生存与发展，它还是社会经济发展的战略因素。

产品质量是指产品固有特性满足要求的程度。固有特性是指产品本身具有的永久特性，这些特性包括产品性能、可靠性、维修性、保障性、测试性、安全性等。一个好的产品不仅具有用户需要的性能，还要能长期保持这种性能，要求它不出故障或少出故障，故障发生后易于维修，很快恢复功能，使用过程中易于保障，且不发生安全事故。要满足这些要求，不仅要求产品有良好的性能，还要有良好的质量特性。可靠性是指产品正常工作的能力，是衡量产品质量好坏的一个指标。比如电视机、飞机等都存在可靠性问题。可靠性是产品质量的重要特性。

通常可用广义的可靠性来表示可靠性(狭义)、维修性、保障性、测试性、安全性等。粗略地说,可靠性也就是产品性能的稳定性,这种稳定性保证产品的正常工作。以工厂生产线为主的传统的质量管理已经不能保证现代复杂工业系统的高质量了,取而代之的应是以可靠性为中心的全面质量管理,这也促进了可靠性工程的迅速发展。

产品的可靠性是设计出来的、生产出来的、管理出来的。设计决定了产品的固有可靠性,如果设计水平不高,例如选用了不恰当的设计方案和工艺、不合适的原材料等,使产品的设计存在缺陷,则在生产阶段无论怎样控制生产过程的质量,产品的可靠性仍然是不高的,有的问题则根本无法解决,造成先天不足的局面,所以一定要把可靠性设计到产品中去;生产部门要努力实现设计的意图,并在生产过程中不引进不可靠因素,使产品尽可能达到设计的可靠性。在产品设计、生产、使用等全寿命期中,要加强可靠性管理工作。一般而言,产品的故障有很大比例是由管理不当造成的,如果进行严格的科学管理,则产品可靠性可以大幅提高。

在过去相当长的时间内,人们只注重产品的性能,而忽视了产品的可靠性,现在的质量观强调把可靠性与性能视为同等重要的设计特性,在产品论证时就提出可靠性要求,在通过设计生产实现产品性能指标要求的同时要达到预先提出的可靠性要求。

1.2.1 质量管理的发展历程

自人类开始生产活动时起,质量的概念也就随之而产生。这是因为无论物品多么简单,生产方式多么原始,产品能否实现特定用途的问题始终存在。社会发展日新月异,不仅带来了生产力的提升,还极大程度上丰富了人类的日常生活,伴随而来的是需求多样化的逐渐表露,人类的质量意识开始苏醒,质量优劣慢慢成为商品交换中的一个重要因素。

为了保证质量,就要对生产原材料、劳动工具、生产者的劳动技巧等提出相应的要求,从某种意义上说,这就是质量管理。商品的竞争过程实际上也是质量管理不断发展和完善的过程,这段过程大致可以分为产品质量检验、统计质量控制和全面质量管理三个阶段。

1. 产品质量检验阶段

最初,人们根据积累的生产经验和使用经验,制定出相应的质量标准,生产工人本身既是加工者又是检验者。该阶段可称为“操作者的质量管理”,此时质量管理还没有形成科学理论。20 世纪初,美国工程师泰勒和法国工程师亨利提出了“科学管理运动”,主张管理人员和操作人员进行分工,使检验产品质量的职责由工人转移到了工长手中,形成了所谓的“工长的质量管理”。

到了 20 世纪 30 年代,伴随着生产规模的扩大,产品精度的提高,公差和互换性概念的推广,“工长的质量管理”已无力承担质量检验与质量管理的职责,并逐步被“泰勒制度”取代。这一制度的核心在于将计划与执行分离,产品的检验与制造分离。具体操作方式是依靠该专职检验人员对产品的质量进行严格把关。由此检验成为独立的工序,并形成了计划设计、执行操作、质量检验三个方面专司其责的职能管理体系。一般称之为“检验员的质量管理”,也称“事后检验”。

“事后检验”的优点在于分工明确,即有人专职制定标准(计划),有人负责制造(执行),有人专职按照标准检验产品质量。整体生产流程对质量的控制更为细致,体现了产品质量标准的严肃性。但是这种管理手段的缺点也非常明显,主要体现在产品的质量完全依赖于产品完工之后的检验来保证，由于是事后处理，因此即使查出了废次品，也只能做剔除残次品的工作，无法预防质量缺陷以及避免所造成的损失。同时，检验采取的是全数检验的办法，量大面广，耗费资源，不利于生产率的提高，并且不适用于破坏性检验。由于工业化进程的加快，这种管理方式逐渐不能适应经济发展的要求，人们需要去探寻质量管理的新思路和新方法。

2. 统计质量控制阶段

20 世纪 40—50 年代可以被称为统计质量控制阶段。这一时期的历史背景是生产力的大规模发展，如何控制大批量产品的质量成为当时的突出问题。1924 年美国贝尔实验室的工程师休哈特利用数理统计方法发明了著名的“控制图法”，为统计质量控制奠定了理论基础。其发展的主要动因源于第二次世界大战，自战争开始以后，其对于武器装备的大量需求导致许多民品厂家转向军品市场，然而产品质量参差不齐必然不利于战事的发展。除此之外，军需产品的检验常常是破坏性试验，客观上不允许全数检验，因此之前的检验方法已无法满足要求。为有效地控制产品质量，美国政府和国防部组织了一批数理专家来解决这一棘手的问题，制定出“战时质量控制制度”，其中包括《质量控制指南》《数据的控制图法》《生产中质量管理用的控制图法》，它们共同构成了质量管理中的早期标准。之后，美国国防部通过强行推广统计质量控制的方法，保证了这些标准得到贯彻并很快改善了军需产品的质量。

这种方法实现了从被动的事后把关到生产过程积极预防的转变，相对事后检验来说，统计质量控制利用数理统计原理，辅以抽样方式对大批量的产品进行检验，预防了不合格品的产生并完成了产品质量的检验。这时质量管理工作由专职检验人员转移给专业的质量控制工程师和技术人员来承担。但是其仍然有不足之处，主要包括：

(1) 质量管理方法依旧是以满足产品标准为目的，而不是以满足用户的需要为目的；

(2) 控制范围局限于工序管理，没有对产品质量形成的整个过程进行控制；

(3) 就当时的历史条件来说，数理统计的技术难度较大，主要靠专家和技术人员，难以调动广大工人参与质量管理的积极性；

(4) 质量管理与组织管理未密切结合起来，质量管理仅限于数学方法，常被领导人员忽视。

由于上述原因，统计质量管理无法适应现代工业生产发展的需要，需要进一步的发展。

3. 全面质量管理阶段

这一阶段从 20 世纪 60 年代开始一直延续至今。在科学技术和经济大发展的时代背景下，诞生出了许多大型、精密、复杂的工业工程和工业产品(如火箭、人造卫星、宇宙飞船等)，这些产品对于安全性和可靠性的要求越来越高，再一次将产品的质量问题变成企业和社会的聚焦点。原有的质量管理方法已经难以把产品质量管理好，它要求运用“系统”的概念，把质量问题作为一个有机整体加以综合分析研究，实行全员、全过程、全面的质量管理，以达到用最经济的手段生产出用户满意的产品。

20 世纪 60 年代在管理理论上出现了行为学派。该学派主张注重人在管理中的作用，主张改善人际关系，满足人的社会需要，调动人的积极性。在企业管理中提出了工人参与管理、共同决策、目标管理等新方法，在质量管理中出现了依靠工人进行自我控制的无缺陷运动和质量管理小组等。

由于市场竞争中不正当利益的驱动，消费者经常上当受骗，广大消费者为了保护自己的利益、买到质量可靠的产品，发起了“保护消费者”运动。消费者要求政府制定法律，制止企业生产、销售质量低劣、影响安全、危害健康的劣质品；要求企业所提供的产品对社会、对人们承担质量责任和经济责任。因此，迫切要求企业加强质量管理，出具“质量保证单”，保证产品使用安全可靠。这就使得企业必须建立生产全过程的质量保证体系，进一步提高质量管理水平。

随着市场经济的发展，竞争激烈，市场情况瞬息万变，企业的经营决策、经营战略就提到重要议事日程上来。企业要深入研究市场需求情况，制定合适的质量水平，不断研制新产品，同时还要做出质量、成本、交货期、用户服务等方面的经营决策。市场竞争的加剧以及原有的质量管理手段在应对层面所展现出的不足，使得人们逐渐认识到产品质量的形成不仅与生产制造过程有关，还是许多其他过程、环节和因素综合作用的结果，只有将影响质量的所有因素全部纳入质量管理的轨道，并保持协调且系统地运作，才能确保产品的质量。因此，企业迫切需要现代经营管理科学作指导，现代质量管理科学也就得到了迅速发展。

在社会需求的外力推动之下，1961 年费根堡姆出版《全面质量管理》一书，比较系统地阐明了全面质量管理的理论和方法，并很快为世界各国所接受，发展成为风靡当今世界的现代化质量管理方式，使质量管理发展到一个新的阶段。通常情况下，我们把全面质量管理称为“全面质量”、“公司范围内的质量管理”或“全面质量控制”等。

ISO 8402:1994 标准对全面质量管理的定义是：一个组织以质量为中心，以全员参与为基础，目的在于通过顾客满意和本组织所有成员和社会受益而达到长期成功的管理途径。其中，质量与全部管理目标的实现相关，“全员”指的是该组织结构中所有部门层次的人员，“社会受益”意味着在需要时满足社会要求。这种管理途径若想取得显著成效，必须依托于最高管理者强有力的持续性领导，以及该组织内所有成员对于全面质量管理的系统性学习。

全面质量管理的特点在于全面的质量管理，全过程的质量管理，全员参加的质量管理，科学且方法多样的质量管理，简称“三全一多样”。作为企业管理的中心环节，全面质量管理的主要作用是实现企业的基本任务，提高产品的质量，增加企业的经济效益，解决企业当前的突出矛盾，并有效地推动企业技术进步。

全面质量管理的基本指导思想包括：①从系统和全局出发的指导思想；②突出“质量第一、质量与经济统一”的经营管理思想；③用户至上的服务指导思想；④以人为本、贯彻群众路线的指导思想；⑤以预防为主的指导思想；⑥用事实和数据说话的指导思想；⑦持续改进的指导思想；⑧全员参与的指导思想。

在质量管理活动中，与质量直接相关的工作可以分为质量控制和质量改进。前者是日常进行的工作，旨在消除偶发性问题，使产品质量稳定保持于规定的水平，即质量维持；后者是阶段性的工作，通过对现有的质量水平在控制、维持的基础上加以突破和提高，使产品质量能够在更高的目标水平下处在相对平衡的状态，并最终向“零缺陷”的目标靠拢。因此，可以说质量控制的核心思想是防止差错，使整个生产过程处于受控状态；而质量改进则是在此基础上运用一系列方法和工具，将产品质量提升到全新的高度。在 ISO 9000:2005 标准中，质量改进被定义为“质量管理的一部分，致力于增强满足质量要求的能力”。

美国质量管理专家朱兰博士曾提出，质量改进主要指为使“产品性能超越过去任何一个时期，而达到新的水平”所进行的一系列突破性的质量活动。同时，我国国家标准 GB/T 19000—2008 中对质量改进的定义是：质量管理的一部分，致力于增强满足质量要求的能力。即通过采取各种有效措施，提高产品、过程或体系满足质量要求的能力，使质量达到一个新的水平、新的高度。

从上述定义中，我们可以认识到质量改进是一项持续的创造性的工作。在实施过程中，企业必须勇于改变现状，依靠创造性的思维方式和措施，使产品质量和管理水平持续提高，不断达成新的目标，使顾客和企业都能够从中明显受益。具体而言，质量改进针对的是整个生产活动和过程。在其概念体系当中，每一个过程都存在着改进的空间，都能通过减少浪费和降低消耗，以达到更高的效率和更好的效果。另外，质量改进是质量管理的一部分，对企业有着全局性影响，作用范围十分广泛，属于高层次的质量管理活动，应该由高层领导做出决策并按规划开展。

质量管理由重视生产过程控制、检验、交付合格产品，发展到考虑使用阶段产品如何能正常工作、便于维修、持续发挥功能，将可靠性、维修性纳入进来，后又扩展到保障性、测试性、安全性以及环境适应性，将六性都纳入质量管理的范围，拓展了质量以满足对产品全寿命期的要求，形成了现代大质量的概念。

1.2.2 可靠性的发展历程

可靠性是指产品正常工作的能力，是衡量产品质量好坏的一个指标。比如电视机、飞机等都存在可靠性问题。可靠性问题并不是一个新问题，事实上，很久以前人们就开始关心所使用的工具和生活用品的可靠性，只是由于那时生产工具和生活用品都是结构简单的产品，它的损坏和修复易被人们理解。

可靠性作为专门课题来研究是从第二次世界大战开始的。当时出现了雷达、飞机、飞航式导弹和弹道式导弹等比较复杂的兵器，这些兵器的主要部分——电子设备屡出故障，使其丧失了应有的作战能力。例如，美国空军到达远东时，60%的电子设备发生故障，海军舰艇70%的电子设备处于故障状态，由此人们开始了早期的可靠性研究。当时主要是开展电子管的可靠性研究。虽然取得了可喜的进展，但对电子设备的可靠性提高不大。到 20 世纪 40 年代末 50 年代初，产品的可靠性仍然低劣。例如，1949 年美国无线电通信设备大约有 14%的时间处于停机状态，水声设备有 48%的时间、雷达设备约有 84%的时间处于不能工作状态；1950 年美国海军电子设备中能正常工作的设备仅占 1/3。这些现象引起美国和其他国家的注意，纷纷成立专门的机构开展对产品可靠性的系统研究。在调查中还得知对电子设备而言每年的维修费用是设备原价的 0.6～5 倍，当时人们也希望能通过提高产品的可靠性来减少维修费用，因此 50 年代主要研究如何生产出故障少、不易损坏的产品，但到 50 年代末仍未解决费用过高的问题。例如，1959 年美国国防预算的 25%用于维修的开支，而两年中花在设备和机械维护上的费用与用于采购的经费几乎相等。为了降低维修费用，从 60 年代初开始了对维修性设计和评价方法的研究，随着研究的进展，从 60 年代末开始，可靠性的研究已由上面说的狭义可靠性扩展到包括可靠性、维修性、保障性、可用性的广义可靠性的概念。

系统的可靠性保证工作开展稍迟些。1952 年美军成立了“军用电子设备可靠性咨询组”，该咨询组进行了比较广泛的可靠性活动。1957 年，该咨询组提出“军用电子设备可靠性报告”，说明了试制、生产时的可靠性测定方法和考虑可靠性的任务书制作方法等具体内容，这份报告在很长一段时间内对可靠性工作起到了指导作用，它的基本的思想方法到现在仍在使用。

另外，从1960年左右开始，美国在武器系统研制中开始全面贯彻可靠性工作大纲，可靠性保证的要求被美国国防部定为合同的一部分内容，在研制F-111A及F-15A战斗机、M1坦克、“民兵”导弹、“阿波罗”宇宙飞船等装备过程中都对可靠性提出了严格要求。

日本于1960年左右开始重视可靠性保证技术，于1961年开始了飞机的可靠性研究，可靠性保证的具体研究工作也作为新干线计划的一部分。

1965年IEC（国际电工委员会）设立了电子器件与部件的可靠性技术委员会，第一次大会在东京召开，以此为契机，日本开始了以提高电子器件的可靠性为目的的各种调查研究工作。1970年日本科学技术联盟主办了第一届可靠性会议。1970年5月日本宇宙开发事业团下设可靠性安全管理部，对可靠性和质量管理起到了推动作用，在火箭、人造卫星等开发过程中取得的大量可靠性方面的成果，被推广到通信系统、计算机、飞机、汽车等产品中去，FMEA、FTA、DR等技术也普及到化学制品、医疗器械、建筑等领域。

随着各国研究的不断深入，可靠性在20世纪70年代步入成熟阶段，到80年代可靠性进入深入发展阶段。可靠性作为提高武器装备作战效能、降低武器系统全寿命周期费用的一种有效工具得到了进一步发展。

我国可靠性工程起步于20世纪60年代，主要在航空、航天、电子、机械等领域开展研究工作。进入80年代以后，可靠性得到了迅速发展，特别是武器装备的可靠性管理和研究工作取得了长足的进步。随着国家的改革开放，科学技术迅速发展，产品的可靠性问题日益突出。海湾战争又给人们以深刻的启示，未来高技术战争对装备的可靠性提出了更高的要求。国家各级部门的领导对可靠性工作都非常重视，并从制度、标准、规范上抓起，全面推动我国可靠性工作。我国已经颁布了一系列可靠性方面的国家标准和国家军用标准，并在大型工程项目中得到了应用。

随着可靠性的不断应用发展，研究内容由狭义可靠性先扩展到维修性，再到现在的保障性、测试性、安全性、环境适应性等“六性”。可靠性由最初的“一性”发展到现在的“六性”，形成了包括“六性”的可靠性工程。产品的可靠性（狭义）等“六性”也成为产品的通用质量特性，丰富了质量管理的内容，在考虑全要素综合权衡方面加强了质量管理，强调了产品在使用阶段完成任务的能力特性，成为质量管理的重要组成部分。

可靠性理论发展到现在已形成三个独立的分支：可靠性数学、可靠性物理、可靠性工程。

可靠性数学是研究可靠性的理论基础。它着重研究解决各种可靠性问题的数学方法及数学模型，研究可靠性的定量问题。主要数学手段有概率论、数理统计、随机过程、运筹学、拓扑学等数学分支，应用于数据收集、数据分析、系统设计及寿命试验中。

可靠性物理又称为失效物理。它从机理方面、失效本质方面研究产品的不可靠因素，研究失效的物理原因与数学物理模型、检测方法及纠正措施等，如研究机械零件的疲劳损伤、裂纹的形成和扩展规律等，从而为研制、生产高可靠性产品提供理论依据。

可靠性工程是系统工程的一个重要分支。它运用系统工程的观念和方法，从设计、生产和使用等方面来研究对系统可靠性进行控制的技术，它是一门综合性工程学科。可靠性工程活动贯穿于产品全寿命期。

在产品寿命周期内可靠性工程活动有两个并行过程，一个是可靠性工程技术过程，另一个是对可靠性工程技术过程的控制过程——可靠性管理过程。

1.3 质量与可靠性管理的主要内容

通常质量方面有质量管理的书，可靠性有可靠性方面的书，本书基于可靠性是质量的重要组成部分的认识，将质量与可靠性放在一起研究讲解相关理论方法，旨在推动质量与可靠性管理进一步更好地发展。

工程管理要管理的工程多种多样，如航空、航天、建筑、机械、电子、信息等各行各业的工程，各行各业的工程都有自身的特点，通过工程研制、生产制造或建造过程等工程活动，最终都是形成某种具有特定功能的产品。工程的质量与可靠性管理就是对形成产品的工程过程，如论证、设计、生产、使用等各工程阶段的质量与可靠性进行管理，本书不对特定行业的工程开展研究，而重点研究产品在一般形成过程中的质量与可靠性管理，即对形成产品的工程过程开展质量与可靠性管理，从而使产品达到质量与可靠性目标。

1.3.1 质量管理的主要内容

要开展产品质量管理活动需要了解产品质量的形成过程，对过程中的环节和要素进行质量管理。产品质量的形成过程是通过市场调研制订质量目标，由设计确定，通过制造来保证和实现，通过检验来证实，到使用中才显示出来。产品质量是过程的产物，产品质量形成活动主要发生在市场研究、产品开发设计、生产技术准备、采购、生产制造、检验、销售和服务等环节中，每个环节的活动是由企业的各个部门及其所有成员分别承担的，都是产品质量产生和形成过程的重要环节。

生产制造或建造过程是产品质量形成的主要环节，它的主要质量工作是以经济的方法合理地制订生产计划，按规定的要求组织均衡生产，并严格贯彻产品技术要求和工艺文件，生产制造或建造过程实施质量控制，按要求的数量和日期生产出质量符合图样和标准的产品，在生产制造或建造过程中要开展质量检验，发现问题及时反馈，分析原因，进行改进，确保交检产品的质量。

质量管理工作紧扣产品质量形成的过程来开展。在产品论证阶段开展质量策划，在方案设计阶段开展质量设计，生产制造或建造过程中开展过程质量控制，在产品试验和验收时开展质量检验，在产品全寿命过程中开展质量改进。为开展好质量管理工作，单位要建立质量管理体系，包括标准体系和组织体系。标准体系可参考应用国家标准、国家军用标准、国际标准、行业标准等，组织体系是在单位中建立的专门从事质量管理的组织机构。

本书根据质量管理工作实际需求，介绍质量管理体系、质量设计、过程质量控制、质量检验、质量改进等方面的理论、方法和工具。

1.3.2 可靠性管理的主要内容

开展产品可靠性管理要了解产品有哪些可靠性工程技术活动，可靠性管理是针对这些可靠性工程技术活动开展的管理活动。这里的可靠性指的是包括“六性”的广义可靠性。可靠性工程介绍产品可靠性的理论、方法、工具，介绍与可靠性相关的工程技术，是系统工程的一个重要分支。它运用系统工程的观念和方法，从设计、生产和使用等方面来研究对系统可靠性进行控制的技术，它是一门综合性工程学科。可靠性工程是在产品立项论证、方案设计、工程研制、试验定型、生产、使用维护等全寿命阶段中，为了达到产品可靠性要求而进行的可靠性设计、试验、分析、评估、管理等一系列工程技术工作。可靠性工程包括对零件、部件、设备和系统等产品的可靠性数据的收集、分析，可靠性设计、预计与分配、试验、管理、评价等。

可靠性管理是对在产品寿命周期内可靠性工程技术活动和过程的管理活动。可靠性管理活动贯穿于产品全寿命期，可靠性管理包括：制订和实施可靠性工作大纲和计划，建立可靠性管理制度与组织机构，建立可靠性标准和规范体系，组织产品可靠性设计评审，进行产品可靠性试验、鉴定与评价，对转承制方和供应方实施可靠性监督与控制，开展故障分析和改进，建立故障报告、分析和纠正措施系统，负责可靠性信息管理，开展可靠性教育培训，收集分析各类数据等。

可靠性管理要规定在产品立项论证、方案设计、工程研制、试验定型、批量生产、使用、退役等各阶段开展哪些可靠性工作项目，制订可靠性工作大纲和工作计划；参考选用国家标准、国家军用标准、部颁标准、行业标准、单位标准、国际标准等，建立指导产品可靠性工作的可靠性标准和规范体系；建立可靠性管理组织体系，可靠性管理组织体系可置于单位的质量管理组织体系内，对某些可靠性要求很高的行业如航空、航天，可靠性工作非常重要，可在质量管理部下成立独立的可靠性管理组织，也可成立专门从事可靠性研究的单位。

可靠性管理总的目标是使产品在设计时有可靠性、维修性、安全性等质量特性指标和设计措施，在生产时有实现可靠性、维修性、安全性等质量特性的保证措施，在使用时有维持可靠性、维修性、安全性等质量特性水平的措施。

本书面向来自航空、航天、建筑、机械、电子、信息等各行各业的工程管理硕士专业学位研究生，考虑各行业的特点和对可靠性管理工作的实际需求，选择了广义可靠性即包括可靠性(狭义)、维修性、安全性三个质量特性管理的理论、方法、技术相关内容，介绍可靠性管理体系、可靠性模型、可靠性预计与分配设计、故障分析技术、可靠性试验与分析、系统可靠性评估、维修性管理、安全性管理等内容。

1.3.3　质量管理与可靠性管理的关系

现代质量观强调质量是“一组固有特性满足要求的程度”，“固有特性”指的是产品本身具有的永久的特性，包括性能(固有能力)、可靠性、维修性、保障性、测试性、安全性、经济性等。一个优质的产品不仅要具备所要求的性能，而且要能长期保持这种性能，要求它故障少、寿命长，故障发生后检测方便、易于维修，使用过程中保障容易，而且不出现危及人身和产品安全的事故。为了满足这些要求，产品不仅要有优良的性能，还必须有优良的可靠性、维修性、保障性、安全性等质量特性。

产品的通用质量特性包括产品可靠性、维修性、保障性、测试性、安全性和环境适应性。对这“六性”在理论和工程应用方面的研究都有丰富的成果，也形成了相对独立的可靠性工程、维修性工程、保障性工程、测试性工程、安全性工程、环境适应性工程等知识体系。这“六性”密切相关。为提高产品可靠性需要开展可靠性工程方面的相关工作，可靠性包含于质量，可靠性相关工作是质量管理的重要内容。

可靠性管理是质量管理的重要组成部分，产品质量的表现形式是产品性能的好坏，而性能保持时间的长短是由可靠性决定的，可靠性高的产品完成任务的可能性就高，对用户来说可信赖的程度就高。21世纪质量管理发展到了一个新的阶段，这个新阶段的标志就是在传统的性能指标上面增加了可靠性、维修性、保障性、安全性等指标。有些产品如载人飞船、飞机、高铁、核电站等要求有很高的可靠性、维修性、安全性等，在其寿命期内更强调产品的可靠性、维修性、安全性等方面的工作。对有些产品，如楼房、桥梁、隧道等建设中在强调传统的性能质量、安全管理的同时，也在引进开展可靠性、维修性、安全性工作。

产品的质量指标是一个综合性指标，它包含了可靠性指标，然而产品可靠性的研究又是质量管理工作的进一步发展和深化。一切质量工作除了要保证产品的性能、经济性、安全性外，更重要的是保证产品稳定可靠。从使用的角度出发，产品的可靠性指标是第一指标。

1.4 本书内容

质量与可靠性管理工作贯穿于产品的论证、设计、研制、生产、使用等全寿命周期，本书针对一般产品的寿命周期中开展的质量与可靠性管理工作中常用的理论方法，对这些理论方法的实用性、可操作性、先进性、完整性等进行介绍。

第1章介绍质量与可靠性的发展过程和主要研究内容、质量与可靠性的关系、相关基础知识等。

第2章介绍质量与可靠性管理体系，包括组织体系、标准体系、ISO质量管理标准、全面质量管理。

第3～12章，分为两大知识模块：质量管理模块和可靠性管理模块。质量管理模块包括第3～6章。面向产品全寿命周期主要介绍质量策划、质量目标、质量功能展开、三次设计等理论方法，介绍产品形成过程的质量控制的流程和方法工具，介绍产品形成后的质量检验、发现问题后的质量改进等理论方法。可靠性管理模块包括第7～12章，介绍可靠性、维修性、安全性三个产品质量特性的管理。面向产品全寿命周期介绍可靠性指标论证，可靠性模型、可靠性预计与分配，故障模式、影响及危害性分析(FMECA)，故障树分析技术，可靠性试验与分析，系统可靠性评估等理论方法；介绍维修性预计与分配、维修决策、故障预测与健康管理等理论方法；介绍安全性分析、安全风险评价等理论方法。

为便于读者理解并掌握书中的理论方法，每章的前面设计了引导案例，有的章后给出了应用案例，有些扩展内容放在延伸阅读材料中。

【习题】

1. 简述质量的概念及内涵。
2. 质量管理发展经历了哪几个阶段？每个阶段的特点是什么？
3. 举例说明可靠性的重要性。

第2章

质量与可靠性管理体系

京沪高速铁路的质量管理体系

京沪高速铁路全长1318km,总投资超过2200亿元,是世界上一次建成里程最长的高速铁路,也是新中国成立以来我国投资规模最大、技术含量最高的基础设施建设项目。京沪高速铁路建设项目具有规模大、标准高、技术新、投资巨大的特点。为实现京沪高速铁路大规模高标准的建设目标,国务院和铁道部提出质量、安全、工期、投资效益、环境保护、技术创新"六位一体"管理要求,建立了集制度、组织、人力资源及过程控制于一体的质量管理体系,实行总指、指挥部、参建单位三级管理机制,遵循源头把关、过程控制、严格验收的管理程序,成为项目顺利进行及高质量完成的关键。

京沪高速铁路项目建立的质量管理体系以法律体系为依据,以合同体系为核心,以内部标准化制度体系为基准,并在实施质量管理过程中,明确参建各方执行制度的职责和权利,处理好执行制度的原则性与灵活性。京沪高速铁路以项目法人为核心,借助咨询机构的技术咨询功能,明确各参建方责权和义务,发挥各利益相关者的协同作用,从而形成有机整体。再者,在项目建设过程中,注重人力资源的规划与配置,项目团队的建设以及施工企业的管理,从"组织与人力资源"的组织机构管理层次、职责权限、任职条件、人员培训、绩效考核、沟通协调六个维度进行考核,从而保证人力资源的有效性。在过程管控中,京沪高速铁路通过"关键施工技术突破、源头把关、过程控制、细节管理、人员素质提升、责任落实和科技攻关"七方面工作,为质量管理提供保障。

京沪高铁项目的成功表明,构建完善的质量管理体系并使之有效运行,对强化项目的质量管理,提高项目的管理效率和经济效益至关重要。

参考资料:周国华,彭波.基于贝叶斯网络的建设项目质量管理风险因素分析——以京沪高速铁路建设项目为例[J].中国软科学,2009(09):99-106.

2.1 全面质量管理

2.1.1 全面质量管理的内涵

全面质量管理是指一个组织以质量为中心,以全员参与为基础,通过让顾客满意和本组织所有成员及社会受益而达到长期成功的管理途径。ISO 9000在许多方面反映了全面质量管理的思想,可以把它看作全面质量管理的一部分。

理解要点如下:

(1) 有时把全面质量管理称为公司范围内的质量管理、全面质量控制等。

(2) 全面质量管理是对一个组织进行管理的途径,除了这种途径,还可以有其他途径。

(3) 全面质量管理是一个体系或途径,其目的在于:最经济地生产顾客满意的产品,通过让顾客满意和本组织所有成员及社会受益,实现企业持续发展。所谓全面质量,除了产品质量,还包括过程质量、体系质量;不仅包括固有质量特性,还包括赋予质量特性等。

(4) 全面质量管理的基本特点是:以全面质量为中心,以全员(指组织中包括最高管理者在内的所有成员)参加为基础,通过对质量环的全过程进行管理,即"三全管理",使顾客及其他相关方满意。

(5) 全面质量管理取得成功的关键,是组织的最高管理者强有力和持续的领导,以及全员教育和培训。

全面质量管理的内涵如表2-1所示。

表2-1 全面质量管理的内涵

涵盖范围	所有活动(包括服务与行政)
对错误的处理	预先防范错误发生
责任归属	每个成员均对质量负责
利益来源	持续改进各种工作质量,建立质量管理体系,减少工作的错误和浪费
对顾客的看法	每一道过程的工作产品都是提供给顾客的(包含内部和外部顾客),应设法让其满意
质量改进	长时间、顾客导向、组织学习
问题解决的重心	工作团队满足并且解决顾客的问题
考核	重视与改善有关的事实,以事实为依据的绩效考评
员工的特性	将员工视为管理的内部顾客
组织文化	集体努力、跨部门合作、鼓励授权、顾客满意、追求质量
沟通方式	下行、平行、斜向、多向沟通
意见表达与参与方式	正规程序、QC小组、态度调查
工作设计	质量、顾客导向、革新、宽广的控制幅度、自主化的工作范围、充分授权
培训项目	广泛技能知识、跨部门业务、诊断问题与解决问题的相关知识、生产力与品质
绩效评估	团队目标,由顾客、其他平级部门以及领导三者共同考核,强调质量与服务
薪资制度	以团队为基础发放工资与奖金,以及进行非金钱性质的表扬
卫生医疗与工作安全	安全问题、安全计划、保健计划、员工互助
考评升迁与职业生涯发展	由同部门员工考评,以团体表现决定升迁,不同部门的水平式职业生涯途径

2.1.2 全面质量管理的基本要素

有多少种行业就有多少种全面质量管理方法,但是它们具有共同的基本要素:以顾客为导向;授权与团队合作;持续改进与学习;以事实为管理依据;领导与战略策划;供应商的质量保证;强调"源头质量"概念。

1. 以顾客为导向

全面质量管理的核心是满足顾客的需求。企业为了取得长期经济效益,管理必须始于识别顾客的质量要求，终于顾客对他手中的产品感到满意。在当今的经济活动中，任何一个组织都离不开它的顾客。全面质量管理中的顾客分为外部和内部两种，他们都是企业关注的对象。外部顾客是企业产品或服务输出的接受者，是企业的生命线，企业开展的各项活动都要以他们为中心。内部顾客是一种相对的概念，企业生产和服务过程一般是由各种流程和工序组成的，下一道工序就是上一道工序的顾客。企业如果能树立“为下道工序服务”的思想，使每一道工序都坚持高标准，那么企业的产品质量目标就能更加顺利地实现。内部顾客满意是外部顾客满意的基础。企业只有满足或超越内外部顾客的需求，才能获得持续生存的动力。

2. 授权与团队合作

全面质量管理要求企业全体员工参与质量改进的运动。授权与培训是必需的。既然整个企业的工作以顾客为导向，那么离顾客更近的员工必然受到更多的重视。对一项工作最了解和最熟悉的是执行者，只有他们才真正知道如何去改进这项工作的质量。为了对顾客需求做出更迅速的响应，要给予他们更多的决策权。为了保证员工有能力做出决策，首先要对员工进行必要的培训，使他们具备足够的技能。只有当管理者相信他们的员工能够为企业的质量改进做出贡献时，员工才会真正努力去提高质量。那些一方面要求员工提高工作质量，一方面却不给下属授权和培训机会的管理者，采取的是“叶公好龙”的做法。

创造合适的组织结构是实现全员参与的重要手段。一个普遍的做法就是组建跨职能的工作团队。企业部门之间目标分割、各自为政，可能会导致不同部门的员工努力方向不同，不利于整个企业目标的实现。一个跨职能的工作团队可以在团队内部形成一个整体目标，有效地避免个体利益掩盖整体利益的现象，并且可以利用成员的不同知识背景，更加迅速、准确地解决问题。

3. 持续改进与学习

持续改进是全面质量管理的核心思想，统计技术和计算机技术的应用正是为了做好持续改进工作。持续改进每一项工作的质量，是全面质量管理的目标。顾客需求的迅速变化，促使企业必须持续改进才能持续获得顾客的支持。另外，激烈的市场竞争中企业经营如逆水行舟，不进则退，这要求企业以顾客需求为导向，不断改进产品或服务质量。这也注定了企业各项工作的质量改进是一个没有终点的持续过程。为了实现产品质量的持续改进，需要制订必要的质量战略及计划，认真实施、及时评估。

学习是指通过实践和结果间的关联来了解成功的原因，并引导出新的目标和方法。一个完善的学习循环过程有四个阶段：计划、执行计划、评价进展、根据评价结果修正计划。可以看出，学习过程其实也是一种持续改进。

4. 以事实为管理依据

有效决策建立在数据和信息分析的基础上。为了防止决策失误，必须以事实为管理依据。要广泛收集数据和信息，并用科学的方法处理和分析，不能“凭经验，靠运气”。为了确保数据和信息的充分性，应该建立企业内外部的信息系统；为了确保数据和信息的真实性，除了保证采集过程的可靠性之外，还应该建立“有据可依，有证可查”的可追溯体系。坚持以事实为基础进行决策，克服“情况不明决心大，心中没数点子多”的不良决策习惯。实事求是的作风是全面质量管理的基本要求之一。

5. 领导与战略策划

领导在质量管理中至关重要，朱兰的80/20原则就说明了这一点。领导者是企业质量方针的制定者和质量任务的分配者，承担着质量改进的主要责任。领导者要将组织的宗旨、方向和内部环境统一起来，并创造一个能使员工充分参与的环境，带领全体员工共同实现组织的质量目标。原则上，总经理应作为全面质量管理工作的"总设计师"，组织的所有员工和资源都应参与全面质量管理。

6. 供应商的质量保证

供应商必须建立并实行质量保证制度，努力实现质量改进，以确保其生产过程能够及时地交付所要求的零部件和原材料。供应商是公司整个生产过程中的合作伙伴，应提倡与其建立一种长期的友好伙伴关系，这实际上是一种有价值的重要投资。通过这种方式，可促使他们供应高质量的产品和服务。同时，供应商要通过贯彻"源头质量"这一观念来保证并改进质量。

7. 强调"源头质量"概念

强调"源头质量"概念，是指让每一位员工对自己的工作负责，这体现了"第一次就做对"的理念。企业寄希望于员工能够制造出满足质量标准的产品，同时能够发现并纠正差错，实际上每个员工都是自己工作的质量检验员。当员工所完成的工作成果传递到整个流程的下一道工序(内部用户)，或者作为整个流程的最后一步传递到最终顾客时，员工要保证其工作满足质量标准。

通过给全体员工灌输"源头质量"这一概念，可完成以下任务：使对质量产生直接影响的员工负起质量改进的责任；消除经常发生在质量控制检验员与员工之间的敌对情结；通过对员工的工作进行控制以及使他们为自己的工作感到骄傲这些方式来激励员工保证并改进质量。

全面质量管理还需要企业从战略层面对质量活动进行界定和规划，这也是对领导作用的一种强化。战略策划为质量活动的开展提供内部政策保证和控制策略、改进策略。如果相关的战略策划能和企业的使命、价值观一样得到全面的贯彻，它就能为组织成员指明统一、清晰的方向，从而实现组织的质量目标。实际上，全面质量管理反映了人们对质量的一种全新看法，它是公司的文化。为真正从全面质量管理中得到好处，必须改变公司的文化氛围。表2-2说明了贯彻全面质量管理的公司和坚持传统质量管理的公司之间的差异。

表2-2 贯彻全面质量管理的公司和坚持传统质量管理的公司的比较

项　目	传统质量管理	全面质量管理
总使命	使投资得到最大回报	达到或超过用户的期望
目标	强调短期效益	在长期效益和短期效益之间求得平衡
管理	不常公开，有时与目标不一致	公开，鼓励员工参与，与目标一致
管理者的作用	发布命令，强制推行	指导，消除障碍，建立信任
用户需求	并非至高无上，可能不清晰	至高无上，强调识别和理解的重要性
问题	责备，处罚	识别并解决
问题的解决	不系统，个人行为	系统，团队精神
改进	时断时续	持续不断
供应商	抵触	合作伙伴
工作	狭窄，过于专业化，个人努力	广泛，更全面，更看重发挥团队作用
定位	产品取向	流程取向

2.1.3　全面质量管理的特征

全面质量管理的一个重要特征就在于管理的全面性，即它是全面质量的管理、全过程的质量管理、全员性的质量管理和综合性的质量管理。

1. 全面质量的管理

全面质量的管理，即全面质量管理的对象——“质量”的含义是全面的。全面质量管理不仅要管最终产品质量，还要管产品质量赖以形成的过程质量。实行全面质量管理，就是为达到预期的产品目标和不断提高产品质量水平，经济而有效地提高产品质量的保证条件，使过程质量处于最佳状态，最终达到预防和减少不合格品，提高产品质量的目的。

2. 全过程的质量管理

全过程的质量管理，即全面质量管理的范围是全面的。产品的质量有一个逐步产生和形成的过程，它是经过企业生产经营的全过程一步一步形成的。产品全寿命周期管理是指管理产品从需求、规划、设计、生产、经销、运行、使用、维修保养直到回收再用处置的全寿命周期中的信息与过程。它既是一门技术，又是一种制造的理念。它支持并行设计、敏捷制造、协同设计和制造、网络化制造等先进的设计制造技术。全寿命周期设计的基本内容就是面向制造及其维护和回用处理的设计，实现产品全寿命周期的最优化，所借助的手段是并行设计，而要顺利完成设计任务的基础是设计过程和数据的管理。从市场调研、产品设计、生产制造、使用到回收再用的各环节，进行有效管理，杜绝不合格品产生，做到防检结合，以防为主。为了实现全过程的质量管理，就必须建立企业的质量管理体系，将企业的所有员工和各个部门的质量管理活动有机地组织起来，将产品质量的产生、形成和实现全过程的各种影响因素和环节都纳入质量管理的范畴，才能在日益激烈的市场竞争中及时地满足用户的需求，不断提高企业的竞争力。

3. 全员性的质量管理

全员性的质量管理，即全面质量管理要求参加质量管理的人员是全面的，企业所有的相关部门及人员都应参与质量管理活动。工业产品质量的好坏，是许多工作和许多生产环节活动的综合反映，因此它涉及企业的所有部门和所有人员。但全面质量管理也不是“大家分散地搞质量管理”，而是“为实现共同的目的，大家有系统地共同搞质量管理”。因此，质量管理活动必须是使所有部门人员都参加的“有机”组织的系统性活动。同时，要发挥全面质量管理的最大效用，还要加强企业内各职能和业务部门之间的横向合作。

4. 综合性的质量管理

综合性的质量管理，即全面质量管理用以管理质量的方法是全面的、多种多样的，是由多种管理技术与科学方法组成的综合性的方法体系。质量管理方法的现代化、科学化，充分反映了生产力发展水平迅速上升、产品质量大幅提高的客观要求，使人们在质量管理工作中更加自觉地利用先进的科学技术和管理方法，广泛应用数理统计、运筹学、正交试验法等来分析各部门的工作质量，找出产品质量存在的问题及其关键影响因素，进而有效地控制生产过程质量，达到提高产品质量的目的。同时，由于影响产品质量的因素错综复杂，来自很多方面，既有物的因素，又有人的因素；既有技术因素，又有组织管理因素；既有自然因素，又有人们心理、环境等社会因素；既有企业内部因素，又有外部因素等。要把如此多的因素系统地控制起来，全面管好，也必须根据不同情况，针对不同影响因素采取不同的管理方法和措施，才能促进产品质量长期、稳定地持续提高。

2.1.4 影响产品质量的因素

在产品质量管理活动中，影响产品质量以及对产品质量波动有影响的因素称为质量因素。这些因素决定产品质量的优劣，因此在产品的设计质量控制过程中，对质量因素的选取是否恰当，直接影响产品的固有质量。

根据各种质量因素对产品质量的影响作用不同，从设计的观点看，质量因素可分为控制因素、标示因素、信号因素和误差因素。

1. 控制因素

控制因素是指为了改进产品的质量特性，在技术上能控制其水平(取值范围)的因素，因此也称为可控因素或设计变量、设计参数。例如，材料种类、产品结构形式、结构参数、时间、温度、压力、浓度等易于控制的因素均为控制因素。在产品的设计质量控制过程中，需要选择最适宜的控制因素水平及其组合，以得到价廉物美的产品。

2. 标示因素

标示因素是指维持环境与使用条件等方面的因素，其水平值在设计前就已经确定。产品的各种使用条件、设备的差别、操作人员的熟练程度等都属于标示因素。例如，在利用X射线对钢板焊缝进行无损检测过程中，X射线机的电压有3种取值，对应于同一焊缝，就要根据这3种电压分别选择适合的曝光时间，以便在X射线底片上得到清晰的焊缝成像。在这种情况下，X射线机的3种电压就是标示因素，曝光时间是控制因素。在产品的质量设计过程中，针对标示因素的某种水平状态，通过调节其他各个控制因素水平，寻求各控制因素最适宜的使用范围。

3. 信号因素

信号因素是为了实现目标结果而选取的因素，是指产品的质量特性需要达到的目标值。汽车的转向盘转角、压力机的压力、染色工艺的染料用量等都属于信号因素。信号因素可对产品质量特性值(即产品输出特性值)和目标值之间的偏差进行校正。因此，设计过程中选取的信号因素应具有易于改变的水平，一般要求其水平易于控制、检测、校正和调整，并与产品的输出特性值呈线性或非线性关系，使输出特性值按一定比例随其改变而改变，以保证输出特性值符合目标值。所以，在质量设计过程中，设计人员应根据行业规范、用户需求和经验选择某些因素作为信号因素，不能任意选择。

4. 误差因素

误差因素是指除控制因素、标示因素和信号因素以外，难以控制、不可能控制或控制代价很高，并且对产品质量有干扰的其他所有因素。误差因素通常是引起产品质量波动的主导因素，因此又称为质量波动源、噪声因素、质量干扰因素和不可控因素。

根据误差因素对产品质量特性产生波动的原因，大致可以把误差因素分为3种类型。

外部干扰——产品在使用过程中，由于环境因素和使用条件发生变化而影响产品质量稳定性的干扰因素。

内部干扰——产品在存放和使用中，其组成部分随时间的推移而发生老化、磨损、腐蚀、蠕变以及失效等现象，从而影响产品正常发挥其功能的质量干扰因素。

随机干扰——在同一设计制造条件下，由于操作人员、材料、机器设备、环境等方面存在波动，从而使产品质量特性值发生波动的干扰因素。这种干扰具有随机性，因此称为随机干扰。

这 3 种质量干扰引起的产品质量特性值波动越小，产品质量就越稳定，通常认为也就越好。在产品的设计质量和制造质量控制过程中，对这 3 种干扰因素的控制是否可行、有效，其具体的关系如表 2-3 所示。

表 2-3　质量干扰因素与设计、制造的控制关系

控制阶段	干扰因素		
	外部干扰	内部干扰	随机干扰
设计质量控制	可行、有效	可行、有效	可行、有效
制造质量控制	无效	无效	可行、有效

一般来说，产品的质量波动是客观存在的，不可能完全消除。通过设计质量和制造质量控制，可以减小或衰减波动的幅度。合格产品是指其质量波动在允许的范围内的产品，不合格品是指质量波动超出允许范围的产品。由表 2-3 可知，设计质量控制可以有效地控制和衰减外部干扰、内部干扰和随机干扰引起的质量波动，而制造过程中的质量控制只能控制由随机干扰引起的质量波动。所以说，设计质量控制对产品的质量起着重要的作用。

2.2　质量管理体系

2.2.1　质量管理体系的概念

为了实现质量管理的目标，并有效地开展各项质量管理活动，必须建立相应的管理体系，该体系称作质量管理体系。质量管理体系是指通过周期性改进，随着时间的推移而逐步发展的动态系统。无论其是否经过正式策划，每个组织都有质量管理活动。质量管理体系是组织内部建立的、为实现质量目标所必需的、系统的质量管理模式，是组织的一项战略决策。

质量管理体系将资源与过程结合，以过程管理方法进行系统管理，根据组织特点选用若干体系要素加以组合，一般包括与管理活动、资源提供、产品实现以及测量、分析与改进活动相关的过程，可以理解为涵盖了从确定顾客需求、设计研制、生产、检验、销售到交付之前全过程的策划、实施、监控、纠正与改进活动的要求，一般以文件化的方式，成为组织内部质量管理工作的要求。

2.2.2　质量管理体系的建立

正式的质量管理体系为策划、实施、监视和改进质量管理活动的绩效提供了框架。质量管理体系无须复杂化,而是要准确地反映组织的需求。在建立质量管理体系的过程中,标准中给出的基本概念和原则可提供有价值的指南。

质量管理体系策划不是一个单一的活动,而是一个持续的过程,随着组织的学习和环境的变化而逐渐完善。质量管理体系策划要考虑组织的所有质量活动,并确保覆盖本标准的全部指南和要求,应经批准后实施。

组织定期监视和评价质量管理体系计划的实施及其绩效是重要的。周密考虑的指标有助于这些监视和评价活动。

审核是一种评价质量管理体系有效性的方法,目的是识别风险和确定是否满足要求。为了有效地进行审核,需要收集有形和无形的证据。基于对所收集的证据的分析,采取纠正和改进措施。知识的增长可能会带来创新,使质量管理体系绩效达到更高的水平。

2.2.3 质量管理体系文件要求

组织应以灵活的方式将其质量管理体系形成文件,这些文件应与组织的全部活动或部分活动有关。一个单一文件可以包括一个或多个程序的要求,一个文件化程序的要求也可由一个以上的文件覆盖。

1. 类型

不同组织的质量管理体系文件的多少以及详略的程度取决于组织的规模和活动的类型、过程及相互作用的复杂程度、人员的能力。

2. 内容

质量管理体系文件至少应包括下述五个层次的文件:形成文件的质量方针和质量目标;质量手册;标准所要求的形成文件的程序和记录;组织为确保其过程的有效策划、运行和控制所需的文件和记录;标准所要求的质量记录。此外,质量管理体系文件还可包括(但不要求)组织结构图、过程图/流程图、作业指导书、生产计划、内部沟通的文件、批准的供方清单、质量计划、检验和试验计划、规范、表格、外来文件。

(1) 质量手册。组织应编制质量手册,质量手册包括:质量管理体系的范围,包括任何删减的细节与合理性;为质量管理体系所编制的形成文件的程序或对这些程序的引用;质量管理体系过程之间相互作用的表述。

(2) 程序文件。程序是为进行某项活动或过程所规定的途径,每一个形成文件的程序即书面程序,应说明 5W1H(原因(Why)、对象(What)、地点(Where)、时间(When)、人员(Who)、方法(How)),在编制书面程序的过程中,应坚持“谁干谁写”的原则,咨询专家只能指导而不能包办代替。只有这样,程序文件才具有较强的可操作性。标准要求组织对下列六项活动要有形成文件的程序:文件控制、记录控制、内部审核、不合格品的控制、纠正措施、预防措施。

(3) 记录。标准所要求的记录包括:管理评审;教育、培训、技能和经验;实现过程及其产品满足要求的依据;与产品要求有关的设计和开发输入;设计和开发评审的结果以及必要的措施;设计和开发验证的结果以及必要的措施;设计和开发确认的结果以及必要的措施;设计和开发更改评审的结果以及必要的措施;设计和开发更改的记录;供方评价结果以及根据评价采取的必要措施;在输出的结果不能被随后的监视和测量所证实的情况下，组织应证实对过程的确认；当有可追溯性要求时，组织应当对产品进行唯一性标志的确认；丢失、损坏或被发现不适宜使用的顾客财产；当无国际或国家测量标准时用以检定或校准测量设备的依据；当测量设备被发现不符合要求时，对以往的测量结果的确认；测量设备校准和验证的结果；内部审核结果；指明授权放行产品的人员；产品符合性状况以及随后所采取的措施，包括所获得的让步；纠正措施的结果；预防措施的结果。

记录是阐明所取得的结果或提供所完成活动的证据的文件。为了符合要求，提供质量管理体系运行的证据，组织应建立和保持记录，并对记录进行控制。记录控制程序应对记录的控制作出规定，包括记录的标识、储存、保护、检索、保存期限和处置。记录应保持清晰，易于识别和检索。

3. 文件控制

组织应对质量管理体系文件进行控制，并编写形成文件的程序“文件控制程序”。标准对文件控制作出如下要求：文件发布前得到批准，以确保文件是充分和适宜的；必要时对文件进行评审与更新，并再次批准；确保文件的更改和现行修订状态得到识别；确保在使用处可获得适用文件的有关版本；确保文件保持清晰，易于识别；确保策划和运作质量管理体系所必需的外来文件得到识别，并控制其分发；防止作废文件的非预期使用，若因任何原因而保留作废文件，则要对这些文件进行适当的标识。

2.2.4 质量管理体系的运行

质量管理体系运行之前，需要编制质量管理体系文件，之后体系将进入试运行阶段。试运行的目的是考察质量管理体系文件的有效性和协调性，并对暴露出的问题采取纠正和改进措施，以达到进一步完善质量管理体系的目的。

1. 质量管理体系文件的发布和宣讲

质量管理体系文件经批准后，应由组织的最高管理者发布，并通过一定的形式宣布质量管理体系投入运行和新的质量管理体系文件生效。在此阶段，教育培训应该先行。

2. 组织协调

质量管理体系是借助其组织结构的组织与协调来运行的。组织与协调工作的主要任务是组织实施质量管理体系文件，协调各项质量活动，排除运行中的各种问题，使质量管理体系正常运行。

3. 质量监控

质量管理体系在运行过程中，各项活动及其结果不可避免地会发生偏离标准的现象，因此必须实施质量监控。质量监控的主要任务是对产品、过程、体系进行连续监视、验证和控制，发现偏离质量标准或技术标准的问题应及时反馈，以便采取纠正措施，使各项质量活动和产品质量均能符合规定的要求。

4. 信息管理

在质量管理体系运行中，质量信息反馈系统对异常信息进行反馈和处理，实行动态控制，使各项质量活动和产品质量处于受控状态。信息管理与质量监控和组织协调工作是密切相关的。异常信息经常来自质量监控，信息处理要依靠组织协调工作。三者的有机结合是质量管理体系有效运行的保证。

2.2.5 质量管理体系的评价

质量管理体系评价包括内部审核、管理评审、自我评价。

1. 内部审核

组织应按照策划的时间间隔进行内部审核，以提供有关质量管理体系的信息：是否符合组织自身的质量管理体系要求；是否符合国际标准化组织的要求；是否得到有效实施的保持。

（1）依据有关过程的重要性、对组织产生影响的变化和以往的审核结果，策划、制定、实施和保持审核方案，审核方案包括频次、方法、职责、策划要求和报告。

（2）规定每次审核的审核准则和范围。

（3）选择审核员并实施审核，以确保审核过程客观公正。

（4）确保将审核结果报告给相关管理者。

（5）及时采取适当的纠正措施。

（6）保留成文信息，作为实施审核方案以及审核结果的证据。

内部审核的程序包括：

（1）准备与策划。主要工作有：编制审核计划；任命审核组长，指定审核员；编制检验表等。

（2）实施。审核员到达受审核部门，通过提问、验证、观察进行质量管理体系运行客观证据的收集，并作好现场审核记录。

（3）审核结果评价。现场调查、取证以后，根据审核发现判断审核内容是否符合标准或文件的规定。判定不合格项，编制不合格报告，并提交审核报告。

（4）制定和确认纠正措施。受审核部门针对审核中发现的不合格项制定纠正措施，审核员可以参加受审核部门对纠正措施的讨论和对有效性的评价。这一点与外部质量审核有较大的差异，外审员在审核时不能参与受审核方咨询性的活动。

（5）改进与评价效果。这是内部审核的后续工作。受审核部门要逐个落实纠正措施，并对采取的纠正措施进行评价。审核员要对前次审核中不合格项的纠正措施是否有效进行审核并提交报告。内部审核不合格项的纠正措施得到有效追踪，审核才告结束。

2. 管理评审

最高管理者应按照策划的时间间隔对组织的质量管理体系进行评审，以确保其的持续适用性、充分性和有效性，并与组织的战略方向一致。

在策划和实施管理评审时应考虑下列内容：

（1）以往管理评审所采取措施的情况。

（2）与质量管理体系相关的内外部因素的变化。

（3）下列有关质量管理体系绩效和有效性的信息，包括：顾客满意和相关方的反馈；质量目标的实现程度；过程绩效以及产品和服务的合格情况；不合格及纠正措施；监视和测量结果；审核结果；外部供方的绩效。

（4）资源的充分性。

（5）应对风险和机遇所采取措施的有效性。

（6）改进的机会。

坚持管理评审制度，有利于组织的质量管理体系持续有效和不断改进，也是组织建立自我改进、自我完善机制的重要措施。

3. 自我评价

自我评价是对组织活动及绩效就其成熟度所做的全面而系统的评审。

根据组织的绩效和最佳实践，自我评价应被用于确定组织的优势和劣势。自我评价既可用于组织的整体，也可用于各个过程。必要时，自我评价可帮助组织确定改进和(或)创新的优先次序，并策划和实施改进和(或)创新。

组织应将自我评价结果与组织内相关人员沟通，以共同分享对组织及其未来方向的理解。组织也应将自我评价结果作为管理评审的输入。

2.2.6　质量管理体系的改进

改进是为改善产品的特征及特性和(或)提高用于设计、生产和交付产品的过程的有效性和效率所开展的活动。当改进是渐进的，并且积极地寻求进一步改进的机会，这就是持续改进。持续改进是增强满足要求的能力的循环活动。制定改进目标和寻求改进机会的过程是一个持续过程，在该过程中常常使用“审核发现”、“审核结构”、“数据分析”、“管理评审”或其他方法找出存在的问题，并指明原因，其结果是使组织提出纠正措施或预防措施。

持续改进的对象是质量管理体系，目的是提高组织质量管理体系的有效性和效率，实现质量方针和质量目标，增加顾客和其他相关方满意的机会。有效性是完成策划的活动和达到结果的程度；效率是达到的结果与所使用的资源之间的关系。

质量管理体系改进是旨在提高质量管理体系有效性和效率，为本组织及其顾客和其他受益者提供更多收益的质量改进活动，包括为实现质量管理所需的组织结构改进、程序改进、过程改造和资源改进。

1. 质量管理体系改进的方法

质量管理体系改进的方法，主要有“硬”系统工程法、“软”系统工程法和业务流程重组法3种。

1）“硬”系统工程法

将“硬”系统工程方法论应用于质量管理体系改进，其基本程序为：分析及确定改进需求，确定质量管理体系改进的目标；拟定质量管理体系改进的备选方案；分析备选方案；选择最佳方案；实施质量管理体系改进的最佳方案。

2）“软”系统工程法

将“软”系统工程方法论应用于质量管理体系改进，其基本阶段为：质量管理体系问题情景描述与表达；相关质量过程的定义；构造并检验概念模型；概念模型与现实的比较；提供并实施“可行的和需要的”变革。

“硬”质量体系改进方法适用于质量管理体系结构良好的系统，而“软”质量体系改进方法适用于质量管理体系结构不良的系统。事实上，质量体系改进往往“硬”“软”兼有，故应二者并用。

3）业务流程重组法

业务流程重组法是美国的迈克·哈默教授首先提出的。BPR（business process reengineering，业务流程重组）的基本思想和方法是为了更好地满足顾客要求，为使作为现代企业绩效标志的成本、质量、服务、速度、效益等得到显著的改进，在对现有机构与现有过程重新评价的基础上，对企业的组织体系的职能结构进行重新设计并对生产要素重新配置，以充分发挥企业竞争优势。

2. 改进和持续改进活动的基本步骤

（1）分析和评价现状，以识别改进区域。

（2）确定改进目标。

（3）寻找可能的解决方法，以实现这些目标。

（4）评价这些解决方法并作出选择。

（5）实施选定的解决方法。

（6）测量、验证、分析和评价实施的结果，以确认这些目标已经实现。

（7）正式采纳更改（即形成正式的规定）。

（8）必要时，对结果进行评审，以确定下一步改进的机会。

2.3 ISO 质量管理标准简介

2.3.1 ISO 9000 族标准的产生与发展

国际标准化组织（ISO）是一个全球性的非政府组织，是国际标准化领域中一个十分重要的组织。20 世纪 50 年代，美国发布了《质量大纲要求》（MIL-Q-9858A），成为世界上最早的有关质量保证方面的标准。20 世纪 70 年代初，借鉴军用质量保证标准的成功经验，美国标准化协会和美国机械工程师协会分别发布了一系列有关原子能发电和压力容器生产方面的质量保证标准。

在 1987 版 ISO 9000 系列标准制定的时期，世界各国的经济发展中占主导地位的是制造行业。因此，该标准突出地体现了制造业的特点，这给标准的广泛适用性造成一定的局限。1987 版的 ISO 9000 系列标准发布之后，到目前为止进行了多次修订：

1994 年，ISO/TC 176 完成了对标准的第 1 次修改工作，提出了 ISO 9000 族标准的概念，发布了 1994 版的 ISO 8402、ISO 9000-1、ISO 9001、ISO 9002、ISO 9003 和 ISO 9004-1 等 6 个国际标准。此次修改保持了 1987 版标准的基本结构和总体思路，只对标准的内容进行技术性局部修改，并通过 ISO 9000-1 和 ISO 8402 两个标准，引入了一些新的概念和定义，如过程和过程网络、受益者、质量改进、产品等，为第二阶段修改提供了过渡的理论基础。到 1999 年底，陆续发布了 22 项标准和 2 项技术报告。

2000 年，ISO/ TC 176 正式发布了 2000 版 ISO 9000 族标准。这次修改是在充分考虑 1987 版和 1994 版标准以及现有其他管理体系标准的使用经验的基础上，对标准总体结构和技术内容两个方面进行的彻底修改。2000 版 ISO 9000 族标准更加强调了顾客满意及监视和测量的重要性，增强了标准的通用性和广泛的适用性，促进质量管理原则在各类组织中的应用，满足了使用者对标准应更通俗易懂的要求，强调了质量管理体系要求标准和指南标准的一致性。该标准对提高组织的运作能力、增强国际贸易、保护顾客利益、提高质量认证的有效性等方面产生了积极而深远的影响。

2008 年，ISO/TC 176 正式发布了 2008 版 ISO 9000 族标准。与之前相比，2008 版 ISO 9000 族标准的标题、范围保持不变，继续保持过程方法，修正的标准仍然适用于各行业不同规模和类型的组织。但这次修改更加明确地表述了 2000 版 ISO 9001 标准的内容，加强了与《环境管理体系要求及使用指南》(ISO 14001:2004)的兼容性。可用作内部审核和外部第三方认证注册审核或第二方评定的准则，帮助组织不断增强顾客满意。

2015 版 ISO 9000 族标准以朱兰、戴明、费根鲍姆等质量管理大师的质量理念和经营管理思想为自身注入了新的内涵。该标准突出持续改进，增加了组织背景分析、风险管理、知识管理、最高管理者的责任、应急措施等内容；加强了绩效评估与变更管理，强调顾客满意是质量管理体系的动力，并要求证实质量管理体系与其他管理体系的相互兼容性。在面向所有组织时，其通用性更高、结构更加简化，更利于采用过程方法，进行风险控制。

综上所述，ISO 9000 族标准的产生和发展绝非偶然，它既是当代科学、技术、社会与经济发展的必然产物，又是质量管理的理论和实践相结合的成果。ISO 9000 族标准的产生和发展不仅顺应了发展国际经济贸易与交流合作的需要，还对规范市场行为、促进企业加强质量管理、提高产品质量、增强市场竞争力产生了积极效果，特别是在我国市场经济体制建立过程中和经济增长方式转变中将发挥越来越大的作用。

2.3.2　ISO 9000 族标准的构成

ISO 9000 族标准是指由 ISO/TC 176(国际标准化组织/质量管理和质量保证技术委员会)制定的一系列关于质量管理的正式国际标准、技术规范、技术报告、手册和网络文件的统称。ISO 9000 族质量管理体系标准的构成如表 2-4 所示。

表 2-4　ISO 9000 族标准构成

核心标准	《质量管理体系——基础和术语》(ISO 9000:2015)
	《质量管理体系——要求》(ISO 9001:2015)
	《质量管理体系 ISO 9001:2015 应用指南》(ISO/TS 9002:2016)
	《组织的持续成功管理——质量管理方法》(ISO 9004:2019)
	《管理体系审核指南》(ISO 19011:2018)
其他标准	《测量控制系统》(ISO 10012:2013)
技术报告	《质量管理——质量计划指南》(ISO/TR 10005)
	《质量管理——项目管理指南》(ISO/TR 10006)
	《质量管理——技术状态管理指南》(ISO/TR 10007)
小册子	《质量管理原则》
	《选择和使用指南》
	《小型组织实施指南》

1.《质量管理体系——基础和术语》(ISO 9000:2015)

ISO 9000:2015 标准主要包括三部分内容：第一部分确认了质量管理的七项原则；第

二部分提供了建立和实施质量管理体系的方法和标准；第三部分是术语和定义，规定了138个词条，为全世界不同文化背景、使用不同语言的所有需要使用ISO 9000族标准的组织和人员提供了对质量管理的基本原理和基本概念的共同理解。这里介绍一些由国际标准化组织制定的《质量管理体系——基础和术语》(ISO 9000:2015)中常用的质量相关术语。

(1) 过程：利用输入产生预期结果的相互关联或相互作用的一组活动。

注1：过程的"预期结果"称为输出，还是称为产品或服务，需随相关语境而定。

注2：一个过程的输入通常是其他过程的输出，而一个过程的输出又通常是其他过程的输入。

注3：两个或两个以上相互关联和相互作用的连续过程也可作为一个过程。

注4：组织中的过程通常需要进行策划并使其在受控状态下运行以获得增值。

注5：对形成的输出是否合格不易或不能经济地进行确认的过程，通常称为"特殊过程"。

输入包括人员、资金、设备、设施、技术和方法，产品是过程或活动的结果。产品和服务的质量最终要由过程或活动来保证。

(2) 程序：为进行某项活动或过程所规定的途径。

注：程序可以形成文件，也可以不形成文件。

(3) 产品：在组织和顾客之间未发生任何交易的情况下，组织产生的输出。

注1：在供方和顾客之间未发生任何必要交易的情况下，可以实现产品的生产。但是当产品交付给顾客时，通常包含服务因素。

注2：产品最主要的部分通常是有形的。

注3：硬件是有形的，其数量具有计数的特性(如轮胎)。流程性材料是有形的，其数量具有连续的特性(如燃料和软饮料)。硬件和流程性材料经常被称为货物。软件由信息组成，无论采用何种介质传递(如计算机程序、移动电话应用程序、操作手册、字典内容、音乐作品版权、驾驶执照等)。

(4) 质量特性：与要求有关的，客体的固有特性。

注1："固有的"就是指在某事或某物中本来就有的，尤其是那种永久的特性。

注2：赋予客体的特性(如客体的价格)不是它们的质量特性。

就产品而言，质量特性是指将顾客的要求转化为可以定量或定性的指标，为产品的实现过程提供依据。

(5) 顾客满意：顾客对其期望已被满足程度的感受。

注1：在产品或服务交付之前，组织有可能不知道顾客的期望，甚至顾客自己对其期望也不很明确。为了实现较高的顾客满意，可能有必要满足那些顾客既没有明示也不是通常隐含或必须履行的期望。

注2：投诉是一种满意程度低的最常见的表达方式，但没有投诉并不一定表明顾客很满意。

注3：即使规定的顾客要求符合顾客的愿望并得到满足，也不一定确保顾客很满意。

(6) 不合格(不符合)：未满足要求。

合格与否的判定依据是"要求"，这反映了质量的概念从原来的符合性提升为适用性。

当产品的特性未满足顾客的要求时，构成不合格品。当过程或体系未满足要求时，构成不合格项。

（7）缺陷：与预期或规定用途有关的不合格。

注1：区分缺陷与不合格的概念是重要的，这是因为其中有法律内涵，特别是与产品和服务责任问题有关的方面。

注2：顾客希望的预期用途可能受供方所提供的信息的性质影响，如操作或维护说明。

缺陷是指未满足要求中的特定项目，如安全性。所以，缺陷是一种特定范围内的不合格。

2.《质量管理体系——要求》(ISO 9001:2015)

ISO 9001:2015规定了质量管理体系的要求，组织需要证实其有能力持续提供满足顾客和相关法律法规要求的产品和服务，并通过体系的有效应用，包括体系和过程的改进，以提升顾客满意度。ISO 9001:2015第0、1、2、3部分分别是引言、范围、规范性引用文件、术语和定义，第4部分是组织的背景，第5部分是领导作用，第6部分是策划，第7部分是支持，第8部分是运行，第9部分是绩效评价，第10部分是改进，如图2-1所示。

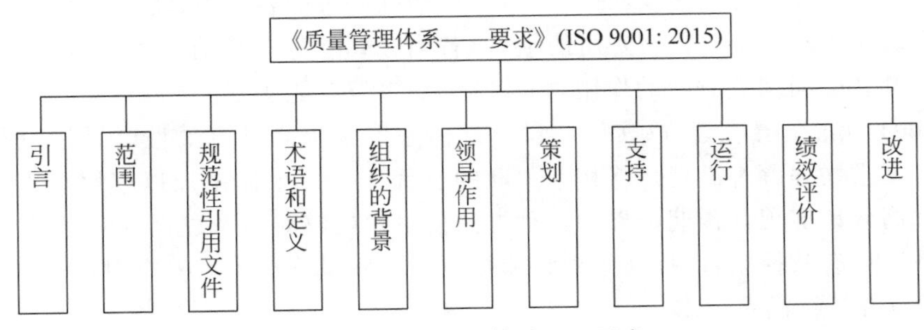

图2-1　质量管理体系——要求

ISO 9001:2015标准正文中的核心内容为第5～10章，其整体结构为按过程的方法构成，通常称为四大过程，包括计划（第6章 策划）、执行（第7章 支持和第8章 运行）、检验（第9章 绩效评价）、处理（第10章 改进），突出领导作用（第5章 领导作用），形成以过程为基础的质量管理体系模式。

该标准为各种类型、不同规模和提供不同产品的组织规定了质量管理体系的通用要求，以证实其具有稳定地提供满足顾客要求和适用法律法规要求的产品的能力，并通过体系的有效应用，包括体系持续改进过程以及保证符合顾客要求和适用的法律法规要求，增加顾客满意，该标准是用于质量管理体系第三方认证的标准。相对于ISO 9001:2008，ISO 9001:2015的主要变化包括：新的要求与组织环境；更加注重过程方法的应用；更适用于服务型组织；文件化的信息和七项质量管理原则。质量管理原则是一系列被接受为真正且可用作ISO质量管理体系标准的基本信念、标准、规则以及价值观，可以用于指导组织的绩效提升。主要包括以下内容：

（1）以顾客为关注焦点。任何一个组织都应该把争取顾客、使顾客满意作为首要工作来抓，依此安排所有的活动。超越顾客的期望，将给组织带来更大的效益。

（2）领导作用。具有统一的宗旨和方向，创造全员参与的条件，能够使公司将战略、方针、过程和资源保持一致，更好地实现公司的质量目标。

(3) 全员参与。为高效管理公司,各级人员得到尊重并参与其中是极其重要的。通过表彰、授权和提高能力,促进在实现公司质量目标过程中的全员参与。

(4) 过程方法。过程是指一组将输入转化为输出的相互关联或相互作用的活动。系统地识别和管理组织所应用的过程,特别是这些过程之间的相互作用,称为过程方法。当活动被作为相互联系的功能连贯过程系统进行管理时,可更有效和高效地得到预期的结果。质量管理体系是由相互关联的过程所组成。理解体系是如何产生结果的,能够使公司尽可能完善体系和绩效。

(5) 改进。改进对于公司保持当前的绩效水平,对其内、外部条件的变化作出反应并创造新的机会都是非常必要的。为了改进组织的整体业绩,组织应不断改进其产品质量,提高质量管理体系及过程的有效性和效率,以满足顾客和其他相关方日益增长和不断变化的需要与期望。改进的关键是改进的循环和改进的持续,一个改进过程(PDCA 循环)的结束往往是另一个新的改进过程的开始。

(6) 循证决策。决策是一个复杂的过程,并且总是包含一些不确定因素。它经常涉及多种类型和来源的输入及其解释,而这些解释很有可能是主观的。理解因果关系和潜在的非预期后果极为重要。分析事实、证据和数据可增强决策的客观性,使决策者更有把握。

(7) 关系管理。相关方影响公司的绩效,若当公司管理与所有相关方的关系时能够尽可能地发挥其在公司绩效方面的作用,则持续成功更有可能实现。

ISO 9001 标准倡导在建立、实施质量管理体系以及提高其有效性时采用过程方法,通过满足顾客要求增强顾客满意。将相互关联的过程作为一个体系加以理解和管理,有助于组织有效和高效地实现其预期结果。这种方法使组织能够对体系过程之间相互关联和相互依赖的关系进行有效控制,以提高组织整体绩效。在质量管理体系中应用过程方法能够:

(1) 理解并持续满足要求;

(2) 从增值的角度考虑过程;

(3) 获得有效的过程绩效;

(4) 在评价数据和信息的基础上改进过程。

ISO 9001 标准 0.1 总则已经明确,"过程方法"能够使组织"策划过程及其相互作用"。过程方法包括按照组织的质量方针和战略方向,对各过程及其相互作用进行系统的规定和管理,从而实现预期结果。ISO 9001 标准 A.4 条款质量管理体系及其过程中明确了采用过程方法所需考虑的具体要求:

(1) 确定组织的宗旨和战略方向;

(2) 确定组织的质量方针与质量目标;

(3) 确定组织中的过程;

(4) 确定过程的顺序和相互作用;

(5) 确定过程有效执行和控制的要求;

(6) 确定并获得过程所需的资源;

(7) 分派过程的职责和权限;

(8) 管理影响过程输出的风险;

(9) 监视、测量、分析和评价过程;

(10) 改进过程。

3.《组织的持续成功管理——质量管理方法》(ISO 9004:2019)

相较于《质量管理体系——业绩改进指南》(ISO 9004:2009),ISO 9004:2019 的关注点不再是一般的质量和改进,而聚焦于"组织特性"和"组织质量"的概念,该标准的所有内容都针对组织的业务发展,其核心就是关注组织的持续成功。

ISO 9004 标准和 ISO 9001 标准曾经是一对相互关联的标准,ISO 9004 标准曾经为 ISO 9001 标准的符合性要求提供了条款对条款的指南。然而,国际标准化组织最新发布的 ISO 9004:2019 标准则向前迈出了一大步,与 ISO 9001:2015 标准彻底分离,成为一个独立的标准。另外,ISO 9004:2019 标准与 ISO 9001:2015 标准在范围、性质和用途方面存在一些不同,如表 2-5 所示。

表 2-5 ISO 9001 与 ISO 9004 的区别

项　　目	ISO 9001	ISO 9004
范围	产品质量的目标 顾客满意 关注质量管理体系的有效性	组织业绩改进的目标 所有相关方都满意 特别关注改进组织的总体业绩和效率
性质	要求	指南和建议
用途	认证或审核依据 合同和法规引用 组织内部应用	用于提高组织的质量管理体系的有效性和效率 开发改进组织业绩的潜能

ISO 9004:2019 标准在第 4 章"组织的持续成功管理"中指出:"为了组织的持续成功,组织应当建立质量管理体系,应确保资源的有效利用;建立在有事实依据的数据基础上进行决策;关注顾客满意,以及其他相关方的需求和期望。"因此该标准不仅包含实现组织持续成功所必需的要素,还提供了解决组织整体绩效的系统性改进,包括有效、高效的管理系统的规划、实施、分析、评价和改进。

此外,该标准还加强了对于务实以及具有业务意识内容的关注,从而为深入挖掘其关于领导作用和方针的条款提供了机会。虽然组织的整体方针很重要,但组织领导人的个人方针也起着不可或缺的作用,领导人的采用、实践和拥护有利于每个方针的施行。

标准的后续条款通过提供超越传统质量指南的相关案例,为广大组织提供了相关指导。这使其成为一个极具影响力的标准,也能够为组织实现成功指明前进道路。例如,标准中整合了相关方之间的相互作用以及在扩大的市场和业务可能性选择中的内部和外部力量,对于那些仍然正在努力应对经营环境难题的组织来说大有裨益。

4.《管理体系审核指南》(ISO 19011:2018)

为了充分利用管理体系并保持改进,需要对其进行审核。《管理体系审核指南》(ISO 19011:2018)(原《质量和环境管理体系审核指南》)则提供了一种统一的、协调的方法,能够同时对多个管理系统进行有效审核。

首先,《管理体系审核指南》(ISO 19011:2018)为不同类型和规模的组织及审核提供指导,包括由大型审核团队进行的审核,以及由单个审核人员进行的审核。但无论是大型还是小型组织,均应视其审核方案的范围、复杂性和规模情况而应用。该标准具有灵活的指导意图,且应根据组织管理体系的规模和成熟程度的不同来使用。因此,使用者需综合考虑待审核组织的性质和复杂性，以及实施审核的目的和范围。

其次，该标准适用于广泛的潜在用户，包括审核员、实施管理体系的组织和出于合同或监管原因需要进行管理体系审核的组织。同时，也可以用于自我声明以及审核员的培训或人员认证的组织。

最后，审核可以针对不同的审核准则分别或组合进行，包括但不限于：①在一个或多个管理体系标准中确定的要求；②有关利益方规定的政策和要求；③法律和法规要求；④组织或其他各方确定的一个或多个管理体系过程；⑤与管理体系提供的特定输出有关的管理体系计划（如质量计划、项目计划）。此外，当两个或多个不同领域的管理体系一起审核时，本标准采用联合审核的方法。当这些体系集成到一个管理体系中时，审核的原则和过程与合并审核相同（又称综合审核）。

2.4 可靠性管理体系

可靠性管理是质量管理的重要组成部分，二者融合一体，共同提供产品的质量保证，形成一体的质量保证体系。为有效开展对可靠性工程技术活动的管理，可建立可靠性管理体系。可靠性管理体系主要包括可靠性管理大纲、可靠性标准体系和可靠性管理组织体系。

2.4.1 可靠性管理大纲

可靠性管理大纲是产品在设计、研制、生产、试验、使用、退役的整个寿命周期内可靠性技术和组织管理的要目，是产品研制过程总要求的一个组成部分。可靠性管理大纲的目标包括：保证产品可靠性、减少维修人力和后勤保障要求、提供管理信息、降低全寿命周期费用。对可靠性管理大纲的要求包括：可靠性管理、可靠性分析和可靠性工程等工作项目应该纳入产品的设计、生产和试验计划，保证资源、进度及管理措施的协调统一，全面实施和完成；应建立可靠性信息闭环系统，并制定信息的收集、传递、反馈、分析和处理等必要的程序及管理要求；承制方向使用方提供可靠性管理大纲各工作项目的数据、资料形式及范围应在合同中明确规定。大纲要目包括：

- 可靠性管理和控制计划
- 可靠性分配
- 可靠性预测
- 失效模式、影响及危害性分析
- 故障分析
- 可靠性设计
- 可靠性试验与评价
- 维修决策
- 维修性预计与分配
- 维修性设计
- 安全性分析
- 安全性设计
- 安全性评估

- 元器件、外购件可靠性控制
- 设计评审
- 数据分析与反馈
- 可靠性教育
- 可靠性标准

可靠性工作计划是为落实可靠性管理大纲规定的目标和任务而制订的具体程序。可靠性工作计划要对目标和任务进行层次分解，直到可以执行和控制；对每项可靠性活动在何阶段、何时完成，开始的条件、结束的标志，由谁负责、谁配合完成，输入何处等都应有详细说明和规定，同时还应包括对完成计划所需设备、人力、资金等内容的说明。编制可靠性工作计划的原则包括：根据可靠性管理大纲确定的要求进行分解和全面考虑，重点放在研制的早期阶段；可靠性工作计划应纳入整个工程研制计划中，并与质量保证工作协调一致，避免不必要的重复；计划要分阶段安排，应明确且具体，便于执行和检验，同时还需明确规定各部门人员的责任、权限和相互关系。

2.4.2　可靠性标准体系

在可靠性管理中，需要按照一定的标准去管理，这样不仅使产品质量或工程质量得到保证，而且有利于实现可靠性管理的科学化和标准化。

可靠性标准是可靠性工程与管理的基础之一，是指导开展各项可靠性工作，使其规范化、最优化的依据和保证。采用可靠性国家标准和国际先进标准是迅速提高我国可靠性工程与管理水平，大幅提高我国产品可靠性的重要途径。

可靠性标准是在严密的理论指导下通过总结可靠性工程与管理的实践经验而制定的，并且随着理论研究水平的提高、工程技术的发展以及经验的积累而不断予以修订、补充和完善，有高度的科学性、实用性以及指导性。可靠性标准可以使可靠性设计和管理工作更加规范化，为可靠性的最优化提供依据和保证。严格按照可靠性标准进行工作，可以提高可靠性管理的科学性，减少盲目性，并能以最少的人力、物力和时间实现既定的可靠性目标。因此，不论是管理者还是工程技术人员都应认真地学习和贯彻可靠性标准。

1. 可靠性标准

可靠性标准分为三个层次：对可靠性工程与管理具有广泛指导意义的可靠性基础标准、某一大类产品共用的专业可靠性基础标准和各种有可靠性指标要求的具体产品标准。各种可靠性标准又可分类如下：

从级别上分，可分为国家可靠性标准(GB)、国家军用可靠性标准(GJB)和行业可靠性标准；

从内容上分，可分为管理、采购、研制、生产、试验、分析、安装、储运、使用、维修等各个方面的可靠性标准；

从形式上分，则有以规范、标准、手册等方式表达的可靠性标准。

在实践中企业应尽量采用可靠性国家标准和国际先进标准，如国际标准 ISO、国际电工委员会标准 IEC、美国国家标准 ANSI、美国军用标准 MIL、日本工业标准 JIS 等，采用这些标准有利于迅速提高我国可靠性工程与管理的水平，这是大幅提高我国产品可靠性的重要途径。

2. 国家可靠性标准

结合我国实际情况，参考国外相关标准如国际电工委员会可靠性标准等，制定了我国可靠性方面的系列国家标准。这些标准很好地推动和指导了我国可靠性工程与管理工作，对产品可靠性、维修性、保障性、安全性水平的提高起到了重要作用。表 2-6 中列出了部分可靠性方面的国家标准。

表 2-6 国家可靠性标准(部分)

序号	标准编号	标准名称
1	GB/T 37079—2018	设备可靠性　可靠性评估方法
2	GB/T 37963—2019	电子设备可靠性预计模型及数据手册
3	GB/T 4888—2009	故障树名词术语和符号
4	GB 7829—1987	故障树分析程序
5	GB/T 15174—2017	可靠性增长大纲
6	GB/T 5080.1—2012	可靠性试验　第 1 部分：试验条件和统计检验原理
7	GB/T 5080.2—2012	可靠性试验　第 2 部分：试验周期设计
8	GB/T 7826—2012	系统可靠性分析技术　失效模式和影响分析(FMEA)程序
9	GB/T 29832.1—2013	系统与软件可靠性　第 1 部分：指标体系
10	GB/T 29832.2—2013	系统与软件可靠性　第 2 部分：度量方法
11	GB/T 29832.3—2013	系统与软件可靠性　第 3 部分：测试方法
12	GB/T 32245—2015	机床数控系统　可靠性测试与评定
13	GB/T 38047.1—2019	智能家用电器可靠性评价方法　第 1 部分：通用要求
14	GB/T 38187—2019	汽车电气电子可靠性术语
15	GB/T 9414.1—2012	维修性　第 1 部分：应用指南
16	GB/T 9414.2—2012	维修性　第 2 部分：设计与开发阶段维修性要求与研究
17	GB/T 9414.3—2012	维修性　第 3 部分：验证和数据的收集、分析与表示
18	GB/T 9414.9—2017	维修性　第 9 部分：维修和维修保障
19	GB/T 18272.7—2006	工业过程测量和控制系统评估中系统特性的评定　第 7 部分：系统安全性的评估

3. 国家军用标准

为了保证我国军用产品的先进性，我军参考美国军用标准等，结合我国实际情况制定了国家军用标准，国家军用系列标准的颁布为军品的可靠性、维修性、安全性的提高起到了有效的指导作用。全面贯彻国家军用标准，必须进行统一规划，采取组织保证、经费支持、全面协调等一系列有力措施。表 2-7 中列出了部分可靠性方面的国家军用标准。

表 2-7 国家军用标准(部分)

序号	标准编号	标准名称
1	GJB 450A—2004	装备可靠性工作通用要求
2	GJB 150A—2009	军用装备实验室环境试验方法
3	GJB 368B—2009	装备维修性工作通用要求
4	GJB 899A—2009	可靠性鉴定和验收试验

续表

序号	标 准 编 号	标 准 名 称
5	GJB 1909A—2009	装备可靠性维修性保障性要求论证
6	GJB 1407—92	可靠性增长试验
7	GJB 663A—2012	军用通信系统安全通用要求
8	GJB 102A—2012	军用软件安全性设计指南
9	GJB/Z 57—94	维修性分配与预计手册
10	GJB/Z 161—2012	军用软件可靠性评估指南
11	GJB/Z 170.13—2013	军工产品设计定型文件编制指南　第13部分：可靠性维修性测试性保障性安全性评估报告
12	GJB 813—90	可靠性模型的建立和可靠性预计
13	GJB/Z 768A—98	故障树分析指南
14	GJB/Z 299C —2006	电子设备可靠性预计手册
15	GJB 8892.9—2017	武器装备论证通用要求　第9部分：可靠性
16	GJB 900—90	系统安全性通用大纲
17	GJB 1032A—2020	电子产品环境应力筛选方法

2.4.3　可靠性管理组织体系

在企业内部建立可靠性管理组织体系，是可靠性管理的组织保证，无论是在研制、生产单位或是型号装备研制时，都应建立强有力的组织机构体系，以便明确本部门或企业的可靠性管理机构的结构形式、职责权限、上下级部门以及与其他职能机构之间的关系及协调方法。明确本部门或企业的主要可靠性管理机构的负责人，明确可靠性管理机构对产品可靠性的要求、以什么方式通知需要了解及执行的其他机构（技术、管理、工艺、生产等）人员，如何督促检验；明确其他机构、人员以什么方式向可靠性管理机构提供需要的可靠性信息等。把产品作为一个系统，在系统的各层次、各阶段都要确保有专门的管理人员和技术人员进行可靠性工作。

在武器装备型号工程研究过程中，可建立可靠性管理组织体系。在系统层次，可设立专门负责可靠性工作的副总师；在关键分系统的综合设计组中，要安排专门可靠性设计人员；此外，在系统各阶段进行评定、验收时也需要专门的可靠性管理人员进行审核。

可靠性组织根据单位的情况安排，可在质量管理部门设置专职的管理机构，专职的管理机构必须依靠各职能部门发挥作用，共同完成可靠性工作与管理任务。

【习题】

一、选择题

1. 组织实施质量管理体系所需的资源是指(　　)。

   A. 建立、实施、保持和持续改进质量管理体系所需的资源

   B. 人力资源

   C. 设施

   D. 信息

2. 下列哪项不属于质量管理七大原则？(　　)

A. 过程方法　　B. 管理的系统方法

C. 领导作用　　D. 全员参与

3. 开展全面质量管理的基本要求可以概括为(　　)。

A. “三全一多样”　　B. 质量中心

C. “三保”　　D. “卡、防、帮、讲”

4. 在全面质量管理的基础工作中，能够帮助建立基本的秩序和准则的工作是(　　)。

A. 标准化　　B. 计量　　C. 质量教育　　D. 质量信息

5. 全面质量管理的思想是以(　　)为中心。

A. 全员参与　　B. 质量　　C. 顾客　　D. 过程

二、简答题

1. 如何理解全面质量管理？
2. 试述质量管理体系的改进方法及步骤。
3. 试述质量管理七大原则的内容及运作思路。
4. 简述可靠性管理与质量管理的区别。

章后案例一

北斗卫星导航系统工程质量与可靠性管理体系

北斗卫星导航系统的使命，是为全球用户提供定位、测速、授时以及报文通信服务，满足用户导航定位需求。北斗卫星导航工程是一个天地一体化的复杂系统工程，涉及卫星(星座)、地面运控、应用、火箭、测控和发射场六大系统，具有卫星类型多、数量多、工作寿命要求长、星座构型复杂等特点。地面运控系统由主控站、注入站、监测站组成，具有站点分布广泛、设备量大、工作流程复杂等特点。北斗卫星工程具有组批生产、密集发射与组网运行的特点。北斗卫星导航系统质量可靠性要求很高，系统复杂、精度要求高，给质量可靠性工作带来很大挑战。北斗二号卫星导航系统质量管理工作坚持军工产品质量第一方针，按照“加大管理力度、落实质量责任、强化素质教育、深化体系建设、严格过程控制、健全监督机制”的指导思想，持续改进全面质量管理工作，不断提高型号工程质量管理水平。为确保产品工艺一致性、稳定性、可靠性和长寿命，型号工程总体和各研发单位坚持将质量可靠性放在第一位，结合工程实际特点，组织开展大量的质量与可靠性管理工作。为有效地提高并保证卫星导航系统的质量可靠性，型号工程总体和各研发单位按照全系统全寿命的观点，从项目论证时开展质量可靠性论证工作，制定质量管理方针和要求，建立健全全过程管理的质量管理体系，覆盖型号研制、批产以及创新产品全过程，制定可靠性管理大纲、质量与可靠性工作计划、质量与可靠性信息管理要求，建立质量与可靠性信息管理系统，明确工作流程，明确各单位工作职责，并开展大量的质量可靠性方面的科学研究，制订质量可靠性关键技术攻关计划，对重点难点的科学技术问题开展研究。

1. 质量与可靠性管理组织体系

为加强型号任务质量与可靠性工作，成立卫星导航系统专项管理办公室质量可靠性研究中心。研究中心主要承担专项总体质量可靠性有关工作，负责起草重大专项质量可靠性工作规划计划；起草质量可靠性标准、规范和工作指导意见；组织开展重大专项质量可靠性技术研究工作；负责重大专项相关质量可靠性信息收集、分析、管理工作；负责组织重大专项质量可靠性状态评估检查工作。

型号总体要求各研发单位按照国军标《质量管理体系要求》(GJB 9001B—2009)的要求进一步完善和建立标准化的质量管理体系。各研发单位通过确定质量与可靠性领导机构、管理部门和质量与可靠性工程师队伍，建立健全了质量与可靠性管理组织机构。

各大分系统都成立了产品保证领导小组，如卫星系统根据自身工程的特点，为顺利开展产品保证工作，成立了产品保证领导小组，并根据不同的管理重点分别成立了技术状态控制组、可靠性工作组、软件工程化管理组、工艺管理组等，上述工作组在初样研制阶段已经成立，正样研制阶段进行了完善。项目办另组建技术专家组，协助项目办对北斗二号整星方案、产品技术状态、生产工艺进行把关，参与型号技术状态评审和质量问题的归零分析工作。

各管理组的职责如下：

(1) 产品保证领导小组的职责：负责型号研制全过程的产品保证工作的指导、监督、检查。

(2) 技术状态控制组的职责：策划技术状态管理工作，制订技术状态管理专题计划；审批、审查技术状态更改控制；专项审查或检查对技术状态更改的落实情况；对技术状态更改形成闭环管理。

(3) 可靠性工作组的职责：制订并组织实施型号可靠性工作计划；提出型号可靠性保证工作所需资源；确定型号可靠性设计、分析和试验方法及可靠性数据源；组织对型号设计人员的可靠性技术培训；为型号开展可靠性保证工作提供技术指导和咨询；监督和检查型号可靠性设计、分析、生产和试验等工作；参加型号可靠性保证的评审活动；向有关部门报告型号可靠性保证工作的进展情况；定期开展型号可靠性专题活动和进行技术交流。

(4) 软件工程化管理组的职责：制订型号软件产品保证要求和软件产品保证专题计划；策划并规定软件研制、测试、评估所需的方法、工具、环境等要求，并为相关单位提供指导；对软件研制过程中的技术状态实施控制；对软件的安全关键性等级分类及控制措施进行确认；参加软件评审和软件质量问题归零审查；参加软件研制全过程的质量控制。

(5) 工艺管理组的职责：策划型号工艺管理工作，制订专题管理计划；策划、组织型号关键项目工艺及阶段评审工作；审查研制单位工艺实施、更改控制情况；开展现场实物检查。

(6) 技术专家组的职责：协助设计师系统对各专业包括产品设计状态、可靠性安全性、软件工程化、元器件与线路、材料与工艺，从管理和技术方面把关，参与相关的评审工作并为最终的决策提供技术支持；参与审查相关专业的管理规范、实施工作项目和计划；协助总指挥和总设计师对相关工作规范的执行情况进行监督和检查；总结、推广成熟经验。

2. 质量与可靠性管理标准体系

为加强和规范“北斗二号”卫星导航工程质量与可靠性工作，确保各项技术成果满足卫星导航系统需求，确定卫星导航系统技术状态，降低全球系统研制建设的技术风险，型号工程建立了质量与可靠性工作应参照的标准体系，有效地规范指导了质量与可靠性工作。如研究提出了《卫星导航专项质量与可靠性路线图》《大系统对各系统的可靠性要求》，制定了

《试验卫星工程质量与可靠性要求》,研究提出了质量管理体系、产品控制、过程控制、质量问题归零、质量监督、可靠性要求、可靠性组织管理、可靠性设计与分析、可靠性试验与验证等质量与可靠性控制要求,纳入试验卫星工程总体要求。制定了《产品成熟度评价试点工作实施方案》《产品成熟度评价试点工作实施指南》《质量与可靠性信息管理办法》。以下作为示例给出北斗二号卫星导航工程质量与可靠性标准体系的部分标准。

部分国军标:《产品质量保证大纲要求》(GJB 1406—92)、《质量管理体系要求》(GJB 9001B—2009)、《关键件和重要件的质量控制》(GJB 909—90)、《装备可靠性工作通用要求》(GJB 450A—2004)、《可靠性模型的建立和可靠性预计》(GJB 813—90)、《可靠性鉴定和验收试验》(GJB 899—90)、《电子产品可靠性热设计手册》(GJB/Z 27—92);部分其他标准:《航天产品故障模式影响及危害性分析指南》(QJ 3050—98)、《航天产品材料、机械零件和工艺保证要求》(QJ 3125—2000)、《航天产品质量问题归零实施指南》(QJ 3183—2003)。

3. 可靠性管理大纲

可靠性管理大纲规定了产品在设计、研制、生产、试验、使用全寿命周期内可靠性要开展的工作内容,是产品研制过程总要求的一个组成部分。北斗卫星导航工程总体和各大系统分别制定了总体和各系统的可靠性管理大纲。

可靠性管理大纲主要包括:可靠性管理与控制计划;可靠性工作目标和指导思想;可靠性要求;可靠性分配;可靠性预计;故障模式、影响分析;故障树分析;抗辐照设计、抗力学环境设计、降额设计、热设计、防静电设计、电磁兼容设计等可靠性设计;容差和最坏情况分析;元器件、外购件控制;可靠性评审;可靠性试验与验证;故障报告、分析与纠正措施系统(FRACAS);可靠性验收等内容。

各大系统将可靠性大纲规定的工作再进一步细化,成为具体的可靠性工作计划并实施,确保了北斗工程任务的圆满成功。

章后案例二

阶段分工协作,共同实施大兴国际机场质量管理

北京大兴国际机场作为大型国际枢纽机场,占地面积约 15 万 m^2,工程项目总投资额 31 亿元,是首都的重大标志性工程,是展现中国国家形象的“新国门”,是推动京津冀协同发展的骨干工程。该项目在施工过程中完善的质量管理体系的构建和运行,是项目成功通过北京市建筑结构长城杯验收,并获得中国钢结构金奖、钢结构杰出大奖等殊荣的强有力的保障。为健全大兴机场项目的质量管理体系,落实主体责任,在设计、施工阶段采取的质量管理措施如下:

1. 设计阶段

北京大兴国际机场在总部设立 BIM 管理中心,主要负责相关管理制度编制与审批、项目款的审批、BIM 技术应用的指导和管理、BIM 应用成果的审核等。在原有的设计管理、成本管理、进度管理、合同文本标准基础上,嵌入 BIM 管理过程和关键技术内容,优化完善各部门业务流程和管理规范,实现 BIM 技术与建设管理工作在设计优化、合约管理、施工管控、成本控制方面的深度融合。同时 BIM 管理中心对各部门人员进行培训,确保相关人员能够熟练使用 BIM 软件。此外,大兴机场把 BIM 技术与工程各个环节紧密结合,在效益上

实现了管理流程优化、资源信息整合的目的，提升了工程全局把控能力和管理效率，设计质量明显提高。为加强对设计质量的管控，大兴机场召开施工图评审会，并要求参与设计的各专业设计师直接采用二维图纸结合三维模型汇报设计成果，直观展现设计效果和施工困难区域。在此形式下，模型与出图进度保持一致，极大地促进了设计师与建模人员深度融合，图纸和模型质量得到了极大提高。

2. 施工阶段

1）建设单位质量管理

（1）建立与工程项目建设相适应的质量管理制度，包括项目法定代表人质量责任制度、项目直接主管负责人质量责任制度、项目质量管理机构责任追究制度、施工招标管理制度、施工合同管理制度、施工工期管理制度、工程建筑材料采购管理制度、工程质量文件归档管理制度、项目质量管理公示制度、工程质量验收管理制度、工程质量保修管理制度，以及项目质量管理奖惩制度等。

（2）建立建设单位、施工总承包单位、分包单位、监理单位、建筑材料供应商、工程质量检测机构等质量管理人员名册，注明各自的质量职责及其经手的工程质量内容，并根据人员变动情况及时更新。

（3）建立工程质量持续改进制度。定期组织设计、施工、监理等单位对存在的质量问题进行分析，采取纠正、预防措施消除潜在质量隐患，并定期评价质量管理措施的实施效果，完善质量管理制度。

2）施工单位、监理单位质量管理

（1）施工总承包单位设置项目质量管理机构，配备满足质量管理需要的质量管理人员；监理单位应严格审核施工单位质量管理人员资格及数量。

（2）施工总承包单位、监理单位应落实《工程质量管理关键工序管理制度》《不合格项处置管理制度》要求，加强对关键工序施工质量和不合格项的处置管理。

（3）施工总承包单位、监理单位按要求落实建设工程质量终身责任制，及时签订授权书和承诺书。施工总承包单位按要求组织混凝土搅拌站、钢筋供应企业、预制构件生产企业等落实建设工程质量终身责任制，及时签订承诺书。

（4）施工总承包单位、监理单位要建立多层级检查制度，对工程质量进行全过程管控，并定期对在施工程进行质量全面检查。每周组织公司技术质量人员对项目进行至少一次质量检查。

北京大兴国际机场项目在设计、施工阶段通过采取质量管理措施，建立健全质量管理体系，有效提高了设计和施工阶段的工程质量管理水平，确保质量整体受控和工程稳步推进。

案例问题：

大兴机场施工过程质量管理体系的构建和运行中，有哪些值得借鉴的举措？

【延伸阅读】

港珠澳大桥旅检大楼支撑件制造全流程质量管理（赵雪磊，李文定. 港珠澳大桥旅检大楼支撑件制造全流程质量管理[J]. 价值工程，2017，36(22)：238-239.

第3章

质量设计

丰田召回事件

丰田产品大规模召回起源于美国。2009年8月底，美国发生丰田雷克萨斯品牌汽车突然加速导致4人死亡的事故，这成为丰田召回事件的导火索。对于这一事件，丰田美国公司认为，事故发生原因是汽车内可移动的地垫可能导致油门被卡住。美国国家公路交通安全管理局在累计接到100多起类似的投诉后，与丰田汽车公司进行了一番交涉。丰田公司随后便要求公司在美国的1400余家经销商开始召回存在问题的雷克萨斯与丰田其他品牌车辆。9月之后丰田美国公司累计召回车辆达到426万辆，这创造了丰田汽车召回的新纪录。虽然11月丰田公司宣布从2010年开始，为此前在美国召回的问题车免费更换油门踏板，但对丰田公司汽车质量的批评还是浮出水面。于是拉开了这家以质量著称的日本汽车制造商大批量召回事件的帷幕。

丰田公司召回事件的起因可以归为“脚垫门”，后期的油门踏板设计缺陷问题又起到了加速器的作用。在业界震惊于丰田汽车历史性的召回时，这家日本汽车制造商再次因零部件设计问题发出召回通知。尽管丰田公司称此次油门被卡是因为机械问题，与地垫无关，但这样的情况发生在这个以“精益生产”闻名全球的汽车制造企业身上，这不仅对丰田美国公司是一个重创，也震动了汽车行业。

汽车产品的设计涉及多领域知识、应用、控制、材料和零部件等的综合和优化。不同领域的设计人员根据并行工程的方法进行各自的零件、部件的概念设计、功能设计、结构设计、详细设计和工艺设计等。在设计阶段中需要提出质量要求，确定零部件的质量水平，设计质量性能参数及其容差，制定公差标准和其他技术条件，并从产品整体出发，面向质量保证和质量控制，发现并消除不同领域融合、交汇以后可能会出现的质量问题。这些贯穿于各种活动、过程和产品等的产品质量设计工作是质量设计的一个重要方面。

产品质量设计能够保证产品设计方案（如图纸、配方、过程计划书等）正确反映设计思想和用以指导产品实施过程的质量要求，避免因方案设计不周而造成产品的质量低劣和其他各种损失。本章将论述“质量设计”的基本理论和设计方法。

参考资料：梁工谦.质量管理学[M].2版.北京：中国人民大学出版社，2014.

质量设计是对产品在设计阶段中提出质量要求，确定产品的质量水平（或质量等级），规定主要的质量性能参数及其容差，制定公差标准和其他技术条件。常用的质量设计方法包括 DFX(design for X，面向产品寿命周期的设计)方法、DFMEA(design failure mode and effects analysis，设计阶段失效模式分析)方法等。DFX 是指面向产品寿命周期的设计，其中 X 指产品寿命周期中的任一环节，例如产品制造、产品装配、产品检测、产品包装和运输、产品维修、环境保护等。DFX 方法主要是在设计阶段尽可能早地考虑产品的性能、质量、可制造性、可装配性、可测试性、产品服务和价格等因素，对产品进行优化设计或再设计。常见的 DFX 方法有：面向装配的设计(design for assembly，DFA)、面向制造的设计(design for manufacturing，DFM)、面向可靠性的设计(design for reliability)、面向可维修性的设计(design for maintainability)、绿色设计(design for green)和物流设计(design for logistics)等。DFMEA，即设计 FMEA，是从设计阶段出发进行产品质量保证的一种手段，是解决如何在设计阶段保证产品在正式生产过程中、交付客户过程中满足产品质量的一种控制工具。DFMEA 评价与分析的对象是最终的产品以及每个与之相关的系统、子系统和零部件。DFMEA 在体现设计意图的同时还应保证制造或装配能够实现设计意图。

质量设计主要有以下三项任务：

(1) 保证产品的功能质量，要求产品能够达到规定的功能目标；

(2) 保证产品的价值质量，将实现产品的准备费用、制造费用和使用费用等控制在合理的范围，从而使产品在价格上有一定的市场竞争能力；

(3) 保证产品的设计方案(如图纸、配方、过程计划书等)能够正确反映设计思想和用以指导产品实施过程的质量要求，避免因方案设计不周而造成产品的质量低劣和其他各种损失。

质量策划是实现质量设计的具体方法。针对不同的质量目标，采用的质量设计方法、具体的设计过程是不同的。主要质量设计方法有质量功能展开(quality function deployment，QFD)、试验设计和三次设计等。

3.1　质量策划

3.1.1　质量策划的内涵

国际标准 ISO 9000:2015 中对质量策划的定义是：质量策划是“质量管理的一部分，致力于制定质量目标并规定必要的运行过程和相关资源以实现质量目标”。

美国质量管理专家朱兰将质量管理划分为三个过程：质量策划、质量控制和质量改进，简称为“朱兰三部曲”。朱兰认为，质量策划是设定质量目标和开发为达到这些目标所需要的产品的过程。

质量策划的内涵包括以下四个方面。

(1) 质量策划是质量管理的一部分。质量管理是指导和控制与质量有关的活动，通常包括质量方针和质量目标的建立、质量策划、质量控制、质量保证和质量改进。质量策划属于“指导”与质量有关的活动，即“指导”质量控制、质量保证和质量改进的活动。在质量管理中，质量策划是设定质量目标的前提，它的地位低于质量方针的建立，高于质量控制、质量保证和质量改进。质量控制、质量保证和质量改进只有经过质量策划，才可能有明确的对象和目标，才可能有切实的措施和方法。因此，质量策划是质量管理诸多活动中不可或缺的中间环节。

(2) 质量策划致力于设定质量目标。质量方针指明了进行质量管理的方向，而质量目标是该方向上的某一个点。质量策划就是要根据质量方针，结合具体情况确立这“一点”。由于质量策划的内容不同、对象不同，因此这“一点”也可能有所不同，但质量策划的首要问题是设定质量目标。

(3) 质量策划应为实现质量目标规定必要的作业过程和相关资源。质量目标设定后，就需要考虑为实现质量目标应采取哪些措施、必要的作业过程以及提供的必要条件，包括人员和设备等资源，并将相应活动的职责落实到部门或岗位，以使质量控制、质量保证和质量改进等质量管理活动得以顺利实施。

(4) 质量策划的结果是形成质量计划。通过质量策划，将质量策划所设定的质量目标及其规定的作业过程和相关资源用书面形式表示出来，就形成了质量计划。所以，编制质量计划的过程，实际上就是质量策划的一部分。

质量策划有以下五个步骤：

(1) 设定质量目标；

(2) 识别顾客——受目标影响的人；

(3) 确定顾客需求，开发反映顾客需求的产品特征；

(4) 开发能够生产具有这种特征产品的过程；

(5) 设定过程控制，并将由此得出的计划转化为操作计划。

3.1.2 质量策划的依据

产品质量策划的依据主要包括以下五个方面：

(1) 产品特点。不同类型、不同大小、不同特点的产品，其质量目标、质量管理运行过程及需要的资源各不相同，因此，应针对产品的具体情况进行质量策划。

(2) 产品的质量方针。产品的质量方针反映了产品总的质量宗旨和质量方向，质量方针提供了质量目标制定的框架，是产品质量策划的基础之一。

(3) 产品范围陈述。产品范围陈述说明了产品所有者的需求及产品的主要要求，产品质量策划应适应这些需求和要求。

(4) 产品交付物描述。尽管可能在产品范围陈述中已经描述产品交付物的相关要素，然而对产品交付物的描述通常包含更加详细的技术要求和其他相关内容，这是产品质量策划的必要依据。

(5) 标准和规则。不同的行业、不同的领域，对其相关产品都有相应的质量要求，这些要求往往是通过标准、规范、规程等形式加以明确的，这些标准和规则对质量策划将产生重要影响。例如，建筑产品的质量策划就应依据建筑施工规范、建筑结构规范等国家和行业标准。

综上所述，产品质量策划是围绕产品所进行的质量目标策划、运行过程策划和确定相关资源等活动的过程。质量策划的结果是明确质量目标；明确为达到质量目标应采取的措施，包括必要的作业过程；明确应提供的必要条件，包括人员、设备等资源条件；明确产品相关各方、部门或岗位的质量职责。质量策划的这些结果可用质量计划、质量技术文件等质量管理文件形式加以表达。

3.2　质量目标

质量目标是质量工作的纲领和行动指南，通过质量目标的制定以及展开到实施的全过程的组织协调、控制、激励等活动来调动员工的积极性，推动各项质量职能的落实和质量管理体系的有效运行。质量方针指的是由组织的最高管理者正式发布的该组织总的质量宗旨和方向。质量方针将为质量目标的制定与实施提供框架和依据。质量目标管理是一套行之有效的科学管理方法，得到了企业的广泛运用。

3.2.1　质量目标的概念

ISO 9000:2015 标准对质量目标的定义是：质量目标是指组织在质量方面所追求的目的。质量目标一般依据组织的质量方针制定，通常是对组织的相关职能和层次分别规定质量目标。

质量目标是组织为了实现质量方针所追求制定的事物，组织在建立质量方针的基础上应针对质量方针规定的方向和承诺确立组织的质量目标，作为全体员工共同努力应达到的具体要求。质量目标以质量方针为依据，并且始终与质量方针保持一致。质量目标应是可以测量的，以便在实现质量目标检验、评价是否达到目标时进行对比。质量目标要具有现实性和挑战性，轻而易举就能达到的目标往往难以有激励作用，过分保守，就失去了制定质量目标的意义。但是，也不能脱离组织的实际情况，而一味地定得越高越好。质量目标要有一定的挑战性，要通过努力才能实现。这样，才能使质量目标成为促进持续改进的动力，激发员工积极性。在建立组织质量目标的基础上，应将质量目标分解落实到各职能部门和各级人员，使质量目标更具有操作性。通过系统管理方法将质量目标从上至下分解落实到各级各层次，各级目标的实现也就保证了组织总质量目标的实现。

3.2.2　质量目标的制定与展开

根据质量方针提供的框架，可以从以下几方面来制定质量目标：

(1) 国家有关政策法令的要求以及国家部委和上级的指令安排等；

(2) 通过市场调查预测用户对质量、品种、数量、价格的要求；

(3) 国内外同行业竞争对手的技术质量状况；

(4) 社会经济动向包括能源以及其他资源的状况；

(5) 本组织的实际状况，包括组织的长远计划、条件、现状以及上期完成计划目标的情况和存在的问题等。

质量目标的展开，就是把一个方针、一个目标或一个措施，按其实施过程或实施部门扩展成若干个详细的、具体的实施项目。组织目标的展开过程实际上是组织和动员各部门员工，为实现企业质量目标集中智慧和力量，群策群力想办法，提合理化建议的过程。质量目标展开，主要包括目标展开、措施展开、目标协商、明确目标责任、编制质量目标展开图五项内容。

(1) 目标展开。组织制定了总目标后，为了实现这一目标，就要把组织目标展开为各部门、车间、班组和个人等各层次的分目标，形成组织目标体系。

(2) 措施展开。所谓措施展开，就是针对每一层次的分目标制定出实现该目标的具体措施。制定的措施要具体可行，而且要有落实的期限、负责的部门或人员以及检验考核的办法，还要防止把措施写成冠冕堂皇的空话和到处都可以通用的口号。

(3) 目标协商。在目标展开过程中，组织上下级之间围绕各层次目标之间的关系处理，以及各层次目标的落实所进行的思想交流和意见商讨称为目标协商。目标协商是目标展开中的一个重要环节。实行方针目标管理，在方针目标展开时，上下级之间要进行充分的协商、讨论和交流意见。在协商的基础上，一般尽量尊重层次目标执行者本人的愿望，制定该层次目标。对某些事关全局性的目标，若目标执行部门有困难，领导要创造条件帮助解决以保证目标的实现。

(4) 明确目标责任。经过目标协商，确定了企业、部门、车间、个人各个层次的目标后，接着就要把各层次目标与各层次的具体人员紧密结合起来，即明确目标责任。这是目标展开中最重要的一个环节。明确目标责任的基本要求，就是根据每个员工个人工作目标，使每人进一步明确自己在实现企业目标过程中应尽的责任。具体地说，就是明确自己应该做什么、怎么做、做到什么程度、达到什么要求等。明确目标责任也应从上到下，上下结合，按每一层次要求层层落实。每一层次都应该在明确集体目标责任基础上明确个人目标责任。在具体明确目标责任时，应注意明确目标责任在范围、内容、数量、质量、时间、程度等各个方面的要求，努力使责任指标化，便于执行、检验和考核。

(5) 编制质量目标展开图。为了使全体员工更直观地明确各自的目标及目标责任，还要编制好质量目标展开图。质量目标展开图也就是用图表的方法，将组织的质量目标、层次目标、目标措施(对策)、责任者等方面的主要内容公布于众，由员工共同执行。

3.2.3 质量目标的实施

质量目标一经确定和展开，则从上到下，各个部门都要按目标体系的要求，同心协力，努力为实现质量目标而尽职、尽责和尽力，这也就是质量目标的实施过程。实施过程活动的重点在中层和基层，而上层的主要任务是抓进度、抓协调、抓考核、抓重点目标的管理。要充分发挥各部门和个人的积极性，重点抓好以下几个方面的工作：

(1) 实施的准备工作。为了保证实施目标能顺利进行，应做好人员的准备、技术文件的准备、设备和工具的准备、原材料的准备、资金的准备等。

(2) 目标责任制度化。实施目标的中心环节，就是要在明确目标责任的基础上，按层次、按人员落实目标责任，并坚持责任、权力、利益相结合的原则，对完成目标特别出色的集体和个人予以奖励，对完成目标差的，特别是对实施质量目标造成重大不良影响的应进行处罚。

(3) 自我控制。所谓自我控制，就是员工按照自己所担负的目标责任、按照目标责任制的要求，在实施目标中进行自主管理。自我控制的最大成效，就是使广大员工感到不是哪个上级要我干，而是从内心发出我要干的愿望并以此指导自己的行动，从而充分发挥自己最大的积极性把各项工作做好。搞好自我分析和检验是实行自我控制的重要手段，通过自我分析和检验，把握实施目标的进度、质量和协作情况，找出自我工作与目标要求的差距，及时采取措施加以解决。实行自我控制并不是不要组织领导，而应该不断地与上级和有关部门取得联系，做到上下、左右的情况互相沟通，使组织领导建立在更广泛的、自觉的群众基础之上，从而提高领导协调目标管理的有效性。

（4）检验和考核。实施目标虽然主要依靠广大员工的自我控制，但考察目标实施过程的情况和问题，对每阶段目标实施的结果进行及时的审核，都是目标实施过程中不可缺少的环节。实施目标中的检验考核，是指企业各级管理组织对实施目标过程所进行的察看、指导和审核。检验和考核的目的，是掌握实施目标的情况，表扬实施目标中的好人好事，纠正偏离目标要求的情况和问题，保证目标实施过程有秩序、有成效地进行。

（5）开展质量管理小组活动。针对实现质量目标的问题点或薄弱环节，引导和加强质量管理小组活动，这种形式使质量目标的实现具有更广泛的群众性。

3.2.4 质量目标管理效果的评价

质量目标管理效果的评价，就是把质量管理全过程的综合情况和结果联系起来，以结果为主做出客观的评价。评价要严格按照目标规定的定量和定性的指标进行，要做到一视同仁，不讲情面，实事求是，分清功过是非。

1. 评价内容

质量目标管理效果评价的对象，就是质量目标展开图的项目内容。它主要包括各项目标的目标值完成情况、承担目标项目的各单位之间的协作情况，目标完成的进度（时间要求）、实现目标的措施和手段情况、目标项目的困难程度、完成项目的努力程度等。但重点是对目标值的完成情况、目标项目的困难程度、完成目标的努力程度、协作情况、措施手段等几项内容进行评价。

1）目标值的达到程度

目标值达到程度是指实现目标值与原定目标值之比（表示达到率），在正常情况下，期初原定的目标值就是期末评价时的评价标准。但是，组织在实施目标过程中经常受到各种客观因素的影响，使情况发生变化。而这些变化不是组织内部承担目标的部门和个人所能解决的。因此，适当调整目标值也是合情合理的。这样一来，作为评价标准的目标值包括：制定目标时所规定的目标值；新增加的目标值；扣除因为某些原因而减少的目标值。在评价时可用相对数表示，也可以用绝对数表示，往往是两者结合起来。对定性内容目标的评价，尽可能转化成定量的评价。可采用民意测验办法、对比的办法加以定级，以级别来表示定性的内容。

2）目标的困难程度

这是指由于目标项目本身的性质和客观条件不同，以及完成项目过程中环境的变化，实现目标项目所需付出代价的大小。由于各项具体任务的难度不同，若只看“达到程度”不看“困难程度”，就不能全面衡量部门和个人的工作成绩，只有把两者结合起来才便于进行比较。

3）达标过程中的努力程度

这是指在达标过程中，部门或个人发挥主观能动性的大小。有时虽然做出了努力，但由于各种原因，也可能没有获得好的结果；有时虽然条件很不利，但经过努力，化险为夷，取得成功。因此，需要对部门或个人的努力程度予以评价。

4）协作情况

这是指质量目标实施过程中组织的部门、车间、班组之间，为了实现共同的目标，互相之间的联系与配合情况。如在制定分目标时规定的协作项目完成情况；受承担目标的单位要求，帮助、协作解决问题的情况；主动对其他部门或个人的协作情况等。

5）措施手段

这是指承担目标项目的单位充分发挥自己的积极性和创造性，为了保证目标的实现所采取的对自己最合适的方法和对策。为了鉴别措施手段的正确性、先进性，必须对措施手段进行评价。评价的依据：①是否符合技术进步的要求；②是否符合向现代化管理方向发展的要求；③是否调动员工群众的积极性；④是否符合组织发展的长远要求和利于整个组织总目标的实现；⑤是否符合国家与有关部门的法令与政策。

2. 评价和考核

为使质量目标管理真正达到激励士气、促进工作、奖励先进和督促后进的目的，必须认真做好日常检验和定期的评价和考核工作。

（1）评价。对质量目标管理效果的评价方法，不局限于某种形式，但应从调动员工积极性这一目的出发，务必做到客观公正和赏罚严明。关键在于对目标（措施）的重要程度、困难程度、努力程度、达到程度和协作配合的有效程度实行量化评价，凭数据说话。

（2）考核。质量目标的考核方法应根据组织的具体情况而定。一般常见的考核方法有：①年初从奖励基金中划出一部分作为质量目标专项奖励金。当某一目标（措施）完成后，先由实施负责部门填报“质量目标完成报告单”，再由主管部门验收，由组织主管领导评定系数，最后由组织最高领导审批后发给奖金。②将质量目标的考核纳入经济责任制之中，但结算时均应结合衡量每个项目的重要程度、困难程度、努力程度和达到程度等进行奖励。

3.3 质量功能展开

质量功能展开（QFD）技术，于20世纪70年代首创于日本，是由日本东京技术学院的质量管理专家赤尾洋二和水野滋于20世纪60年代提出的一种立足于在产品开发过程中最大限度地满足顾客需求的系统化、用户驱动式的质量保证与改进方法。同时，QFD也是一种将用户或市场的要求转化为设计要求、零部件特性、工艺要求、生产要求的多层次演绎的分析方法，它采用比较清晰的图表，将顾客的需求和期望的复杂关系系统地表达出来，并进行综合权衡分析，以提供选定方案的决策依据。丰田公司于20世纪70年代采用QFD以后，取得了巨大的经济效益，新产品开发成本降低了61%，开发周期缩短了1/3，产品质量也有相应的改进。世界上著名的公司如福特汽车、通用汽车、惠普、施乐、美国电话电报公司等也都相继采用了QFD。从QFD产生到现在，其应用已经涉及汽车、家用电器、服装、集成电路、合成橡胶、建筑设备、农业机械、船舶、软件开发、教育和医疗等各个领域。

QFD通过一定的市场调查方法获取顾客需求，并采用矩阵图解法和质量屋（house of quality，HOQ）的方法将顾客的需求分解到产品开发的各个过程和各个职能部门中，以实现对各职能部门和各个过程工作的协调和统一部署，使它们能够共同努力、一起采取措施，最终保证产品质量，使设计和制造的产品能真正满足顾客的需求。QFD是一种由客户需求驱动的产品开发管理方法，具有以下一些基本内涵：

（1）QFD的本质就是要求企业不断地倾听顾客的心声，并通过合适的方法，采取适当的措施在产品形成的全过程中体现这些顾客的需求。

（2）QFD是在满足顾客需求的过程中，帮助在产品形成过程中所涉及的企业各职能部门制定出符合各自相应的技术要求的实施措施，并使各职能部门协同工作，共同采取措施保证和提高产品质量。

（3）QFD的应用涉及产品形成全过程的各个阶段，尤其是产品的设计和生产阶段，被认为是一种在产品开发阶段进行质量保证的方法。

3.3.1 QFD瀑布式分解模型

顾客需求是QFD的出发点，正确理解顾客需求对于实施QFD是十分重要的。顾客需求确定之后，采用科学、实用的工具和方法，将顾客需求逐步地分解展开，分别转换成产品的技术要求等，并最终确定出产品质量控制方法。相关矩阵（也称质量屋）是实施QFD的基本工具，瀑布式分解模型则是对QFD的展开方式和整体实施思想的描述。图3-1所示为按顾客需求→产品技术要求→关键零件特性→关键工序→关键工艺/质量控制参数，分解为4个矩阵的QFD瀑布式分解模型。

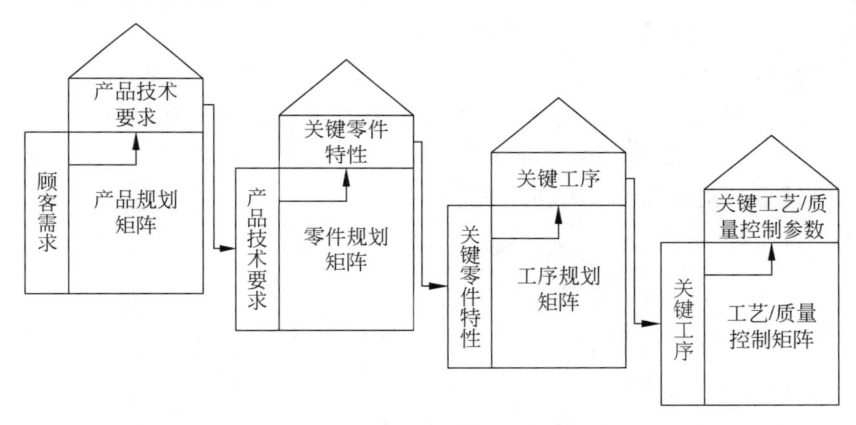

图3-1 典型的QFD瀑布式分解模型

实施QFD的关键是获取顾客需求并将顾客需求分解到产品形成的各个过程，将顾客需求转换成产品开发过程具体的技术要求和质量控制要求。通过对这些技术和质量控制要求的实现来满足顾客的需求。严格地说，QFD是一种思想，一种产品开发管理和质量保证与改进的方法论。将顾客需求一步一步地分解和配置到产品开发的各个过程中，需要采用QFD瀑布式分解模型。

3.3.2 QFD方法的作用

QFD方法具有很强的功效性，具体表现为：

（1）QFD有助于企业正确把握顾客的需求。QFD是一种合乎逻辑的方法，它包含一套矩阵（质量屋），这些矩阵有助于确定顾客的需求特征，以便于更好地满足和开拓市场，也有助于决定公司是否有力量成功地开拓这些市场以及什么是最低的标准等。

（2）QFD有助于优选方案。在实施QFD的整个阶段，人人都能按照顾客的需求评价方案，所有的决定都是以最大限度地满足顾客需求为基础。QFD 方法建立在产品和服务应该按照顾客需求进行设计的观念基础之上，所以顾客是整个过程中最重要的环节。

（3）QFD 有利于打破组织机构中部门间的功能障碍。QFD 主要是由不同专业、不同观点的人来实施的，所以它是解决复杂、多方面业务问题的最好方法。QFD 要求并鼓励使用具有多种专业知识的小组，从而为打破功能障碍、改善相互交流提供了合理的方法。

（4）QFD 将激发员工的工作热情。实施 QFD，打破了部门间的隔阂，会使员工感到心满意足，因为他们更愿意在和谐的气氛中工作，而不是在矛盾的气氛中工作。当他们获得成功以及看到高质量的产品时，会感到自豪并愿意在公司继续努力工作。

（5）QFD 能够更有效地开发产品，提高产品质量和可靠性，更好地满足顾客。

3.3.3 质量屋

质量屋是 QFD 的核心，它是由美国学者豪泽（J. R. Hauser）和克劳辛（Don Clausing）在 1988 年提出的，是一种确定顾客需求和相应产品或服务性能之间联系的图示方法。质量屋将顾客需求转换为产品技术要求以及进一步将产品技术要求转换为关键零件特性，将关键零件特性转换为关键工艺步骤和将关键工艺步骤转换为关键工艺/质量控制参数等 QFD 的一系列瀑布式分解提供了一个基本工具。

质量屋的结构形式示意图如图 3-2 所示，包括六个部分，即顾客需求、技术要求、关系矩阵、竞争分析、屋顶和技术评估。竞争分析和技术评估又都由若干项组成。在实际应用中，根据具体要求的不同，质量屋的结构会略有不同。例如，有时可能不一定设置屋顶；有时竞争分析和技术评估的组成项目会有所增减等。

屋顶

竞争分析

技术要求 / 顾客需求	产品特性1	产品特性2	产品特性3	产品特性4	…	产品特性n_p	企业A	企业B	…	本企业U	目标T	改进比例R_i	产品特性点S_i	重要程度I_i	绝对权重W_{ai}	相对权重W_i
顾客需求1	r_{11}	r_{12}	r_{13}	r_{14}	…	r_{1n_p}										
顾客需求2	r_{21}	r_{22}	r_{23}	r_{24}	…	r_{2n_p}										
顾客需求3	r_{31}	r_{32}	r_{33}	r_{34}	…	r_{3n_p}										
顾客需求4	r_{41}	r_{42}	r_{43}	r_{44}	…	r_{4n_p}										
⋮	⋮	⋮	⋮	⋮		⋮										
顾客需求n_c	$r_{n_c,1}$	$r_{n_c,2}$	$r_{n_c,3}$	$r_{n_c,4}$	…	r_{n_c,n_p}										

关系矩阵

技术评估						
企业A						
企业B						
⋮						
本企业U						
技术指标值						
重要程度T_{aj}						
相对重要程度T_j						

图 3-2 质量屋的结构形式示意图

说明：(1) 关系矩阵中的数值取值分别为9、5、1和0。数字9表示二者之间有很强的关系；5和1则表示二者之间的关系逐渐减弱；数字0表示二者之间没有关系。

(2) 产品特性点：强销售可以用数字1.5表示，可能销售可以用数字1.2表示，无销售可以用数字1.0表示。

1. 顾客需求

对顾客需求可以按照性能(功能)、可信性(包括可用性、可靠性和维修性等)、安全性、适应性、经济性(设计成本、制造成本和使用成本)和时间性(产品寿命和及时交货)等进行分类，并根据分类结果将获取的顾客需求直接配置至产品规划质量屋中相应的位置。

可简单地采用图示列表的方式，将顾客需求1、顾客需求2、……、顾客需求 n_c 填入质量屋中。也可以采用类似于分层式调查表的方式，或采用树图表示。不同的产品有不同的顾客需求。

2. 技术要求

技术要求是用以满足顾客需求的手段，是由顾客需求推演出来的，必须用标准化的形式表述。技术要求可以是一个产品的特性或技术指标，也可以是产品的零件特性或技术指标，或者是一个零件的关键工序及属性等。技术要求也可采用简单的列表、树图、分层调查表或系统图的方式描述。

在配置技术要求时，应注意满足以下三个条件：

(1) 针对性。技术要求要针对所配置的顾客需求。

(2) 可测量性。为了便于实施对技术要求的控制，技术要求应可测定。

(3) 宏观性。技术要求只是为以后的产品设计提供指导和评价准则，而不是具体的产品整体设计方案。

3. 关系矩阵

关系矩阵用于描述技术要求(产品特性)对各个顾客需求的贡献和影响程度。图3-2所示质量屋关系矩阵可采用数学表达式 $\boldsymbol{R}=(r_{ij})_{n_c\times n_p}$ 表示，关系矩阵的数学表达式为

$$\boldsymbol{R}=\begin{bmatrix} r_{11} & r_{12} & \cdots & r_{1n_p} \\ r_{21} & r_{22} & \cdots & r_{2n_p} \\ \vdots & \vdots & & \vdots \\ r_{n_c1} & r_{n_c2} & \cdots & r_{n_cn_p} \end{bmatrix} \tag{3-1}$$

式中，n_c 和 n_p 分别指顾客需求和技术要求的个数；$r_{ij}(i=1,2,\cdots,n_c;\ j=1,2,\cdots,n_p)$ 为第 i 个顾客需求与第 j 个技术要求之间的相关程度值。

通常采用一组符号来表示顾客需求与技术要求之间的相关程度。例如，用“◎”表示强相关，用“○”表示中等相关，用“△”表示弱相关。顾客需求与技术要求之间的相关程度越强，说明改善技术要求会越强烈地影响到对顾客需求的满足情况。顾客需求与技术要求之间的关系矩阵直观地说明了技术要求是否适当地覆盖了顾客需求。如果关系矩阵中相关符号很少或大部分是弱相关符号，则表示技术没有满足顾客需求，应进行修正。

对关系矩阵中的相关符号可以按强相关为9、中等相关为5、弱相关为1，直接设置成数字形式。也可按百分制的形式设置成[0,1]范围内的小数或用其他方式描述。

4. 竞争分析

应站在顾客的角度，对本企业的产品和市场上其他竞争者的产品在满足顾客需求方面进行评估。通过对其他企业的情况以及本企业的现状进行分析，并根据顾客需求的重要程度以及对技术要求的影响程度等，确定对每项顾客需求是否要进行技术改进以及改进目标。竞争能力可以采用5级评分形式：5表示影响大，4表示有影响，3表示影响一般，2表示没有影响，1表示完全没有影响。

（1）本企业及其他企业情况。主要用于描述产品的供应商在多大程度上满足所列的各项顾客需求。企业A、企业B等是指本企业的竞争对手当前的相关产品在满足顾客需求方面的水平。本企业U则是对本企业产品在满足顾客需求方面的水平评价。可以采用折线图的方式，将各企业相对于所有各项顾客需求的取值连接成一条折线，以便直观比较各企业的竞争力，尤其是本企业相对于其他企业的竞争力的强弱。

（2）未来改进目标。对本企业和市场上其他竞争企业的产品进行分析和比较，分析各企业的产品满足顾客需求的程度，并对本企业的现状进行深入剖析，在充分考虑和尊重顾客需求的前提下，设计和确定出本企业产品未来的改进目标，确定的目标在竞争激烈的市场中要有竞争力。同时，也要结合企业自身的现状，设置相对合适的目标，不能盲目地设置超过企业自身改进能力的目标。

（3）改进比例。改进比例（R_i）是在每一项顾客需求方面本企业改进目标（T_i）与企业现状（U_i）之比（见式（3-2）），它能反映出企业在满足客户需求方面水平提高的比率。

$$R_i = \frac{T_i}{U_i} \tag{3-2}$$

（4）产品特性点。产品特性点 S_i 用于评价产品的改进对销售情况的影响，主要把产品的质量特性考虑进来，设置顾客需求的产品特性点。例如，我们可以用{1.5，1.2，1.0}来描述特性点 S_i。当 $S_i=1.5$ 时，产品的改进对销售量的提高影响显著；当 $S_i=1.2$ 时，产品的改进对销售量的提高影响中等；当 $S_i=1.0$ 时，产品的改进对销售量的提高无影响。如果我们要改进某一特性，以更好地满足这一顾客需求，应认真考虑以下问题：改进之后，产品的销售量会不会有所提高？究竟能提高多少？片面追求质量至善是不正确的。

（5）重要程度。顾客需求的重要程度 I_i 是指按各顾客需求的重要性进行排序而得到的一个数值。该值越大，说明该项需求对于顾客具有越重要的价值；反之，则重要程度越低。

（6）绝对权重。绝对权重 W_{ai} 是改进比例（R_i）、重要程度（I_i）及产品特性点（S_i）之积（见式（3-3）），是各项顾客需求的绝对计分。通过这个计分可确定一个定量评价顾客需求的等级或排序。

$$W_{ai} = R_i \times I_i \times S_i \tag{3-3}$$

（7）相对权重。为了清楚地反映各顾客需求的排序情况，采用相对权重（W_i）的计分方法，公式为

$$W_i = \frac{W_{ai}}{\sum_{i=1}^{n_c} W_{ai}} \times 100\% \tag{3-4}$$

5. 技术要求相关关系矩阵

技术要求相关关系矩阵主要用于反映一种技术要求，如某一产品特性对其他产品特性

的影响。它呈三角形，位于质量屋的上方，故称为质量屋的屋顶。

屋顶表示出各技术要求之间的相互关系，这种关系表现为3种形式：无关、正相关和负相关。在根据各技术要求重要程度等信息确定产品具体技术参数时，不能只单独、片面地提高重要程度高的产品技术要求的技术参数，还要考虑各技术要求之间的相互影响或制约关系。特别要注意那些负相关的技术要求。负相关的技术要求之间存在相反的作用，提高某一技术要求的技术参数则意味着降低另一技术要求的技术参数或性能。此外，对于那些存在正相关的技术要求，可以只提高其中比较容易实现的技术要求的技术指标或参数。

屋顶中的内容不需要计算，一般只是用符号"△"表示正相关，用符号"×"表示负相关，标注到质量屋屋顶的相应项上，作为确定各技术要求具体技术参数的参考信息。

6. 技术评估

技术评估指对技术要求进行竞争性评估，确定技术要求的重要程度和目标值等。包括以下方面：

（1）本企业及其他企业情况。针对各项技术要求，描述产品的供应商所达到的技术水平或能力。企业A、企业B等是指这些企业针对各项技术要求，能够达到的技术水平或具有的质量保证能力。本企业U则是对本企业在这方面的评价。

（2）技术指标值。具体给出各项技术要求如产品特性的技术指标值。

（3）重要程度T_{aj}。对各项技术要求的重要程度进行评估、排序，找出其中的关键项。关键项是指若该项技术要求得不到保证，将对能否满足顾客需求产生重大消极影响；该项技术要求对整个产品特性具有重要影响；是关键的技术或是质量保证的薄弱环节等。对确定为关键的技术要求要采取有效措施，加大质量管理力度，重点予以关注和保证。

技术要求的重要程度（T_{aj}）是指按各技术要求的重要性进行排序而得到的一个数值。该值越大，说明该项需求越关键；反之，则越不关键。T_{aj}是各项技术要求的一个绝对计分，这个计分提供了一个定量评价技术要求的等级或排序。

技术要求的重要程度按下面的公式计算：

$$T_{aj}=\sum_{i=1}^{n_c} r_{ij}\cdot W_i \tag{3-5}$$

式中，r_{ij}为关系矩阵值；W_i为顾客需求的权重；i为顾客需求的编号；j为技术要求的编号。

（4）相对重要程度T_j。为了清楚地反映各技术要求的排序情况，采用相对重要程度T_j来描述，公式为

$$T_j=\frac{T_{aj}}{\sum_{j=1}^{n_p} T_{aj}}\times 100\% \tag{3-6}$$

以上是针对QFD瀑布式分解模型中的第一个质量屋，即用产品规划矩阵来描述质量屋的结构。对于QFD瀑布式分解模型中的其他配置矩阵，其结构完全相同。

3.3.4 产品质量设计中的QFD

产品质量设计的一个重要问题是：如何将识别出的用户、顾客对产品的需求与期望转化为实现用户需求的质量特性。一般来说，产品设计过程中顾客的需求和期望具有以下特点：

(1) 缺乏系统性。在产品设计进展过程中,顾客对产品质量的需求和期望是随着各种情况的变化而逐步形成的,在不同的阶段可能有不同的需求,这种需求是支离破碎的,不系统的。

(2) 模糊性。顾客对产品质量的需求和期望往往无明确的界限,只是一种模糊性描述。例如,要求某个质量指标再好些,这就是一个非常模糊的描述。

(3) 矛盾性。顾客的种种需求之间可能是矛盾的。例如,既要求产品质量好,又要求产品费用少,这就是一种矛盾的需求。

(4) 多样性。顾客的需求和期望往往不是单一的,而是多方面的,可能是对产品本身质量的需求和期望,也可能是对产品实施和完成以后服务质量的需求和期望。

由于上述特点的存在,针对顾客的需求和期望开展以下工作就显得非常重要:

(1) 进行系统分析、权衡。

(2) 采用科学的方法进行分类。

(3) 分清需求和期望的主次。

(4) 在此基础上,将顾客需求转化为质量要素。这一过程可借助于质量功能展开(QFD)技术来实现。

在产品质量设计的过程中,QFD 的基本环节包括需求与期望语言信息变换、要求项目信息变换、需求质量聚类、需求质量重要度的确定、质量要素的抽取、形成质量表和质量要素重要度的确定。

1. 需求与期望语言信息变换

顾客需求和期望的语言信息往往是杂乱无章、不规范的。所以进行质量功能展开时,首先应将这些信息提炼成一种能代表这些信息的语言,即将需求和期望信息转换为简单语言情报,这些语言情报可称为要求项目。

语言信息变换可采用头脑风暴法、专家咨询法等方法进行。

表 3-1 示出了某建筑工程(其输出为建筑产品,是一类特殊的产品)中顾客需求与期望语言信息变换为要求项目的若干实例。

表 3-1 顾客需求与期望语言信息变换

序号	顾客	需求与期望语言信息	要求项目
1	业主	墙面光滑美观	表面光滑、洁净 颜色均匀 无抹纹 灰线平直方正 清晰美观
2	业主	屋面保温防水	保温隔热材料性能 防水材料性能 施工要求 操作技术 管理程度
3	下道工序	为饰面板安装工程提供良好条件	基层清洗干净 饰面板质量 其他材料质量

2. 要求项目信息变换

要求项目与需求质量是相对应的，一个要求项目可能对应若干需求质量。因此，需要通过分析、研究，以确定与要求项目相对应的需求质量。在这种变换中主要应考虑以下几个环节：

(1) 根据要求项目进行推测、类推和抽取，定义需求质量；

(2) 从一个要求项目中抽取若干需求质量；

(3) 分析需求质量中是否存在矛盾；

(4) 充分分析、讨论，形成最终结论。

要求项目信息变换同样可采用头脑风暴法、专家咨询法等方法进行。

例如，将表 3-1 序号 1 中的要求项目信息变换为需求质量，如表 3-2 所示。

表 3-2　要求项目信息变换

序号	要求项目	需求质量
1	墙面光滑、洁净	面层无爆灰和裂缝；表面平整；无生石灰颗粒
2	颜色均匀	无杂色
3	无抹纹	抹灰分格缝的宽度和深度均匀一致；无砂眼；无错缝
4	灰线平直方正	阴阳角垂直；立面垂直；阴阳角方正
5	清晰美观	无脱层；无空鼓；抹灰层间黏结牢固；抹灰层与基体之间黏结牢固

3. 需求质量聚类

要求项目信息变换的需求质量之间有些存在区别，但有些存在内在联系。这就需要采用一定的方法将其进行聚类，以形成一个清晰的质量改进范围。聚类的方法可选择两种：KJ(即 Kawakita Jiro，以日本人川喜田二郎的名字命名)聚类和模糊聚类。

KJ 聚类法是将从混乱状态中收集来的语言信息利用相互的亲和性加以归纳并整理，以明确指出所应解决的问题。利用 KJ 法，将顾客的需求质量信息进行聚类，就是将混乱状态的问题条理化，使混乱信息逐渐清晰。

例如，采用 KJ 聚类法将表 3-2 的需求质量进行归类，其结果如图 3-3 所示。KJ 聚类法是一种以分类者的经验、直觉为依据的分类方法，适用于概念清晰、界限明确情况下的归类问题。但事实上，对于顾客需求和期望的语言信息往往难以给予明确的定义或确定性的评定标准，这实际上是不确定性问题或称为模糊问题。对于这种不确定性问题，如果不从理论上或方法上予以清晰的处理，则可能会导致不可克服的矛盾。这就需要借助于模糊数学方法来解决顾客需求质量的模糊聚类问题。

4. 需求质量重要度的确定

顾客的质量需求多种多样，并非对顾客所提出的所有需求都应满足，而需要加以分析，找出重点。需求质量重要度是项目质量策划中用于判断决策的一个重要的数量指标。需求质量重要度的确定应充分体现以顾客为关注焦点的原则，即通过对顾客的调查获取客观信息，以顾客立场作为评价的重要依据。

需求质量重要度的确定可采用两种方法：

(1) 传统方法。对需求质量的重要度通过若干等级量进行评定，如非常重要、比较重

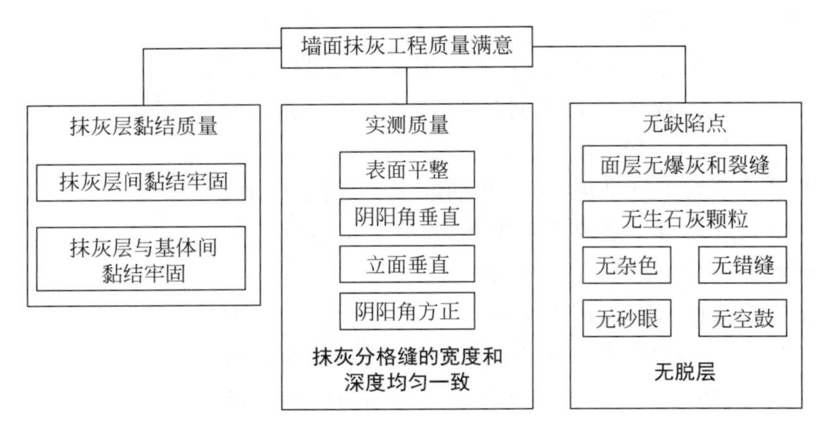

第一层次	第二层次	第三层次
墙面抹灰工程质量满意	无缺陷点	面层无爆灰和裂缝；无生石灰颗粒；无杂色；无砂眼；无错缝；无脱层；无空鼓
	实测质量	表面平整；阴阳角方正；阴阳角垂直；立面垂直；抹灰分格缝的宽度和深度均匀一致
	抹灰层黏结质量	抹灰层间黏结牢固；抹灰层与基体间黏结牢固

图 3-3　KJ 分类图

要、一般重要、不重要，要求被访顾客对各个等级作出抉择；只能选择其中的一个等级，然后根据对若干顾客的调查结果进行综合评价。

（2）模糊评价方法。实际上，顾客对需求质量的重要度的评价并非是对某一等级的清晰的二元抉择，而可能在各个等级之间存在着事实上的中间过渡。所以，这就需要采用一种模糊调查和模糊评价方法，以放宽对顾客思维范围的局限，允许被调查顾客对需求质量重要度的各个不同等级的从属程度作出判断，根据若干顾客的模糊评价结果对需求质量的重要度作出最终评价。

5. 质量要素的抽取

质量特征应具体明确，具有可操作性，这就需要从需求质量中抽取质量要素，将市场世界变为技术世界。质量要素分为两种类型：可测试的质量要素和不可测试的质量要素。

可测试的质量要素是指，可以采用某种测试技术进行测试并能得到定量指标的质量要素。例如，工程项目的规格、墙体的厚度等外观特征，混凝土抗压强度、钢筋的抗拉强度等力学特征等质量要素就属于可测试的质量要素。可测试的质量要素也可称为质量特性值。

不可测试的质量要素是指，不能通过某种测试技术进行测试并定量表达，而只能进行定性描述的质量要素。

质量要素的抽取应组织技术、管理、项目实施、设计等有关方面的人员参加，并考虑具体的项目质量标准、实施状况等因素，进行综合分析。

例如，根据某工程项目的需求质量所抽取的质量要素如表 3-3 所示。

表 3-3 质量要素表

序号	需求质量类型	需求质量	质量要素
1	施工质量	钢筋质量	型号、抗拉强度、锈蚀程度
		钢筋工程施工质量	焊接质量、钢筋间排距、保护层
		混凝土工程质量	抗压强度、灰水比
		地面工程质量	表面平整度、缝格平整度、接缝高低差
		抹灰工程质量	表面平整性、阴阳角垂直度、立面垂直度、表面光滑洁净、颜色均匀
2	设计质量	整体结构抗震性好	结构抗震等级
3	材料质量	结构材料无有害杂质	材料含泥量、含云母量、含轻物质量、含硫化物量
		装饰材料无有害杂质	含放射性杂质量
4	服务质量	履约质量	合同履约率、索赔次数
		相关方沟通	沟通的有效性、通过沟通避免问题发生的次数

为了对质量要素有一个清楚的、系统的认识，需要对抽取的质量要素进行分类，仍然可采用 KJ 法聚类。其基本过程是将从需求质量中抽取的质量要素作为三级要素，再将类似的作为一组，每组作为二级质量要素，并冠以适当的名称，然后再将二级质量要素进行分组，并冠以适当的名称。图 3-4 是将表 3-3 中的质量要素进行 KJ 聚类的情况。KJ 聚类的结果可用表格的形式表达，表 3-4 表达了图 3-4 的聚类结果。

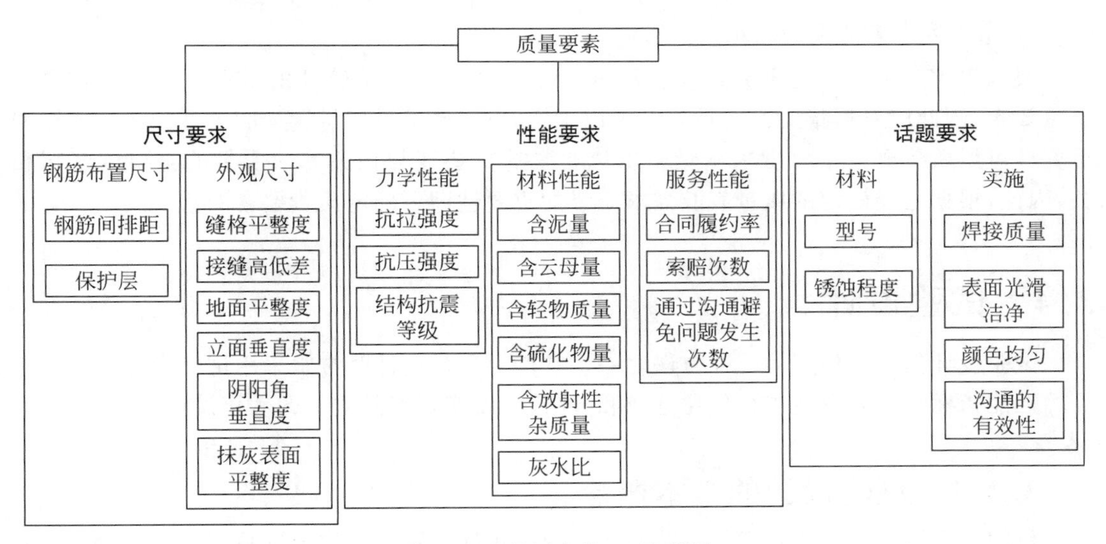

图 3-4 质量要素的 KJ 聚类图

表 3-4 质量要素展开表

一级质量要素	二级质量要素	三级质量要素
尺寸要求	钢筋布置尺寸	钢筋间排距、保护层
	外观尺寸	缝格平整度、接缝高低差、地面平整度、立面垂直度、阴阳角垂直度、抹灰表面平整度
性能要求	力学性能	抗拉强度、抗压强度、结构抗震等级
	材料性能	含泥量、含云母量、含轻物质量、含硫化物量、含放射性杂质量、灰水比
	服务性能	合同履约率、索赔次数、通过沟通避免问题发生次数

续表

一级质量要素	二级质量要素	三级质量要素
话题要求	材料	型号、锈蚀程度
	实施	焊接质量、表面光滑洁净、颜色均匀、沟通的有效性

6. 形成质量表

将需求质量展开表与质量要素展开表结合成矩阵形式，形成质量表，并根据对应关系的强弱标出相对应的符号。质量表明确表达了需求质量与质量要素之间的对应关系。根据上述例子的分析结果制作质量表，如表3-5所示。

表3-5 质量表

需求质量展开	质量要素展开		
	尺寸要求	性能要求	话题要求
施工质量	5	5	5
设计质量	3	5	3
材料质量		5	3
服务质量		5	1

注：表中数值表示的对应关系分别为：5表示强烈对应；3表示对应；1表示弱对应。

7. 质量要素重要度的确定

根据需求质量抽取的质量要素很多，但并非都重要。质量管理的重点对象应是重要的质量要素，因此应对质量要素的重要度加以确定，以明确项目质量管理的关键。质量要素的重要性可用质量要素重要度来衡量。质量要素的重要度与相关需求质量的重要度密切相关，因此，根据已经确定的质量表及需求质量的重要性即可确定质量要素的重要度。

3.4 试验设计

试验设计是广泛使用的统计方法之一。在产品质量设计时常常采用试验设计方法对产品的性能指标和工艺参数进行优化选取和分析，以便实现产品质量的优化设计。

3.4.1 试验设计的基本概念

目的在于回答一个或几个经过精心构思的问题的实践活动称为试验。一项试验必须要有明确的目的，即要明确回答的问题，如：

(1) 为提高产品质量或产量而寻找最佳的或满意的工艺参数搭配；

(2) 为开发新产品而寻找性能稳定和成本低廉的设计方案；

(3) 为控制生产过程而寻求描述过程的数学模型；

(4) 为证明一个或几个特定因子对某个重要指标所发挥的作用在统计上是否具有显著性。

用于衡量试验结果好坏的特性值称为指标。在一个试验中仅考察一个指标称为单指标试验问题，若考察两个或更多个指标则称为多指标试验问题。

影响试验结果的因素称为因子(或因素),因子(或因素)所处的状态称为水平。因子可分为两类：可控因子和不可控因子。可用某种控制方式改变其状态(即水平)的因子称为可控因子,如反应时间、反应温度、原材料状态等。在实际操作中不能控制或难以控制或试验人员尚未意识到对试验结果会有影响的因子称为不可控因子,又称噪声因子或误差因子,如环境温度、电压波动等。试验中的噪声因子会对试验结果起干扰作用,要消除这种干扰有时是不可能的,只能尽量减少它对试验结果的干扰。所以试验是在尽量限制噪声因子的条件下考察可控因子的变化对试验结果(指标值)的影响,从中寻找可控因子水平的最佳搭配,使产品的指标值接近目标值,有时还要求指标值的波动尽量小。

试验设计的方法有很多种,包括单因素试验设计、全因素试验设计、正交试验设计、饱和设计与超饱和设计、回归设计、均匀设计、混料设计等。在产品过程质量控制中,经常会遇到如何选择最优方案的问题,如选择合适的配方、合理的工艺参数,安排合理的试验方案,其中必不可少地要进行相关测试和试验。正交试验设计主要应用于产品过程质量控制,以便根据质量设计所确定的目标,科学、合理地安排过程质量控制的各项工作,快速确定产品合适的配方、最优过程参数。

3.4.2　正交试验设计

正交试验法利用"均衡分散性"和"整齐可比性"正交性原理,从大量的试验点中挑出适量的、具有代表性的、典型的试验点以解决多因素问题,具有试验次数少、分析方法简便、试验结果重复性好、可靠性高等优点。现以图3-5来说明一个三因素三水平的试验：图中用三个坐标轴分别代表A、B、C三个因素,每坐标轴上的三个点分别表示因素的三个水平。这样,每一种水平组合就可用图中一个交点表示,共有27个交点,即如果做全面试验需做$3^3=27$次试验。

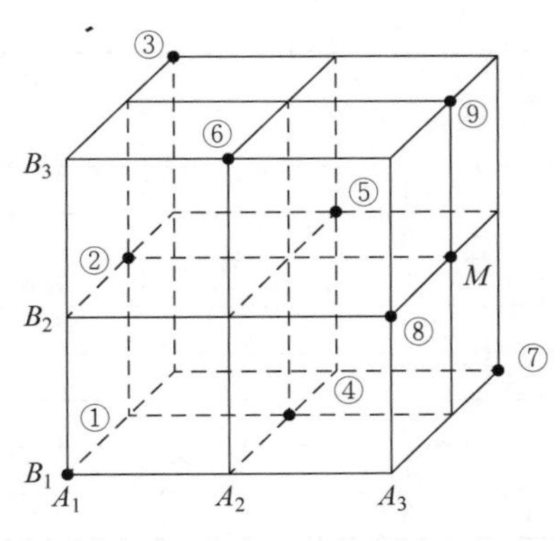

图3-5　正交试验的几何说明

现在用正交表安排试验,选用$L_9(3^4)$表共安排9个试验,这9个试验在图中用"·"标出来,我们看到这9点分布很均匀；对应A_1、A_2、A_3有3个平面,对应B和C的3个水平也分别有3个平面。这9个平面上的试验点一样多,每个平面上都是三点,在一个平面上有三行三列,在每行每列上都有相同数目的试验点,这里每行每列上都恰有一个试验点。由于这9个试验点散布得非常均匀,基本上代表了27组全面试验,因此用正交表安排试验,能在考虑多因素情况下用较少的试验次数迅速找到较好的方案,为选择较好的设计和工艺条件打下基础。

1. 正交表

正交表是一种规格化的表格,是安排正交试验的重要工具。最简单的正交表是$L_4(2^3)$,见表3-6。记号$L_4(2^3)$的含意是："L"表示正交表,L下角的"4"表示有4行,即需要做4次试验,括号内的指数"3"表示有3列,即利用这个表最多可以安排的因素个数是3个。括号内的2表示每因素有两个水平,即1水平与2水平。归纳起来就是

$$L_4(2^3)\rightarrow L_{\text{试验次数}}\text{水平数}^{\text{因素数}} \tag{3-7}$$

表 3-6 $L_4(2^3)$

试验号	列号		
	1	2	3
1	1	1	1
2	1	2	2
3	2	1	2
4	2	2	1

$L_4(2^3)$表之所以称为正交表，是因为它具有以下两个性质：①每一列中，不同的数字出现次数相等，即任一因素不同水平的试验数目都是一样的；②任意两列中，同一横行的两个数字组成的有序数对出现的次数相等。这里有序数对共有 4 种：(1,1)、(1,2)、(2,1)、(2,2)，它们各出现一次。满足上述两个性质的表称为正交表。

当试验采用的因素水平数都是两个时，这种试验称为二水平的试验，称为 2^n 型试验。二水平的试验可以使用二水平的正交表来进行试验的安排和分析。常用的有 $L_4(2^3)$、$L_8(2^7)$、$L_{12}(2^{11})$、$L_{16}(2^{15})$等。

对于因素的水平数为三、四、五时进行试验所需的正交表虽然都创制出来了，但常用的正交表一般不超过三水平，常用的三水平表为 $L_9(3^4)$、$L_{27}(3^{13})$、$L_{18}(3^7)$。

表 3-7 及表 3-8 分别为 $L_8(2^7)$和 $L_9(3^4)$的正交表。

表 3-7 $L_8(2^7)$

试验号	列号						
	1	2	3	4	5	6	7
1	1	1	1	1	1	1	1
2	1	1	1	2	2	2	2
3	1	2	2	1	1	2	2
4	1	2	2	2	2	1	1
5	2	1	2	1	2	1	2
6	2	1	2	2	1	2	1
7	2	2	1	1	2	2	1
8	2	2	1	2	1	1	2

表 3-8 $L_9(3^4)$

试验号	列号			
	1	2	3	4
1	1	1	1	1
2	1	2	2	2
3	1	3	3	3
4	2	1	2	2
5	2	2	3	3
6	2	3	1	1
7	3	1	3	3
8	3	2	1	1
9	3	3	2	2

$L_9(3^4)$表也具有正交表的两个性质：①每列中数字“1”“2”“3”出现的次数相同，都是三次；②任意两列中，同一横行形成的数队(1,1)、(1,2)、(1,3)、(2,1)、(2,2)、(2,3)、(3,1)、(3,2)、(3,3)出现的次数相同，都是一次。

2. 正交试验基本方法

正交试验的基本步骤包括：①明确目的，确定考核目标；②选择因素，确定水平；③用正交表安排试验；④试验结果的分析。以下通过具体实例，说明正交试验的基本使用方法。

【例 3-1】 轴承圈热处理退火试验。轴承圈退火存在的问题是退火后产品硬度大，每炉要有 15%左右回炉，希望通过试验解决问题。

(1) 试验目的：降低硬度，找到新的工艺条件；考核指标：硬度的合格率。

(2) 影响退火后零件硬度的因素有三个：退火温度、保温时间和出炉温度。对于选出的因素，根据专业知识和生产经验定出其变化范围，在此范围内选出每个因素的水平。通常选用二至三水平，本例中每个因素取二水平，见表 3-9。

表 3-9 退火工艺试验因素水平表

水 平	因 素		
	退火温度/℃	保温时间/h	出炉温度/℃
1	800	6	400
2	820	8	500

(3) 根据因素水平表中三因素二水平可知，选用正交表 $L_4(2^3)$合适。将退火温度、保温时间、出炉温度放在表 $L_4(2^3)$的表头任意三列上(考虑因素间没有交互作用或交互作用很小)，再将各列的数字 1、2 等换成该列因素相应的水平，就得到如表 3-10 所示的试验方案。

表 3-10 试验方案表

试 验 号	列 号		
	1	2	3
	退火温度/℃	保温时间/h	出炉温度/℃
1	800	6	400
2	800	8	500
3	820	6	500
4	820	8	400

(4) 试验结果的分析。根据表 3-10 的试验方案做出试验结果，数据列在表 3-11 最右边一列。现对试验结果进行分析。首先比较这四次试验的硬度合格率，可以知道第 1 号试验的合格率最高，它的水平组合是 $A_1B_1C_1$。再对试验结果进行分析，可以看到，因素 A 取第一水平(800)，试验有两个，即第 1、2 号试验。相应硬度合格率之和为 100＋85＝185，其平均硬度合格率为 185÷2＝92.5。

表 3-11 试验结果分析表

因 素	A	B	C	硬度合格率/%
试验号 1	1(800℃)	1(6h)	1(400℃)	100
试验号 2	1	2(8h)	2(500℃)	85

续表

因　素	A	B	C	硬度合格率/%
试验号 3	2(820℃)	1	2	45
试验号 4	2	2	1	70
T_1 T_2	185 115	145 155	170 130	300
m_1	92.5	72.5	85	
m_2	57.5	77.5	65	
极差 R	35	5	20	
优水平	A_1	B_2	C_1	

设 T_i 为某因素第 i 水平的试验指标之和，m_i 为该因素第 i 水平下的平均试验指标，则

$$m_i=\frac{T_i}{\text{该因素第 } i \text{ 水平所做的试验次数}} \tag{3-8}$$

据此，可算出因素 A 取二水平以及因素 B、C 取各水平的硬度合格率之和及其平均硬度合格率，并分别填入表 3-11 相应各列的 T_i 及 m_i 行中。

从表 3-11 中可以看出，因素 A 以 A_1(800℃)的硬度合格率最高，称 A_1 为因素 A 的优水平。同理，因素 B 和 C 的优水平是 B_2(8h)和 C_1(400℃)。容易想到，把这三个因素的优水平组合起来，就可能得到一个较好的水平组合 $A_1B_2C_1$，称为优水平组。

是否每个因素都要取使硬度合格率为最高的水平呢？也不一定。因为在存在许多因素的情况下，每个因素对试验指标所起的作用不一定相同。对每个因素，其 m_i 值中最大值减去最小值之差称为这个因素的极差，记为 R。将各因素的极差填在表 3-11 中极差 R 行中。我们发现，A 的极差最大，C 次之，B 最小。极差的大小反映了该因素变化时对试验指标影响的大小，根据极差大小的顺序对因素的主次关系进行排列：

$$\text{因素}\quad \begin{matrix}\text{主} & \rightarrow & \text{次}\\ A & C & B\end{matrix}$$

由于因素 A 对试验影响最大，在选水平时必须掌握能取较高硬度合格率的水平上，故退火温度应优先采用 800℃，因素 C、B 极差小一些。对试验结果影响较小，对极差小的因素可根据实际情况做适当调整，例如 B 的极差最小，可以从节约时间的角度考虑，不用优水平 B_2，而用水平 B_1(6h)。因此，除 $A_1B_2C_1$ 外，$A_1B_1C_1$ 也可能是一个比较好的水平组合。试验结果也说明了这一点。

经过分析，我们知道，要保证硬度合格率，关键是控制好退火温度和出炉温度，而保温时间在 6～8h 内都可以，按 1 号试验的条件生产，不仅硬度合格率达到 100%，而且金相组织也改善了。另外，保温时间缩短了 2h，不仅提高了产量，而且节约成本，节约电能耗费。

3. 水平数不同的试验

前面所举的例子都是水平数相同的试验，即在试验中所考察的各因素都取同样多的水平数。但是有的试验由于受条件限制，某些因素不能多取水平，或者试验时需要偏重考察某一因素而多取几个水平，这时就会遇到水平数不同的试验。安排水平数不同的试验可采用混合型正交表和拟水平法，即在同水平的正交表内安排不同水平的试验。

【例 3-2】 某厂对含有锌、镉等有毒物质的废水的处理进行了试验，因素水平见表 3-12。

表 3-12 因素水平表

水平	因素				
	A pH 值	*B* 凝聚剂	*C* 沉淀剂	*D* $CaCl_2$	*E* 废水浓度
1	7～8	加	NaOH	不加	稀
2	8～9	不加	Na_2CO_3	加	浓
3	9～10				
4	10～11				

因为 pH 值对去锌、去镉的处理有较大影响，因此安排了四个水平。加凝聚剂和 $CaCl_2$ 的目的都是加快沉淀速度，但不知对去锌去镉有无影响，所以应比较一下“加”和“不加”两个水平。至于沉淀剂，过去一直用 Na_2CO_3，但考虑到邻厂有大量 NaOH 废液，因此需要考虑一下能否用 NaOH 代替 Na_2CO_3。

针对该例所述情况，采用混合型正交表 $L_8(4^1\times2^4)$ 正好合适，试验方案和试验结果表见表 3-13。由于试验结果不止一个指标，所以在表中最后一栏有兼顾各项指标的综合评分。具体来说，先按 8 个试验结果的去锌、去镉情况从优到劣排队，然后再评分。最好的是第 8 号，去锌、去镉效果都很好，给 100 分；第二名为第 6 号，给 95 分；其余逐个递减，大体上和它们效果的差距相应。由表 3-13 可见，因素的主次关系为：

$$\text{主} \longrightarrow \text{次}$$

$$\text{因素} \quad C \quad A \quad B \quad D \quad E$$

根据试验结果，因素 *C* 取 C_1(NaOH)；因素 *A* 取 A_3 或 A_4，即 pH 值取 9～11；另外三个因素影响比较小。废水浓度稀、浓均可，说明这种方法应用面较宽，至于凝聚剂和 $CaCl_2$，“加”或“不加”均可，但经试验可知，加凝聚剂可加快沉淀速度，因而决定只加凝聚剂。

表 3-13(a) 试验方案

因素		序号							
		1	2	3	4	5	6	7	8
A pH 值		1(7～8)	2(8～9)	3(9～10)	4(10～11)	1	2	3	4
B 凝聚剂		1(加)	2(不加)	2	1	2	1	1	2
C 沉淀剂		2(Na_2CO_3)	2	2	2	1(NaOH)	1	1	1
D $CaCl_2$		2(加)	1(不加)	2	1	1	2	1	2
E 废水浓度		1(稀)	1	2(浓)	2	2	2	1	1
试验结果	含锌量/(mg/L)	0.72	0.52	0.80	0.60	0.53	0.21	0.3	0.13
	含镉量/(mg/L)	1.36	0.90	0.96	1.00	0.42	0.42	0.50	0.04
合评分		5	0	5	5	5	5	0	0

表 3-13(b) 试验结果分析

因素		T_1	T_2	T_3	T_4	m_1	m_2	m_3	m_4	极差	优水平
A pH值		130	145	165	165	65	72.5	82.5	82.5	17.5	A_3 或 A_4
B 凝聚剂		295	310			73.75	77.5			3.75	B_2
C 沉淀剂		370	235			92.50	58.75			33.75	C_1
D $CaCl_2$		370	235			77.50	73.75			3.75	D
E 废水浓度		305	300			76.25	75			1.25	E
试验结果	含锌量/(mg/L)	$T=605$									
	含镉/(mg/L)										
合评分		5	0	5	5	5	5	0	0		

如果在现成的混合型正交表中找不到合适的表，或者即使能找到，但需要做较多的试验，则可考虑采用拟水平法。

例如，为了提高某产品的转化率，除了考虑温度(A)、时间(B)和用碱量(C)外，还要考虑搅拌速度(D)的影响。前三个因素各选取了三个水平，由于电动机只有快慢两挡，因此有两个搅拌速度，即因素 D 只有两个水平。这是一项四因素的混合水平试验，如果套用现成的正交表，则以 $L_{18}(2\times3^7)$为宜，但需做 18 次试验。为节省人力、物力能否少做几次试验，用 $L_9(3^4)$来安排呢？答案是可以的，解决的方法是给搅拌速度凑足三个水平，这个凑的水平是形式上的水平，这种处理问题的方法叫拟水平法，因素水平如表 3-14 所示。按 $L_9(3^4)$正交表安排试验方案，试验结果分析如表 3-15 所示。

表 3-14 因素水平表

水平	因素			
	A 温度/℃	B 时间/min	C 用碱量/%	D 搅拌速度
1	80	90	5	快速
2	85	120	6	慢速
3	90	150	7	快速

表 3-15(a) 试验方案

因素	序号								
	1	2	3	4	5	6	7	8	9
A	1(80℃)	1	1	2(85℃)	2	2	3	3	3
B	1(90min)	2(120min)	3(150min)	1	2	3	1	2	3
C	2(5%)	2(6%)	3(7%)	2	3	1	3	1	2
弹性	1(快)	2(慢)	3(快)	3	1	2	2	3	1
转化率/%	31	54	38	53	49	42	57	62	64

表 3-15(b)　试验结果分析

因　素	T_1	T_2	T_3	m_1	m_2	m_3	极差	优水平
A	123	144	183	41	48	61	20	A_3
B	141	165	144	47	55	48	8	B_2
C	135	171	144	45	57	48	12	C_2
弹性	297	153		49.5	51		1.5	D_2
转化率/%	$T=450$							

对于有拟水平因素的试验，计算分析与前类似，只要注意拟水平的列按实际计算就可以了。例如，第 4 列就只需计算 T_1、T_2 以及 m_1、m_2，而 T_1 由快速的 6 个数相加，因此

$$m_1 = T_1/6$$

而 T_2 由 3 个数相加，则

$$m_2 = T_2/3$$

在所做的 9 次试验中，以第 9 号试验 $A_3B_3C_2D_1$ 的结果为最好，而优水平组合为 $A_3B_2C_2D_2$。考虑到因素 B 和 D 的极差较小，对试验结果影响也较小，故可按上述两种水平组合中的任何一种进行生产，必要时也可将两种水平组合做对比试验以决定取舍。

4. 有交互作用的试验

所谓交互作用就是指因素间的联合搭配对试验指标的影响作用。做正交试验时，若对因素的主效果和交互作用都要考虑，也可选适当的正交表，将各因素配列到表头上去。但是配置因素并不是随便向哪一列安排都可以的，而是有一定的规则。为此，在许多正交表的后面都附有一张相应的两列间交互作用表，它专门用来安排有交互作用的试验。

3.5　三次设计

产品的开发设计，首先要解决生产何种产品的问题，即进行产品规划。通过对用户需要的调查研究，对市场的分析和预测，对竞争对手的调查分析，综合考虑质量、成本、价格和销售期以及社会和工厂的经济效益，从而提出设计任务书或设计任务建议书。有了产品规划后，再进行系统设计、参数设计和容差设计。系统设计、参数设计和容差设计正是日本田口玄一在正交试验设计的基础上提出的三次设计。通过三次设计，不仅可以有效地改善产品的设计质量，减小噪声因素对质量的影响，而且可以更经济地达到理想的质量要求，即用三类元件设计制造出一类整机。图 3-6 所示为三次设计的程序框架。

设计质量是质量形成过程的第一步，也是最关键的一步，设计质量的好坏直接影响到最终的产品质量。生产过程虽然能控制产品质量的波动，但不能控制劣化波动，也不能改善产品对环境的适应性。这些需要通过系统设计、参数设计和容差设计来付诸实施。

3.5.1　系统设计

系统设计又叫功能设计或一次设计，是三次设计的第一步。它是专业技术人员利用专业知识与技术对产品的结构、性能、寿命、传动、材料等进行整个系统结构的设计，以设计出具有要求的某种功能的产品。也就是说，靠专业人员和专业技术人员选择一个基本的模型

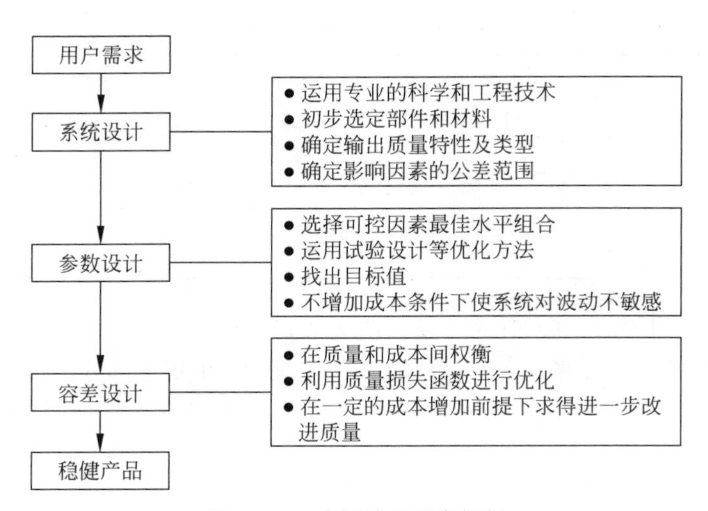

图 3-6　三次设计的程序框架

系统，确定产品质量特性的目标值和容差，使产品达到所要求的功能。通过系统设计，我们可以求出产品性能指标与各有关元器件参数之间的函数关系(对于可计算型)，这有助于我们选择需要考察的因子及其水平。这里所说的因子是指构成产品这一系统的元件或构件，水平是指元件或构件的参数(或取值)。

通常，产品设计可分为两种情形。

(1) 计算型。这种情形产品质量特性与元件参数之间的函数关系已知，可用理论公式来计算质量特性值，并对计算结果进行统计分析。

(2) 试验型。这种情形产品质量特性与元件参数之间的函数关系未知，只能通过试验才能得到质量特性值。

对于计算型的产品设计，在系统设计阶段要求得出输出质量特性与影响因素之间的函数关系，并能给出影响因素的变化范围。对于试验型的产品设计，则无须确定明确的关系，只要求确定质量输出特性及其类别，并能给出影响因素的变化范围。对于较复杂的产品，系统设计又可以分为以下几方面：

(1) 全系统设计。例如设计一种新型电视机或一种新机床。

(2) 分系统设计。例如电视机所用的某种电源，要求由交流变成直流，应采用何种电路方案；机床设计中的主轴部件用何方案与结构等。

(3) 零部件设计。

(4) 原材料开发。

3.5.2　参数设计

系统设计定了之后，就要确定系统元素的各参数值，即在系统设计的基础上，决定或选取系统中诸参数及其最优组合。参数设计主要是运用试验设计法，以正交表为基本工具，并采用内正交表和外正交表相结合的方法。在内正交表上的因素为可控因素和标示因素；在外正交表上的因素为信号因素或误差因素。可控因素是指能控制其水平的因素，是为了选出最佳水平而讨论的因素。标示因素是指与使用条件和环境条件有关的因素，其水平不能自由选择与控制。信号因素是指为了实现目标值的要求而选取的因素。改变信号因素的水平可以改变质量特性值以符合目标值。误差因素是指所有的内、外干扰的因素。误差因素影响产品质量的波动。在存在很多误差因素的情况下，应研究其中主要的误差因素。运用参数设计，可使产品或部件的参数搭配合理，即使元器件的性能波动较大，也能保证整机性能稳定与可靠。

【例 3-3】 设计一个电源电路将交流电 110V 变为直流电 115V。工程中已有成熟的电路可使用，但是其中有两个电子元器件的参数有待确定，一个是电阻（记为因子 A）的阻值（单位：Ω），另一个是晶体管的电流放大倍数（记为因子 B）。为了寻找合适的参数搭配，对因子 A 和 B 各选取 5 个水平，并安排 11 次试验，其因子水平与试验结果列于表 3-16 中。

表 3-16 因子 A 和 B 的水平与试验结果

A	B				
	100	260	500	800	900
200			100	115	
250	95	103	115	130	135
300			125		
350		115	127		
400			128		

由表 3-16 可见，有三组参数搭配可使输出直流电压为 115V，这三组参数搭配是：

$$\text{Ⅰ}(A=200, B=800);\ \text{Ⅱ}(A=250, B=500);\ \text{Ⅲ}(A=350, B=260)$$

我们应该选用哪一组参数搭配？

按照参数设计的思想，应用选择这样一组参数搭配：它使得偏差 $\delta=|E_y-115|$ 和波动 σ^2 都最小。目前 δ 已为零或近似为零，那就要看三个搭配的波动大小。分以下几点进行讨论。

1. 寻找波动源

首先要问：引起输出电压 y 波动的原因是什么？众所周知，市场买到的标示 200Ω 的电阻，其实际电阻并非一定是 200Ω，常有 ±10% 的波动，即阻值常在 180～220Ω 之间。类似地，晶体管的实际放大倍数围绕标称值有更大的波动，常有 ±50% 的波动，标示放大倍数为 500 的晶体管，其放大倍数常在 250～750 倍之间。元器件参数的此种波动是电路输出电压 y 波动的主要原因，必须重视和加以解决。由于元器件参数的此种波动是人们难以控制的，又与元器件的标称值不是一回事，故称此种元器件参数的波动为噪声因子，分别记为 A' 和 B'，即

A'：电阻的标称值有 ±10% 的波动。

B'：晶体管电流放大倍数的标称值有 ±50% 的波动。

2. 直观分析

噪声因子 A' 和 B' 如何引起输出电压 y 的波动？由表 3-16 可以看出，当电阻 A 固定在 250Ω 时，输出电压 y 是 B 的线性函数（见图 3-7）。这表明，B 的相同增量 ΔB（如 $\Delta B=200$）在任何位置上引起输出电压 y 的增量 Δy 是相同的（$\Delta y=10\text{V}$），这就是通常所说的“线性效应”。

从表 3-16 中还可以看出，在电流放大倍数 B 固定在 500 时，输出电压 y 是 A 的非线性函数(见图 3-8)。这表明 A 的相同增量 ΔA 在不同位置上引起 y 的增量 Δy 是不同的。例如，当 A 从 200Ω 增加到 250Ω 时，y 增加了 15V；而当 A 从 350Ω 增加到 400Ω 时，y 只增加 1V。可见，要使输出电压 y 波动小，电阻 A 选得大一些较为有利。这就是通常所说的“非线性效应”。一般来说，线性效应有助于将平均值移至目标值，非线性效应有助于降低噪声因子的影响。

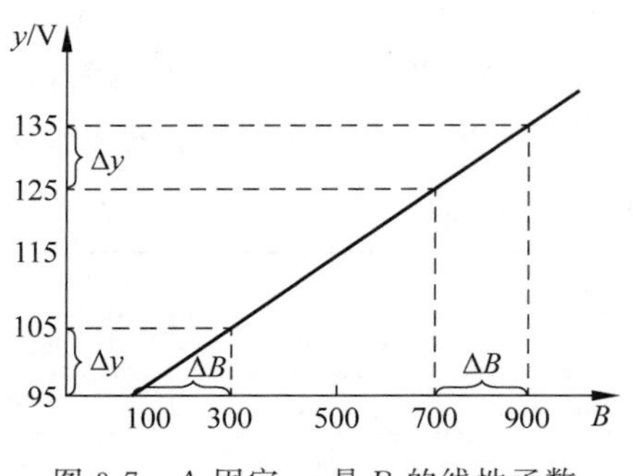

图 3-7　A 固定，y 是 B 的线性函数

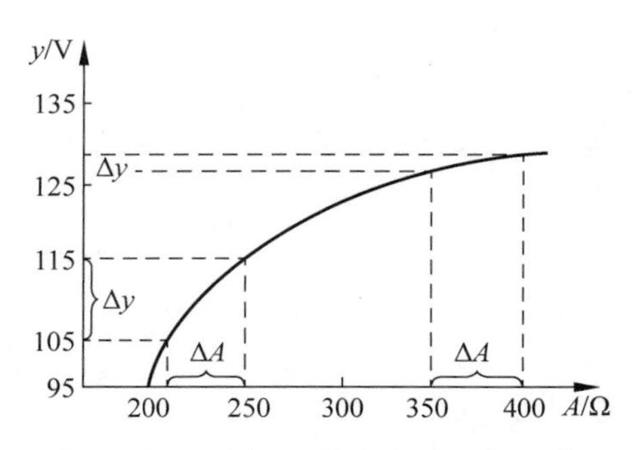

图 3-8　B 固定，y 是 A 的非线性函数

综上所述，应选参数组合Ⅲ($A=350\Omega, B=260\Omega$)，它可以使输出电压的波动最小，因为在这三组参数组合中，Ⅲ的电阻最大。

3. 一般方案

上述直观分析并非在一切参数设计问题中都是可行的，特别在含有多个因子的复杂问题中，噪声因子又是多种多样时，要进行上述直观分析是不可能的。但上述思想是很好的，因此有必要寻找一个一般方案，使得上述思想得以很好的实现。下面结合上例继续来研究这个问题。

以参数组合Ⅰ为例，在噪声因子 A' 和 B' 的干扰下，取其最大的干扰，形成如下的噪声因子水平表(见表 3-17)，并安排一个正交试验 $L_9(3^4)$(见表 3-18)。

表 3-17　Ⅰ的噪声因子水平表

序　号	A'	B'
1	180	400
2	200	800
3	220	1200

表 3-18　Ⅰ的正交设计 $L_9(3^4)$

序　号	A'	B'	y_i
1	1	1	84
2	1	2	104
3	1	3	124
4	2	1	95
5	2	2	115
6	2	3	135
7	3	1	101.7

续表

序　号	A'	B'	y_i
8	3	2	121.7
9	3	3	141.7

表 3-17 中二水平就是参数组合Ⅰ的两个参数值，而一水平和三水平分别是±10%和±50%的波动。表 3-18 的正交设计中输出电压 y_i 值可以通过试验获得，这里我们设法从图 3-7 和图 3-8 中获得。实际上，当 $B=500$ 时，可从图 3-8 中读得如表 3-19 所示的值。

表 3-19　$B=500$ 时的输出电压

A/Ω	180	200	220	225	250	275	315	350	385
y_A/V	89.0	100.0	106.7	108.5	115.0	120.5	126.5	127.0	127.4

当 B 取其他值时，可从图 3-7 中获得如下公式：

$$y=y_A+(B-500)/20 \tag{3-9}$$

由此式来求得输出电压 y 的值，例如表 3-18 的第 1 号试验，当 $A'=180\Omega$ 时，由表 3-19 查得 $y_A=89\mathrm{V}$，把它和 $B'=400$ 代入式(3-9)就可计算得到

$$y=89+(400-500)/20=84$$

这就是第 1 号试验的输出电压值，其他输出电压也可类似算出。由表 3-18 中 9 个输出电压 $y_1,y_2,\cdots,y_9$ 可以计算出其算术平均值 $\bar{y}$、方差的无偏估计 s_1^2(即样本方差)：

$$\bar{y}=\frac{1}{9}\sum_{i=1}^{9}y_i=113.57$$

$$s_1^2=\frac{1}{8}\sum_{i=1}^{9}(y_i-\bar{y})^2=359.90$$

类似地，可对参数组合Ⅱ和Ⅲ分别安排其噪声因子水平表(见表 3-20 和表 3-22)和两个正交试验(见表 3-21 和表 3-23)，最后利用表 3-19 和式(3-9)即可获得各输出电压及其相应的样本方差 $s_2^2=144.25$，$s_3^2=31.84$。比较这三个样本方差，仍以 s_3^2 为最小，故参数组合Ⅲ可使输出电压波动最小。

表 3-20　Ⅱ的噪声因子水平表

序　号	A'	B'
1	225	250
2	250	500
3	275	750

表 3-21　Ⅱ的正交设计 $L_9(3^4)$

序　号	A'	B'	y_i
1	1	1	96.0
2	1	2	108.5
3	1	3	121.0
4	2	1	102.5
5	2	2	115.0

续表

序　　号	A'	B'	y_i
6	2	3	127.5
7	3	1	108.0
8	3	2	120.5
9	3	3	133.0

表 3-22　Ⅲ的噪声因子水平表

序　　号	A'	B'
1	315	130
2	350	260
3	385	390

表 3-23　Ⅲ的正交设计 $L_9(3^4)$

序　　号	A'	B'	y_i
1	1	1	108.0
2	1	2	114.5
3	1	3	121.0
4	2	1	108.5
5	2	2	115.0
6	2	3	121.5
7	3	1	108.9
8	3	2	115.4
9	3	3	121.9

3.5.3　容差设计

容差就是设计中所规定的最大容许偏差。通过参数设计确定了系统元素各参数的中心值后，下一步就是对影响目标特性的各参数容许的波动范围即容差加以规定。容差以内的产品为合格品，容差之外的产品是不合格品。规定的容差越小，某尺寸产品的可制造性就越差，制造费用或成本也就越高。为此，在参数设计阶段，出于经济性的考虑，一般选择波动范围较宽的零部件尺寸。若经参数设计后产品能达到质量特性的要求，一般就不再进行容差设计，否则必须调整各个参数的容差。容差设计就是综合考虑质量和经济效益而对产品或元件的容许偏差予以合理的限定。

容差设计要考察各参数的波动(有时还包括环境条件的波动)对目标特性的影响。对影响大的因素，给以较狭小的容许范围，比如有关元件用二级品或一级品。但是采用高质量的元件或部件，将主要波动因素控制在较狭小的范围中会引起成本上升。如果质量上升带来的经济效益很大，则成本上升也是合算的、可行的，否则就要权衡得失。因此，在容差设计阶段要综合考虑零部件的精度等级和产品的质量、成本及市场等问题。

因此，容差设计可以认为是参数设计的补充，也就是根据各参数的波动对产品质量特性贡献的大小，从经济性角度考虑有无必要对影响大的参数给予较小的容差。这样，一方面可以进一步减少质量特性的波动，提高产品的稳定性，减少质量损失；另一方面，由于用容差小的零件代替容差大的零件，使产品的成本有所提高。因此，容差设计阶段既要考虑减少参数设计阶段所带来的质量损失，又要考虑缩小一些元件的容差交替地增加成本，要权衡两者的利弊得失，采取最佳决策。

容差设计是在参数设计得到的最优试验方案的基础上，利用非线性效应，调整可控因素的容差范围，通过正交试验设计(也可以不用)，利用质量损失函数得出最佳的容差水平。其非线性效应的原理与参数设计相同。

容差设计中的正交试验设计过程与参数设计相似，但评价的指标不同，容差设计需要用质量损失函数来确定质量水平，即综合衡量最优的容差组合。其实施框架如图3-9所示。

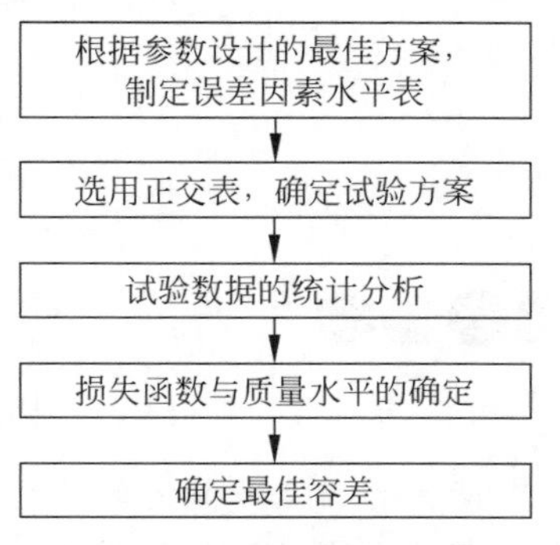

图3-9 容差设计实施框架

以望目特性的质量损失函数为例，已知其损失函数的表达式为

$$L(y)=k(y-m_0)^2$$

$$k=\frac{A_0}{\Delta_0^2}$$

式中，A_0代表质量波动带给用户的损失；Δ_0为用户可以接受的容差；y为质量特性观测值；m_0为质量特性目标值。

容差设计可以按照以下准则来判断方案的优劣：按照质量损失函数计算原方案(参数设计所得最佳方案)的质量损失，记为$L(y)$；计算新方案的质量损失$L'(y)$，由于新方案用容差范围比较小的一级品、二级品代替容差范围比较大的三级品，这样就增加了一定的成本C。

当$L(y)>L'(y)+C$时，新的容差方案设计最佳，方案可取。

当$L(y)\leqslant L'(y)+C$时，新的容差方案不可取。

以上判断准则是以用户质量损失的最小化为依据，站在顾客的角度考虑设计问题。当然，这可能会遭到一定的非议，因为按照零缺陷的观点，追求完美是每个企业不断的目标。"质量是免费的"，是指当改进质量而增加的有形成本很高时，它有可能减少了大量无形质量损失；若第一次就把事情做对，即使增加了成本，也会节省很多质量控制、质量检验、产品返修等方面的费用。因此，综合起来，质量改进仍是"免费"的。这种解释并非全无道理，在产品设计阶段，就应努力把事情做得尽善尽美。

【习题】

1. 简述正交表的格式和特征。
2. 简述正交试验设计的基本步骤。
3. 什么是QFD？QFD适用于哪些行业？
4. 什么是QFD瀑布式分解模型？试列举几种类型的QFD瀑布式分解模型。
5. 结合瀑布式分解模型，说明QFD的基本工作原理。
6. 一个完整的质量屋包括哪几个部分？试说明各部分的作用和相互间的关系。
7. 什么是质量损失函数？
8. 什么是质量设计？什么是设计质量？二者的关系如何？
9. 简述参数设计的基本原理和实施流程。

第4章

过程质量控制

华为“质量”树立中国手机行业标杆

华为作为全球领先的信息与通信技术解决方案供应商，在电信运营商、企业终端和云计算等领域取得了端到端解决方案的长期优势，并在全球5G标准必要专利数量方面排名第一。2020年，《财富》公布的世界500强榜（企业名单）中，华为排在第49位，位列中国民营企业500强第一名。华为品牌真正走进公众视野，被人们所熟知的是华为手机。

2019年6月27日，GSMA（全球移动通信系统协会）全球终端峰会在上海隆重召开，备受业界期待的《中国移动2019年智能硬件质量报告（第一期）》如期发布。在手机整机测评方面，对通信能力、多媒体能力、产品可用性和用户口碑等进行评测，发布手机质量排行榜。该报告表明：华为手机在整机性能、拍照等多维度均表现出色，夺得多项第一，产品口碑与影响力再次攀升。

通过不断创新产品和服务来提升消费者的用户体验，华为手机凭品质一次次获得行业和用户的双重认可。早在2016年，华为就已经获得中国质量领域最高政府性荣誉“中国质量奖”的制造领域第一名。华为公司首席质量官李刚表示，“获得‘中国质量奖’制造领域第一名的殊荣，是对华为长期坚持以‘质量为生命’的肯定和褒奖；20多年来，在‘以客户为中心，以奋斗者为本’的公司核心价值观牵引下，华为积极推进质量优先战略落地，基于客户和消费者需求持续创新，赢得了客户和消费者的信赖”。

如今，华为手机技术水平不断提高，行业竞争力越来越大，通过建立健全一整套的质量管控体系，严格控制过程质量，使其从众多手机品牌中脱颖而出，成为名副其实的行业质量标杆。

参考资料：《为什么华为的质量好？看华为质量背后的故事》，搜狐网；《中国移动2019年智能硬件质量报告（第一期）》，中国智造网；《华为获“中国质量奖”引领新时代“工匠精神”》，搜狐网。

4.1 过程质量控制概述

4.1.1 质量形成过程

产品是过程的结果，是在组织和顾客之间未发生任何交易的情况下，组织产生的输出。

一般来说,产品质量形成过程包括开发设计过程、生产过程、维护与改进过程等。

1. 开发设计过程

开发设计过程是影响产品质量的关键环节。开发设计人员根据产品总体需求和质量文件要求,对产品的外形和内在实体进行分析、构思、设计和描绘,使质量目标和指标具体化。对于一般建筑产品来说,采用什么样的平面布置和空间形式,选用什么样的结构类型,使用什么样的材料、构配件及设备等,都直接关系到建筑产品的综合功能和安全可靠。

2. 生产过程

生产过程是形成产品实体质量的决定性环节。生产人员按照设计文件和相关要求,通过一系列生产活动将设计意图付诸实现,并对影响产品质量的因素进行有效控制。任何产品设计,都需通过生产过程才能变为产品实体。

3. 维护与改进过程

维护与改进过程是保证和提升产品质量的重要环节。工作人员通过维护工作使产品功能正常,满足使用要求,并通过不断改进,提升产品质量水平。

4.1.2 过程质量控制的内涵

产品质量需要过程质量来保证,只有严格把控好每一个过程的质量,使过程满足规定要求,才能保证产品的整体质量。过程质量控制是为了达到质量要求所采取的一系列作业技术和活动,包括以下内涵:

(1) 过程质量控制的范围涉及产品质量形成过程的各个环节,通过控制影响产品质量的人、机、料、法、环、测量等因素,使产品质量处于受控状态;

(2) 生产过程是产品实体的制造/建造过程,是产品质量形成的重要过程,是质量控制的重要环节;

(3) 过程质量控制通过一系列作业技术和活动,对产品质量形成过程进行实时监控,及时发现并控制偏离;

(4) 过程质量控制是一个持续的过程,是有依据、有重点、有步骤、有组织的管理活动,最终目标是保证和提高产品质量。

4.2 过程质量控制流程与措施

过程质量控制主要解决对什么进行控制、如何进行控制等问题,需要把握实施要点,有的放矢地实行动态控制,使产品质量形成过程始终处于受控状态。

4.2.1 过程质量控制点

过程质量控制点是指质量活动中需要进行重点控制的对象,如关键部位、薄弱环节、对后续工序有较大影响的工序等。过程质量控制点的设置是对产品质量进行预控的有效措施,也是进行过程质量控制的重要手段。

依据“重点控制重要质量特性”的原则,以重点部位、重点工序和重点质量因素作为控制点，有效实施过程质量控制。过程质量控制点一般包括：

(1) 对产品质量形成过程产生直接影响的关键部位、环节及工序；

(2) 产品质量形成过程中的薄弱环节或者质量不稳定的工序或对象；

(3) 对后续工序或工作有较大影响的工序或工作；

(4) 采用新技术、新工艺、新材料的工序或环节；

(5) 质量无把握、生产条件困难或技术难度大的工序或环节；

(6) 用户不满意的不良工序。

过程质量控制点需要进行动态设置和动态跟踪，在产品生产前，明确过程质量控制点，随着生产环境、条件的变化，定期进行过程质量控制点的调整或更新。同时，跟踪过程质量控制点的状态，及时反馈过程质量控制信息。

4.2.2 过程质量控制流程

过程质量控制流程是指过程质量控制的工作环节、步骤和程序，是 PDCA 循环运转过程。只有规范过程质量控制流程，才能最大化地保证过程质量控制的有效进行。过程质量控制流程如图 4-1 所示。

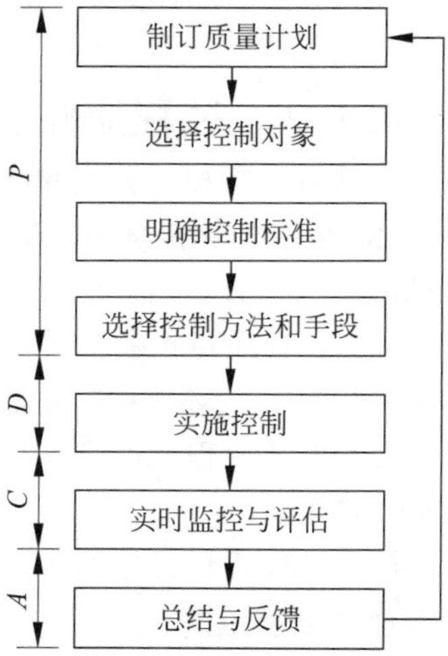

制订质量计划
选择控制对象
明确控制标准
选择控制方法和手段
实施控制
实时监控与评估
总结与反馈
P
D
C
A

图 4-1 过程质量控制流程

1. 制订质量计划

针对特定的产品或项目，依据质量策划所设定的质量目标制订质量计划，明确质量控制组织、人员及职责，质量控制标准及措施等，并以书面形式形成文件，用以指导质量控制工作。

2. 选择控制对象

依据产品实际情况和有关质量体系文件要求，在质量计划中对产品质量形成过程有关的要素(如因素、环节、工序或工作等)进行充分识别，经分析、判断，选择控制对象。特别地，把设置的过程质量控制点作为重点控制对象。

3. 明确控制标准

明确质量标准、技术标准、作业标准等控制标准。质量标准是在充分考虑产品质量要求、质量目标和技术水平的基础上，对相应控制对象提出定量和定性要求；技术标准主要规定为使产品质量达到质量目标需要采取的技术途径和方法；作业标准则明确具体的操作程序和要求。明确控制标准可采用统计分析、经验估计、工作标准等方法。

(1) 统计分析法。根据产品生产的历史数据资料以及同类产品的水平，运用统计学方法确定控制标准。

(2) 经验估计法。根据管理人员和工作人员的实际工作经验，参考有关技术文件或实物，评估计划期内条件的变化等，制定控制标准。

(3) 工作标准法。对工作情况进行分析，以准确的技术参数和实测数据为基础，通过科学计算确定控制标准。

4. 选择控制方法和手段

针对具体的控制对象，选择适用的控制方法和手段，加以控制。控制方法和手段包括分层法、调查表、因果图、排列图、直方图、散点图、控制图等常用的质量管理工具，以及工序质量控制、过程能力分析、QC 小组活动等方法和手段。随着新一轮科技革命和产业革命的到来，数字化质量管理方法在质量管理领域得到应用。为强化生产现场的“整理、整顿、清扫、清洁、素养、安全”，“6S 管理”方法也逐渐得到重视和应用。

5. 实施控制

在产品生产过程中，严格按照质量计划，综合运用控制方法和手段开展质量控制工作。为保证产品质量的产出或形成过程能够满足质量要求，达到预期的结果，需要进行质量控制方案的部署和交底，交底的目的在于使具体的作业者和管理者明确计划的意图和要求，掌握质量标准及其实现的程序和方法。

6. 实时监控与评估

对产品生产过程进行实时监控，检验控制效果，采集和分析质量数据，评估产品质量状态，进一步查找存在的质量问题。对出现的质量问题，经分析、判断，若属于常规问题，由相关部门按照经验措施进行处理；若属于非常规问题，则由质量管理部门组织相关部门讨论，提出解决对策，采取相应措施，控制产品质量的偏离。

质量数据应准确、及时、可靠，运用先进的信息技术，实现质量数据的自动实时采集、分析、评估，达到质量信息资源的共享和质量管理的协同。

质量数据的分析处理有多种方法，如用于定性分析的因果图，用于定量分析的直方图、排列图、散布图，用于过程连续监控的控制图，以及抽样检验方法、归纳法等。

7. 总结与反馈

对监控与评估发现的各种质量问题及其处理情况进行总结与反馈，以指导后续质量控制工作。对于有效果的措施，形成相应的工艺规程、作业标准等，编入质量计划文件。对于未解决的质量问题，将其转入下一个 PDCA 循环。

4.2.3　过程质量控制措施

过程质量控制措施包括组织措施、技术措施、经济措施、管理措施等。

1. 组织措施

组织是过程质量控制的保障。组织措施主要是从组织管理方面采取措施，包括设置质量管理部门、小组和人员，明确质量责任，落实责任考核制度等。

(1) 设置质量管理部门、小组和人员。设置专门的质量管理部门，组建质量管理小组，配备专人负责质量控制工作，为落实产品生产质量责任制奠定基础。

(2) 明确质量责任。明确质量管理部门、参与质量管理的相关部门和人员的质量责任，树立产品质量责任观念，以实现产品质量稳定可控。

(3) 落实责任考核制度。完善过程质量控制中的责任认定、绩效考核、责任追究制度，确保产品质量形成过程的各个环节的质量责任落实。

2. 技术措施

技术措施是过程质量控制的重要措施，是为提高产品质量在技术方面采取的措施，包括制定技术标准、综合运用质量技术手段、强化原材料和设备源头把关、加强工艺和材料创新等。

（1）制定技术标准。通过制定技术标准，明确产品生产技术要求，为产品质量形成过程的控制提供依据。

（2）综合运用质量技术手段。综合运用质量管理统计工具、工序质量控制、过程能力分析、信息化技术等质量技术手段，支撑过程质量控制工作的具体实施。

（3）强化原材料和设备源头把关。认真把关原材料和设备的质量，加强原材料和设备的试验和检测，从源头上保证质量。

（4）加强工艺和材料创新。新材料和新工艺对保障产品质量、节约生产成本、促进技术进步等具有重要意义，需要加强工艺和材料的创新研发和应用，为高效的过程质量控制奠定基础。

3. 经济措施

过程质量控制离不开经济措施。经济措施是指用经济的手段对过程质量控制进行影响和制约，如质量经济分析、建立质量竞争机制等。

（1）质量经济分析。质量成本高低影响过程质量控制的实施，只有正确、客观地开展质量成本分析与控制活动，才能进行有效的过程质量控制。

（2）建立质量竞争机制。通过建立质量竞争机制，实行奖罚制度，对为实现产品质量目标做出贡献且顾全大局的部门或个人予以经济奖励，反之则给予相应的处罚。

4. 管理措施

管理措施是指采用方法、规则和手段等，确保产品质量满足要求，包括建立质量管理制度、培育质量文化、质量责任合同化、管理信息化等。

（1）建立质量管理制度。建立健全相关的质量管理制度，规范过程质量控制流程，促进产品质量的提升。

（2）培育质量文化。在过程质量控制过程中，培育质量意识、重视质量教育、强化品牌建设等，使质量文化深入人心，从而确保产品质量目标的实现。

（3）质量责任合同化。在合同或附加协议中明确产品质量要求，确定质量的标准、检验和评价方法、奖惩方法，不用含混不清的、笼统的质量要求或标准。

（4）管理信息化。通过信息化、数字化的方法和手段，提高质量信息处理效率，增强质量信息透明度和交流共享，加大过程质量的控制力度。

4.3 过程质量控制的工具和方法

综合运用各种统计工具和现代管理方法进行过程质量控制，包括常用的质量管理工具、工序质量控制、过程能力分析、QC 小组活动、6S 管理、数字化质量管理等。

4.3.1 常用的质量管理工具

1. 分层法

分层法又称分类法，它是将收集的原始质量数据按照一定的目的和要求加以分类整理，以便分析质量问题及其影响因素的工具。分层法常与其他数理统计工具结合在一起应用，如调查表、排列图、因果图、直方图、控制图等。

分层的原则是使同一层次内的质量数据波动尽可能小，而层与层之间的差别尽可能大。分层的目的不同，分层的标志也不一样。一般来说，分层可采用以下标志：

(1) 人员，可按员工的工龄、性别、技术级别及班次进行分层；

(2) 机器设备，可按设备类型、新旧程度、不同工具等进行分层；

(3) 材料，可按产地、批号、生产厂、规格、成分等进行分层；

(4) 工艺方法，可按不同工艺、不同加工规程等进行分层；

(5) 时间，可按不同班次、不同日期等进行分层；

(6) 环境，可按照明度、清洁度、温度、湿度等进行分层；

(7) 测量，可按测量设备、测量方法、测量人员、测量取样方法和环境条件等进行分层。

分层法的一般步骤是：收集数据，根据不同的目的选择分层的标志，根据不同的分层标志对质量数据进行按层归类，画分层统计图表或分层进行统计分析。

【例 4-1】 某装配厂的气缸体与气缸盖之间经常发生漏油，经抽查 50 套产品后发现漏油 19 套，其原因有两种：一是 3 位操作者在涂黏结剂时，操作方法不同；二是所使用的气缸垫由两个制造厂提供。在用分层法分析漏油原因时，采用以下两种分层标志进行分类。

解：(1) 按操作者分层，如表 4-1 所示。

表 4-1 按操作者分层

操作者	漏油/套	不漏油/套	漏油率/%
王师傅	6	13	32
李师傅	3	9	25
张师傅	10	9	53
合　计	19	31	38

(2) 按气缸垫生产厂家分层，如表 4-2 所示。

表 4-2 按生产厂家分层

供应厂	漏油/套	不漏油/套	漏油率/%
一厂	9	14	39
二厂	10	17	37
合计	19	31	38

从表 4-1 和表 4-2 中可以看出：为降低漏油率，应采用李师傅的操作方法和选用二厂的气缸垫。然而事实并非如此，如表 4-3 所示，当采用此方法后，漏油率并未降到预期的指标(0)，漏油率为 3/7≈43%。因此，这样的简单分层是有问题的。正确的方法为：当采用一厂生产的气缸垫时，应推广采用李师傅的操作方法；当采用二厂生产的气缸垫时，应推广采用

王师傅的操作方法，这时它们的漏油率为 0。可见，运用分层法时，不宜简单地按单一因素分层，应考虑各因素的综合影响。

表 4-3 按两种因素交叉分层

操作者	气缸垫	厂家		合计
		一厂	二厂	
王师傅	漏油/套	6	0	6
	不漏油/套	2	11	13
李师傅	漏油/套	0	3	3
	不漏油/套	5	4	9
张师傅	漏油/套	3	7	10
	不漏油/套	7	2	9
合计	漏油/套	9	10	19
	不漏油/套	14	17	31
总计		23	27	50

2. 调查表

调查表又称检验表、核对表、统计分析表，是利用专门设计的统计表对质量数据进行收集、整理和粗略分析质量状态的工具。调查表往往与分层法结合应用，可更好、更快地找出影响质量的因素，以便采取改进措施。

利用调查表收集数据，简便灵活，实用有效。调查表没有固定格式，可根据需要和具体情况设计不同的调查表。常用的调查表有不合格品分项调查表和缺陷位置调查表等。

不合格品分项调查表是将不合格品按其种类、原因、工序、部位或内容等情况进行分类记录，以便能简便、直观地反映不合格品的分布情况。

缺陷位置调查表是将所发生的缺陷标记在产品或零件简图的相应位置，并附以缺陷的种类和数量记录，以便能直观地反映缺陷的情况。

3. 因果图

因果图也称特性要因图，又因其形状常被称为树枝图或鱼刺图，是整理和分析某个质量特性(结果)与其产生原因之间关系的有效工具。

因果图的基本形式如图 4-2 所示，由枝干、质量特性(结果)、原因三部分构成。分析过程为：先找出影响质量特性的大原因，然后寻找大原因背后的中原因，再根据中原因找到小原因和更小原因。

【例 4-2】 某工厂为提高 135W 电机的一次装机合格率，运用因果图对“噪声超标”进行原因的初步分析，如图 4-3 所示。

4. 排列图

排列图又称帕累托图、主次因素分析图，是找出影响产品质量主要因素的一种简单而有效的图表工具，它是将影响产品质量的众多影响因素按其对质量影响程度的大小，用直方图形顺序排列，从而找出主要因素。

排列图由两个纵坐标、一个横坐标、几个连起来的直方形和一条折线构成，如图 4-4 所示。左侧的纵坐标表示频数，右侧的纵坐标表示累计频率，横坐标表示影响质量的各个因素

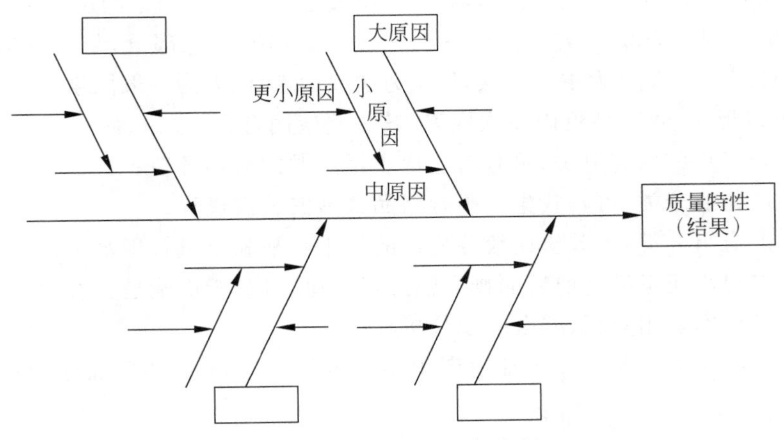

图 4-2 因果图的基本形式

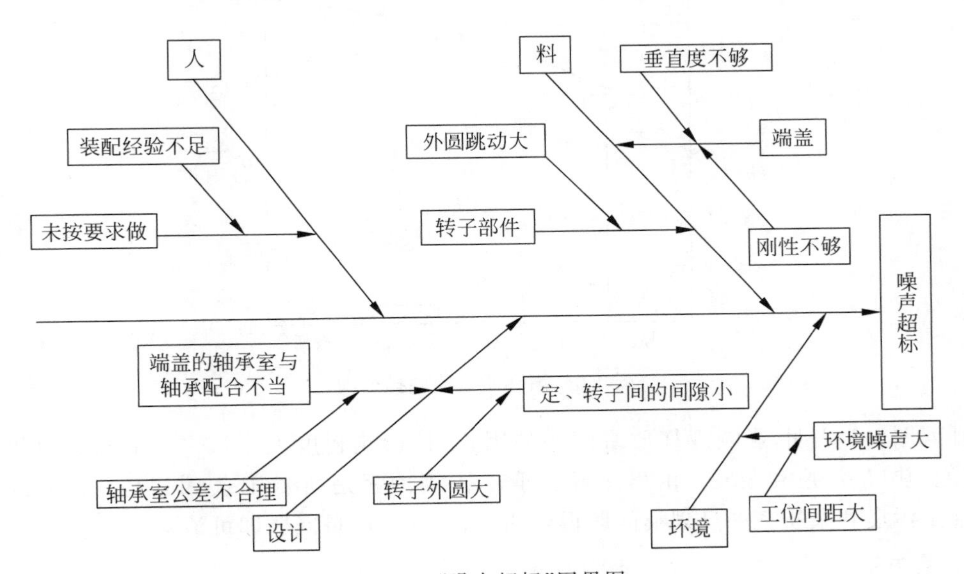

图 4-3 “噪声超标”因果图

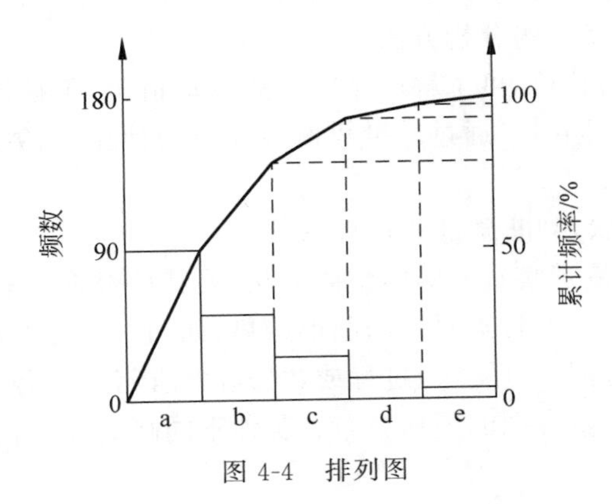

图 4-4 排列图

或项目，按影响程度大小从左至右排列，直方形的高度表示某个因素的影响大小。实际应用时，可按累计频率划分为 0～80％、80％～90％、90％～100％三部分，与其对应的影响因素分别为 A、B、C 三类。A 类为主要因素，B 类为次要因素，C 类为一般因素。

排列图可以形象、直观地反映主次因素，其主要应用有：

（1）按不合格点的内容分类，可分析造成质量问题的薄弱环节；

（2）按生产作业分类，可查找生产不合格品最多的关键过程；

（3）按生产班组分类，可分析比较各班组的技术水平和质量管理水平；

（4）将采取提高质量措施前后的排列图进行对比，可分析措施是否有效；

（5）可用于成本费用分析、安全问题分析等。

【例 4-3】 某酒杯制造厂对某日生产中出现的 120 个次品进行统计，画出排列图，如图 4-5 所示。

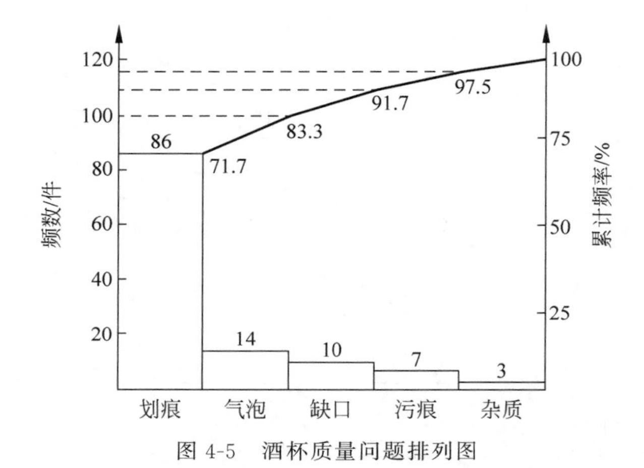

图 4-5 酒杯质量问题排列图

排列图 4-5 表明，影响酒杯质量问题的因素，按影响程度大小从左至右排列分别为划痕、气泡、缺口、污痕和杂质。由累计频率可知，A 类因素是划痕，B 类因素是气泡和缺口，C 类因素是污痕和杂质。一旦划痕问题得到纠正，大部分质量问题即可消除。

5. 直方图

直方图又称频数分布直方图，是将收集到的质量数据进行分组整理，绘制成频数分布直方图，用以描述质量分布状态的分析方法。

通过直方图的观察与分析，可了解产品质量的波动情况，掌握质量特性的分布规律，对质量状况进行分析判断。同时可通过质量数据特征值的计算，估算生产过程总体的不合格品率，评价过程能力等。

1）观察直方图的形状，判断质量分布状态

绘制直方图后，需认真观察直方图的整体形状，看其是否属于正常型直方图。正常型直方图呈现中间高、两侧底、左右接近对称的图形趋势，如图 4-6(a)所示。

如出现非正常型直方图，表明生产过程或数据收集有问题。需分析判断找出原因，采取措施予以纠正。非正常型直方图的图形分布有各种不同缺陷，归纳起来一般有 5 种类型，如图 4-6(b)～(f)所示。

（1）折齿型(图 4-6(b))：由于分组不当或组距确定不当出现的直方图。

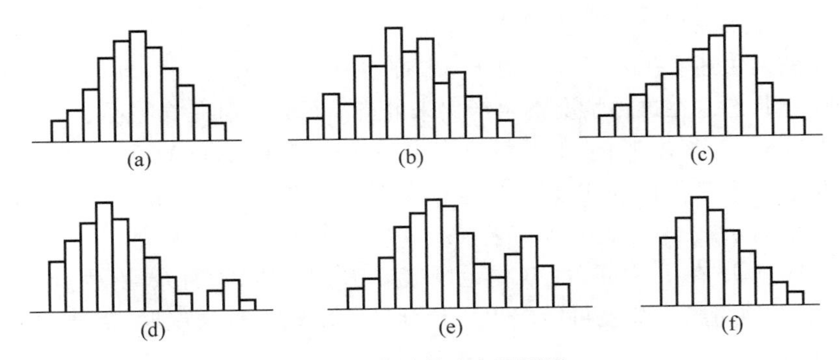

图 4-6 常见的直方图图形

(a) 正常型；(b) 折齿型；(c) 左缓坡型；(d) 孤岛型；(e) 双峰型；(f) 绝壁型

(2) 左(或右)缓坡型(图 4-6(c))：由于操作中对上限(或下限)控制过严出现的直方图。

(3) 孤岛型(图 4-6(d))：当原材料发生变化或他人临时顶班作业时出现的直方图。

(4) 双峰型(图 4-6(e))：由于用两种方法、两台设备或两组工人进行生产，把两方面数据混在一起整理出现的直方图。

(5) 绝壁型(图 4-6(f))：由于数据收集不正常，可能是有意识地去掉下限以下的数据，或在检测过程中存在某种人为处理出现的直方图。

2) 将直方图与质量标准比较，判断实际生产过程能力

绘制直方图后，除了观察直方图形状，分析质量分布状态外，还要将正常型直方图与质量标准进行比较，判断实际生产过程能力。通常有如下几种比较结果，见图 4-7，其中：

T——质量标准要求界限；

B——实际质量特性分布范围。

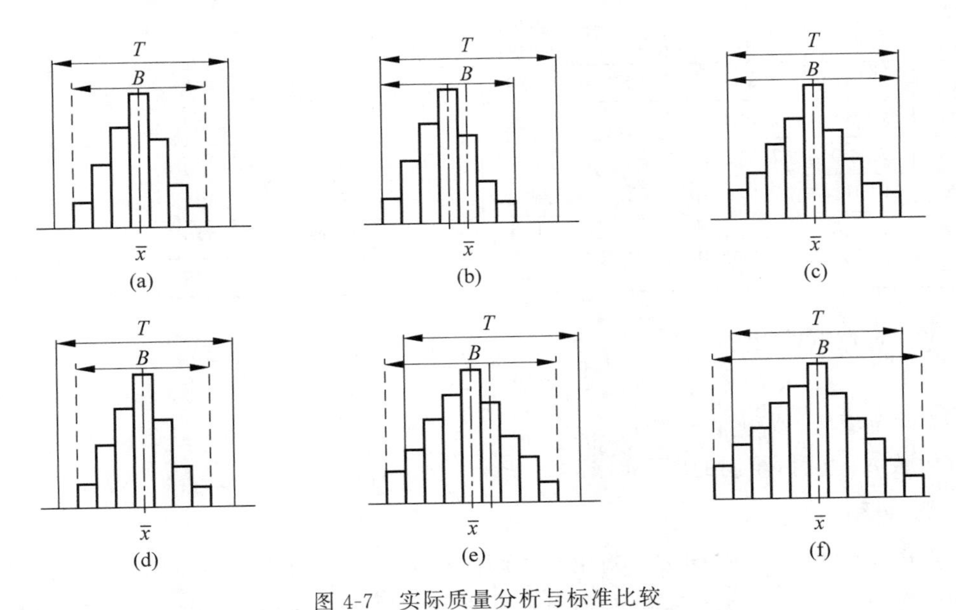

图 4-7 实际质量分析与标准比较

（1）图 4-7(a)，B 在 T 中间，质量分布中心 $\bar{x}$ 与质量标准中心 M 重合，实际数据分布与质量标准相比较两边还有一定余地。对于这样的生产过程，质量是很理想的，说明生产过程处于正常的稳定状态。在这种情况下生产出来的产品可认为都是合格品。

（2）图 4-7(b)，B 落在 T 内，但质量分布中心 $\bar{x}$ 与 T 的中心 M 不重合，偏向一边。这样如果生产状态发生变化，便可能超出质量标准下限而出现不合格品。此时需要采取措施，使直方图移到中间来。

（3）图 4-7(c)，B 在 T 中间，且 B 的范围接近 T 的范围，没有余地，生产过程一旦发生小的变化，产品的质量特性值就可能超出质量标准。出现这种情况时，需要立即采取措施，以缩小质量分布范围。

（4）图 4-7(d)，B 在 T 中间，但两边余地太大，说明加工过粗或过细，不经济。在这种情况下，可对原材料、设备、工艺、操作等控制要求适当放宽些，有目的地使 B 扩大，从而有利于降低成本。

（5）图 4-7(e)，质量分布范围 B 已超出标准下限之处，说明已出现不合格品。此时必须采取措施进行调整，使质量分布位于标准之内。

（6）图 4-7(f)，质量分布范围完全超出质量标准上、下界限，散差太大，产生许多不合格品，说明过程能力不足。此时，需要提高过程能力，缩小质量分布范围 B。

【例 4-4】 从一批螺栓中随机抽取 100 件，测量其外径数据，如表 4-4 所示，试绘出频数直方图。

解：（1）收集数据，$n=100$。

表 4-4 螺栓外径数据 单位：mm

7.938	7.930	7.918	7.925	7.923	7.930	7.920	7.929	7.922	7.925
7.930	7.925	7.912	7.925	7.927	7.920	7.925	7.928	7.918	7.938
7.938	7.930	7.925	7.925	7.927	7.924	7.930	7.930	7.922	7.922
7.914	7.930	7.926	7.925	7.927	7.925	7.926	7.935	7.925	7.915
7.924	7.925	7.928	7.927	7.923	7.929	7.923	7.930	7.925	7.918
7.929	7.918	7.924	7.920	7.922	7.922	7.920	7.938	7.920	7.927
7.928	7.920	7.922	7.922	7.923	7.925	7.929	7.925	7.927	7.935
7.920	7.918	7.923	7.927	7.929	7.930	7.930	7.924	7.922	7.931
7.918	7.928	7.915	7.923	7.931	7.926	7.925	7.930	7.930	7.919
7.923	7.928	7.919	7.925	7.922	7.918	7.922	7.935	7.930	7.922

（2）确定数据的极差：

$$R = X_{max} - X_{min} = (7.938 - 7.912)\text{mm} = 0.026\text{mm} \tag{4-1}$$

（3）确定组距（取组数 $k=9$）。

取组数 $k=9$ 时，绘制的图形如图 4-8 所示。

6. 散点图

散点图又称相关图，是研究成对出现的两组相关数据之间关系的简单示图，如 (X,Y)，每对为一个点。在过程质量控制中，质量数据之间的关系多属相关关系，一般有 3 种类型：一是质量特性和影响因素之间的关系；二是质量特性和质量特性之间的关系；三是影响因

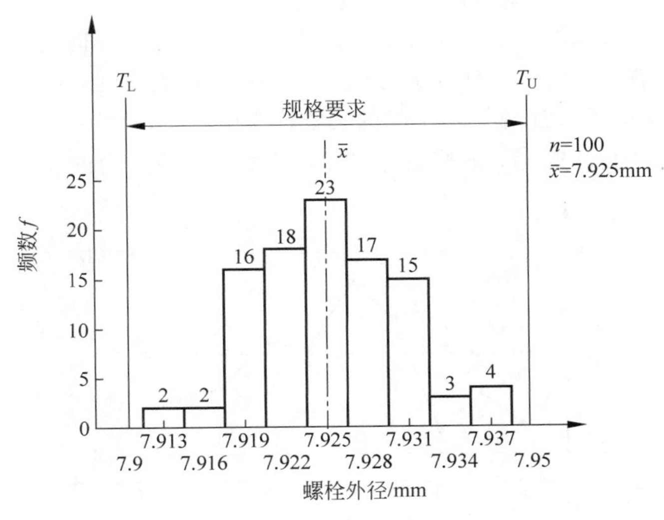

图 4-8　频数直方图

素和影响因素之间的关系。

在散点图中，成对的数据形成点子云，研究点子云的分布状态便可推断成对数据之间的相关程度。图 4-9 所示为 6 种常见的点子云状态，当 X 值增加时，相应的 Y 值也增加，则称 X 和 Y 是正相关；当 X 值增加时，相应的 Y 值却减少，则称 X 和 Y 是负相关。

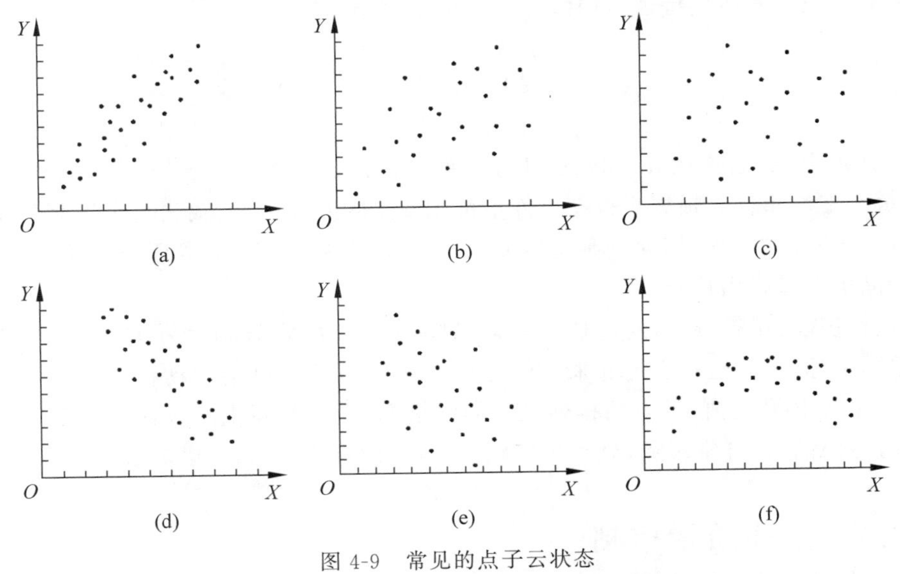

图 4-9　常见的点子云状态

(a) 强正相关；(b) 弱正相关；(c) 不相关；(d) 强负相关；(e) 弱负相关；(f) 非直线相关

7. 控制图

控制图是对生产过程中产品质量状况进行实时控制的统计工具，是过程质量控制的重要方法。它通过监视产品生产过程质量随时间波动的情况，判定产品生产过程是否出现异常因素，并采取相应的控制措施，使产品质量处于稳定状态。控制图是一种简便有效的质量控制手段，尤其在工序质量控制中得到广泛应用。

控制图的基本图形如图 4-10 所示，横坐标为样本序号或抽样时间，纵坐标为质量特性值。控制图上一般有三条线：上面的虚线称为上控制界限，用符号 UCL 表示；下面的虚线称为下控制界限，用符号 LCL 表示；中间的实线称为中心线，用符号 CL 表示。中心线标志质量特性值分布的中心位置，上、下控制界限标志质量特性值的允许波动范围。

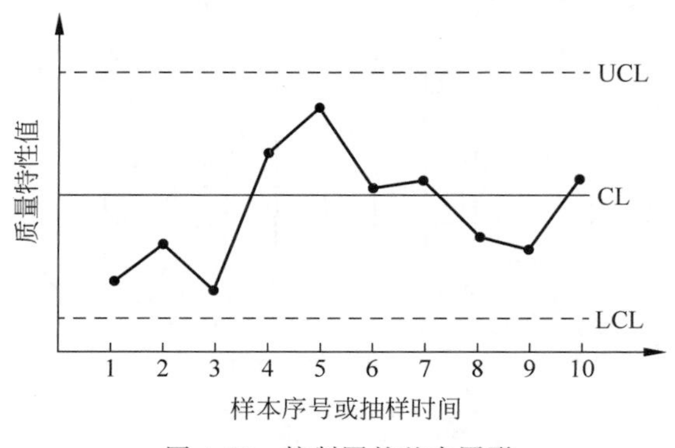

图 4-10 控制图的基本图形

控制图的控制界限是用于判断过程是否发生异常变化的尺度。控制界限可根据数理统计原理计算得到，一般来说，采用"三倍标准差法"，即"3σ"方式确定控制界限，以质量特性值的平均值作为中心线，以中心线为基准往上 3 倍的标准差确定控制上限，向下 3 倍的标准差确定控制下限。若质量特性值均值为 μ，标准差为 σ，则

$$\begin{cases} \mathrm{UCL} = \mu + 3\sigma \\ \mathrm{CL} = \mu \\ \mathrm{LCL} = \mu - 3\sigma \end{cases} \tag{4-2}$$

正态分布中，数据落在 $\mu \pm 3\sigma$ 之间的概率为 99.73%，落在 $\mu \pm 3\sigma$ 范围之外的概率仅 0.27%，属小概率事件。根据小概率事件不可能发生的原理，若只做几次或几十次试验或观测，数据在 $\mu \pm 3\sigma$ 之间波动，是一种正常波动，可判断产品生产过程处于正常状态；反之，则可判断产品生产过程出现异常。

在进行过程质量控制时，通过抽样检验，测量质量特性数据，用点描在图上相应的位置，得到一系列坐标点，将这些点连起来，可得到一条反映质量特性值波动状况的曲线。若点全部落在上、下控制界限内，且点的排列没有异常情况，则可判断生产过程处于受控状态；否则认为生产过程存在异常现象，处于失控状态，需立即查明原因，予以消除。

4.3.2 工序质量控制

工序质量控制是一种以预防为主的主动管理方法，其目的是保障工序始终处于受控的状态，持续稳定地生产合格的产品。

1. 工序质量

产品质量形成过程包括多个工序，工序可分为三类：

(1) 一般工序，即对产品形成质量起一般作用的工序；

(2) 关键工序，即对产品形成质量，特别是可靠性质量起重要、关键作用的工序；

(3) 特殊工序,即其结果不能通过后面的检验验证,而只能通过使用后才能完全验证的工序。

工序质量包含工序活动条件的质量和工序活动效果的质量,两者相互关联,一方面需控制工序活动条件的质量,使每道工序投入产品的质量都符合要求;另一方面,需控制工序活动效果的质量,使每道工序所形成的产品都达到相应的质量标准。

2. 工序质量控制的内容

(1) 严格遵守工艺规程。生产工艺和操作规程是进行生产的依据和法规,是确保工序质量的前提,需严格执行。

(2) 主动管理工序活动条件的质量。工序活动条件主要包括人、机、料、法、测量、环等因素。只有对这些因素进行有效控制,使其处于受控状态,避免发生系统因素变异,才能保证每道工序质量正常、稳定。

(3) 及时检验工序活动效果的质量。工序活动效果是评价工作质量是否符合标准的尺度,需要加强质量检验工作,对质量状况进行综合统计与分析,及时掌握质量动态,对出现的质量问题采取对策,使工序活动效果的质量满足规范和标准。

(4) 设置工序质量控制点。控制点是为保证工序质量而需进行控制的重点、关键部位或薄弱环节。工序质量控制点的设置与过程质量控制点的设置方法类似,不再赘述。

3. 工序质量控制的步骤

工序质量控制的原理是采用数理统计工具,通过对工序一部分(子样)检验的数据进行统计、分析,以判断工序质量是否稳定,若不稳定,有异常情况,则需采取对策和措施予以改进,从而实现对工序质量的控制。工序质量控制的实质是对影响工序质量水平的因素进行分析、控制和管理的过程,其控制步骤如下:

(1) 实测:采用必要的检测工具和手段,对抽取的工序子样进行质量检验。

(2) 分析:对检验所得的数据通过直方图、排列图或控制图等进行分析,了解这些数据所遵循的规律。

(3) 判断:根据数据分布规律分析的结果,如数据是否符合正态分布曲线,是否在上下控制界限之间,是否在公差(质量标准)规定的范围内,是正常状态还是异常状态等,对整个工序的质量予以判断,从而确定该道工序是否达到质量标准。若出现异常情况,即查找原因,采取对策和措施予以干预,达到控制工序质量的目的。

4. 工序质量控制的工具

在工序质量控制中,通常使用的数理统计工具有直方图、排列图和控制图等。控制图作为工序质量控制的核心工具应用广泛,并得到不断完善和发展。

1) 控制图的选用

(1) 控制图的类型与适用场合

在工序质量控制中,可根据工序特征、产品生产需要、数据特征等不同情况,选用不同的控制图。按产品质量的特性分类,控制图分为计量值控制图和计数值控制图。控制图的类型与适用场合如表4-5所示。

表 4-5 控制图类型与适用场合

大　类	控制对象	名　称	适用场合
计量值控制图	长度、重量、时间、强度、成分及收缩率等连续变量	X 控制图(单值控制图)	用于数据测量花费时间多、费用高或样品数据不便分组等情况
		$\overline{X}$-R 控制图(平均值-极差控制图)	可同时控制质量特性值的集中趋势(即平均值 $\overline{X}$ 的变化)以及其离中趋势(即极差 R 的变化)。与其他控制图相比,可提供较多的质量信息和较高的检出力。其中,检出力是指控制图发现过程异常的能力
		$\overline{R}$-S 控制图(平均值-标准偏差控制图)	用途与 $\overline{X}$-R 控制图相似,其特点是 S 的计算比较烦琐,但检出力比 $\overline{X}$-R 控制图高
		$\widetilde{X}$-R 控制图(中位数-极差控制图)	用途与 $\overline{X}$-R 控制图相似,其优点是可以减少计算,但检出力不如 $\overline{X}$-R 控制图高
		X-R_S 控制图(单值-移动极差控制图)	用于数据不能分组的情况,如对钢水化学成分的控制等。R_S 为移动极差,即相邻数之差的绝对值
计数值控制图	质量数据中的计数值,如缺陷数、不合格品数、不合格品率等	pn 控制图(不合格品数控制图)	用于对不合格品数、缺勤人数等的控制
		p 控制图(不合格品率控制图)	用于对不合格品率、废品率、交货延迟率、缺勤率、服务部门的差错率等的控制
		c 控制图(缺陷数控制图)	用于对单件上缺陷数,如铸件上的气孔、砂眼数,布匹上的疵点等的控制
		μ 控制图(单位缺陷数控制图)	用于对单位面积、单位长度缺陷数的控制

计量值控制图和计数值控制图,按不同用途都可分为分析用控制图和管理用控制图。分析用控制图是利用控制图对已完成的生产过程进行分析,以评估该过程是否稳定。管理用控制图是对正在进行的生产过程实施质量控制,以保持过程的稳定状态。

(2) 控制图的使用步骤

① 明确应用控制图的目的。通常,控制图的应用目的包括:发现生产过程异常点,追查原因并予以消除,使生产过程保持受控状态;对生产过程的质量特性数据进行时间序列分析,掌握生产过程的质量状态。

② 确定受控对象的质量特性及所用的控制图。控制图的类型需根据质量特性和收集的质量数据确定。

③ 绘制分析用控制图。绘成控制图,分析判断生产过程是否处于受控状态。若判定过程处于受控状态,则转入下一步骤;否则,追查原因,采取措施,直到回到受控状态。

④ 绘制管理用控制图。当判定生产过程处于受控状态,且过程能力指数达到规定要求,可延长控制界限,作为管理用控制图。

⑤ 进行日常过程质量控制。在生产过程中取样,将结果绘制在控制图上并观察分析过程状态。如果无异常现象,则维持现状进行生产;如果出现质量降低的信息,则采取措施消除异常;如果出现质量提高信息,则总结经验。

⑥ 修订控制界限。控制图使用一段时间后，如出现大修、停产、工序状况发生较大变化、质量发生明显改进等情况，需重新计算中心线和控制界限。

2）控制图的控制界限计算

（1）X 控制图

X 控制图是将测得的计量值直接在图上描点，不必进行烦琐的计算，具有迅速、及时的特点，但不能发现离散变化，如图4-11所示。图中，横坐标表示按时间序列的样品加工顺序号，纵坐标表示质量特性值，T 表示公差范围。

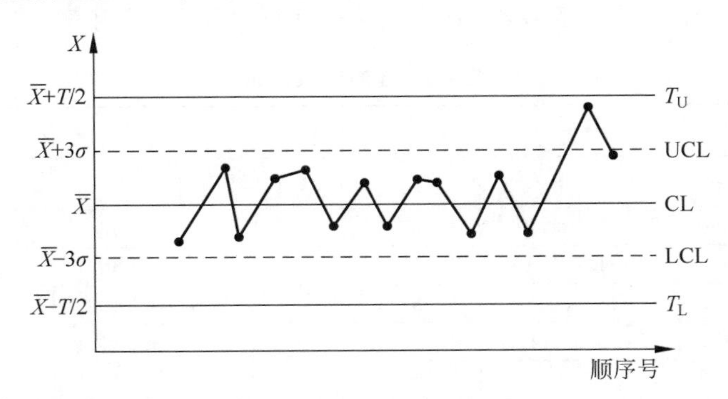

图4-11　X 控制图

X 控制图的中心线和上下控制界限的确定方法如下：

① 若生产条件与过去基本相同，生产过程又相当稳定，则可根据以往经验数据(具有合适的平均值 μ 和标准差 σ)，按照 $\pm 3\sigma$ 方式建立控制界限：

$$\mathrm{CL}_X = \mu \tag{4-3}$$

$$\mathrm{UCL}_X = \mu + 3\sigma \tag{4-4}$$

$$\mathrm{LCL}_X = \mu - 3\sigma \tag{4-5}$$

② 若无经验数据可用或生产条件发生变化，需进行随机抽样(一般要求样本容量 $n \geqslant 50$)，计算平均值 $\overline{X}$ 和标准偏差 S：

$$\overline{X} = \frac{X_1 + X_2 + \cdots + X_n}{n} \tag{4-6}$$

$$S = \sqrt{\frac{(X_1 - \overline{X})^2 + (X_2 - \overline{X})^2 + \cdots + (X_n - \overline{X})^2}{n-1}} \tag{4-7}$$

μ 和 σ 值可由 $\overline{X}$ 和 S 近似得出：

$$\mathrm{CL}_X = \overline{X} \tag{4-8}$$

$$\mathrm{UCL}_X = \overline{X} + 3S \tag{4-9}$$

$$\mathrm{LCL}_X = \overline{X} - 3S \tag{4-10}$$

（2）$\overline{X}$-R 控制图

$\overline{X}$-R 控制图是 $\overline{X}$ 控制图和 R 控制图的综合运用。一般将 $\overline{X}$ 控制图置于 R 控制图之上，主要用于观察分析平均值的变化情况；R 控制图则用于观察分析数据的离散波动状况。

$\overline{X}$ 控制图控制界限的计算公式为

$$\mathrm{CL}_{\overline{X}} = \overline{\overline{X}} \tag{4-11}$$

$$UCL_{\overline{X}} = \overline{\overline{X}} + A_2\overline{R} \tag{4-12}$$

$$LCL_{\overline{X}} = \overline{\overline{X}} - A_2\overline{R} \tag{4-13}$$

R 控制图控制界限的计算公式为

$$CL_R = \overline{R} \tag{4-14}$$

$$UCL_R = D_4\overline{R} \tag{4-15}$$

$$LCL_R = D_3\overline{R} \tag{4-16}$$

式中，A_2、D_4、D_3 是由 n 确定的系数，其值可通过计算得到，也可由表 4-6 直接查出。

表 4-6 控制图系数表

n	系数									
	A_2	A_3	A_4	D_4	D_3	d_2	d_3	B_3	B_4	m_3
2	1.880	2.659	1.880	3.267	—	1.128	0.893	—	3.267	1.000
3	1.023	1.954	1.187	2.579	—	1.693	0.888	—	2.568	1.160
4	0.729	1.628	0.796	2.282	—	2.059	0.880	—	2.266	1.092
5	0.577	1.427	0.691	2.115	—	2.326	0.864	—	2.089	1.198
6	0.483	1.287	0.549	2.004	—	2.534	0.848	0.030	1.970	1.135
7	0.419	1.182	0.509	1.924	0.076	2.704	0.833	0.118	1.882	1.214
8	0.373	1.099	0.432	1.864	1.136	2.847	0.820	0.185	1.815	1.160
9	0.337	1.032	0.412	1.816	0.184	2.970	0.808	0.239	1.761	1.223
10	0.308	0.973	0.363	1.777	0.223	3.078	0.797	0.284	1.716	1.176

(3) $\overline{X}$-S 控制图

$\overline{X}$-S 控制图是 $\overline{X}$ 控制图和 S 控制图的结合，一般将 $\overline{X}$ 控制图放在上方，主要用于观察工序平均值的变动，将 S 控制图放在下方，主要用于观察工序标准偏差的变动。$\overline{X}$-S 控制图适用于样本容量较大(尤其是大于 9)的情形。

$\overline{X}$ 控制图控制界限的计算公式为

$$CL_{\overline{X}} = \overline{\overline{X}} \tag{4-17}$$

$$UCL_{\overline{X}} = \overline{\overline{X}} + A_3\overline{S} \tag{4-18}$$

$$LCL_{\overline{X}} = \overline{\overline{X}} - A_3\overline{S} \tag{4-19}$$

S 控制图控制界限的计算公式为

$$CL_S = \overline{S} \tag{4-20}$$

$$UCL_S = B_4\overline{S} \tag{4-21}$$

$$LCL_S = B_3\overline{S} \tag{4-22}$$

式中，$\overline{S}$ 为各组标准偏差平均值；A_3，B_3，B_4 为与样本容量 n 有关的系数，可由表 4-6 直接查出。

(4) $\widetilde{X}$-R 控制图

$\widetilde{X}$-R 控制图是用中位数 $\widetilde{X}$ 代替 $\overline{X}$-R 控制图的平均值 $\overline{X}$，不必分组计算每组样本的平均值 $\overline{X}$，其精度不如 $\overline{X}$-R 控制图，检出产品生产过程不稳定的能力也要弱些。常用于需计

算平均值 $\overline{X}$ 比较麻烦而又缺少计算工具的情况。

(5) pn 控制图

pn 控制图在样本大小 n 固定的情况下使用，使用 pn 控制图时，样本中应含有 1～5 个不合格品，即 $pn=1\sim5$。若 pn 常为 0，则该控制图失去作用。根据经验，常取 $n\geqslant50$。总体不合格品率太小时，不宜采用这种控制图。

根据概率分布理论，从一批稳定状态下生产出的大量产品中随机抽取大小为 n 的样本，若出现不合格品的概率为 p，样本中不合格品数为 r，则 r 服从二项分布，当 p 较小而 n 足够大时，r 的分布趋于正态分布 $N[pn, pn(1-p)]$。按照“3σ”方式可得 pn 图的中心线和控制界限：

$$\mathrm{CL}_{pn}=pn \tag{4-23}$$

$$\mathrm{UCL}_{pn}=pn+3\sqrt{pn(1-p)} \tag{4-24}$$

$$\mathrm{LCL}_{pn}=pn-3\sqrt{pn(1-p)} \tag{4-25}$$

若出现不合格品的概率 p 未知，一般用 K 个样本的不合格品数的平均值 $\dfrac{\sum pn}{K}$ $\left(\sum pn\right.$ 表示 k 个样本中不合格品数总和$\left.\right)$ 估计 pn，用 $\bar{p}$ 估计 p，即

$$\mathrm{CL}_{pn}=\bar{p}n \tag{4-26}$$

$$\mathrm{UCL}_{pn}=\bar{p}n+3\sqrt{\bar{p}n(1-\bar{p})} \tag{4-27}$$

$$\mathrm{LCL}_{pn}=\bar{p}n-3\sqrt{\bar{p}n(1-\bar{p})} \tag{4-28}$$

式中，$\bar{p}n$ 为平均不合格品数；$\bar{p}$ 为平均不合格品率。

(6) p 控制图

当样本大小 n 经常变化时，用不合格品率 p 控制图。使用 p 控制图时，一般要求样本数 n 大一些，如取 50、100 或 200 以上，n 太小，则往往 $p=0$，这就失去了画控制图的意义，但 n 取得太大又会增加检验费，因此每组样本中的不合格品平均在 3～4 个为宜。

p 控制图控制界限的计算公式如下：

$$\mathrm{CL}_{p}=\bar{p}=\frac{\sum_{i=1}^{k}p_i n_i}{\sum_{i=1}^{k}n_i} \tag{4-29}$$

$$\mathrm{UCL}_{p}=\bar{p}+3\sqrt{\frac{\bar{p}(1-\bar{p})}{n}} \tag{4-30}$$

$$\mathrm{LCL}_{p}=\bar{p}-3\sqrt{\frac{\bar{p}(1-\bar{p})}{n}} \tag{4-31}$$

限于篇幅，其余控制图不一一赘述。

3) 控制图的观察与分析

绘制控制图的目的是分析判断生产过程是否处于控制状态，当控制图同时满足以下两个条件时，可认为生产过程处于控制状态：

(1) 点几乎全部落在控制界限内。点几乎全部落在控制界限内要符合三个要求：①连续25点以上处于控制界限内；②连续35点中仅有1点超出控制界限；③连续100点中不多于2点超出控制界限。

(2) 控制界限内的点排列没有缺陷。控制界限内的点排列没有缺陷是指点的排列分布未出现"链""偏离或多次同侧""倾向或趋势""周期性变动""接近控制界限"等异常状态。

① 链。点连续出现在中心线一侧的现象称为链，链的长度用链内所含点的数量来度量，如图4-12(a)所示。若出现五点链，需注意生产过程发展状况；若出现六点链，需开始调查异常原因；若出现七点链，则判定过程异常，需采取处理措施。

② 偏离或多次同侧。较多的点间断地出现在中心线一侧时称为偏离，如图4-12(b)所示。出现下列情况之一判为偏离：连续11点中有10点在同侧；连续14点中有12点在同侧；连续17点中有14点在同侧；连续20点中有16点在同侧。

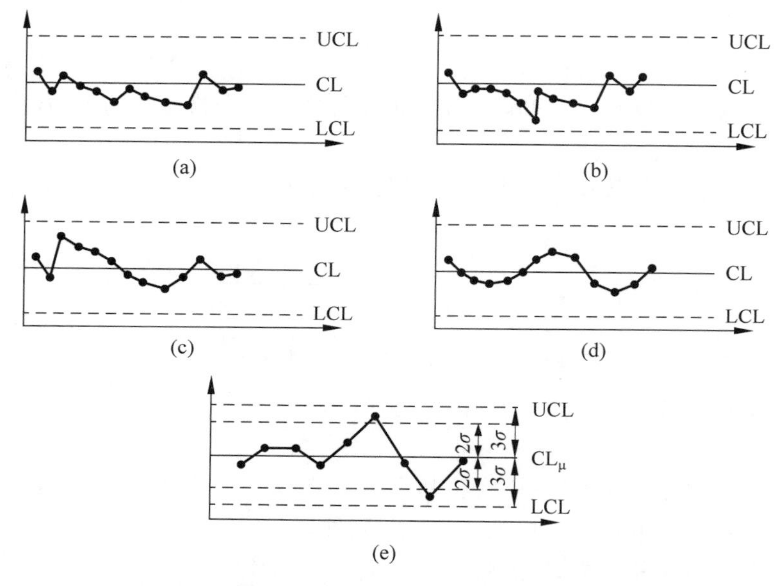

图4-12 有异常现象的点排列

③ 倾向或趋势。若干点连续上升或下降的现象称为倾向，如图4-12(c)所示。判别准则如下：连续5点或5点以上上升或下降排列，需注意操作方法；连续6点或6点以上上升或下降排列，需要调查与分析原因；连续7点或7点以上上升或下降排列，判断未异常，需采取措施。

④ 周期性变动。点的上升或下降出现明显的一定间隔称为周期，如图4-12(d)所示。这时即使点都在控制界限内，也需要查找是否存在异常因素。

⑤ 接近控制界限。图上的点接近中心线或上下控制界限的现象称为接近，如图4-12(e)所示。如属下列情况的判定为异常：连续3点至少有2点接近控制界限；连续7点至少有3点接近控制界限；连续10点至少有4点接近控制界限。

4) 控制图的应用

下面以使用最广泛的$\overline{X}$-R控制图(均值-极差控制图)为例，说明用控制图进行工序质量控制的方法。

(1) 收集数据并加以分组

收集准确的抽样数据是进行质量控制分析的基础，也是绘制控制图的第一步。一般可随机抽样收集 80～150 个数据，为便于计算，一般将数据平均分成 20～25 个子组，每组 4～5 个样本数据。在分析同一控制参数时，所用数据应使用相同的生产条件(即 5M1E，5M1E 指人(Man)、机器(Machine)、物料(Material)、方法(Method)、测量(Measure)、环境(Environment))，才具备相同的分析比较前提。例如，某厂加工一种零件，其长度要求为(49.50±0.10)mm，加工过程质量要求能力指数不小于 1。

在 5M1E 充分固定并标准化的情况下，从加工过程中收集数据。每隔 2h，从生产过程中抽取 5 个零件，测量其长度值，组成一个大小为 5 的样本组，一共收集 25 个样本组，数据如表 4-7 所示。

表 4-7　某零件样本长度值数据表　　单位：mm

样本组序号 i	X_{i1}	X_{i2}	X_{i3}	X_{i4}	X_{i5}	$\overline{X}_i$	R_i
1	49.47	49.46	49.52	49.51	49.47	49.486	0.06
2	49.48	49.53	49.55	49.49	49.53	49.516	0.07
3	49.50	49.53	49.47	49.52	49.48	49.500	0.06
4	49.47	49.54	49.50	49.51	49.47	49.498	0.07
5	49.47	49.55	49.53	49.53	49.57	49.530	0.10
6	49.45	49.49	49.49	49.53	49.57	49.506	0.12
7	49.50	49.45	49.49	49.53	49.55	49.504	0.10
8	49.50	49.50	49.53	49.51	49.47	49.502	0.06
9	49.50	49.45	49.51	49.57	49.50	49.506	0.12
10	49.50	49.48	49.57	49.55	49.53	49.526	0.09
11	49.47	49.44	49.54	49.55	49.50	49.500	0.11
12	49.49	49.50	49.50	49.52	49.55	49.512	0.06
13	49.46	49.48	49.53	49.50	49.50	49.494	0.07
14	49.53	49.57	49.55	49.51	49.47	49.526	0.10
15	49.45	49.47	49.47	49.52	49.54	49.490	0.09
16	49.48	49.53	49.50	49.51	49.50	49.504	0.05
17	49.50	49.48	49.52	49.55	49.50	49.510	0.07
18	49.50	49.51	49.47	49.53	49.52	49.506	0.06
19	49.50	49.49	49.52	49.50	49.54	49.510	0.05
20	49.50	49.52	49.53	49.45	49.51	49.502	0.08
21	49.52	49.47	49.57	49.50	49.52	49.516	0.10
22	49.50	49.52	49.49	49.53	49.47	49.502	0.06
23	49.50	49.47	49.48	49.56	49.50	49.502	0.09
24	49.48	49.50	49.49	49.53	49.50	49.500	0.05
25	49.50	49.55	49.57	49.54	49.46	49.524	0.11
合计						1237.672	2.00
平均						49.5069	0.08

(2) 计算控制图相关参数

为绘制控制图，需要计算控制界限，与控制界限相关的主要参数有各组平均值 $\overline{X}$，各组

极差 R，子组平均值的平均值 $\overline{\overline{X}}$，子组极差平均值 $\overline{R}$。

① 计算每组的样本均值和样本极差：

$$\overline{X}_i = \frac{1}{5}\sum_{j=1}^{5} X_{ij}, \quad i = 1,2,3,\cdots,n \tag{4-32}$$

$$R_i = \max_{1 \leqslant j \leqslant 5} X_{ij} - \min_{1 \leqslant j \leqslant 5} X_{ij} \tag{4-33}$$

将计算结果填写在表 4-7 中。

② 计算总平均和极差平均：

$$\overline{\overline{X}}_i = \frac{1}{25}\sum_{i=1}^{25} \overline{X}_i = 49.5068 \tag{4-34}$$

$$\overline{R} = \frac{1}{25}\sum_{i=1}^{25} R_i = 0.0800 \tag{4-35}$$

（3）计算控制界限并绘制控制图

① 计算控制界限：

$$\overline{X}\text{ 控制图}\begin{cases} \text{CL} = \overline{\overline{X}} = 49.5068 \\ \text{UCL} = \overline{\overline{X}} + A_2\overline{R} = 49.5068 + 0.577 \times 0.0800 \approx 49.5530 \\ \text{LCL} = \overline{\overline{X}} - A_2\overline{R} = 49.5068 - 0.577 \times 0.0800 \approx 49.4606 \end{cases} \tag{4-36}$$

$$R\text{ 控制图}\begin{cases} \text{CL} = \overline{R} = 0.0800 \\ \text{UCL} = D_4\overline{R} = 2.115 \times 0.0800 = 0.1692 \\ \text{LCL} = D_3\overline{R} < 0 \end{cases} \tag{4-37}$$

式中，A_2、D_4、D_3 是由 n 确定的系数，其值可通过计算得到，也可由表 4-6 直接查出。当 $n=5$ 时，$A_2=0.577$，$D_3<0$，$D_4=2.115$。

② 制作控制图。在同一页纸上绘制 $\overline{X}$ 控制图和 R 控制图。R 控制图在下，$\overline{X}$ 控制图在上，纵轴在同一直线上，横轴相互平行，并且刻度对齐。本例由于 R 控制图的下限为负值，但极差 R 不可能为负值，所以 R 控制图的下控制界限可以省略，如图 4-13 所示。

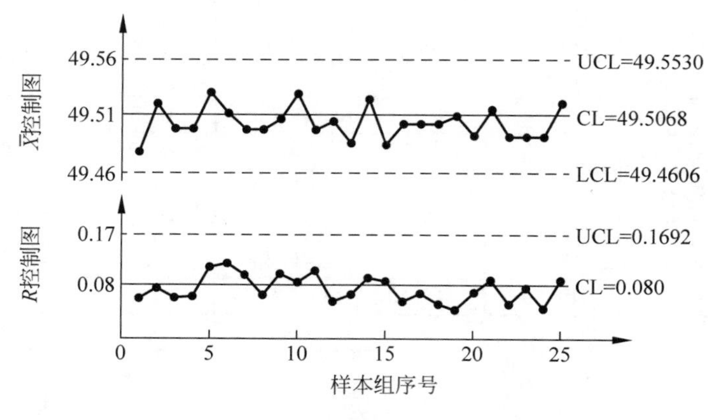

图 4-13 零件长度的 $\overline{X}$-R 控制图

③ 描点。根据各样本的 $\overline{X}$ 和 R 在控制图上描点，并进行判断分析。

4.3.3　过程能力分析

过程能力又称工序能力，过程能力分析是过程质量控制的重要方法和手段。

1. 过程能力

过程能力是指工序的加工质量满足技术标准的能力，或者说，是过程在稳定状态下能够生产出合格品的能力，即人、机、料、法、测量、环等因素处于稳定状态(即5M1E等都符合规定要求，作业活动处于受控的状态)下所表现的保证过程质量的能力。

在正常生产条件下，产品质量特性值的分布服从正态分布 $N(\mu,\sigma^2)$，其中 μ 为分布中心，σ 为标准差。按照 3σ 原则，当生产处于正常状态时，产品质量特性值出现在区间$(\mu-3\sigma,\mu+3\sigma)$内的产品占全部产品的99.73%，因此，取这个区间的长度 6σ 衡量产品质量特性值的分散程度，设过程能力为 B，则有 $B=6\sigma$。6σ 数值越小，说明质量特性值变异范围越小，过程能力越强；6σ 数值越大，说明质量特性值变异范围越大，过程能力越弱。

2. 过程能力指数

为了定量表示过程能力对产品质量技术要求的保证程度，引入过程能力指数的概念。过程能力指数用 C_p 表示，它是质量标准与过程能力的比值，反映产品质量特性值的分布达到标准分布的能力大小。其中，质量标准是指加工过程中产品必须达到的质量技术要求，通常用公差范围来衡量，用符号 T 表示。过程能力指数的计算公式如下：

$$C_p=\frac{T}{B}=\frac{T}{6\sigma}=\frac{T_U-T_L}{6\sigma} \tag{4-38}$$

若用样本的标准偏差 S 来估计，计算公式为

$$C_p=\frac{T}{6S}=\frac{T_U-T_L}{6S} \tag{4-39}$$

式中，T 为质量标准公差范围，$T=T_U-T_L$；T_U 为质量标准上限；T_L 为质量标准下限；σ 为总体标准差，$\sigma=\sqrt{\frac{1}{n}\sum_{i=1}^{n}(X_i-\overline{X})^2}$；$S$ 为样本标准偏差，$S=\sqrt{\frac{1}{n-1}\sum_{i=1}^{n}(X_i-\overline{X})^2}$。

在生产实践中 S 一般作为 σ 的估计值，当过程稳定且样本数据充足时，估计的误差不会太大。

因此，过程能力指数 C_p 是对生产过程是否有能力生产符合质量要求产品的一个总体评价，能够提供一个直观的数量标准。

3. 过程能力指数计算

过程能力指数在不同情况下有不同的计算方法。当公差中心和质量分布中心重合时，过程能力指数用 C_p 表示；当公差中心和分布中心不重合即有偏移时，过程能力指数用 C_{pk} 表示；而当只有单侧公差时，过程能力指数用 C_{pU} 或 C_{pL} 表示。过程能力指数的计算方法如下：

1) 双向公差且分布中心 μ 与标准(公差)中心 M 重合

如图4-14所示，分布中心 μ 与标准(公差)中心 M 重合。此时，产品的质量特性分布呈正态分布，其样本平均值 $\overline{X}$ 等于正态分布曲线的 μ，整体以它为中心对称，其过程能力指数为

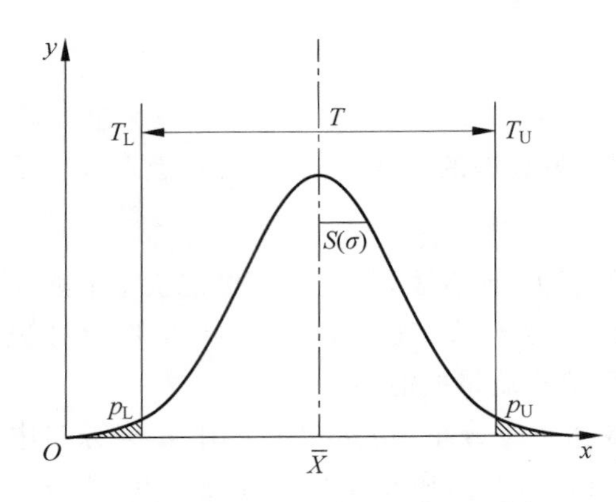

图 4-14 双向公差，且 μ 与 M 重合

$$C_p=\frac{T}{6\sigma}=\frac{T_U-T_L}{6\sigma}\approx\frac{T_U-T_L}{6S} \tag{4-40}$$

式中，T_U 为公差上限；T_L 为公差下限；S 为样本标准偏差，在实际计算中代替总体标准差 σ。

通常情况下，产品质量技术标准确定后，T_U 和 T_L 也基本确定，则 C_p 的数值便只取决于 σ 的变化。σ 越大，产品质量特性值波动越大，过程能力越低，计算所得到的过程能力指数 C_p 越小；反之，过程能力指数 C_p 越大。

根据正态分布规律，可进一步计算超出公差上限 T_U 的不合格品率 P_U 和超出公差下限 T_L 的不合格品率 P_L，从而得到总的不合格品率 P，计算公式为

$$P=P_L+P_U=2\left[1-\phi(3C_p)\right] \tag{4-41}$$

或

$$P=2\phi(-3C_p) \tag{4-42}$$

【例 4-5】 某零件内径尺寸要求为 $\phi 20^{+0.025}_{-0.010}$。加工数量为 100 件，计算得 $\bar{X}=20.0075$，$S=0.005$，求该过程的过程能力指数及不合格品率。

解：公差中心

$$M=\frac{T_U+T_L}{2}=\frac{20.025+19.99}{2}=20.0075 \tag{4-43}$$

在实际计算中，分布中心 μ 用样本平均值 $\bar{X}$ 代替，$\bar{X}=20.0075$。可见，分布中心 μ 与公差中心 M 重合。则

$$C_p=\frac{T_U-T_L}{6\sigma}\approx\frac{T_U-T_L}{6S}=\frac{20.025-19.99}{6\times 0.005}\approx 1.17 \tag{4-44}$$

查正态分布表，可计算该工序的不合格品率：

$$P=P_L+P_U=2\left[1-\phi(3C_p)\right]=2\left[1-\phi(3\times 1.17)\right]\approx 0.000\,46 \tag{4-45}$$

2）双向公差且分布中心 μ 与标准（公差）中心 M 不重合

如图 4-15 所示，分布中心 μ 与标准（公差）中心 M 不重合，产生一定的偏移。此时，需对式（4-44）进行修正，先将实际的分布中心 μ 与公差（标准）中心 M 相重合，再计算过程能力指数。

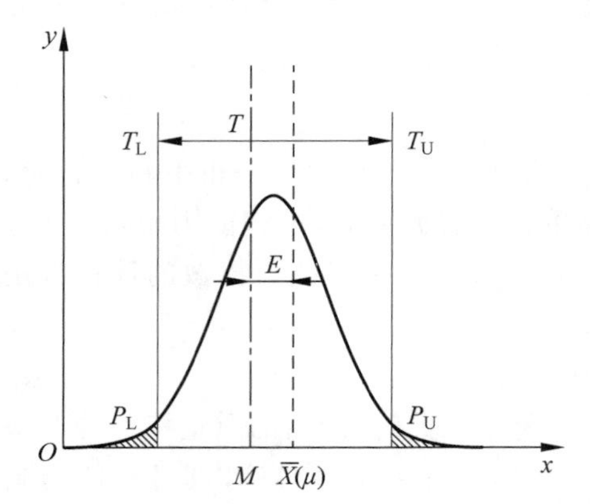

图 4-15 双向公差，且 μ 与 M 不重合

图 4-15 中，E 表示分布中心对标准中心的绝对偏移量，计算公式为 $E=|M-\mu|=|M-\bar{X}|$。将 E 与 $T/2$ 的比值称为偏移系数，记作 k，得到

$$k=\frac{E}{T/2}=\frac{|M-\mu|}{T/2}=\frac{|M-\bar{X}|}{T/2} \tag{4-46}$$

式中，M 为公差中心，$M=\dfrac{T_U+T_L}{2}$；μ 为分布中心，一般用样本平均值 $\bar{X}$ 代替。

对过程能力指数 C_p 进行修正后，可得到经修

正的过程能力指数，记作 C_{pk}，其计算公式为

$$C_{pk}=C_p(1-k)=\frac{T}{6S}\left(1-\frac{2E}{T}\right)=\frac{T}{6S}\left(1-\frac{|M-\overline{X}|}{T/2}\right) \tag{4-47}$$

根据正态分布规律，可计算超出公差上限 T_U 的不合格品率 P_U 及超出公差下限 T_L 的不合格品率 P_L。无论过程分布中心向上限偏移，还是向下限偏移，最后其总的过程不合格品率计算公式为

$$P=P_L+P_U=2-\phi[3C_p(1+k)]-\phi[3C_p(1-k)] \tag{4-48}$$

或

$$P=1-\phi[3C_p(1-k)]+\phi[-3C_p(1+k)] \tag{4-49}$$

【例 4-6】 某个加工过程的零件尺寸要求为 $\phi(20\pm0.023)$mm，现经随机抽样，测得样本平均值 $\overline{X}=19.997$mm，样本标准偏差 $S=0.007$mm，求 C_{pk}。

解：$M=\dfrac{T_U+T_L}{2}=20$mm，$M\neq\overline{X}$，需先计算偏移量 E：

$$E=|M-\overline{X}|=|20-19.997|=0.003 \tag{4-50}$$

$$T=T_U-T_L=(20.023-19.977)\text{mm}=0.046\text{mm} \tag{4-51}$$

$$k=\frac{2E}{T}=\frac{2\times0.003}{0.046}\approx0.13 \tag{4-52}$$

$$C_p=\frac{T}{6S}=\frac{0.046}{6\times0.007}\approx1.095 \tag{4-53}$$

$$C_{pk}=C_p(1-k)=1.095\times(1-0.13)=0.953 \tag{4-54}$$

3）单侧公差

技术要求以不大于或者不小于某一标准值的形式表示，这种质量标准就是单侧公差。比如，机电产品的机械强度、寿命、可靠性等质量特性，只对公差下限 T_L 作了规定，如图 4-16(a)所示；而机械工业产品的噪声、形位公差（如同心度、平行度、垂直度、径向跳动等）、原材料所含杂质等质量特性，只对公差上限 T_U 作了规定，如图 4-16(b)所示。

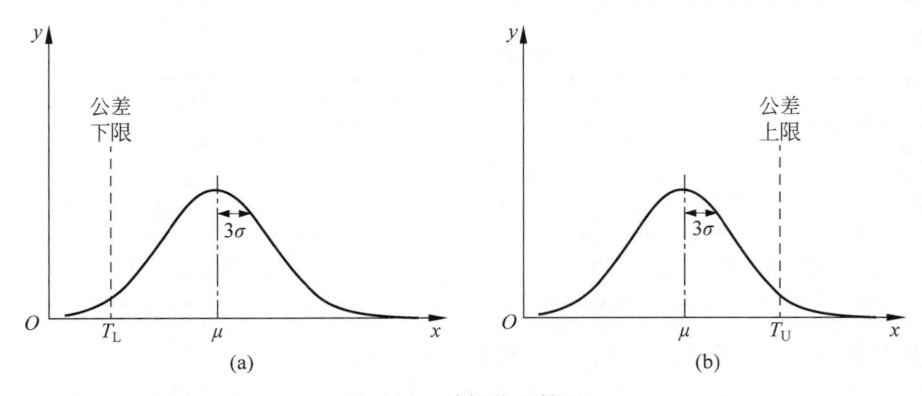

图 4-16 单侧公差情况

在单侧公差的情况下，特性值的分布中心与标准的距离决定了过程能力的大小。为更经济地利用过程能力，并有效控制不合格品率，在单侧公差的情况下可根据 6σ 原理来计算 C_p 值。

（1）当只有公差上限 T_U 要求时，过程能力指数用 C_{pU} 表示。其计算公式为

$$C_{pU}=\frac{T_U-\mu}{3\sigma}\approx\frac{T_U-\overline{X}}{3S} \tag{4-55}$$

式中，分布中心 μ 用样本平均值 $\overline{X}$ 代替；分布中心 σ 用样本标准偏差 S 代替。

过程不合格品率的计算公式为

$$P=P_U=1-\phi(3C_{pU}) \tag{4-56}$$

一旦 $\mu\geqslant T_U$，则认为 $C_{pU}=0$，此时可能出现的不合格品率高达 50%～100%。

（2）当只有公差下限 T_L 要求时，过程能力指数用 C_{pL} 表示。其计算公式为

$$C_{pL}=\frac{\mu-T_L}{3\sigma}\approx\frac{\overline{X}-T_L}{3S} \tag{4-57}$$

式中，分布中心 μ 用样本平均值 $\overline{X}$ 代替；分布中心 σ 用样本标准差 S。

过程不合格品率计算公式为

$$P=P_L=1-\phi(3C_{pL}) \tag{4-58}$$

同样，一旦 $\mu\leqslant T_L$，则认为 $C_{pL}=0$，此时可能出现的不合格品率也为 50%～100%。

【例 4-7】 某机械零件，要求径向跳动不超过 0.05mm，从现场随机抽样得到样本平均值 $\overline{X}=0.02\text{mm}$，样本标准偏差 $S=0.015\text{mm}$。求过程能力指数并估计其不合格品率。

解：过程能力指数

$$C_{pU}=\frac{T_U-\mu}{3\sigma}\approx\frac{T_U-\overline{X}}{3S}=\frac{0.05-0.02}{3\times0.015}\approx0.67 \tag{4-59}$$

过程不合格品率

$$P=P_U=1-\phi(3C_{pU})=1-\phi(3\times0.67)=1-\phi(2.01)=2.75\% \tag{4-60}$$

4. 过程能力的分析

过程能力指数能客观、定量地反映过程能力满足技术要求的程度，可根据过程能力指数的大小对过程加工的质量水平进行分析，求得过程能力指数后，可对过程能力做出分析和判断。过程能力指数评定分级表如表 4-8 所示。

表 4-8 过程能力指数评定分级表

等级	特级	一级	二级	三级	四级
C_p/C_{pk}	$C_p>1.67$	$1.33<C_p\leqslant1.67$	$1<C_p\leqslant1.33$	$0.67<C_p\leqslant1$	$C_p\leqslant0.67$
不合格品率 P	$P<0.00006\%$	$0.00006\%\leqslant P<0.006\%$	$0.006\%\leqslant P<0.27\%$	$0.27\%\leqslant P<4.45\%$	$P\geqslant4.45\%$
能力评价	过程能力过高	过程能力足够	过程能力尚可	过程能力不足	过程能力非常不足

对过程能力进行分析与判断后，可采取如下处理措施：

（1）当 $C_p>1.67$，$P<0.00006\%$时，认为过程能力过高，可采取的处理措施有：①缩小公差范围；②放宽对特性值波动的限制；③降低成本措施；④放宽质量检验。

（2）当 $1.33<C_p\leqslant1.67$，$0.00006\%\leqslant P<0.006\%$时，认为过程能力较为理想，但需要考虑是否经济，可采取的处理措施有：①对非关键性特性值可允许小的波动；②不重要工序的检验可放宽；③过程控制抽样间隔可放宽些。

（3）当 $1<C_p\leqslant1.33$，$0.006\%\leqslant P<0.27\%$时，认为过程能力尚可，可采取的处理措施有：①用控制图加以控制，防止发生大的波动；②注意 C_p 接近于 1 时，加强对设备等的检查；③对生产的产品进行抽样检验。

（4）当 $0.67<C_p\leqslant1$，$0.27\%\leqslant P<4.45\%$时，认为过程能力不足，可采取的处理措施有：①分析特性值波动大的原因，并采取措施；②对不影响最终产品质量的特性可放大公差；③对已生产产品加强检验。

（5）当 $C_p\leqslant0.67$，$P\geqslant4.45\%$时，认为过程能力非常不足。此时出现较多的不合格品，应从多方面查找原因，对工艺加以改进，对已生产的产品要严格检验。

4.3.4　QC 小组活动

1. QC 小组的概念与特点

1）QC 小组的概念

QC 小组又名质量管理小组，是指在生产或工作岗位上从事各种劳动的职工，围绕企业的经营战略、方针目标和现场存在的问题，以改进质量、降低消耗、提高人的素质和经济效益为目的而组织起来，运用质量管理理论和方法开展活动的小组。

QC 小组与企业中的行政班组的区别如下：

（1）组织的原则不同。行政班组一般是企业根据专业分工与协作的要求，按照效率原则，自上而下建立的基层行政组织；QC 小组通常是根据活动课题涉及的范围，自下而上或上下结合组建的群众性组织，带有非正式组织的特性。

（2）活动的目的不同。行政班组活动的目的是组织职工完成上级下达的各项生产经营任务与技术经济指标；QC 小组是以提高人的素质、改进质量、降低消耗和提高经济效益为目的而组织起来开展活动的小组。

（3）活动的方式不同。行政班组的日常活动通常是在本班组内进行的；QC 小组的组织活动不受限于班组，可跨班组，甚至跨部门、跨车间开展。

QC 小组与传统的技术革新小组也有所不同。虽然有的 QC 小组也是“三结合”的搞技术革新的组织，但传统的技术革新小组侧重用专业技术进行攻关；而 QC 小组不仅活动选题比技术革新小组广泛，而且在活动中强调运用全面质量管理的理论和方法，强调活动程序的科学性。

2）QC 小组的特点

（1）明显的自主性。QC 小组以职工自愿参加为基础，实行自主管理、自我教育、相互启发、共同提高。

（2）广泛的群众性。QC 小组的成员不仅包括领导人员、管理人员、技术人员，而且要注重吸引生产、服务工作第一线的员工参加。

（3）高度的民主性。QC 小组长是民主推选，由 QC 小组成员轮流担任；在 QC 小组内部讨论问题、解决问题时，小组成员不分职务与技术等级的高低，高度发扬民主，各抒己见，互相启发，集思广益。

（4）严密的科学性。QC 小组在活动中遵循科学的工作程序，步步深入地分析问题，解决问题；在活动中坚持用数据说明事实，用科学方法分析与解决问题。

2. QC小组的组建

1）组建QC小组的原则

QC小组的组建遵循自愿参加、上下结合、实事求是、灵活多样的原则。

（1）自愿参加，上下结合

自愿参加是指在组建QC小组时，小组成员对QC小组活动的宗旨有深刻的理解和共识，并产生自觉参与质量管理、自愿结合在一起、自主开展活动的要求；上下结合是把管理者的组织和引导与职工群众的自觉自愿性相结合，组建本企业的QC小组。

（2）实事求是，灵活多样

这是指从解决实际问题的需要出发，组成各种易于活动开展的QC小组，切勿搞一个模式、"一刀切"。

2）组建QC小组的程序

根据企业情况、选择的活动课题特点的不同，采用自下而上、自上而下或上下结合的程序组建QC小组。

（1）自下而上的组建程序

由同一班组的几个人（或一个人）根据想要选择的课题内容，推举一位组长（或邀请几位同事），共同商定小组的名称、课题，确认组长人选。基本取得共识后，由经确认的QC小组组长向所在车间（或部门）申请注册登记。经主管部门审查，认为具备建组条件后，即可发放小组注册登记表和课题注册登记表。组长按要求填好注册登记表，并交主管部门编录注册登记号。

（2）自上而下的组建程序

这是国内企业当前采用较普遍的QC小组组建程序。首先，由企业主管QC小组活动的部门根据企业实际情况提出全企业开展QC小组活动的设想方案。然后与车间（或部门）的领导协商，达成共识后，由车间（或部门）与QC小组活动的主管部门共同确定本单位需要组建QC小组的数量，并提出组长人选，进而与组长一起挑选每个QC小组所需的组员及所选的课题内容。最后，由企业主管部门同车间（或部门）领导发给QC小组组长注册登记表。组长按要求填完"两表"（小组注册登记表、课题注册登记表），经企业主管部门审核同意后编上注册登记号。

（3）上下结合的组建程序

这是介于"自下而上"与"自上而下"之间的组建程序。通常是由上级推荐课题范围，下级讨论认可，经上下协商来组建，主要涉及组长和组员的确定、课题内容的初步选择等问题，其他步骤与前两种相同。

3）QC小组的人数及注册登记

为便于管理，QC小组需要认真做好注册登记。这是QC小组组建的最后一步工作。由QC小组活动主管部门负责注册登记表发放、编号登记和统一保管。

QC小组注册登记需严格按照以下要求开展：①QC小组的注册登记每年进行一次；②QC小组每次课题活动之前都需要进行一次注册登记；③如上一年度活动课题没有结束，不能注册登记新课题。

3. QC小组活动程序

QC小组组建后，按照一定的程序开展QC小组活动。

(1) 问题分析。在 QC 小组活动会上,小组成员要把各自收集到的问题提出来讨论,如工作现场的质量问题、成本问题、效率问题、浪费问题等。

(2) 课题选定。选题时要注意:第一,选择周围易见的课题;第二,选择小组成员都关心的关键问题和薄弱环节;第三,"先易后难",注重现场和岗位能解决的问题。如果课题选得不合适,课题过大或过难,一旦失败,将会挫伤员工的积极性,违背 QC 小组活动的初衷。

(3) 目标确定。选定课题后,确定需要改善的目标。制定目标要掌握目标管理的 SMART 原则,即目标清晰,主题明确(specific);目标可衡量,尽量定量化(measurable);目标经努力可实现(attainable);目标是企业和个人都关心和需要的(relevant);目标的实现和衡量是有时限的(time-bound)。

(4) 工作计划制订。目标确定后,小组全体成员探讨实现目标的具体做法,进行分工。每个人为自己分得的任务制订工作计划,按时检查进度。

(5) 原因探讨。分析原因时,运用分层法将收集到的数据资料进行分类整理,并运用排列图找出造成问题的关键项目。从关键项目入手,使用因果分析图、头脑风暴法等,经小组成员的共同努力找出可能的原因,最后找出主要原因。

(6) 对策制定和实施。对策的内容包括需要改善的项目、发生的原因、采取的对策、对策责任者和预定完成的时间等。

(7) 效果检查。使用控制图、直方图等工具对改善效果进行评价和确认。如果效果不理想,可能是找错原因,也可能是对策不当,需重新探讨。重复步骤(5)或步骤(6),通过反复循环,最终取得预期的效果。

(8) 效果维持。在改善活动取得效果后,要按新的做法将原有的标准或制度进行修订,为将来的工作提供指导,避免同类问题再次发生。否则,如果人员有变动,新的做法不能完整地维持下去,QC 小组活动成果就会付之东流。

4. QC 小组活动成果及其报告

QC 小组活动结束后,无论是否取得预期效果,都需要认真总结,以利于下次活动的开展。对达到预期目标、取得预期效果的活动,总结其成果并整理形成报告,用以交流、发表和表彰。

1) QC 小组活动成果

QC 小组活动成果包括有形成果和无形成果。

(1) 有形成果是能直接计算其经济效益的成果,可通过物质或价值形式表现,如提高了产品质量、劳动效率,降低了成本,缩短了工期、交货期等。

(2) 无形成果是无法直接计算其经济效益的成果,很难通过物质或价值形式表现,如小组成员素质的提高,团结协作能力的提高,人际关系的改善,小组活动方法的改进,生产、工作环境的改善等。

无形成果伴随有形成果产生,即在产生有形成果的同时,也产生无形成果。不过,有的 QC 小组活动成果主要是有形成果,而有的 QC 小组活动成果可能完全是无形成果。在进行 QC 小组活动成果总结时,两类成果都需要总结,形成报告。

2) 成果报告

QC 小组活动的成果报告是 QC 小组活动的真实写照,一般按照活动程序进行总结,尽量以图表、数据进行表述,使报告清晰、醒目。

4.3.5 6S 管理

6S 管理是现代工厂行之有效的现场管理理念和方法，旨在提升产品质量，降低生产成本和保障生产安全。1955 年日本企业家率先提出"安全始于整理，终于整理整顿"的 2S 口号。后来，因产品质量控制的需要而又逐步提出了 3S，即清扫、清洁、素养，使其应用空间及适用范围进一步拓展。1986 年后，日本的 5S 著作逐渐问世，从而对整个现场管理模式起到了冲击作用，并由此掀起了 5S 热潮。我国企业在 5S 管理的基础上，结合本身的情况，在原来 5S 基础上增加了安全(safety) 要素，形成 6S 管理。

目前，6S 管理不再局限于制造业，其他行业也开始引入 6S 管理，比如，我国建筑企业也开始探索，将该模式运用到施工现场，以提升现场管理水平。例如，港珠澳大桥岛隧工程的 6S 管理就是成功案例。

1. 6S 管理的含义

6S 管理是整理(seiri)、整顿(seiton)、清扫(seiso)、清洁(seiketsu)、素养(shitsuke)、安全(safety)的缩写，实质是采取措施，对生产现场持续地进行整理、整顿、清扫、清洁、素养和安全的活动，保证产品在生产过程中有一个干净、整洁、整齐、有序的生产环境，为产品质量的稳定提供基础，并通过培养员工个人素养，提高工作效率，减少浪费，做到安全生产，实现生产现场的规范化管理，确保生产出符合标准要求的合格产品。

1) 整理

对生产现场需要与不需要的物品进行区分，将需要的物品留下，对不需要的物品进行清除。通过整理将生产现场恢复到井然有序的状态，避免不需要的物品占用生产空间，充分利用生产现场的有效空间，并防止物品或生产原辅材料的误用和凌乱摆放，消除产生质量事故的隐患。

2) 整顿

在整理工作的基础上，对生产现场所需要的物品进行合理定位、摆放整齐，并进行标识。做到使用者对生产现场所有物品、原材料等一目了然，实现快捷、准确的取用，节省寻找物料时间，减少生产现场的资源浪费，避免不良品的误用，从而保证产品质量、提高生产效率。

3) 清扫

将生产现场内看得见与看不见的地方清扫干净，对生产设备进行全方位点检、维修与保养，保证工作场所的干净、整洁，保持机械设备的正常运转。减少对生产环境的污染，提高作业质量，并减少脏污、设备故障对产品质量的影响。

4) 清洁

清洁将前 3S 活动的做法形成标准化文件，并对前 3S 活动进行检查考评、持续改进，保证整理、整顿、清扫执行到位，使生产现场保持干净、整洁、明朗的状态，为产品质量的持续稳定提供保障。

5) 素养

素养包括管理人员和作业人员在内的所有参与者应形成的素质和修养。素养的养成需要持续不断地宣传教育与培训，使员工遵守规章制度、依照标准作业、认同企业文化、产生对企业的归属感。素养的形成能够培养员工良好的工作习惯，提高产品质量意识，提升员工的个人素养，打造充满良好风气的生产场所。

6）安全

安全既包括产品的安全生产，又包括员工的人身安全。在生产现场，要贯彻安全第一、预防为主的观念，消除各种显性与潜在的安全隐患以预防事故的发生。建全安全生产管理机制，做到安全生产，人人有责。在安全生产的前提下，才能生产出质量稳定的产品。

6S管理中每个S都对产品质量有一定的内在影响。在生产现场做好6S管理，对稳定产品质量具有十分重要的意义。

2. 6S管理的原则与步骤

依据"全员参与、坚持不懈、持续改进"的原则，围绕作业现场的管理要素，深入持续地贯彻落实，并根据生产过程的变化进行动态调整，以确保6S管理整体推行。6S管理的一般步骤如下：

(1) 制定方案。根据不同行业生产现场的特性与现场管理要求，制定符合实际的6S管理实施方案。在实施方案中明确推行目标、推行措施及实施步骤等，保证6S管理在产品生产过程中的稳步推进。

(2) 宣传培训。通过广泛深入的宣传和教育培训，使现场管理人员与作业人员理解6S管理的作用和意义，并熟练其操作方法，使现场人员养成6S管理意识，消除在生产现场实施6S管理的疑虑，减少推行阻力。

(3) 组织实施。在产品生产过程中，按照"试点先行、以点带面、持续推行"的实施思路开展6S管理活动，选定一个作业区域作为6S管理试点，结合产品生产特性、作业区域的特点，根据前期制定的实施方案有序进行6S管理活动，并将其融入日常管理。在试点区域形成可行的6S管理模式后，进行现场全面推行。

(4) 检查改进。建立合理有效的检查考核办法和改进优化机制，针对日常6S管理工作进行监督、检查，并对各个S的实施情况进行效果评价，提出整改措施，并督促现场人员在日后的6S实施过程中做到持续改进。

3. 6S管理工具

综合运用多种6S管理工具，考察6S管理推行的进度，提升6S管理活动的执行效果等。其中，红牌作战、定点摄影、目视化管理和检查表是6S管理最主要的工具。

(1) 红牌作战是指在生产现场不符合6S管理要求的问题点处悬挂红牌，揭露执行不到位的情况，提醒现场人员改善现状。运用红牌作战的目的是通过红牌警示寻找现场管理问题的根源，从源头减少管理问题的产生，规范生产现场环境，提升现场管理质量与产品质量。红牌作战的长期使用可培养员工发现问题、主动整改的意识。

(2) 定点摄影是指在同一地点、同一方向，将生产现场不符合6S管理规定之处拍摄下来，张贴在大家都看得到的地方，并将改善后的效果也拍摄下来进行公示。通过对比，使员工了解改善的成果，从而增强员工对6S管理活动推行的信心。

(3) 目视化管理是指通过视觉采集信息后，直接对信息做出"对"与"错"的结论。标识标牌与管理看板是目视化管理的主要实施手段。其中，标识标牌包括线条标识、颜色标识、安全警示标识、区域标牌、管理看板等标识类工具。对目视化管理工具进行充分利用能够合理规划区域，清晰区分现场物品，确保生产安全与人员安全，形成标准规范的管理氛围。

(4) 检查表既是对前期所做6S管理活动的执行成果进行考评检查的整理,也是后期工作优化改进的依据。检查表依据工作的种类或目的可分为记录用检查表与点检用检查表:记录用检查表的主要功能是收集数据资料,记录评价情况,作为后期奖惩与整改的依据;点检用检查表的主要功能是确认6S管理活动的执行程度,对实施结果进行评价。通过定期或不定期的检查,形成检查表,能及时、准确地掌握6S管理活动的进展情况。

4. 6S管理案例:港珠澳大桥岛隧工程现场6S管理

港珠澳大桥是我国具有世界级规模和技术难度的超大型基础设施工程,是我国新时代土木工程中的"世纪工程"和"超级样板工程"。岛隧工程是港珠澳大桥的控制性工程,由东、西人工岛及6.7km的海底沉管隧道构成。海底沉管隧道由33节巨型沉管对接而成,单个标准沉管长180m、净重约8万t。复杂的外海施工环境,高水压条件下精密作业,以及接头的水密性及耐久性、隧道软土地基不均匀沉降等对岛隧工程质量提出了极高的要求。

港珠澳大桥岛隧工程采用设计施工总承包模式,成立了中交联合体项目总经理部。在项目总经理部的组织领导下,岛隧工程引入6S管理,按照"试点先行、以点带面、稳步推进"的思路,选定沉管预制厂作为6S管理试点区域,形成工地现场6S管理做法,有效改善施工现场环境,提升沉管产品的工程质量。在此基础上,组织其他工区参观学习其经验、做法并总结推广,稳步推进6S管理在岛隧工程各工区的全面实施,并将6S管理融入日常管理工作中,加强检查监督与持续改进。通过全面实施6S管理,提升现场管理能力,有效保障质量安全,铸造了高品质的世纪工程。

1) 明确管理对象

首先明确管理对象,沉管预制厂,紧紧围绕现场人员、材料、机械和环境等实施6S管理。随着施工的进行,这些管理对象会发生动态变化,因此,在施工现场推行6S管理活动时必须根据工程进展情况不断调整整理、整顿、清扫、清洁的对象、方法和流程,以确保6S管理符合施工现场需要。

2) 组织宣传培训

沉管预制厂工区深刻认识到没有高素质的员工就没有高质量的产品。在推行6S管理前期,通过建立覆盖领导班子、技术管理人员和协作队伍负责人等参与的教育培训体系,借助手机多媒体、知识竞赛、现场宣传栏、期刊栏等多种渠道进行宣传贯彻,邀请专业培训机构开展"现场6S管理实务"等系列课程培训,使现场作业人员充分理解6S管理理念和实施方法,消除推行阻力,同时为员工素养养成奠定基础。

3) 强化检查考评

强有力的检查考评能够促进现场管理人员及时发现问题、精准解决问题。在6S管理推行过程中,为保证6S管理能够有效推进和持续推行,港珠澳大桥岛隧工程项目总经理部制定《现场6S管理检查考核评比办法》,将6S管理检查与日常巡查监督、周检、月检、专项检查等相结合,形成检查常态化,以检查促落实,以评比促改进。

4) 督促持续推进

现场管理人员根据原工作分工承担6S管理相应的管理职责,履行6S管理职能;班组和工人按照6S管理要求落实整理、整顿、清扫和清洁,规范作业。融入日常管理需要多管齐下,对于作业工人管理,班前会是有效手段。通过每日班前会的宣讲,重述6S管理主要要求、明确当前阶段重点任务,推动6S管理成为作业人员日常工作的一部分,使每位工人都成为作业现场自我管理者。

从沉管预制厂 6S 管理试点先行，以点带面，到岛隧工程施工现场 6S 管理的全面推行，形成了完整的施工现场 6S 管理体系，实施成效显著，实现了质量零缺陷、安全生产零事故、环境保护零投诉，促进了我国工地现场标准化管理水平的提高。

4.3.6 数字化质量管理

1. 质量信息

质量信息是指产品质量形成过程中发生的有关质量的信息，涉及工作质量、工序质量、产品质量及全员的、全过程的、全面的质量管理相关信息。

1）质量信息的特征

质量信息除具有信息所具备的共同特征外，还具有分散性、随机性、复杂性、相关性、继承性和可加工性等特点。

2）质量信息的分类

（1）按质量信息来源，可分为内部质量信息和外部质量信息；

（2）按质量信息功能，可分为状态质量信息、质量指令信息、质量功能信息和质量评价反馈信息；

（3）按质量信息的影响后果，可分为正常质量信息、异常质量信息和严重异常质量信息；

（4）按质量信息的性质，可分为工作质量信息、工序质量信息和产品质量信息等；

（5）按寿命周期阶段，可分为设计质量信息、制造/建造质量信息、检验质量信息、使用质量信息、报废处理质量信息和市场质量信息等；

（6）按表述形式，可分为定性质量信息和定量质量信息。

3）质量信息的价值

质量信息的价值体现在以下几方面：

（1）质量信息和绩效数据是组织进行战略决策、推进组织管理与变革的重要因素，可引领组织向正确的方向发展；

（2）为质量检查和考核提供依据，帮助企业或相关组织评估其计划的有效性，从而合理分配及管理所需的资源；

（3）调节和控制生产过程，帮助企业或相关组织提高过程运转的效率，为持续改进提供决策依据；

（4）建立质量信息档案，为质量追溯提供依据。

2. 质量信息的管理

质量信息管理的主要内容包括收集质量信息、分析处理质量信息、存储质量信息和为质量决策提供依据。

1）收集质量信息

质量信息收集的首要任务是采集原始质量信息。只有保证采集到的原始质量信息准确、及时，才能为科学的质量管理和正确的企业决策提供依据。

收集质量信息的步骤：①确定所要收集质量信息的内容；②确定质量信息源；③确定

质量信息的收集方式；④具体实施收集工作以及对质量信息进行整理。

2）分析处理质量信息

有些质量信息能直接反映产品的质量状况，有些则需要进行分析和处理后才能使用，例如在对产品的质量缺陷进行分析时，需要分析出主要和次要质量缺陷，在判定质量缺陷成因时，需要分析出主要和次要质量缺陷成因。因此，在进行质量信息管理时需要利用质量工具对原始的质量数据进行分析和处理，以得到正确的、科学的结论。

质量信息的分析处理按以下步骤进行：①按照要求确定质量信息分析的各项内容；②对质量信息进行审查和筛选，以检查质量信息的完整性和准确性；③对质量信息进行分类和排序，以便确定质量信息的相对重要性；④根据分析内容选择恰当的方法对质量信息进行统计计算；⑤对分析结果进行判断，得出有价值的结论；⑥编写分析报告。

3）存储质量信息

产品质量信息是产品全寿命周期信息的重要组成部分，是产品质量跟踪和追溯的对象。在产品质量形成过程中，需对质量信息进行存储，以便于查询历史信息，对产品进行改进。

质量信息存储要满足以下要求：①安全可靠，防止质量信息的丢失；②便于查询和检索；③质量信息之间要建立相互关系，便于质量信息的追溯；④尽可能少占用资源。目前普遍采用的存储方式是建立分布式质量信息数据库。

4）为质量决策提供依据

在产品质量形成过程中，进行质量目标选择、生产过程质量控制、质量改进、产品质量问题处理时，需要大量的质量信息来进行预测和辅助决策，这些都需要对质量信息进行科学管理，为决策提供依据。

3. 数字化质量管理技术

1）数字化质量管理技术的应用

近年来，数字化技术在质量信息采集、分析、存储和查询、传递和共享等方面得到越来越广泛的应用。

（1）在质量信息采集中的应用

利用自动化技术和通信技术，实现生产过程中质量数据的自动检测和采集。例如，计算机辅助质量控制图技术，可利用各种数据采集技术自动获取控制图所需数据。

（2）在质量信息分析中的应用

利用计算机辅助数据处理软件、质量管理工具等，实现质量数据的快速分析和处理。①Excel 电子数据表格、SPSS 等数据处理软件，提供数据整理、统计分析（如方差分析、回归分析等）的功能，为质量数据处理带来了方便；②运用计算机辅助控制图技术等，对过程质量控制数据进行处理，完成速度快、精度高；③计算机实时处理采集的质量数据，如根据实时输入计算机中的质量数据，实现过程能力的动态计算。

（3）在质量信息存储和查询中的应用

将大量质量信息存储在计算机中，利用计算机的快速搜索和查询功能，实现质量责任人和质量问题的追溯和管理。

（4）在质量信息传递和共享中的应用

利用质量信息系统、网络等方式，实现质量信息的传递和共享，既可让质量信息的使用者获得所需质量信息，也可通过权限管理，让质量信息在限定范围内共享。

2）质量信息系统

质量信息系统建立在数字化技术基础上，是由一定的人员、组织、设备和软件组成，按照规定的程序和要求对质量信息进行收集、加工处理、存储、传递、利用、跟踪和反馈，以支持质量管理活动有效运行的系统。通过质量信息系统的开发和实施，能实现质量信息在企业内外部的高效流动和管理，及时向企业或相关组织提供正确的信息，以便做出正确响应，为企业或相关组织的决策提供可靠、真实的依据，促进质量管理高效化。

质量信息系统有利于实现对大量质量信息的有效管理，其运作模式不是固定不变的，而是根据不同行业、不同类型的企业，对质量信息系统做出相应调整，以适应企业质量信息管理的需求。要从企业实际情况出发，根据质量管理需求来开发和应用质量信息系统。

4.4　质量成本分析与控制

20 世纪 50 年代，美国质量管理专家费根鲍姆首次提出质量成本的概念，随后，朱兰等质量管理专家相继提出“矿中黄金”“水中冰山”等有关质量成本的理念，质量成本管理活动逐渐展开并取得了显著成效。

4.4.1　质量成本的内涵与组成

1. 质量成本的内涵

质量成本是指为保证达到满意的质量而产生的费用以及没有达到满意的质量所造成的损失。质量成本的内涵包括以下几个方面：

1）质量是有成本的

顾客要求的是高质量产品和优质服务，而要保证和提高产品质量，必须要有相应的投入。因此，质量是有成本的。定义中“为保证满意的质量而产生的费用”指的就是这部分费用。但这部分费用包括哪些内容？究竟值不值得投入？投入在什么地方？占质量成本多大的比例？这是质量成本分析要解决的问题。

2）用户不满意的质量是有损失的

由于产品功能的相似性，质量成为用户选择产品时考虑的主要因素。如果用户对企业的产品质量不满意或对质量保证能力没有信心，就不会购买该企业的产品。因此，用户不满意的质量是有损失的。

3）质量成本是质量缺陷问题的经济表现

提升质量需要投入成本，但它又可以为企业带来较大的经济效益。质量缺陷不仅耗费成本，而且还会给企业带来负效益。质量成本属于管理成本，而非财务成本。

2. 质量成本的组成

质量成本可划分为两大类：运行质量成本和外部质量保证成本。运行质量成本是指为了达到和保持一定的质量水平而运行组织的质量管理体系所支付的费用；外部质量保证成本是指在合同条件下，向用户证明和验证产品的质量保证能力，并提供其所需的客观证据所支付的费用。质量成本的组成如图 4-17 所示。

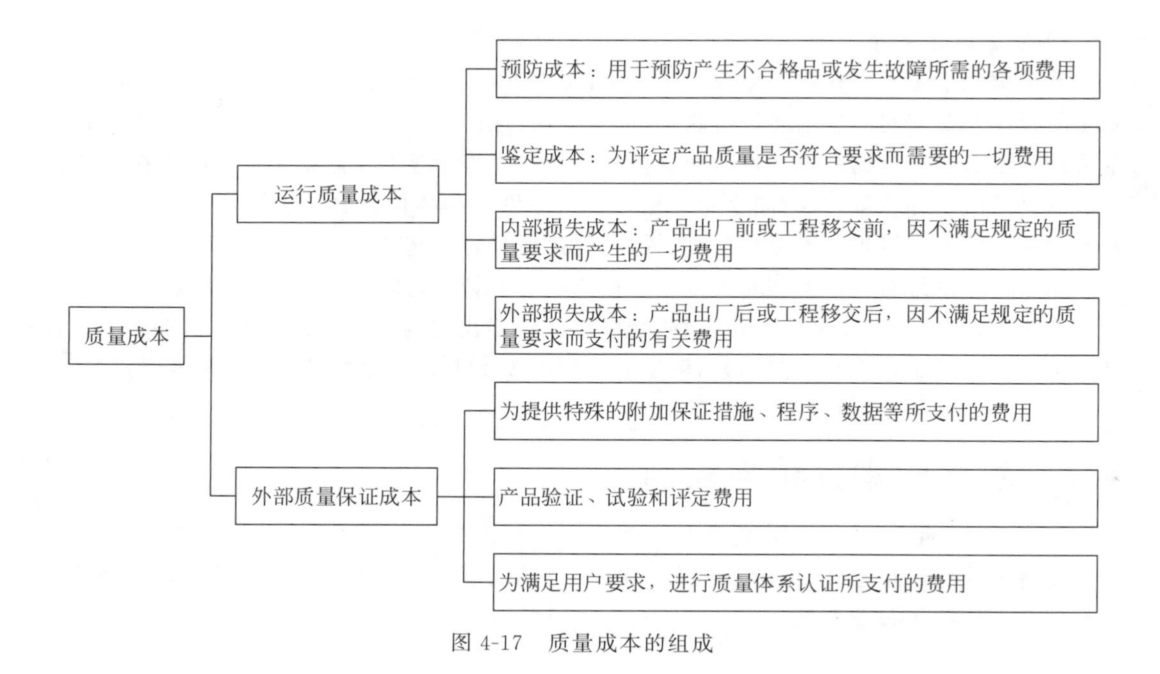

图 4-17 质量成本的组成

4.4.2 质量成本计划与核算

1. 质量成本预测与计划

1）质量成本预测

质量成本预测是根据历史资料和有关经济信息，分析研究影响质量成本的因素与质量成本的依存关系，结合质量成本目标，利用大量的观察数据和一定的预测方法，对未来质量成本变动趋势做出定量描述和逻辑判断。

质量成本预测是质量成本计划的基础工作，其主要目的是：为企业提高产品质量和降低质量成本指明方向；为企业制订质量成本计划提供依据；为企业内各部门指出降低质量成本的方向和途径。

质量成本预测方法有经验判断法、计算分析法、比例测算法等。

2）质量成本计划

质量成本计划是在预测基础上，用货币量的形式规定当生产符合质量要求的产品时，所需达到的质量费用消耗计划。质量成本计划应该由数据化的目标值和文字化的责任措施两部分组成。

（1）数据部分计划的内容：包括企业质量成本总额和质量成本构成项目计划、主要产品的质量成本计划、质量成本结构比例计划以及各职能部门的质量成本计划。

（2）文字部分计划的内容：主要包括对计划制订的说明，拟采取的计划措施、工作程序等。具体包括：各职能部门质量成本控制的目标、责任、重点内容以及工作任务；开展质量成本分析，对质量成本改进计划的实施方案和工作程序等加以说明。

2. 质量成本核算方法

质量成本核算是对生产经营活动过程中实际发生的质量费用进行记录、归纳、计算、分配,以考核与计算质量成本计划指标是否完成做出有关的账务处理,并进行经济分析,生成质量成本报表,为质量成本管理提供客观、真实的质量成本资料的过程。

质量成本科目的设置是核算的基础,只有在设置了规范的质量成本科目以后,质量成本的核算才能更科学、规范和易于操作。但是,在我国,质量成本的核算还没有正式纳入会计体系,还没有统一的强制性的标准。各组织在性质、规模、产品类型以及成本核算制度上都存在差异性,使得质量成本科目的设置不尽相同。进行质量成本核算应注意以下几点:

(1) 符合国家现行的基本会计制度和原则;

(2) 能够具体反映质量管理和经济核算的要求;

(3) 便于统计、核算、比较、分析和有利于质量改进;

(4) 要依据实际质量费用和相应的责任部门。

国家标准《质量成本管理导则》(第二稿)将质量成本划分为五大类35项质量成本项目。即质量成本划分为三级科目,一级科目:质量成本;二级科目:预防成本、鉴定成本、内部损失成本、外部损失成本和外部质量保证成本;三级科目:质量成本明细项目。

根据质量成本存在形式的不同,可分为显见质量成本和隐含质量成本。显见质量成本是指根据国家现行成本核算制度规定列入成本开支范围的质量费用,以及有专用基金开支的费用。这类成本可通过会计成本系统、依据原始凭证和报表采用会计核算方法进行核算。隐含质量成本是指未列入国家现行成本核算制度规定的成本开支范围,也未列入专用基金,通常不是实际支出的费用,而是反映实际收益的减少,如产品降级、降价、停工损失等。这类质量成本需根据实际情况采用统计核算方法进行核算。

质量成本核算方法有统计核算法和会计核算法。根据质量成本的存在形式,采取不同的核算方法。

1) 统计核算法

该方法采用货币、实物量、工时等多种计量单位,利用一系列的统计指标和统计图表,以及统计调查的方法取得资料,并通过对统计数据进行分组、整理,获得所要求的各中心信息,以揭示质量经济性的基本规律为目的,不注重质量成本数据的完整性及准确性(只需要相对准确即可)。

2) 会计核算法

该方法采用货币作为统一度量单位,通过设置账户、复式记账、填制凭证、登记账簿、成本计算和分析、编制会计报表等一系列专门方法,对质量管理全过程进行连续、系统、全面和综合的记录和反映。严格以审核无误的凭证为依据,质量成本资料必须准确、完整,整个核算过程与现行成本核算相类似。

因质量成本自身的特殊性,企业在实际核算过程中一般采用以会计核算为主、统计核算为辅的核算方法,即以货币计量为主、以实物和工时计量为辅,对显见质量成本主要采取会计核算法进行核算,对隐含质量成本则主要采取统计核算法进行核算。

3. 质量成本核算的步骤

1) 统计核算步骤

(1) 按照质量成本核算要求,结合企业具体情况,建立质量成本的统计核算点,这些统计核算点可以是组织部门的各科室,如检验、试验科,质量管理部门,技术科等,质量成本的统计核算资料大部分可以由这些核算点得到。

(2) 编制质量成本统计核算的各类报表,根据发生的时序,将产品质量形成过程中发生的各类质量成本数据准确、真实地记录在这些表格中,按要求统一归纳和汇总,比如试验、检验报告单,各类损失报告单等。

(3) 按照企业规定的程序,将审核无误的各种统计报表由各核算点进行汇总,上报财务部门或质量成本的主管部门,然后按照设置好的科目进行汇总核算。

2) 会计核算步骤

(1) 设置质量成本三级科目。

(2) 设置对应的总分类台账和明细分类账,依据会计原则,通过这些账户来归纳和核算质量成本。

(3) 在会计核算期末再对质量成本进行分配、还原,转入有关费用项目。

4.4.3 质量成本分析

质量成本分析是指综合运用质量成本核算资料和指标,结合有关质量信息,对质量成本形成的原因和效果进行分析。质量成本分析的目的是找出影响产品质量的主要原因和质量管理的薄弱环节,为降低生产成本、调整质量成本的构成比例、寻求最佳质量水平提供依据。

1. 质量成本分析的内容

1) 质量成本计划完成情况分析

通过观察一定时期内质量成本总额及质量成本构成项目的增减变动,分析质量成本计划的完成情况,评价提高产品质量、降低质量成本、执行质量成本计划的措施和效果。可采用以下指标对质量成本计划完成情况进行具体分析。

(1) 质量成本计划与实际的差异额

$$\text{差异额} = \text{本期质量成本实际总额} - \text{本期质量成本计划总额} \tag{4-61}$$

(2) 质量成本计划的实现率

$$\text{质量成本计划实现率} = \frac{\text{本期质量成本实际总额}}{\text{本期质量成本计划总额}} \times 100\% \tag{4-62}$$

与此相联系的指标有内部损失计划实现率和外部损失计划实现率。

(3) 质量成本变化率

$$\text{质量成本变化率} = \frac{\text{本期质量成本实际总额} - \text{上期质量成本实际总额}}{\text{上期质量成本实际总额}} \times 100\% \tag{4-63}$$

与此相联系的指标有预防成本变化率和鉴定成本变化率。

2) 质量成本构成分析

分析一定时期内质量成本的构成,寻求降低质量成本、改善质量成本结构的最佳途径,找出适合企业产品特点的质量成本的最佳构成,确定质量改进的区域和方向。通常所用的质量成本结构比例指标如下:

$$\text{预防成本率} = \frac{\text{预防成本总额(单位产品预防成本)}}{\text{质量成本总额(单位产品质量成本)}} \times 100\% \tag{4-64}$$

鉴定成本率、内部损失成本率、外部损失成本率的计算可类比预防成本率。

3) 质量成本相关指标分析

分析质量成本与相关指标之间的依存关系与因果关系,以及从相关方面反映产品质量和质量管理的状况及其对经济效益的影响。通常使用的相关指标如下：

（1）产值质量成本率

$$产值质量成本率=\frac{质量成本总额}{总产值}\times 100\% \tag{4-65}$$

式(4-65)反映了每百元产值的质量成本，表示质量成本占总产值的比重，是同行业的可比性指标之一，其数值越小越好。

（2）销售收入质量成本率

$$销售收入质量成本率=\frac{质量成本总额}{销售收入总额}\times 100\% \tag{4-66}$$

式(4-66)反映了每百元销售收入的质量成本，它也是同行业的可比性指标之一。通过计算质量成本占销售收入的比率，并与销售利润率进行对比，可以非常直观地表达质量对企业经营利润的影响。一般来讲，质量成本占销售收入的比率，5%以内可以接受，10%以上则利润大幅下降，15%以上时企业将无利可图，甚至亏本。

（3）利润质量成本率

$$利润质量成本率=\frac{质量成本总额}{产品销售利润总额}\times 100\% \tag{4-67}$$

式(4-67)反映了质量成本占利润的比重，可用于考核质量成本的增加或减少对企业盈利的影响，比值越小，对盈利贡献越大。

（4）总成本质量成本率

$$总成本质量成本率=\frac{质量成本总额}{产品总成本}\times 100\% \tag{4-68}$$

总成本质量成本率可进一步分解为可控成本率和不可控成本率：

$$可控成本率=\frac{预防成本+鉴定成本}{产品总成本}\times 100\% \tag{4-69}$$

$$不可控成本率=\frac{内部损失成本+外部损失成本}{产品总成本}\times 100\% \tag{4-70}$$

通过将总成本质量成本率与上期或历史水平进行比较，可以衡量由于降低质量成本使产品成本下降所获得的质量经济效益，并反映企业对产品质量保证能力的控制程度和质量改进的有效性。

（5）单位产品质量成本

$$单位产品质量成本=\frac{本期产品质量成本总额}{本期产品完工入库数}\times 100\% \tag{4-71}$$

它是质量经济效益分析中最灵敏的指标。

（6）销售收入外部损失成本率

$$销售收入外部损失成本率=\frac{外部损失成本}{销售收入总额}\times 100\% \tag{4-72}$$

它反映了每百元销售收入的外部损失成本，即由于不良质量造成的外部损失占销售收入的比重。该指标不仅可以评估企业的经济效益，还可以评估企业为用户提供的服务，以及给用户带来的损失。它是反映社会效益的重要指标之一，也是同行业的可比性指标之一。

(7) 销售利润损失成本率

$$销售利润损失成本率=\frac{内部损失成本+外部损失成本}{产品销售利润额}\times 100\% \quad (4\text{-}73)$$

它反映了每百元产品销售利润中内外部损失成本所占的比重，是考核质量经济性的重要指标，也是同行业的可比性指标之一。

4) 质量成本趋势分析

分析质量成本变化的规律、质量成本所在区域以及质量成本优化方向，明确质量成本控制界限。

质量成本趋势分析通常采用控制图进行分析，当控制图出现以下状况之一时，视为控制图异常：有点出现在控制界限外面；有连续的 7 个点出现在中心线一侧；在连续的 11 个点中有 10 个点出现在中心线一侧；在连续的 3 个点中有 2 个点在控制点附近；有连续 7 个点上升或下降；点中有明显的周期性变化。质量成本控制图异常，说明质量成本管理或质量成本支出发生了异常情况，需及时查明原因，采取措施加以处理，使之恢复正常。

5) 质量成本的典型事件分析

典型事件是指由于发生大的质量事故或设备事故，使质量成本的完成情况与计划相比发生较大的差异的事件，这些差异出乎人们的预料，其分析目的是找出发生问题的原因，采取针对性措施避免问题的再次发生。

2. 质量成本分析方法

质量成本分析可采用定性和定量相结合的方法。

1) 定性分析方法

定性分析方法是指依靠主观判断对企业质量成本的变动进行评价和分析论证的一种方法。它不能作为确切的定量评价，但能定性地估计、分析质量成本管理的优劣程度，指出质量成本的变动是正面还是负面，一般适用于缺乏质量成本资料和其他资料的分析。常用的定性分析方法有调查分析法和经验分析法。

2) 定量分析方法

定量分析方法是运用专门的定量技术，分析质量成本量的变化规律，把握质量成本特性的一种方法。其着眼点在于用数量关系揭示质量成本的根本特征，通过精确的数据和图表反映质量成本的现状及其与其他指标的相互关系，从而使不确定的、模糊的质量成本变得相对确定和明晰。

质量成本定量分析的方法较多，主要有排列图分析法、质量成本指标分析法和趋势分析法等。

(1) 排列图分析法

排列图分析法是以排列图为工具寻找影响质量成本的主要因素，并集中力量解决这些主要因素，实现用较小的花费获得高质量。

(2) 质量成本指标分析法

质量成本指标分析法是指对质量成本的各指标之间以及质量成本各项目指标与其他有关经济指标之间的比例关系进行分析的一种方法。质量成本指标体系不同，相应地有不同的质量成本指标分析。

① 目标指标分析。质量成本的目标指标分析是将分析期的主要质量成本指标的实际数与目标数进行对比，确定目标与实际的差异，借以考核有关质量成本目标指标完成情况。

分析中运用的基本公式如下：

$$某项质量成本目标完成率=\frac{该项质量成本实际数}{该项质量成本目标数}\times 100\% \tag{4-74}$$

② 结构分析。质量成本的结构分析是通过计算质量成本中的各个质量成本构成项目在全部质量成本中所占的比重，分析质量成本内部结构及其在不同时期的变化，掌握质量成本结构的特点和变化趋势所进行的分析。其计算公式如下：

$$某质量完成项目所占比重=\frac{该成本项目金额}{质量成本总额}\times 100\% \tag{4-75}$$

③ 相关指标分析。质量成本相关指标的分析，是把质量成本与其他性质不同但又有联系的指标加以对比分析的一种方法。其计算公式如下：

$$某项相关指标比例=\frac{某项质量成本}{其他相关指标}\times 100\% \tag{4-76}$$

（3）趋势分析法

质量成本趋势分析法是企业在积累一定数据资料的基础上，通过绘制趋势图对在较长一段时期内的总质量成本、质量成本各项目、质量成本构成指标的变化进行连续的观察和分析的一种方法。通过这种系统的分析比较，便于从总体上直观地了解质量成本管理的变化规律及其效果。

在对质量成本进行分析的基础上，书写质量成本报告。质量成本报告是质量成本分析活动的总结性文件，以供企业管理层决策使用，内容一般包括：质量成本计划执行和完成的情况与基期的对比分析、质量成本 4 项构成比例变化分析、质量成本与主要经济指标的效益对比分析、典型事例及重点问题的分析与解决措施、对企业质量问题的优化建议、对上次报告中质量问题改进措施的跟踪及验证情况等。质量成本报告的陈述形式可采用报表式、图示式、陈述式和综合式。

【例 4-8】 某企业本月及上月的质量成本构成数据如表 4-9 所示，已知本月销售收入 15 008.4 万元，总产值 20 929.5 万元，营业总成本 8323 万元，试对质量成本进行分析。

表 4-9　质量成本构成表

质量成本项目		本月		上月	
		金额/元	占比/%	金额/元	占比/%
预防成本	质量培训费	37 168	3.76	64 167	6.26
	质量管理活动及质量评审费	38 100	3.86	465	0.05
	质量改进措施费	0	0.00	0	0.00
	供应商管理费	3068	0.31	563.2	0.05
	工资及福利基金	43 448.95	4.40	40 522.2	3.95
	设计开发评审费	1906	0.19	121 200	11.83
	小计	123 690.95	12.52	226 917.4	22.15
鉴定成本	检验试验费	34 318.81	3.47	1541.32	0.15
	质量检验部门办公费	5939.1	0.60	1091.05	0.11
	工资及福利基金	592 985.8	60.01	562 216	54.87
	检查设备维修折旧费	26 851.33	2.72	26 851.33	2.62
	小计	660 095.04	66.80	591 699.7	57.75

续表

质量成本项目		本月		上月	
		金额/元	占比/%	金额/元	占比/%
内部损失成本	包材报废损失费	171 764.37	17.38	169 354.86	16.53
	返修费	642.99	0.07	1177.1	0.11
	降级损失费	0	0.00	0	0.00
	停工损失费	7946	0.80	12 860.4	1.26
	质量事故处理费	0	0.00	0	0.00
	小计	180 353.36	18.25	183 392.36	17.90
外部损失成本	索赔费	0	0.00	0	0.00
	退货损失费	16 846.79	1.70	22 656.72	2.21
	折价损失费	0	0.00	0	0.00
	保修费	7110	0.72	0	0.00
	小计	23 956.79	2.42	22 656.72	2.21
质量成本合计		988 096.14	100.00	1 024 666.2	100.00

解：质量成本分析如下：

(1) 本月质量成本总费用比上月下降 36 570 元，质量成本变化率为－3.57%。

(2) 本月质量成本的构成如下：预防成本占 12.52%，鉴定成本占 66.80%，内部损失成本占 18.25%，外部损失成本占 2.42%。

(3) 本月质量成本相关指标分析：产值质量成本率为 0.472%，销售收入质量成本率为 0.658%，总成本质量成本率为 1.187%(其中：可控成本率为 79.32%，不可控成本率为 20.68%)。

(4) 质量成本优化分析：本月质量成本构成中，鉴定成本占比高于 50%，内外部损失成本占比低于 30%，表明本月质量成本处于质量至善区，鉴定成本过高是影响本月质量成本达到最优的主要因素。因此，质量管理工作应适当放宽质量标准，减少检验程序，维持工序控制能力，以适当降低鉴定成本的投入。

采用质量成本的结构分析来找出影响质量成本的主要因素，由表 4-9 可以看出影响质量成本最主要的两个因素是：鉴定成本中的工资及福利基金和内部损失成本中的包材报废损失费，占总质量成本的比重分别为 60.01%和 17.38%。

该企业的鉴定检验能力是存在富余的，鉴定成本居高不下的主要原因是检验人员岗位设置过多。相应优化建议：适当降低产品质量标准，减少检验程序，调整与分配检验岗位。

通常情况下，包材报废的原因有：包材本身的质量、自身的生产工艺水平、现场生产管理原因。相应优化建议：根据以上 3 点原因进行单项改进，在考虑当月的生产量后观察报废损失的数据变化。通过加强现场管理，改进落后工艺，提高包材质量等措施进行逐一改进。

4.4.4 质量成本控制

1. 质量成本控制的内涵

1) 对质量成本目标本身的控制

结合企业实际情况制定合理的质量成本目标，如果定的目标过高则难以达到，企业员工将会失去信心，这样的目标形同虚设；而定的目标过低，则失去了管理意义。

2）对质量成本目标完成过程的控制

制定合理的质量成本目标；设立质量成本管理部门；明确相关部门有关质量成本控制的职责权限；建立与规范相关制度；发现日常活动中的问题并分析原因，制定科学合理的纠正措施等。

3）着眼于未来的工作改进和质量成本降低

由于企业内、外部环境的变化，如技术的创新、人员素质的提高等，企业为适应激烈的竞争环境，必须制定质量成本目标，着眼于未来的工作改进和质量成本降低。

2. 质量成本控制程序

1）事前控制

确定质量成本控制的标准。企业质量成本控制标准包括理想标准、基本标准、正常标准。理想标准是企业生产技术与经营管理处于最理想条件下所确定的质量成本标准；基本标准是指一定时期内的实际质量成本的平均值；正常标准是根据企业自身现有的生产技术水平和已有经营条件为基础而制定的质量成本标准，这种标准已将生产经营中不可避免的损失估计在内。实际工作中，通常采用正常标准。

企业根据质量成本计划所定的目标，为各项费用开支和资源消耗确定其数量界限，形成质量成本费用指标计划，作为目标质量成本控制的主要标准，以便对费用开支进行检查和评价。

2）事中控制

控制、监督质量成本的形成过程，这是质量成本控制的重点。对于日常发生的各种费用都要按照既定的标准进行控制监督，力求做到所有直接费用都不突破定额，各项间接费用都不超过预算。

3）事后处理

处理、查明造成实际质量成本偏离目标质量成本的原因，然后在此基础上提出切实可行的措施，使实际质量成本管理更好地达到目标质量成本的要求。

3. 质量成本控制方法

质量成本控制主要根据质量波动情况进行控制，与工序质量控制、不合格品管理、质量责任制等有密切的联系。质量成本控制方法有限额控制法、质量改进法、价值工程法、6σ质量成本控制等。

1）限额控制法

限额控制法是指事先确定质量成本项目控制标准，按质量成本计划所规定的目标，分解展开到单位、班组和个人，进行限额费用的控制。具体操作步骤如下：

（1）通过设定限额费用进行质量成本总量控制；

（2）结合质量成本的结构分析将该限额费用分解，分解的依据是控制区域的比率；

（3）对四个类别的质量成本再进行细分，将责任落实到各个部门；

（4）每个月对质量成本进行统计分析；

（5）对比控制区域验证质量成本是否得到有效控制。

2）质量改进法

质量改进法是指运用改进区域、控制区域、至善区域的划分方法进行质量改进、优化质量成本的方法。判定是否达到质量成本最佳优化的参考标准如下：

(1) 在规定时间内，在一定的生产技术条件下，再也找不到能够改进质量、降低内外部损失成本的措施时，则内外部损失成本达到了最佳区域。

(2) 当内外部损失成本达到最佳区域，而检验标准、方法和手段良好，又找不到降低鉴定成本的措施时，则鉴定成本达到了最佳区域。

(3) 当大部分预防质量事故的工作已被列入质量改进措施，预防质量事故的工作已有改进，而未列入计划的预防工作，也已有健全的预算编制程序加以控制时，则预防成本就达到了最佳区域。

3）价值工程法

价值工程法是指运用价值工程原理进行质量成本控制的方法，从产品的质量功能分析入手，在保证和改善产品实用功能的前提下，立足改进产品设计、制造、销售及服务全过程的活动。通过把与用户需求的质量功能无关的零部件消除掉，更改具有过剩质量功能的材质和零部件，设计出价值更高的产品，以实现对质量成本的控制。

4）6σ 质量成本控制

6σ 是一种在提高顾客满意程度的同时降低产品成本的管理方式，将 6σ 引入质量成本控制，形成基于 6σ 的质量成本控制方法，通过对质量成本实际数据的核算和分析，找出问题的症结所在并加以改进，实现质量成本的降低、企业竞争力的提升。

DMAIC 方法是 6σ 管理中的常用工具，6σ 质量成本控制的实质是运用 DMAIC 方法不断找出质量成本需要改进的问题，并采取相应措施实现对质量成本的持续改进与控制。DMAIC 方法的具体步骤如下：

(1) 界定阶段(define)：确定顾客的关键质量需求，制定质量成本控制目标，并识别需要改进并控制的质量成本项目。

(2) 测量阶段(measure)：明确现阶段质量水平，评估质量成本项目改进后的预期效益，并将收集到的数据通过排列图、控制图等方法进行数据整理。

(3) 分析阶段(analyze)：通过数据分析确定质量成本控制的关键问题和关键因素。

(4) 改进阶段(improve)：针对关键问题和因素确立质量成本的改进方案，并评估质量成本的优化结果。

(5) 控制阶段(control)：对质量成本的关键影响因素进行长期控制，采取措施维持改进结果，并将改善措施进行制度化、规范化。

通过实施 6σ 质量成本控制，确保每一个质量成本项目的实施都能达到提高质量水平并降低质量成本的目的。当找不到需要改进的质量成本项目时，企业暂时处于质量成本最优状态。随着顾客需求变化、市场竞争、新技术的出现以及员工素质的提高，质量成本最优状态转变成非最优状态，再依据 DMAIC 方法进行优化，如此循环往复，在动态的过程控制中追求和达到最佳质量成本。

【习题】

一、简答题

1. 简述产品质量形成过程及过程质量控制的内涵。
2. 如何确定质量控制点？
3. 简述过程质量控制的流程。
4. 什么是过程能力指数？
5. 简述常用的七种质量管理工具及其主要用途。
6. 数字化质量管理技术有哪些特征和内容？

二、讨论题

1. 过程质量控制的实施要点有哪些？
2. 6S 管理是对工作现场各生产要素所处状态不断进行整理、整顿、清扫、清洁、素养、安全的一系列管理活动。请结合工作实际谈谈开展 6S 管理的作用和意义，说明怎样开展 6S 管理。
3. 如何提高过程能力？举例说明。
4. 结合具体项目谈谈如何开展 QC 小组活动。
5. 结合实际谈谈如何进行质量成本优化。
6. 针对你熟悉的企业，论述如何控制和提高产品质量。

三、计算题

1. 某无线电元件在 5M1E 充分固定并标准化的情况下，其不合格品的相关数据如表 4-10 所示。试设计 p 控制图以控制其不合格率。

表 4-10　某无线电元件不合格品数据表

组号 i	样本大小 n_i	不合格品数	不合格品率 p_i	组号 i	样本大小 n_i	不合格品数	不合格品率 p_i
1	100	3	0.03	14	100	4	0.04
2	100	2	0.02	15	100	1	0.01
3	100	4	0.04	16	100	2	0.02
4	100	0	0.00	17	100	2	0.02
5	100	3	0.03	18	100	3	0.03
6	100	6	0.06	19	100	1	0.01
7	100	4	0.04	20	100	5	0.05
8	100	1	0.01	21	100	2	0.02
9	100	4	0.04	22	100	0	0.00
10	100	3	0.03	23	100	6	0.06
11	100	5	0.05	24	100	2	0.02
12	100	2	0.02	25	100	5	0.05
13	100	7	0.07	总计	$\sum_{i=1}^{25} n_i = 2500$	$\sum_{i=1}^{25} p_i n_i = 77$	

2. 分别计算下列情形的过程能力指数：

(1) 已知某零件尺寸要求为 $\phi(25\pm0.025)$mm，$\overline{X}=25.004$mm，$S=0.005$mm。

(2) 已知某零件内径尺寸要求为 $\phi15^{+0.022}_{-0.015}$mm，$\overline{X}=15.0035$mm，$S=0.006$mm。

(3) 已知某零件要求其径向跳动不超过 0.045mm，$\overline{X}=0.02$mm，$S=0.012$mm。

3. 已知某公司生产的两种类型空调相关生产资料如表 4-11 所示，要求：

(1) 分别核算两种类型空调的预防成本、鉴定成本、内部及外部损失成本；

(2) 对(1)中所得结果进行质量成本分析，并找出其存在的问题。

表 4-11 某公司两种类型空调的生产资料表

项目	直立式空调	分体式空调
产销量/台	10 000	5000
单位售价/元	5000	12 000
单位变动成本/元	3000	9000
设计工程耗用时数/h	1200	1650
每台空调检验与调试耗时/h	0.3	1
工厂再制单位百分比/%	5	8
每台空调再制成本/元	1500	3200
售后修理单位百分比/%	3	5
每单位空调修理成本/元	2000	3500
估计因质量不良而丧失的销售收入/元	—	260
设计作业工人的工资/(元/h)	500	
检验与调试作业工人的工资/(元/h)	350	

港珠澳大桥岛隧工程质量控制与品质追求

1. 工程概况与质量控制特点

1) 工程概况

港珠澳大桥东连香港，西接珠海、澳门，是集岛、隧、桥为一体的超大型跨海通道。岛隧工程是港珠澳大桥的关键控制性工程，由东、西人工岛及 6.7km 的海底沉管隧道构成，其中海底沉管隧道由 33 节管节对接而成，单个标准管节长 180m、宽 37.95m、高 11.4m，重约 8 万 t，是目前世界上最长、隧道断面最大、单根管节最重、综合技术难度最大的公路沉管隧道，设计使用寿命 120 年。

港珠澳大桥岛隧工程采用设计施工总承包模式，由中国交建联合体中标，联合体项目总经理部负责实施设计施工总承包管理。岛隧工程不仅具有大型工程普遍具有的规模大、难度高、系统复杂等共性，而且具有高风险、高关注度、新模式等个性特征。面对各种挑战，岛隧工程管理团队基于工程哲学和系统科学思想，提出“以人为本、品质至上”的工程理念，创新质量控制方法，确保了工程成功和工程目标的全面实现。

2) 岛隧工程的质量控制特点

港珠澳大桥岛隧工程属外海施工，需攻克复杂海洋条件下管节的浮运和沉放、隧道软土地基不均匀沉降等一系列技术难题，质量控制具有影响因素多、质量要求高、控制难度大等特点。

（1）影响因素多

影响岛隧工程质量的因素诸多，在自然环境方面，由于地处外海开敞水域环境，水文地质条件复杂，气象变化频繁，灾害性天气威胁严重，工程作业面临着自然环境的高风险性和不确定性。在社会环境方面，社会关注度高，工程质量与人民生命财产安全和国家声誉息息相关。工程囊括桥梁、隧道、房建、水工、地基处理、绿化等工程内容，汇集迄今所有的土木工程专业，需要对众多影响因素进行有效控制。

（2）质量要求高

“建设世界级的跨海通道、为用户提供优质服务、成为地标性建筑”，建设目标要求高；内地首次采用120年设计使用寿命，设计标准要求高；施工质量验收标准需同时符合内地、港澳地区的质量验收标准，验收标准要求高；岛隧工程施工属外海孤岛作业，环境恶劣复杂，现场施工人员长期处于紧张、高压、高强状态，人员素质要求高。

（3）控制难度大

① 岛隧工程所需物资、材料种类繁多，使用量大。沉管预制厂和东、西人工岛等工程主要施工作业现场是外海孤岛，场地范围狭小、施工作业空间有限。如何科学管理各种原材料、周转性材料和施工余料，降低海上运输环节对工程施工的影响，减少现场物资材料的浪费，提升物资材料的利用效率，成为质量控制的一大难点。

② 岛隧工程施工中的机械设备和车辆船舶种类多、数量多、规模大。大量机械设备多是为该工程专项研发、量身打造的高端定制产品，一旦管理不善，不仅影响施工安全、工期和效率，且故障维修成本高昂，对质量、工期影响巨大。

③ 岛隧工程作为国内首次在外海实施的超大型海底沉管隧道，除具有工期紧、施工难度大、未知因素多等特点外，由于自然环境恶劣，建设环境复杂，施工场地分散，现场作业面广，外海施工，人工岛作业，进一步加大了施工现场管理和施工安全的压力，质量控制面临严峻挑战。

2. 岛隧工程的质量控制要点

在长达七年的岛隧工程建设过程中，项目总经理部采取一系列质量控制方法和手段，优化设计确保过程质量，遴选优质材料保证源头质量，开展现场标准化优化作业条件，依靠智能化技术和装备保障施工质量，全过程动态监控检查把控质量，从而有效保证了工程质量目标的全面实现。

1）优化设计确保过程质量

在设计施工总承包模式下，项目总经理部充分利用设计施工联动平台，对原设计方案进行分析和优化，从源头保证工程质量。

（1）方案可靠性保障工程质量——半刚性沉管结构

针对沉管隧道深埋、上覆荷载大的特点，项目总经理部创新性提出介于刚性结构和柔性结构之间的半刚性管节结构及预应力配置方案，在节段式管节中设置永久预应力，根据地基和荷载情况设置不同的预应力度，增加节段接头抗剪能力，控制节段接头的张开量，提高结构防水安全性。与传统的刚性沉管和柔性沉管相比，这种结构更适合港珠澳大桥建设环境，可以为沉管隧道的“滴水不漏”提供可靠的结构保障。

（2）方案安全性保障构件质量——工厂法预制沉管

工厂法预制实现作业流水化，厂内设置了两条300多米长的流水生产线，集成了钢筋加工、钢筋笼绑扎及顶推、全断面混凝土浇筑、管节顶推、管节一次舾装、深浅坞蓄排水及管节起浮横移等全部工序，确保各个工序各个部位有专人施工，保证构件生产规范、质量可控。工厂法预制从设计方案上实现了质量的可靠性，打造了百万立方米混凝土浇筑“无一裂缝”的奇迹。

2）遴选优质材料保证源头质量

项目总经理部以“质量零缺陷保使用寿命120年”为承诺，以对国家高度负责的态度，认真遴选和把关材料，从源头上保证质量。

（1）试验检测严把材料质量关。项目总经理部中心实验室、沉管预制厂实验室和各工区试验站肩负着对原材料进行检测、配合比试验的责任，通过严密的试验和检测，严格管控材料质量。

① 明确原材料检测职责。项目总经理部中心实验室主要负责东、西人工岛主体结构混凝土原材料及沉管隧道回填类碎石的检测工作，沉管预制厂实验室负责与沉管预制相关的试验检测及质量控制工作，两个实验室各司其职，相互配合，力争实现岛隧工程原材料质量检测无缝控制。

② 严格配合比试验。项目总经理部中心实验室开展低热微膨胀混凝土试验研究，主要进行混凝土配合比设计、现场混凝土小尺寸模型试验，通过室内配合比调整及验证试验，确定混凝土现场配合比相关参数，积累相关试验数据，解决沉管隧道最终接头钢壳内灌注高流动性混凝土的密实性问题。同时开展清水混凝土配制及施工技术专题研究，编制清水混凝土施工与验评技术指南。

（2）混凝土产品认证。澳门土木工程实验室受港珠澳大桥管理局委托，依据《港珠澳大桥混凝土认证细则》对岛隧工程混凝土进行认证，认证通过后发布认证证书。项目总经理部严格管控混凝土搅拌站，使用特定的混凝土认证标志，加强成品和半成品的保护，并定期接受认证机构对各搅拌站的监督审核，在多层次的监督和控制管理下，混凝土成品质量得到有效保证和提升。

3）开展现场标准化优化作业条件

项目总经理部严格执行施工规范标准，抓好重点工艺、技术的改进，开展现场标准化管理，优化作业环境和条件。

（1）6S管理打造“整洁现场”

6S管理是推进现场施工向标准化、工厂化生产模式转变，保证人、机、物、环处于良好生产状态的管理方式。在岛隧工程建设实践中，探索并形成一套适应于施工现场的6S管理方法，建立以安全为中心，整理、整顿、清洁、清扫为基本手段的管理体系，通过环境改善提升现场工人素养，使6S管理彻底融入施工现场，实现6S工地化。

各工区通过分阶段分层次推行6S管理，实现从营造气氛到自主整改的转变、从自主整改到自觉行为的过渡、从自觉行为到自发习惯的升华。现场工作管理从“救火”管理演变为流程管理，做到人尽其力、物尽其用，施工现场整洁美观，施工作业顺利开展。

（2）作业标准化规范施工工序

① 作业标准化

作业标准化以推行“三专”制度为主，即专业的人、专项工作、专门做这项工作。首先是班组作业标准化，成立班组作业标准化领导小组和实施小组，明确任务职责分工，完善班组机构。其次是将作业队伍划分为钢筋班组、模板班组、混凝土班组等专业班组，明确班组作业内容和工作职责，制定切实可行的措施推进标准化活动的有序开展。最后是通过举行班前会、班后会进行交底和总结，把施工班组建设成为标准化流水线中的一部分，实施定人、定岗、定施工部位“三定”制度，各施工部位由专人负责，出现质量问题便于溯源。

作业标准化还体现在对设备的管理，设备部负责各项设备的日常维护、计划维护、突发维护和维护预防等工作，建立设备维护台账、设备健康档案和《作业流程规范》看板；加强清扫、润滑、防腐等日常工作，提高设备的完好率，对需反复拆装的设备，实行配件分箱装放，损坏件及时更换，专用工具就近定点挂设，保证安装顺畅。

② 工序施工精细化

在沉管预制过程中，混凝土浇筑及振捣是关键质量控制点，在混凝土浇筑之前，对工人进行质量意识宣贯，对浇筑和振捣的方式和方法反复交底，将工艺布点提前规划，在振捣时按布点规范振捣，并建立控制方案，通过工序细分提高工人的操作熟练程度，减少出错率，消除施工的随意性、偶发性，提升精细化施工水平。

(3) 施工班组管理提升队伍素质

① 质量专项培训提升技能

各工区采用形式多样的手段对一线作业人员进行培训，强化质量意识，提升作业技能，例如举办农民工讲坛、开办职工夜校等，对现场出现的质量问题进行逐层分析和讲解，探讨解决质量问题的方法和措施，采取演练的形式进行互动，互相学习，通过培训把一般工人培养成专业化、产业化工人。

② 多样化质量活动调动积极性

项目总经理部、各工区及各实验室开展“质量月”“质量年”“工程质量治理行动”等专项质量活动，围绕“创新、协调、绿色、开放、共享”五大发展理念，把质量工作与企业文化建设紧密结合起来，以强化质量意识为主线，以打造品质工程为重点，以治理质量通病为抓手，以加大宣传和培训学习为手段，以传统媒体结合信息网络、移动客户端等新兴媒体为渠道，加大质量宣传力度，唱响质量声音。

4) 智能化技术和装备保障施工质量

(1) 大型化专用设备提升施工精度

按照“利用现有设备、改造成熟设备、新造专用设备、兼顾后期使用，总部牵头、工区协作、助力振华、均衡各局”的工作思路，项目总经理部确定新建(改造)12 项大型专用设备(新建两船、改造两船、管节预制七大件、外加一锤组)的实施计划。同时，为装备配置“保姆式服务”(厂家提供全过程技术支持服务)，时刻保证设备的良好状态，保障机械装备始终有效服役，为岛隧工程质量提供可靠保障。

① 改造专用清淤船、新型挖泥船保障施工精度

以“捷龙”为母船，开展深水清淤关键技术与设备研发，进行轻质桥梁、专用清淤吸头、精确定位控制系统、装驳系统等技术改造，确保施工船舶满足沉管隧道基槽清淤的要求，为后续沉管隧道的安装奠定坚实的基础。

为满足海底沉管隧道基槽开挖质量要求，以 $30m^3$ 抓斗挖泥船“金雄”为母船，积极开展深基槽、高精度挖泥关键技术与设备研发，将其改造成为同时具备精挖监控系统、优化定深系统、自动整平挖泥控制系统的新型定深平挖抓斗式挖泥船，全面实现精挖效果，有效控制沉管隧道基床施工精度，保障沉管隧道基础的施工质量。

② 新建沉管安装船、平台式整平船保障基础质量

根据沉管施工特点及沉管体量大小研发建造沉管安装专用船舶2艘——“津安2号”和“津安3号”，利用压载水控制管节浮力、系泊系统控制管节平面位置、吊索系统控制管节沉放速度和水中姿态、测控系统指导管节对接就位，提高外海沉管隧道对接精度和对接速度，保障沉管隧道安装的质量精度。

设计建造深海基床铺设专用船舶——“津平1号”，实现对整平船定位、下料管升降的控制、整平刮刀的高程调节、整平台车纵横向移动的控制、碎石铺设的同步质量检测等作业的自动化、一体化管理，大大提高基床铺设效率和精度，有效保障沉管基础施工质量。

(2) 工厂化沉管预制实现质量精细化

① 沉管预制设备提高生产质量

沉管预制采用以摩擦焊机和数控立式弯曲机为代表的现代化数控钢筋加工线来提高钢筋加工精度。现代化数控钢筋加工线的计算机控制技术能够在产能、工作空间、人员配比、能耗、质量、安全性、环境、管理成本、工期及原材料损耗等多方面发挥独特优势，提高标准化程度。管节预制采用全套液压钢模系统，提高管节的抗裂性和自防水能力，从而保障管节质量。为实现管节从浇筑区到浅坞区的长距离顶推，首创“三点支撑、多点连续顶推”工法，在节段下方安装3套液压泵支撑系统，确保管节的稳定性，为管节移动且不扰动管节、不破坏管节的质量提供保障。

② 管节预制信息化手段保障混凝土质量

以多种类型传感器和无线网络技术为数据采集传输手段，全面分析混凝土生产、浇筑、养护过程中的状态和变化，推行质量预警系统及具备时间和空间维度的四维数字化生产控制系统，实现混凝土全过程的质量控制。

在沉管控裂方面，实行严格的温控措施，混凝土入模温度以25℃(夏季28℃)为高温线，高于25℃时要采取降温措施。例如，对料场的温度监测及降温，砂石料的温度变化会实时传输到厂房测控室，如果超过规定温度，可在操控室直接下达喷雾指令，直至温度恢复到控制温度以内。同时，还采取粉料罐防晒、材料皮带机输送冷风、混凝土生产加冰水等温控措施，保证混凝土质量。

(3) 智能化高精尖技术保障施工质量

① 沉管浮运安装成套技术及配套装置保证零失误

为将8万t重的沉管管节浮运到安装位置，并下沉到海底精确对接，研究开发外海沉管浮运安装成套施工技术及配套装置，包括外海浮运和沉放过程中结构受力与变形监测系统、沉管浮运导航系统、沉放安装系统、管节安装测控系统等，确保沉管浮运安装过程中的零失误，保障海底精准对接质量。

② 小区域、长历时、高精度作业窗口系统保证对接质量

项目总经理部与国家海洋环境预报中心共同合作，开发沉管隧道安装的作业窗口预报系统，收集南海及珠江口近百年水文地形资料，利用超级计算机对数据进行模拟计算，预测10～15天某个时段的波高、海流、风速等，据此为沉管浮运安装选择适合的天气作业窗口期。采用小区域、长历时、高精度作业窗口预报系统减少海上不良环境对施工质量造成的影响，通过区域化精确预报为海上沉管浮运安装及对接质量提供保障。

③ 沉管安装运动姿态实时监测确保对接精度

项目总经理部与中国航空集团长城计量所合作，研究开发沉管运动姿态实时监测系统，

这一系统就像深海中的眼睛，时刻紧盯沉管运动姿态，为沉管对接质量提供技术支撑。

④ 监测测量手段实现质量超前预报

通过研发多因素复合型基槽回淤预报模型系统，实现基槽泥沙淤积预报从宏观到局部、从"年、月"精确到"逐天"，预报精度由米级达到厘米级的精细化，极大地提升回淤预报的精确度和时效性，为沉管安装质量提供重要保障。

通过隧道监测实时动态了解沉管隧道的状态，以数据的形式反馈，监测人员通过对数据的分析识别，了解和掌控沉管隧道的"身体状态"，指导后续施工，成为质量保障的重要手段。

为确保测量放样的可靠性、准确性，执行"确认单"制度，工区相关部门对测量所使用的图纸、参数、设计变更等进行确认，严格按照相关要求对测量内、外业工作进行复核及检查。利用控制网测量，对施工的方向和定位进行精准把控，为精细化施工、质量控制提供保障。

5）全过程动态监控检查把握质量

（1）施工全过程监控整体把控质量

① 隧道基础监控

为确保沉管隧道基础工程各工序施工质量，成立隧道基础施工监控组、隧道基础施工监测组、隧道基础施工地质组、质量管理组等多个质量内控小组，全面负责基础施工质量。针对外海、深埋、大回淤、节段式沉管隧道结构特点以及施工风险，实行隧道基础工程各工序施工质量确认制。各基础工序的清淤效果及施工质量由基础施工监控组和设计代表全程监控，确认后进行下一步工序交接。

② 隧道结构及线形监控

为规范沉管隧道施工监控，将"信息化施工监控与动态设计"理念贯穿于沉管隧道施工全过程，制定《沉管隧道施工监控管理办法》，项目总经理部总工办牵头，成立专门的沉管隧道监控决策组，下设沉管施工监控组和沉管施工现场监测组，使沉管隧道结构及线形始终处于可控状态。

③ 管节舾装监控

为加强管节舾装的质量控制，项目总经理部成立舾装质量内控推进小组，工区对应成立一次舾装小组，建立验收制度，联合组织验收。舾装施工质量实行舾装各工序施工质量确认制，由工区小组全程监控，项目总经理部舾装质量内控推进小组负责确认，确认满足要求后进行工序交接。其流程是先进行一次舾装，舾装完进行验收，验收通过后进行出坞前的二次舾装，接下来对船机进行检查及调试，再进行沉放演练、钢封门检测，最后确认出坞。以严谨的工作态度对待每一道工序，不放过任何的细枝末节，严格做到不让隐患出坞。

④ 清水混凝土监控

为有效控制东、西人工岛上的清水混凝土施工质量，及时有效地解决现场问题，项目总经理部成立东、西人工岛清水混凝土监控组，制定《东西人工岛岛上建筑清水混凝土监控管理办法》，明确职责分工和管理工作重点，建立长效机制，强调精雕细刻、精品意识的养成和提高，加强日常巡查和测量复核，常态化做好清水混凝土施工质量管理工作。

（2）质量检查与考核分步把控质量

① 内部质量检查与考评

项目总经理部质检部门将质量检查与考评作为质量控制的重要手段，经常对各工区进行质量巡检，对重点部位的施工加强过程监督，将现场发现的问题汇总填写于施工监督检查记录表，由工区相关人员签字确认。质量巡检工作以现场实体工程为主，对现场发现的问题及时开具书面整改通知，要求工区及时整改并书面回复以形成闭环管理。

按照月度质量综合考评要求，项目总经理部质检部定期对各工区及各实验室的质量体系运行情况、工程施工过程、实体质量、内业资料等方面进行专项质量检查和考评。结合项目的进展情况，不定期对技术方案编审、现场施工、原材料检验、内业资料、实体质量和反复发生的质量通病等组织各类综合、专项检查，督促工区提高质量管理水平。

② 业主及监理监督检查

岛隧工程统一使用业主的信息管理系统，提高质量管理和质量记录信息化程度。隐蔽工程采用影像记录与书面记录并举，建立影像记录档案，实行质量记录定期集中归档管理制度。按照广东省交通工程质量监督站及大桥管理局的要求，岛隧工程采用“广东省交通工程质量监督管理系统”，所有质量检验文件均通过“质量监督管理系统”填报、审批，对工程质检资料进行统一管理，最后输出并打印作为档案资料。监理单位通过质量旁站、现场监督签字确认等形式，发挥其监督作用，业主、监理单位与项目总经理部一起共同监督检查，把控工程质量。

3. 岛隧工程的品质追求与提升

质量控制为岛隧工程的品质奠定了坚实基础，但尚需从“合格度”向“满意度”提升和飞跃。岛隧工程的品质追求与提升从人、工程、环境三个方面着手，关注人的审美、工程的精致、环境的协调，建设高品质工程。

1）贯彻以人为本理念

（1）树立全员品质意识

从一线工人入手，树立全员的品质意识，提升精细化管理水平，使其认同并按照标准一丝不苟地对待每一个环节和每一个步骤，把品质工程管理落到实处。同时，将有形的规范内化于常态化的品质意识，养成自觉的品质工程行为。

（2）以用户体验感为首要

“品质工程”追求的是用户高舒适的体验，在“创造性＋防止短板＋细节＋精致＋美观”等方面下功夫，确保用户体验最佳。岛隧工程的建设处处体现“以人为本”的建设理念，彰显高品质工程的内涵与特性。例如，为提高行车舒适度，优化隧道路面伸缩缝和排水沟的设计方案；海底隧道减光罩的体积、精度在国内隧道减光罩中首屈一指，渐变式的人性化设计更是国内首创。

2）细节决定成败

（1）清水混凝土施工，适度思维下的精益求精

以精益求精的眼光来审视工程建设的每一个细节。精益求精是追求平衡思维下的“精”。例如，在人工岛清水混凝土施工时，把失误零容忍的态度以及追求一次更比一次好的精神发挥得淋漓尽致，以筑就“最具标志性的建筑艺术品”为目标，对岛隧转换处的减光罩一次又一次摸索和探究，只为追求更好，只为达到最美。

（2）最终接头海底之吻，毫米级精度

岛隧工程最终接头创下6000t级最终接头一天内完成安装贯通（临时止水条件下）的最高速度、毫米级的对接精度以及滴水不漏的世界工程纪录，是岛隧工程建设团队孜孜不倦、精益求精、追求极致的成果。

3）消除工程短板

（1）抓住薄弱环节，控制工程短板

通过抓住岛隧工程建设的关键点和薄弱环节，勇于创新，控制短板，不仅弥补了许多深海沉管隧道技术的空缺，更实现了高水准的工程建设目标，为超级工程打下高品质的印记。

（2）信息化管理，补齐管理短板

通过信息化管理、方法和手段创新，补齐管理短板，推行现代工程管理，建立起"品质工程"建设的长效机制。例如，通过融入现代互联网、大数据、云计算等技术，强化系统集成、模块整合、数据分析、联动管控，积极打造工程信息化综合管理系统，提升岛隧工程品质。

4）坚持可持续发展

（1）进行全寿命周期考量，打造"世纪工程"

岛隧工程注重工程全寿命周期的考量，优化结构设计，采用高性能材料，选择先进施工方法，重视并改善有利于耐久性的细节构造设计，针对不同构件，分别考虑采取耐久性措施和运营期维护措施。例如，人工岛与隧道转换处的减光罩、挤密砂桩技术、低热混凝土的预制和养护技术等均从项目全寿命周期进行考量，努力打造"世纪工程"。

（2）功能使用便捷，贯彻科学发展观

以科学发展观为指导，将"绿色、循环、低碳"理念贯穿于岛隧工程建设的全过程，坚持"因地制宜，突出特色；全面推进，重点突出；科技支撑、政策保障"原则，将岛隧工程打造成为全国绿色循环低碳示范工程。

5）实用价值与工程美学并行

岛隧工程追求的美感在于协调美和质朴美，不仅追求规划及布局的协调美、韵律美，更追求形态及结构的造型美、线条美。人工岛清水混凝土在设计时就贯彻美学思想，在施工中时刻考虑是否美观、是否协调的问题，是岛隧工程人对工程美的追求，对品质的高要求，是"工匠精神"的集中体现。

"品质至上"体现工程使用价值的第一位性。"120年的质量标准""世界一流建设水平""打造最美地标"等工程目标，是岛隧工程建设者突破常规、追求品质的结果，更是新时代背景下超级工程质量管理的升华。

参考资料：林鸣，王孟钧，罗冬等. 港珠澳大桥岛隧工程项目管理探索与实践[M]. 北京：建筑工业出版社，2019.

案例讨论：

（1）分析案例工程的特点及质量控制难点。

（2）案例中运用了哪些质量控制技术与方法？分析其使用效果。

（3）在该案例中，为建成高品质工程，进行了哪些方面的探索与创新？试对质量控制和品质提升的途径进行分析。

【延伸阅读】

1. 刘蓉. 大数据技术在航天产品质量管理中的探讨[J]. 宇航计测技术，2018，38(5)：84-88.

2. 黄发林，银乐利，肖鑫. 工程建设质量管理智能化框架及实现路径研究[J]. 铁道标准设计，2019，63(9)：39-45.

第5章

质量检验

第二汽车厂计量抽样方案

随着我国社会经济的不断发展,保证并提升产品质量已经成为目前企业不容忽视的问题。汽车是我们出行必不可少的交通工具之一,其质量与消费者的生命财产安全紧密关联。第二汽车厂在组织计数抽样检验的基础上,进行计量抽样检验的实际应用。根据厂标和检验工艺的规定,汽车半轴硬度被列为100%检验的项目,但存在三个主要问题:

(1) 检验工作量大、劳动强度大;

(2) 不安全、不卫生;

(3) 拼人的体力,不适应创优质能力的要求。

将半轴硬度由100%检验改为计量抽样检验,样本数量减少。基本做法是:抽样与100%检验同时进行,进行对照验证。将以前使用的非标准硬度计改为标准硬度计,将目测压痕改为25倍直筒式放大镜测量压痕,历时两个月的试验证明抽样检验对质量的保证能达到100%检验的效果。

讨论:抽样检验在质量管理中的地位和作用是什么?

参考资料:梁工谦.质量管理学[M].2版.北京:中国人民大学出版社,2014.

质量检验是质量管理中不可或缺的内容,质量设计、过程质量控制与质量改进中都要进行质量检验,只是采用的质量检验的对象、方法有所不同。同时,质量检验是进行可靠性试验与分析、可靠性评估的前提和基础。可靠性试验所采用的产品必须是质量检验合格的产品。提高质量检验的准确度、严格控制不合格品流入可靠性试验,是进行有效的可靠性试验与分析、获得高置信度的可靠性评估数据的重要基础和保证。

5.1 质量检验方式

国际标准《质量管理体系——基础和术语》(ISO 9000:2015)中对检验的定义是:对符合规定要求的确定。产品质量检验是通过观察和判断并采用测量、试验、检验等方法,将单个产品与技术要求相比较的过程。通过质量检验,可以判定已生产出来的产品是否合格,投产的原材料是否符合要求,有助于及时发现生产过程中产品质量不稳定的趋势,及时采取调整和控制措施,保证产品质量。质量检验的主要方式见表 5-1。

表 5-1 质量检验方式分类

<table>
<tr><th>分类依据</th><th colspan="2">检验方式</th></tr>
<tr><td rowspan="5">按工作过程的次序分</td><td colspan="2">进货检验</td></tr>
<tr><td rowspan="3">工序检验</td><td>首件检验</td></tr>
<tr><td>中间检验</td></tr>
<tr><td>完工检验</td></tr>
<tr><td colspan="2">成品检验</td></tr>
<tr><td rowspan="2">按检验地点分</td><td colspan="2">固定检验</td></tr>
<tr><td colspan="2">流动检验(巡回检验)</td></tr>
<tr><td rowspan="2">按检验数量分</td><td colspan="2">全数检验</td></tr>
<tr><td colspan="2">抽样检验</td></tr>
</table>

质量检验是保证产品质量的主要环节之一。产品质量检验的目的,一是判定已经生产出来的产品是否合格;二是当生产过程一旦不稳定时,可以通过检验及时地发现问题,以便采取措施使生产过程保持稳定,确保产品质量。产品质量检验可分为全数检验和抽样检验。全数检验是对每一个产品逐一进行检验,以确定每一个产品的质量是否符合标准。抽样检验是按照统计方法从每一批产品中抽取适当数量的产品作为样本,对样本中的每个样品进行检验,通过这样的检验来判断整批产品是否符合标准。

一个批次的产品总是由一定数量的产品构成,抽样检验就是从产品批量里抽取一部分产品进行检验,然后根据样本不合格数,结合质量特性规定的界限来判断整批产品是否合格。因为抽样检验不是检验全部产品,所以即使判定为合格的产品批,其中也可能含有一定数量的不合格品。如果产品批量中的不合格品比率足够低,则抽样检验从经济上考虑是有利的。此时,检验的目的就是保证这批产品里的不合格品数在规定的范围以下。这样,采用抽样检验就可以减少检验的数量、减少检验的费用和时间。抽样检验时只要执行严格的抽检方案,则它比全数检验具有更大的优越性。

抽样检验存在两类错误:把合格批误判为不合格批,或者把不合格批误判为合格批。但根据统计检验的原理可知,这两类错误都可以被控制在一定的概率以下。

为了使抽样检验工作规范化,世界各国和国际标准化组织先后制定了各自的质量检验标准。我国于 1981 年开始抽样检验标准化工作,颁布了多项抽样检验标准。表 5-2 列出了几种常用的抽样检验标准及其适用范围。

表 5-2 几种常用的抽样检验标准及其适用范围

序号	标准号	标准名称	标准内容	适用范围
1	GB/T 13262—2008	不合格品百分数的计数标准型一次抽样检验程序及抽样表	规定单批产品的计数标准型抽检程序和一次抽检方案的制定	孤立的一批产品
2	GB/T 2828.1—2012	计数抽样检验程序 第1部分:按接收质量限(AQL)检索的逐批检验抽样计划	规定以合格质量水平为质量指标的一次、两次、多次抽样方案及抽样程序	连续批的检验

续表

序号	标 准 号	标 准 名 称	标 准 内 容	适 用 范 围
3	GB/T 6378—2002	不合格品率的计量抽样检验程序及图表	规定以可接受质量水平为质量指标的一次计量抽样方案和检验程序。以不合格品率表示批的质量,并用来控制不合格品率不超过某个指定值	连续批的检验。可用于产品设计、工艺文件、订货合同、产品技术标准、检验规则、合格证、质量管理等有关文件中。使用本标准时,要在上述文件中规定执行的负责部门
4	GB/T 8051—2002	技术序贯抽样检验程序及抽样表	规定以合格质量水平或极限质量为质量指标的序贯抽样方案及其实施程序	主要用于检验费时或检验费用较高,需要尽可能减少抽样量的场合;可用于连续批产品抽样检验;在一定条件下也可用于孤立批的抽样检验。当各检验批的质量之间无密切联系或虽有联系但生产的批数较少时,可把检验批作为孤立批来处理
5	GB/T 8052—2002	单水平和多水平计数连续抽样检验程序及抽样表	给出了单水平连续抽样方案及多水平连续抽样方案,并给出了它们的全检和抽样检验间的转换程序	对连续提交的在制品进行检验,在合同的质量规定、产品技术标准、工艺文件或其他文件中引用本标准时,必须执行其中规定的条款。本标准可将产品的平均质量控制在规定的平均检出质量上限之内
6	GB/T 2829—2002	周期检验计数抽样程序及抽样表	规定以不合格质量水平为质量指标的一次、两次、五次抽样方案及抽样程序	生产过程稳定性的检验
7	GB/T 8053—2001	不合格品率的计量标准型一次抽样检验程序及表	规定以不合格品率为质量指标的计量标准型一次抽样检验程序与实施办法	产品的质量特征以计量值表示且服从或近似服从正态分布的批检验

从表5-2中可以看出,这些标准的适用场合是不同的。因此,在具体应用标准时,应根据被检对象和检验目的,首先参考国家标准《验收抽样检验导则》(GB/T 13393—2008),选择合适的抽样标准,然后按标准规定的程序实施抽样检验。在进行抽样质量检验时,必须掌握以下几点注意事项:

(1) 抽样质量检验是对批量进行合格与否的判定,而不是逐一检验批量中的每个产品。所以,如果产品不是作为批量处理时,就不应采用抽样检验。

(2) 在抽样质量检验标准选定后,必须按照抽样质量检验标准严格正确执行。

(3) 通过抽样质量检验后,即使是判定合格的批量,也应允许有一定数量不合格品存在。

(4) 抽样质量检验是以随机抽取样本为基本条件的,如果不能满足这种条件就不适用。因此,采用抽样质量检验时必须具备能随机取样的具体条件和实施措施。

5.2 随机抽样方法

从理论上来讲,对随机变量进行大量的观测,其概率特性就一定能被观测出来。然而实际进行的观测次数是有限的,因此在进行数据分析时,更着重于如何高效地利用所收集到的有限资料,尽可能地对随机变量的概率特性做出精准而可靠的判断。

随机变量所有可能取值的集合称为"总体"(或母体),用 X 表示,组成总体的每一个基本单元称为"个体"。从总体中随机抽取若干个体的过程被称为抽样,抽样所得到的一组数据被称为样本(或子样),样本中所含个体的数量被称为样本容量。其结果可以用数学语言 X_{ji} 来表达,其中 j 表示第 j 次抽样,i 表示序号,例如 $X_{ji}=\{x_{j1},x_{j2},\cdots,x_{jn}\}$。

上述所采用的抽取方法即为随机抽样法,它是一种完全按照机会均等的原则进行的抽样调查。随机抽样的原则是必须随机地从同一个总体中抽取,即每个个体都以同等的概率被抽取,因此对抽样有两方面的要求:一是独立性,即各次抽样必须是相互独立的,每次抽样的结果既不受其他各次抽样的影响,也不会影响其他各次抽样的结果;二是代表性,即在 $\{x_{j1},x_{j2},\cdots,x_{jn}\}$ 中的每一个样本都与总体 X 具有相同的概率分布。

随机抽样使用的主要方法有简单抽样、系统抽样、分层抽样和整群抽样。

(1) 简单抽样即简单随机抽样,是指保证大小为 N 的每个可能的样本都有相同的被抽中的概率,比如按照"抽签法""随机表法"抽取对象。简单抽样的随机度高,在特质较均一的总体中具有很高的总体代表度,操作方法简单,有标准且简单的统计公式。但未使用抽样框(即可以备选作为样本的全部抽样单位的顺序或编排形式)的辅助信息抽取样本,可能导致统计效率低,使抽出的样本分布不好,不能很好地代表总体。

(2) 系统抽样也称机械抽样或等距抽样,指将总体中的各单元按照一定顺序排列编号后,按照一定规则进行抽样。最常用的方法是等距离抽样,根据总体单位数和样本单位数计算出抽样距离,再按照相同的间隔距离抽选样本。例如,从 1000 个电话号码中抽取 10 个访问号码,设间距为 100,确定起点(起点<间距)后每 100 个号码就抽取一个样本号码。系统抽样具有简便的操作方法和简单的统计功能,是目前广泛运用的一种抽样方法。但是,当总体中包含某种未知周期性时,系统抽样不再适用。同样,系统抽样也未使用抽样框辅助信息抽取样本,可能导致统计效率低。

(3) 分层抽样指把总体分为同质的、互不交叉的层或类型,然后在各层或各类型中独立抽取样本。一般有三种方法:等数分配法,即对每一层都分配同样的个体数;等比分配法,即使得每一层抽得的个体数与该类总体的个体数之比都相同;最优分配法,即各层抽得的样本数与所抽得的总样本数之比等于该层方差与各类方差之和的比。例如,在调查零售店时,按照其规模大小或库存额大小分层,然后在每层中按简单随机方法抽取大型零售店若干、中型若干、小型若干。分层抽样适用于层间异质性较大而各层内个体同质性强的情况,能保证"层"的代表性,抽样方法灵活,不同层可以根据具体情况采用不同的抽样框和抽样方法。分层抽样的前提是有高质量、能用于分层的辅助信息，若分层变量选择不当，层内变异较大，层间均数相近，分层抽样就失去了意义。抽样框的创建和抽样误差的估计也因此更加复杂。

(4) 整群抽样指先将总体分为群，再从中抽取群，并对抽中群的所有个体进行调查。例如，入户调查中，按地块或居委会抽样，在选出的地块或居委会中实施逐户抽样。整群抽样适用于群间差异小、群内差异大、可以依据外观或地域的差异进行划分的整体。但是当群内单位具有趋同性时，抽样精度会降低。

5.3 抽样特性曲线

抽检方案，是指为实施抽样而制定的一组策划，包括抽样数量和样本判断准则等。按抽检方案制定原理可分为标准型抽检方案、挑选型抽检方案、调整型抽检方案、连续生产型抽检方案。按质量特性的数据性质可分为计量型抽检方案和计数型抽检方案。计数型抽检方案又可分为计数标准型一次抽检方案、计数挑选型一次抽检方案、计数调整型一次抽检方案、计数连续生产型抽检方案、二次抽检、多次抽检等。

一个抽检方案对产品质量高低的辨别能力称为该抽检方案的抽检特性。在抽检方案中，批量为某一给定批的总数，记作 N，给定批中不合格品的数目 M 占总数 N 的百分比为批不合格频率，记作 p。从总数中抽检的样本大小记作 n；样本中的不合格品数记作 d；预先规定的判定批产品合格的样本最大允许不合格数为合格判定数，记作 Ac 或 C；预先规定的判定批产品不合格的样本最小允许不合格数为不合格判定数，记作 Re。若 $d \leqslant \mathrm{Ac}$，则接收该批产品；若 $d \geqslant \mathrm{Re}$，则拒收。当用一个确定的抽检方案对产品批进行检验时，产品批被接收的概率 $L(p)$ 是随产品批的批不合格品率 p 变化而变化的，它们之间的关系可以用一条曲线来表示，这条曲线称为抽样特性曲线，简称为 OC 曲线。

对于标准的 OC 曲线(见图 5-1)，只有当 $p=0$ 时，才有 $L(p)=1$；只有当 $p=100\%$ 时，才有 $L(p)=0$。在 $0<p<100\%$ 的一般情况下，$0<L(p)<1$。一个好的抽检方案应当是：当这批产品质量好，$p \leqslant p_0$ 时，以高概率判断它合格，予以接收，p_0 为批不合格品率的接收上限；当产品质量坏到某个规定界限，$p \geqslant p_1$ 时，以高概率判断它不合格，予以拒收，p_1 为批不合格品率的接收下限；当产品质量变坏，$p_0<p<p_1$ 时，接收概率迅速减小。

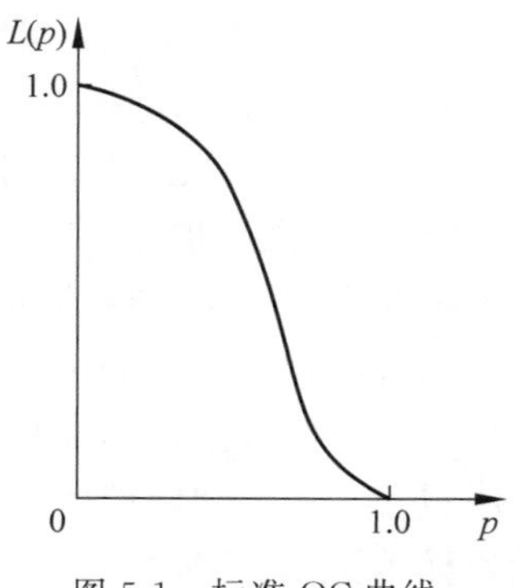

图 5-1 标准 OC 曲线

只要采用抽样检验，就可能发生两种错误的判断。当一批产品质量比较好($p \leqslant p_0$)时，如果采用抽样检验，就不可能 100%接收，只能要求高概率接收，也就是说，还有小概率拒收这批产品。这种由于抽检原因把合格批错判为不合格批，予以拒收的错误称为“第一类错误”。这种错判给生产者带来损失。这个拒收的小概率叫作“第一类错判概率 α”，又称为“生产者风险率”。它反映了把质量好的批错判为不合格批的可能性大小，表示为

$$\alpha = 1 - L(p_0) \tag{5-1}$$

当采用抽样检验不合格品率很高的劣质批($p \geqslant p_1$)时，也不能肯定 100%拒收，也有小

概率接收，这就是说，这样的劣质批仍有被接收的可能。这种由于抽检原因把不合格批错判为合格批，予以接收的错误称为"第二类错误"。这种错误使用户蒙受损失。这个接收的小概率叫作"第二类错判概率 β"，又称为"使用者的风险率"。它反映了把质量差的批错判为合格批的可能性大小，表示为

$$\beta = L(p_1) \tag{5-2}$$

一个较好的抽检方案应该由生产方和使用方共同协商，对 α 和 β 通盘考虑，使生产者和使用者的利益都得到保护。通常 $\alpha=1\%,5\%,10\%$，$\beta=5\%,10\%,20\%$。

5.3.1 抽样特性曲线的计算

根据规定的抽样方案，把待检批判定为合格而接收的概率称为接收概率 $L(p)$，$L(p)$ 也称为抽检方案 (N,n,c) 的抽样特性曲线，即 OC 曲线。为了确定 $L(p)$ 的形式，首先计算"在样品中不合格品个数 $x=d$"这个事件出现的概率，记作 $P\{x=d\}$。由于批量为 N，不合格品率为 p，此批产品中的不合格品的总数应为 pN 个，则

$$P\{x=d\} = \frac{C_{pN}^{d} \times C_{N-pN}^{n-d}}{C_N^n} \tag{5-3}$$

当不合格品率一定时，根据具体情况可以采用超几何分布、二项分布和泊松分布三种不同形式求解 $L(p)$ 的值。

1. 超几何分布计算法

超几何分布是统计学上的一种离散概率分布，其形式与超几何函数的级数展式的系数有关。它描述了从有限 N 个物品(其中包含 M 个指定种类的物品)中不放回地抽出 n 个物品，结果能成功抽出该指定种类的物品的次数为 k 的概率，概率函数为

$$P\{x=k\} = \frac{C_M^k C_{N-M}^{n-k}}{C_N^n} \tag{5-4}$$

式中，C_M^k 表示从 M 个类型物品中抽取到 k 个该类型物品的方法数目；C_{N-M}^{n-k} 表示在 N 个物品中除去 M 个指定种类物品后，从中抽取到 $n-k$ 个物品的方法数目；C_N^n 表示从总体 N 个物品中抽出 n 个样本的方法数目。可见，超几何分布由样本总量 N、指定种类物品数量 M 和抽取数目 n 决定，可记为 $X \sim H(N,M,n)$。

在计算抽样特性曲线时，常使用超几何分布来计算从抽检批中不放回地抽出样本，样本中的不合格品数量不大于合格判定数的概率。当采用 (N,n,c) 抽检方案时，只要样本中不合格品的个数 d 不超过 c，则认为此批产品是合格的。所以，当一批产品的不合格频率为 p 时，接收概率的计算公式为

$$L(p) = \sum_{d=0}^{c} \frac{C_{pN}^{d} C_{N-pN}^{n-d}}{C_N^n} \tag{5-5}$$

【例 5-1】 设有一批产品，批量 $N=50$，批不合格品率为 $p=10\%$，采用方案(5,1)进行验收，求接收概率。

解：

$$L(10\%) = \sum_{d=0}^{1} \frac{C_5^d C_{50-5}^{5-d}}{C_{50}^5} = \frac{C_5^0 C_{45}^5}{C_{50}^5} + \frac{C_5^1 C_{45}^4}{C_{50}^5} = 0.9282$$

2. 二项分布计算法

在现实生活中,许多事件的结果往往只有两个。例如,抛硬币,正面朝上的结果只有两个:国徽或面值;检验某个产品的质量,其结果只有两个:合格或不合格……以上这些事件都可被称为伯努利试验。伯努利试验是单次随机试验,只有“成功(值为1)”或“失败(值为0)”这两种结果,是由瑞士科学家雅各布·伯努利(1654—1705)提出来的。

二项分布指的是重复 n 次独立的伯努利试验,在每次试验中只有两种可能的结果,而且两种结果发生与否互相对立且相互独立,与其他各次试验结果无关,事件发生与否的概率在每一次独立试验中都保持不变。若某一事件发生的概率是 p,二项分布是 n 个独立的是/非试验事件发生 k 次的离散概率分布,概率公式为

$$P\{x=k\}=C_n^k p^k (1-p)^{n-k} \tag{5-6}$$

二项分布记作 $X\sim B(n,p)$,并称 p 为成功概率。二项分布的均值为 np,方差为 npq。

在超几何分布中,当 $N\to+\infty$ 时,$\dfrac{M}{N}\to p$,超几何分布近似为二项分布。超几何分布和二项分布的随机变量均取连续非负整数值的离散型分布列,但是超几何分布是不放回抽取,二项分布是放回抽取,也就是说,二项分布中每个事件之间是相互独立的,而超几何分布不是;超几何分布需要知道总体的容量,总体个数有限,而二项分布不需要知道总体容量,但需要知道“成功率”。

在计算抽样特性曲线时,二项分布计算适用于样本远远小于抽检批总量的情况,计算从待检批抽出的样本中不合格品数量不大于合格判定数的概率,此时用不合格品率来代表样本中各个单位为不合格品的概率。当抽检批总量很大时,超几何分布近似于二项分布,因此当 $n/N\leqslant 0.1$ 时,可用二项分布求 $L(p)$ 的近似值,具体公式如下:

$$L(p)=\sum_{d=0}^{C}\left[C_n^d p^d (1-p)^{n-d}\right] \tag{5-7}$$

【例 5-2】 假设 $N=3000$ 的一批产品要提交外观检验,若采用(20,1)的抽样方案,当不合格品率为 $p=1\%$ 时,求接收概率。

解:

$$L(p)=\sum_{d=0}^{1}\left[C_{20}^d p^d (1-p)^{20-d}\right]=C_{20}^0 p^0 (1-p)^{20}+C_{20}^1 p^1 (1-p)^{20-1}=0.9831$$

3. 泊松分布计算法

泊松分布适合于描述单位时间(或空间)内随机事件发生的次数。泊松分布由二项分布推导而来,可作为二项分布的极限而得到,它多出现在当 X 表示在一定的时间或空间内出现的事件个数这种场合。在一定时间内某交通路口所发生的事故起数是一个典型的例子。设所观察的一段时间为$[0,1)$,取一个自然数 n,把时间段$[0,1)$分为等长的 n 段,并对每段时间作如下假设:

(1) 在每段时间内,恰发生一个事件的概率,可近似与这段时间的长度 $\dfrac{1}{n}$ 成正比,可设为 $\dfrac{\lambda}{n}$。当 n 很大,$\dfrac{1}{n}$ 很小时,在这么短暂的一段时间内,要发生两次或者更多次事故是不可能的。因此在这段时间内不发生事故的概率为 $1-\dfrac{\lambda}{n}$。

(2) 各段是否发生事故是独立的。

因此，将[0,1)这段时间内发生某事件的数量看作划分 n 段后发生了该事件的时段数，按上述假设，事件发生数量符合二项分布 $B\left(n,\frac{\lambda}{n}\right)$，根据二项分布概率公式，可得

$$P\{x=k\}=C_n^k\left(\frac{\lambda}{n}\right)^k\left(1-\frac{\lambda}{n}\right)^{n-k} \tag{5-8}$$

当 $n\to+\infty$ 时，$\left(1-\frac{\lambda}{n}\right)^n\to e^{-\lambda}$，$\frac{C_n^k}{n^k}\to\frac{1}{k!}$，因此，当概率函数描述的是单位时间(或空间)内某一事件发生 k 次的概率时，其公式为

$$P\{x=k\}=\frac{\lambda^k}{k!}e^{-\lambda} \tag{5-9}$$

式中，参数 λ 为单位时间(或空间)内随机事件的平均发生次数，也是泊松分布的期望和方差。

在计算抽样特性曲线时，使用泊松分布算法描述的是将待检批分为若干份后，其中一份作为样本时，发生不合格品数量不大于合格判定数这一情况的概率，参数 $\lambda=np$，即抽检样本中的缺陷数。当 $n/N\leqslant 0.1$，n 较大，不合格品率 $p\leqslant 0.1$ 时，$L(p)$ 可用泊松分布求近似值，具体公式如下：

$$L(p)=\sum_{d=0}^{C}\frac{(np)^d}{d!}e^{-np}=\sum_{d=0}^{C}\frac{\lambda^d}{d!}e^{-\lambda} \tag{5-10}$$

【例 5-3】 有一批产品共计 10 万个需要进行外观检验，如果采用(100,15)的检验方案，求 $p=10\%$ 时的接收概率。

解：

$$L(10\%)=\sum_{d=0}^{15}\frac{10^d}{d!}e^{-10}=0.9513$$

5.3.2 抽样特性曲线的灵敏度

抽样的目的是在短时间内以较低成本对产品是否达到技术标准做出判断，根据抽样特性曲线与抽样方案变化的关系很容易弄清楚百分比抽检的不合理性。一个好的抽样方案对应的抽样特性曲线应具有较高的确定性和灵敏度。

抽样方案包括两个基本参数：样本容量 n 和判定标准 c。可以用 (n,c) 表示一个抽样方案，意思是从整体批量为 N 的产品中抽取样本数量为 n 的样本进行检验，若符合判断标准 c，则判定该批产品全部合格，否则判定为不合格并退回。

由于 OC 曲线与抽样方案是一一对应的，所以改变方案中的参数必导致 OC 曲线发生变化。下面介绍三种主要的变化情况。

1. 抽样方案一定，批量 N 对 OC 曲线的影响

图 5-2 所示为抽检方案一定($n=20,c=0$)时，用批量 $N=1000,100,50$ 作出的 A、B、C 三条 OC 曲线。

从图 5-2 中可以看出，批量大小对 OC 曲线影响不大，所以当 $N/n\geqslant 10$ 时，就可以采用不考虑批量影响的抽检方案，但这绝不意味着抽检批量越大越好。因为抽样检验总存在着

	N	n	c
A	1000	20	0
B	100	20	0
C	50	20	0

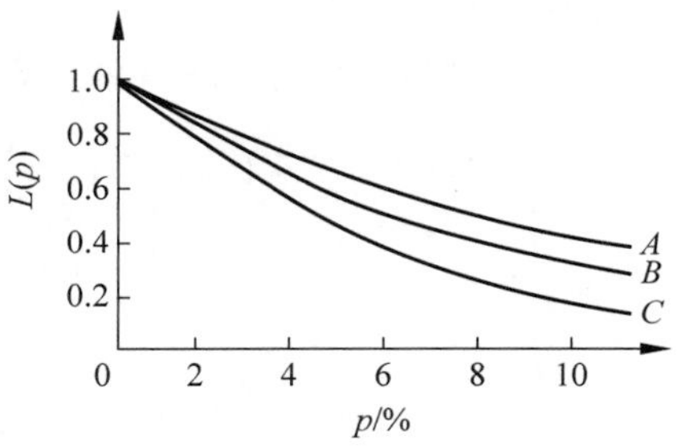

图 5-2　n、c 不变，N 对 OC 曲线的影响

犯错误的可能，如果批量过大，一旦购买方拒收，则给生产方造成的损失就很大。

2. 合格判定数 c 一定，样本大小 n 对 OC 曲线的影响

图 5-3 所示为合格判定数 $c=2$，样本大小为 50、100、200 时的 OC 曲线。从图中可以看出，当 c 一定时，样本大小 n 越大，OC 曲线越陡。同时，对同一个批不合格品率 p_0，n 越大，抽样方案越严。

3. 样本大小 n 一定，合格判定数 c 对 OC 曲线的影响

图 5-4 所示为 $n=100$，c 分别为 0、1、2、3、4、5 时的 OC 曲线。从图中可以看出，当 n 一定时，合格判定数 c 越小，则 OC 曲线倾斜度越大，这表示批不合格品率稍有变动，接收概率就有很大的变化。当合格判定数 c 比较大时，$L(P)$ 对不合格品率 P 的敏感性较小，表示抽检方案较为宽松。

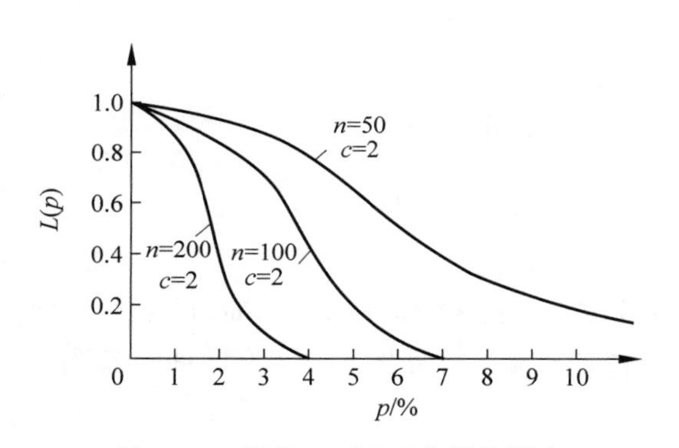

图 5-3　c 不变，n 对 OC 曲线的影响

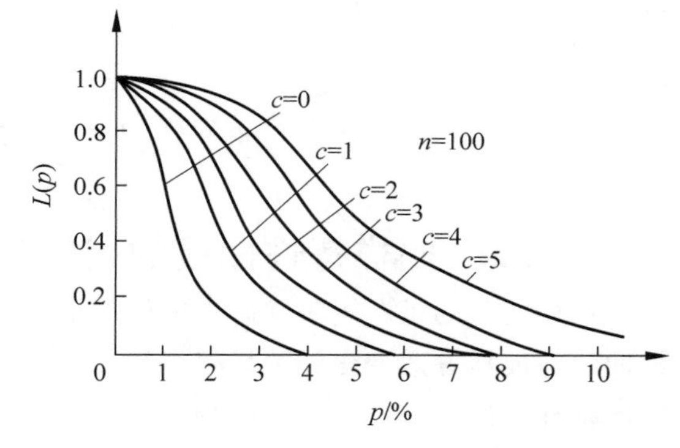

图 5-4　n 不变，c 对 OC 曲线的影响

4. 百分比抽检方案的不合理性

百分比抽检就是从批中按一定的比例抽取样本进行检验，然后按某一合格判定数进行判定。这种百分比抽检方案有一个错误的认知，就是认为“只要样本大小与批量比不变，则通过抽样方案对用户提供的保护程度也不变”。下面通过实例来说明百分比抽样的弊端。

例如，按 5%抽取样本，并将样本中不允许有不合格品(即 $c=0$)的 5 个抽检方案及其接收概率的计算列于表 5-3 中，它们的抽样特性曲线(OC 曲线)如图 5-5 所示。

表 5-3　不同抽检方案的抽样特性曲线

计算公式	接收概率 $p/\%$ 抽检方案	2	4	6	8	10
$L(p)=\frac{C_{pN}^{d}C_{N-pN}^{n-d}}{C_{N}^{n}}$	Ⅰ　$N=100(5,0)$	0.902	0.812	0.729	0.653	0.584
	Ⅱ　$N=200(10,0)$	0.813	0.658	0.531	0.426	0.340
	Ⅲ　$N=200(10,0)$	0.661	0.433	0.281	0.181	0.115
	Ⅳ　$N=600(30,0)$	0.573	0.285	0.149	0.077	0.039
$L(p)=(1-p)^{n}$	Ⅴ　$N=2000(100,0)$	0.133	0.0169	0.0021	0.000 24	0.000 027

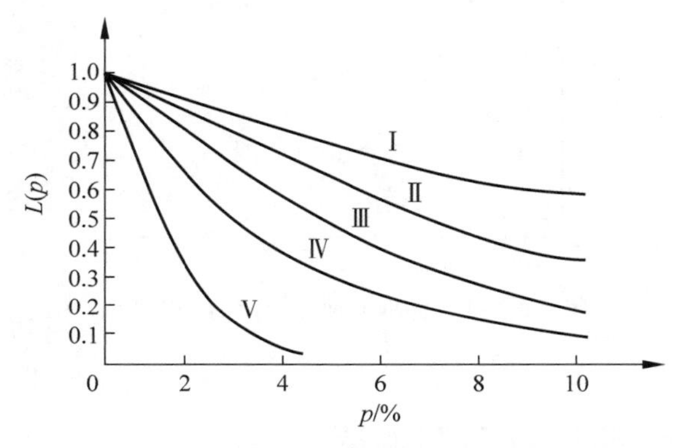

图 5-5　不同抽样方案的 OC 曲线

从图 5-5 中可以直观地看出，第Ⅴ个方案比第Ⅰ个方案要严格得多。如 $p=2\%$时，方案Ⅰ的接收概率为 90.2%，而方案Ⅴ的接收概率仅为 13.3%；又如 $p=10\%$时，即批中已有 1/10 的不合格品，方案Ⅰ的接收概率仍可达 58.4%，而方案Ⅴ的接收概率已很小(0.0027%)了。可见百分比抽检是大批严、小批宽，是很不合理的。由以上分析可以看出，由于批量的变化将影响到产品质量的保护程度，所以百分比抽检方案不能作为合理的抽样方案来使用。

5.4　计数标准型抽样检验

计数标准型抽样检验是在同时考虑生产和顾客风险的情况下，对孤立批所进行的一种抽样方法。标准型抽样检验是一种对生产者和使用者都提供一定约束的检验，这种检验的特点是完全根据对产品批抽检结果对产品质量作判断，而不需要利用产品批以往的质量资料，同时对两类错判率进行控制。因此标准型抽样检验适用于对孤立的产品批或对产品批质量不了解的情况。

制定标准型抽样检验方案的要求是，要考虑到生产者和使用者双方利益，对双方都提供一定保护。从保护生产方利益出发，需要确定产品批不合格品率的接收上限 p_0，并要求保证生产者风险率不超过事先规定的 α。从保护使用者的利益角度，应确定一个批不合格品率的接收下限 p_1，并要求消费者承担的风险不超过规定的 β。假设我们要求的抽检方案为

(n,c)，并用泊松分布计算接收概率的话，则对方案的这两方面的要求可用下式表示：

$$\begin{cases} L(p_0)=1-\alpha \\ L(p_1)=\beta \end{cases}, \quad \begin{cases} \sum_{d=0}^{c} P(d;\ np_0)=1-\alpha \\ \sum_{d=0}^{c} P(d;\ np_1)=\beta \end{cases} \tag{5-11}$$

可得计数标准型抽样检验的 OC 曲线如图 5-6 所示。

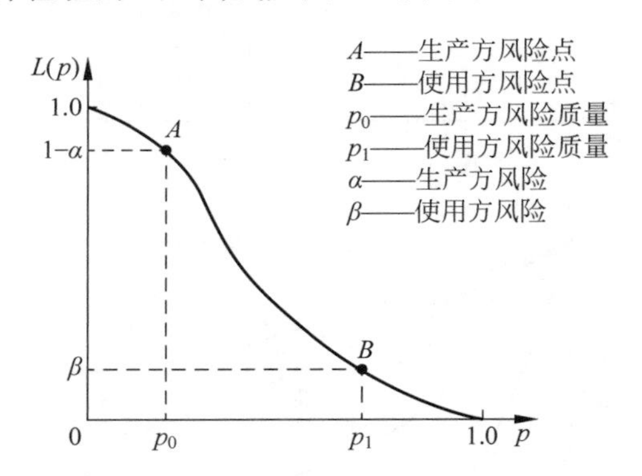

图 5-6 计数标准型抽样检验的 OC 曲线

5.4.1 标准型抽样方案的构成

计数标准型一次抽样检验方案是根据附录 B 中表 B-1《不合格品百分数的计数标准型一次抽样检验程序及抽样表》(GB/T 13262—2008)确定的。GB/T 13262—2008 标准规定了以批不合格品百分数为质量指标的计数标准型一次抽样检验的程序及实施方法，适用于单批质量保证的抽样检验。GB/T 13262—2008 标准适用于检验批的批量大于 250 且批量与样本量之比大于 10 的情形。GB/T 13262—2008 标准提供的抽样检验方案可用于(但不限于)下述各种产品(产出物)：最终产品、零部件和原材料、维修操作、数据或记录、管理程序等。

计数标准型一次抽样检验方案，就是按照供需双方共同制定的 OC 曲线对孤立的一批产品进行抽样检验的方案，它具有以下特点：

(1) 仅从交检批中抽取一次样本即可判定批合格与否。

(2) 选定的抽样检验方案能同时满足供需双方的质量保护要求。一般对于生产者通过确定 p_0、α 来提供保护；对于用户则通过确定 p_1、β 来提供保护，它的 OC 曲线同时通过 (p_0,α) 和 (p_1,β) 这两点。

(3) 它不要求提供交检批的事前情报(例如，批的制造过程平均不合格品率，生产过程是否稳定等)。

(4) 不要求对不合格批做全数挑选，所以也适用于不能进行全数检验的场合。

下面介绍这种抽样检验方案的抽样检验表的构成和抽样检验程序。

表 B-1 为计数标准型一次抽样检验表(GB/T 13262—2008)，给出了 p_0、p_1、α、β 和 n、c 关系表，表 B-1 是根据式(5-2)计算出来的，它适用于 $N\geqslant 250$，$N/n\geqslant 10$ 的情况。此标准是在

规定 $\alpha=0.05$,$\beta=0.10$ 的条件下编制出来的,因此只适用于 $\alpha=5\%$,$\beta=10\%$的情况,其他情况应利用式(5-2)求解。只要知道 p_0、p_1,就可以用表 B-1 求出样本含量 n 和合格判定数 c。

表 B-1 由下列内容组成。

(1) p_0 值是从 0.091%~0.100%(代表值 0.095%)至 10.1%~11.2%(代表值 10.50%),共分 42 个区间。p_1 值是从 0.71%~0.80%(代表值 0.75%)至 31.5%~35.5%(代表值 34%),共分 34 个区间。

(2) 考虑到使用方便,样本量 n 取 209 级,分别是 5,6,…,1820,2055。

此表使用二项分布式计算,因此适用于 $N/n\geqslant 10$ 的情况。若 $N/n<10$,宜使用超几何分布计算。

(3) 由于用区间形式表示 p_0、p_1 值,而且 n 值也是呈阶梯状变化的,所以由此表求得的抽检方案(n,c)与所期望的检验特性可能略有不同,但一般来讲不妨碍实际应用。

(4) 此表 p_0 所对应的 α 基本控制在 0.03~0.07,p_1 所对应的 β 基本控制在 0.04~0.13 内,其中心值 $\alpha=0.05$,$\beta=0.10$。

如果想求出 p_0、p_1 所对应的 α、β 值,可解下面的联立方程:

$$\begin{cases} 1-\alpha=\sum_{d=0}^{C}\left[\mathrm{C}_n^d p_0^d(1-p_0)^{n-d}\right] \\ \beta=\sum_{d=0}^{C}\left[\mathrm{C}_n^d p_1^d(1-p_1)^{n-d}\right] \end{cases} \tag{5-12}$$

GB/T 13262—2008 标准适用于检验批的批量大于 250,且批量与样本量之比大于 10 的情形。当批量小于 250 或批量与样本量之比不大于 10 时,则由本标准检索出的抽检方案是近似的,一般按《不合格品百分数的小批计数抽样检验程序及抽样表》(GB/T 13264—2008)中规定的方法确定抽检方案。

《不合格品百分数的计数标准型一次抽样检验程序及抽样表》(GB/T 13262—2008)与国际标准不兼容,因此不能在国际贸易中使用。下面以日本工业标准 JISZ 9002 检验表为例,介绍该标准型一次抽检表的用法。

JISZ 9002 抽检表包括"计数标准型一次抽样检验表"(表 B-2)和"抽检设计辅助表"(表 B-3),只要给定批不合格率 p_0、p_1,就可以求出样本大小 n 和合格判定数 c,从而得到满足生产方和使用方要求的标准型抽检方案。

表 B-2 中的 p_0(表中左边或右边纵栏内)范围为 0.090%~11.2%,共分为 21 组,第 1 组为 0.090%~0.112%,第 2 组为 0.113%~0.140%,……,第 21 组为 9.01%~11.2%;p_1(表中上边或下边的横行内)的范围为 0.71%~35.5%,共分为 17 组,第 1 组为 0.71%~0.90%,第 2 组为 0.91%~1.12%,……,第 17 组为 28.1%~35.5%。

表中各栏数值是抽样方案的 n、c 值,其中栏内左边是 n 值,右边是 c 值。与 p_0 对应的 α 值、与 p_1 对应的 β 值基本上都控制在 $\alpha=0.03$~0.07,$\beta=0.04$~0.13 范围内,其中心值为 $\alpha=0.05$,$\beta=0.10$。

表 B-2 是用二项分布计算出来的,所以适用于样本大小远小于批量 N 的情况,即 $N/n\geqslant 10$。如果 $N/n<10$,则抽检方案最好用超几何分布计算。对于表 B-2 中标注 * 的情况,用表 B-3 抽检设计辅助表,该表是用泊松分布计算出来的,使用时按 p_1/p_0 的值求抽检方案 n、c、α、β

的值仍是 $\alpha=0.05$,$\beta=0.10$,此表只适用于 $p_1<10\%$,$N/n\geqslant 10$ 的场合。

5.4.2 标准型抽样检验步骤

计数标准型抽样检验的实施步骤如下:

(1) 确定质量标准,即确定判定产品合格与否的经济技术要求。对于单位产品,应明确规定判断合格品与不合格品的标准。

(2) 商定 p_0、p_1、α 和 β。

p_0、p_1 的值要由生产方和使用方共同确定,既要考虑生产方的生产能力,又要考虑使用方的质量要求。

用户应将允许的最大不合格品率定为 p_1,批不合格品率 p 大于 p_1 的批属于“劣质批”,在抽检中常被判为不合格批,并尽量把不合格品率为 p_1 的批的接收概率控制在 10%左右。这样,用户可以通过控制 p_1 和 β,使产品质量得到保证。

生产者也应提出一个批基本合格的不合格品率标准 p_0,批不合格品率 p 小于 p_0 的批属于“优质批”,在抽检中常被判为合格批,并尽量把不合格品率为 p_0 的批的拒收概率控制在 5%左右。这样生产者可以通过控制 p_0 和 α,使大多数合格批顺利通过检验。

同时还要考虑检验费用以及缺陷的严重程度等因素。对于致命缺陷,可选的小一些,一般可取 $p_0=0.1\%,0.3\%,0.5\%$等;对于轻度缺陷,p_0 可以取大一些,一般取 3%,5%,10%等。另外,确定 p_0、p_1 时还需要考虑 p_0 和 p_1 应拉开一定距离。若 p_1/p_0 过小(小于 3),会增加样本含量 n,使检验费用增加;但 p_1/p_0 过大(大于 20),又会放松对质量的要求,对用户不利。一般 $p_1/p_0\in[4,10]$为宜。

α 和 β 关系到生产方和使用方所承担的风险大小,因此,要根据生产者和使用方各自愿意承担的风险大小合理选取,一般取 $\alpha=5\%$,$\beta=10\%$。

(3) 确定批量和批的组成。

组成批的原则是在同一批内的产品必须在相同的生产条件下生产出来。批量的大小要根据实际合理确定:批量越大,产品的平均检验费用就越小,但发生错判时所造成的损害就越大;批量越小,产品的平均检验费用就越高。因此批量的大小要适当。

(4) 制定抽检方案。可根据《不合格品百分数的计数标准型一次抽样检验程序及抽样表》确定抽检方案。

(5) 抽取样本,进行检测。

(6) 判断产品批合格与否。

(7) 产品批的处理。

对判为合格的产品批应该接收,对于已经检验出来的不合格品的处理方式通常有直接接收、退回或换成合格品。对于判为不合格品批的处理方式通常有全部退货、降价或其他附加条件下接收,或者进行全部挑选只接收合格品。具体采用哪种处理方式,应按事先签订的合同的有关规定确定。

【例 5-4】 从电子元器件公司购入彩色显示器,双方协定采用 GB/T 13262—2008 标准,规定 $p_0=4\%$,$p_1=8\%$($\alpha=0.05$,$\beta=0.10$),求一次抽样检验方案。

解:查表 B-1,得到$(n,c)=(310,17)$,即样本大小为 310,合格判定数为 17。

5.5　计数调整型抽样检验

计数调整型抽样检验是根据过去的检验情况，按一套规则随时调整检验的严格程度，从而改变也即调整抽样检验方案。计数调整型抽样方案不是一个单一的抽样方案，而是由一组严格度不同的抽样方案和一套转移规则组成的抽样体系。计数调整型抽样方案主要用于连续批的检验，通过调整宽、严标准可促进厂方提高质量。当生产方提供的产品正常时，采用正常检验方案进行检验；当产品质量下降或生产不稳定时，采用加严检验方案进行检验，以免第二类错判概率 β 变大；当产品质量较为理想且生产稳定时，采用放宽检验方案进行检验，以免第一类错判概率 α 变大。这样可以鼓励生产方加强质量管理，提高产品质量稳定性。调整型抽检方案的特点及适用范围如下：

(1) 在考虑过程平均的基础上，确定一个“可接收的质量水平”(acceptable quality limit，AQL)，它是整个抽检方案设计的基础。从连续交检批来看，一个合理的调整型抽检方案可以保证得到有 AQL 的平均质量的产品。

(2) 对于一个确定的质量要求，不是固定采用一个方案，而是采用一组方案进行动态转换。

(3) 有利于生产方提高产品质量，采取了保护生产者利益的接收原则。当生产者提供了等于或优于 AQL 值的产品质量时，则应当全部接收。

(4) 当生产者提交的产品批的质量劣于 AQL 时，抽检方案中拟定了以正常检验转为加严检验，从而保护了使用者的利益。

(5) 当生产者提交的产品批的质量一贯优于 AQL 时，可以采用放宽检验。放宽检验方案的样本含量一般为正常检验样本含量的 40%，因此，这既给了生产者鼓励，又给用户带来检验费用的节约。

(6) 缺陷分类也是这种抽样方案的特点。对于严重缺陷类，AQL 可以选得小些；而对于轻缺陷类，AQL 可以选得大些。

(7) 更多地根据实践经验，而不是依据数理统计来确定批量与样本含量之间的关系。

(8) 适用于连续多批的产品检验，包括成品、部件和原材料、库存品等。

5.5.1　合格质量水平

合格质量水平也称可接收质量水平，是可接收的连续交验批的过程平均不合格率上限值，是供方能够保证稳定达到的实际质量水平指标，是用户所能接收的产品质量水平，是计数调整型抽样方案的基本设计依据。

严格度是检验批接受检验的严格程度，分为三种：正常检验、加严检验和放宽检验。制定了 AQL 后，如果供应者的产品质量水平接近 AQL，则运用正常检验，对质量水平比 AQL 差的生产者运用加严检验，对质量水平比 AQL 好的生产者运用放宽检验。我国现采用 ISO 2859-1：1999 和《计数抽样检验程序 第 1 部分：按接收质量限(AQL)检索的逐批检验抽样计划》(GB/T 2828.1—2012)对计数调整型抽样检验方案的制定提供依据。抽样表主要由检验转换表、样本大小字码表、抽样方案表和放宽检验界限数表组成。

AQL 的确定方法如下：

(1) 按用户要求的质量来确定。当用户根据使用的技术、经济条件提出了必须保证的质量水平时,则应将该质量要求定为 AQL。

(2) 根据过程平均值来确定。此种方法大多用于少品种、大批量,质量信息充分的场合,AQL 值一般稍高于过程平均值。

(3) 按缺陷类别和产品等级指定。对于不同的缺陷类别及产品等级,分别规定不同的 AQL 值。越是重要的项目,验收后的不合格品造成的损失越大,AQL 值就越小。这种方法多用于小批量生产和产品质量信息不充分的场合。

(4) 考虑检验项目来确定。同一类检验项目有多个(如同属严重缺陷的检验项目有 3 个)时,AQL 的取值应比只有一个检验项目时的取值适当大一些。

(5) 同供应者协商确定。为使用户要求的质量同供应者的生产能力协调,双方共同协商合理确定 AQL 值。这样可减少由 AQL 值引起的一些纠纷。这种方法多用于质量信息不充分(如新产品)的场合。

AQL 在抽检表中是这样设计的:AQL 在 10 以下时,可表示为不合格品率,如 10%、6.5%、4.0%等,也可以表示每百单位缺陷数,但在 10 以上时它只表示每百单位缺陷数。所以在抽检表的设计上,例如,在附表的正常检验一次抽样方案(主表)中,不合格品率是 0.015%~10%,共分 16 级;每百单位缺陷数则是 0.010~1000,共分 26 级。在确定 AQL 时,应从这些级中找其近似值。批中每百单位缺陷数可按公式 $P=\frac{100c}{N}$ 计算。

5.5.2 检验水平

检验水平用来确定批量 N 与样本大小 n 之间关系的等级。按标准规定了三个一般检验水平——Ⅰ、Ⅱ、Ⅲ和四个特殊检验水平——S-1、S-2、S-3、S-4,如图 5-7 所示。检验水平与检验宽严程度无关。应根据需求选择其中一个水平。没有特别规定时,一般采用Ⅱ水平。

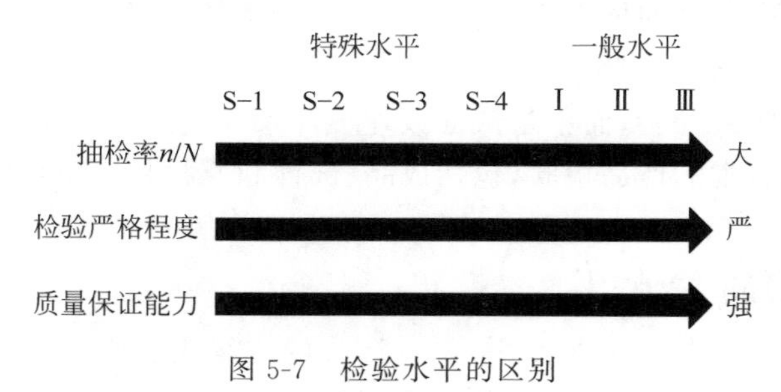

图 5-7 检验水平的区别

检验水平级别反映了批量与样本大小之间的关系。GB/T 2828.1—2012/ISO 2859—1:1999 的原则是,如果批量增大,样本大小也随之增大,但不是成比例地增大,而是大批量中样本大小的比例比小批量中样本大小的比例要小。表 5-4 给出了一般水平的批量与样本大小的关系。

一般检验水平中,Ⅱ级为正常检验水平。检验水平Ⅰ适合于检验费用较高的情况,检验水平Ⅲ适合于检验费用较低的情况。

特殊检验水平一般用于破坏性检验,或费用较高的检验。因为特殊检验所抽取的样本较少,所以又称小样本检验。

表 5-4　检验水平的批量与样本大小的关系(一次正常检验)

$(n/N)/\%$	水平Ⅰ	水平Ⅱ	水平Ⅲ
	N	N	N
≤50	≥4	≥4	≥10
≤30	≥7	≥27	≥167
≤20	≥10	≥160	≥625
≤10	≥50	≥1250	≥2000
≤5	≥640	≥4000	≥6300
≤1	≥2500	≥50 000	≥80 000

5.5.3　抽样表的构成

GB/T 2828.1—2012/ISO 2859—1:1999 主要由样本量字码表(表 B-4)、抽样方案表(表 B-5～表 B-13)、放宽检验的界限表(表 B-14)以及转换规则组成。抽样方案中,AQL>10%的适用于每百单位缺陷数的检验;AQL≤10%的抽样方案既适用于不合格品率的检验,也适用于每百单位缺陷数的检验。

样本字码表的用途是,当已经知道批量大小并确定了检验水平时,由样本字码表给出相应的字码,然后按样本字码和 AQL 值从抽样方案表中查得正常、加严和放宽的抽样方案。

GB/T 2828.1—2012/ISO 2859—1:1999 的抽样方案包括一次、两次和多次抽检表,它所对应的正常、放宽和加严抽样方案也是由多个抽样方案组成。通常以一次和两次抽样方案为例来介绍该抽样表的应用。

5.5.4　抽样方案的确定

确定抽样方案就是选定 n、Ac 和 Re。具体步骤如下:

(1) 根据批量 N,确定样本字码。

利用表 B-4 找到批量大小 N 所在的行,指定检验水平所在的列,由行列相交栏可得样本字码。

(2) 选定主检表。

具体如表 5-5 所示。

表 5-5　抽样方案确定时的主检表

抽检形式	检验的宽严度	主检验表
一次抽检	正常检验	表 4-A
	加严检验	表 4-B
	放宽检验	表 4-C
二次抽检	正常检验	表 5-A
	加严检验	表 5-B
	放宽检验	表 5-C

(3) 选取抽样方案。

① 一次抽样。利用主检验表(表 B-5～表 B-7),按样本字码确定对应的样本大小 n,再由样本字码所在的行与 AQL 所在列的相交栏找到合格判定数 Ac 和不合格判定数 Re。

② 二次抽样。利用主检验表(表 B-8～表 B-10),按样本字码确定对应的第一样本大小 n_1 和第二样本大小 n_2,再由样本字码所在的行与 AQL 所在列的相交栏找到第一合格判定数 Ac_1 和不合格判定数 Re_1、第二合格判定数 Ac_2 和第二不合格判定数 Re_2。

【例 5-5】 采用 GB/T 2828.1—2012/ISO 2859—1:1999 对某产品进行抽样验收,按条件 AQL=1.5%,N=1500,检验水平为Ⅱ,确定一次正常、加严和放宽抽样方案。

步骤如下:

第一步,正常检验方案的确定。从表 B-4 中找到包含批量大小 N=1500 的行是 1201～3200,从这一行与检验水平Ⅱ所在列的相交栏得到样本字码为 K。因为是一次正常抽检,所以用表 B-5 的检验表。查表可知 K 对应的样本大小 n=125,该行与 AQL=1.5%列的相交栏为 Ac=5,Re=6。

检验过程为:从 1500 个产品中随机抽取 125 个产品样本进行测试,如果不合格品数 $d \leqslant Ac=5$,则接收该产品批;如果 $d \geqslant 6$,则拒收该产品批。

如果用每百单位缺陷数进行质量的衡量,那就将样本中的缺陷数(一个不合格品可能不只有一个缺陷)与 Ac 及 Re 进行比较。

第二步,加严检验和放宽检验方案的确定。这两个方案除所用的主检表与正常检验不同外,其他步骤和正常检验方案的确定过程一样。

加严检验用表 B-6,查得抽检方案为:n=125,Ac=3,Re=4。

放宽检验用表 B-7,查得抽检方案为:n=50,Ac=3,Re=4。

对于放宽检验有个特殊情况,就是当样本中的不合格数 $Ac<d<Re$ 时仍可判该批为合格。但从下一批起就恢复正常检验,并称此批为附条件合格。

【例 5-6】 试求与上例同样条件的二次正常、加严及放宽检验方案。

解:二次正常、加严及放宽检验方案的确定分别利用表 B-8～表 B-10 进行,步骤和上例的检验步骤一样。

N=1500,水平Ⅱ,字母为 K,二次正常检验表 B-8,n=80,AQL=1.5%,$Ac_1=2$,$Re_1=5$,$Ac_2=6$,$Re_2=7$。加严检验和放宽检验的判定和正常检验一样,只是判定标准不同而已。

二次抽样方案如表 5-6 所示。

表 5-6 二次抽样方案表

检验类型	批量 N	样本	样本大小	累计样本大小	合格判定数 Ac	不合格判定数 Re
正常检验	1500	第一	80	80	2	5
		第二	80	160	6	7
加严检验	1500	第一	80	80	1	3
		第二	80	160	4	5
放宽检验	1500	第一	32	32	1	3
		第二	32	64	4	5

二次正常检验判定过程如图 5-8 所示,二次放宽检验判定过程如图 5-9 所示。

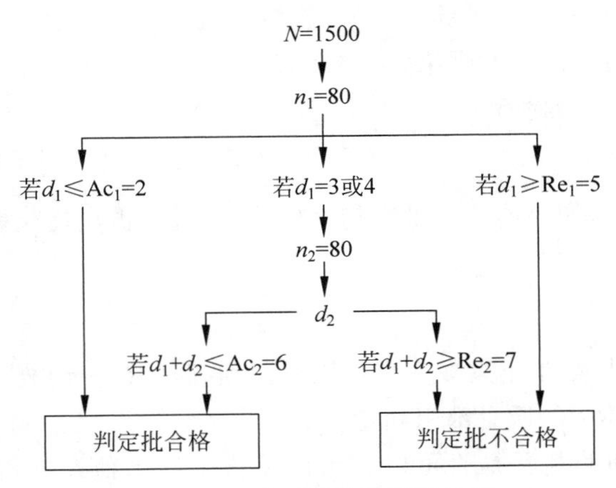

图 5-8 二次正常检验判定过程

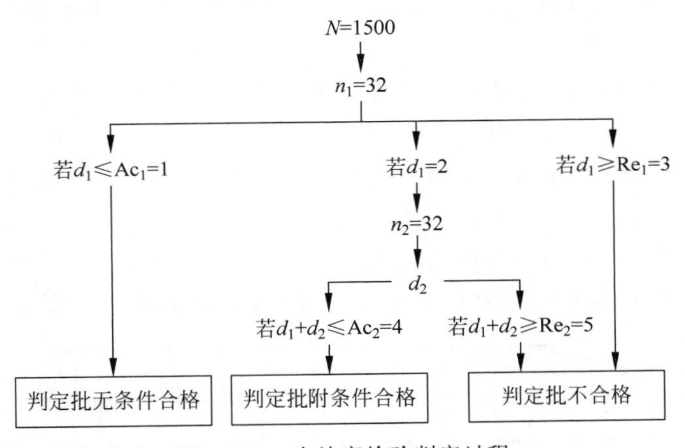

图 5-9 二次放宽检验判定过程

5.5.5 转移规则

转移规则是指正常检验、加严检验和放宽检验之间的选择和转移的依据。GB/T 2828.1—2012/ISO 2859—1:1999 属于调整型抽样调查，它是通过检验的宽严程度，要求供货方提供符合规定质量要求的产品批。GB/T 2828.1—2012/ISO 2859—1:1999 的抽样方案与转移规则必须一起使用，两者是不可分割的有机整体。

GB/T 2828.1—2012/ISO 2859—1:1999 规定可以采用 3 种不同的抽样方案：当一批产品不合格率处于低 AQL(可接收质量水平)时，采用正常检验；当一批产品的不合格率高于 AQL 时，希望很快转移到加严检验；当一批产品的不合格品率低于 AQL 时，则以适当的速度转移到放宽检验。每种检验所对应的抽样方案不同。所谓“加严”主要是使样本大小加大，或者使样本中合格判定数减少。为了实施满足上述要求的转移，GB/T 2828.1—2012/ISO 2859—1:1999 采用了如下一些转移规则。

1. 正常转加严

当进行正常检验时，如果连续五批或少于五批中有两批(不包括在此提交检验批)不合格，则从下一批检验转移到加严检验。例如，若检验批是用自然数顺序连续编号的，并开始执行正常检验，在检验过程中，发现第 i 批不合格，之后又发现第 j 批不合格，若 $j-i<5$，则从第 $j+1$ 批开始执行加严检验。

2. 加严转正常

当进行加严检验时，如果连续五批经初次检验（不包括再次提交检验批）合格，则从下一批检验转到正常检验。

3. 正常转放宽

当进行正常检验时，如果下列 3 个条件同时得到满足，则转到放宽检验：①转移积分不少于 30 分；②生产正常；③质量部门同意。

转移得分是用来辅助判断是否可以转为放宽检验的一种评价指标。对于一次抽样方案，当合格判定数 Ac≥2 时，若 AQL 加严一级后该批被判断为接收，则转移得分加 3 分，否则转移得分重设为 0；当合格判定数 Ac≤1 时，如果加严一级后该批被接收，则转移得分加 2 分，否则重设为 0。

对于二次抽样方案，如果该批在检验第一样本后被接收，转移得分加 3 分，否则将转移得分重设为 0。

对于多次抽样方案，如果该批在第一样本或第二样本后被接收，转移得分加 3 分，否则重设为 0。

【例 5-7】 对某产品进行连续验收，AQL＝1.0，检验水平＝Ⅱ，$N=1000$，共 16 批，设计一次抽样方案。每一批的不合格数见下表。判断是否能由正常检验转移为放宽检验。

批次	1	2	3	4	5	6	7	8	9	10	11	12	13	14	15	16
不合格数	1	2	1	1	2	1	1	1	0	1	1	0	1	0	1	

解：查样本量字码表（表 B-4）和一次正常抽样方案表（表 B-5），抽检方案为（80，2），加严一级后 AQL＝0.65，抽检方案为（80，1），判定为接收，则转移得分加 3 分。第二批不合格数 2＞1，不能在加严后接收，则转移得分重设为 0。因此可得到所有批次的转移得分为：

批次	1	2	3	4	5	6	7	8	9	10	11	12	13	14	15	16
不合格数	1	2	1	1	2	1	1	1	0	1	1	0	1	0	1	放宽检验
转移得分	3	0	3	6	0	3	6	9	12	15	18	21	24	27	30	

4. 放宽转正常

在进行放宽检验时，如果出现下列 4 种情况之一，则从下一批检验转到正常检验：①有一批放宽检验不合格；②有一批“附条件合格”；③生产不正常；④质量部门认为有必要回到正常检验。

5. 加严转暂停检验

加严检验开始后，如果连续 10 批进行加严仍不能转回正常检验，则暂时停止按本标准进行的检验。

6. 暂停检验转加严

暂停检验后，如果质量确有改进，则质量部门认为可以恢复到加严检验（图 5-10）。

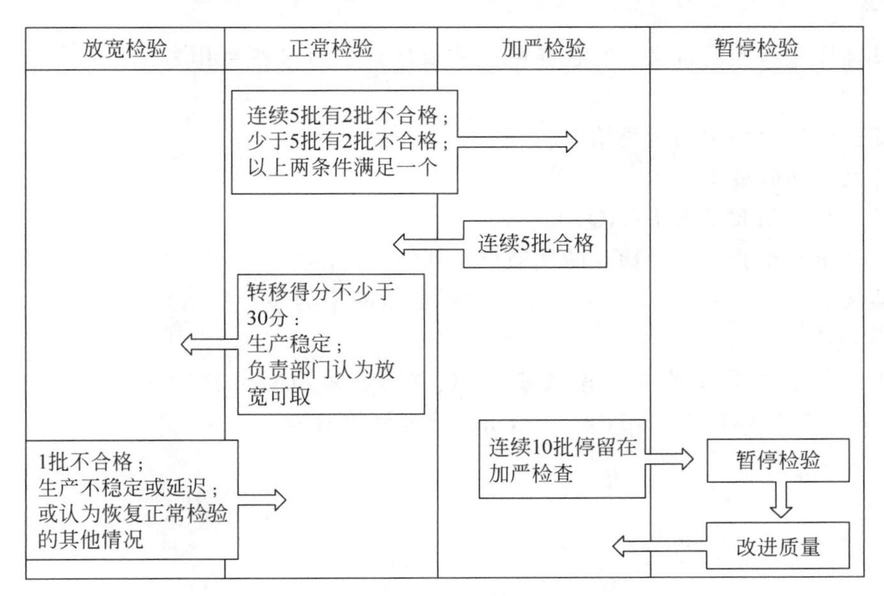

图 5-10 检验宽严程度的调整步骤框图

5.5.6 调整型抽样检验步骤

计数调整型抽样检验的实施步骤如下：

（1）确定质量标准。

（2）确定合格质量水平 AQL。

（3）确定检验水平。

（4）选择抽检形式。根据样本大小字码表确定一次抽检、二次抽检或多次抽检。

（5）规定检验严格度。通常先从正常检验开始，根据最初检验结果，按照标准中的检验转换表考虑选择转移至正常、放宽或加严检验。

（6）组成检验批，决定批量大小。

（7）检索抽检方案。根据抽检方案表确定抽检方案。

（8）抽取并检验样本。

（9）对批进行判断并处理。

【例 5-8】 假设有一批产品，批量为 8000 件，现规定 AQL=1.0%，检验水平为Ⅲ，试求其一次抽检方案。若按此方案进行放宽检验，发现一批产品中不合格数为 5 件，问此批产品是否可以判为合格批？为什么？下一批产品是否需要转为正常检验？

解：查样本量字码表（表 B-4）和一次正常抽样方案表（表 B-5），由 $N=8000$，AQL=1.0%，检验水平为Ⅲ，得一次正常抽检方案：$n=315$，Ac=7，Re=8。即抽检方案(315,7)。

查表 B-7 一次放宽抽样方案表，得放宽抽查方案：$n=125$，Ac=5，Re=6。不合格数 Ac=5，则可以判为合格批，不需要转为正常检验。

【习题】

1. 试述质量检验的含义。它包含哪些主要职能？有哪些常用方法？这些方法的适用场合是什么？

2. 简述抽样过程中的两类错误。

3. 什么是接收概率？

4. 什么是合格质量水平(AQL)？

5. 试述全数检验和抽样检验的优缺点及其使用范围。

6. 假设有一批产品的批量 $N=100$，批不合格品率为 $p=5\%$，采用方案(5,1)进行验收，求接收概率。

7. 甲方从乙方公司购入齿轮减速箱，双方协定采用 GB/T 13262—2008 标准，规定 $p_0=2\%$，$p_1=10\%$($\alpha=0.05$，$\beta=0.10$)，求一次抽样检验方案。

第6章

质量改进

铁路工程动态验收与质量改进

铁路工程竣工验收包括静态验收、动态验收、初步验收、安全评估、国家验收等工作程序,质量改进的理念在动态验收中得到充分体现。动态验收是完成静态验收之后,在不同列车速度下对工务、电务、供电、客货服务等系统及各系统接口进行功能和性能检测,发现问题及时改进,直到达标满足运输需要,它是竣工验收阶段的重要环节。动态验收方法包括联调联试、动态检测和运行试验,具有系统性、动态性和优化性等特点。

1. 联调联试

联调联试是以开通运营时达到设计速度为目标,采用检测车或检测列车,对工务、电务、供电等专业系统的功能、性能、状态和系统间匹配关系等进行综合检测、验证和调整、优化,使整体系统达到设计要求。检测车或检测列车在规定测试速度下对全线各系统进行综合测试,评价和验证供变电、通信、信号、客运服务、防灾等系统的功能,验证路基、轨道、道岔、桥梁、隧道等结构工程和振动噪声、声屏障、电磁兼容、综合接地及列车空气动力学等适用性;检验相关系统间接口关系;对全线各系统和整体系统进行调试、优化,使各系统和整体系统功能达到设计要求。

2. 动态检测

动态检测是采用检测车或检测列车,按设计文件和技术标准要求,对列车正常运行状态下的系统功能、动态性能和系统状态进行检测、确认。如工务系统检测线下基础性能,轨道几何状态、轨道结构、道岔、路基、桥梁、隧道;电务系统检测集成性能,GSM-R 通信、ITCS 列控、CTC、车站联锁等;供电系统检测主回路性能,变电站工作状态等。动态检测一般结合联调联试工作进行,特别要关注多因素耦合作用带来的影响,这是对铁路系统性能的综合验证与确认。

3. 运行试验

在完成联调联试、动态检测工作后,按运营相关规章和运行图组织列车运行试验。对铁路整体系统在正常和非正常运行条件下的行车组织、客运服务以及应急救援等能力进行全面演练,对运营人员进行全面培训,对设备进行运用考验。运行试验通过测试区间运行时分、全程运行时分、起停车附加时分、追踪列车间隔时分等参数，为正式运营提供参数依据。通过故障模拟和应急救援演练测试，按照标准流程定性评价运营部门解决突发事件的能力。其目的是检验各系统在正常和非正常条件下运输组织的适应性，验证行车组织方式能否满足运营要求，检验设备故障和自然灾害条件下的应急处置能力，为制定完善、科学、合理的运输组织方案提供技术依据。

随着科学技术的进步，工程越来越复杂，产品涉及的专业越来越多，系统接口问题随之出现，这对产品质量管理提出了新的要求，促使人们思考如何进一步改进和提升产品质量。铁路工程动态验收带给我们关于质量改进工作重要性的许多启示。

参考资料：孙永福，王孟钧，陈辉华，等. 青藏铁路工程方法研究. 工程研究：跨学科视野中的工程[J]. 2016(8)：491-501.

6.1 质量改进内涵与对象

6.1.1 质量改进内涵

1. 质量改进的界定

ISO 9000:2008 对质量改进的定义为：质量管理的一部分，致力于增强满足质量要求的能力。质量改进是通过采取各项有效措施提高产品、体系或者过程满足质量要求的能力，使质量达到一个新的水平、新的高度。朱兰博士认为：质量改进主要是使“产品性能超越过去任何一个时期，而达到新的水平”所进行的一系列突破性的质量活动。

2. 质量问题

质量改进适用于所有管理和经营过程，也适用于所有类型的组织。成功的质量改进工作依赖于组织发现和解决质量问题的能力。

质量问题可分为偶然性质量问题和系统性质量问题。偶然性质量问题是指现状突然发生不利变化，需要通过恢复原状进行解决的质量问题。系统性质量问题是指长期存在的不利情况，需要通过改变原状的质量问题。上述两类质量问题又表现为偶然性质量缺陷和经常性质量缺陷。

偶然性质量缺陷也称急性质量缺陷，是指系统因突然恶化而造成的质量缺陷，属于失控的突然变异，其特点是：原因明显、对产品质量影响很大、可能造成生产停顿，或引起用户极大不满，需立即采取措施消除这种缺陷。经常性质量缺陷又称慢性质量缺陷，是指限于现有的技术和管理水平而长期未能解决的缺陷，需要采取重大措施改变现状，使质量提高到新水平。这种缺陷可能一时影响不大，若长期不能消除，则会严重影响产品的质量和市场竞争力。

两类质量问题解决的方法不同，偶然性质量问题通过质量控制程序进行解决，系统性质量问题则需通过突破程序来解决，也就是质量改进。管理者对两类质量问题的重视程度也有所不同，偶然性质量问题引人注目，会立即受到管理者的重视；而系统性质量问题长期存在，不易引起管理者的重视。所以，解决偶然性质量问题总是优先于解决系统性质量问题，久而久之，系统性质量问题会被认为是不可避免的“正常”状态。研究质量改进就是要促使人们重视解决系统性质量问题，并告诉人们如何解决这一问题。

3. 质量改进与质量控制

质量改进和质量控制是两个不同的概念，两者既有区别又有联系，见表6-1。

表6-1 质量改进与质量控制的区别和联系

项目		质量改进	质量控制
区别	定义	质量管理的一部分，致力于增强满足质量要求的能力	质量管理的一部分，致力于保持满足质量要求的能力
	内容	消除系统性问题，对现有质量水平在控制的基础上加以提高，使质量达到一个新高度	消除偶发性问题，使产品保持已有的质量水平，即质量维持
	重点	提高质量保证能力	充分发挥现有的能力，防止差错或问题的发生
	实现手段	不断采取预防和纠正措施	日常的检验、试验和配备必要的资源
	目的	增强组织质量管理水平，使产品质量不断提高	使产品、服务质量维持在一定的水平
联系		在质量控制的基础上进行质量改进，使产品从设计、制造到最终服务满足顾客要求，达到一个新水平	

解决质量问题是质量控制和质量改进活动的核心。组织对过程和产品的质量要求首先是稳定性，就是要控制在一定的质量水平和误差范围内。质量控制的作用就是"维持现状"，使组织有一个稳定的质量基础，采取有效的控制措施，不断补救过程中出现的失控状态，使发生变化的系统因素返回原有的状态。质量控制可以保证组织拥有一定水平的质量能力，但是想要质量管理水平有所提升，仅依靠出现质量问题时采取补救措施还不够，需要通过质量改进来消除系统性问题，以增强满足质量要求的能力。

由于生产或运行过程中变异现象的存在，质量问题的产生往往不可避免。在实际工作中，质量问题是由于产品与标准之间的差异而造成的。无论是生产企业，还是服务性企业，都会在产品生产和服务提供之前制定相应的产品标准，如产品的规格、等级、参数、服务水平等。通过分析、检验产品与标准之间的偏离情况，可以为质量控制提供反馈，进而找到质量改进的机会。

4. 质量改进的重要性

随着人们对质量理解的不断深入，质量改进在质量管理活动中的重要性日益增强。近年来，不断追求顾客满意成为现代质量管理实践的一个核心目标，也成为贯穿于企业生产经营管理的基本活动。无论是处于市场环境中的企业，还是在生产流程中的组织成员，都希望提供高质量的产品和服务来满足顾客需求。但所有产品和服务的质量问题不但会造成生产组织的高废品率、返工成本和检验成本增加等内耗损失，而且会不同程度地影响顾客对产品和服务的满意度，削弱组织的竞争优势。因此，系统地解决存在的质量问题，持续的质量改进作为不断提高客户满意度的措施越来越得到重视。

6.1.2 质量改进对象

质量控制更多关注产品生产（制造/建造）过程中的质量问题，而质量改进不仅涉及生产过程，还贯穿于从生产到使用的整个过程。质量改进的对象包括制造或建造阶段、交付或验收阶段、使用或运营阶段等。

1. 制造或建造阶段的质量改进对象

这类质量改进主要针对工业产品的检验批或者建设工程中的工艺、半成品等在生产、过程中的质量问题。当一批产品生产完成之后，对这批产品的质量进行检验和分析，判断是否可以采取措施杜绝质量问题的发生或者使产品的质量有所提高。建设工程虽然具有一次性特点，但在建设过程中，也有预制构件、半成品的生产和重复的施工工艺等，这些与工业生产的产品类似，也是质量改进对象。

2. 交付或验收阶段的质量改进对象

对于复杂装备、航空航天、大型基础设施等工程而言，每一项工程都是一个复杂系统，具有涉及专业众多、接口关系复杂等特点，既要求各个单系统按自身标准运行，又需要各系统之间协同联动。所以，这种多系统设备组装之后，需要在投入使用前，在交付或验收阶段进行联调联试，针对系统界面/接口出现的问题进行质量改进，确保系统运行的可靠性。例如，铁路工程动态验收中的联调联试、动态检测、运行试验工作。

3. 使用或运营阶段的质量改进对象

当产品或者工程投入使用后，可能会出现在生产或建设期未发现的质量问题，可针对使用者或者运营商提出的问题进行质量改进，为以后的产品生产或者工程建设提供经验。例如，高速铁路交付运营后，建设单位安排一定数量的管理和技术人员帮助运营单位进一步熟悉设备性能、操作规程和维修技术，帮助处理设备故障，以确保运输安全和秩序。开通运营后，运营单位与建设单位建立定期沟通协调机制，运营单位向建设单位反馈设备功能和质量状况，为以后的设计、施工改进提供数据和实例。

6.2 质量改进方法

质量改进的方法有很多，本节主要介绍质量管理新七种工具、六西格玛管理和质量成熟度模型。这些方法适用范围非常广泛，这里主要介绍在质量改进中的运用。其中，质量管理新七种工具是质量改进实施过程中的具体分析方法，六西格玛管理为质量改进提供模式和方法，质量成熟度模型对质量改进的阶段和水平进行评价。

6.2.1 质量管理新七种工具

质量管理的“新七种工具”，是以分析为主的质量管理方法，主要应用在 PDCA 循环的计划(P)阶段。新七种工具弥补了老七种工具不能处理非数字信息(语言文字)的不足，是以语言、图形为主的管理方法，侧重于归纳语言、文字信息，帮助人们理清思路，它是老七种工具的补充，二者相辅相成。新七种工具中每一种工具可为另一种工具提供输入信息，其逻辑关系如图 6-1 所示。

1. 关联图

关联图是用带箭头的连线表示事物因果关系的图。利用关联图可以整理、分析事物各

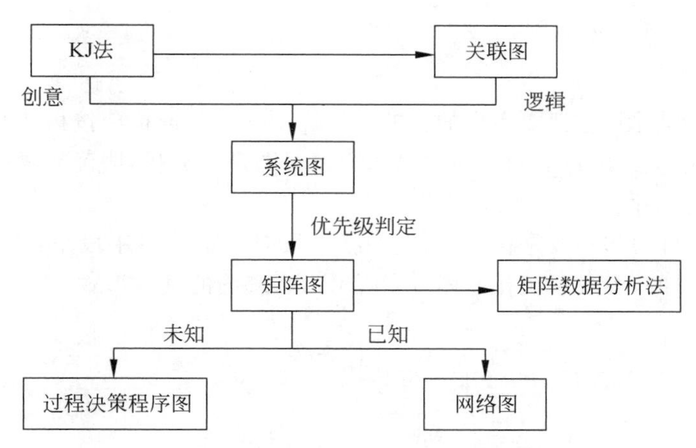

图 6-1 质量管理新七种工具的逻辑关系

因素之间原因与结果、目的与手段等方面的复杂关系，从而找到解决主要问题的方法。

1）关联图的类型

关联图按结构形式可分为以下四种类型。

(1) 中心型关联图。把重要项目或要解决的问题排在中心位置上，然后按关系密切程度将各种因素依次排列。

(2) 单项型关联图。把重要项目或要解决的问题排在一端(上、下、左、右)，然后按关系密切程度将各种因素依次排列。

(3) 关系型关联图。只表明项目和各因素之间的因果关系，对各因素的排列位置没有明确规定，可以灵活掌握。

(4) 应用型关联图。这是以前三种关联图为基础，并与其他图形共同应用而形成的关联图，如与 KJ 法联合应用而形成的关联图、与系统图联合应用而形成的关联图等。

2）关联图的应用范围、方式和程序

关联图的应用范围很广，例如，制订质量管理计划，查找质量问题，制订质量管理小组的活动计划，产品开发中设计质量的展开，索赔对象的分析等。

关联图的应用方式：一是应用于多目标问题。当多个部门协作共同开展某一活动时，涉及的许多活动事项有机地联系在一起，一般需要同时考虑质量、产量、成本、安全等多个目标，使用关联图可以找出它们之间的有机联系，从而找出重点项目。二是应用于单目标问题。在实践中，遇到的问题往往与多种因素相关联，需要将有关人员组织在一起提出自己的意见，再将多个主要因素做成关联图，取得一致意见，找出重要因素，进而使问题得到解决。

关联图的应用程序如下：

(1) 确定选题，明确要解决的问题；

(2) 成立解决问题小组，开会讨论，提出认为与问题有关的一切主要原因，并用简单而通俗的语言表示其主要原因；

(3) 用箭头表示主要原因与主要原因之间、主要原因与问题之间的关系；

(4) 掌握全貌，审查复核，看看有无遗漏和不确切之处；

(5) 在绘制的关联图上找出重点项目或关键问题，并加以标示；

(6) 制订解决问题的措施和计划；

（7）不断修订、完善关联图。

2．系统图

系统图也叫树状图，它把要实现的目的与所需要的手段或措施按树状结构系统地展开，用一系列方块图逐步绘出目的和手段关系。通过对图进行分析，明确问题的重点，找出实现目标的最优方法和手段。

在系统图中，目的和手段是相对的，上一级手段对于下一级手段来说就是目的，这样层层展开就可以把目的、手段系统化。图6-2所示为系统图的基本形式。

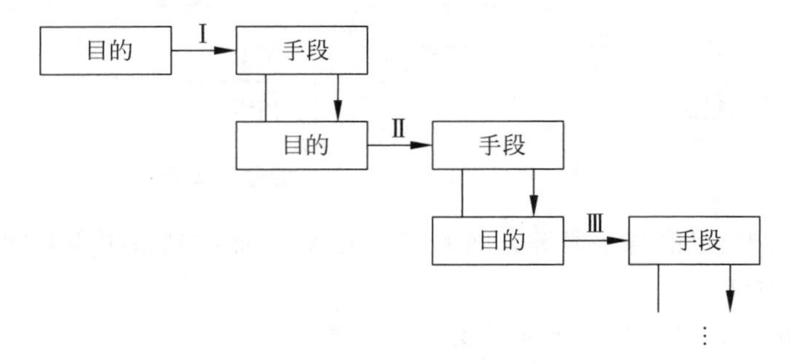

图6-2　系统图的基本形式

1）系统图的类型和形式

系统图可以分为因素展开型系统图和措施展开型系统图，一般由主题、类别、要素和各级子要素组成。向下展开的系统图称为宝塔型系统图，向侧向展开的系统图称为侧向型系统图。

2）系统图的应用程序

（1）确定具体的目的或目标。把目的或目标用简洁的形式表示出来。

（2）提出手段和措施。为了达到预定的目的，召开会议集思广益，提出必要的手段、措施。

（3）评价手段和方法，确定可行性。要对提出的手段、措施进行评价，讨论每项手段、措施是否适当。

（4）绘制系统图。把经过评价后提出的手段、措施用通俗易懂的语言写在卡片上；根据目的和相应的手段，形成系统图。

（5）验证手段，确认目的。可以从第一级开始，逐级确认"手段"对"目的"的实现程度（上级的"手段"即为下级的"目的"）；也可以从最后一级开始查起，直到最终目的的实现。

（6）制订实施计划。制订各"手段"的实施计划，包括所用手段的详细说明、实施的各种标准、所需的各种条件和资料、开始和结束时间、负责人等。

3．KJ法

KJ法又称A型图解法或亲和图，是由日本人川喜田二郎（Kawakita Jiro）在质量管理的实践中普及推广、总结、归纳而提出的，故称之为KJ法。它将处于杂乱无章状态的语言文字资料按其内在相互关系（亲和性）进行整理，做成归类合并图，从中理出思路，抓住问题的本质，找出解决问题的新途径和方法。

1）KJ法的主要用途

通常每个事情或事件都会有多个影响因素，可以运用亲和图来理顺这些关系，特别是对以下情况更为适合：

（1）用于掌握各种问题重点，想出改善对策。

（2）用于研究开发效率的提高。

（3）讨论未来问题时，希望获得整体性的架构。如公司应如何导入5S活动。

（4）认识事物。对未知的事物或领域、未曾经历的问题，通过认真收集实际资料，吸收全体人员看法，从杂乱无章的资料中整理出事物的相互关系和脉络，借此获知全貌、达成共识。如开发新产品时进行市场调查和预测。

（5）针对以往不太注意的问题，从新的角度来重新评估。

（6）打破常规。根据以往经验形成的固有观念阻碍了对事物的认识，需要打破旧框框，创造新思想。固有的观念体系一经破坏，思想观念又会处于混沌状态。这时用亲和图可以重新确立自己的思想，提出新的方向和目标。

（7）获取部属的心声并加以归纳。

（8）不同观点的人们集中在一起很难统一意见，最好能由相互之间可以理解的人员组成小组，小组成员为实现共同的目标提出自己的经验、意见和想法，然后将这些资料利用亲和图进行整理。

（9）贯彻方针。向下级贯彻管理人员的想法，靠强迫命令不会取得好结果。亲和图可以帮助人们举行讲座、充分讨论集思广益，从而使方针得以贯彻。

（10）在和其他质量改进工具结合使用时，KJ法常用于归纳整理所收集到的“头脑风暴”法所产生的意见、观点和想法等资料。

2）KJ法的应用程序

（1）确定对象，根据对象选择和确定方法。对各种质量问题进行系统分析，确定需要解决的关键质量问题，作为KJ法应用的对象。

（2）收集资料。采用各种方法收集与待解决对象相关的语言和文字信息，如直接观察法、面谈阅览法、个人思考法等。个人思考法包括总结过去经验并整理成材料的回忆法、探索问题心理状态的内省法。收集资料时，可根据具体问题选择一种合适的方法，或几种方法同时并用。注意以掌握事实为主，防止掺杂个人成见，根据不同的使用目的选择适宜的收集信息的方法。

（3）制作资料卡片。将收集到的语言文字资料按内容分类，用简洁的短句记录在卡片上，语言文字不应抽象或拘泥于形式。

（4）汇总、整理卡片。根据语言文字的亲和性归类卡片，而不是按道理分析。整理合适后，将该组卡片的本质内容用简单语言归纳起来，记录在一张卡片上（标题卡）作为分类标记。

（5）绘制A型图。把分类标记好的卡片根据相互位置排列起来，并用适当的记号表示相互关系，即为A型图。A型图是内容相近的一组卡片，各组中还可以根据内容进一步细分成更小的卡片组，各卡片组之间的关系可以用箭头表示。

（6）作口头及书面报告。分析、观察A型图，从中归纳、整理出思路及解决问题的方法，并针对结果作口头或书面报告。

4. 矩阵图

矩阵图法就是把与问题有对应关系的各个因素排成一个矩阵的形式，通过对矩阵进行分析，找到“着眼点”，以矩阵中的“着眼点”作为分析问题和解决问题的焦点，进而使问题得到解决。

1）矩阵图的类型

矩阵图主要有下列几种形式。

（1）L形矩阵图：矩阵图的基本形式，它将一对事件（A和B）按二元表的形式表示出来。

（2）T形矩阵图：是由两个L形矩阵图组合而成的矩阵图。

（3）Y形矩阵图：是由三个L形矩阵图组合而成的矩阵图。

（4）X形矩阵图：是由四个L形矩阵图组合而成的矩阵图。

2）矩阵图的作用

（1）确定产品开发和产品改进中的着眼点；

（2）探索原材料的应用领域；

（3）查找质量保证体系的关键环节；

（4）分析影响产品质量的主要原因；

（5）了解市场与产品的关联性，制定产品开发战略；

（6）核实产品质量与各项操作乃至管理活动的关系，便于全面地对工作质量进行管理。

3）矩阵图的应用程序

（1）确定目的。由于质量管理通常涉及多方面、多因素的问题，因此，在应用矩阵图时，首先要确定目的，并明确目标。

（2）确定因素组。根据实际问题，找出与问题相关的因素组。

（3）选择与绘制矩阵图。根据实际问题，选择最适宜的矩阵图形式，将各因素组按对应关系排在矩阵中，形成矩阵图。

（4）标注“着眼点”。对矩阵图各对因素进行分析，在对应因素的交叉点上用符号表示相互关系程度。通常用“◎”表示关系密切；用“○”表示有关系；用“△”表示可能有关系。

（5）分析报告。找出关键“着眼点”，写出分析报告，制定措施加以实施。

5．矩阵数据分析法

矩阵数据分析法是对排列在矩阵中的大量数据进行整理和分析的方法。它与矩阵图相类似，所不同的是矩阵数据分析法不是在矩阵中画符号，而是填写数据；然后计算分析，找出问题的主要矛盾。它是新七种工具中唯一用数据分析问题的方法，但其结构仍以图来表示。应用矩阵数据分析法的过程比较复杂，往往需要借助计算机进行分析，以缩短分析和处理时间。

1）矩阵数据分析法的作用

矩阵数据分析法主要用于市场调研、新产品策划、新产品开发、过程分析等方面，应用于PDCA循环的P阶段和D阶段，只要存在数据，就应尽量采用这种方法。这种方法的用途主要表现在：

（1）分析复杂因素组成的过程；

（2）分析包括大量数据的质量问题；

（3）分析市场调查数据，掌握市场需求；

（4）对产品的功能特性进行系统分析；

(5) 对试验观测所形成的大量数据进行分析;

(6) 对产品寿命周期中形成的复杂质量问题进行综合评价。

2) 矩阵数据分析法的应用程序

(1) 收集数据并将数据整理成矩阵表的形式。

(2) 计算各项目的均值和标准差。

(3) 将数据归一化处理。将各项原始数据减去各评价项目的均值,然后除以该项数据的标准差。归一化处理后,各项目(数据)的均值为0,标准差为1。

(4) 计算相关系数。计算各个评价项目的相关关系,并将相关系数排成矩阵表的形式。

(5) 计算相关矩阵表的特征值和特征向量。

(6) 计算因子负荷量。将特征向量矩阵中各特征向量乘以各主成分的特征平方根,称之为因子负荷量。

(7) 计算主成分得分。将归一化数据矩阵表中相应行的数据与特征向量矩阵中相应列的数据相乘,再相加,即可得到主成分。

(8) 用坐标图表示主成分。将主成分得分矩阵中各主成分得分数据两两组合,在直角坐标系中描点。

(9) 结果分析。对计算结果进行分析,得出结论。

6. 网络图

网络图法又称箭条图法或矢线图法,是将计划评审技术和关键路线法应用到质量管理中,用以制订质量管理日程计划,明确管理的关键和进行进度控制的方法。

网络图可分为单代号网络图和双代号网络图。双代号网络图由活动、节点和线路三部分组成:活动用箭头表示,它包含一定内容、需要消耗一定资源或占用一定时间和空间;节点用圆表示,表明紧前工序的结束和本工序的开始;线路是从箭头始点出发,经过若干活动和节点到达终点的连通路。一个网络图中一般有多条线路,图6-3所示为双代号网络图的基本形式。

单代号网络图是以节点及其编号表示工作、以箭线表示工作之间的逻辑关系的网络图,并在节点中加注工作代号、名称和持续时间,宜用圆圈或矩形表示,如图6-4所示。箭线表示紧邻工作之间的逻辑关系,既不占用时间,也不消耗资源。单代号网络图的基本形式如图6-5所示。

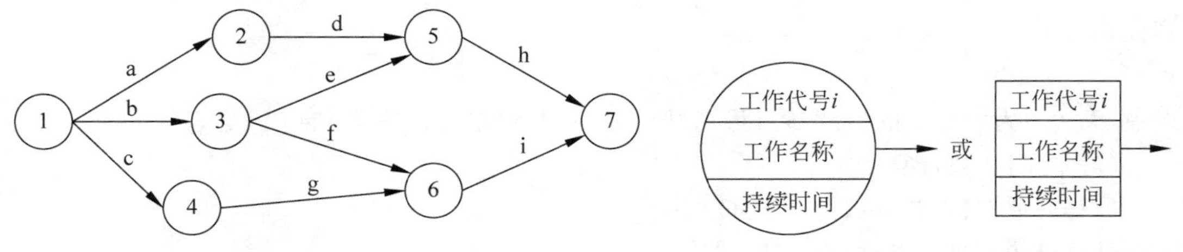

图6-3 双代号网络图的基本形式

图6-4 单代号网络图工作的表示方法

1) 网络图绘制原则

(1) 非循环原则。网络图是有方向的,一般箭尾在左,箭头在右,整个网络图由左向右指向,不允许有回路。

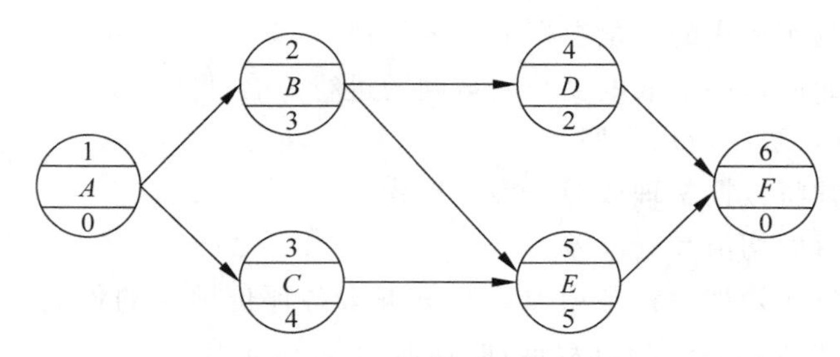

图 6-5 单代号网络图的基本形式

(2) 两点一线原则。任意两个节点之间最多只能有一条直接相连的带有箭头的线路。

(3) 一源一汇原则。一个网络图只能有一个始点和一个终点，若有几项同时开始和结束的活动时，必须将其归为一个始点和一个终点。

网络图中各个节点都有编号，各节点的编号是唯一的，不能重号，箭头相连的节点编号数字大于箭尾相连的节点编号数。为满足此要求，可用“始点编号法”完成编号。

2) 时间参数计算

网络图中时间参数的计算包括：活动的作业时间，节点的最早时间与最迟时间，活动的最早开始时间、最早结束时间、最迟开始时间、最迟结束时间、时差等。

(1) 作业时间的确定

作业时间是在一定技术条件下，完成规定作业内容所需要的时间，用 t_{i-j} 表示，即从节点 i 开始到节点 j 结束的活动所需的作业时间。确定作业时间的方法有：①单一时间估计法。即在未知因素较少的情况下，对作业时间只估计一个值，称为肯定型网络图。②三种时间估计法。即预先估计三种作业时间——最短作业时间(a)、最长作业时间(b)、最可能作业时间(m)，再根据概率分布理论，计算出活动作业时间的平均值 t，称为非肯定型网络图。

(2) 节点时间参数的计算

节点最早时间 $T_E(j)$，表示从节点 i 开始的活动，开始作业时间不能早于 $T_E(i)$，其计算公式为

$$T_E(j) = \max_{i<j}\{T_E(i) + t_{i-j}\}$$

式中，$T_E(i)$为节点 j 的现行节点的最早时间，并规定 T_E(始点)$=0$。

节点最迟时间 $T_L(i)$，表示在节点 i 结束的活动，结束作业时间不能迟于 $T_L(i)$，其计算公式为

$$T_L(i) = \min_{i<j}\{T_L(j) - t_{i-j}\}$$

式中，$T_L(j)$为始点 i 的后续节点最迟开始时间，并规定 T_L(终点)$=T_E$(始点)。

(3) 时间参数计算

最早开始时间 $T_{ES}(i,j)=T_E(i), i<j$；

最早结束时间 $T_{EF}(i,j)=T_E(i)+t_{i-j}, i<j$；

最迟结束时间 $T_{LF}(i,j)=T_L(j), i<j$；

最迟开始时间 $T_{LS}(i,j)=T_L(i,j)-t_{i-j}, i<j$。

(4) 时差(机动时间)计算

节点时差 $R(i)=T_L(i)-T_E$；

作业总时差 $R(i,j)=T_{LS}(i,j)-T_{ES}(i,j)=T_{LF}(i,j)-T_{EF}(i,j)$；

活动单时差是指活动(i,j)独自具有的机动时间，它不能与其他工序调剂使用，其计算公式为

$$r(i,j)=T_E(j)-T_E(i)-t_{i-j}=T_E(j)-T_{EF}(i,j)$$

总时差与单时差的区别在于：具有总时差的活动，若将机动时间都用完，则后续活动就无机动时间，它是计划总管理者研究、调整总体日程可使用的机动时间；而单时差的时间若被使用，则不影响后续活动的最早开始时间。

(5) 确定计算工期 T_c

计算工期等于以网络计划的终点节点为箭头节点的各个工作的最早完成时间的最大值，当网络计划终点节点的编号为 n 时，计算工期的计算公式为

$$T_c=\max\{EF_{i-n}\}$$

3) 关键线路

关键线路是指网络图中从始点到终点的许多线路中，作业时间最长的线路，其时间长度为工期或周期，以粗线醒目表示。确定关键线路的方法有比较法、时差法、破圈法等。

网络图有利于从全局出发，统筹安排各种要素，抓住影响质量的关键线路，集中精力按时或提前完成工作计划。

7. 过程决策程序图

过程决策程序图的简称是PDPC，它是为了完成某个任务或达到某个目标，在制订行动计划或进行方案设计时，预测可能出现的问题和结果，并相应地提出多种应变计划的一种方法。它要求在制订计划时，事先对可能发生的各种情况进行预测，分别提出相应的对策，以便在计划执行过程中根据当时的具体情况灵活选用，随时调整发展方向，保证最终达到目标。因此，它可以用来提高计划的预见性和对环境变化的适应性。

过程决策程序图与系统图都是为达到一定目的而将所设想的各种手段、方法、措施按系统展开的，但系统图是在静态的情况下展开的，而过程决策程序图是在动态的情况下展开的。由此可见，处理问题时，过程决策程序图具有预见性和随机应变性。

1) 过程决策程序图的主要特征

过程决策程序图的主要特征如下：

(1) 从整体上把握系统的变化动向，而不是作为局部来处理问题；

(2) 能按时间序列掌握系统状态的变化情况；

(3) 以系统的发展动向为中心，掌握系统的输入和输出关系；

(4) 由于是以事务为中心，所以只要对系统有一个基本的理解就可以运用；

(5) 过程决策程序图没有特定的绘图规则和程序，需结合具体问题灵活应用。

2) 过程决策程序图的用途

过程决策程序图的主要用途如下：

(1) 在方针目标管理中，用来制订动态的方针目标实施计划；

(2) 用来制订新产品开发执行计划；

(3) 制定预防不合格品发生的工艺控制对策；

(4) 制定预防措施，防止质量系统中发生重大事故；

(5) 解决质量纠纷，制定解决方案。

3) 过程决策程序图的应用思路

在应用过程决策程序图制定对策时，首先要对各种可能发生的不利情况加以估计，并提出多个解决方案，以保持计划的灵活性；在计划的执行过程中，当遇到不利情况时应立即转向采取预先拟订好的其他解决方案，随时修正方案，以便顺利达到最终目标；如果在计划执行中出现了没有预料到的情况，也可以随机应变，灵活采取对策，使质量问题得到圆满解决。在应用过程决策程序图解决质量问题时，通常包括初始计划和应变计划两个阶段。

(1) 初始计划阶段。根据过去的经验、语言文字资料和技术知识，充分提出各种可能出现的问题，找出问题发展的趋势，对每个可能出现的问题都制定相应的解决方案。

(2) 应变计划阶段。无论在第一阶段考虑得如何周到，在实施过程中总有可能出现未曾预料到的新问题，使原来制定的解决方案均行不通。这时，就可以根据所获得的新信息制定新的实施措施，并追加到原有系列措施中，以尽快达到理想状态。

采用过程决策程序图法解决问题时，在各阶段都应考虑有无新的可行方案，随时准备应对不测事态的发生。因此，过程决策程序图具有极大的动态特性。此外，过程决策程序图法用图表表示达到目标的过程，整个解决问题过程一目了然，所以过程决策程序图具有能使管理者从大局出发，启发参与者多提设想的优点。

6.2.2 六西格玛管理

1. 六西格玛的概念

20 世纪 80 年代中期，摩托罗拉公司的工程师比尔·史密斯(Bill Smith)提出了六西格玛的概念。他指出产品质量特性通常服从正态分布 $N(\mu,\sigma^2)$(其中 μ 为均值，σ 为标准差)，其波动范围在以均值为中心的 $\pm3\sigma$ 之间。如果公差范围在以均值为中心的 $\pm6\sigma$ 之间，即使考虑过程均值在生产过程出现偏移，并假定出现 1.5σ 的偏移，根据正态分布的规律，此时出现缺陷的机会也不会超过百万分之 3.4。因此，他建议，摩托罗拉公司将质量目标设置为 6σ(六西格玛)，即达到只有百万分之 3.4 的机会缺陷率的质量目标。所以，人们所说的六西格玛是指六西格玛的质量水平，代表百万分之 3.4 的机会缺陷率，即 3.4DPMO(defects per million opportunities，每百万次采样的缺陷率)，其中西格玛(σ)是任意一组数据或过程输出结果的离散程度的指标，是一种评估产品和生产过程特性波动大小的统计量。

事实上，若公差范围在以均值为中心的 $\pm6\sigma$ 之间，如图 6-6 所示，则过程能力指数 C_p 为

$$C_p=\frac{\mathrm{USL}-\mathrm{LSL}}{6\sigma}=2$$

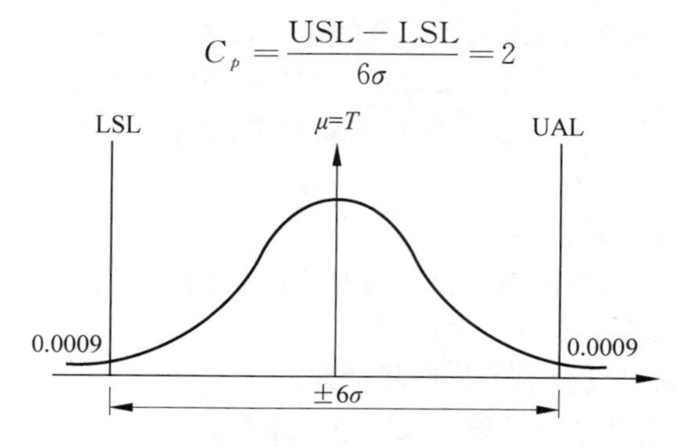

图 6-6 均值与目标值重合，$C_p=2$ 时的不合格品率

此时，不合格品率只有百万分之 0.0018。表 6-2 给出了在均值与目标值重合，即 $\mu=T$ 的条件下，σ 水平与合格品率之间的关系。

表 6-2 均值与目标值重合时，σ 水平与合格品率、DPMO 间的关系

σ 水平	合格品率/%	DPMO
1.0	68.27	317 300
2.0	95.45	45 500
3.0	99.73	2700
4.0	99.9937	63
5.0	99.999 943	0.57
6.0	99.999 999 83	0.0018

若过程输出均值与目标值不重合，而是有 $\pm1.5\sigma$ 的偏移，则过程输出的质量特性分布如图 6-7 所示。此时，过程能力指数 C_{p_k} 为

$$C_{p_k}=\min\{C_{p_u},C_{p_l}\}=1.5$$

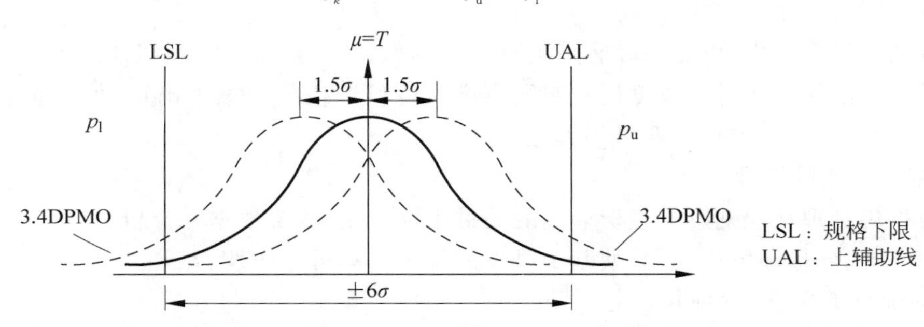

图 6-7 过程输出均值与目标值有 1.5σ 偏移时的分布图

表 6-3 给出了过程输出均值与目标值有 1.5σ 的偏移时，σ 水平与合格品率之间的关系。

表 6-3 均值与目标值有 1.5σ 偏移时，σ 水平与合格品率、DPMO 间的关系

σ 水平	合格品率/%	DPMO
1.0	30.23	697 700
2.0	69.13	308 700
3.0	93.23	66 810
4.0	99.379	6210
5.0	99.9767	233
6.0	99.999 66	3.4

因此，从过程能力指数来讲，六西格玛的统计含义等价于过程能力指数 $C_p=2$ 和 $C_{p_k}=1.5$。

目前，西格玛的概念已经远远超出其统计含义，成为一种顾客驱动的持续改进的管理模式、解决问题的方法论和一种组织文化。许多学者曾对此作过内涵界定。

(1) 迈克尔·哈瑞认为：六西格玛是一个突破性的管理战略，它可以依靠设计或监控每天的经营活动，使得公司彻底改变其基线，从而在提高顾客满意度的同时使浪费最少和资源消耗最低。

(2) 英国学者班纽拉斯和安东尼认为：六西格玛是提高利润、消除浪费、降低质量成本、改进所有操作过程效果与效率，以满足甚至超越顾客需求和期望的一种经营改进策略。

(3) 卢卡斯认为：六西格玛是一种训练有素、自律性高、能够很好改善结果的质量改进方法。它也是一套适用于具有统计知识背景的企业系统。

六西格玛在不断变化和发展，可以从以下三个层面来理解：

(1) 对组织的最高管理层来讲，六西格玛是一种管理哲学，是一种组织文化；

(2) 对组织的中层管理者来讲，六西格玛是一种连续改进的方法论，即六西格玛改进的DMAIC(界定(define)、测量(measure)、分析(analyze)、改进(improve)、控制(control))方法和六西格玛设计的DMADV(界定(define)、测量(measure)、分析(analyze)、设计(design)、验证(verify))方法；

(3) 对组织的操作层来讲，六西格玛就是一个具体的质量目标，即缺陷率不超过3.4DPMO。

2. 六西格玛管理关键点

1) 对顾客真正的关注

在六西格玛管理中，以关注顾客最为重要。例如，对六西格玛管理绩效的评估首先就从顾客开始。六西格玛改进的程度用其对顾客满意度所产生的影响来确定，如果企业不是真正地关注顾客，就无法推行六西格玛管理。

2) 基于事实的管理

六西格玛管理从识别影响经营业绩的关键指标开始，收集数据并分析关键变量，可以更加有效地发现、分析和解决问题，使基于事实的管理更具可操作性。

3) 对流程的关注、管理和改进

无论是在产品和服务的设计、业绩的测量、效率和顾客满意度的提高方面，还是在业务经营方面，六西格玛管理都把业务流程作为成功的关键载体。六西格玛活动的最显著突破之一是使领导们和管理者确信"过程是构建向顾客传递价值的途径"。

4) 主动管理

六西格玛管理主张注重预防而不是忙于救火。在六西格玛管理中，主动性的管理意味着制定明确的目标，并经常进行评审，设定明确的优先次序，重视问题的预防而非事后补救，探求做事的理由而不是因为惯例就盲目地遵循。六西格玛管理是综合利用一系列工具和实践经验，以动态、积极、主动的管理方式取代被动应付的管理习惯。

5) 无边界合作

推行六西格玛管理，需要组织内部横向和纵向的协作，并与供应商、顾客密切合作，达到共同为顾客创造价值的目的。这就要求组织打破部门间的界限甚至组织间的界限，实现无边界合作，避免由于组织内部彼此间的隔阂和组织间的竞争而造成损失。

6) 追求完美，容忍失败

任何将六西格玛管理法作为目标的组织都应朝着更好的方向持续努力，同时也要接受偶然发生的挫折。组织不断追求卓越的业绩，勇于设定六西格玛的质量目标，并在运营中全力实践。但在追求完美的过程中难免有失败，这就要求组织有鼓励创新、容忍失败的氛围。

六西格玛管理是一个渐进过程，它从设立远景开始，逐步接近完美的产品和服务以及更高的顾客满意度目标，它建立在许多以往最先进的管理理念和实践基础上，为质量改进提供模式和方法。

3. 六西格玛管理的组织与推进

1）六西格玛管理的组织结构

六西格玛管理的首要任务是创建一个致力于流程改进的团队，并确定团队内的各种角色及其责任，形成六西格玛的组织体系，这是实施六西格玛管理的基础条件和必备资源。以黑带团队为基础的六西格玛组织是实施六西格玛改进的成功保障，六西格玛组织由高层领导、倡导者、资深黑带、黑带、绿带等组成，他们具有不同的职责与权限。六西格玛管理的组织结构如图6-8所示。

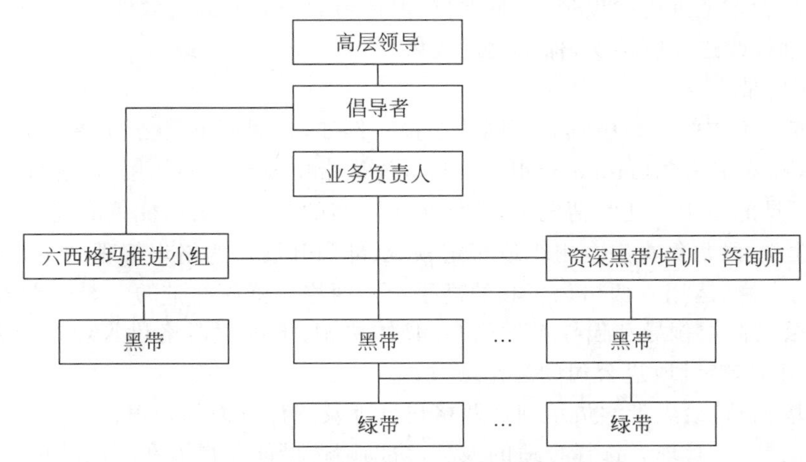

图6-8 六西格玛管理的组织结构示意图

(1) 高层领导

高层领导是推行六西格玛管理获得成功的关键因素。成功推行六西格玛管理并取得丰硕成果的组织都拥有来自高层领导的高度认同、持续支持和卓越领导等。现有文献中，70%都把高层领导的积极推动和参与作为六西格玛管理的第一成功关键要素。

(2) 倡导者

倡导者发起和支持黑带项目，是六西格玛管理的关键角色。倡导者通常是组织推行六西格玛领导小组的一员，或是中层以上的管理者，其工作通常是从战略角度对六西格玛管理进行全面的战略部署、项目及目标确定、资源分配与过程监控，最终对整体六西格玛活动负责。其核心任务包括：

① 充分认识组织变革，为六西格玛确定前进方向；

② 确认和支持六西格玛管理的推行，制定战略性的目标规划；

③ 决定“应该做什么”，确定任务实施的优先顺序；

④ 合理分配资源，并提供必要的支持；

⑤ 消除障碍；

⑥ 检查进度，确保按时、保质完成既定目标；

⑦ 了解六西格玛管理工具和技术的应用；

⑧ 管理及领导资深黑带和黑带。

倡导者在六西格玛组织中起着承上启下的作用，黑带应积极争取倡导者的支持。

(3) 业务负责人

成功实施六西格玛项目,不仅需要选择、培养好项目负责人,还需要相关业务部门负责人(过程管理者)的支持和配合。业务负责人不需要独立完成项目,他们在六西格玛管理中的职责有:

① 达成对六西格玛的共识;

② 协助选择黑带、绿带;

③ 为黑带、绿带提供资源支持;

④ 关注黑带、绿带项目的实施过程;

⑤ 协调所管辖范围内的黑带、绿带项目,保持与业务方向的一致性;

⑥ 确保过程改进能够落实,保持改进成果。

(4) 资深黑带

资深黑带在不同的组织中具有不同的职责。例如,在通用电气公司,更多地强调其管理和监督作用;在霍尼韦尔(Honeywell)公司,资深黑带主要起协调作用,负责日程调整、项目领导和指导工具的使用。通常情况下,资深黑带更多的是担当组织变革的代言人,其工作更加具有管理性质,经常负责整个组织或特定领域、部门开展六西格玛管理的工作;他们是六西格玛管理的专家,运用六西格玛工具的高手。六西格玛资深黑带的主要职责为:

① 担任公司高层领导和倡导者的高参,具体协调、推进六西格玛管理在全公司或特定领域、部门的开展,持续改进公司的运作绩效;

② 担任培训师,给黑带学员培训六西格玛管理及统计方面的知识;

③ 帮助倡导者、管理者选择合适的人员,协助筛选最能获得潜在利润的项目;

④ 为参加项目的黑带提供指导和咨询;

⑤ 具体指导和协助黑带及其团队在六西格玛改进过程中完成每个步骤的关键任务;

⑥ 为团队在收集数据、进行统计分析、试验设计及与关键管理人员沟通等方面提供意见和帮助。

(5) 黑带

黑带是六西格玛管理中最重要的一个角色,他们专职或兼职从事六西格玛改进项目,是成功完成六西格玛项目的技术骨干,是六西格玛组织的核心力量,他们的努力程度决定着六西格玛管理的成败。黑带的主要任务有:

① 领导。在倡导者及资深黑带的领导下,界定六西格玛项目,带领团队运用六西格玛方法完成项目。

② 策划。决定项目每一个步骤需要完成的任务,包括组织跨职能的工作。

③ 培训。具有培训技能,为项目团队成员提供解决问题的工具及技术应用的专门培训。

④ 辅导。为团队成员提供一对一的支持,带领绿带快速、有效地达到改进目标。

⑤ 传递。在各种形式的培训、案例研究、工作座谈会和交流活动中,将六西格玛理念、工具方法传递给团队的其他成员。

⑥ 发现。从内部或外部(如供应商和顾客等)发现新的改进机会,与资深黑带一起确定有价值的项目。

⑦ 影响。拥有良好的人际关系和组织技巧,使团队始终保持高昂的士气与稳定的情绪。

⑧ 沟通。包括与项目团队成员的沟通和项目完成后向最高管理层提供项目报告。

在六西格玛项目中，黑带组织、管理、激励、指导一支特定的六西格玛黑带项目团队开展工作，负责团队运作的启动、管理团队的进展，并最终使项目获得成功。在推行六西格玛管理的组织中，黑带除了具备六西格玛的专业知识外，还应拥有多项软技能，主要有：

① 管理和领导能力。黑带必须能够运用权力和职责来指导项目的执行，要能够综合运用自己的管理能力和领导才能，具有系统观，从整体上处理各种复杂关系，而且能够运用项目管理的方法和技巧。

② 决策能力。在六西格玛项目中，黑带可能要作出多次决策。为制定可靠、及时的决策，黑带必须随时掌握和了解项目的进展，平衡成本、时间和效果之间的关系。

③ 沟通和人际交往能力。作为项目领导，黑带必须具备一定的人格魅力，诚实、可信赖，具有包容心；与项目倡导者和组织的关键利益相关方建立良好的关系；将具有不同背景的人员组成一个统一的团队；将项目活动内容和结果及时地与相关人员沟通，达成共识。

④ 项目管理能力。六西格玛项目与其他项目管理的活动相同，它包括目标建立、项目细化、工作流程绘制、任务调度、成本预算、团队协调等活动，黑带必须具有项目管理的能力，这是六西格玛项目成功的关键要素之一。

⑤ 团队建设和谈判能力。黑带必须能够与不同的人建立持久的联系，如管理层、顾客、团队成员、项目倡导者、供应商等。一个优秀的黑带必须能够经常与上级领导沟通和谈判，获得领导对六西格玛项目的支持；同时，营造一种团结、向上、进取的氛围，带领团队实现项目的目标任务。

(6) 绿带

绿带是黑带项目团队的成员或较小项目的团队负责人，他们接受的六西格玛技术培训与黑带类似，但内容所涉及的层次略低。一些实施六西格玛管理的企业，很大比例的员工都接受过绿带培训，他们的作用是把六西格玛的概念和工具带到组织的日常活动中。在六西格玛管理中，绿带是人数最多也是最基本的力量，其主要职责有：

① 提供相关过程的专业知识；

② 建立绿带项目团队，并与相关人员沟通；

③ 促进团队观念转变；

④ 把时间集中在项目上；

⑤ 执行改进计划，以降低成本；

⑥ 与黑带讨论项目的执行情况以及今后的项目；

⑦ 保持高昂的士气。

当绿带作为项目团队负责人完成绿带项目时，也应具有黑带在项目团队负责人方面的职责、权限和技能。

2) 六西格玛管理的推进

六西格玛管理一般分为四个阶段，即导入期、加速期、成长期和成熟期。可以用4～5年甚至更长的时间完成从导入期到成熟期的全过程。

在六西格玛管理推进过程中，每个阶段都会遇到三类阻力，即技术阻力(对方法的恐惧、技术力量的不足等)、管理阻力(部门之间的壁垒、激励机制和资源缺乏等)和文化阻力(观念上不认同、靠经验和感觉作决策、变革动力缺失等)，当推进的动力难以抵御这三类阻力的合力时，就会出现“关键转折点”。如果不能有效地增进动力、降低阻力，六西格玛管理就会在某一阶段“夭折”。而如果成功地越过这些转折点，六西格玛管理就能在组织内部深入、持久地开展，为组织创造越来越多的效益和越来越强劲的成功能力。

(1) 导入期

导入期又可分为起步、培训与改进实践、坚持不懈与获得成功等阶段。

① 起步阶段。当组织决定要实施六西格玛管理时，会打破组织看似平静的现状，这时需要高层领导(首席执行官、总裁)支持六西格玛管理。六西格玛管理倡导者，需要制定实施六西格玛管理的规划和战略目标；配备必要的资源；拟定首批项目和黑带或绿带学员；以及初期投入的财务预算。

② 培训与改进实践阶段。六西格玛管理的培训与项目实践是嵌套式、融为一体。有些企业是先培训一批黑带学员，再由他们负责培训绿带学员等；有些企业先从培养绿带学员和选择绿带项目开始导入六西格玛。相关培训的内容和目的如表 6-4 所示。

表 6-4 六西格玛管理培训的内容和目的

类　别	内　容	目　的
高层领导	六西格玛理念	了解六西格玛的理念和作用，统一高层的思想
倡导者	六西格玛领导与推进、团队合作、项目选择	熟悉如何选择和确定六西格玛项目、如何推进六西格玛
黑带	系统的六西格玛课程	掌握实施六西格玛项目的方法、工具、技术
绿带	简版六西格玛课程，包括各阶段的常用工具和技术	熟悉实施六西格玛项目的常用方法、工具、技术
全体员工	六西格玛普及知识	了解六西格玛理念和基础知识

③ 坚持不懈与获得成功阶段。六西格玛培训和实施项目是交叉并行、边培训边实践，在首批黑带培训或绿带培训完成后，也许有的项目已经完成，有的项目正在进行。在这段时间内，贵在持之以恒，只要坚持就能获得成功。如果初期投入不是太大，一般都能在一年内收回所有投资并获得一定的回报。

当高层领导一时还未对六西格玛管理作出承诺，企业不可能采用上述全面导入的方式时，通常采用局部推进的方式，即在一些部门、区域或产品上小范围推行，为将来的全面展开积累经验并做出示范，用成果说服其他人。这种方式的特点是容易起步，仅需要有限的管理层关注，所需投入的资源较少，因此风险也小；但由于缺乏高层领导的支持，很难持久地推行。这种方式只是作为六西格玛管理引入企业的一种切入方式，只有及时在全公司范围内充分展开，才能取得长期的成功。

(2) 加速期

第一年导入期的成功之日，也正是新的转折之时。虽然经过第一轮项目的开展，组织获得了初步的成果，也有了热情和积极的参与者，一些冷眼旁观甚至反对者也开始转变原有观念，但这是一个关键的转折点，如果没有下一步的正确部署，六西格玛管理就会走向失败。在这一转折点上应当引入“加速实施过程”，使六西格玛管理从“实验性”实施向组织的一项长期管理活动过渡。要实现这一转折，组织应当：

① 制定六西格玛财务预算、核算和审计方法，使财务人员介入六西格玛活动；

② 建立项目成果发表、分享、认可和奖励制度，激励六西格玛团队；

③ 加大培训力度，形成六西格玛倡导者、资深黑带、黑带、绿带这一关键群体，以传递六西格玛的领导力，促进六西格玛管理在组织的广泛实施；

④ 建立六西格玛管理程序和制度，包括六西格玛组织结构、项目选择、立项、跟踪和总结的全过程管理程序。

(3) 成长期

一个导入了六西格玛管理并成功实施了约两年的组织，仍然会出现六西格玛管理"断流"的趋势。多数实施六西格玛管理的组织都会遇到这种情况，其中最重要的一个原因是经营环境在不断变化，总有新技术、新方法和新政策等出现。为了获得可持续发展，需要不断地将六西格玛工作拓展到组织的各个方面，包括用六西格玛管理促进新技术的应用、促进创新和新市场的开发。要成功地在这一点上实现转变，组织必须：

① 完善六西格玛管理的组织结构，将其对六西格玛的管理职能充分展开，强化最高管理层对六西格玛的系统管理、定期评审，并使已完成(关闭)的项目持续产生效益；

② 拓展六西格玛管理的实施领域，如加大六西格玛管理方法在非制造领域的应用，用六西格玛设计促进创新和研发，将六西格玛管理沿供应链向供应商以及顾客方向延伸等；

③ 完善六西格玛培训体系，扩大培训范围，加大黑带、绿带占员工总数的比例；

④ 促使六西格玛管理与组织战略策划、部署和经营过程结合，强化六西格玛管理与顾客要求和市场发展趋势的结合。

(4) 成熟期

这是最后一个转折，也是最困难的转折。将六西格玛管理的理念融入组织，成为组织员工的一种工作和思维方式，确实很难用时间表来预计其实现时间。实际上，前面几个阶段的努力都是为这一阶段打基础。这个转折的关键是将六西格玛管理与组织其他管理活动有效地整合、集成，进一步强化经营管理过程，建立完善的绩效改进体系，强化人们理念与行为方式的改变。要实现这一转折，公司应当：

① 使六西格玛价值观与公司的使命、愿景和核心价值观高度融合，强化人们观念和行为方式的改变；

② 将六西格玛管理与组织其他管理战略、管理体系和改进方法整合，建立高度整合的全面质量管理或卓越绩效管理体系，高度整合的连续改进、创新和知识分享体系；

③ 使六西格玛管理成为日常工作的一部分。

4. 六西格玛管理的方法

六西格玛管理作为解决问题的方法体系，自身也在不断地发展变化。根据问题对象的不同，六西格玛管理方法可以分为六西格玛改进方法和六西格玛设计方法。六西格玛改进主要是对现有产品或过程实施的改进，采用 DMAIC 方法；六西格玛设计主要是应用于产品和过程的设计，或对现有产品和过程的再设计，采用 DMADV 等方法。需要指出的是，六西格玛工具箱是开放式的，适用于六西格玛改进或设计的任何阶段的任何工具都可以融入六西格玛方法体系。

1) 六西格玛改进的 DMAIC 方法

DMAIC 代表了六西格玛改进活动的 5 个阶段，即界定(define)、测量(measure)、分析

(analyze)、改进(improve)、控制(control)。DMAIC 是一个过程循环，是由项目管理技术、统计分析技术、现代管理方法等综合而成的系统方法，其本质与 PDCA 循环相一致，但它提供了实现持续改进的技术路线和支撑工具。DMAIC 强调以顾客为关注焦点，并将持续改进与顾客满意以及组织的经营目标紧密地联系起来，强调以数据的语言来描述产品或过程绩效，依据数据进行管理，充分运用定量分析和统计思想，通过减小过程的波动或缺陷实现连续改进。下面就 DMAIC 5 个阶段的工作内容作简要介绍。

(1) 界定阶段

界定阶段的主要内容包括：确定具体改进项目、项目目标及其范围；组成项目团队、制定团队宪章；确定关键质量特性/关键过程特性，并估算达成项目后所带来的预算收益，最终形成项目特许任务书。

六西格玛项目的选择与实施是六西格玛管理的一个关键环节。选择六西格玛项目应遵从两个原则，即有意义(meaning)和可管理(manageable)。所谓有意义，就是要根据顾客的需求确定关键质量特性，使项目的目标能够满足或超越顾客的关键需求；同时支持组织战略目标的实现，并为组织带来较大的经济效益。所谓可管理，是指项目的规模和范围较为适宜，能够利用有限的资源并在特定的时间内成功完成该项目。

在界定项目范围时，通常采用宏观流程图(SIPOC 图)，它是供应商(supplier)、输入(input)、过程(process)、输出(output)和顾客(customer)第一个英文字母的缩写。在 SIPOC 图中还可以加上过程输入和过程输出的基本要求，用来表示一个业务流程或产品实现过程中的主要活动或子过程，帮助项目团队界定过程的范围和过程的关键因素，确定关键过程输入变量(key process input variables，KPIV)和关键过程输出变量(key process output variables，KPOV)。

界定阶段的最终成果是项目特许任务书，包括项目推行的背景和目标、团队成员、项目范围、日程安排等。项目特许任务书由倡导者起草，经过与项目团队讨论，达成共识后，以书面的形式保留下来，其目的是明确项目的实施是倡导者和项目团队的共同任务。随着项目的开展，在积累了更多与项目相关的知识后，为了更好地反映实际情况，可对项目特许任务书进行修改。

在对目标进行陈述时，应遵循 SMART 原则：即目标清晰，主题明确(specific)；目标可衡量，尽量定量化(measurable)；目标经努力可实现(attainable)；目标是企业和个人都关心和需要的(relevant)；目标的实现和衡量是有时限的(time-bound)。

制定项目特许任务书后，就进入为掌握现阶段的水平和实际情况而进行的测量阶段。

(2) 测量阶段

测量阶段是界定阶段的后续工作，从测量阶段开始就要进行数据的收集和分析。测量和分析的数据可分为两大类：一类是显示关键质量特性满足程度的结果变量 Y，另一类是显示对结果产生影响的原因变量 X，二者之间的关系可用函数 $Y=f(X_1,X_2,\cdots,X_n)$来表示。在测量阶段，为掌握目前对顾客关键质量特性的满足程度，应把重点放在对结果变量 Y 的测量上，这时的测量值称为基线或基准。

为了获取符合测量目的的数据，必须对测量对象、测量方法、数据的操作性定义、测量的精确度等问题进行细致的检查，对测量系统进行系统、全面的分析，以确保获得的数据可靠、准确。

在确定过程质量水平时，对于离散型数据，可以通过分析原始数据，统计未达到顾客需求的缺陷数量，将其转化为DPMO，进而算出西格玛质量水平；对于连续型数据，可采用过程能力指数C_p、C_{pk}确定西格玛质量水平。

测量阶段的主要工作是通过对现有过程的测量和评估，根据顾客的关键需求、组织的战略目标或关键绩效度量指标，确定影响过程输出Y的输入X，并验证测量系统的有效性，分析过程的当前绩效水平，确定过程基准。

（3）分析阶段

在分析阶段，应先确认影响关键质量特性的结果变量Y的潜在原因变量X，从中筛选出影响程度较大的核心因素，即关键少数的X。这一阶段是DMAIC各阶段中最难以"预见"的阶段。项目团队所使用的方法在很大程度上取决于所涉及的问题与数据的特点，为了找出产生问题的根本原因，需要确定波动源和导致顾客不满的潜在失效模式。为了确认问题的根本原因以及是否正确找到关键少数的X，经常要使用假设检验、相关性分析或回归分析等统计方法。

经过严密的分析，找到应该实施重点管理的关键少数的X，以此为基础，开始寻找下一个阶段的改进方案。

（4）改进阶段

改进阶段是消除产生问题的根本原因，找出关键因素的最佳实施条件，进而改进流程的阶段。为寻找改进方案，应采用试验设计、各种观点构思法、发明问题解决理论（TRLZ）、水平比较等多种方法不断地摸索。在寻找的改进方案中，要针对分析阶段所掌握的原因，选择效果最佳、效率最高的改进方案。

确定改进方案后，要在限定的范围内示范性地加以应用并验证其效果，继续寻找应补充改进的地方，逐渐扩大改进方案的适用范围。该阶段结束后，就进入了维持改进状态的控制阶段。

总之，改进阶段的主要工作就是寻找最优改进方案，优化过程输出Y，并消除或减小关键X对Y带来的波动，使过程的缺陷降至最低。

（5）控制阶段

控制阶段是项目团队维持改进成果的重要步骤，一旦改进完成，则还要持续地监控过程的实施情况。控制阶段的主要工作包括：

① 制订控制计划。为使改进成果固化，需要修订文件，制定工作程序和标准。

② 实施过程控制。对结果变量Y和关键的原因变量X进行持续监控，通过有效的监控，保持过程改进的成果并寻求进一步改进成果的方法。

③ 过程整合。为了将解决方案融入现有的质量管理体系，需要有针对性地考虑和规划在范围更大的业务运营和过程中实施解决方案所必需的工作。

图6-9给出了实施DMAIC的路径图。DMAIC路径图中的每一个阶段，不一定只能向前进展。如果发现前一阶段有疏忽的事项，完全可以返回前一阶段补充不完善的部分，然后再继续进行。但是为了项目的顺利开展，需要准确无误地完成路径图的每一个阶段，并尽量减少返工状况的发生。

表6-5给出了DMAIC各阶段经常使用的工具和技术，仅供参考。

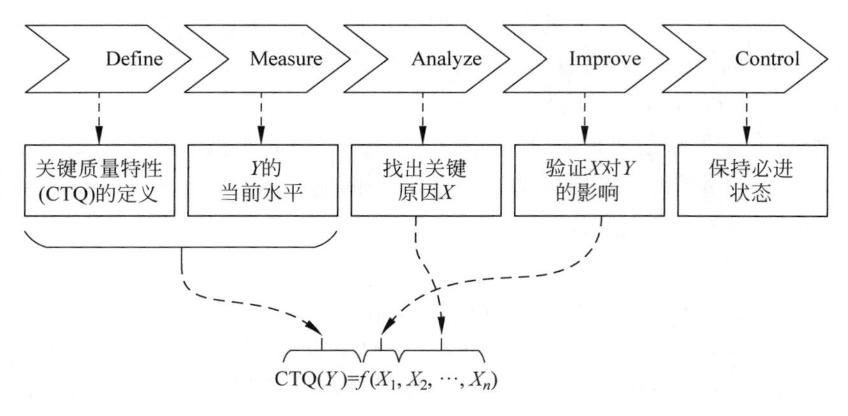

图 6-9　DMAIC 路径图

表 6-5　DMAIC 各阶段的活动要点及其工具和技术

阶　　段	活 动 要 点	常用工具和技术	
D(界定阶段)	明确问题 确定 Y	头脑风暴法 亲和图 树图 流程图 SIPOC 图 平衡计分卡	力场图 因果图 顾客需求分析 质量功能展开 不良质量成本 项目管理
M(测量阶段)	确定基准 测量 Y、X	关系矩阵 树图 排列图 因果图 散布图 流程图 测量系统分析 失效模式与效果分析(FMEA)	不良质量成本 水平比较 直方图 趋势图 检查表 抽样计划 价值流图 过程能力分析
A(分析阶段)	确定要因 确定 $Y=f(X)$	头脑风暴法 因果图 FMEA 水平比较 方差分析 试验设计	抽样计划 假设检验 多变异分析 回归分析 过程分析 其他工业工程分析技术
I(改进阶段)	消除要因 优化 $Y=f(X)$	试验设计 响应曲面法 调优运算(EVOP)	FMEA 测量系统分析 精益改进技术
C(控制阶段)	保持成果 更新 $Y=f(X)$	控制图 统计过程控制 防差错措施	过程能力分析 标准操作程序(SOP) 过程文件控制

2）六西格玛设计的 DMADV 方法

为了使六西格玛改进效果更佳，很多组织采用一种六西格玛设计方法 DMADV，即定义(define)、测量(measure)、分析(analyze)、设计(design)、验证(verify)。DMADV过程可以将产品和过程设计中的方法、工具和程序进行系统化的整合,在顾客的需求和期望的基础上重新设计产品或过程。除此之外,六西格玛设计还有其他很多种实施方法,其中应用较多的是PIDOV,包括策划(plan)、识别(identify)、设计(design)、优化(optimize)、验证(verify)等步骤。这两种主要的六西格玛设计模式对比如表6-6所示。

表6-6　六西格玛设计的DMADV与PIDOV对比

DMADV	PIDOV
定义阶段 ① 清晰界定项目范围; ② 制订项目设计的相关计划	策划阶段 ① 制定项目特许任务书; ② 设立项目目标
测量阶段 ① 获取顾客需求; ② 将顾客心声转化为关键质量特性; ③ 识别少数重要的关键质量特性	识别阶段 ① 选择最佳的产品和服务概念; ② 识别顾客认为重要的关键质量要素; ③ 分析实现关键质量要素对过程和技术性能指标的要求
分析阶段 在相关约束条件下选择最合适的关键质量特性	设计阶段 ① 形成设计概念; ② 识别作用与处理关键质量要素
设计阶段 ① 制定详细设计方案; ② 对设计方案进行测试; ③ 对实施进行准备	优化阶段 ① 在质量、成本和其他约束条件中寻找平衡点; ② 实施优化
验证阶段 ① 验证设计性能,实施试点测试; ② 根据试点测试结果修正设计方案; ③ 实施设计方案	验证阶段 ① 进行设计有效性验证,证明该产品或过程的确可以满足顾客需求; ② 计算过程能力,评估过程可靠性; ③ 实施设计方案

5. 六西格玛管理案例

案例背景:某钢结构工程项目,针对钢筋焊接质量问题,决定采用DMAIC方法实施6σ管理,以实现持续改进。

1) 定义顾客需求(define)

针对钢筋焊接质量满意度降低的状况,确定持续改进目标为:改进焊接过程,提高质量满意度。目标值:零缺陷。

2) 评估当前绩效(measure)

采集相关数据进行统计分析。其结果是缺陷率平均值为5%,缺陷率标准差为1.5%,说明焊接质量存在问题,必须加以改进,以提高顾客满意度。

3) 原因分析(analyze)

通过原因分析,发现影响焊接质量的主要原因有:

(1) 操作人员经常变动,操作水平参差不齐,工作态度不认真,责任心不强;

(2) 焊条规格不符合要求;

(3) 焊接接头偏心弯折;

(4) 气压焊锻粗面尺寸不符合规定;

(5) 凹陷、焊瘤、裂纹、烧伤、气孔、夹渣等质量通病较多。

4) 改进措施(improve)

(1) 检查焊工上岗合格证,严禁无证上岗;

(2) 严格实行经济责任制考核,落实分解责任到岗位、到个人;

(3) 对焊工进行长期培训,提高其作业能力;

(4) 实施标准化作业,制定和完善工艺调整办法,纳入标准管理;

(5) 推行生产过程控制,落实工序控制点的检查;

(6) 焊工正式焊接前,按规定进行焊接工艺试验;

(7) 加强质量自检、专检和抽检;

(8) 对焊接所需材料、设备进行使用前检查,杜绝使用不合格材料及设备。

5) 控制(control)

主要采取的控制措施包括:

(1) 制订翔实的培训计划,提高焊接人员的技术水平;

(2) 采取预防措施,实施质量预控;

(3) 加强过程控制,保证焊接过程满足要求。

6) 实施成效

(1) 缺陷率平均值由原来的5%降低到1%,缺陷率标准差由原来的1.5%降低到0.5%,绩效明显;

(2) 满意度提高到95%。

6.2.3 质量成熟度模型

1. 成熟度模型的概念

成熟度是一种新型的评价方式,目前在管理学领域得到了广泛的应用,如软件能力成熟度模型(CMM)、项目管理成熟度模型(PMMM)、质量成熟度模型(QMM)。

"成熟"一词在剑桥国际英语词典中的解释是:成熟意味着身体完全成长的一种状态。约翰·斯雷科特(John Schlichter)在《测量项目管理能力》一文中对成熟度的定义为:成熟度意味着一个正在完全发展的过程阶段,也意味着为什么可以成功以及如何避免常规问题的理解和可见性。在克劳士比成熟度方格提出以后,汉弗莱(Watts Humphrey)将成熟度框架带到了卡内基·梅隆大学软件工程研究所(SEI),并增加了成熟度等级的概念,将其发展成为软件能力成熟度模型,即CMM。

很多学者和组织在借鉴CMM的基础上提出各种成熟度模型,如项目管理成熟度模型、质量成熟度模型等。在成熟度模型评价方面CMM具有里程碑式的意义。

2. 质量成熟度模型分类

1) 麦肯锡质量模型

麦肯锡公司对167家日本、美国、欧洲等企业进行跟踪调查,以考察质量对企业经营的影响,设计了一个四级模型,分别是一级检查、二级保证、三级预防和四级完美。每个阶段以不合格品率、返工率、过程能力等为特征，同时模型选择了最高管理层参与、质量目标、注重预防、供应商参与等14项质量要素。

2) ISO 9004成熟度模型

依据ISO 9004:2000中提出的组织管理体系成熟度评价模型和相应的评价准则，组织可以对其管理体系的成熟度进行自我评估。依据组织管理体系中不同的运作水平，1～5级成熟度分别为：没有正式方法、有应对式的方法、有正式稳定的系统方法、重视持续改进、达到最好的运作级别。

3) 上海质量管理科学研究院质量管理成熟度模型

上海朱兰质量咨询有限公司隶属于上海质量管理科学研究院，其设计的质量管理成熟度模型是根据企业或项目质量管理的关键要素来评价质量管理的实际水平，关注质量管理能力和增长潜力对于增强企业竞争力的贡献程度。测评的7个要素是领导、战略策划、以顾客为中心、信息管理、资源管理、过程管理、质量管理绩效。每个要素又分为几项指标，设计了测评问卷，并采取了加权测算方程的方式，即质量成熟度指数$=\sum$第i个要素。应用这个模型，上海质量管理科学研究院针对上海企业的质量管理现状进行了调查，调查过程中针对企业实际对评价要素进行了修订，体现了动态改进的原理。

4) 克劳士比(北京)质量管理成熟度模型

克劳士比(北京)管理顾问中心在克劳士比成熟度方格理论的基础上，分别从质量竞争力评价和组织质量文化现状的分析入手，构建了质量管理成熟度模型，评价要素选择了管理层工作、员工行为、聚焦客户和利益相关方、物化表征、持续改进，并从质量认知—行为—结果三个层次，组合生成“管理-认知”二维模型，展开评价指标体系，根据测评结果得出组织的成熟度水平，比较侧重组织质量文化。

5) IQMM国际质量成熟度模型

2002年4月，印度Qimpro标准组织(QSO)发布了国际质量成熟度模型(International Quality Maturity Model，IQMM)。IQMM模型由5个功能模块组成，并采取了链条式的开放过程模式，模块中下设基于世界级质量管理的15个业务要素，形成“功能模块＋要素”的结构模式。每个业务要素又分为10个子要素，每个子要素按1～10分评分，以得分作为企业自我评估的方法。其目的是将质量集成到企业战略当中，提高企业竞争力。IQMM采用了类似于卓越绩效准则的结构，注重企业的内在主体性。

6) 质量奖模式

质量管理成熟度模型的另外一种形式是著名的质量奖模式。

(1) 日本戴明质量奖

戴明质量奖为了纪念美国质量大师爱德华·戴明博士在日本传播质量管理控制和管理理念而设立。该奖的评价要素有领导能力、规划与战略、全面质量管理(total quality management，TQM)的管理系统、质量保证系统、经营要素管理系统、人力资源、信息利用等。

戴明质量奖是一种持续改进和进行企业创新和变革的工具。日本企业以申请戴明质量奖作为动力和桥梁，积极推动TQM活动，经过几十年的努力逐渐形成了日本企业的竞争力，取得了令世人瞩目的经济奇迹。戴明质量奖每年的获奖企业极少，说明戴明质量奖的标准和要求较高。

(2) 美国波多里奇国家质量奖

日本推出戴明质量奖之后,其企业与产品在全球大获成功,TQM迅速向世界各国普及推广。1987年美国国会签署了《马尔科姆·波多里奇质量改进法案》,并设立波多里奇国家质量奖,用以奖励那些在质量和绩效方面取得卓越成绩的企业。"质量"在波多里奇国家质量奖中有了更广泛的含义,因为是针对"管理质量"和"经营质量",从而被称为"卓越绩效模式"。美国波多里奇国家质量奖是世界上卓越绩效的典范,适用于制造业、服务业、医疗教育组织,每年评审一次,评奖标准每两年修改一次,以期让标准适应经济社会的发展,这种持续改进是波多里奇国家质量奖的最大优点。

(3) 其他质量奖

借鉴波多里奇国家质量奖的模式,欧洲提出了欧洲质量奖。中国也出台了《卓越绩效评价准则》(GB/T 19580),由中国质量协会负责评选全国质量奖,在评价要素选择上结合了本国实际,但模型和方法都与波多里奇国家质量奖类似。德国项目管理协会在欧洲质量奖的基础上进行了改进,成为后来国际卓越绩效模式(EFQM)的模型。

3. 质量成熟度模型对比分析

1) 共同点

(1) 层级结构:大都借鉴CMM模型,采取了四级或五级的层级结构,描述了质量管理从低级到高级的变化模式,几乎每个模型都有一个清晰的从混乱到优化的提高路径。

(2) 应用领域:几种QMM模型分为针对产品质量和组织质量两类,克劳士比、麦肯锡、ISO 9004关注的都是产品实现或项目过程的质量,而以质量奖为代表的卓越绩效模式则关注组织整体的经营质量与管理质量。

2) 不同点

(1) 关注点不同。如克劳士比和麦肯锡的QMM模型关注的是质量管理的阶段性,ISO 9004则关注质量管理和运营的符合性,戴明质量奖关注TQM工具在产品实现或项目推进中的应用,波多里奇国家质量奖关注的是质量管理的先进性。

(2) 评价要素不同。评价目标的不同导致评价要素选择上有所不同。

(3) 分析手段不同。在几种QMM模型中,克劳士比方格主要是进行定性分析,其他几种模型都采取定性和定量分析相结合的方式。

(4) 运作情况不同。克劳士比、麦肯锡模型、IQMM都没有得到充分的应用和推广,而CMM在软件开发行业得到了广泛的应用,并成为后来诸多成熟度模型的基础。同为质量奖评奖活动,日本的戴明质量奖是最早也是应用非常成功的案例,美国的波多里奇国家质量奖则开创了卓越绩效的评价模式,成为后来一系列卓越绩效评价准则的典范。国外关于QMM的研究存在的不足主要体现在:针对产品质量的成熟度模型定性分析较多,定量分析相对较少;而针对组织经营绩效的卓越绩效模型则过于关注经营结果,对产品质量与过程质量关注不足。我国国内应用国标《卓越绩效评价准则》(GB/T 19580)的评奖工作,并没有取得理想的效果和获得预期的作用与影响力。

质量成熟度模型的特点和应用范围见表6-7。

表 6-7　质量成熟度模型的特点和应用范围

QMM 名称	主要特点	存在不足	应用范围
克劳士比成熟度方格	最初模型，简单	单纯的定性分析	可用于所有企业（尤其是制造业）进行简单自评
CMM	建立成熟度模型框架，专业性强	应用面窄	软件开发的项目或企业
麦肯锡质量模型	关注公司的质量阶段性，关注产品或项目	涉及面广、调查工作量大	各类企业，特别是生产制造业
ISO 9004 成熟度模型	针对质量体系的几个过程，关注符合性和规范性	非认证目的，企业关注程度不够	已建立质量管理体系的企业组织
日本戴明奖	非竞争性的，意在推广 TMQ	适用于日本特殊的民族文化背景	企业、个人、企业项目三类
波多里奇国家质量奖	关注质量管理的先进性和自身的持续改进	过于关注绩效，要求较高	针对美国的产品、服务和医疗教育三大类组织
欧洲质量奖	关注最卓越的企业标杆	过于关注绩效，要求较高	针对欧洲的营利性企业
IQMM	结合了 ISO 9000 体系与质量奖的特点	要求较高，要素繁杂	测量、评估企业的质量管理体系业绩
卓越绩效评价准则	借鉴了美国波多里奇国家质量奖的模式，结合了中国实际	没有持续改进，操作性不强	针对中国创建全国质量奖的企业
上海质量管理科学院质量管理成熟度模型	加权测算方程的算法，评价要素可动态修订	模型简单	针对企业质量现状调查

6.3　质量改进策略与流程

6.3.1　质量改进策略

质量改进有多种途径和方式，不同的组织可针对具体情况采取不同的策略，开展质量改进活动。质量改进策略包含质量改进程度、质量改进途径等方面的内容。

1. 质量改进程度

质量改进策略从质量改进程度上可分为递增式质量改进和突破式质量改进。

1）递增式质量改进

递增式质量改进具有改进步伐小、改进频繁等特点。递增式质量改进最重要的是每天每月都要改进各方面的工作，虽然改进的步子很微小，但可以保证持续改进。递增式质量改进的优点是，将质量改进列入日常的工作计划，保证改进工作不间断进行。由于改进的目标不高，因此具有广泛的群众基础。它的缺点是缺乏计划性、力量分散，不适合用于重大的质量改进项目。

2）突破式质量改进

突破式质量改进具有两次质量改进的时间间隔较长、改进目标较高、每次改进均需较大投入等特点。因此，当客观要求需要进行质量改进时，组织的领导者就要做出重要的决定，集中最佳的人力、物力和时间来从事这一工作。突破式质量改进的优点是能够迈出相当大的步子,成效较大,但不具有“经常性”的特征,难以养成在日常工作中持续改进的观念,所以对于某些具有竞争性的重大质量项目,可采取突破式质量改进。

2. 质量改进途径

质量改进策略从改进途径上可分为过程改进、员工改进和组织改进。

1）过程改进

ISO 9000 标准明确指出,组织的任何一项工作都是通过一个过程来完成的。任何一个过程必须增值,否则应视为无效过程。过程改进的目的在于不断提高过程增值的幅度,为组织创造更高的工作质量、工作效率和经济效益。过程改进针对过程的要求而提出,一是要提高过程的技术能力(使过程处于技术稳态),二是要提高过程的稳定性(使过程处于统计稳态)。

2）员工改进

员工改进是指每一位员工根据自己身边存在的质量问题,通过自主管理活动或质量控制小组活动而开展的质量改进。改进项目大多是由系统因素作用而发生的异常质量波动。员工改进开展得是否普遍,从一个侧面反映了组织“以人为本”的质量文化启动的程度。根据美国心理学家马斯洛的分析,人类均有自我实现的需要,这种需要能促使人们形成一定的目标导向。通过满足员工需求使得员工产生自主管理或参与质量控制小组活动的积极性,即员工改进。

3）组织改进

组织改进是对整个组织所进行的质量改进,其针对的大多是因随机因素的作用而使质量水平达不到顾客要求或不理想,而必须采取的系统改造措施。这往往会涉及质量管理体系运行的有效性、技术的先进性、组织内外部环境的相关性,甚至质量改进还会涉及组织文化和员工队伍的素质等,大多属于宏观管理的改进项目。组织改进涉及范围大、难度大、课题大,需要组织的高层领导亲自主持、参与,并且在人力、物力、财力等方面有较大的投入,但其效果非常显著。

6.3.2 质量改进流程

最终产品可能与设计标准发生偏差,这种偏差在更深层次上反映了产品与消费者期望之间的符合程度。因此,组织要不断地获取消费者的期望,通过不断地改进产品功能和可靠性来满足消费者的期望。但是这种改进无法直接实现,必须把消费者的主观期望转化成生产或服务标准,表现出来就是最终的产品与服务和设计标准之间的偏离,不断发现并消除这一类偏差是组织进行持续质量改进的原动力。消费者的期望不断更新变化,是一个循环往复的过程,这个过程就是持续质量改进的本质。随着全面质量管理的推行与应用,组织的设计标准已经不局限于针对产品方面,而是面向组织的所有流程环节,例如 ISO 9000 标准族就强调对组织和过程的改进。

因此,质量改进是一个循环的过程,其流程可划分为 7 个步骤,即明确需要改进的问题、掌握目前问题和实施环境的现状、分析问题产生的原因、拟订与实施改进方案、确认改进效果、防止问题再次发生和有效措施标准化、总结改进效果和经验。解决一批问题,质量水平就会上升到一个新的高度，从而下一次的循环就有了更新的内容和目标。这样不断解决质量问题，组织工作质量、产品质量和管理水平就会不断提高。

1. 明确需改进的问题

组织需要改进的问题有很多，如质量、成本、交货期、安全、激励、环境等方面。选择问题通常也围绕这些方面问题，如降低不合格品率、降低成本、保证交货期等。

1）明确需改进问题的内容

（1）明确所要解决的问题为什么比其他问题重要；

（2）明确问题的背景是什么，到目前为止的情况是怎样的；

（3）将不尽如人意的结果用具体的语言表达出来，包括有什么损失，并具体说明希望改进到什么程度；

（4）选定题目和目标值，如果有必要，确定子题目；

（5）正式选定任务担当者，若是小组就确定组长和组员；

（6）对改进活动的费用做出预算；

（7）拟定改进活动时间表。

2）关键点

（1）一般在组织内存在大大小小数目众多的质量问题，为了确定主要质量问题，应最大限度地灵活运用现有的数据，应用排列图等统计方法进行排序，从诸多质量问题中选择最主要的问题，并说明理由。

（2）必须向有关人员说明解决问题的必要性和重要性，否则可能会影响解决问题的有效性，甚至半途而废。

（3）设定目标值必须有充分的依据，目标值应当具有经济上合理、技术上可行的特点。设定的目标值既要具有先进性，又要保证经过努力可以实现，以激励团队成员的信心，提高其工作积极性。

（4）制订质量改进计划，明确解决问题的期限，否则往往会被后期发现的“更重要、更紧急”问题拖延。

2. 掌握目前问题和实施环境的现状

确定质量改进项目后，应进一步掌握有关历史状况和目前状况等背景资料，这些背景资料应尽可能详尽，同时可以采用关联图等方法予以辅助。为了更好地把握待改进质量项目的基本现状，需要做好如下几项工作：

（1）掌握解决问题的突破口，需要详细调查时间、地点、问题的类型等一系列特征；

（2）针对要改进的质量问题，从影响质量的人员、机器、原材料、方法、环境等诸因素入手进行广泛、深入的调查；

（3）最重要的是必须到发生质量问题的现场去收集数据和相关信息。

为更好地把握待改进项目的突破口，需要明确质量问题的内部特征，可以从时间、地点、种类、特征等方面进行深入调查分析。

（1）从问题发生的时间上进行调查，如早晨、中午、晚上，不合格品率有何差异；一周内，每天的合格品率是否相同；从月份、季节、节假日等不同时间角度观察其结果有什么不同等。

（2）从导致产品不合格的部位进行调查，如考虑部件的上部、侧面或下部零件的不合格情况；考虑较长部件的前面、中央、后部不同部位；产品形状复杂的，考虑不合格是发生在笔直部位还是拐角部位等。

(3) 从问题种类的不同进行调查，如某一组织生产的不同产品，它们的不合格品率有无差别；现在生产的产品与原过程生产的同类产品相比，不合格品率有无差异。还可以从生产标准、等级、消费者、市场等不同角度进行考虑。

(4) 从问题的特征方面进行调查，如从产品不合格项的形状、部位和排列等考虑。

以上几个方面是针对任何问题都必须进行的调查，但并不充分，还必须掌握结果波动的特征。一般来说，解决问题应尽量依据客观数据进行，其他信息如记忆等只供参考。在没有数据的情况下，应充分发挥其他信息的作用。

3. 分析问题产生的原因

分析问题原因是一个设立假说、验证假说的过程，可运用关联图、亲和图和网络图等方法。

1) 设立假说(选择可能的原因)

为收集所有可能原因的全部信息，应画出因果图(包括所有认为可能的有关因素)。

(1) 运用第二阶段掌握的信息，消除所有已明确认为无关联的因素，用剩下的因素重新绘制因果图；

(2) 在因果图中标出被认为可能性较大的主要原因。

2) 验证假说(从已设定因素中找出主要原因)

(1) 收集新的数据或证据，制订计划以确认可能性较大的原因及对问题的影响程度；

(2) 综合全部调查到的信息，确定主要原因；

(3) 如条件允许，可将问题再现一次。

需要注意的是，验证假说必须根据重新进行试验和调查所获得的数据有计划地进行。验证假说就是核实原因与结果之间是否存在关系，关系是否密切。一种民主的做法就是讨论时少数服从多数，但不一定科学，因为最后调查表明全员一致同意的意见也可能是错误的。未进行数据解析就拟订对策的情况并不少见，估计有效的方案都尝试，如果结果不错就认为问题解决了。用结果去推断原因是否正确，必然导致大量的试行错误，即便问题碰巧解决了，由于问题原因与纠正措施无法对应，大多数情况下也无法发现主要原因。

4. 拟订与实施改进方案

通过充分调查研究和分析，明确了产生质量问题的主要原因，就要针对主要原因拟订改进方案并加以实施。可以采用系统图、矩阵图、网络图和过程决策图等工具，使方案制定更加科学。

在拟订改进方案时，首先要严格区分现象的排除(应急对策)与原因的排除(永久对策)；其次，要尽可能防止某一项对策产生副作用(并发其他质量问题)，若产生副作用，应考虑采取必要的措施将其消除；最后，应准备多个对策方案，分析每个方案的利弊，选择最有利于解决质量问题而且参加者都能接受的方案。

在实施改进方案过程时，需要注意以下几个方面的问题：

(1) 正确处理应急方案与永久方案之间的关系问题，通过返工、返修使不合格品转变为合格品只是应急方案，要使不合格品今后不再发生，必须采取消除产生质量问题根本原因的永久方案；

(2) 处理好实施改进方案时可能会引起的其他质量问题(称为副作用);

(3) 多听取有关人员的意见和想法,注重有关人员有效合作的问题,这是因为在方案实施过程中,许多工作程序会发生调整和变化。

5. 确认改进效果

根据计划和目标,检查计划的执行情况和实施效果,及时总结计划执行过程中的经验和教训,确认改进效果,可以采用排列图、直方图和控制图等数理统计分析工具。

对质量改进效果要正确确认,错误的确认会让人误认为问题已得到解决,从而导致问题的再次发生。反之,也可能导致对质量改进的成果视而不见,从而挫伤持续改进的积极性。确认改进效果的活动内容如下:

(1) 使用同一种图表将采取对策前后的质量特性值、成本、交货期等指标进行比较;

(2) 如果改进的目的是降低不合格品率或降低成本,则要将特性值换算成金额,并与目标值进行比较;

(3) 如果有其他效果,不管大小都要列举出来。

当采取对策后没有达到预期效果时,应该考虑以下两种情况:是否按计划实施了;计划是否有问题。如果是计划有问题,需重新回到把握现状阶段,重新分析原因,制定方案。

6. 防止问题再发生和有效措施标准化

经过验证后,对确实有效的措施进行标准化,纳入质量文件,防止同类质量问题再次发生。在实施有效的改进措施标准化过程中,需要做到:

(1) 对有效的质量改进措施再次确认其人员、机器、原材料、方法、环境方面的内容,并将其标准化,制定成工作标准,并准备、宣传和贯彻有关新标准的文件;

(2) 建立保证严格执行新标准的质量经济责任制;

(3) 组织培训教育,要求所有相关人员正确理解和坚决执行新标准。

同时,还需注意以下几个问题:

(1) 制定防止同类不合格或缺陷的纠正措施,纠正措施应进行标准化,形成标准文件。

(2) 导入新标准时,引起混乱的主要原因是标准没有充分地被准备和传达。例如,系统性很强的作业,一部分工作做了调整,另一部分未做相应调整,容易出现问题。

(3) 导入新标准后,必须反复、充分地进行教育培训,使员工在作业中不再出现以前的问题,包括:为改进工作,应再次确认 5W1H 的内容,即 What(什么)、Why(为什么)、Who(谁)、Where(哪里)、When(何时)、How(如何);进行有关标准的准备及宣传;实施教育培训;建立保证严格遵循标准的质量责任制。

7. 总结改进效果和经验

对于改进效果和经验进行全面的总结,为持续质量改进提供依据。在质量改进的总结阶段,重点做好以下工作:

(1) 应用排列图等工具,找出本次循环的遗留问题,作为下一轮质量改进活动中需要解决的问题;

(2) 考虑为解决这些问题,下一步应当怎样做;

(3) 总结本次循环中哪些问题得到了顺利解决,哪些问题解决的效果不理想或尚未得到解决;

(4) 制订解决遗留问题的下一步初步计划和行动方案。

【习题】

1. 质量改进和质量控制有何联系与区别?
2. 简述质量改进的对象。
3. 质量问题有哪些类型?探讨质量问题是否还有其他的分类方法。
4. 简述质量管理新七种工具及主要用途。尝试举例应用新七种工具。
5. 简述六西格玛管理与其他管理方法的不同之处、管理团队成员组成和各自的主要任务。
6. 六西格玛管理方法的应用领域除了工业生产外,还有哪些?
7. 简述质量改进策略的类型,试举例说明不同类型的改进策略适用范围。
8. 在质量改进流程的各步骤中,可采用哪些质量改进方法?

某煤矿副井井筒工程质量改进

1. 质量改进背景

本工程为某煤矿建设工程中的一个单位工程,副井井筒全深 790m,净直径 6.5m。计划工期为 330 个工作日。工程质量目标为:工程合格品率为 100%,优良品率为 100%,优质高速建一流工程,重信守誉树典范形象。

工程质量好坏直接影响今后煤矿生产的效率和安全,传统的质量控制方法不能满足工程质量需求,需要通过主动识别质量改进机会,识别并解决系统性问题,才能实现质量目标。因此,工程承包方建立了质量改进组织,明确了质量改进职能,并按质量改进流程实施质量改进。

2. 质量改进组织

工程承包方根据项目特点建立了质量改进组织,并进行了职能分配。质量改进的层次化管理结构如图 6-10 所示。各不同管理层次所承担的质量改进职能分配表如表 6-8 所示。

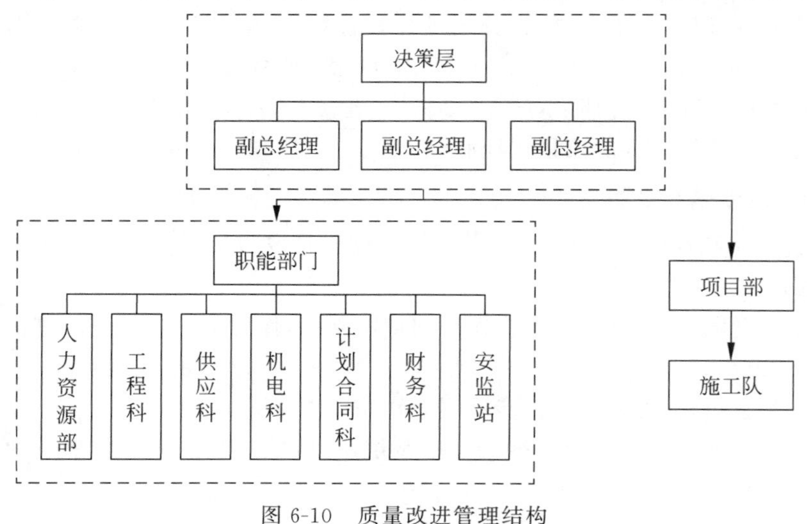

图 6-10 质量改进管理结构

表 6-8　质量改进职能分配表

质量改进工作	职能部门									
	决策层	工程科	供应科	计划合同科	机电科	人力资源部	财务科	安监站	项目部	施工队
质量改进方针和总体目标的制定	★	●	▲	◆	▲	◆	▲	◆	◆	▲
机会识别	★	★	●	▲	◆	●	●	◆	★	◆
分析与评审	▲	★	▲	▲	▲	▲	▲	▲	●	◆
策划	▲	★	▲	▲	▲	▲	▲	▲	★	◆
编制改进计划	▲	★	▲	▲	▲	●	▲	▲	★	◆
评审改进计划	★	★	▲	▲	▲	▲	▲	▲	●	◆
实施改进	▲	▲	◆	◆	◆	◆	◆	◆	★	●
改进成果的评审和验证	▲	★	▲	▲	▲	◆	▲	▲	●	◆
查找遗留问题	▲	●	◆	◆	◆	◆	◆	◆	★	●
文件更新	★	★	▲	▲	▲	▲	▲	▲	●	◆
考核与激励	★	●	▲	▲	▲	▲	▲	▲	◆	▲

注：★表示主要负责；●表示次要负责；◆表示参与；▲表示应知道有关信息。

为了对质量改进工作进行统一管理和协调，决策层授权工程科为质量改进管理机构，具体负责质量改进的管理工作。对于比较重要的质量改进项目专门建立质量改进小组实施改进；其他质量改进项目则由相关机构或人员组织实施。

3. 明确需改进的问题

本项目从四个方面明确需改进的问题。

1）利益相关方的需求与期望

外部利益相关方（例如建设方、工程使用方、设计方等）的需求与期望的识别由质量改进管理机构负责，即由工程科负责；内部利益相关方（项目内部的供应科、财务科等）的需求与期望的识别由项目部负责。

2）利益相关方满意度

外部利益相关方满意度的调查与分析由工程科负责；内部利益相关方满意度的调查与分析由项目部负责。

3）工程质量状态

工程质量状态的诊断与分析由工程科与项目部共同进行。

4）过程能力

过程能力的分析由工程科与项目部共同进行。

在工程施工过程中，工程科及项目部对工程质量进行跟踪，每隔 3 天就对工程的主要质量指标进行检测，并根据检测的结果进行工程质量状态诊断及过程能力分析；每隔 10 天进行一次利益相关方的需求与期望以及满意度的调查与分析。

当工程进行到第 30 天时，根据检测数据进行质量诊断的结果是：超挖严重。

从表面上看，井筒超挖并不一定会直接影响井筒质量，但会造成其他后果。为了清楚地认识到超挖可能会造成的后果，借助于关联图进行分析，如图 6-11 所示。

由图 6-11 可见，超挖会造成围岩松动范围增大、威胁安全、成本超支、经济效益低下等

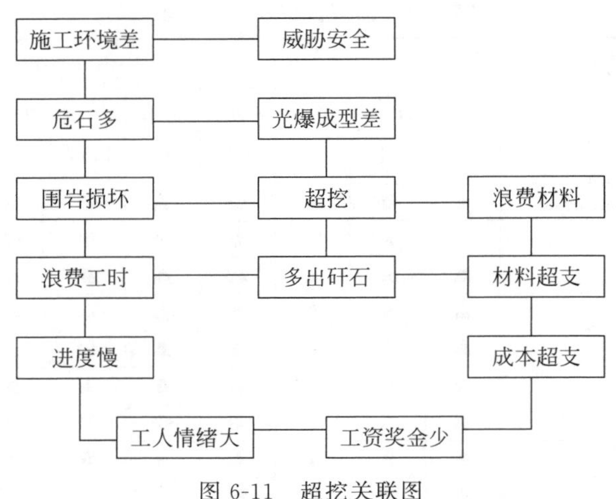

图 6-11 超挖关联图

一系列问题，因此需要改进，并拟订改进项目名称为：井筒成型质量改进。

4. 分析问题原因

质量改进小组利用因果分析图分析造成超挖的原因，如图 6-12 所示。

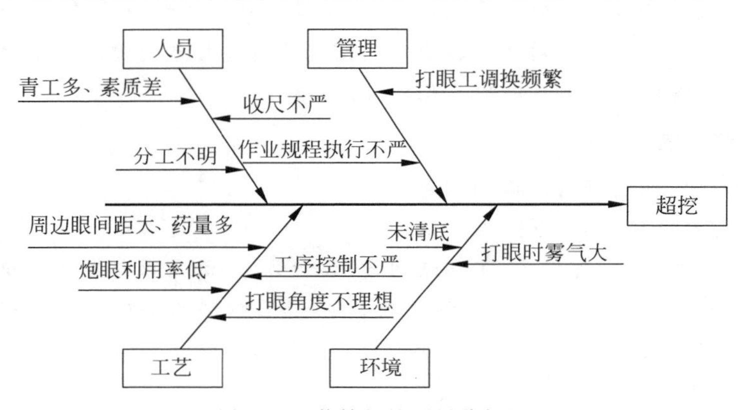

图 6-12 井筒超挖因果分析图

5. 拟订与实施改进方案

质量改进小组组长由项目部副经理担任，小组成员有项目部技术主管、施工队长和两名技术工人，质量改进方案如表 6-9 所示。

表 6-9 井筒成型质量改进方案

质量改进课题名称：井筒成型质量改进	完成时间：30d
现状描述	井筒平均超挖量 100mm
质量改进目标	平均超挖量不超过 50mm
负责部门和人员	项目部及质量改进小组
所需条件	项目部组织实施改进措施

针对超挖原因制定了改进对策并形成质量改进对策表，如表 6-10 所示。

表 6-10 井筒成型质量改进对策表

项目	问题	对策
人员	青工多、素质差	加强培训,开展技术练兵
	收尺不严	实行收尺与经济挂钩
	分工不明	实行定位、定眼,质量分片包干
管理	打眼工调换频繁	实行专业化班组,人员相对固定
	作业规程执行不严	加强检查和监督
工艺	周边眼间距大、药量多	严格按爆破图表布置炮眼,装药
	工序控制不严	按正规循环作业规定施工
	打眼角度不理想	挂线检查打眼角度,及时调整
环境	未清底	按规定清底,做到无浮渣
	打眼时雾气大	检查漏风、漏水情况,加强通风

质量改进在项目部的组织下进行,由质量改进小组具体实施。在实施改进过程中,需要相关部门和人员的密切配合,落实相关资源和措施。

6. 确认改进效果

质量改进效果度量包括对改进结果的量测、分析与评审。质量改进效果度量由工程科组织进行,项目部与其配合。

采用功效系数法对改进效果进行度量。评价指标为平均超挖量、顾客满意度、费用和时间。改进前后,分别进行调查和量测,量测结果及各指标的上、下限要求如表 6-11 所示。

表 6-11 指标状况及上、下限要求

指标	平均超挖量/mm	顾客满意度	费用/(万元/m)	工时/(h/m)
改进前	100	4.1	2.1	5.5
改进后	48	4.5	2.05	5.4
上限	100	5	2.4	5.5
下限	0	4	2	5

项目改进后各指标的功效系数如下:

(1) 平均超挖量的功效系数。设平均超挖量为 0 时,功效系数为 1;平均超挖量为 100 时,功效系数为 0.25,则

$$d_1 = 0.25 + \frac{100 - 48}{100 - 0} \times 0.75 = 0.64$$

(2) 顾客满意度的功效系数。设顾客满意度为 5 时,功效系数为 1;顾客满意度为 4 时,功效系数为 0.25,则

$$d_2 = 0.25 + \frac{4.5 - 4}{5 - 4} \times 0.75 = 0.625$$

(3) 费用功效系数。设费用为 2 万元/m 时,功效系数为 1;费用为 2.4 万元/m 时,功效系数为 0.25,则

$$d_3 = 0.25 + \frac{2.4 - 2.05}{2.4 - 2} \times 0.75 = 0.906$$

(4) 时间功效系数。设工时为 5h/m 时,功效系数为 1;工时为 5.5h/m 时,功效系数为

0.25，则

$$d_4=0.25+\frac{5.5-5.4}{5.5-5}\times 0.75=0.4$$

(5) 项目改进后的总功效系数：

$$d=\left(\prod_{i=1}^{4}d_i\right)^{1/4}=(0.64\times 0.625\times 0.906\times 0.4)^{1/4}=0.617$$

同理，可计算出项目改进前的各指标的功效系数及总功效系数：

$$d_1=0.25;\ d_2=0.325;\ d_3=0.813;\ d_4=0.25;\ d=0.359$$

可见，项目改进前的总功效系数小于改进后的总功效系数，说明项目改进是有效的。

7. 防止问题再发生

通过这一循环的改进，总的功效系数得到了提高，但就单个指标而言，尚有质量改进的余地，因此，在巩固第一次改进成果的同时，进入第二次改进循环。经过多次改进循环，目前的状态如表 6-12 所示。总的功效系数为 0.787，较第一次改进已有较大提高。

表 6-12 目前状态

指标	平均超挖量/mm	顾客满意度	费用/(万元/m)	工时/(h/m)
改进后	25	4.6	2.02	5.2
上限	100	5	2.4	5.5
下限	0	4	2	5

在井筒超挖问题得到改进后，项目部在每 10 天进行一次的相关利益方满意度调查中发现，建设单位对井壁表面质量的满意度下降。项目部组织技术和管理人员，利用因果分析图(见图 6-13)等方法进行分析，查找问题点，识别质量改进对象。

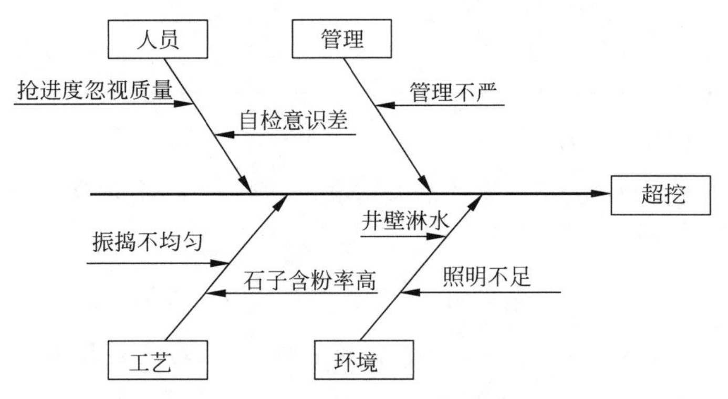

图 6-13 井壁表面质量因果分析图

根据分析的原因，项目部组织有关人员进行质量改进，并提出改进对策，如表 6-13 所示。

表 6-13 井壁表面质量改进对策

项　目	问 题 点	对　策
人员	抢进度忽视质量	严格按质量标准施工
	自检意识差	建立自检规章，加强工序检查工作

续表

项　　目	问　题　点	对　　策
管理	管理不严	制定质量否决制度，并严格执行
工艺	振捣不均匀	工作面配置两台振动器，严格控制振捣时间
	石子含粉率高	严格验收石子质量，拒绝使用不合格材料
环境	井壁淋水	对井壁淋水进行疏导
	照明不足	增加一台照明灯

通过采取上述对策，井壁表面质量得到了改进，建设单位的满意度得到了提高。

8. 总结改进经验

在本工程施工过程中，全面应用质量改进的理念和方法，采取有效措施，持续进行质量改进，建设单位、监理单位、项目的其他相关方对工程质量的满意度不断提高，工程成本和施工效率也同时得到了改善。

案例讨论：

(1) 在本案例中，运用了哪些质量改进的方法？分析应用效果。

(2) 结合本案例，阐述怎样进行质量改进。

(3) 工程建设的质量改进相较于产品生产的质量改进有哪些不同？

参考资料：王祖和，王海鑫. 工程质量持续改进[M]. 北京：中国电力出版社，2014.

【延伸阅读】

刘烨，胡昌平，张国政. 基于工业大数据的产品质量改进新模式的探索和研究[J]. 计算机应用与软件，2019，36(12)：329-333.

第7章

可靠性模型、预计和分配

长征二号F火箭可靠性不断提高

载人航天是人类实现飞天梦想的重要途径，是人类迄今为止最尖端、最复杂的太空活动之一。由于载人航天具有极高风险，稍有闪失，就可能导致灾难性事故，因此，载人航天产品要求具有极高的可靠性、安全性。长征二号F火箭用于发射神舟飞船，是我国载人航天工程的重要组成部分。正是长征二号F火箭的高可靠性，确保了我国载人航天工程阶段目标的实现。

长征二号F火箭是在长二捆火箭的基础上研制的，长二捆火箭已具备了相当的可靠性水平，但距载人航天的要求还有不小的差距。长征二号F火箭瞄准世界先进水平，在火箭研制过程中持续、规范地开展了一系列可靠性设计、分析、试验、管理工作，确保火箭具有高可靠性。

长征二号F火箭的高可靠性是有目标、分阶段、有计划、有重点，严格遵循科学规律逐步实现的。立项研制时，明确可靠性指标，不仅将运载能力、入轨精度等性能指标作为重要的设计参数，而且将可靠性、安全性指标也作为重要的设计参数，确定按照可靠性不低于0.97、安全性不低于0.997的目标进行研制。研究人员对火箭进行全面的可靠性分析，发现薄弱环节，改进设计，并开展可靠性预计、分配等工作，将可靠性设计到火箭中去。设计人员广泛采用多种可靠性设计技术，如采取冗余设计、余度设计、降额设计等，实现了"以功能性能为中心的设计"向"以可靠性为中心的设计"的转变。长征二号F火箭在保证性能的前提下，首先采取增加冗余设计来消除薄弱环节和确保关键功能的可靠性，从发射神舟三号开始，实施了控制系统平台-惯组冗余方案，采用平台为主，故障时切换到捷联惯组的方式，提高了制导和姿态控制的可靠性；增加速率陀螺、伺服机构等关键电子产品的供电电池数量，提高供电可靠性；增加各类输入、输出信号的余度；提高信号发出、接收的可靠性等。通过这种方式使火箭控制系统的冗余设计达到95%以上。

本案例涉及如何开展可靠性指标论证、可靠性预计与分配、可靠性冗余设计等，本章将讨论这些内容。

参考资料：刘欣，李文钊，赵春利.长征二号F火箭不断提高可靠性的历程[J].中国航天，2008(10)：38-41.

7.1 可靠性指标

7.1.1 可靠性

可靠性是指产品在规定的条件下和规定的时间内完成规定功能的能力。

产品是一种通用术语，它可以指从系统、设备、组件到元件的任何物品，使用这一术语可以避免作出有关基准的物品大小或复杂程度的规定。

规定的条件是指产品在其全寿命周期内所处的预先规定的全部外部条件。寿命周期是指产品从系统规划、工程开发、批量生产、运用到退出的全部过程。外部作用条件包括环境、使用、维修等条件。

环境条件包括自然环境、诱发环境两类。自然环境条件包括气候、地形等地球表面存在的各种因素。气候因素包含温度、湿度、大气压、盐雾、尘雾、风、雨、太阳辐射等。地形因素包含地形轮廓、土壤、植物、动物、昆虫、微生物等。诱发环境条件包括人为制造的环境与人为改变环境两种。前者涉及这样一些环境，例如放射现象、核爆炸冲击波、燃料燃烧引起的空气污染以及电磁干扰等；人为改变环境是人的活动对自然环境条件发生作用而产生的环境条件，例如城市的存在引起地面和空气温度的升高，植物的变迁引起水土的流失和地面温度的降低等。诱发环境条件还包括振动、冲击、加速度等。

使用条件包括功能模式、工作时间及使用频度，输入信号的要求及误差，工作能源的特性及误差，如电流电压、周波、波形、瞬变等，负载条件，设备操作的程序，使用人员技术水平等。

维修条件包括维修体制、维修方式、维修人员状况、维修设备和工具等。

外部条件各因素的强度是在某个范围内随机地变化，并且各种因素、因素的不同状态互相交织在一起作用于产品。

产品能承受的外部条件是预先规定的，由任务书所明确的，而不是任意的。为了便于管理，有些环境条件已标准化，国军标对环境条件有明确的划分。

规定的时间是指产品完成规定功能的时间，可用时间单位表示，也可用相当于时间单位的公里数、周期数表示。

规定的功能是指产品的性能技术指标，一个产品往往具有若干项功能。这里所说的“完成规定功能的能力”，是指产品若干功能的全体，而不是其中的一部分。对功能的描述有些场合能用定量的方式，有些场合只能用模糊的方式，在这个问题的程度上容易发生争执。一些产品的源特征是明确的，比如直流稳压电源的指标有输出电压及其调节范围，额定输出电流、纹波电压、电压调整率、负载调整率这些指标可用一组数值表达。有些产品的性能，如音质优美、操作方便等指标，照理也应用某种尺度加以表示，但是在测定音质时却会由于听者的爱好、试听室的混响和内部状况以及听者的身体状况等不同而产生各种误差；同样，对操作方便与否的评价也会因人、因时、因事、因地的不同而很难准确地作出。对这类指标必须采用数量化的方法给予评价，性能指标和技术要求越高，产品完成规定功能的可能性就越小。“规定功能”的定义直接关系到可靠性的大小。

可靠度是可靠性的概率度量，用 $R(t)$ 表示，它表示产品在规定的条件下 t 时间内正常

工作的概率，即

$$R(t)=P(T>t) \tag{7-1}$$

式中，T 表示产品正常工作时间，是一个随机变量；t 表示规定的工作时间。假设 N_0 为 $t=0$ 时，在规定条件下进行工作的产品数，$r(t)$为在 0 到 t 时刻的工作时间内产品的累积故障数，假设产品故障后不予修复。由定义可知

$$R(t)=\frac{t\text{ 时刻仍然正常工作的产品总数}}{\text{产品总数}}=\frac{N_0-r(t)}{N_0} \tag{7-2}$$

显然有

$$R(t)=1-F(t)$$

其中 $F(t)=P(T\leqslant t)$，为故障概率，它表示 t 时间内产品发生故障的可能性，也叫不可靠度，是产品在规定的条件下和规定的时间内丧失规定功能的概率，也是故障概率分布函数。设 $f(t)$为产品的故障分布密度函数，则

$$F(t)=\int_0^t f(t)\mathrm{d}t \tag{7-3}$$

由累积故障概率的定义可知

$$F(t)=\frac{t\text{ 时间内总的产品故障数}}{\text{产品总数}}=\frac{r(t)}{N_0} \tag{7-4}$$

质量与可靠性管理中常用的概率分布见附录 A。

产品的可靠度是时间的函数，它是一个统计的概念，是针对一批或多批相同产品而言的。利用可靠性不能预计一个特定产品工作多长时间后失效，但可以借助于统计的方法，预计一个产品在规定的时间内正常工作的概率。

7.1.2 失效率

1. 失效率的定义

失效率 $\lambda(t)$表示已工作到时刻 t 的产品在时刻 t 后单位时间内发生失效的概率，也称故障率，可表示为

$$\lambda(t)=\lim_{\Delta t\to 0}\frac{P(t<T\leqslant t+\Delta t\mid T>t)}{\Delta t} \tag{7-5}$$

其中，T 表示产品正常工作时间。由条件概率的性质和事件包含关系可得

$$\begin{aligned}P(t<T\leqslant t+\Delta t\mid T>t)&=\frac{P(t<T\leqslant t+\Delta t,T>t)}{P(T>t)}=\frac{P(t<T\leqslant t+\Delta t)}{P(T>t)}\\&=\frac{P(T\leqslant t+\Delta t)-P(T\leqslant t)}{P(T>t)}\end{aligned}$$

所以

$$\lambda(t)=\lim_{\Delta t\to 0}\frac{F(t+\Delta t)-F(t)}{\Delta tR(t)}=\frac{F'(t)}{R(t)}=\frac{f(x)}{R(t)} \tag{7-6}$$

由此可知 $\lambda(t)$、$R(t)$、$F(t)$、$f(t)$之间的关系，假如已知概率分布函数即可求出失效率。由上式可得

$$R(t)=\mathrm{e}^{-\int_0^t\lambda(t)\mathrm{d}t} \tag{7-7}$$

$$F(t)=1-e^{-\int_0^t \lambda(t)dt} \tag{7-8}$$

工程计算中由式(7-6)可得

$$\lambda(t)\approx\frac{r(t+\Delta t)-r(t)}{(N_0-r(t))\Delta t}=\frac{\Delta r(t)}{N_S(t)\cdot\Delta t} \tag{7-9}$$

式中，$N_S(t)$——到 t 时刻尚未出现故障的产品数，称残存产品数；

$\Delta r(t)$——时间间隔$(t,t+\Delta t)$内故障的产品数；

Δt——所取时间间隔，可以是小时、周、月等。

对于失效率低的元器件常以 10^{-9}/h 为失效率的单位，称为菲特(fit)。

【例 7-1】 表 7-1 所示为 100 个某产品在 18 个月内发生故障的情况记录，试计算这批产品在 1 个月、2 个月、……、18 个月的故障率。

表 7-1　某产品 18 个月内的故障数据

t/月	$r(t)$/个	$\Delta r(t)=r(t+\Delta t)-r(t)$/个	$\lambda(t)$/月$^{-1}$
0	—	0	0
1	0	1	0.01
2	1	1	0.0101
3	2	1	0.0102
4	3	1	0.0103
5	4	3	0.0312
6	7	6	0.645
7	13	10	0.1149
8	23	14	0.1818
9	37	15	0.2381
10	52	16	0.3333
11	68	14	0.4375
12	82	8	0.4444
13	90	4	0.4
14	94	3	0.5
15	97	1	0.3333
16	98	1	0.5
17	99	1	1
18	100	—	—

表中时间单位为月，取 $\Delta t=1$ 个月。当 $t=8$ 个月时，有

$$\lambda(8)=\frac{\Delta r(8)}{(N_0-r(8))\Delta t}=\frac{14}{(100-23)\times 1}/\text{月}=0.1818/\text{月}$$

该批产品的失效率曲线如图 7-1 所示，可见 $\lambda(t)$是随时间 t 而增加的。

2. 浴盆曲线

人们在各种产品的使用和试验中得到大量的数据，对这些数据进行分析后发现一般产品的失效率有像浴盆那样的曲线图形，因此称之为浴盆曲线，如图 7-2 所示。

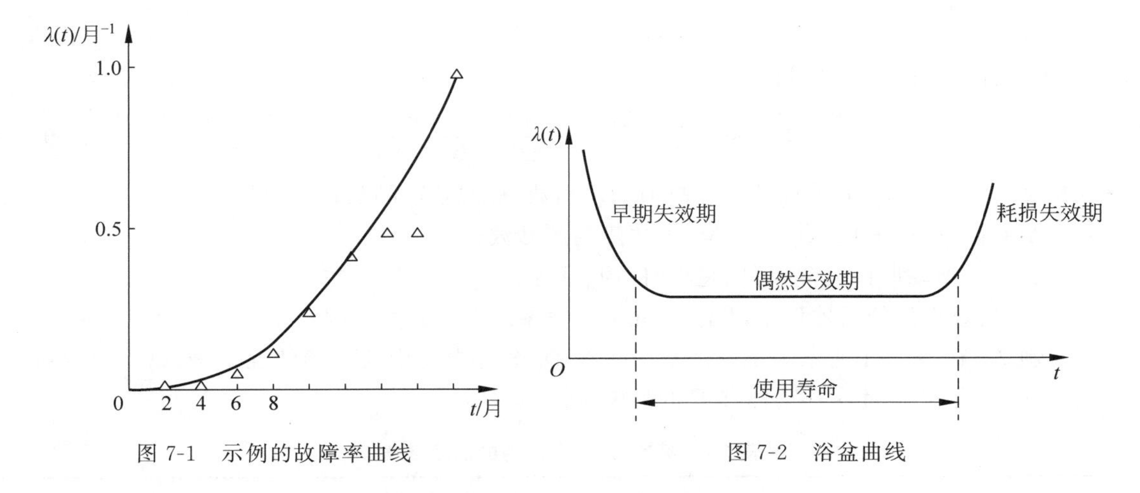

图 7-1 示例的故障率曲线

图 7-2 浴盆曲线

这条曲线明显地分为三段，并对应着产品的三个时期。

1）早期失效期

早期失效出现在产品开始工作后的较早时期，其特点是失效率高，但随着时间的增加失效率迅速下降。这是由于设计和制造工艺上的缺陷导致产品失效，例如原材料有缺陷、装配调整不当等。可以通过加强对原材料和工艺的检验以及对产品的质量管理，进行可靠性筛选等方法，来降低产品早期失效率。与此相应的例子是：幼儿抵抗力差，易于死亡，随着年龄的增大，死亡率很快下降。

2）偶然失效期

这个时期也称随机失效期或稳定工作阶段。其特点是失效率低且稳定，近似为常数。其失效主要是由偶然因素所引起的。这个时期是产品的主要工作时期，在这一时期要尽力做好产品的维护和保养工作，使这一阶段尽量延长。这一段相当于人处于青壮年阶段。

3）耗损失效期

这个阶段的特点是失效率迅速上升，很快导致产品报废。产品失效的主要原因是由于老化、疲劳和耗损等因素引起的，正如人到年老，死亡率迅速增加一样。这一阶段要针对不同的情况采取一些补救措施，例如当由于元器件老化引起整个系统失效时，可以采取更换这部分元器件的方法，对寿命短的产品可以采取预防性维修的措施和替换方法，这些方法在系统设计时就要考虑到。

7.1.3 平均故障前时间

平均故障前时间（mean time to failure，MTTF）是评价不可修产品可靠性的一种基本指标，其度量方法为在规定的条件下和规定的时间内产品寿命单位总数与故障产品总数之比。

假设 N 个不可修产品在相同条件下进行试验，测得全部寿命数据为 $t_1, t_2, \cdots, t_N$，则其平均故障前时间为

$$\mathrm{MTTF} = \frac{\sum_{i=1}^{N} t_i}{N} \tag{7-10}$$

MTTF 也是产品的平均寿命，由概率论可知

$$\mathrm{MTTF}=\int_0^{\infty} t f(t)\mathrm{d}t \tag{7-11}$$

当产品寿命服从指数分布时，即 $f(t)=\lambda \mathrm{e}^{-\lambda t}$，$t>0$，代入上式得

$$\mathrm{MTTF}=\int_0^{\infty} t\lambda \mathrm{e}^{-\lambda t}\mathrm{d}t=\frac{1}{\lambda} \tag{7-12}$$

即当产品寿命服从指数分布时，MTTF 为失效率的倒数。

7.1.4　平均故障间隔时间

平均故障间隔时间(mean time between failures，MTBF)是评价可修产品可靠性的一种基本指标，也称为产品的寿命。其度量方法为：在规定的条件下和规定的时间内，产品的寿命单位总数与故障总数之比。

假设一个可修产品在使用期内发生了 N 次故障，每次故障修复后又如新的产品一样继续投入工作，设每次故障前的工作时间分别为 t_1，t_2，…，t_N，则其平均故障间隔时间为

$$\mathrm{MTBF}=\frac{\sum_{i=1}^{N} t_i}{N} \tag{7-13}$$

MTBF 也是产品平均寿命，即当产品寿命服从指数分布时，MTBF 为失效率的倒数。

7.1.5　可靠寿命

可靠寿命是指给定可靠度所对应的时间。如给定可靠度为 R^*，其对应的时间为 t_r，则

$$R(t_r)=R^* \tag{7-14}$$

式中，t_r 为可靠寿命，如图 7-3 所示。

当产品寿命服从指数分布时，有

$$\mathrm{e}^{-\lambda t_r}=R^* \tag{7-15}$$

$$t_r=-\frac{\ln R^*}{\lambda} \tag{7-16}$$

使用寿命指的是产品在规定的使用条件下，具有可接受的故障率的时间区间。在图 7-4 中，给定一故障率 λ^*，曲线上对应的时间 t_λ 即为使用寿命。

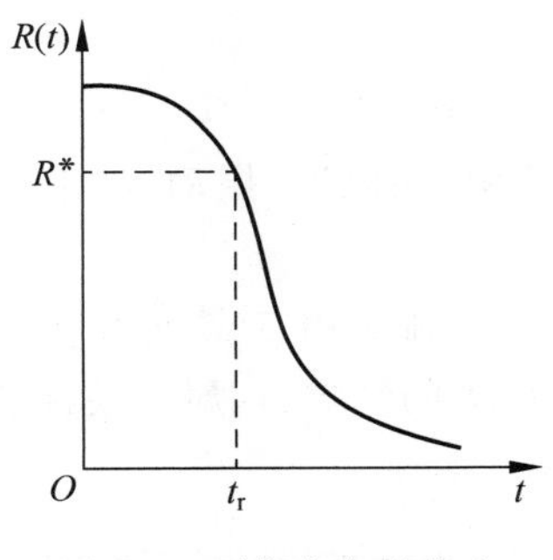

图 7-3　可靠寿命的求法

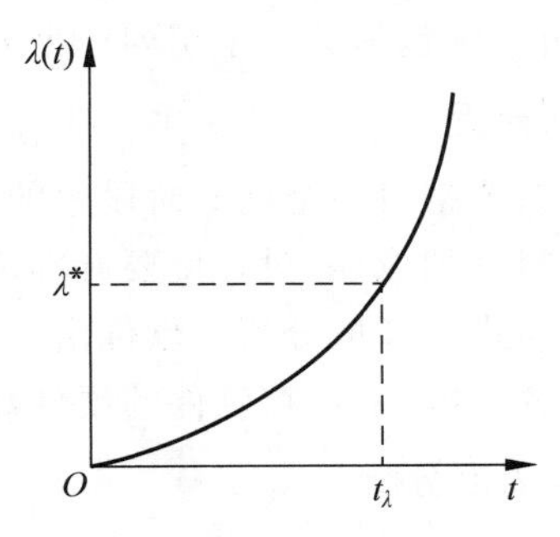

图 7-4　使用寿命的求法

常常把可靠寿命作为首翻期的基值，也就是说首翻期可参考可靠寿命的数值根据情况加以增减。

7.2 任务分析与结构功能分解

系统是完成特定功能的综合体，是若干协调工作单元的有机组合。系统和单元的概念是相对的，由许多元器件组成的整机可以看成一个系统，由许多整机和其他设备可以组成大型复杂系统。

要建立系统可靠性模型，首先要进行系统任务分析和结构功能分解。任务分析和结构功能分解的目的是明确系统的全部任务，对每一个任务确定任务过程，划分任务阶段，确立硬件和软件的运行功能、成功标准、任务周期数、环境应力、工作时间、工作模式；对系统结构进行适当的划分，分解为若干子系统。因建立可靠性模型和进行可靠性预测的工作是从系统方案论证阶段就开始的，所以任务分析与结构功能分解也应从方案论证阶段开始，并随着产品可行性分析、初步设计、详细设计阶段的向前推移，诸如环境条件、设计结构、应力水平等方面的信息越来越多，任务分析、结构功能分解也应该不断充实和细化，从而保证可靠性模型和预计结果的精确程度不断提高。

任务分析与结构功能分解包括以下 6 个步骤：

1. 确定系统的全部任务

一个复杂系统往往具有多种功能，即有不同的用途，可以完成若干不同的任务。例如，一个柔性制造系统可以完成不同种类的零件加工任务；一架军用飞机可用于侦察、轰炸、扫射或者截击任务。

2. 任务阶段的划分

对每一项任务，按照时间顺序将其分成若干阶段。例如，同步轨道自旋稳定通信卫星可以分为卫星与运载火箭分离、卫星起旋、远地点发动机点火、入轨、定点 5 个阶段。柔性制造系统加工某一工件也可划分为系统准备、装夹工件、运送工件到机床、加工清洗、测量、卸工件、入库等阶段。阶段细分的程度可根据实际需要来确定。

3. 结构分解

按照实际的子系统将系统分解，这样便于子系统的进一步分解，这是系统可靠性分解的第一步，可将系统包括的子系统列一个表。

4. 环境分析

环境分析要把每一个任务阶段里的每一硬件在环境(如温度、振动、冲击、辐射等)应力中预期所处时间列成表，对环境要有准确的描述。

软件不需进行环境分析。软件由各指令组成，指令不随贮存工具而改变。因此软件不受环境应力的影响，但贮存软件的硬件却常常受环境应力的影响，这属于硬件的问题。

5. 任务周期分析

任务周期分析要反映每个任务阶段系统中每个组成单元的状态(工作的、不工作的、间歇工作的)。它包括：

（1）每一任务阶段的持续时间、距离、周期数等；

（2）各单元在每一任务阶段中必须完成的功能，并包括成功标准或故障标准的说明书；

（3）在各任务阶段里每一状态（工作、不工作、间歇工作）总的预期时间、周期数等。

6. 确定工作模式

系统工作模式一般有两种：功能工作模式和替换工作模式。

（1）功能工作模式。有些多用途产品需要用不同设备或机组完成多种功能。例如：在雷达系统中，探索和跟踪必定是两种功能工作模式。

（2）替换工作模式。当产品有不止一种方法完成某一种特定功能时，它就具有替换工作模式。例如，通常用甚高频发射机发射的信息也可以用超高频发射机发射，作为一种替换工作模式。

以上任务分析和结构功能分解的内容在开展具体研究时可通过建立一些表格来进行，根据这些表的信息来建立可靠性模型。这些信息是开展可靠性分析工作的基础。

在任务分析和结构功能分解的基础上，针对某个任务的每个任务阶段建立可靠性模型，再综合该任务全过程建立整个任务的可靠性模型。

7.3　典型系统的可靠性模型

可靠性模型是指为预计或分析产品可靠性所建立的可靠性框图模型和数学模型。

可靠性框图模型是指对复杂产品的一个或一个以上的功能模式，用方框表示的产品各组成部分的故障或它们的组合如何导致产品故障的逻辑图，是反映产品各组成部分之间的可靠性逻辑关系的框图。它与产品的原理图是不一样的。下面介绍几种典型系统的可靠性模型。

7.3.1　串联系统的可靠性模型

若系统由 n 个子系统组成，当且仅当 n 个子系统全部正常工作时，系统才正常工作，或只要一个子系统故障，则系统故障，则称该系统为由 n 个子系统构成的可靠性串联系统。其可靠性框图模型如图 7-5 所示。

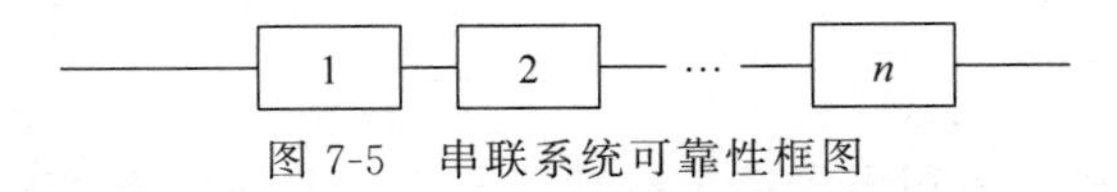

图 7-5　串联系统可靠性框图

【例 7-2】　某测量雷达由天线、发射、接收等 9 个子系统组成，只要有一个子系统故障则系统故障，若要系统正常工作必须每个子系统都正常工作，所以其系统可靠性模型是串联模型，如图 7-6 所示。

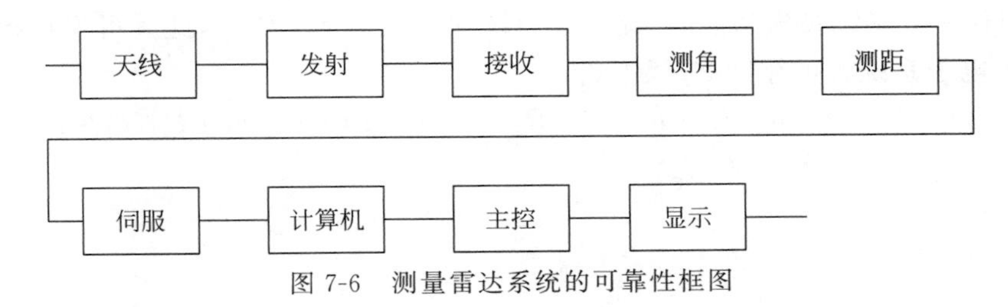

图 7-6　测量雷达系统的可靠性框图

记第 i 个子系统的寿命为 X_i，其工作时间为 t 的可靠度为 $R_i(t)=P\{X_i \geqslant t\}$，系统寿命为 X_S，工作时间为 t，若 $X_1, X_2, \cdots, X_n$ 相互统计独立，则系统可靠度为

$$R_S(t)=P(X_1>t, X_2>t, \cdots, X_n>t)=\prod_{i=1}^{n} P(X_i>t)=\prod_{i=1}^{n} R_i(t) \tag{7-17}$$

串联系统的可靠度等于各子系统可靠度的乘积，而每个子系统的可靠度 $R_i(t)$ 是小于 1 大于 0 的，可见子系统越多，系统可靠性越低。

若所有子系统故障都服从指数分布，子系统 i 服从参数为 λ_i 的指数分布，则

$$R_S(t)=\prod_{i=1}^{n} \mathrm{e}^{-\lambda_i t}=\mathrm{e}^{-\sum_{i=1}^{n}\lambda_i t}=\mathrm{e}^{-\lambda_S t} \tag{7-18}$$

$$\lambda_S=\sum_{i=1}^{n}\lambda_i \tag{7-19}$$

可见此时系统仍然服从指数分布，λ_S 称为系统的故障率。

当 $\lambda_i=\lambda, i=1,2,\cdots,n$ 时，

$$R_S(t)=\mathrm{e}^{-n\lambda t} \tag{7-20}$$

指数分布下，故障率为常数时的平均寿命为

$$\mathrm{MTTF}=\int_0^{\infty} t f(t)\mathrm{d}t=\frac{1}{\lambda} \tag{7-21}$$

所以，系统可靠度为

$$R_S(t)=\mathrm{e}^{-\frac{n}{\mathrm{MTTF}}t} \tag{7-22}$$

系统平均寿命为

$$\mathrm{MTTF}_s=\frac{\mathrm{MTTF}}{n} \tag{7-23}$$

当故障率不相等时，

$$\begin{cases} R_S(t)=\mathrm{e}^{-\sum_{i=1}^{n}\lambda_i t} \\ \mathrm{MTTF}_S=\dfrac{1}{\sum_{i=1}^{n}\lambda_i} \end{cases} \tag{7-24}$$

【例 7-3】 某歼击机的机载电子系统按功能分成 8 个分系统，已知各分系统的寿命分布为指数分布，故障率分别为：$\lambda_1=69\times10^{-4}/\mathrm{h}$，$\lambda_2=93\times10^{-4}/\mathrm{h}$，$\lambda_3=67\times10^{-4}/\mathrm{h}$，$\lambda_4=84\times10^{-4}/\mathrm{h}$，$\lambda_5=85\times10^{-4}/\mathrm{h}$，$\lambda_6=31\times10^{-4}/\mathrm{h}$，$\lambda_7=37\times10^{-4}/\mathrm{h}$，$\lambda_8=78\times10^{-4}/\mathrm{h}$，试分别求在工作时间为 1h、10h、20h 内该电子设备的可靠度。

解：当任一分系统丧失功能时，此电子系统即不能正常工作，因此其可靠性模型是串联型的。整个电子系统的可靠度 R_S 为

$$\begin{aligned} R_S(t) &= R_1(t)\cdot R_2(t)\cdot R_3(t)\cdot R_4(t)\cdot R_5(t)\cdot R_6(t)\cdot R_7(t)\cdot R_8(t) \\ &= \mathrm{e}^{-(\lambda_1+\lambda_2+\cdots+\lambda_8)t}=\mathrm{e}^{-\lambda_S t} \end{aligned} \tag{7-25}$$

$$\lambda_S=\sum_{i=1}^{8}\lambda_i$$

$$=(69+93+67+84+85+31+37+78)\times 10^{-4}/\mathrm{h}$$
$$=0.0544/\mathrm{h}$$

$$\mathrm{MTTF_S}=\frac{1}{\lambda_S}=18.38\mathrm{h}$$

所以

$$R_S(t)=\mathrm{e}^{-0.0544t}$$

当工作时间 $t=1\mathrm{h}$ 时，$R_S(1)=0.947$；

当工作时间 $t=10\mathrm{h}$ 时，$R_S(10)=0.58$；

当工作时间 $t=20\mathrm{h}$ 时，$R_S(20)=0.337$。

由此可以看出，已知分系统的可靠性指标，利用可靠性模型就可以估算出系统的可靠性指标。工作时间越长可靠性就越低，出故障的可能性就越大。

另外，从设计角度出发，为提高串联系统的可靠性，应从下列几方面考虑：尽可能减少串联单元数目；提高子系统的可靠性，即降低子系统的故障率 λ_i；缩短工作时间 t。

7.3.2 并联系统的可靠性模型

若系统由 n 个子系统组成，只要有一个子系统正常工作时，则系统正常工作，当系统故障时，必定是 n 个子系统全部故障，则称该系统为由 n 个子系统构成的可靠性并联系统。其可靠性框图如图 7-7 所示。

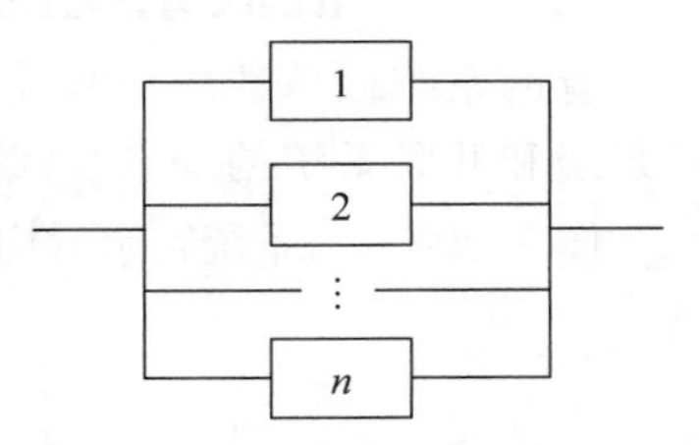

图 7-7 并联系统可靠性框图

记第 i 个子系统的寿命为 X_i，系统寿命为 X_S，系统工作时间为 t。根据可靠性并联系统的定义得

$$X_S=\max(X_1,X_2,\cdots,X_n)$$
$$R_S(t)=P(X_S>t)=P(\max(X_1,X_2,\cdots,X_n)>t)$$
$$=1-P(\max(X_1,X_2,\cdots,X_n)\leqslant t)=1-\prod_{i=1}^{n}P(X_i\leqslant t)$$
$$=1-\prod_{i=1}^{n}(1-R_i(t)) \tag{7-26}$$

若所有子系统故障都服从指数分布，子系统 i 服从参数为 λ_i 的指数分布，则 $R_i(t)=\mathrm{e}^{-\lambda_i t}$，有

$$R_S=1-\prod_{i=1}^{n}(1-\mathrm{e}^{-\lambda_i t}) \tag{7-27}$$

所以，当所有 λ_i 都一样，等于 λ 时，可得 $R_i(t)=\mathrm{e}^{-\lambda t}$，$i=1,2,\cdots,n$，从而系统的可靠度和平均寿命为

$$\begin{cases}R_S(t)=1-(1-\mathrm{e}^{-\lambda t})^n\\ \mathrm{MTTF_S}=\int_0^{\infty}R_S(t)\mathrm{d}t=\int_0^{\infty}[1-(1-\mathrm{e}^{-\lambda t})^n]\mathrm{d}t=\sum_{i=1}^{n}\frac{1}{i\lambda}\end{cases} \tag{7-28}$$

由上式可看出并联产生的效果，两部件并联平均寿命提高 50%，三个并联，第 3 个的贡献为 33.3%，四个并联，第 4 个的贡献为 25%，所以一般只采用 2 个并联或 3 个并联来提高可靠性。

比如对只有一台发动机的飞机来说，增加一台发动机即两台并联可增加飞机的可靠性，若再增加2台发动机即4台并联可靠性就更高。现在很多民航飞机采用2台发动机，有的采用4台发动机，就是为了提高飞机的可靠性。但是并联以后必须考虑改变结构设计、出力与负载分配等问题。

当每个子系统寿命都服从指数分布时，经过并联以后，系统寿命的分布并不是指数分布，也不是其他典型分布。

【例7-4】 某飞控系统由三个通道并联组成，设一个通道寿命服从故障率为 $\lambda=1\times10^{-3}/\mathrm{h}$ 的指数分布，求系统工作1h的可靠度。

解：对一个通道而言，其可靠度为

$$R(1)=\mathrm{e}^{-0.001}=0.999$$

对三通道并联系统，其可靠度为

$$R_S(1)=1-(1-\mathrm{e}^{-0.001\times1})^3=3\mathrm{e}^{-0.001\times1}-3\mathrm{e}^{-0.002\times1}+\mathrm{e}^{-0.003\times1}=0.999\,999\,998$$

由此可见，采用三通道并联系统可大大提高系统任务时间内的可靠度。

7.3.3 混联系统的可靠性模型

有的系统比单纯的串联或并联系统要复杂，由串联、并联系统等构成混合系统，利用串联系统和并联系统的基本公式就可计算出系统的可靠度。

图7-8所示为系统冗余后构成的可靠性框图，图7-9所示为部件冗余后构成的可靠性框图。

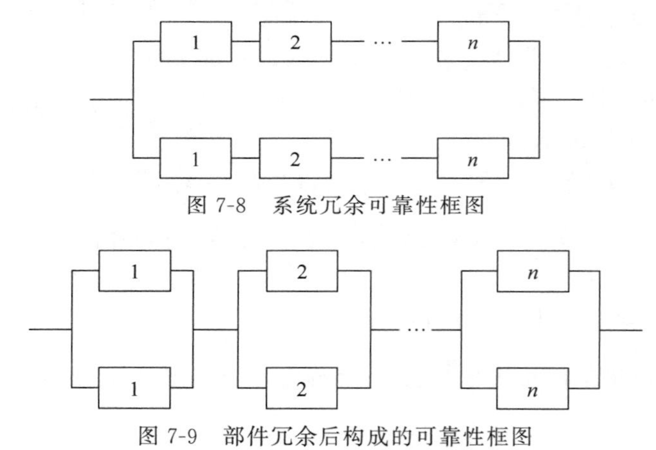

图7-8 系统冗余可靠性框图

图7-9 部件冗余后构成的可靠性框图

设部件的可靠度分别为 $R_1,R_2,\cdots,R_n$，不可靠度为 $Q_1,Q_2,\cdots,Q_n$，则可以进行以下分析。

1. 系统冗余系统可靠度

系统冗余情况下系统可靠度为

$$R_{SR}=1-\left[1-\prod_{i=1}^{n}R_i\right]^2=2\prod_{i=1}^{n}R_i-\left[\prod_{i=1}^{n}R_i\right]^2 \tag{7-29}$$

2. 部件冗余系统可靠度

部件冗余情况下系统可靠度为

$$R_{CR}=\prod_{i=1}^{n}(1-Q_i^2) \tag{7-30}$$

在任何情况下部件冗余可靠度总是大于系统冗余可靠度。即

$$R_{CR} - R_{SR} > 0 \tag{7-31}$$

7.3.4 n 中取 r 系统的可靠性模型

若系统的 n 个部件中只要有 r 个部件正常工作，则系统就正常工作，这种系统称为 n 中取 r 系统，也称为 r/n 表决系统。其可靠性模型如图 7-10 所示。

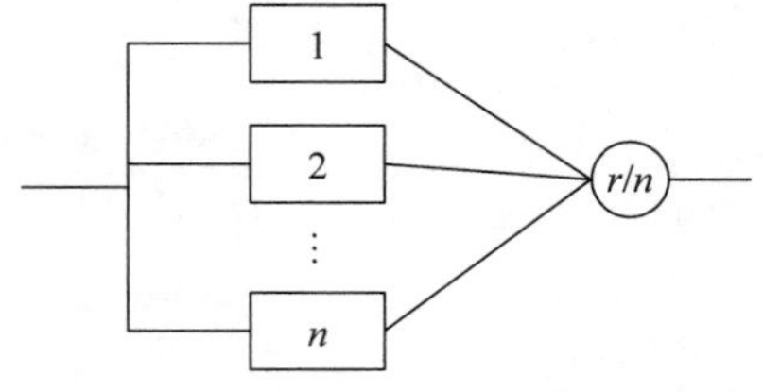

图 7-10　n 中取 r 系统可靠性模型

设 n 个部件的可靠度都相等，为 R_0，不可靠度为 Q_0，则系统的可靠度

$$R_S = \sum_{k=r}^{n} C_n^k R_0^k Q_0^{n-k} \tag{7-32}$$

记系统的平均寿命为 m_S，设部件寿命服从指数分布，失效率为 λ_0，则

$$m_S = \int_0^\infty R_S(t)\mathrm{d}t = \int_0^\infty \sum_{k=r}^{n} C_n^k R_0^k Q_0^{n-k}\mathrm{d}t = \int_0^\infty \sum_{k=r}^{n} C_n^k \mathrm{e}^{-k\lambda_0 t}(1-\mathrm{e}^{-\lambda_0 t})^{n-k}\mathrm{d}t$$

$$= \sum_{k=r}^{n} \frac{1}{k\lambda_0} = \sum_{k=r}^{n} \frac{m_0}{k} \tag{7-33}$$

式中，m_0 为部件的平均寿命。n 中取 r 系统的一个特例是多数表决系统，即将多数单元出现相同的输出作为系统的输出。

当 $r=1$ 时，r/n 系统即为并联系统，此时

$$R_S = 1-(1-R_0)^n$$

当 $r=n$ 时，r/n 系统即为串联系统，此时

$$R_S = R_0^n$$

7.3.5 冷贮备系统的可靠性模型

1. 1 个部件工作、n 个部件冷贮备

由 $n+1$ 个部件组成的系统，其中 1 个部件工作，n 个部件不工作，作为冷贮备，当工作部件发生故障时，有一个转换开关，将贮备的一个部件去顶替它，若工作部件再发生故障，再用一个贮备的部件去顶替它，如此，直到 $n+1$ 个部件全部发生故障，系统才发生故障。假设贮备期间部件不发生故障，转换开关的可靠性为 1，即不失效。$n+1$ 个部件组成的冷贮备冗余系统如图 7-11 所示，设 $n+1$ 个部件相同，均服从参数为常数 λ_0 的指数分布。

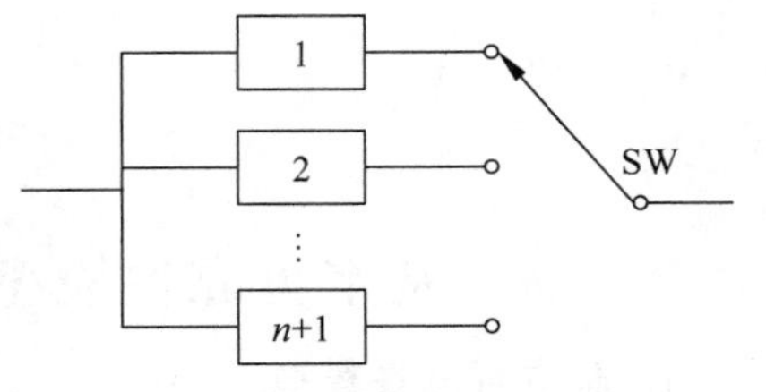

图 7-11　冷贮备冗余系统

设 $n+1$ 个部件的寿命分别为 $X_1, X_2, \cdots, X_{n+1}$，且它们相互统计独立，则系统的寿命 X_S 为 $X_S = X_1 + X_2 + \cdots + X_{n+1}$，系统的可靠度

$$\begin{aligned} R_S(t) &= P(X_S > t) = 1 - P(X_S \leqslant t) \\ &= 1 - P(X_1 + X_2 + \cdots + X_{n+1} \leqslant t) \end{aligned} \tag{7-34}$$

根据数学归纳法不难得到 $X_1+X_2+\cdots+X_{n+1}$ 的联合密度函数为

$$f_{n+1}(t)=\frac{\lambda_0(\lambda_0 t)^n}{n!}e^{-\lambda_0 t} \tag{7-35}$$

所以

$$\begin{aligned}R_S(t)&=1-P(X_1+X_2+\cdots+X_{n+1}\leqslant t)\\&=1-\int_0^t\frac{\lambda_0(\lambda_0 t)}{n!}e^{-\lambda_0 t}dt\\&=\sum_{k=0}^{n}\frac{1}{k!}(\lambda_0 t)^k e^{-\lambda_0 t}\\&=e^{-\lambda_0 t}\left[1+\lambda_0 t+\frac{1}{2!}(\lambda_0 t)^2+\cdots+\frac{1}{n!}(\lambda_0 t)^n\right]\end{aligned} \tag{7-36}$$

系统平均寿命

$$m_S=E(X_1+X_2+\cdots+X_{n+1})=\int_0^{\infty}R_S(t)dt=\frac{n+1}{\lambda_0}=(n+1)m_0 \tag{7-37}$$

式中，m_0 为部件的平均寿命。由上式可知，为提系统的可靠性，可采用冷贮备系统结构，冷贮备系统可成倍地提高原系统的平均寿命，大大提高原系统的可靠度。

2. l 个部件可靠性串联工作、n 个部件冷贮备

设有冷贮备的串联系统由 $n+l$ 个部件组成，假设工作部件是 l 个部件构成的可靠性串联系统，贮备仍为 n 个，我们来分析这种冷贮备系统的可靠度和平均寿命。

例如，假定只讨论轿车的四个轮子的可靠性，其他部分的可靠性为 1，即不会坏。小轿车的四个轮子就构成一个可靠性串联系统，只要有一个轮胎爆了，则轿车不能正常行驶。小轿车正常行驶需要四个轮子正常行驶，一般轿车上都有一个备用轮胎，可看成这种系统。

当 l 个部件工作时，故障是一个一个发生的，在极短时间内同时发生两个故障的可能性很小，可忽略，因此一个工作部件发生故障立即由贮备部件顶替，系统始终保持 l 个部件工作。因此，可将系统看成一个故障率为 $l\lambda_0$ 的等效部件在工作、n 个部件在等待的冷贮备系统，则有

$$\begin{cases}R_S=\sum\limits_{k=0}^{n}\dfrac{1}{k!}(l\lambda_0 t)^k e^{-l\lambda_0 t}=e^{-l\lambda_0 t}\left[1+l\lambda_0 t+\dfrac{1}{2!}(l\lambda_0 t)^2+\cdots+\dfrac{1}{n!}(l\lambda_0 t)^n\right]\\m_S=\dfrac{n+1}{l\lambda_0}\end{cases} \tag{7-38}$$

7.3.6 基本可靠性模型与任务可靠性模型

1. 基本可靠性模型

基本可靠性是产品在规定的条件下、规定的时间内，无故障工作的能力。基本可靠性反映产品对维修资源的要求。确定基本可靠性值时，应统计产品所有寿命单位和所有关联故障(由产品自身设计、工艺、制造等缺陷造成的故障)。任何产品的故障都需要维修，都需要维修资源，如维修人员、工具、设备、材料、备件、技术资料等，所以基本可靠性模型是一个串联模型，即使系统存在冗余，也都按串联处理，将所有子系统串联构成系统可靠性模型，所以

储备单元越多,基本可靠性越低。

图 7-12 所示为美国海军战斗机 F/A-18 的基本可靠性框图模型。从图中可以看出,基本可靠性模型是将所有单元(不管是否冗余)都串联起来,构成串联框图模型。

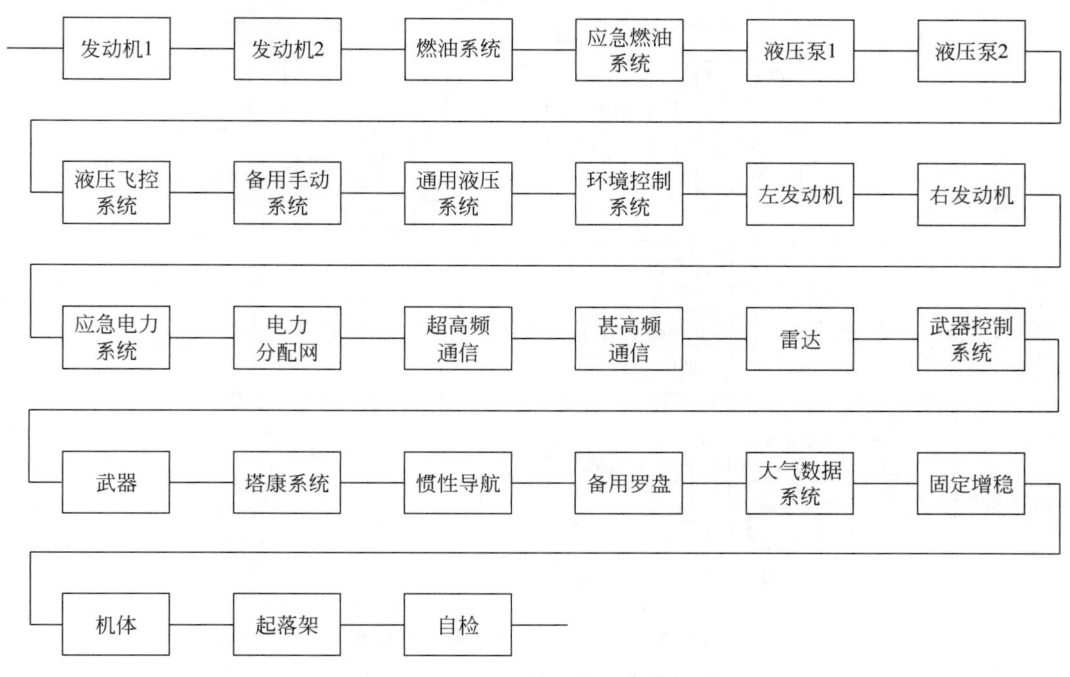

图 7-12 F/A-18 的基本可靠性框图

2. 任务可靠性模型

任务可靠性是产品在规定的任务剖面内完成规定功能的能力。确定任务可靠性时,只统计影响任务的关联故障。任务可靠性反映产品完成规定任务的能力,因此应根据产品的功能关系建立任务可靠性模型,前面介绍的串联、并联、表决等形式的模型主要是针对任务可靠性模型而言的。一般而言,系统中贮备单元越多,任务可靠性越高。

图 7-13 所示为美国海军战斗机 F/A-18 的任务可靠性框图模型。从图中可以看出,任务可靠性框图是根据任务情况,按可靠性的逻辑关系建立的由串联、并联、冷备等系统构成的混联可靠性模型。

建立可靠性模型时,要注意区别产品可靠性框图与原理图。可靠性框图是从可靠性的角度表示系统各子系统之间的可靠性逻辑关系,原理图表示的是各子系统之间的物理关系,两者不能混淆。例如图 7-14(a)表示一个振荡电路的原理图,由电感和电容组成。从原理图看电感与电容是并联关系,但是,从可靠性角度来说,只要有一个元件故障,电路就故障,所以其可靠性是串联模型,如图 7-14(b)所示。

系统可分为若干子系统,子系统又可分为若干子子系统,可不断往下分解,分为多个层级。针对系统级可建立系统可靠性模型,针对子系统级可建立子系统的可靠性模型,即针对系统不同层级可建立不同层级的可靠性模型,也可将下层的可靠性模型代入上层的可靠性模型,得到一个综合的可靠性模型。根据可靠性分析的需要,可建立不同层级的可靠性模型,如图 7-15 所示。

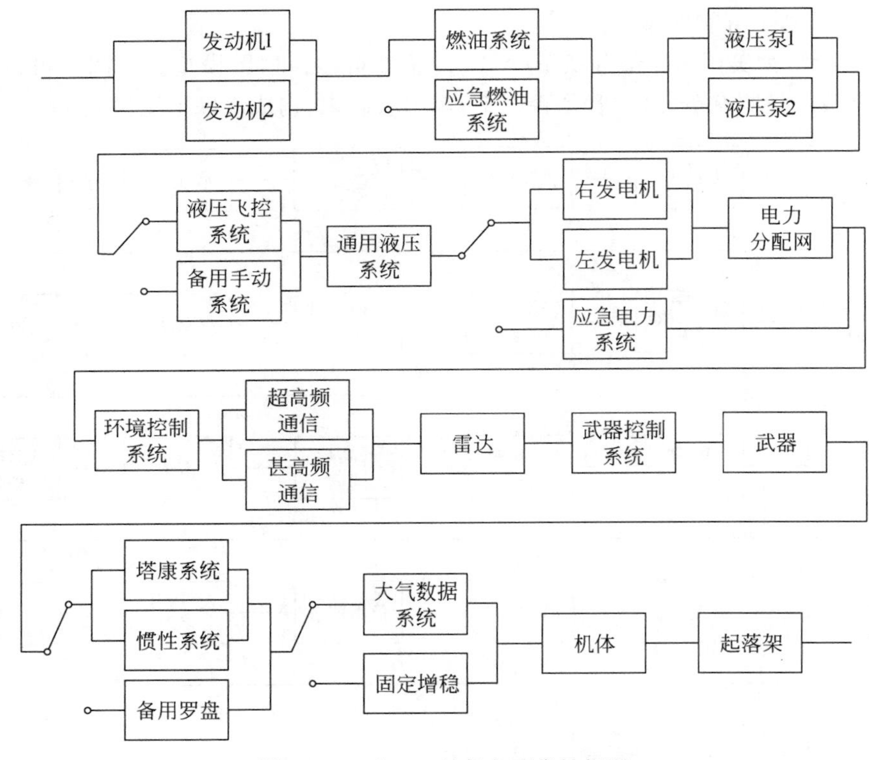

图 7-13 F/A-18 的任务可靠性框图

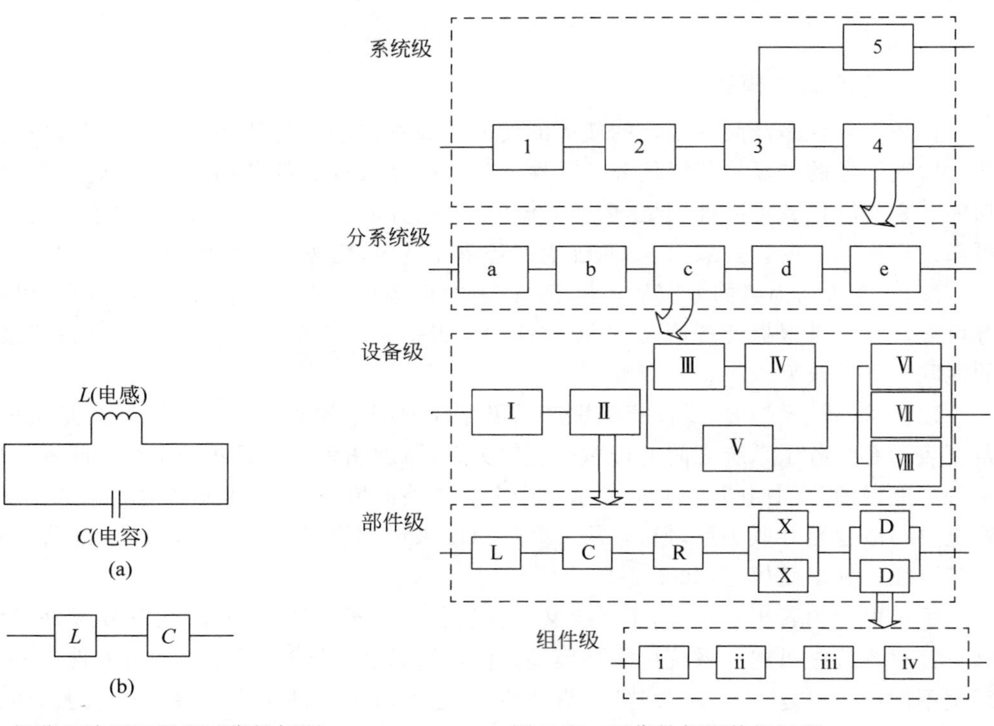

图 7-14 振荡电路原理图和可靠性框图

（a）振荡电路原理图；（b）可靠线框图

图 7-15 可靠性框图按级展开

7.4 系统可靠性建模的过程

可靠性模型是指为预计或分析产品可靠性所建立的可靠性框图模型和数学模型。

可靠性框图模型是指对复杂产品的一个或一个以上的功能模式，用方框表示的产品各组成部分的故障或它们的组合如何导致产品故障的逻辑图，是反映产品各组成部分之间的可靠性逻辑关系的框图。它与产品的原理图是不一样的。

1. 任务分析与结构功能分解

任务分析与结构功能分解的主要工作有：确定系统的所有任务，针对每一个任务建立任务剖面，分析系统结构，将系统分解为若干子系统，明确任务阶段，分析参加每个任务阶段的子系统有哪些，分析系统在每个任务阶段里所处的环境，确定是否有替代的工作模式，确定每个阶段中每个子系统的工作时间等。

2. 建立任务可靠性框图

在任务分析结构功能分解的基础上，针对每个任务，先建立每个阶段的可靠性框图，再将每个阶段的可靠线框图组合起来建立整个任务的可靠性框图。

3. 建立相应的数学模型

在可靠性框图模型的基础上，建立相应的数学模型，用数学式表达各子系统的可靠性与系统的可靠性之间的数学函数关系，以此求解系统的可靠性数值。

7.5 可靠性指标论证

可靠性指标论证工作是在系统论证阶段，通过对系统功能和任务的分析，选择论证的系统可靠性指标，并确定其指标值，在此可靠性要求下，进行可靠性设计、分析、制造、试验和验收，对可靠性活动进行组织、监督和控制。

在指标论证阶段，由于系统的设计方案尚未最后确定，只能对系统的总体性能指标做出规定。即只选择少量主要的能反映系统可靠性总体性能的指标进行论证。可靠性指标在两个方面起作用：一是指导系统的可靠性设计，使设计人员在设计初始阶段就有一个明确的可靠性目标，避免因系统可靠性达不到要求而需进行重新设计所带来的损失；二是在系统运行的可靠性实践与管理阶段，通过对整个系统的全面考核和验收，验证其可靠性是否达到规定的指标，为进一步的设计工作提供有价值的参考。

1. 可靠性指标的选取

一般来说，对不可修系统取可靠度 $R(t)$ 或平均寿命 MTTF，对可修产品则取可用性 $A(t)$ 或平均寿命 MTBF。可用性是可修系统的首要特征量，它同时描述了系统可靠性两个方面的要求。可用性与系统的战备完好程度有关。可用度表示系统在某一时刻要求完成任务时，在任务开始时处于能工作或可投入使用状态的一种度量。

可用度可以用两种方法定义：

(1) 固有可用度

$$A_{i}=\frac{\text{平均故障间隔时间(MTBF)}}{\text{平均故障间隔时间(MTBF)}+\text{平均修复时间(MTTR)}} \tag{7-39}$$

(2) 可达可用度

$$A_{a}=\frac{\text{总工作时间}-\text{总停工时间}}{\text{总工作时间}} \tag{7-40}$$

两种定义之间是存在一定的区别的。总停工时间中包括预防性维修时间和修复性维修时间，而平均修复时间中不含预防维修的时间。从对定义的理解上，可达可用度更接近于系统的使用可用度；A_{i} 比 A_{a} 大，A_{i} 是由设计水平所决定的，由于实际数据的原因，经常选择 A_{a} 进行论证。

2. 确定指标值的依据

系统可靠性指标论证是一项复杂的系统工程。在确定可靠性指标值时，必须考虑以下一些因素：

(1) 国内外现有系统的可靠性水平。在初步论证阶段，由于缺乏足够的统计资料、数据和实践经验，因此，国内外现有的系统或设备的可靠性水平具有很大的参考价值，在同等技术条件和能力情况下，系统的可靠性设计指标值应与已有系统的指标值相近。

(2) 系统规定的功能和任务。应根据系统规定的功能和任务提出可靠性要求，即应考虑系统的任务工作时间、工作环境、加工量的多少以及加工精度要求等。如果系统和功能多，则在选取系统的可靠性指标时应重视对指标的论证。

(3) 技术进步水平。技术进步水平对系统可靠性的提高有很大的影响，其中包括先进的设备和工艺、操作的熟练程度以及管理水平等。

(4) 投资能力。经济条件即投资能力也是应考虑的必不可少的因素，它对系统可靠性的提高以及后勤供应的保障起关键的作用。

(5) 系统的规模。系统的规模及其各组成部分之间的联系对系统的可靠性和维修性水平也有一定的影响。

(6) 任务的重要性。即任务的成功与失败对全局的任务成功所起的作用。

(7) 任务失败造成的社会经济损失。

(8) 产品投入使用后，可能投入的维修费用。

3. 具体指标的确定

指标论证阶段确定的指标值，应尽量准确地反映用户对系统的能力所提出的要求，在可靠性设计工作中起指导作用。

可靠性指标值的形式可以有两种：

(1) 具体的指标量值。这种形式是一般系统的可靠性分析中经常采用的，它在定义系统固有的可靠性指标时较为有意义，因为这些指标只与系统设备本身的固有性质有关。

(2) 置信区间。由于不同任务、使用环境及人员操作等因素的影响，系统使用的可靠性指标用一个量值给出时，其精确性和可信性会受到影响，在这种情况下可以给出一定置信度下系统可靠性指标的置信区间。

7.6　可靠性预计与分配

可靠性预计与分配是可靠性设计与分析中的重要任务之一。

可靠性预计实际上是一种动态的逐步求精的预测过程，当系统的设计方案还处在初期阶段时，由于此时系统尚未建立，只能根据系统初步拟订的结构和功能方案，选择相类似的产品或其他有关资料来粗略估计未来系统的可靠性。随着系统设计方案逐步转入详细设计阶段后，系统的结构设计和功能已基本确立，此时，可对未来系统的可靠性作进一步详细估计。

可靠性分配是指在可靠性预计基础上，将经过初步论证确定了的可靠性指标合理分配给系统的各组成部分(系统→组件→元器件)，以保障系统在设计、生产过程中尽可能达到可靠性“目标”。

可靠性预计遵循自下而上的过程，即从元器件、部件直到整机或系统；而可靠性分配则遵循自上而下的过程，从系统、部件直到元器件。可靠性预计与分配是一种反复迭代、逐步求精的过程。图7-16所示为系统方案阶段和设计阶段可靠性工作流程图。由图可见，可靠性预计和分配在上述两个阶段中占有极其重要的地位，它实际上体现了如何把设计、生产水平的客观现实和对所研制系统的可靠性要求有机结合起来的过程，可靠性预计与分配可使可靠性成为设计过程的一个组成部分，是将可靠性设计到产品中去的一个重要环节。

可靠性预计的方法因已知的有关设计的信息量不同而不同。

在方案阶段，系统方案阶段的可靠性预计，除了以过去同类系统或相类似系统的实际可靠性作为参照依据(综合考虑系统技术水平、复杂程度、使用元器件数目等)来推测未来系统的可靠度外，别无更好的办法可循。这是因为：在方案阶段，由于此时系统的设计方案尚未形成，为使未来系统具有合理的、用户满意的高可靠性，我们不仅应了解并掌握国内外同类或相类似系统的可靠度水平，而且还应了解用户关于未来系统的性能、研制成本和研制周期等方面的设想以及用户对可靠性方面的具体要求。以这些信息为基础，综合各方面因素，系统分析人员可运用相似设备或相似复杂性方法进行系统可靠性指标论证。

在设计阶段，在初步确定了系统设计方案后，就可以针对该方案进行可靠性预计。通过预计，可使设计者发现系统的可靠性薄弱环节，有利于对设计方案提出修改意见。

设计阶段系统的可靠性预计结果准确与否完全取决于下述两个因素：

(1) 是否合理地反映了系统各组件、元器件之间的可靠性关系，即可靠性模型是否正确；

(2) 是否有效地选用了可用于元器件可靠性预计的失效率数据。

上述第一个因素要求建立能客观地反映实际系统的可靠性模型。然而，为了得到一个比较合理的、反映实际系统的可靠性模型，它的前提又必须是建立在对实际系统的任务分析和结构、功能分解基础上，如图7-16所示。上述第二个因素是选择合理的元器件失效率数据，根据国内外现状，可以采用国军标、美军标或两者相结合的办法来处理。应该看到，尽管我们在预计工作中所选用的数据有不同程度的误差，但这主要是在相对意义上使用，它并不影响可靠性预计所要达到的目的，利用这些数据作为依据，对于定量地预计系统的可靠度、比较客观地反映出系统的各个薄弱环节是极其有益的。

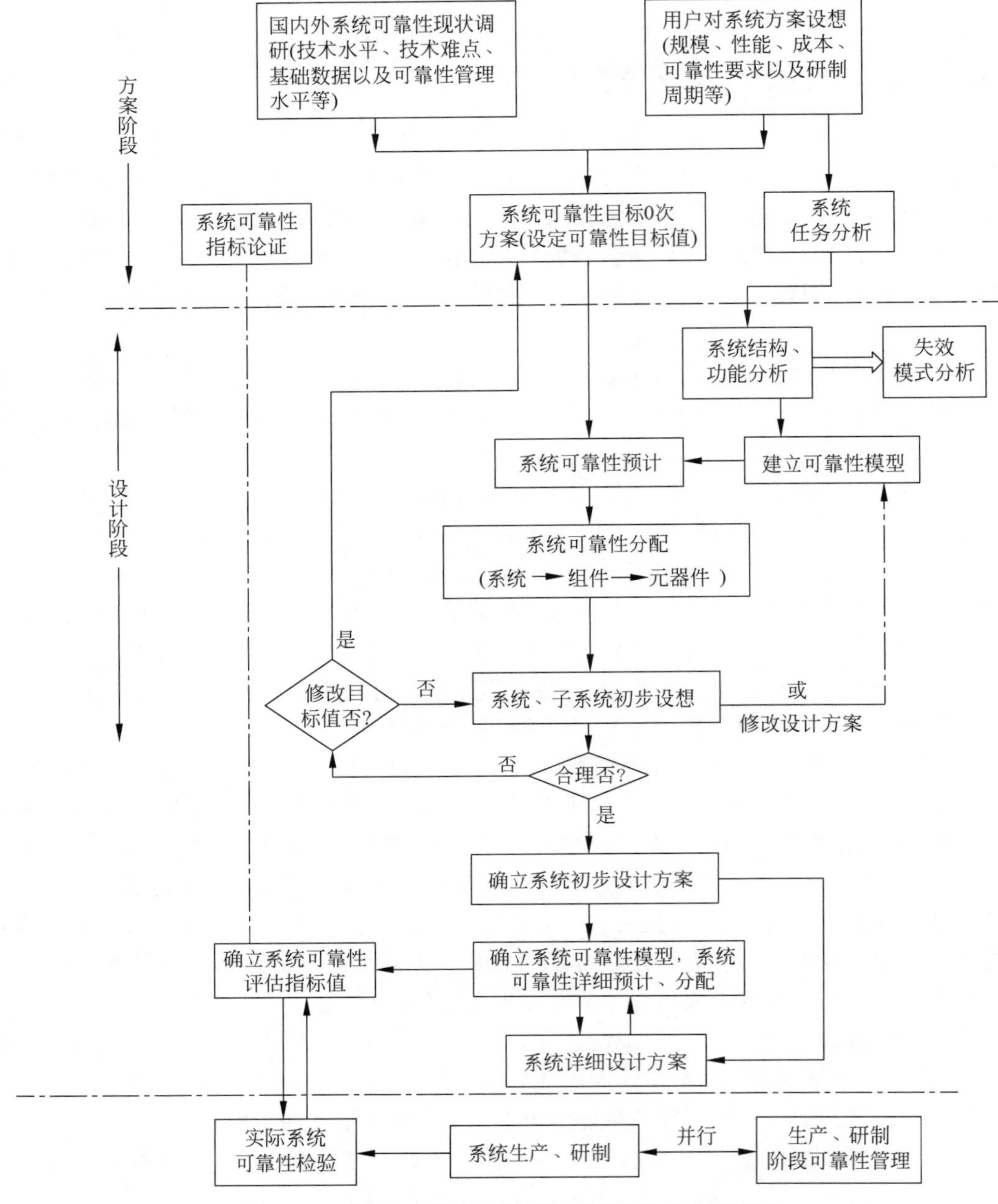

图 7-16　系统方案阶段和设计阶段可靠性工作流程图

从系统方案选择、系统初步设计、设计方案修改，直至进入系统详细设计，可靠性预计工作要进行多次，而且越早进行越有意义。借助可靠性预计值可以及早发现问题，及时采取措施，少走弯路，可用于预计的方法随系统研制阶段不同而不同，也可采用计算机建模仿真方法。

7.6.1　可靠性预计方法

可靠性预计一般按以下三个步骤进行：

(1) 按照系统的功能框图画出系统的可靠性框图；

（2）按照可靠性框图建立精确或半精确的数学模型，首先对可靠性框图中的串联部分、并联部分和混联部分分别求出其数学表达式，然后求出整个系统的数学表达式；

（3）根据各分系统的基本失效率，算出各分系统的工作失效率，并将其代入系统的数学表达式，求出系统的可靠度，公式为

$$工作失效率=基本失效率\times环境因子 \tag{7-41}$$

下面介绍两种常用方法。

1. 元件计数法

元件计数法是一种按元件类型（电阻器、电容器、集成电路、分立半导体器件等）预计可靠性的方法，这种方法适用于方案论证和早期设计阶段，计算中假定产品所使用元器件处于偶然失效期工作。系统失效率的计算公式为

$$\lambda_S=\sum_{i=1}^{n}N_i(\lambda_G\pi_{Q_i}) \tag{7-42}$$

对于给定的一种系统环境来说，式中：λ_G 为第 i 种通用元器件的通用失效率；π_{Q_i} 为第 i 种通用元器件的质量系数；N_i 为第 i 种通用元器件的数量；n 为不同的通用元器件的种类数。

对系统环境，国军标已将其标准化，如表 7-2 所示。

第 i 种元器件的失效率和质量系数可查军标《电子设备可靠性预计手册》得到。

表 7-2　环境分类

环境分类		代号	说　明
地面良好		G_B	能保持正常气候条件，机械应力接近于零。使用与维护良好。如实验条件下的测试与计量仪器、设备、计算机、大型地面站的通信设备、海底电缆增音机等
地面固定	一般	G_{P1}	安装在不受热的建筑物内或通风较好的固定机架上，受振动、冲击影响不大。如雷达、通信设备、电信设备、导弹发射井地面辅助设备、电视机、收录机等家用电器
	恶劣	G_{P2}	安装在只有简陋气候防护设施或地下坑道等平均相对湿度在 80%以上等环境条件的设备
地面移动	平稳	G_{m1}	在比较平稳的地面移动状态下工作或运载、有振动与冲击影响。如专用车辆及火车内使用的电子设备，背负、便携等通信设备，战术导弹的地面辅助设备等
	剧烈	G_{m2}	在比较恶劣的地面移动状态下工作或运载、振动与冲击影响较大、通风及温湿度控制条件受限制、使用中维修条件差、维护不正规，如通信车、坦克车电子设备等
舰载	良好舱内	N_{S1}	接近于普通地面固定条件，但要承受偶然的振动和冲击。如舱内有空调的设备
	普通舱内	N_{S2}	接近于恶劣地面固定条件，但要承受偶然强烈的振动和冲击。如舱内或甲板以下的设备，包括水面舰船内的声呐设备、计算机等
	舱外	N_U	舰船甲板上的典型条件，经常有剧烈的冲击和振动，包括无气候防护，暴露于风雨条件下的水面舰船设备

续表

环境分类		代号	说明
机载	飞机座舱	A_I	典型的飞机乘务员座舱条件，无极高的温度、压力和冲击振动
	飞机无人舱	A_U	安装在设备舱、炸弹舱、机尾、机翼等部位的设备，高压温度冲击与振动等恶劣条件
宇宙飞机		S_F	在地球轨道上，接近良好地面条件，但不能维修，不包括发射飞行和重返大气层，如卫星中的电子设备等
导弹发射		M_L	由于导弹发射、进入轨道及重返大气层或利用降落伞着陆等引起的噪声、振动或其他很恶劣的环境条件

如果系统中不同单元工作在不同环境之下，则在不同环境下，分别按式(7-42)计算最后再累计求得系统失效率。

2. 应力分析法

应力分析法适用于较为详细设计阶段的电子设备可靠性预计。这时所使用的元器件的规格、数量、工作条件和环境条件都已基本明确，应力分析法的元器件失效率模型比元件计数法考虑得更加细致，不同的电子元器件有不同的失效率模型，例如半导体二极管、三极管的失效率模型如下：

$$\lambda_P = \lambda_b(\pi_E \pi_A \pi_R \pi_{S2} \pi_C \pi_Q) \tag{7-43}$$

式中，λ_P 为元器件工作失效率；λ_b 为元器件基本失效率；π_E 为环境系数；π_A 为应用系数，指电路功能方面的应用影响；π_R 为额定功率或额定电流系数；π_{S2} 为电压应力系数；π_C 为复杂度系数；π_Q 为质量系数。

各类参数的取法在 GJB/Z 299A—1991 中有详细说明。

【例 7-5】 某计算机集成制造系统中的有轨运输车的基本可靠性预计。

计算机集成制造系统中，有轨运输车(RGV)是工件流的核心设备。下面首先对其结构进行分解，再建立基本可靠性框图，在此基础上进行可靠性预计。

(1) 结构分解

RGV 由 STD 工控机、伺服驱动、APC 链条驱动、APC 增位驱动、检测、电源、机械传动、软件八大子系统组成。

(2) 基本可靠性框图

RGV 的基本可靠性框图如图 7-17 所示。

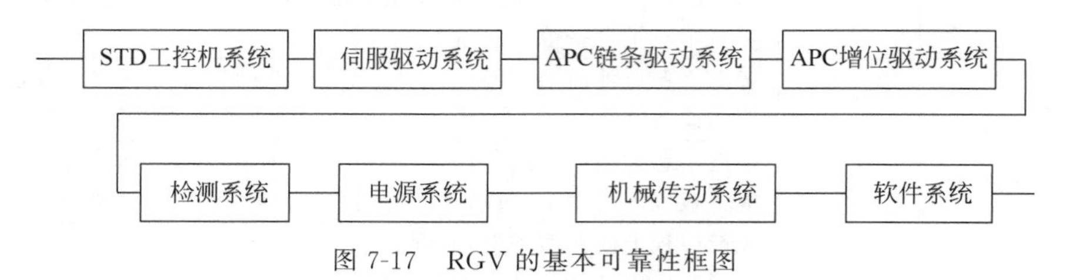

图 7-17 RGV 的基本可靠性框图

(3) 可靠性预计

用元件计数法进行可靠性预计，结果见表 7-3。

表 7-3 RGV 基本可靠性预计表

分系统	分系统组成成分	失效率×质量系数 $(\lambda\pi_Q)_i/10^{-6}$	数量 N_i	$N_i(\lambda\pi_Q)_i/10^{-6}$	分系统失效率$/10^{-6}$
电源系统	稳压电源	4	2	8	21.5
	继电接触板	8	1	8	
	动力、通信滑线	5.5	1	5.5	
STD 工控机系统	串行通信板	6	1	6	32.4
	CPU 板	1.2	1	1.2	
	SRAM 板	6	1	6	
	虚盘板	6	1	6	
	总线匹配板	6	1	6	
	I/O 输入板	6	1	6	
	I/O 输出板	1.2	1	1.2	
APC 链条驱动系统	链条电动机	12	1	12	164.5
	自动开关	3.5	1	3.5	
	可逆接触器	5	1	5	
	接近开关	24	6	144	
APC 增位驱动系统	可逆接触器	5	1	5	116.5
	自动开关	3.5	1	3.5	
	接近开关	24	3	72	
	增位电动机	12	1	12	
	接近开关	12	2	24	
检测系统	原点接近开关	12	1	12	58.4
	接近开关	12	2	24	
	红外开关	5.6	4	22.4	
伺服驱动系统	电源变压器	1	1	1	129.5
	DC 伺服电机	10	1	10	
	过热保护开关	2	1	2	
	接近开关	24	2	48	
	位置环境	1	1	1	
	脉冲编码器	4	1	4	
	伺服驱动器	60	1	60	
	自动开关	3.5	1	3.5	
机械传动系统		20	1	20	20
软件系统		10	1	10	10
RGV 合计					552.8

7.6.2 可靠性分配方法

可靠性分配是把经过论证的可靠性目标值或可靠性预计值从系统开始，自上而下地分配给各子系统、部件、元器件。这样，一旦系统各组成部分的可靠性分配指标值能够达到，整个系统的可靠性目标值或预计值就得以实现。

可靠性分配问题一般可分为两大类：

（1）以体积、重量、成本等为约束，而以可靠性最高为目标的分配问题；

（2）以可靠性指标为约束条件，给定下限值，而以重量、体积、成本等其他参数为目标函数的分配问题。

可靠性分配方法通常有以下几种：

1. 比例分配法

在单元或子系统失效率可预计的情况下，可对失效率进行分配。若记系统各单元或子系统的预计失效率为 $\lambda_i=1/\mathrm{MTBF}_i$，并设系统的可靠性模型是完全串联形式，则系统的预计失效率为

$$\lambda_S=\sum_{i=1}^{n}\lambda_i=\sum_{i=1}^{n}\frac{1}{\mathrm{MTBF}_i} \tag{7-44}$$

为满足系统设计的可靠性目标值 λ_S^* 的要求，应分配给各单元或子系统以满足目标值要求的失效率 λ_i^* 为

$$\lambda_i^*=\frac{\lambda_i}{\lambda_S}\times\lambda_S^* \tag{7-45}$$

2. AGREE 法

这种分配方法是由美国电子设备可靠性咨询组（AGREE）提出的一种可靠性分配的代数方法，是以重要度和复杂度为基础的对系统可靠度进行分配的方法。

设系统由 k 个子系统串联组成，子系统 $i(i=1,2,\cdots,k)$ 由 n_i 个元件组成，整个系统共用 $\sum n_i=N$ 个元件。ω_i 为第 i 个分系统的权重，其定义为

$$\omega_i=\frac{\text{第 } i \text{ 个子系统的故障引起的系统故障数}}{\text{第 } i \text{ 个子系统的故障数}}$$

若各子系统 i 的可靠性服从指数分布，且平均寿命为 m_i，第 i 个子系统的工作时间为 t_i，则系统可靠度为

$$R_S=\prod_{i=1}^{k}R_i=\prod_{i=1}^{k}\left[1-\omega_i\left(1-\exp\left(-\frac{t_i}{m_i}\right)\right)\right] \tag{7-46}$$

假设各元件的可靠度分配值都一样，则分系统的可靠度可按下式分配：

$$R_i^*=R_S(t)^{n_i/N}=1-\omega_i\left(1-\exp\left(-\frac{t_i}{m_i}\right)\right) \tag{7-47}$$

由此解得

$$m_i=\frac{-t_i}{\ln\left[1-\frac{1}{\omega_i}(1-R_S^{n_i/N})\right]} \tag{7-48}$$

第 i 个子系统在 t_i 时的可靠度则为

$$R_i(t_i)=1-\frac{1-R_S^{n_i/N}}{\omega_i} \tag{7-49}$$

【例 7-6】 某系统由 5 个分系统组成。该系统的任务时间为 12h，要求的可靠度为 0.923。此系统的各分系统的有关数据如表 7-4 所示，求各分系统的可靠度分配值。

表 7-4 各分系统数据

i	$R(12)=0.923$		
	n_i	ω_i	任务时间/h
1	102	1.0	12
2	91	1.0	12
3	242	1.0	12
4	95	0.3	3
5	40	1.0	12
小计	570		

解：将表 7-4 中的数据代入式(7-49)可计算出各分系统的可靠度分配值如下：

$$R_1(12)=1-\frac{0.923^{102/570}}{1.0}=0.9858$$

$$R_2(12)=1-\frac{1-0.923^{91/570}}{1.0}=0.9873$$

$$R_3(12)=1-\frac{1-0.923^{242/570}}{1}=0.9666$$

$$R_4(3)=1-\frac{1-0.923^{95/570}}{0.3}=0.9558$$

$$R_5(12)=1-\frac{1-0.923^{40/570}}{1.0}=0.9944$$

经验算，得系统的可靠度为

$$\begin{aligned}R&=\prod_{i=1}^{4}[1-\omega_i(1-R_i)]=R_1\times R_2\times R_3\times[1-0.3(1-R_4)]\times R_5\\&=0.9858\times 0.9873\times 0.9666\times 0.9868\times 0.9944\\&=0.9232>0.923\end{aligned}\tag{7-50}$$

满足系统要求的可靠度条件。

3. 最小努力法

系统可靠度分配要结合具体情况，根据各子系统提高可靠度的难易程度来考虑，从而尽量做到以最小的努力得到最大的收获，这就是最小努力法的思想。一般地，对可靠度低的子系统提高其可靠度比较容易，而对可靠度较高的子系统提高其可靠度就比较困难。最小努力法是将 k 个可靠度低的子系统的可靠度提高到 R_0，而 $k+1$ 后其他可靠度高的几个子系统可靠度保持不变，问题是如何确定 k 和 R_0。

设系统是由各子系统构成的串联系统，各子系统可靠度预测值已知为

$$R_1\leqslant R_2\leqslant\cdots\leqslant R_n\tag{7-51}$$

则系统可靠度预测值为

$$R_S=\prod_{i=1}^{n}R_i\tag{7-52}$$

令

$$R_S^*=(R_0^*)^k\prod_{j=k+1}^{n+1}R_j,\quad R_{n+1}=1\tag{7-53}$$

求满足

$$\left(\frac{R_S^*}{\prod_{j=i+1}^{n+1} R_j}\right)^{1/i} \geqslant R_i \tag{7-54}$$

的最大的 i，即为所求 k：

$$R_0^k R_{k+1} \cdots R_n = R_S^* \tag{7-55}$$

$$R_0 = \left(\frac{R_S^*}{\prod_{j=k+1}^{n+1} R_j}\right)^{1/k} \tag{7-56}$$

即子系统 i 分配的可靠度指标为：当 $i \leqslant k$ 时，$R_i^* = R_0$；当 $i > k$ 时，$R_i^* = R_i$。

【例 7-7】 一个系统由三个子系统串联组成，各子系统可靠度预测值为 $R_1 = 0.8$，$R_2 = 0.85$，$R_3 = 0.9$，即 $R_S = 0.612$，现要求 $R_S^* = 0.7$，试按最小努力法作可靠度分配。

解：要求 k 和 R_0，可采用式(7-54)。

当 $j=1$ 时，$R_1 = 0.8 < \left(\frac{0.7}{0.85 \times 0.9 \times 1}\right)^{1/1} = 0.915$

当 $j=2$ 时，$R_2 = 0.85 < \left(\frac{0.7}{0.9 \times 1}\right)^{1/2} = 0.882$

当 $j=3$ 时，$R_3 = 0.9 > \left(\frac{0.7}{1}\right)^{1/3} = 0.888$

所以

$$k = 2, \quad R_0^* = \left(\frac{0.7}{0.9 \times 1}\right)^{1/2} = 0.882$$

即把第一、第二个子系统的可靠度提高到 0.882，而第三个子系统可靠度不变，这样

$$R_S = 0.882 \times 0.882 \times 0.9 = 0.700\,131\,6 > 0.7$$

满足要求。

【习题】

1. 试判断下列结论是否正确，并阐述理由。

(1) 若产品 A 比产品 B 的平均寿命大，那么，产品 A 的可靠度 $R_A(t)$ 就比产品 B 的可靠度 $R_B(t)$ 大；

(2) 若在同一时刻 t_0，产品 A 的失效率比产品 B 的失效率大，那么，在 t_0 时刻产品 A 的可靠度就比产品 B 的可靠度小；

(3) 若产品 A、B 的寿命随机变量同分布，但参数不同，且在同时刻 t_0 两产品的失效率相等，那么，在 t_0 时刻两产品的可靠度相等；

(4) 若某元件的可靠度函数为 $R(t) = e^{-\lambda t}$，那么，该元件的寿命分布为指数分布。

2. 设某产品的失效时间服从正态分布，且有 $\mu = 20\,000$ 循环次和 $\sigma = 2000$ 循环次，求产品在 19 000 循环次的可靠度和失效率。

3. 设某种产品的寿命服从指数分布，已知产品的平均寿命为200h，试求连续工作10h、20h、200h的可靠度。

4. 某种产品的寿命分布服从指数分布，其平均寿命为3700h，问达到$R=0.9$的可靠寿命是多少？

5. 设某产品的失效率函数为

$$\lambda(t)=\begin{cases}0, & 0\leqslant t<\mu\\ \lambda, & \mu\leqslant t\end{cases} \tag{7-57}$$

试求此产品的分布密度、平均寿命和方差。

6. 设产品的故障率函数为

$$\lambda(t)=ct, \quad t\geqslant 0 \tag{7-58}$$

其中c为常数，试求其故障密度函数$f(t)$与可靠度函数$R(t)$。

7. 某产品的寿命t的分布密度为

$$f(t)=t\mathrm{e}^{-\frac{t^2}{2}}, \quad t\geqslant 0 \tag{7-59}$$

试求此产品的可靠度$R(t)$、失效率$\lambda(t)$。

8. 寿命服从指数分布的继电器，MTBF为10^6次，其故障率是多少？工作到100次的可靠度是多少？

9. 某设备发生了10次故障，它的总工作时间为7000h。设其寿命服从指数分布，求该设备的平均寿命及工作1000h的可靠度。

10. 某系统中一个关键元器件有两种生产方案：方案一生产该元件每只价格1400元，其寿命服从$\eta=100\sqrt{10}\,\mathrm{h}$，$m=2$的威布尔分布；方案二生产该元件每只价格1500元，其寿命服从$\eta=100\mathrm{h}$，$m=3$的威布尔分布。问：

(1) 要求该元件10h内在同样费用下可靠度尽量大的原则，厂方应选择哪一种方案组织生产？

(2) 根据同样原则，要求该元件工作15h，厂方应选择哪一种方案？

11. 一设备由三个子系统构成，每个子系统都正常工作的时候设备才能正常工作。它们的失效率分别是$\lambda_1=0.001/\mathrm{h}$，$\lambda_2=0.002/\mathrm{h}$，$\lambda_3=0.005/\mathrm{h}$，设备任务时间为20h，在任务时间内各个子系统的使用时间分别为$t_1=20\mathrm{h}$，$t_2=5$小时，$t_3=20\mathrm{h}$。求任务结束时设备的可靠度。

12. 试画出如图7-18所示电容组成的系统的可靠性模型，分别假设短路为故障和断路为故障。

13. 如图7-19所示混合系统，若各个单元相互独立，且5个单元的失效率依次为0.01，0.002，0.004，0.006，0.007(1/h)。试求系统工作10h的可靠度。

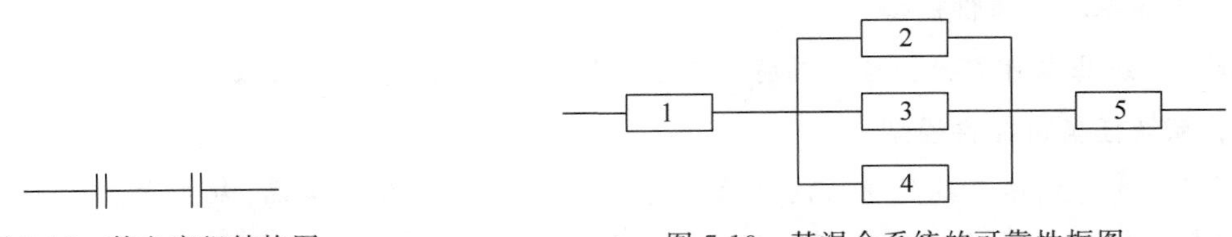

图7-18　某电容组结构图

图7-19　某混合系统的可靠性框图

14. 由相同部件组成的2/3(G)表决系统，若部件寿命服从指数分布，那么系统平均寿命小于单部件平均寿命，系统可靠度大于单部件可靠度。判断该题的正误。

15. 一个系统由三个分系统组成，通过预计得到各分系统的可靠度为0.7、0.8、0.9，则系统的可靠度为$R_S=0.504$，现要求系统的可靠度必须达到0.65，试用最小努力法对各分系统进行可靠度再分配以达到要求。

16. 某产品由4个分系统构成，产品工作时间为4h。每个分系统寿命都服从指数分布，各分系统的构成部件数和重要度如表7-5所示。要求系统的可靠度指标为0.9，试给各分系统分配可靠度。

表7-5 各分系统的构成部件数和重要度

分系统序号	构成部件数	重要度	工作时间/h
1	20	0.7	4
2	30	0.5	3
3	200	0.8	4
4	50	0.2	2

某先进制造系统的可靠性模型与预计

某先进制造系统是由加工系统、物料运储系统和计算机控制系统等组成的自动化制造系统。加工系统包括一台五坐标数控龙门铣(简称机床1)、一台五坐标加工中心(简称机床2)、一台四坐标加工中心(简称机床3)共三台数控机床加工设备，只用于实施对产品零件的加工。物料运储系统包括工件有轨运输小车、工件装卸站、刀具刃磨工作站、对刀仪及刀具装卸站、自动化立体车库(包括堆垛机)、中央刀库、托盘缓冲站等。该系统主要完成以下任务：①原材料、半成品、成品的运输(包括中间的运输)和储存，构成先进制造系统的工件流；②刀具、夹具的运输与储存，构成刀具流；③托盘、辅助材料、废品和备件的运输与储存，构成配套流。计算机控制系统由一台中央控制计算机、局域网、各设备的控制装置组成分级控制网络，对整个先进制造系统进行控制和监督管理。其他系统包括在线测量工作站、清洗工作站等。

该先进制造系统可加工完成飞机上的不同零件的制造任务，能够根据制造任务或生产品种的变化而迅速进行调整，适合多品种、小批量的制造任务，可以实现高度柔性的自动化加工。

要求建立系统基本可靠性模型、任务可靠性模型，并预计系统任务可靠度。具体求解过程如下。

1. 系统基本可靠性模型

建立系统基本可靠性模型就是将所有子系统串联起来构成串联系统，见图7-20。

2. 系统任务可靠性模型

假设该先进制造系统的通信网络、物流系统等子系统可靠性很高，都正常工作，只讨论由三台数控机床组成的加工系统的可靠性。表7-6给出工件1、2、3的加工工序、路径和加工时间。

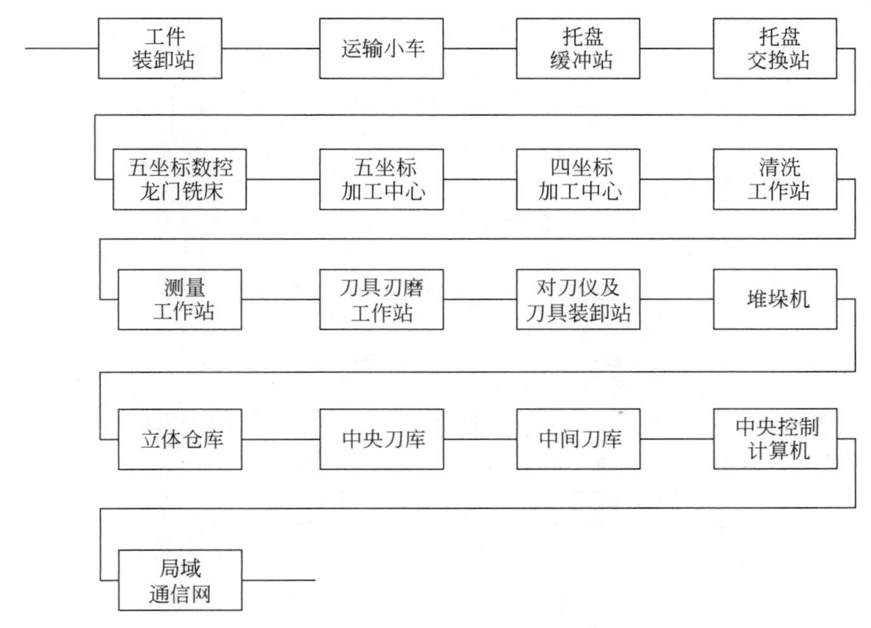

图 7-20　某先进制造系统基本可靠性模型

表 7-6　工件 1、2、3 的加工路径和加工时间

工件号	工序 1	工序 2	工序 3	工序 4
1	机床 1 或机床 2，加工时间为 t_{11}	机床 3，加工时间为 t_{12}	机床 2 或机床 3，加工时间为 t_{13}	机床 3，加工时间为 t_{14}
2	机床 1，加工时间为 t_{21}	机床 2 或机床 3，加工时间为 t_{22}	机床 3，加工时间为 t_{23}	机床 1，加工时间为 t_{24}
3	机床 2，加工时间为 t_{31}	机床 2 或机床 3，加工时间为 t_{32}	机床 2 或机床 3，加工时间为 t_{33}	机床 3，加工时间为 t_{34}

将完成某一工件的全部加工任务作为加工系统的一个任务，每一道工序可认为是一个任务阶段，针对每个阶段分别建立可靠性模型，再将全部任务串起来可得整个任务的可靠性模型。

根据表 7-6，可得系统加工工件 1 的任务可靠性模型如图 7-21 所示，系统加工工件 2 的任务可靠性模型如图 7-22 所示，系统加工工件 3 的任务可靠性模型如图 7-23 所示。

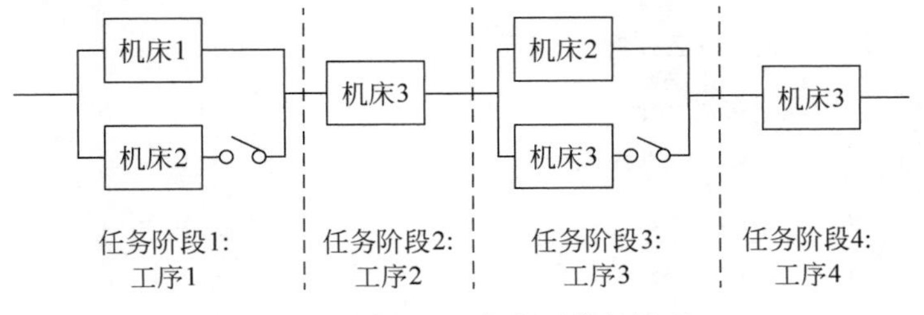

图 7-21　工件 1 的任务可靠性模型

令 R_i 表示完成第 i 个工件的可靠度，R_{ij} 表示完成第 i 个工件第 j 个工序的可靠度，则有

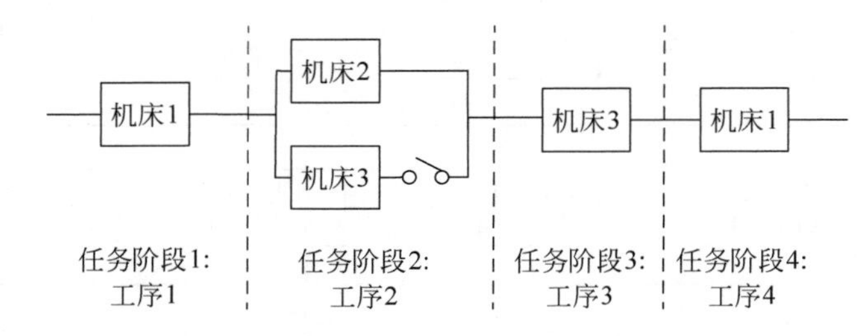

图 7-22 工件 2 的任务可靠性模型

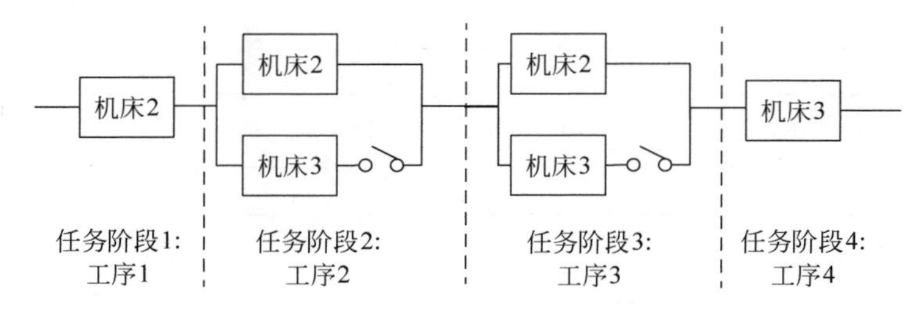

图 7-23 工件 3 的任务可靠性模型

$$R_i = R_{i1} \times R_{i2} \times R_{i3} \times R_{i4}, \quad i = 1,2,3 \tag{7-60}$$

设 R_S 为系统完成 3 个工件的可靠度，则

$$R_S = R_1 \times R_2 \times R_3 \tag{7-61}$$

3. 系统任务可靠性预计

设 x_i 为机床 i 的正常工作时间，随机变量，假设所有机床的正常工作时间都服从指数分布，参数分别为 λ_1、λ_2、λ_3，分布密度函数分别为 $f_1(x_1)=\lambda_1 e^{-\lambda_1 x_1}$，$f_2(x_2)=\lambda_2 e^{-\lambda_2 x_2}$，$f_3(x_3)=\lambda_3 e^{-\lambda_3 x_3}$，我们来求 R_1。

由式(7-60)可得

$$R_1 = R_{11} R_{12} R_{13} R_{14}$$

$$R_1 = P(x_1 + x_2 \geqslant t_{11}) \cdot P(x_3 \geqslant t_{12}) \cdot P(x_2 + x_3 \geqslant t_{13}) \cdot P(x_3 \geqslant t_{14})$$

其中

$$\begin{aligned} R_{11} &= P(x_1 + x_2 \geqslant t_{11}) = 1 - P(x_1 + x_2 < t_{11}) \\ &= 1 - \iint\limits_{x_1 + x_2 < t_{11}} \lambda_1 e^{-\lambda_1 x_1} \cdot \lambda_2 e^{-\lambda_2 x_2} dx_1 dx_2 \end{aligned} \tag{7-62}$$

假设 $\lambda_1 = \lambda_2 = \lambda$，则根据式(7-62)，有

$$\begin{aligned} R_{11} &= 1 - (-e^{-\lambda_2 t_{11}} + 1) + \lambda_2 e^{-\lambda_1 t_{11}} t_{11} \\ &= e^{-\lambda_2 t_{11}} + \lambda_2 e^{-\lambda_1 t_{11}} t_{11} \\ &= (1 + \lambda t_{11}) e^{-\lambda t_{11}} \end{aligned} \tag{7-63}$$

当 $\lambda_1 \neq \lambda_2$ 时，有

$$R_{11} = \frac{\lambda_2}{\lambda_2 - \lambda_1} e^{-\lambda_1 t_{11}} + \frac{\lambda_1}{\lambda_1 - \lambda_2} e^{-\lambda_2 t_{11}} \tag{7-64}$$

假设 x_3 服从指数分布，$f_3(x_3)=\lambda_3 e^{-\lambda_3 x_3}$，则有

$$R_{12}=P(x_3\geqslant t_{12})=\mathrm{e}^{-\lambda_3 t_{12}} \tag{7-65}$$

假设 $\lambda_2\neq\lambda_3$，同理可得

$$R_{13}=P(x_2+x_3\geqslant t_{13})=\frac{\lambda_3}{\lambda_3-\lambda_2}\mathrm{e}^{-\lambda_2 t_{13}}+\frac{\lambda_2}{\lambda_2-\lambda_3}\mathrm{e}^{-\lambda_3 t_{13}} \tag{7-66}$$

$$R_{14}=P(x_3\geqslant t_{14})=\mathrm{e}^{-\lambda_3 t_{14}} \tag{7-67}$$

当 $\lambda_1\neq\lambda_2$，$\lambda_2\neq\lambda_3$ 时，可求得

$$\begin{aligned}R_1&=R_{11}R_{12}R_{13}R_{14}\\&=\left(\frac{\lambda_2}{\lambda_2-\lambda_1}\mathrm{e}^{-\lambda_1 t_{11}}+\frac{\lambda_1}{\lambda_1-\lambda_2}\mathrm{e}^{-\lambda_2 t_{11}}\right)\mathrm{e}^{-\lambda_3 t_{12}}\cdot\\&\quad\left(\frac{\lambda_3}{\lambda_3-\lambda_2}\mathrm{e}^{-\lambda_2 t_{13}}+\frac{\lambda_2}{\lambda_2-\lambda_3}\mathrm{e}^{-\lambda_3 t_{13}}\right)\mathrm{e}^{-\lambda_3 t_{14}}\end{aligned} \tag{7-68}$$

类似地，可求得 R_2 和 R_3，根据式(7-61)可求出系统完成3个工件加工任务的可靠性 R_S。

【延伸阅读】 网络系统的可靠性分析，郭波

第8章

故障分析技术

波音737MAX8坠机事故

2019年3月10日8:38,一架波音737MAX8从埃塞俄比亚首都亚的斯亚贝巴起飞。6min后,这架原本要飞往肯尼亚首都内罗毕的飞机失去联系,随即坠毁在距起飞地约45km的比绍夫图附近,机上149名乘客和8名机组人员全部遇难。

这是半年内失事的第二架波音737MAX8。就在事故发生的5个月前,印度尼西亚狮航一架由737MAX8执飞的航班在起飞13min后坠入爪哇海,机上189人全部遇难。

据虎嗅网报道,上次事故之后,大家的怀疑集中于737-MAX飞机新配备的MCAS(maneuvering characteristics augmentation system,机动特性增强系统)。从本次事故来看,这套系统造成事故的可能性很大。

波音737是20世纪60年代定型的机种,定型以来虽然一直在改进,但有个问题一直没法解决:最初设计的飞机并不需要装备大涵道比(可以粗略理解为大直径)的发动机,所以机翼下留给发动机的空间不大。随着技术的发展,发动机的直径越来越大,在不另起炉灶的情况下,波音只能采取加长起落架、改进起落架、加长机身等手段修修补补。发动机推力增大、起落距离增长、上移等改动,很容易导致飞机正常飞行中"抬头",也就是攻角增大。

737-MAX客机配备的MCAS会在发现攻角异常时自动介入,压低机头。不过据报道,波音公司并没有对飞行员进行专门的提醒和培训,而2018年发生事故的狮航客机的攻角传感器之前就有异常迹象。如果攻角正常但读数错误,MCAS会自动压低机头,导致飞机俯冲(客机一般是不能俯冲的)。如果飞行员没有经过特别提醒,往往不会知道发生了什么,只知道发生了异常。按照MCAS的设计,就算飞行员人工介入,操作停止5s之后MCAS也会再次介入。据报道,许多飞行员没有经过培训,也不清楚在哪里关闭MCAS。

参考资料:左琳.波音737MAX8再坠机,民航业影响几何?[J].中国报道,2019(4):88-89.

故障分析技术与现代生产和公共安全密切相关,在识别关键组件的故障模式并加以优化,提升生产和服务系统的稳定性和可靠性,提高经济效益等方面具有广泛而深远的意义。那么故障分析技术有哪些具体方法?如何开展正确的故障分析技术?本章将就故障分析技术展开介绍,以初步解答上述问题。

8.1 故障模式、影响及危害性分析

8.1.1 概述

故障模式、影响及危害性分析(failure mode，effects and criticality analysis，FMECA)是在工程实践中总结出来的，以故障模式为基础，以故障影响或后果为中心，根据分析层次，并通过因果关系推理、归纳进行的分析活动。通过 FMECA，可评价设计的可靠性水平，识别薄弱环节和关键项目，提出措施建议，并实施改进。

FMECA 是可靠性、安全性、维修性、测试性、保障性分析的基础，并得到不同的分析结果。

FMECA 为故障数据的积累和设计技术的继承提供了技术手段。有效的 FMECA 可以尽可能地利用经验数据对设计方案进行全面、系统的检查，并为及时制定和实施设计改进措施提供参考和依据。与单纯依靠“试验—修改—再试验”的手段检验和完善设计的方法相比较，特别是对于那些组成部分多、技术先进、结构复杂、成本高的新研制产品，有效的 FMECA 工作可以起到降低研制费用、缩短设计改进周期的良好作用，从而大大提高设计、研制阶段的效率。

由于 FMECA 具有原理简单、易操作并可获得良好效果的特点，因此已经被广泛应用于各行各业，成为工业领域在产品设计、研制过程中普遍采用的设计分析技术之一，许多军用或民用标准将其列为重要的工作项目。例如，我国的《装备可靠性工作通用要求》(GJB 450A—2004)，美国军方的《系统和设备研制和生产可靠性大纲》(MIL-STD-785)、《航天器及运载火箭可靠性大纲要求》(MTL-STD-1543)，欧洲空间用的《空间产品保证——可信性》(ECSS-Q-30)，国际汽车行业的《质量体系要求》(QS 9000)等。

实践证明，有效的 FMECA 可以发挥以下作用：

(1) 通过实施有计划的、规范的 FMECA 工作，确保对设计中可能存在的各类故障模式及其后果进行系统、全面的检查，为评价设计提供参考和依据；

(2) 揭示产品设计、生产工艺过程的缺陷和薄弱环节，为设计、工艺改造和质量控制提供参考和依据；

(3) 为比较和选择设计方案提供参考；

(4) 为有关的试验活动的策划提供相关的信息；

(5) 为故障诊断、故障隔离和故障对策的制定提供相应的信息；

(6) 推动相关可靠性、安全性等工作的开展。

FMECA 由失效模式和影响分析(failure mode and effects analysis，FMEA)、危害性分析(criticality analysis，CA)两部分组成。只有在进行 FMEA 的基础上，才能进行 CA。

FMECA 是产品可靠性分析的一个重要的工作项目，也是开展维修性分析、安全性分析、测试性分析和保障性分析的基础。

在产品寿命周期各阶段，采用 FMECA 的方法及目的略有不同，见表 8-1。虽然各个阶段 FMECA 的形式不同，但根本目的均是从不同角度发现产品的各种缺陷与薄弱环节，并采取有效的改进和补偿措施，以提高其可靠性水平。

表 8-1　在产品寿命周期各阶段的 FMECA 方法

阶段	方　　法	目　　的
论证方案阶段	功能 FMECA	分析研究产品功能设计的缺陷与薄弱环节，为产品功能设计的改进和方案的权衡提供依据
工程研制与定型阶段	功能 FMECA	分析研究产品硬件、软件、生产工艺和生存性与易损性设计的缺陷与薄弱环节，为产品的硬件、软件、生产工艺和生存性与易损性设计的改进提供依据
	硬件 FMECA	
	软件 FMECA	
	损坏模式及影响分析（damage mode and effects analysis，DMEA）	
	过程 FMECA	
生产阶段	过程 FMECA	分析研究产品的生产工艺的缺陷和薄弱环节，为产品生产工艺的改进提供依据
使用阶段	硬件 FMECA	分析研究产品使用过程中可能或实际发生的故障、原因及其影响，为提高产品使用可靠性，进行产品的改进、改型或新产品的研制以及使用维修决策等提供依据
	软件 FMECA	
	损坏模式及影响分析（DMEA）	
	过程 FMECA	

产品的设计 FMECA 工作应与产品的设计同步进行。在产品论证与方案阶段、工程研制阶段的早期主要考虑产品的功能组成，对其进行功能 FMECA；在产品工程研制阶段、定型阶段，主要是采用硬件（含 DMEA）、软件的 FMECA。随着产品设计状态的变化，应不断更新 FMECA，以及时发现设计中的薄弱环节并加以改进。

过程 FMECA 是产品生产工艺中运用 FMECA 方法的分析工作，它应与工艺设计同步进行，以及时发现工艺实施过程中可能存在的薄弱环节并加以改进。

在产品使用阶段，利用使用中的故障信息进行 FMECA，以及时发现使用中的薄弱环节并加以纠正。

8.1.2　故障模式

在国军标《可靠性维修性保障性术语》（GJB 451A—2005）中，对故障模式的定义是：故障的表现形式。更确切地说，故障模式一般是对产品所发生的、能被观察或测量到的故障现象的规范描述。产品发生故障的原因可分为两大类：一类为产品本身固有特性发生变化；一类为外来因素导致。故障的模式、原因与其影响之间存在着紧密关系。本节将对故障模式、原因与影响之间的关系进行探讨。

故障模式分析的目的是找出产品所有可能出现的故障模式，其主要内容如下：

1. 功能 FMEA 和硬件 FMEA

失效模式和影响分析简称为 FMEA，包括功能 FMEA 和硬件 FMEA。其中，功能 FMEA 指的是对产品的功能结构进行失效模式与效应分析，硬件 FMEA 指的是对产品硬件的可用性进行失效模式与效应分析。当选用功能 FMEA 时，根据系统定义中的功能描述、故障判据的要求，确定其所有可能的功能故障模式，进而对每个功能故障模式进行分析；当选用硬件 FMEA 时，根据被分析产品的硬件特征，确定其所有可能的硬件故障模式（如电阻器的开路、短路和参数漂移等），进而对每个硬件故障模式进行分析。

2. 故障模式的获取方法

在进行故障模式分析时，一般可以通过统计、试验、分析、预测等方法获取产品的故障模式。若采用现有的产品，可以该产品在过去的使用中所发生的故障模式为基础，再根据该产品使用环境条件的异同进行分析修正，进而得到该产品的故障模式；若采用新的产品，可根据该产品的功能原理和结构特点进行分析、预测，进而得到该产品的故障模式，或以与该产品具有相似功能和相似结构的产品所发生的故障模式作为基础，分析判断该产品的故障模式；对引进国外货架产品，应向外商索取其故障模式，或以相似功能和相似结构产品中发生的故障模式作为基础，分析判断其故障模式。

8.1.3 故障原因分析

故障原因分析的目的是：找出每个故障模式产生的原因，进而采取针对性的有效改进措施，防止或减少故障模式发生的可能性。

1. 故障原因分析的方法

一是从导致产品发生功能故障模式或潜在故障模式的那些物理、化学或生物变化过程等方面找故障模式发生的直接原因；二是从外部因素（如其他产品的故障、使用、环境和人为因素等）方面找产品发生故障模式的间接原因。

2. 故障原因分析的注意事项

故障原因分析的注意事项如下：

(1) 正确区分故障模式与故障原因。故障模式一般是可观察到的故障表现形式，而故障模式的直接原因或间接原因是设计缺陷、制造缺陷或外部因素所致。

(2) 应考虑产品相邻约定层次的关系。因为下一约定层次的故障模式往往是上一约定层次的故障原因。

(3) 当某个故障模式存在两个以上故障原因时，在FMEA表"故障原因"栏中均应逐一注明。

故障的两大原因如下：

(1) 产品固有特性变化：电特性变化、机械特性变化、老化。

(2) 产品外来因素的变化：环境条件、使用条件。

产品发生故障，有时是单一的固有特性发生变化或外来因素作用，有时则是两者交互作用的结果。

产品在自身固有特性变化或外部因素的作用之下所表现出的各类故障状态和现象直接受故障原因的影响，是故障原因作用的结果。

8.1.4 故障影响分析

故障模式的影响可用图8-1表示。

1. 故障原因、故障模式、故障影响的相互作用

图8-2显示了系统的故障原因、故障模式及故障影响之间的相互作用。

从图8-2中可以看出，故障原因作用于产品，从而产生故障（模式），故障又引起子系统、系统等的变化。通过对故障原因采取对策，可使故障、故障影响降低以致消除。

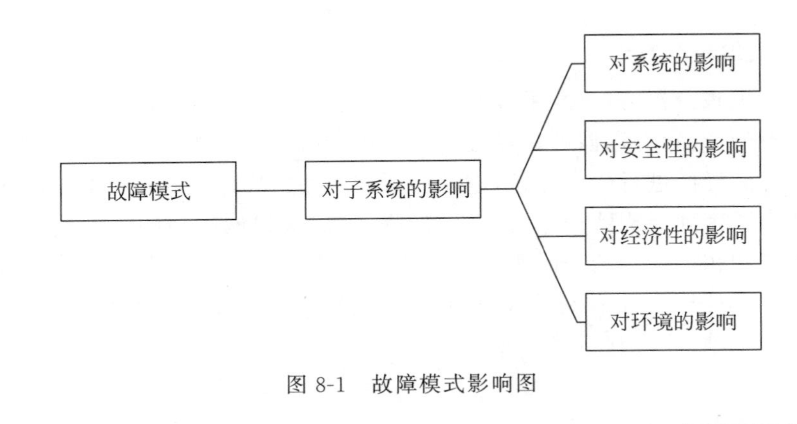

图 8-1 故障模式影响图

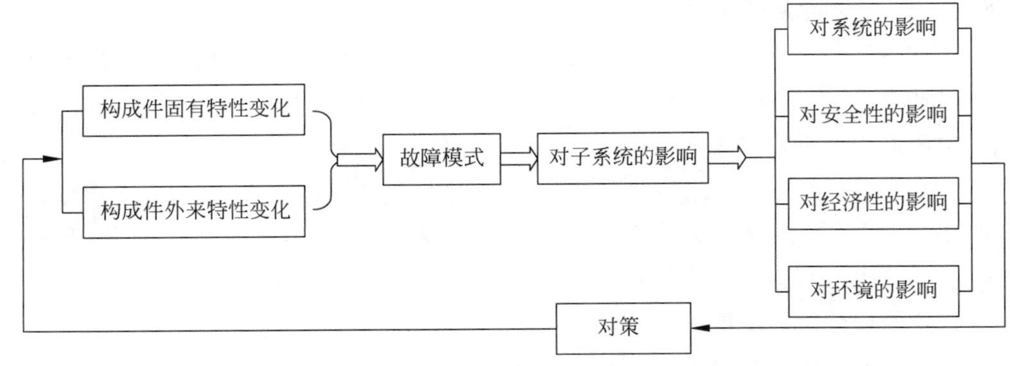

图 8-2 故障原因、故障模式及故障影响之间的相互作用图

2. 区分故障原因与故障模式的方法

在进行 FMEA 分析时，常会遇到难于区分故障模式和故障原因的情况，即找出了一个故障，不知其究竟是故障表现还是故障原因。这时可用两种方法来区分。

1）研究可靠性框图，确定分析层次

在 FMEA 分析中，一种故障模式可能是上层系统的故障原因，同时又是下层系统的结果（即对于上层系统而言它是原因，对于下层系统而言它是结果），也就是说，随着观察角度不同，故障的性质是不同的。如计算机“电源电路不工作”是一种故障模式，对于上层系统“计算机”而言，它是导致“计算机无法开机”故障的原因，同时它又是下层系统“稳压模块烧坏”的结果。当分析层次完全确定且整个 FMEA 表产品栏分析层次完全相同时，此类问题就会迎刃而解。

2）用故障树分析（FTA）法进行判断

故障树分析法是一种自上而下的分析方法，在列举许多故障模式时，可找出共同的故障模式，作为故障树的顶层，以其作为故障模式，其他延伸下来的即为故障原因。如对于计算机的故障模式可列举为：不能启动、电源电路烧损、启动开关失灵、稳压电路 IC 烧坏、保险丝熔断等。这些故障模式的共同点为计算机不能启动，它即可作为故障树的顶层；以顶层展开分析，再列举出的故障模式即为故障原因。

3. 对共因故障的分析

共因故障为可以造成多个影响或故障的原因，如电网波动时可能造成用电器保险丝熔断、马达烧毁、控制电路烧坏等多种故障。通过实施FMEA分析,可以确认共因故障对系统、使用人、环境和公众所造成的影响。这里,“用电器保险丝熔断”“马达烧毁”“控制电路烧坏”等即为故障模式。

4. 产品常见故障模式

本节将对产品常见的各种故障模式作一介绍。

1) 国际电工委员会(IEO)列举的故障模式

(1) 功能方面的故障模式

- 提前动作;
- 在规定时间内不动作;
- 在规定时间不停止;
- 动作中出现故障。

(2) 一般故障模式

- 凝固、阻塞;
- 破损;
- 振动;
- 停止在规定位置以外;
- 无法打开;
- 无法合上;
- 开路;
- 停止工作;
- 内部泄漏;
- 外部泄漏;
- 高于容许值;
- 低于容许值;
- 操作困难;
- 间歇动作;
- 动作不稳定;
- 显示错误;
- 流量受限;
- 误动作;
- 不能停止;
- 不能启动;
- 不能切换;
- 动作过早;
- 动作过迟;
- 误输入(增加或减少);
- 误输出(增加或减少);
- 输入损失;
- 输出损失;
- 短路;

- 开路；
- 漏电。

2）产品的一般故障模式

（1）通用产品

通用产品的故障模式见表 8-2。

表 8-2 通用产品故障模式

产品类别	故障模式
电气产品	开路、短路、过热、漏电、机械故障、输出不良、动作慢、接触不良、其他
机械产品	机械性能不良、腐蚀、泄漏、输出不良、动作不良、振动
其他通用产品	接触不良、短路、开路、输出不良、机械性能不良、泄漏、振动、噪声、异味

（2）电子电气类产品

电子电气类产品的故障模式见表 8-3。

表 8-3 电子电气类产品故障模式

产品类别	故障模式
变频器	开路、短路、漂移
功率计	短路、开路、读数错误
继电器	触点电阻过大、触点短路、触点开路、触点振动、线圈开路、线圈短路、接合不稳定
可变电阻	短路、开路、数值漂移、机械故障
保险丝	开路、熔断电流变化
半导体	短路、开路、开关电流增大、电压增大、杂波、噪声、失控、参数漂移
电线	开路、短路、接触不良、绝缘破损
灯泡	灯丝断、发光亮度变化、破损、噪声
信号发生器	短路、开路、信号不稳定、信号漂移
开关	开路、短路、不稳定、振动、电极损伤、接触电阻大
插座	开路、短路、破损、机械故障
马达	开路、短路、过热、振动、噪声
变压器	短路、开路、过热、绝缘破坏
发电机	开路、短路、过热、振动、噪声、参数漂移
二极管	开路、短路、参数漂移
滤波器	开路、短路、参数漂移、机械损伤
接头	开路、接触电阻大、绝缘破坏、短路

（3）机械类产品

机械类产品的故障模式见表 8-4。

表 8-4 机械类产品故障模式

机械类产品	故障模式
泵	流量小、噪声、振动、泄漏
管道	泄漏、振动、腐蚀、阻塞
阀门	开路、阻塞、外部泄漏、内部泄漏、提前动作、动作延迟、控制不良
热交换装置	内部泄漏、外部泄漏、噪声、阻塞

故障影响分析的目的是：找出产品的每个可能的故障模式所产生的影响，并对其严重程度进行分析。每个故障模式的影响一般分为三级：局部影响、高一层次影响和最终影响，其定义见表8-5。

表8-5 按约定层次划分故障影响的分级表

名称	定义
局部影响	某产品的故障模式对该产品自身及所在约定层次产品的使用、功能或状态的影响
高一层次影响	某产品的故障模式对该产品所在约定层次的紧邻上一层次产品的使用、功能或状态的影响
最终影响	某产品的故障模式对初始约定层次产品的使用、功能或状态的影响

其中故障影响的严酷度类别应按每个故障模式的最终影响的严重程度进行确定，如表8-6所示。

表8-6 故障影响严酷度及其等级

严酷度	定义
轻度的（一级）	不需要采取措施
临界的（二级）	有可能造成较轻的伤害和损坏，应采取措施
致命的（三级）	会造成人员伤亡和系统破坏，要立即采取措施
灾难性的（四级）	会造成灾难性事故，必须立即排除

功能及硬件故障模式与影响分析（FMEA）的实施一般通过填写FMEA表格进行，常用的FMEA表如表8-7所示。

表8-7 故障模式与影响分析（FMEA）表

功能	故障模式	故障原因	任务阶段与工作方式	故障影响			严酷度类别	故障检测方法	设计改进措施	使用补偿措施	备注
				局部影响	高一层次影响	最终影响					
简要描述产品所具有的主要功能	根据故障模式分析的结果，依次填写每个产品的所有故障模式	根据故障原因分析结果，依次填写每个故障模式的所有故障原因	根据任务剖面依次填写发生故障时的任务阶段与该阶段内产品的工作方式	根据故障影响分析的结果，依次填写每一个故障模式的局部、高一层次和最终影响并分别填入对应栏			根据最终影响分析的结果，按每个故障模式确定其严酷度类别	根据产品故障模式原因、影响等分析结果，依次填写故障检测方法	根据故障影响、故障检测等分析结果依次填写设计改进与使用补偿措施		简要记录对其他栏的注释和补充说明

8.1.5 危害性分析

危害性分析（CA）的目的是：对产品每一个故障模式的严重程度及其发生的概率所产

生的综合影响进行分类，以全面评价产品中所有可能出现的故障模式的影响。

危害性分析的主要内容可以参考表 8-8。

表 8-8 危害性分析(CA)表

代码	产品或功能标志	功能	故障模式	故障原因	任务阶段与工作方式	严酷度类别	故障模式概率等级或故障数据源	故障率 λ/(1/h)	故障模式频数比 α_j	故障影响概率 β_j	工作时间 t/h	故障模式危害度 C_{mj}	产品危害度 C_r	备注
(1)	(2)	(3)	(4)	(5)	(6)	(7)	(8)	(9)	(10)	(11)	(12)	(13)	(14)	(15)

CA 表中，第(3)～(7)栏的内容与 FMEA 表中的内容相同，第(8)栏记录被分析产品的“故障模式概率等级或故障数据源”的来源，当采用定性分析方法时此栏只记录故障模式概率等级，并取消(9)～(14)栏。第(9)～(14)栏分别记录危害度计算的相关数据及计算结果。第(15)栏记录对其他栏的注释和补充。

危害性分析的常用方法为风险优先数(risk priority number，RPN)方法。风险优先数方法是对产品每个故障模式的 RPN 值进行优先排序，并采取相应的措施，使 RPN 值达到可接受的最低水平。

产品某个故障模式的 RPN 等于该故障模式的严酷度等级(effect severity ranking，ESR)和故障模式的发生概率等级(OPR)的乘积：

$$\mathrm{RPN}=\mathrm{ESR}\times\mathrm{OPR} \tag{8-1}$$

式中，RPN 数越高，则其危害性越大。其中 ESR 和 OPR 的评分准则如下：

(1) ESR 评分准则：ESR 评定某个故障模式的最终影响的程度。表 8-9 给出了 ESR 的评分准则。在分析中，该评分准则应综合所分析产品的实际情况，尽可能详细。

表 8-9 影响的严酷度等级(ESR)的评分准则

ESR 评分等级	严酷度等级	严酷度类别	故障影响的严重程度
1，2，3	轻度的	Ⅳ	不足以导致人员伤害、产品轻度的损坏、轻度的财产损失及轻度环境损坏，但它会导致非计划性维护或修理
4，5，6	中等的	Ⅲ	导致人员中等程度伤害、产品中等程度损坏、任务延误或降级、中等程度财产损坏及中等程度环境损害
7，8	致命的	Ⅱ	导致人员严重伤害、产品严重损坏、任务失败、严重财产损坏及严重环境损害
9，10	灾难的	Ⅰ	导致人员死亡、产品(如飞机、坦克、导弹及船舶等)毁坏、重大财产损失和重大环境损害

(2) OPR 评分准则：OPR 评定某个故障模式实际发生的可能性。表 8-10 给出了 OPR 的评分准则，表中“故障模式发生概率 P_m 参考范围”是对应各评分等级给出的预计该故障模式在产品的寿命周期内发生的概率，该值在具体应用中可以视情定义。

表 8-10 故障模式发生概率等级(OPR)的评分准则

OPR 评分等级	字母表示	故障模式发生的可能性	故障模式发生概率 P_m 参考范围
1	E	极低	$P_m \leqslant 10^{-6}$
2、3	D	较低	$1\times10^{-6} < P_m \leqslant 1\times10^{-4}$
4、5、6	C	中等	$1\times10^{-4} < P_m \leqslant 1\times10^{-2}$
7、8	B	高	$1\times10^{-2} < P_m \leqslant 10^{-1}$
9、10	A	非常高	$P_m > 10^{-1}$

8.1.6 FMECA 的工作流程

经过 FMECA 的实施步骤之后,可以得到 FMECA 表,其中前半部分为故障模式及影响分析,如表 8-7 所示;后半部分为危害性分析,如表 8-8 所示。两者合并即为 FMECA 表。

FMECA 的一般流程为:

(1) 掌握产品结构和功能的有关资料;

(2) 掌握产品启动、运行、操作、维修资料;

(3) 掌握产品所处环境条件的资料;

(4) 定义产品及其功能和最低工作要求;

(5) 按照产品功能框图画出其可靠性框图;

(6) 根据所需要的结构和现有资料的多少来确定分析级别,即规定分析到的层次;

(7) 找出故障模式,分析其原因及影响;

(8) 找出故障的检测方法;

(9) 找出设计时可能的预防措施,以防止特别不希望发生的事件;

(10) 确定各种故障模式对产品产生危害的严酷程度;

(11) 确定各种故障模式的发生概率等级;

(12) 填写 FMEA 表,并绘制危害性矩阵,如果需要进行定量 FMECA,则需填写 CA 表。

8.1.7 FMECA 的应用案例

本案例主要对军用飞机升降舵分系统进行 FMECA 分析,具体的系统定义以及分析步骤如下。

1. 系统定义

系统组成

(1) 功能及组成:某型军用飞机升降舵分系统的功能是保证飞机的纵向操纵性。如图 8-3 所示,它处于飞机的尾部,它由安定面支承、轴承组件、扭力臂组件、操纵组件、配重组件和调整片组成。

(2) 信息来源:FMECA 分析中的故障模式、原因、故障率 λ 等,基本上是根据对多个相似军用飞机群的现场、场内信息进行调研、整理、归纳和分析后获得的。

2. FMECA 分析

该系统的 FMECA 分析表如表 8-11 所示。

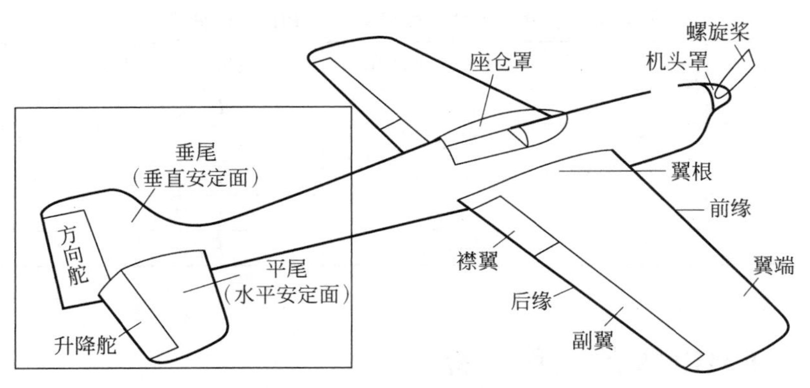

图 8-3　某型军用飞机升降舵分系统示意图

表 8-11　某型号军用飞机升降舵系统 FMECA 表

代码	产品或功能标志	功能	故障模式	故障原因	任务阶段与工作方式	故障影响			严酷度/故障发生概率等级	故障检测方法	设计改进措施	使用补偿措施
						局部影响	高一层次影响	最终影响				
01	安定面支承	支承升降舵	安定面后梁变形过大	刚度不够	飞行	安定面后梁变形超过允许范围	升降舵转动卡滞	损伤飞机	Ⅱ/E	无	增加结构抗弯刚度	功能检查
			支臂裂纹	疲劳	飞行	故障征候	故障征候	影响任务完成	Ⅲ/D	目视检查或无损探伤	增加抗疲劳强度	增加裂纹视情检查
			螺栓锈蚀	长期使用	飞行	故障征候	影响很小	无影响	Ⅳ/F	目视检查	无	定期维修、更换

8.2 故障树分析

故障树分析(fault tree analysis，FTA)是一种将系统故障形成的原因由上至下，按产品层次以树枝状细化的分析方法，是对复杂动态系统的设计、试验或使用中出现的故障进行分析的常用工具。

1961 年至 1962 年，美国贝尔电话研究所的沃森和默恩斯在民兵式导弹发射控制系统的设计中，首先使用故障树分析对导弹的随机失效问题成功地做出了预测。其后，波音公司的哈斯尔、舒劳特、杰克逊等研制出故障树分析法计算机程序，使飞机的设计有了重要的改进，并使故障树分析进入了以波音公司为中心的宇航领域。1974 年，美国原子能委员会发表了麻省理工学院(MIV)拉斯穆森教授为首的安全性课题组编写的《商用轻水堆核电站事故危险性评价》报告(WASH-1400)，该报告采用的就是美国航空航天局与美国国防部在 20

世纪 60 年代发展起来的事件树分析(event tree analysis)和故障树分析，分析了核电站可能发生的各种事故的概率，并由此肯定了核电站的安全性，得出了核能是一种非常安全的能源的结论。这一报告的发表在各方面引起了很大的反响，并且对以后的核电站概率风险评估(PSA)技术的发展起到了里程碑的作用。该报告同时还促使故障树分析从宇航、核能推广到了电子、化工和机械等工业部门。由于应用的日益广泛和逐渐形成为完整的理论，故障树分析的应用已普及到社会问题、国民经济管理、军事行动决策等方面。我国从 20 世纪 80 年代初引入 FTA 技术和方法以来在研究和应用方面取得了一些成果，并先后颁布了有关标准。

随着科学技术的迅速发展，系统的功能、复杂程度、费用都急剧增加，尤其是系统的故障或失效会给社会带来严重的人身危害或巨大的经济损失时，系统的安全性分析就显得更加重要。然而对于复杂系统的故障分析是非常困难的，特别是当需要综合考虑多重因素的共同作用对系统的影响时，这种分析就更加困难。

故障树分析提供了一种自上而下、由简到繁、逐层演绎的系统的故障分析方法，它适合于分析复杂系统，能够考虑包括人的影响与环境影响对系统失效的作用在内的多重因素，并可以用图形的方法有层次地逐级描述系统在失效的进程中各种子事件(也称中间事件)的相互关系，从而直观地描述系统是通过什么途径发生失效的。故障树分析方法是安全工程中最重要的分析方法之一，被广泛地用于许多工程领域中，例如航空航天、核能等。故障树是一种图形化的方法，其分析方法自上而下，用逻辑符号连接事件来表示各种事件之间的逻辑关系，形成一个树状结构的图来分析和诊断故障事件。这种分析方法主要用于了解系统如何发生故障，从而降低系统的失效风险，或计算安全事故或特定系统级故障的事件发生率。

故障树分析从树的顶部向下，顶事件表示会导致危害安全的重大故障。故障树分析可作定性分析，即关注故障树的结构以检测系统的漏洞，也可作定量分析，即进行故障概率的计算。在定性分析中，割集是一个重要的度量，表明何种组件故障的组合会导致系统故障。同时发生导致顶事件发生的最小的基本事件集合称为最小割集。定量分析则根据故障树的事件之间的逻辑关系，根据基本事件的发生概率，计算得到顶事件失效概率。在过去的几十年中，各种定性和定量的工具技术被开发出来以高效地对故障树进行分析。

8.2.1　故障树的基本概念

图 8-4 所示为一个故障树的例子。它首先选定系统的某个故障事件画在故障树的顶端作为顶事件(记为 T)，即故障树的第一阶，再将导致该系统故障发生的直接原因(即子事件)并列地作为第二阶，用适当的子事件符号表示，并用适当的逻辑门把它们与系统故障事件连接起来，图中用与门“AND”表示顶事件 T 是由子事件 X_1 和子事件 X_2 共同触发的。其次，将导致第二阶各故障事件发生的原因分别并列在第二阶故障事件的下面作为第三阶，即第三阶子事件，用适当的事件符号表示，并用适当的逻辑门与第二阶相应的事件连接起来。连接子事件 X_1 与子事件 1 和子事件 2 的是或门“OR”，表明子事

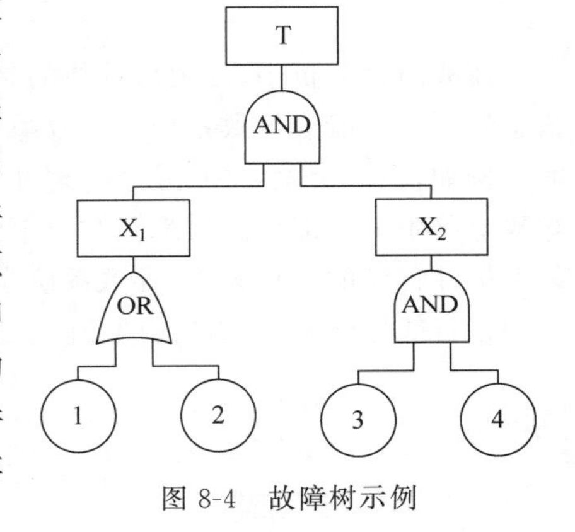

图 8-4　故障树示例

件 X_1 是在子事件 1 或子事件 2 触发时发生的，即元件 1 或元件 2 同时失效时触发的。如此逐阶展开，直到把形成系统故障的最基本事件都分析出来为止。在本例中，元件 1、元件 2、元件 3 和元件 4 的失效便是基本事件。

1. 顶事件、基本事件和中间事件

顶事件是故障树的第一阶事件，即故障树分析的出发点和源头，分析人员通常把产品最不希望发生的事件作为故障树的顶事件。在本章中顶事件记为 T。

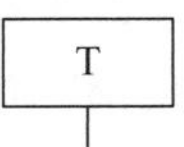

主要事件作为故障树的重要因素，是指尚未进一步发展的事件，主要包括四类事件：基本事件、未探明事件、条件事件和外部事件。其中，基本事件代表无须进一步追究其发生原因的基本组件的故障；未探明事件是指由于缺乏信息或被认为无关紧要而无法进一步探明其原因的特定基本事件；条件事件记录适用于逻辑门的特殊条件或限制；外部事件是通常预期发生的事件。故障树自上而下分解到基本事件截止，基本事件应用特定符号标记，如下所示：

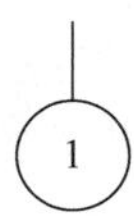

中间事件是由于在树的更下层发生的其他事件的逻辑组合而导致发生的事件，如下所示：

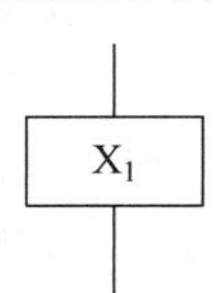

未探明事件(又称未开展事件)是在故障树中不能确定其因果关系的事件。这些事件可能与系统故障有关，也可能与系统无关，但在故障树分析的当前阶段，无法确定它们对故障的贡献或原因。未探明事件通常是由于数据不足或不完整而导致的，需要进一步收集数据和信息才能更好地理解和识别。未探明事件应用特定符号标记，如下所示：

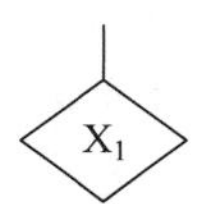

在故障树分析中，开关事件指的是一个开关或者一个可操作的控制设备状态的改变，该状态的改变可能会导致系统发生故障或者事故。开关事件可以是物理的、逻辑的或者操作的。例如，在一个电路中，一个物理开关的状态改变可能会导致电路的电流流向改变，进而导致电路中某个部件的故障。在一个计算机系统中，一个逻辑开关的状态改变可能会导致某个软件程序的运行异常，导致系统崩溃。在一个工厂生产线上，一个操作员误操作设备的开关也可能导致整个生产线的故障。开关事件应用特定符号标记，如下所示：

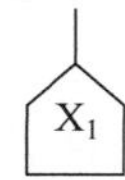

2. 逻辑门

逻辑门原本是在集成电路上的基本组件，也应用于故障树的建立。简单的逻辑门可由晶体管组成。这些晶体管的组合可以使代表两种信号的高低电平在通过它们之后产生高电平或者低电平的信号。高、低电平可以分别代表逻辑上的“真”与“假”或二进制中的 1 和 0，从而实现逻辑运算。逻辑门有两种基本形式：或门和与门，与逻辑门中的“或”和“与”保持对应。或门表示只要有一个输入事件发生时，就会发生输出事件。与门表示只有当所有输入事件都发生时，输出事件才会发生。异或门也是一种常见形式，它表示只要当输入故障之一发生，输出事件的状态就会为 1。另外，禁止门中的逻辑判断包含与其相关联的条件事件，它表示在使其发生的条件事件发生的前提下，如果输入事件发生，则输出事件就会发生。当故障树的规模很大时，转移符号(用三角形表示)用于在多个故障树之间传输事件，以构成一个大的故障树。故障树可分为相干故障树和非相干故障树。相干故障树是指除了与门和或门之外没有其他的逻辑门的故障树。图 8-5 示出了常见的几个逻辑门及其符号。

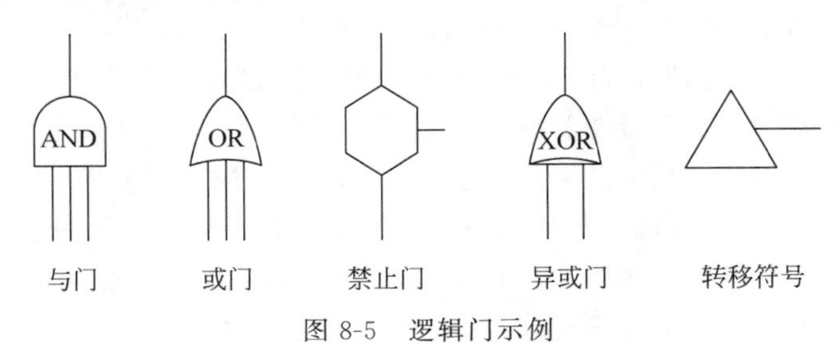

图 8-5 逻辑门示例

3. 自上而下的分析方法

故障树分析是演绎推理，是采用从上到下的方式，分析复杂系统初始失效及事件的影响。故障树分析恰好和失效模式与影响分析(FMEA)相反，FMEA 是归纳推理，是采用从下到上的方式，分析设备或子系统的单一元件失效或机能失效的影响。故障树分析用来分析系统如何避免单一(或是多重)初始故障发生时，是很好的工具，但无法用故障树分析找到所有可能的初始故障。FMEA 可以用穷举的方式列出所有的初始故障，并识别其局部的影响，不适合用来检验多重失效，或是它们对系统层级的影响。

8.2.2 故障树的建立

在完成了分析的准备工作之后，就可开始进行 FTA，主要包括以下基本步骤：

1. 选择顶事件

顶事件是 FTA 所绘制的倒置树形结构中最顶端的事件，也是故障树分析的出发点和源头。分析人员通常把产品最不希望发生的事件作为故障树的顶事件，顶事件记为 T。

以一电力生产系统为例，该电力生产系统由蒸汽机和发电机构成，其中 E_1、E_2 为蒸汽机，G_1、G_2、G_3 为发电机，蒸汽机为发电机提供蒸汽动力，其结构图见图 8-6。假设蒸汽机产生的蒸汽动力足够大，但仅能为其连接的发电机提供动力，单个发电机的额定功率为 30kW，电力生产系统至少需要向外界提供 60kW 的电功率。由图中可知，E_1 可以为 G_1、G_2 供能，E_2 可以为 G_2、G_3 供能。当 G_1、G_2、G_3 中至少有两个发动机正常工作时(即发动机不失效,且为其供电的蒸汽机不能都失效),则该系统正常工作;否则,系统失效。

此时,分析人员最不希望产品发生的事件就是该电力生产系统向外界提供的电功率少于 60kW,因而顶事件为:T=系统提供电功率少于 60kW,如图 8-7 所示。

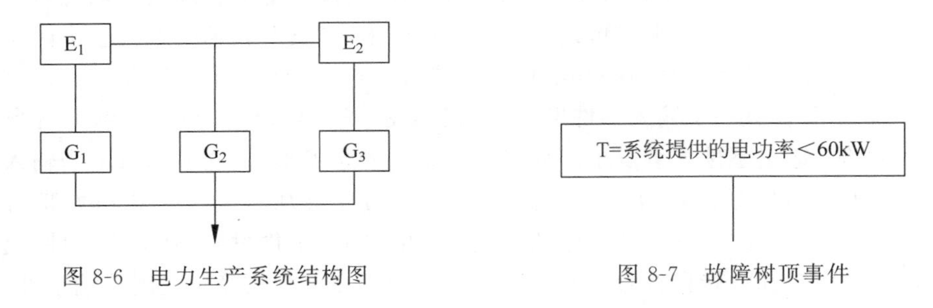

图 8-6 电力生产系统结构图　　图 8-7 故障树顶事件

2. 建造故障树

工程中通常采用演绎法人工建树,目前常用计算机辅助手段建树,仅提供了建树时的画树功能,而没有提供自动建树功能。故障树间各事件的逻辑关系还要靠人工分析来完成。将画好的故障树中各种特殊事件与特殊门进行转换或删减,变成仅含有基本事件、结果事件以及“与”“或”“非”三种逻辑门的故障树,这种故障树称为规范化故障树。将建好的故障树规范化以便于分析,同时尽可能对故障树进行简化和模块分解以节省分析工作量。

人工建树方法一般是由顶事件自上而下逐步分解为子事件,顶事件由下一级子事件依照特定的逻辑关系触发。子事件再逐步向下分解直到基本事件。

在上述电力生产系统中,顶事件为“T=系统提供的电功率少于 60kW”可由以下三个子事件中的任意一个触发,即子事件:“$T_1=G_1$ 和 G_2 不提供电能”,“$T_2=G_1$ 和 G_3 不提供电能”,“$T_3=G_2$ 和 G_3 不提供电能”。因而我们可以将故障树向下一级分解,见图 8-8。

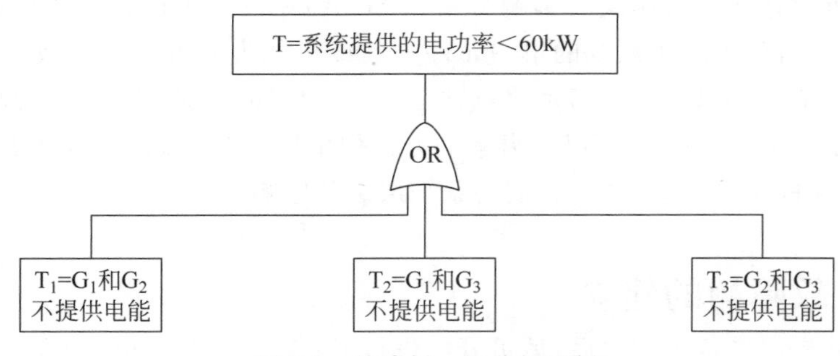

图 8-8 故障树一级分解示例

以子事件“$T_1=G_1$ 和 G_2 不提供电能”为例,我们继续将该子事件向下分解。通过分析,子事件 T_1 即 G_1 不提供电能和 G_2 不提供电能,子事件 T_1 由子事件“$T_{11}=G_1$ 不提供电能”和“$T_{12}=G_2$ 不提供电能”共同触发。因而我们可以将故障树向下一级分解,见图 8-9。

继续对子事件“$T_{11}=G_1$ 不提供电能”和子事件“$T_{12}=G_2$ 不提供电能”向下分解。通过对电力生产系统的分析,我们得知子事件 T_{11} 的触发条件是子事件“$T_{111}=G_1$ 损坏”或者子事件“$T_{112}=E_1$ 损坏”。在此处,我们可以直接获取子事件 T_{111} 和 T_{112} 的发生概率,即 G_1 损坏和 E_1 损坏的概率,子事件 T_{111} 和 T_{112} 也无须再向下分解,则称子事件 T_{11} 和 T_{112} 为基本事件。

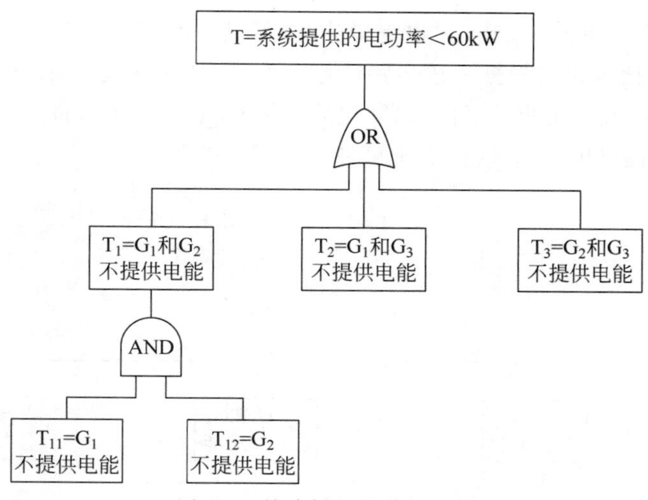

图 8-9　故障树两级分解示例

对于子事件 T_{12}，其触发条件则为子事件"$T_{121}=G_2$ 损坏"或者子事件"$T_{122}=E_1$ 和 E_2 同时损坏"。其中，子事件 T_{121} 为基本事件，无须向下分解。子事件 T_{122} 则继续向下分解为子事件"$T_{1221}=E_1$ 损坏"和"$T_{1222}=E_2$ 损坏"。此时，T_{1221} 和 T_{1222} 均为基本事件，故停止分解，子事件 T_1 的所有向下分解均已完成，分解图见图 8-10。

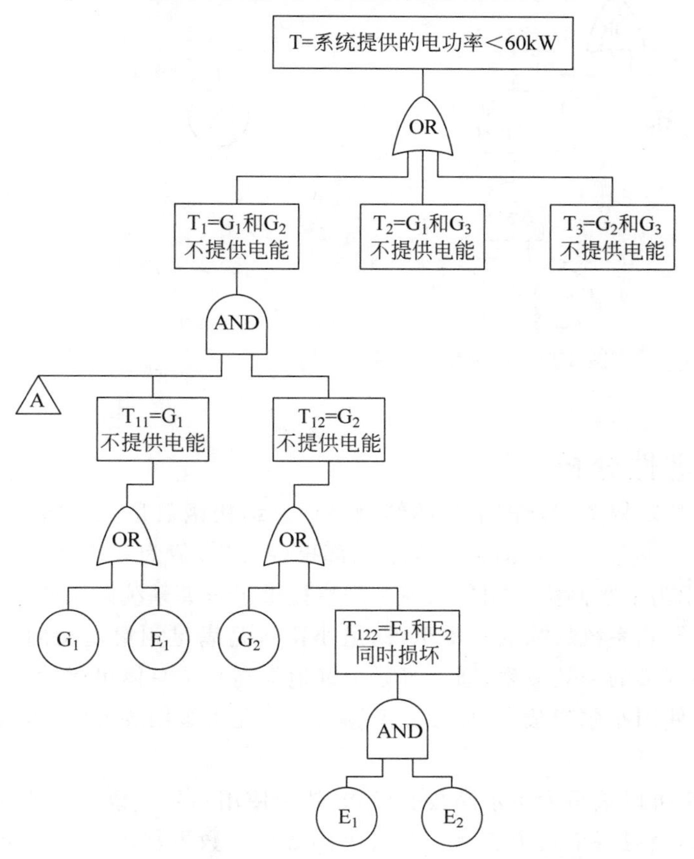

图 8-10　故障树子事件 T1 完全分解

类似地，我们将子事件 T_2 和 T_3 也完全分解，可以获得该电力生产系统的完整故障树，故障树见图 8-11。读者也可根据上述步骤自行完善故障树的构建。在图 8-11 中，转移符号Ⓐ、Ⓑ和Ⓒ用来表示相同的子事件，以简化故障树。Ⓐ代表子事件"G_1 不提供电能"，Ⓑ代表子事件"G_2 不提供电能"，Ⓒ代表子事件"G_3 不提供电能"。

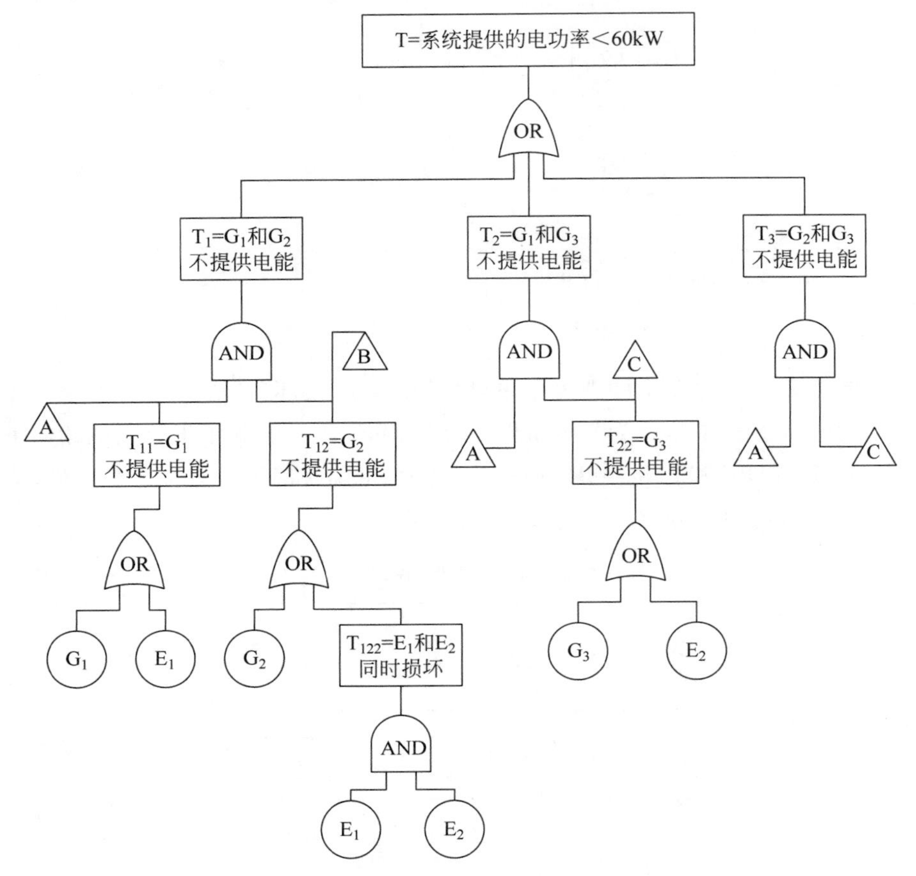

图 8-11 电力生产系统故障树

8.2.3 故障树定性分析

故障树定性包括确定故障树关于顶部事件的结构函数。结构函数是一个指示函数，用于确定故障树顶部事件的二进制状态：值为 1 表示顶部事件发生，值为 0 表示不发生。在定性方法中，最主要的技术为最小割集。割集和最小割集提供了有关系统漏洞的重要信息。割集是一组可以一起共同导致系统故障的基本事件，最小割集是满足割集定义的基本事件最小集合。通过降低这些割集的失效概率，通常可以很好地提高系统总体可靠性。

最小割集的求解可以使用布尔代数、直接代数运算以及二元决策图等方法，本章主要介绍布尔代数的方法。

在这种方法中，故障树可以重写为布尔函数的形式，然后使用布尔代数的规则将布尔表达式转换为最小析取范式，使得每个式子表示一个最小割集。代数方法可用于分析故障树和动态故障树，也可用于定量分析。此处我们假设读者已熟悉布尔代数的基本运算法则，以此展开案例分析。

以上述电力生产系统故障树中的子事件 T_1（图 8-10）为例，子事件 T_1 的所有基本事件为 E_1、E_2、G_1 和 G_2，子事件 T_1 的下一级子事件为子事件 T_{11} 和子事件 T_{12}。

由于子事件 T_{11} 和子事件 T_{12} 通过逻辑"与门"与子事件 T_1 连接，用布尔积"·"表示，因而记为

$$T_1 = T_{11} \cdot T_{12} \tag{8-2}$$

事件 T_{11} 的下一级子事件为基本事件 G_1 和基本事件 E_1，基本事件 G_1 和基本事件 E_1 通过逻辑"或门"与子事件 T_{11} 连接，用布尔和"＋"表示，因而记为

$$T_{11} = G_1 + E_1 \tag{8-3}$$

子事件 T_{12} 的下一级子事件为基本事件 G_2 和子事件 T_{122}，基本事件 G_2 和子事件 T_{122} 通过逻辑"或门"与子事件 T_{12} 连接，用布尔和表示，因而记为

$$T_{12} = G_2 + T_{122} \tag{8-4}$$

子事件 T_{122} 的下一级子事件为基本事件 E_1 和基本事件 E_2，基本事件 E_1 和基本事件 E_2 通过逻辑"与门"与子事件 T_{122} 连接，用布尔积表示，因而记为

$$T_{122} = E_1 \cdot E_2 \tag{8-5}$$

因而我们可以通过布尔运算计算子事件 T_1：

$$\begin{aligned} T_1 = T_{11} \cdot T_{12} &= (G_1 + E_1) \cdot (G_2 + E_1 \cdot E_2) \\ &= G_1 \cdot G_2 + E_1 \cdot G_2 + E_1 \cdot E_1 \cdot E_2 + E_1 \cdot E_2 \cdot G_1 \\ &= G_1 \cdot G_2 + E_1 \cdot G_2 + E_1 \cdot E_2 + E_1 \cdot E_2 \cdot G_1 \\ &= G_1 \cdot G_2 + E_1 \cdot G_2 + E_1 \cdot E_2 \end{aligned} \tag{8-6}$$

我们得到用基本事件表达的子事件 T_1，记为

$$T_1 = G_1 \cdot G_2 + E_1 \cdot G_2 + E_1 \cdot E_2 \tag{8-7}$$

此式即为用基本事件表示子事件 T_1 的最简式，其中，$\{G_1, G_2\}$，$\{E_1, G_2\}$，$\{E_1, E_2\}$ 为子事件 T_1 的三个最小割集，也就是触发子事件 T_1 的三种故障模式。

8.2.4 故障树定量分析

从图 8-11 中可以看出，故障树实际上用图形的方式表示了整个产品（系统）故障（系统提供电功率少于 60kW）和导致该故障的所有因素（包括子事件和基本事件）之间的逻辑关系。为了进行定量分析，应将这种逻辑关系用数学表达式进行描述，这个数学表达式被称为故障树的结构函数。通常，故障树的结构函数是一个用基本事件状态来描述顶事件状态的布尔函数。作为函数，故障树的结构函数也分为单调函数和非单调函数，相应的故障树分别称为单调故障树和非单调故障树。

此外，在进行故障树定量分析时，还应区分两状态故障树和多状态故障树。

所谓两状态故障树是指故障树的基本事件只有"发生"和"不发生"两种状态，即基本事件及其逆事件分别只有一种状态。同理，如果故障树的基本事件可能有多种状态，即其逆事件可能包含两种或两种以上互不相容的状态，并且这些状态存在于同一故障树中，则称这样的故障树为多状态故障树。例如，建立开关系统故障树时，要考虑每个开关正常工作、开路

(合不上)、短路(断不开)三种状态。

故障树定量分析的对象往往是两状态故障树,对于多状态故障树,工程中通常先利用特定的方法将其转换为两状态故障树,再进行定量分析。

针对两状态故障树进行定量分析的基本条件是:所有基本事件相互独立且已知所有基本事件的发生概率。

设顶事件发生的概率为 Q,基本事件发生的概率分别为 $q_1,q_2,\cdots,q_n$,在所有基本事件相互独立的条件下,顶事件发生的概率是基本事件发生概率的函数,称为故障概率函数,记作

$$Q=Q(q_1,q_2,\cdots,q_n) \tag{8-8}$$

以下分别对计算顶事件发生概率和基本事件重要度的基本方法进行说明。

1. 顶事件发生概率计算方法

在确定了故障树的结构函数之后,就可对顶事件的发生概率进行计算。故障树的结构函数实际上可以表示为全部最小割集的积之和的最简表达式,也就是说,顶事件等于全体最小割集的并事件,只要有一个或一个以上最小割集中所有基本事件都发生,则顶事件必然发生。在假设所有基本事件相互独立的条件下,某个最小割集中所有基本事件的乘积就是该最小割集的发生概率。但是,对于顶事件发生概率来说,由于各个最小割集不是互不相容的,有些最小割集还含有相同的基本事件,所以全体最小割集的并事件即顶事件的发生概率不能简单地等于各个最小割集发生概率的和,因此要使用容斥公式进行计算。

假设顶事件 T 可表示为最小割集 $K_1,K_2,K_3,\cdots,K_N$ 的并(N 代表最小割集的个数),则应用容斥原理公式,顶事件 T 的发生概率 $P(\mathrm{T})$可用下面的公式表示:

$$\begin{aligned}P(\mathrm{T})&=P(K_1\cup K_2\cup K_3\cup\cdots\cup K_N)\\&=\sum_{1\leqslant i\leqslant N}P(K_i)-\sum_{1\leqslant i<j\leqslant N}P(K_iK_j)+\sum_{1\leqslant i<j<k\leqslant N}P(K_iK_jK_k)+\cdots+\\&\quad(-1)^{N-1}P(K_1K_2\cdots K_N)\end{aligned} \tag{8-9}$$

在已知最小割集发生概率的前提下,应用上述公式可计算得到顶事件的发生概率。应用容斥原理公式计算的工作量是非常大的,上式展开后的项数为 2^N-1 项,如果故障树的最小割集数为 10,则上式展开后将会有 1023 项,随着最小割集数的增加,就会造成通常所说的组合爆炸问题。

为简化计算,可采用下面介绍的不交化方法。在布尔代数中,若 A、B 是两个事件,则 $\mathrm{A}+\mathrm{B}=\mathrm{A}+\overline{\mathrm{A}}\mathrm{B}$,A 与 $\overline{\mathrm{A}}\mathrm{B}$ 是不交的,则 $P(\mathrm{A}+\mathrm{B})=P(\mathrm{A})+P(\overline{\mathrm{A}}\mathrm{B})$。这个式子比容斥原理公式要简单。这一结论可推广到 n 个事件的集合上去,即设有 n 个事件 $\mathrm{A}_1,\mathrm{A}_2,\cdots,\mathrm{A}_n$,对其和进行不交化得 $\mathrm{A}_1+\mathrm{A}_2+\cdots+\mathrm{A}_n=\mathrm{A}_1+\overline{\mathrm{A}}_1\mathrm{A}_2+\overline{\mathrm{A}}_1\overline{\mathrm{A}}_2\mathrm{A}_3+\cdots+\overline{\mathrm{A}}_1\cdots\overline{\mathrm{A}}_{n-1}\mathrm{A}_n$,则

$$\begin{aligned}&P(\mathrm{A}_1+\mathrm{A}_2+\cdots+\mathrm{A}_n)\\&=P(\mathrm{A}_1)+P(\overline{\mathrm{A}}_1\mathrm{A}_2)+P(\overline{\mathrm{A}}_1\overline{\mathrm{A}}_2\overline{\mathrm{A}}_3)+\cdots+\\&\quad P(\overline{\mathrm{A}}_1\overline{\mathrm{A}}_2\cdots\overline{\mathrm{A}}_{n-1}\mathrm{A}_n)\end{aligned} \tag{8-10}$$

利用式(8-10),可将最小割集不交化后求顶事件发生的概率,计算量比按容斥原理计算要大大减少。

例：用不交化方法求图 8-12 所示故障树的顶事件发生概率。

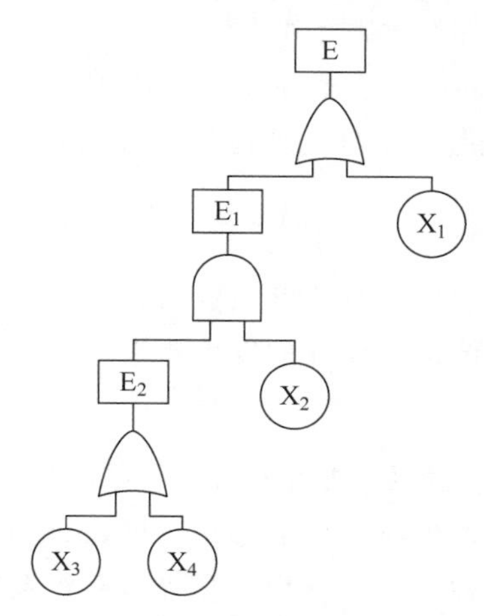

图 8-12　仅包含事件代号的故障树

首先已知顶事件的最简布尔表达式为

$$X_E = X_3X_2 + X_4X_2 + X_1 \tag{8-11}$$

不交化计算如下：

$$X_E = X_3X_2 + X_4X_2 + X_1 \tag{8-12}$$

$$\begin{aligned}
X_E &= X_3X_2 + X_4X_2 + X_1 \\
&= X_3X_2 + (\bar{X}_3\bar{X}_2)(X_4X_2 + X_1) \\
&= X_3X_2 + (\bar{X}_3 + \bar{X}_2)(X_4X_2 + X_1) \\
&= X_3X_2 + (\bar{X}_3 + X_3\bar{X}_2)(X_4X_2 + X_1) \\
&= X_3X_2 + (\bar{X}_3 + X_3\bar{X}_2)(X_4X_2 + \bar{X}_4\bar{X}_2X_1) \\
&= X_3X_2 + (\bar{X}_3 + X_3\bar{X}_2)[X_4X_2 + (\bar{X}_4 + X_4\bar{X}_2)X_1] \\
&= X_3X_2 + (\bar{X}_3 + X_3\bar{X}_2)(X_4X_2 + \bar{X}_4X_1 + X_4\bar{X}_2X_1) \\
&= X_3X_2 + \bar{X}_3X_4X_2 + \bar{X}_3\bar{X}_4X_1 + \bar{X}_3X_4\bar{X}_2X_1 + X_3\bar{X}_2\bar{X}_4X_1 + X_3\bar{X}_2X_4X_1
\end{aligned} \tag{8-13}$$

假设基本事件 X_1、X_2、X_3、X_4 的发生概率分别为 q_1、q_2、q_3、q_4，则顶事件 E 的发生概率 Q 应为：

$$\begin{aligned}
Q = {} & q_3q_2 + (1-q_3)q_4q_2 + (1-q_3)(1-q_4)q_1 + \\
& (1-q_3)(1-q_2)q_1q_4 + (1-q_2)(1-q_4)q_1q_4 + \\
& q_1q_3(1-q_2)(1-q_4) + q_1q_3q_4(1-q_2)
\end{aligned} \tag{8-14}$$

将具体的基本事件发生概率值代入，即可计算顶事件的发生概率。

可以看出，对于只有三个最小割集的故障树，经过简化后的计算仍然非常复杂。在工程中，为了进一步简化计算过程，还可通过略去高阶最小割集后再进行计算的方法减少计算工作量。

2. 概率重要度

一般认为，一个基本事件或最小割集对顶上事件发生的贡献称为重要度。由于分析对象和要求不同，重要度分析有不同的含义和计算方法，工程中常用的有概率重要度、结构重要度和临界重要度等。基本事件发生概率变化引起顶上事件发生概率的变化程度称为概率重要度系数 $I^{pr}(i)$。由于顶上事件发生概率 $P(T)$ 函数是一个多重线性函数，只要对自变量 q_{xi} 求一次偏导，就可得到该基本事件的概率重要度系数，即

$$I^{pr}(i)=\frac{\partial P(T)}{\partial q_{x_i}} \tag{8-15}$$

利用上式求出各基本事件的概率重要度系数后，就可知道众多基本事件中，减少哪个基本事件的发生概率可有效地降低顶上事件的发生概率。

3. 结构重要度

不考虑基本事件自身的发生概率，或者说假定各基本事件的发生概率相等，仅从结构上分析各个基本事件对顶上事件发生所产生的影响程度，这就是结构重要度。

结构重要度分析可采用两种方法：一种是求结构重要系数；另一种是利用最小割集或最小路集判断重要度，排出次序。前者精确，但烦琐；后者简单，但不够精确。

根据定理，当所有基本事件发生概率均为 0.5 时，一个基本事件的结构重要度等于这一基本事件的概率重要度，即有

$$I^{st}(i)=I^{pr}(i) \tag{8-16}$$

在应用上，可以结合概率重要度和结构重要度综合判断基本事件的重要程度，并做出相应的反应。

8.3 故障报告、分析和纠正措施系统

8.3.1 FRACAS 概述

FRACAS 是 Failure Report Analysis and Corrective Action System 的缩写，是指“故障报告、分析及纠正措施系统”。它利用“信息反馈，闭环控制”的原理，通过一套规范化的程序，使发生的产品故障能得到及时的报告和纠正，从而实现产品可靠性的增长，达到对产品可靠性和维修性的预期要求，防止故障再现。

1. FRACAS 的目的和作用

军标 GJB 841—1990 指出建立 FRACAS 的目的是要及时报告产品的故障，分析故障原因，制定和实施有效的纠正措施，以防止故障再现，改善其可靠性和维修性；FRACAS 应由承制方(包括转承制方)尽早建立，并在订购(使用)方的协同下加以实现。该系统应保证对合同规定层次的产品在研制阶段和生产阶段所发生的故障及时报告、分析和纠正。从上述要求可以看出，建立 FRACAS 的目的是对产品在研制和生产阶段所发生的故障进行严格的“归零”管理，做到及时报告、查清原因、正确纠正、防止再现，从而实现产品可靠性增长，以保证达到对产品可靠性和维修性的要求。可见，FRACAS 的建立与运行是开展可靠性工程活动的重要组成部分。可靠性工程的主要任务就在于纠正已发生的故障，防止故障再次发生，控制和减少故障发生的概率。而 FRACAS 正是利用“信息反馈、闭环控制”的原理，并通过一套规范化的管理程序，使分散发生的产品故障得到及时的解决，并防止故障的重复发

生。建立FRACAS是实现产品可靠性增长、提高产品质量的重要手段。它既有纠正已有故障的现实意义,又可以对未来新品发生类似的故障起到积极预防的作用。通过FRACAS的运行,可以积累大量处理故障的实践经验,对类似产品的改进与设计提供可供参考的信息,起到举一反三,防止其他产品出现类似问题的作用。FRACAS的建立与运行主要适用于产品的研制阶段和产品的早期使用阶段,因为在研制阶段采取纠正措施方案的选择灵活性最大,最易于实施,效果也最为明显。

FRACAS不仅是一个强大的可靠性软件,还是一个质量追踪和管理系统,实施和应用FRACAS技术将能为企业成功实现6σ、ISO 9000、AS 9000、QS 9000和TL 9000等质量目标提供保障。同时,FRACAS系统也能帮助企业提升ERP(企业资源计划)、PDM(产品数据管理)、SCM(供应链管理)和CRM(客户关系管理)的投资价值。

FRACAS与流行的8D(团队导向问题解决方法)管理思想相同,主要针对实际发生的故障信息进行闭环管理。FRACAS是构建可靠性工程平台的基础。FRACAS系统基于局域网和Web技术,将产品的可靠性数据积存到数据库中,通过完整的闭环管理流程对各种信息进行过滤、统计、分析和计算,同时对可靠度、可用度、失效率、平均无故障时间等进行计算,进行可靠性增长和费用的分析。系统可为不同规模的企业进行定制,为每一位使用者量身定制各种界面、流程、计算、图形、报表、报警等内容。

2. FRACAS具体应用

FRACAS可以帮助企业用户轻松完成日常工作中诸如文档审批、在线申请等业务流程,同时提供多种接口实现后台业务系统的集成。

1) 企业内容管理

FRACAS可以弥补SharePoint平台在内容管理方面的不足之处,提供直观的审批流程定义和强大的流程逻辑定义功能,结合企业组织结构信息,定义复杂的审批、审阅流程。FRACAS支持在流程中嵌入对企业内容库进行的各种操作,例如对文档库签入/签出和内容权限更新、内容移动和属性更改以及定期触发流程等功能。

2) 业务流程管理

利用FRACAS可以将企业的日常业务流程如员工入职、出差申请、休假申请、加班申请、费用报销、项目立项、固定资产采购、公章使用等集中到SharePoint平台统一部署和管理。

当企业各个业务系统中进行的关键流程如订单与报价处理、采购申请、合同审批、公文收发、客户电话处理、供应链管理等需要进行审批、协同时,可以将业务数据通过Web Service接口写入SharePoint平台,从而成为FRACAS定义的工作流程。所有参与流程用户的审批和监控操作均在SharePoint平台上完成。流程的中间结果和最终结果同样可以通过Web Service、XML等接口写入相关的业务系统中。

8.3.2 FRACAS具体流程

故障信息传递和故障件处理的流程图见图8-13。

由图8-13中可见,整个FRACAS系统构成了一个有反馈机制的闭环系统。FRACAS系统利用“信息反馈,闭环控制”的原理,通过一套规范化的程序,使发生的产品故障能得到

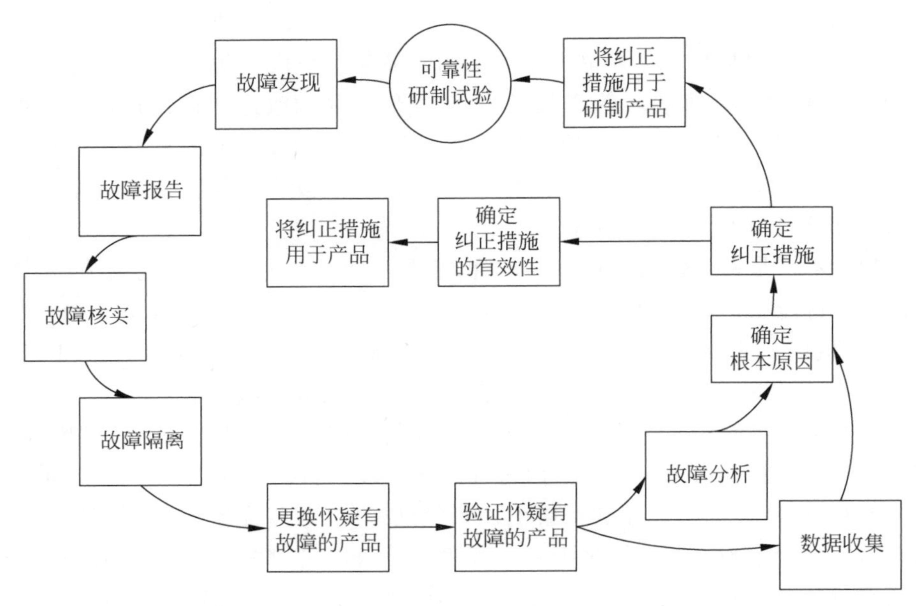

图 8-13 故障信息传递和故障件处理流程图

及时的报告和纠正，从而实现产品可靠性的增加，达到对产品可靠性和维修性的预期要求，防止故障再现。这一闭环反馈系统主要适用于产品的研制阶段，亦适用于生产阶段和早期使用阶段。FRACAS 研究的对象是产品的故障，它不仅指产品不正常的工作状态，还可以外延为产品的缺陷、问题、用户反馈等。

8.3.3 FRACAS 系统实施步骤

1. 制定目标和成功要素

制定适当的初级目标是成功实施 FRACAS 的基础。执行 FRACAS 任务的负责不同工作的成员都必须明确自己在 FRACAS 实施过程中的具体目标。具体目标包括降低维修成本、提高整体可靠性，改进下一代产品设计。目标一旦制定，各小组的代表和执行人应召开专门的会议针对这些目标进行评价、调整，并赋予这些目标一定的优先权。

同时在会议期间，应针对上述已经制定的各个目标确定出实际、可量化的成功要素。例如：如果目标是降低维修成本，那么量化的成功要素就是将随后 12 个月的维修成本降低 10%。目标和成功要素确认后，必须将具体内容和细则下发给 FRACAS 小组的所有成员。

2. 定义输出

依照目标，各小组必须确定 FRACAS 所需要的输出，从而评估是否能实现分配给他们的成功要素。通常情况下，输出可以是计算结果、图、表或报告等。为了方便对输出的管理，每个输出都应该和目标与成功要素相对应。

3. 绘制过程/工作流程

通过与使用者的一系列走访和会谈，确定各小组的工作流程，绘制统一的流程图，这个流程图最好能简化整个 FRACAS 过程，以便及时生成所需的输出。过多的步骤会给实施过程带来消极影响，因此必须将工作流程减到最简，从而降低实施过程的复杂度。

4. 设置数据限制和输入方法

利用输出要求和统一的流程图，确定设置数据限制。目的是过滤那些重要数据，减少对无用数据的收集。数据限制确定后，接下来考虑是如何收集这些数据，故障报告人员通过什么形式来报告。收集方法包括早期的手工填写、从选择表中挑选、直接数据输入或是计算机条码的录入。同时必须制定数据输入规则（例如：故障信息的那些数据必须要求输入）以及如何保证数据的准确性和一致性。

5. 实施FRACAS基本原型

上述四个步骤即实施FRACAS的前期准备工作，完成之后可以开始实施基本原型。目前实施FRACAS的工具有三个层次：

（1）Excel或Access等通用工具或者自开发的实施工具，可以满足基本需要，缺点是无法满足多用户共同使用，数据处理能力有限，数据安全性差。

（2）部门级的应用工具，具有基本的FRACAS功能，适合用户较少的部门应用。

（3）企业级应用工具（例如Relex FRACAS等专业软件工具），提供全部FRACAS功能，支持大规模数据和多用户，采用Web技术，与企业信息化管理软件（ERP、PDM等）有接口，便于实现数据的共享与传递。

项目组可以根据当前的实际情况采用不同的应用工具来实施FRACAS。

6. 接受反馈和修改FRACAS

FRACAS基本原型建立好之后，让使用者参与进来，确定其输出是否能够达到预定的目标要求，是否满足成功要素。同时寻找需要改进的工作区域，通过收集建设性的反馈意见来进行适当的修改。在进行系统演示前，要得到小组代表和执行人或负责人的认同和支持。

7. 演示和培训

这一步骤确定是将系统立即展示给所有使用者，还是采用逐步推开的方式。如果时间充裕，那么逐步推进的方式会更好一些。

在培训过程中，担当不同角色的使用者可能出现不同的问题，我们可以对这些暴露出来的问题进行有针对性的解决，从中总结经验。

8. 持续改进

根据使用者的反馈，对FRACAS进行持续的改进。如果商业目标和流程发生了变化，那么也需要对FRACAS作适当的修改。在这个过程中有一点需要注意，即要保证所有改动并不违背最初制定的整体目标。

【习题】

1. 可以通过哪些方式来得到部件的故障模式？
2. FMEA和FMECA的区别是什么，其应用场景有何不同？
3. FMECA的优点和缺点是什么？

4. 梳理故障树的实施步骤。

5. 试建造下述输电网络故障树,如图8-14所示。由A站向B、C站供电,共有5条线路(AB、BC间各有一条备用线路),电网失效的原因包括:

(1) B和C中任何一站无输出,即该站停电;

(2) B和C站的负荷共由单一线路承担,则线路将过载而失效。

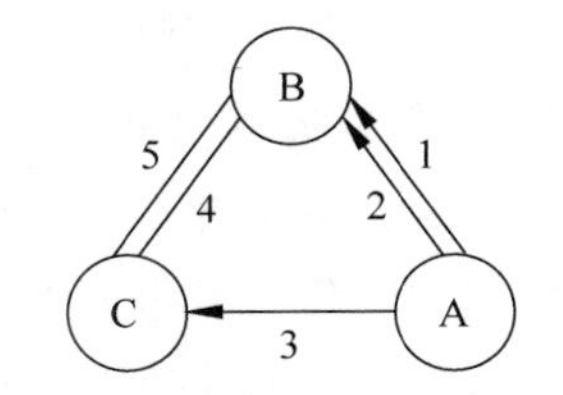

图8-14 某电力生产系统

求故障树的全部最小割集,并据此讨论改进此输电系统可靠性的新方案。

6. 某系统S的故障树如图8-15所示,求故障树的割集、最小割集和最小路集。使用最小割集表示法求故障树顶事件S的发生概率,已知 $P(X_1)=P(X_2)=P(X_3)=10^{-3}$, $P(X_4)=P(X_5)=10^{-4}$。

7. 有两个加热器并联运行(见图8-16),每个加热器都串入一个开关,若系统在加热器发生短路,且开关未打开,则电源与地短路,另外电源器未出现故障前,由于故障或错误打开开关,则系统只半功率运行,求加热器系统工作不正常为顶事件的故障树。

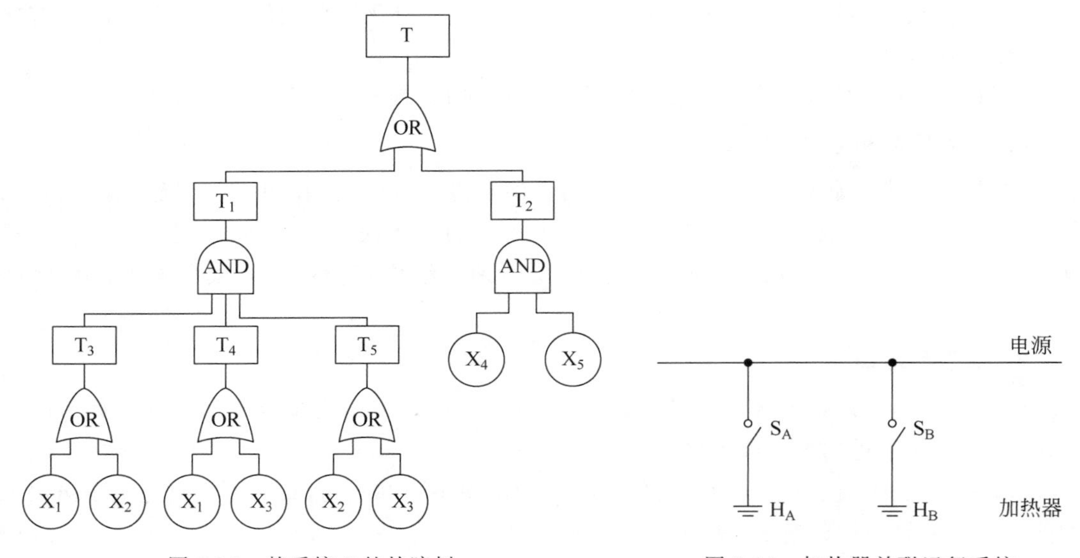

图8-15 某系统S的故障树

图8-16 加热器并联运行系统

8. 故障模式及影响分析的基本过程是什么?

9. 故障可以按怎样的方法分类?

10. 某故障树共有四个最小割集:(X_1,X_2),(X_2,X_4),(X_1,X_5),(X_3,X_4,X_5),所有基本事件的发生概率都是0.1,试求顶事件的发生概率。

智能电表及终端信息安全FMECA

传统电网得益于智能电表及终端(如智能电表、集中器、负荷管理终端等,以下简称智能终端)的广泛应用而不断智能化,新型“智能电网”的运行效率、自动化程度、经济性都得到进一步提升。在智能电网中,智能终端被广泛应用于检测和收集用户电力状态数据,并通过通信信道传达至服务器主站。然而由于智能终端分布于电力网络各处而无法集中管理,智能终端容易遭受拒绝服务攻击、数据篡改攻击、中间人攻击、窃听攻击等多种类型的网络信息攻击,并对智能电网产生成本提高、负载脱落、级联失效甚至大规模停电等影响。信息安全对智能电网而言十分关键,尤其智能终端既负责检测和收集用户电力状态数据,包括电压、电流、功率等,又同时通过上行通道将电力数据传输到服务器主站。因而,智能终端是智能电网中负责信息数据传递的关键组件,因此我们对智能电表及终端信息安全开展故障模式、影响及危害性分析(FMECA)。

笔者构建了智能终端系统通信信道的模块结构图,智能电网的智能终端系统包含集中器、负荷管理终端、采集器、智能电表等设备,不同设备的通信信道见图 8-17。在智能终端系统中,常见的通信信道技术有本地通信信道技术(包括 RS-485、电力线载波、微功率无线、红外、ZigBee、RS-232 等通信技术)和远程通信信道技术(包括光纤、以太网、CDMA 和 GPRS 等通信技术)。其中,红外和 ZigBee 的实际应用较少。这些通信信道在各类智能电表、采集器、集中器和主站之间充当传递电力数据和指令的载体。智能终端系统 FMECA 通过不同通信信道具体展开。以 RS-485 通信信道为例,智能电表及终端信息安全 FMECA,见表 8-12。在对 RS-485 通信信道的分析中,我们进一步细化了故障的局部影响、高一层次影响和最终影响,并给出了故障检测方法、改进措施以及故障模式未被消除可能存在的原因。

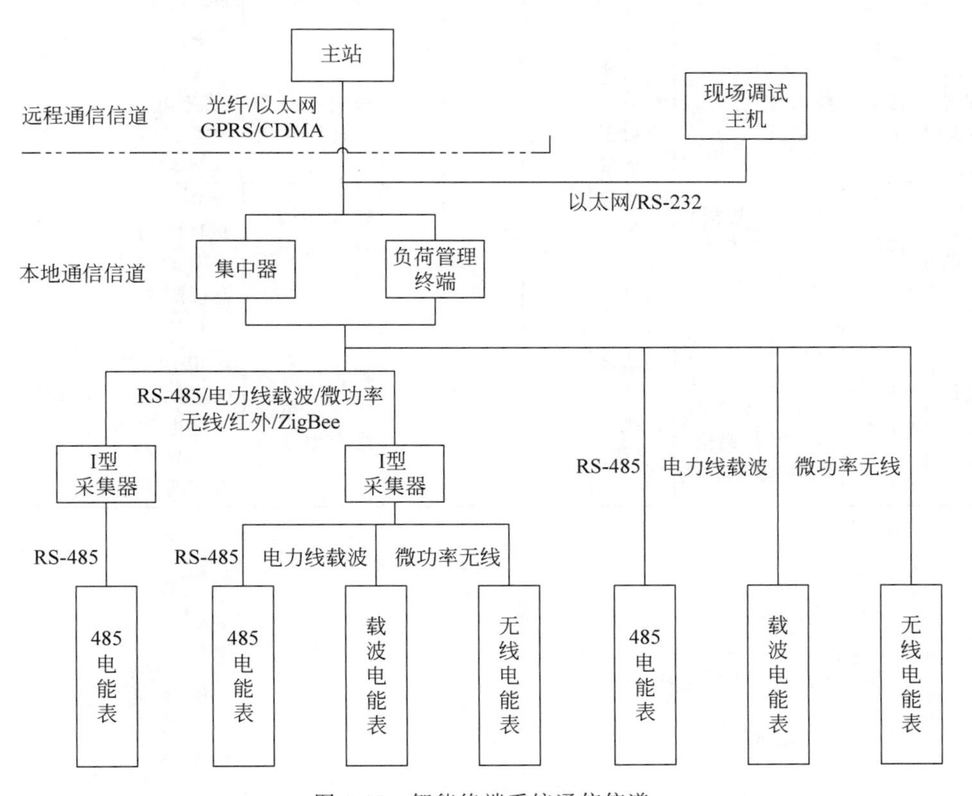

图 8-17　智能终端系统通信信道

表 8-12 RS-485 通信信道 FMECA 分析

故障模式	故障原因	故障局部影响	故障高一层次影响	故障最终影响	严酷度等级(ESR)	故障模式发生概率等级(OPR)	风险优先数	故障检测方法	改进措施	故障模式未被消除原因
通信接口损坏	共模电压过高	通信接口损坏	电表上传数据出错	主站接收该部分数据出错	3	2	6	测量接收器R输入端电压是否过高	信号线接地	信号线未接地，工作环境恶劣，传输距离远
网络干扰；工作不正常	电磁干扰	网络干扰；工作不正常	电表上传数据不正常	主站接收该部分数据不正常	2	3	6	检测是否存在电磁干扰	先采用光电隔离方式对接口进行电气隔离，再用地线连接各接口隔离侧的信号地	RS-485 总驱动器输出信号线无低阻返回通道
数据帧接收错误	传输线阻抗不匹配和不连续	数据帧接收错误	电表上传数据出错	主站接收该部分数据出错	3	2	6	检测校验信号	在电缆的末端跨接一个与电缆的特性阻抗同样大小的终端电阻，或者利用二极管的钳位作用迅速削弱反射信号	两匹配电阻选取错误
数据传输断续	接触不良	数据传输断续	电表上传数据不正常	主站接收该部分数据不正常	2	3	6	检测接口两端连通性	重新连接，擦除灰尘，对接触不良的焊点重新锡焊	灰尘未除净，焊点未焊牢固
数据传输中断	拔除	电表数据不上传	电表上传数据出错	主站接收该部分数据出错	3	3	9	检查连接处是否松动或脱落	重新连接，必要时使用螺丝等辅助物牢固连接两者	未固定牢固或再次被认为拔除
总线请求停止	接收器输出0V	主机没有停止位，从机不发送请求	电表上传数据出错	主站接收该部分数据出错	3	3	9	检查接收器的输出电压是否为0V	在总线上加偏置电阻，当总线空闲时利用偏置电阻将总线偏置在一个确定的状态	偏置电阻损坏

第9章

可靠性试验与分析

2016年之前，三星Galaxy Note系列手机都被视作安卓平台的旗舰机型。而三星2016年推出的Galaxy Note 7手机，由于具有双曲面屏、蓝色机身，以及具备虹膜识别、防水防尘等全新功能，更是被诸多发烧友寄予厚望。然而就是这么一款备受关注的旗舰产品却不幸遭遇"滑铁卢"，深陷电池爆炸事故当中，从2016年8月3日全球首发，9月2日开始全球召回(除中国大陆外)，到10月11日停产并在中国大陆召回，69天内Note 7手机的全球召回导致三星损失数十亿美元。三星为了追求创新对Galaxy Note 7电池设置了规格和标准，而这种电池在设计与制造过程中存在着问题。为了抢占市场，电池未经第三方进行试验测试，而是选择了隶属于三星电子的一家实验室进行测试，未能在发布前暴露问题，最终导致这样一款备受瞩目的旗舰手机成了仅有69天寿命的短命鬼。三星在说明会上也承认，大容量电池已成为智能手机的发展方向，三星把Note 7电池容量提升到3500mA·h，但是没能够很好地设计和检测，责任在三星，今后三星将把产品安全放在首位。由这个案例可以看出试验在产品研制中的重要作用，特别是可靠性研制试验，可以充分暴露薄弱环节，实现可靠性增长，从而保证产品的可靠性与安全性。因此，有必要介绍可靠性试验与分析的知识，帮助我们做好产品研制过程的可靠性管理。

参考资料：覃敏，安丽敏，李增新，等. 三星Note 7电池门危机[J]. 财新周刊，2016，38，56-61.

产品的可靠性试验是为了解、评价、分析和提高产品的可靠性而进行的各种试验的总称。钱学森指出，产品的可靠性是设计出来、制造出来、使用出来的。从可靠性工程的角度来看，产品的设计、制造和使用都离不开可靠性试验：在产品设计阶段，通过可靠性增长、筛选和强化试验，可以发现产品在设计、材料和工艺等方面的缺陷，经分析和改进，使产品可靠性逐步得到增长，最终达到预定的可靠性水平；在产品制造阶段，通过可靠性鉴定和验收试验，可以验证产品可靠性指标是否达到规定的要求，掌握产品的实际可靠性水平，为使用阶段的保障方案制定提供参考；在产品使用阶段，通过寿命试验(包括加速试验)，验证产品在规定条件下的使用寿命、储存寿命，还可以发现设计和制造中的缺陷，为下一代产品的研制提供改进建议。因此，可靠性试验工作贯穿于产品的全寿命周期，是提高产品可靠性的重要途径，也是评价产品寿命与可靠性的一个重要手段，是可靠性工程的重要组成部分。

按照试验目的，可靠性试验可分为工程试验和统计试验两类。工程试验也称为研制试验，如研制阶段的环境应力筛选、可靠性强化试验和可靠性增长试验，是为了暴露产品设计和工艺方面的缺陷，从而采取措施加以改进，有计划地提高可靠性到预期的水平；统计试验，如可靠性鉴定试验和验收试验，通过适当的试验和分析方法，基于所采集的数据，来验证产品的可靠性是否达到规定的要求。

下面根据产品寿命周期所经历的可靠性试验，分别介绍各类型试验的特点和应用。

9.1 环境应力筛选

环境应力筛选(environmental stress screening，ESS)是通过向产品施加合理的环境应力和电应力，促使内部的潜在缺陷加速出现，成为故障，由检验予以筛除的过程，它为发现和排除产品中不良零件、元器件、工艺缺陷和防止出现早期失效提供了一种试验手段。

它是可靠性试验中的一种类型，也是产品研制过程中的一种工艺手段，主要适用于电子产品，包括电路板、组件和设备，也可用于电气、机电、光电和电化学产品。环境应力筛选主要应用于产品的研制和批量生产交付前。在产品研制阶段，环境应力筛选可作为可靠性增长试验和可靠性鉴定试验的预处理手段，用以剔除产品的早期故障并提高这些试验的效率和结果的准确性。在产品批量生产交付前，可作为出厂前的常规检验手段，用以剔除产品的早期故障。

9.1.1 筛选方法分类

1. 常规筛选

常规筛选是指以剔除早期失效为目标的筛选，不要求筛选结果用于产品可靠性指标或成本阈值的计算。常规筛选应用较广，可参考国军标《电子产品环境应力筛选方法》(GJB 1032A—2020)。

2. 定量筛选

定量筛选的目的是将筛选的结果与产品的可靠性指标和成本阈值建立定量关系，可参考国军标《电子产品定量环境应力筛选指南》(GJB/Z 34—1993)。定量筛选的试验设计较为复杂，需要大量的原始数据，筛选过程的监督、评价和控制过程也较难把握。

3. 高加速应力筛选

高加速应力筛选(high accelerated stress screening，HASS)是 20 世纪 80 年代美国学者对环境应力筛选进行大量的深入研究后提出的筛选技术。在 HASS 中使用的温度、振动水平、电压和其他激励等通常远超过正常的水平，目的是强制快速激发缺陷，使故障更早地暴露出来，从而实现高效经济的筛选。但是，由于 HASS 的应力水平很高，可能出现激发出来的故障在标准应力水平下不可能出现。因此，对 HASS 的使用须谨慎，必须详细分析和设计。可参考国标《电工电子产品加速应力试验规程 高加速应力筛选导则》(GB/T 32466—2015)。

从上述 3 种筛选的目的和方法可以看出，HASS 的筛选效率最高，常规筛选应用最为广泛。

9.1.2 典型环境应力的选择

环境应力筛选使用的应力主要用于激发故障，而不是模拟使用环境。根据工程实践经验，不同的应力在激发产品内部缺陷方面效果不同。对电子产品，应力主要选择温度（高、低温）循环和随机振动，这两种应力的组合筛选效果较好，能暴露产品各组装等级的大部分故障。因此，通常需要针对不同的产品，选择适当的一种或几种典型应力来进行筛选。常用的应力及其强度、费用如表9-1所示。由表可见，应力强度高、筛选效果好的是随机振动、快速温变率的温度循环及两者的组合或综合。

表9-1 典型筛选应力

<table>
<tr><th>环境应力</th><th colspan="2">类型</th><th>强度</th><th>费用</th></tr>
<tr><td rowspan="4">温度</td><td colspan="2">恒定高温</td><td>低</td><td>低</td></tr>
<tr><td rowspan="2">温度循环</td><td>慢速温变</td><td>较高</td><td>较低</td></tr>
<tr><td>快速温变</td><td>高</td><td>高</td></tr>
<tr><td colspan="2">温度冲击</td><td>较高</td><td>适中</td></tr>
<tr><td rowspan="2">振动</td><td colspan="2">扫频正弦</td><td>较低</td><td>适中</td></tr>
<tr><td colspan="2">随机振动</td><td>高</td><td>高</td></tr>
<tr><td>两者组合</td><td colspan="2">温度循环与随机振动</td><td>高</td><td>很高</td></tr>
</table>

具体的应力选择和筛选过程可参考国军标《电子产品环境应力筛选方法》（GJB 1032A—2020）。

9.2 可靠性增长试验

产品可靠性是由设计确定，并通过制造过程来实现的。由于产品复杂性的不断增加，新技术的不断采用，设计和制造过程中难免出现薄弱环节，这些薄弱环节会导致产品出现故障。通过对这些故障进行分析，找出原因并有计划地采取改进措施，可以消除故障，从而逐步提高产品的固有可靠性水平，以期达到最终的可靠性指标要求。这种有计划地按照“试验—分析—改进”（test analysis and fix，TAAF）的流程使产品固有可靠性获得逐步提高的过程称为可靠性增长。可靠性增长的关键是发现和消除影响产品可靠性的缺陷，因此需要有计划、有组织地进行。为此，必须对需要开展可靠性增长的产品做好可靠性增长管理。

可靠性增长管理，是有计划、有目标的可靠性增长工作项目。它是产品寿命期内的一项全局性的、为达到预期的可靠性指标，对时间和资源进行系统安排，在估计值和计划值比较的基础上，依靠新分配资源，对实际增长率进行控制的可靠性增长项目。

可靠性增长活动是一个连续完整的闭环控制过程。在此环中，首要任务是发现产品的设计或制造缺陷——这主要是从试验、使用中发生的故障中发现；然后对故障进行分析——重点研究重复性故障和关键故障发生的原因，当认定为缺陷后提出纠正这些缺陷的措施；接着实施纠正措施——将修改设计的措施在少数产品（试验样品）上实施，并通过试验验证纠正措施的有效性；最后修改技术文件和把纠正措施推广到同型号产品中去——这是落实可靠性增长活动的重要工作，是发挥可靠性增长试验效益的关键步骤。可靠性增长活动可以在工程研制阶段、生产阶段进行，甚至在使用阶段进行。按照有关标准的规定只在装备研制阶段才进行可靠性增长试验和增长工作，但从我国的实际情况出发，也对不少已经装备部队多年的产品进行可靠性增长试验和“可靠性补课工作”，并取得了显著成绩。这就是说，要根据产品的技术状况和可靠性水平决定何时以何种形式开展可靠性增长活动。

可靠性增长试验(reliability growth test)是可靠性增长活动的主要内容，是产品工程研制阶段单独安排的可靠性工作项目，成为工程研制阶段的组成部分。可靠性增长试验通常安排在工程研制基本完成之后和可靠性鉴定试验之前进行。可靠性增长试验本身不能使产品可靠性得到增长，只有对试验暴露的设计或制造缺陷进行分析，并采取有效的纠正措施，才能使产品的可靠性得到增长。增长试验的开展可参考《可靠性增长试验》(GJB 1407—1992)。

9.2.1 可靠性增长试验与环境应力筛选的对比

可靠性增长试验与环境应力筛选同为装备研制过程中的可靠性工程试验，它们的目标都是为了暴露产品缺陷，但在具体任务上有明显区别，前者旨在暴露某些设计缺陷，纠正后提高产品固有可靠性水平；后者旨在暴露工艺和元器件、原材料的缺陷，消除产品潜在的早期失效，并非为了提高产品的固有可靠性水平。表 9-2 列出了它们的主要对比项目。

表 9-2 可靠性增长试验与环境应力筛选对比

对比项目	环境应力筛选	可靠性增长试验
目的	暴露和消除设计与制造缺陷	确定和纠正设计缺陷
开展时机	在生产过程中进行	一般在研制过程进行
试验时间	一般 10min 随机振动和 10 个温度循环	产品平均寿命的数倍
样品数	一般 100%进行	至少 2 个产品
通过判据	无(最大限度消除早期失效)	判据与增长模型相关

9.2.2 可靠性增长模型

在可靠性增长的过程中，可靠性增长模型起着重要的作用：增长模型既可以用来评估可靠性增长目前已达到的水平，也可以用来预计可靠性增长将来可能达到的水平，从而为可靠性管理的开展及有关人员根据可靠性增长中收集到的故障数据对可靠性进行监督与评价提供依据，也为试验人员判断对产品采取的改进措施的有效性提供指导。

可靠性增长模型通常是数学模型，用于描述可靠性增长试验中产品的可靠性指标增长的规律或趋势。大致可分为连续型(时间连续)模型与离散型模型。连续型模型较常用的有 Duane 模型、AMSAA 模型等，离散型模型较常用的有 Gompertz 模型等。连续型模型适用于连续工作的可修复产品，离散型模型适用于成败型产品或不可修复的寿命型产品。下面分别加以介绍。

1. Duane 模型

1962 年，美国通用电气公司的工程师 J. T. Duane 通过对两种液压装置及三种飞机发动机将近600万台·时的试验数据进行分析发现，只要不断地对产品进行改进，将累积失效率与累积试验时间在双对数坐标纸上描点就可以近似得到一条直线。美国用了十多年的时间对大量可修电子产品的数据进行分析后认为基本符合这一规律。因此，Duane 模型得到了广泛应用。

Duane 模型认为，在 TAAF 过程中，如果不断地纠正故障，则产品的累积故障数 $N(t)$ 满足

$$N(t)=at^{1-m} \tag{9-1}$$

式中，m 为增长率，$0<m<1$；t 为累积试验时间；a 为确定的常数。

因此，时刻 t 的瞬时失效率 $\lambda(t)$ 为

$$\lambda(t)=\frac{\mathrm{d}N(t)}{\mathrm{d}t}=a(1-m)t^{-m} \tag{9-2}$$

瞬时 MTBF(mean time between failure，平均故障间隔时间)为

$$\theta(t)=\frac{1}{\lambda(t)}=\frac{t^{m}}{a(1-m)} \tag{9-3}$$

Duane 模型是一个确定性的经验模型。Duane 模型具有模型参数物理意义容易理解，适用面广，表示形式简洁易懂，便于制订可靠性增长计划，对增长过程的跟踪和评估较为简便等优点，因此在可靠性增长试验中被广泛应用。

2. AMSAA 模型

1972 年，美国陆军装备系统分析中心(Army Material Systems Analysis Activity，AMSAA)的 L. H. Crow 在 Duane 模型的基础上提出了可靠性增长的 AMSAA 模型，也称为 Crow 模型。Crow 给出了模型参数的极大似然估计与无偏估计、产品 MTBF 的区间估计、模型拟合优度检验方法、分组数据的分析方法及丢失数据时的处理方法，系统地解决了 AMSAA 模型的统计推断问题。

Crow 认为，在时间 $(0,t)$ 内产品的故障数 $n(t)$ 是一个随机变量，服从期望为 $E(n(t))=N(t)=at^{1-m}$ 的非齐次 Poisson 过程，其瞬时失效率为

$$\lambda(t)=\frac{\mathrm{d}E(n(t))}{\mathrm{d}t}=a(1-m)t^{-m} \tag{9-4}$$

式中，a 为尺度参数，$a>0$；m 为增长率。将式(9-4)与式(9-1)对比，可知 AMSAA 模型中故障数的期望与 Duane 模型是一致的。

AMSAA 模型是 Duane 模型的改进模型，可以认为是 Duane 模型的概率解释，其具有以下优点：模型参数的物理意义容易理解，便于制订可靠性增长计划；表示形式简洁，可靠性增长过程的跟踪和评估非常简便；利用随机过程建模，MTBF 的点估计精度较高，并且可以给出当前 MTBF 的区间估计。

3. Gompertz 模型

1968 年，E. P. Virene 使用 Gompertz 曲线来描述可靠性增长的规律，称为 Gompertz 模型。该曲线的特点是开始增长较慢，然后逐渐加快，到某点以后增长速度又减缓(称为 S 形增长)。不少产品在研制过程中的可靠性增长情况符合这种规律。Gompertz 模型可以用来评定产品当前的可靠性水平并预测未来的可靠性。

Gompertz 模型适用的可靠性增长曲线与 Duane 模型及 AMASS 模型不同，特别是它

的S形增长规律，能够用于处理一些特殊的可靠性增长数据。由于很多产品在试验前或研制阶段中并不能确定其增长规律，致使该模型的使用受到限制，没有 Duane 或 AMSAA 模型那么常见。但是，Gompertz 模型有着相当广泛的应用，它既适用于设备、系统的可靠性增长分析，也适用于复杂系统，如火箭、导弹等；既适用于成败型试验信息，也适用于寿命型试验信息。

Gompertz 模型的数学表达式为

$$R(t)=ab^{c^t} \tag{9-5}$$

其中，$R(t)$为t时刻的可靠度，$0<a<1$，$0<b<1$，$0<c<1$。3个参数的意义如下：由于$\lim\limits_{t\to\infty}R(t)=a$，故$a$是产品可靠性增长的上界；而由于$R(0)=ab$，故$ab$是产品可靠性的初始水平；参数$c$反映增长速度，$c$值小则增长速度快，$c$值大则增长速度慢。由于 Gompertz 模型有3个未知参数，因此能够适用于多种产品的可靠性增长的拟合。

9.2.3 可靠性增长试验方法

一般来说，一个刚完成研制的产品，其可靠性只能达到其成熟阶段水平的10%左右，其内部隐藏着大量的故障隐患，包括配套元器件的质量、设计上的失误、不成熟的制造工艺，以及生产管理上的差错造成的问题等，这些隐患必须在批量生产前得以解决。根据国内外资料统计表明：要使产品达到预期的可靠性水平，一般需要投入5～25倍 MTBF 目标值的可靠性增长试验时间，对此必须有相当的人力、物力和经费投入，要做好科学、合理的计划安排，并应在有关部门的共同配合下才能开展。

当产品经过一定时间的环境应力筛选，“早期故障”被基本排解后，就可进入可靠性增长试验阶段。可靠性增长试验的一般方法是采用 TAAF 的工作模式，其基本工作步骤如下：

1. 制订试验计划

开展可靠性增长试验工作前，首先要了解产品当前的可靠性水平(可根据现场使用情况，或可靠性摸底试验的结果推断)，以及产品预期要达到的可靠性目标，由此根据可投入的资源，包括样品、试验设备、试验经费和时间、人力等，制订出工作计划，以计划增长曲线为基准，选用合适的可靠性增长模型。

2. 开展可靠性增长试验

试验以诱发产品在实际使用条件下可能发生的故障隐患为目的，科学、合理地选择试验条件和试验项目。目前，常用于产品可靠性增长的试验手段，是采用温度+湿度+振动的综合环境试验，它可以有效地激发产品在实际使用中暴露出的大部分故障模式，这已被国内外大量试验范例所证实。当然可靠性增长试验也可以结合其他类型的试验一起进行。

3. 故障分析与改进

必须对试验中暴露出来的产品故障开展故障定位与失效机理分析。产品可靠性增长的内涵是提高产品固有的可靠性水平。而要提高其固有可靠性，关键是要找出存在于产品中由于设计或制造引入的缺陷，或称系统性故障，只要当这些系统性故障被发现、被纠正后，产品固有的可靠性才能得到提高。如果在可靠性增长试验中被发现和纠正的仅仅是个别的偶然性故障，或称残余性故障，则是不充分的。因此必须对试验中发现的故障进行认真的分析，找出系统性故障，并采取措施加以纠正。对于系统性故障的纠正，只能通过修改产品设计或改进生产工艺等途径实现。单纯的故障修复或更换措施，只能用于排解残余性偶发故障，并不能提高产品的固有可靠性。

4. 再试验

经过改进的产品，仍需开展进一步的试验。一是为验证改进措施的有效性，二是继续暴露产品尚存的故障隐患，取得进一步的可靠性增长，直至达到预定的可靠性目标为止。

9.2.4　可靠性增长试验数据的处理

1. 可靠性增长趋势有效性检验

为了对产品可靠性增长试验中发生的故障数据进行有效的处理与分析，以便对可靠性增长过程实施科学的监控，必须首先对所获得的故障数据进行增长趋势的有效性检验。其目的是确认产品经过设计和制造工艺等方面的不断改进后，其可靠性是否已有明显提高(统计意义上)。

增长趋势有效性检验的方法，可采用《可靠性增长管理手册》(GJB/Z 77—1995)中的χ^2检验法，其具体方法如下：

设受试产品总数为n个，T_i为发生第i次故障时所有参试产品的总累积有效试验时间$(i=1,2,\cdots,r)$，T为试验中止时所有受试产品的总累积有效试验时间。当第r个故障发生时试验立即中止，有$T=T_r$；否则在其他时间中止，有$T>T_r$。按下式求出检验用统计量χ^2值：

$$\chi^2=2\sum_{i=1}^{m}\ln\frac{T}{T_i} \tag{9-6}$$

其中

$$m=\begin{cases} r-1, & T=T_r \\ r, & T>T_r \end{cases}$$

选取检验显著性水平$\alpha=1-\gamma$，其中γ为置信度，常取90%和95%。如出现$\chi^2>\chi^2_\gamma(2m)$，则可认为该产品具有显著的可靠性增长趋势，否则不能确认其可靠性有明显的增长趋势。$\chi^2_\gamma(2m)$值可由表9-3查得。

在MIL-HDBK-781和GJB 1407—1992中，还推荐了另一种用于确认产品可靠性增长趋势的U检验法，即求出检验用统计量U的值：

$$U=\left(\sum_{i=1}^{m}t_i/mT-\frac{1}{2}\right)\sqrt{12m} \tag{9-7}$$

其中，t_i、T、m的意义同式(9-6)。

选取检验显著特性水平α，如有$U<-U(\alpha,m)$，则认为产品可靠性有显著的增长趋势；否则不予确认。$U(\alpha,m)$值可由表9-4查得。

当试验数据较少时适用χ^2检验法，试验数据较多时适用U检验法。通常情况下，如果故障数据能用AMSAA模型拟合时，可采用χ^2检验，否则应采用U检验。

表 9-3 增长趋势检验 $\chi_{\gamma}^{2}(n)$ 表

参数 n	$\gamma/\%$													
	99	98	95	90	80	70	50	30	20	10	5	2	1	0.1
1	0.000	0.001	0.004	0.016	0.064	0.148	0.455	1.074	1.642	2.706	3.841	5.412	6.635	10.827
2	0.020	0.040	0.103	0.211	0.446	0.713	1.386	2.408	3.219	4.605	5.991	7.824	9.210	13.815
3	0.115	0.185	0.352	0.584	1.005	1.424	2.356	3.665	4.642	6.251	7.815	9.837	11.341	16.268
4	0.297	0.429	0.711	1.064	1.649	2.195	3.357	4.878	5.989	7.779	9.488	11.668	13.277	18.465
5	0.554	0.752	1.145	1.610	2.343	3.000	4.351	6.064	7.289	9.236	11.070	13.388	15.086	20.517
6	0.872	1.134	1.635	2.204	3.070	3.828	5.348	7.231	8.558	10.645	12.592	15.033	16.812	22.457
7	1.239	1.564	2.167	2.833	3.822	4.671	6.346	8.383	9.803	12.017	14.067	16.622	18.475	24.322
8	1.646	2.032	2.733	3.490	4.594	5.527	7.344	9.524	11.030	13.362	15.507	18.168	20.090	26.125
9	2.088	2.532	3.325	4.168	5.380	6.393	8.343	10.656	12.242	14.584	16.919	19.679	21.666	27.877
10	2.558	3.059	3.940	4.865	6.179	7.267	9.342	11.781	13.442	15.987	18.307	21.161	23.029	29.588
11	3.053	3.609	4.575	5.578	6.989	8.148	10.341	12.899	14.631	17.275	19.675	22.618	24.725	31.264
12	3.571	4.178	5.226	6.304	7.807	9.034	11.340	14.011	15.812	18.549	21.026	24.054	26.217	32.909
13	4.107	4.765	5.892	7.042	8.634	9.926	12.340	15.119	16.985	19.812	22.362	25.472	27.688	34.528
14	4.660	5.368	6.571	7.790	9.467	10.821	13.339	16.222	18.151	21.064	23.685	26.873	29.141	36.123
15	5.229	5.985	7.261	8.547	10.307	11.721	14.339	17.322	19.311	22.307	24.996	28.259	30.578	37.697
16	5.812	6.614	7.962	9.312	11.152	12.624	15.338	18.418	20.465	23.542	26.296	29.633	32.000	39.252

表 9-4 增长趋势检验 $U(\alpha,m)$ 表

$\alpha/\%$	m					
	1	2	3	4	5	≥6
0.2	1.73	2.34	2.64	2.78	2.86	3.09
1	1.72	2.21	2.38	2.45	2.47	2.58
2	1.70	2.10	2.22	2.25	2.27	2.33
5	1.65	1.90	1.94	1.94	1.94	1.96
10	1.56	1.68	1.66	1.65	1.65	1.65
20	1.39	1.35	1.31	1.31	1.30	1.28

2. 可靠性增长模型的拟合优度检验

当确认产品具有明显的可靠性增长趋势后，为了对其增长过程进行定量评价和实施科学的过程管理，需要通过可靠性增长模型对其故障数据进行拟合。为了确认所选用的增长模型是否合适和有效，统计学上可采用拟合优度检验的方法进行判断。

AMSAA 模型是目前常用的一种可靠性增长模型，可采用下述 Cramer-Von Mises 检验方法对其拟合优度进行检查。其检验用统计量为

$$C(m)=\frac{1}{12m}+\sum_{i=1}^{m}\left[\left(\frac{T_i}{T}\right)^{b}-\frac{2i-1}{2m}\right]^{2} \tag{9-8}$$

其中 $b=2(m-1)/\chi^2$，式中 m、T_i、T、χ^2 的意义同式(9-6)。

选定检验的显著性水平 α（通常取 0.1）并根据 m 由表 9-5 查得临界值 $C(m,\alpha)$。若 $C(m)>C(m,\alpha)$，则拒绝 AMSAA 模型；反之，则认为 AMSAA 模型可作为可靠性增长的评价模型。

表 9-5　Cramer-Von Mises 检验临界值 $C(m,\alpha)$ 表

m	显著性水平 α				
	0.20	0.15	0.10	0.05	0.01
2	0.138	0.149	0.162	0.175	0.186
3	0.121	0.135	0.154	0.184	0.231
4	0.121	0.136	0.155	0.191	0.279
5	0.121	0.137	0.160	0.199	0.295
6	0.123	0.139	0.162	0.204	0.307
7	0.124	0.140	0.165	0.209	0.316
8	0.124	0.141	0.165	0.210	0.319
9	0.125	0.142	0.167	0.212	0.323
10	0.125	0.142	0.167	0.212	0.324
15	0.126	0.144	0.169	0.215	0.327
20	0.128	0.146	0.172	0.217	0.333
30	0.128	0.146	0.172	0.218	0.333
60	0.128	0.147	0.173	0.221	0.333
≥100	0.129	0.147	0.173	0.221	0.333

如果能够用 AMSAA 模型来描述可靠性增长，则根据式(9-4)、式(9-6)和式(9-8)，可以进行可靠性的预计，即 $b=2(m-1)/\chi^2$，$a=r/T^b$，瞬时 MTBF$=T^{1-b}/ab$。

3. 应用案例

【例 9-1】 欧空局的阿利安娜火箭截至 1996 年 6 月共发射 87 次，其中 8 次发射失败，失败记录如表 9-6 所示。

表 9-6　阿利安娜火箭发射失败记录　　单位：月

i	1	2	3	4	5	6	7	8
T_i/月	2	5	15	18	36	63	70	87

首先进行增长趋势有效性检验：

失效数 $r=8$，$T=T_r$，$m=r-1=7$，因失效数较少，故采用 χ^2 检验法：

$$\chi^2=2\sum_{i=1}^{m}\ln\frac{T}{T_i}=22.77>4.66\quad(\gamma=99\%)$$

因此该火箭的研制过程有可靠性增长的趋势。

进一步，进行 AMSAA 模型的拟合优度检验：

$$b=2(m-1)/\chi^2=12/22.77=0.527$$

由式(9-8)得 $C(m)=0.02679$，令 $\alpha=0.01$，则可得 $C(m,\alpha)=C(7,0.01)=0.316$，所以 $C(m)<C(m,\alpha)$，可以用 AMSAA 模型来描述可靠性增长。

进一步，可以预计第 87 次发射后的可靠性水平：

$$b=2(m-1)/\chi^2=0.527,\quad a=r/T^b=0.7603$$

瞬时 MTBF$=T^{1-b}/ab=20.6357$ 月。

9.3 可靠性寿命试验

可靠性寿命试验(reliability life testing)是为了验证产品在规定条件下的使用寿命(储存寿命)是否达到规定的要求。试验的适用对象：有使用寿命或储存寿命要求的各类产品。可靠性寿命试验主要在产品设计定型阶段开展,产品通过环境鉴定试验之后,技术状态已经固化。可靠性寿命试验是在生产过程比较稳定的条件下,剔除了早期失效产品后进行的试验,通过寿命试验可以了解产品寿命分布的统计规律。

可靠性寿命试验按照施加的应力强度可以分为常应力寿命试验和加速应力寿命试验(常简称为加速寿命试验)。高可靠的产品在加速应力的条件下也很难在短时间内出现失效,因此,现在的加速试验只需要观察到性能的退化,而无须得到失效样本,这种加速试验称为加速退化试验。由于产品可靠性水平的提高,加速寿命试验现在更多地为加速退化试验所代替。

9.3.1 常应力寿命试验

常应力寿命试验一般付出的代价较高,一旦试验失败将造成很大的经济损失和时间损失。因此,在做寿命试验之前,必须根据试验要求做出周密而切合实际的计划,制定正确的试验方案。在制定产品可靠性寿命试验方案时要考虑以下因素。

(1) 试验对象

试验的目的是了解产品的可靠性特征,试验样品必须在筛选试验和例行试验之后的合格品中抽取,试验样品应该具有代表性。确定试验样本容量是方案设计的重要内容,要考虑到费用和实验设备条件,制定能满足统计分析要求的样本数。

(2) 试验时间

对可靠性高的产品,试验时间会很长。加速寿命试验可以大大缩短试验时间,但仍然难做到所有样品全部失效才停止试验,由于统计科学的发展,只要有一部分试验样品失效就可停止试验,因此可靠性试验大部分是截尾寿命试验。

(3) 测试要求

对样品在试验过程中的状态要进行监测,在没有全程自动测试仪的情况下,要制定测试周期,按一定的周期对样品进行检测。测试周期的选定原则是使每个测试周期内测到的失效数大致相同,这样才能正确地反映产品的失效规律,这需要了解产品的失效分布。测试环境和测试方法一般按产品和测试仪器的有关要求执行。

(4) 试验条件

寿命试验的应力条件取决于试验目的,测定产品的工作寿命时一定要施加工作应力和环境应力,为保证试验结果的一致性,试验条件最好不要有大的变化。

在正常应力的寿命试验中,通常假设产品寿命服从指数分布。这是由于很多产品,特别是电子产品,在经过筛选后进入偶然失效期,即服从指数分布。因此,下面主要介绍指数分布寿命试验方案。

1. 指数分布寿命试验类型

指数分布寿命试验类型有四种：

1）定数无替换截尾试验$(n,r,无)$

试验样本数为 n，故障数为 r。试验样品故障后不替换，当样品故障数达到预先规定的 r 时，停止试验。

2）定数有替换截尾试验$(n,r,有)$

试验样本数为 n，故障数为 r。样品故障后被撤下，用新的样品来替换继续做试验，当故障次数累积到预先规定的 r 时，停止试验。

3）定时无替换截尾试验$(n,t_0,无)$

试验样本数为 n，样品故障后没有新的样品替换。当试验时间到达预先规定的 t_0 时，停止试验。

4）定时有替换截尾试验$(n,t_0,有)$

试验样本数为 n，样品故障后被撤下，用新的样品来替换继续做试验。当试验时间到达预先规定的 t_0 时，停止试验。

四种试验方案的示意图如图 9-1 所示。

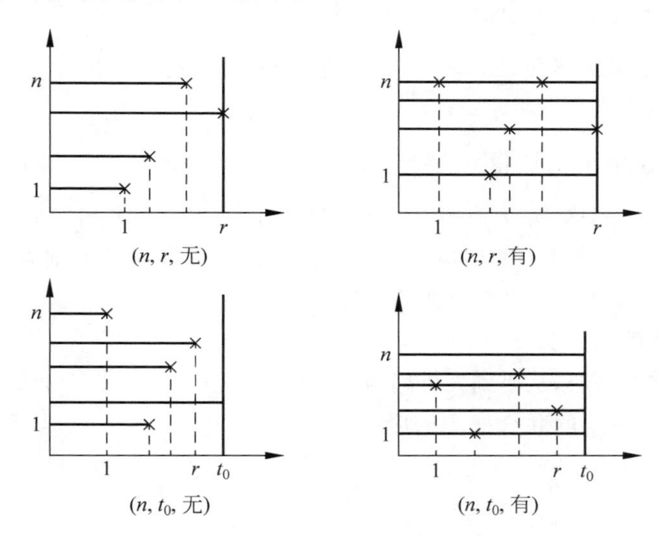

图 9-1　指数分布寿命试验类型

2. 指数分布寿命试验时间

产品的失效分布函数为

$$F(t)=1-\exp(-t/\theta) \tag{9-9}$$

其中，θ 为该试验条件下产品的平均寿命。

在没有自动测试仪的条件下，试验时间的确定是一个重要问题：试验时间太短会增加工作量，试验时间太长则失效时间难以准确测到。按照前面所叙的原则，使每个试验时间段内测到的失效数比较接近，且试验次数还要足够多。因而，对式(9-9)进行变换后，可用于确定试验时间：

$$t_i=\theta\ln\frac{1}{1-F(t_i)},\quad i=1,2,\cdots \tag{9-10}$$

$F(t_i)$按等间隔取值，如 10%、20%等。

若产品可靠性较高，$F(t_i)$间隔可取得小一些，以便较准确地测得样品的失效时间；反之，$F(t_i)$可取大些。试验前对θ有初步估计时，根据$F(t_i)$可确定t_i的值。

3. 指数分布寿命试验的样本容量

样本容量大时，一般可早点结束试验。通常样本容量$n>20$时称为大样本，统计处理置信度较高。但样本容量大时，试验经费、对测试条件的要求等也将增加，因此要与经费约束等做好权衡。

在大样本的情况下，在时间t内出现r个失效的概率可以近似表示为r/n，即$F(t)=r/n$，则

$$n=\frac{r}{1-\exp(-t/\theta)} \tag{9-11}$$

当t和r给出时，在粗略估计θ后，可确定样本容量n。

4. 指数分布寿命试验统计分析

服从指数分布的寿命试验统计分析工作，主要是进行参数（失效率、均值等）估计和推断。参数估计有两种形式：点估计和区间估计。

点估计：设θ是未知参数，$x_1,x_2,\cdots,x_n$是一组样本，称$\hat{\theta}=\hat{\theta}(x_1,x_2,\cdots,x_n)$为$\theta$的点估计。

区间估计：寻找两个统计量$\hat{\theta}_{\mathrm{L}}=\hat{\theta}_{\mathrm{L}}(x_1,x_2,\cdots,x_n)$和$\hat{\theta}_{\mathrm{U}}=\hat{\theta}_{\mathrm{U}}(x_1,x_2,\cdots,x_n)$，满足$P(\hat{\theta}_{\mathrm{L}}\leqslant\theta\leqslant\hat{\theta}_{\mathrm{U}})=1-\alpha$，则称$[\hat{\theta}_{\mathrm{L}},\hat{\theta}_{\mathrm{U}}]$为$\theta$的置信度为$1-\alpha$的区间估计。$\alpha$称为显著性水平。

指数分布参数的点估计一般用极大似然估计法。下面针对四种试验类型，根据式(9-9)给出的失效分布函数，分别介绍参数θ的估计。

1）定数无替换截尾试验$(n,r,无)$

将能够获得的样本数据从小到大排列为$x_{(1)}\leqslant x_{(2)}\leqslant\cdots\leqslant x_{(n)}$。下面给出$\theta$的两类估计。

由$x_{(1)},x_{(2)},\cdots,x_{(n)}$的联合概率密度函数

$$f(x_{(1)},\cdots,x_{(r)},\theta)=\frac{n!}{(n-r)!}\frac{1}{\theta^r}\exp\left\{-\frac{1}{\theta}\left[\sum_{i=1}^{r}x_{(i)}+(n-r)x_{(r)}\right]\right\}$$

得到θ的极大似然估计为

$$\hat{\theta}=\frac{T_r}{r} \tag{9-12}$$

其中，$T_r=\sum\limits_{i=1}^{r}x_{(i)}+(n-r)x_{(r)}$，为$n$个受试样本的总试验时间。

θ的置信度为$1-\alpha$的双侧置信区间为

$$\left[\frac{2T_r}{\chi^2_{1-\frac{\alpha}{2}}(2r)},\frac{2T_r}{\chi^2_{\frac{\alpha}{2}}(2r)}\right]$$

同理可得，θ的置信度为$1-\alpha$的单侧置信区间为

$$\left[\frac{2T_r}{\chi^2_{1-\alpha}(2r)},\infty\right)$$

【例9-2】 某定数无替换截尾试验(10,3,无)，观察到的三个失效时间为60h，80h，200h，则

$$T_r = [60 + 80 + 200 + (10 - 3) \times 200]\mathrm{h} = 1740\mathrm{h}$$

$$\hat{\theta} = \frac{T_r}{r} = \frac{1740}{3}\mathrm{h} = 580\mathrm{h}$$

取 $\alpha = 0.05$，则 θ 的置信度为 $1-\alpha = 0.95$ 的双侧置信区间为

$$\left[\frac{2T_r}{\chi^2_{1-\frac{\alpha}{2}}(2r)}, \frac{2T_r}{\chi^2_{\frac{\alpha}{2}}(2r)}\right] = [240, 2900]$$

2）定数有替换截尾试验$(n, r, 有)$

我们可以认为样本在 n 个试验台前受试。由于失效后有替换，因此对每个试验台而言在该台上失效时间组成一个参数为 λ 的 Poisson 过程，即相邻失效时间间隔服从参数为 λ 的指数分布。由于 n 个试验台是互相独立的，因此由 Poisson 过程的性质，这几个过程的叠加是参数为 $n\lambda$ 的 Poisson 过程。因此，$x_{(1)}, x_{(2)} - x_{(1)}, \cdots, x_{(r)} - x_{(r-1)}$ 独立且服从参数为 $n\lambda$ 的指数分布，记 $y_i = x_{(i)} - x_{(i-1)}$，即有联合概率密度

$$(n\lambda)^r \exp\left(-n\lambda \sum_{i=1}^{r} y_i\right) = \left(\frac{n}{\theta}\right)^r \exp\left(-\frac{n}{\theta}\sum_{i=1}^{r} y_i\right)$$

由上式得 θ 的极大似然估计为

$$\hat{\theta} = \frac{T_r}{r} \tag{9-13}$$

其中，$T_r = n x_{(r)}$ 为 n 个受试样本的总试验时间。

θ 的置信度为 $1-\alpha$ 的双侧置信区间为

$$\left[\frac{2T_r}{\chi^2_{1-\frac{\alpha}{2}}(2r)}, \frac{2T_r}{\chi^2_{\frac{\alpha}{2}}(2r)}\right]$$

同理可得，θ 的置信度为 $1-\alpha$ 的单侧置信区间为

$$\left[\frac{2T_r}{\chi^2_{1-\alpha}(2r)}, \infty\right)$$

【例 9-3】 某定数有替换截尾试验(20，10，有)，最后一个截尾发生的失效时间为 45d，则

$$T_r = 20 \times 45\mathrm{d} = 900\mathrm{d}$$

$$\hat{\theta} = \frac{T_r}{r} = \frac{900}{10}\mathrm{d} = 90\mathrm{d}$$

取 $\alpha = 0.05$，则 θ 的置信度为 $1-\alpha = 0.95$ 的双侧置信区间为

$$\left[\frac{2T_r}{\chi^2_{1-\frac{\alpha}{2}}(2r)}, \frac{2T_r}{\chi^2_{\frac{\alpha}{2}}(2r)}\right] = [52.6, 209.3]$$

3）定时无替换截尾试验$(n, t_0, 无)$

试验到 t_0 终止，设得到 r 个失效，得顺序统计量样本：$x_{(1)} \leqslant x_{(2)} \leqslant \cdots \leqslant x_{(r)} < t_0$。

由 $x_{(1)}, x_{(2)}, \cdots, x_{(r)}$ 的联合概率密度函数

$$f(x_{(1)}, \cdots, x_{(r)}, \theta) = \frac{n!}{(n-r)!} \frac{1}{\theta^r} \exp\left\{-\frac{1}{\theta}\left[\sum_{i=1}^{r} x_i + (n-r)t_0\right]\right\}$$

得到 θ 的极大似然估计为

$$\hat{\theta}=\frac{T_r}{r} \tag{9-14}$$

其中，$T_r=\sum_{i=1}^{r}x_{(i)}+(n-r)t_0$ 为 n 个受试样本的总试验时间。

θ 的置信度为 $1-\alpha$ 的双侧置信区间为

$$\left[\frac{2T_r}{\chi^2_{1-\frac{\alpha}{2}}(2r+2)},\frac{2T_r}{\chi^2_{\frac{\alpha}{2}}(2r+2)}\right]$$

同理可得，θ 的置信度为 $1-\alpha$ 的单侧置信区间为

$$\left[\frac{2T_r}{\chi^2_{1-\alpha}(2r+2)},\infty\right)$$

4）定时有替换截尾试验（n,t_0，有）

试验为有替换的试验方式，试验在 t_0 终止，此时观察到 r 个样品失效，得顺序统计量样本：$x_{(1)}\leqslant x_{(2)}\leqslant\cdots\leqslant x_{(r)}<t_0$。与“定数有替换截尾试验（$n,r$，有）”类似，可推导得 θ 的极大似然估计为

$$\hat{\theta}=\frac{T_r}{r} \tag{9-15}$$

其中，$T_r=nt_0$ 为 n 个受试样本的总试验时间。

θ 的置信度为 $1-\alpha$ 的双侧置信区间为

$$\left[\frac{2T_r}{\chi^2_{1-\frac{\alpha}{2}}(2r+2)},\frac{2T_r}{\chi^2_{\frac{\alpha}{2}}(2r)}\right]$$

同理可得，θ 的置信度为 $1-\alpha$ 的单侧置信区间为

$$\left[\frac{2T_r}{\chi^2_{1-\alpha}(2r+2)},\infty\right)$$

【例 9-4】 某定时无替换试验（7，700，无）。试验结束时，失效时间分别为 650，450，120，530，600，450h，则 $n=7$，$r=6$，因此

$$T_r=[650+450+120+530+600+450+(7-6)\times 700]\text{h}=3500\text{h}$$

$$\hat{\theta}=\frac{T_r}{r}=\frac{3500}{6}\text{h}=583.33\text{h}$$

取 $\alpha=0.2$，则 θ 的置信度为 $1-\alpha=0.8$ 的双侧置信区间为

$$\left[\frac{2T_r}{\chi^2_{1-\frac{\alpha}{2}}(2r+2)},\frac{2T_r}{\chi^2_{\frac{\alpha}{2}}(2r+2)}\right]=[332.32,898.64]$$

9.3.2 加速应力寿命试验

随着科学技术的发展，出现了许多高可靠、长寿命的产品，例如有的电子元器件的寿命可达数百万小时以上，即使进行长时间的试验也可能不会失效，或极少发生失效。另一方面，国际上经济领域的竞争日趋激烈，产品更新换代的速度越来越快。因此，我们需要根据较短时间内的试验结果来评估产品的可靠性水平，这就要求改进传统的常应力寿命试验方法，以期在较短的试验时间内获得较多的失效样品，加速寿命试验正是为了适应这种需要而

产生的。所谓加速寿命试验，是指在保持失效机理不变的条件下，把样品放在比通常使用更严酷的应力条件下进行试验，以加速样品的失效。加速寿命试验不仅可以在较短时间内用较少的样品估计高可靠性器件的可靠性水平，而且通过将短时间内暴露出来的失效模式，结合失效分析，反馈到设计和制造部门加以纠正，可有效地提高产品可靠性，同时对加速试验的分析还可以帮助我们合理制定其他可靠性试验，如环境应力筛选的条件和可靠性验收试验的规范。通常的应力有热应力(如温度)、机械应力(如振动、摩擦、压力、载荷、频率)、电应力(如电压、电流、功率)、湿应力(如湿度)等。应力的取值叫应力水平。通常工作条件下的应力水平叫作正常应力水平，把应力加大到超过正常应力水平叫作加速应力水平。

加速寿命试验的试验机理是：通过加大应力(诸如热应力、电应力、机械应力等)水平的方法加快产品失效，缩短测试时间，运用加速寿命模型估计出产品在正常工作应力下的可靠性特征。存在多种失效机理和应力的情况下，应选择对产品失效起到最大影响的应力作为加速应力。需要强调的是：加速寿命试验的应力选择只能加速失效进程，而不能改变失效机理！

1. 加速寿命试验分类

加速寿命试验可大致分为以下四类：

1) 恒定应力加速寿命试验

在此类试验中，样品所承受的应力保持不变。该试验通常分组进行，每组样本承受的应力水平分别为 $S_1, S_2, \cdots$，且直到试验结束保持不变，直到各组产品都有一定数量的产品失效时为止，如图 9-2 所示。

为了根据加速试验的结果推断产品在正常应力下的可靠性水平，一般试验要有三组以上的应力水平，每一组的样本量原则上不低于 8 个，且最高应力水平应达到不改变失效机理的上界，最低应力水平应接近正常工作应力。

恒定应力加速寿命试验的优点是模型成熟、试验简单、易成功，缺点是试验所需试样多，试验时间较长。这种试验应用最广，后文将深入介绍。

2) 步进应力加速寿命试验

在此类试验中，样品所受应力按一定时间间隔阶梯式地增加，直至样品产生足够的退化为止。此试验对产品所施加的应力是在不同的时间段施加不同水平，其水平是阶梯上升的，如图 9-3 所示。在每一时间段上的水平都高于(或低于)正常条件下的应力水平。因此，在每一时间段上都会有某些产品失效，未失效的产品则继续承受下一个时间段上更高一级水平下的试验，如此继续下去，直到在最高应力水平下也检测到足够失效数(或者达到一定的试验时间)时为止。

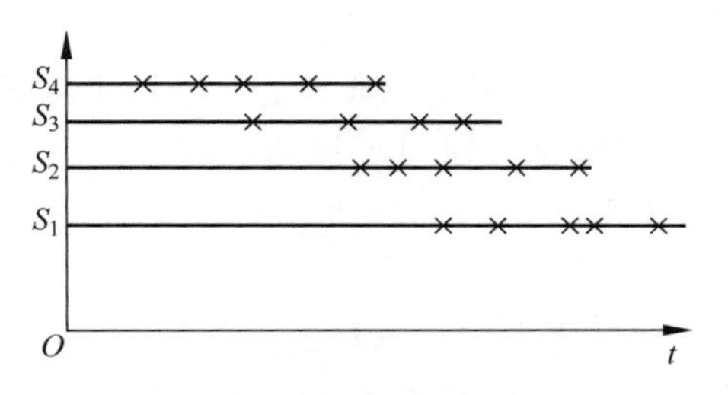

图 9-2　恒定应力加速寿命试验

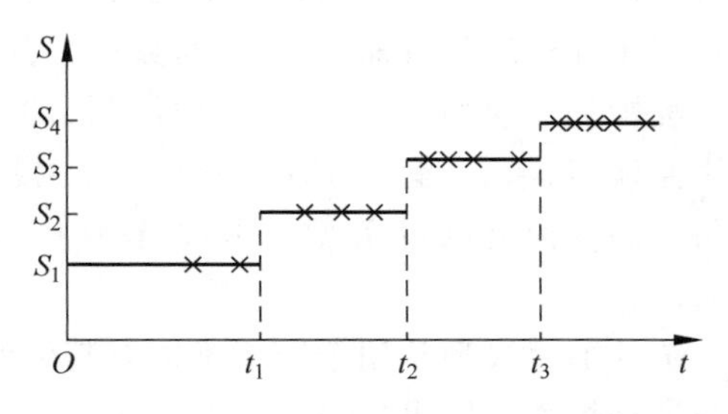

图 9-3　步进应力加速寿命试验

步进应力加速寿命试验的优点是试验所需试样较少，加速效率相对较高；缺点是试验数据统计分析难度大。

3）序进应力加速寿命试验

在此类试验中，样品所受应力随时间增加（或降低），直至样品产生足够的失效或退化为止，因此此类试验也称序进应力试验。序进应力试验的方法与步进应力试验相似，区别在于序进应力试验加载的应力水平随时间连续变化。图 9-4 表示了序进应力加载最简单的情形，即试验应力随时间呈直线上升的加载历程。序加试验的特点是应力变化快，失效也快，因此序进应力加速需要专用设备跟踪和记录产品失效。这种试验方法的优点是效率最高；缺点是需要专门的装置产生符合要求的加速应力，相关研究和应用较少。

4）循环应力或随机应力

在此类试验中，样品所受应力水平随时间有规律变化，往往是周期性变化（如图 9-5 中的循环应力），或者应力水平是随机变化的（如图 9-5 中的随机应力）。这种试验方法的优点是效率高（特别是随机应力），缺点是定量分析很难。

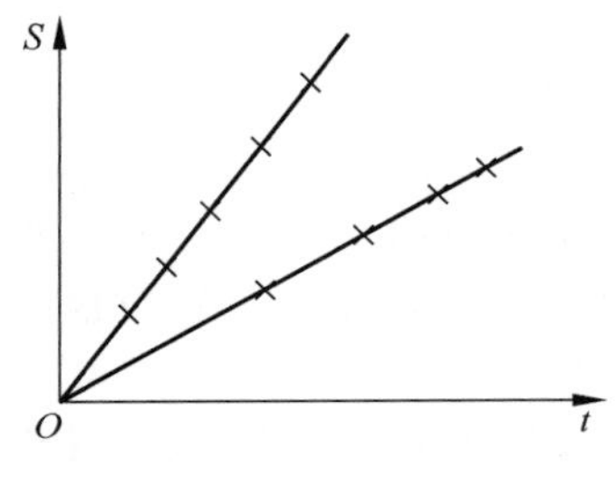

图 9-4　序进应力加速寿命试验

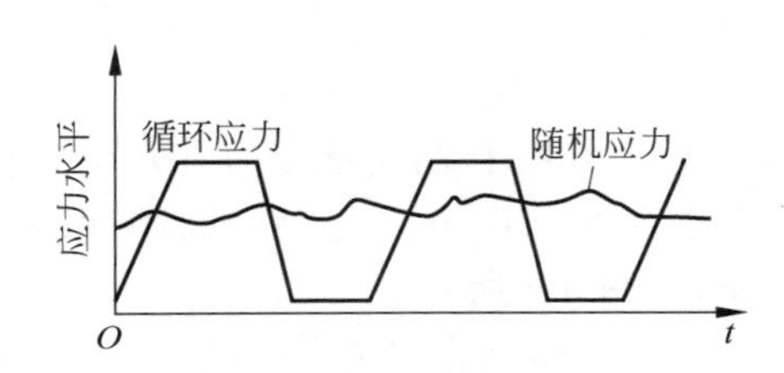

图 9-5　循环应力或随机应力加速寿命试验

2. 加速模型

加速寿命试验的定量分析依赖于能够利用加速试验中收集到的寿命信息，推导得到产品在正常应力条件下的寿命特征，这就需要建立产品寿命特征与加速应力水平之间的定量关系模型，即加速模型。

加速模型大致可分为 3 类：物理加速模型、经验加速模型和统计加速模型，如图 9-6 所示。

物理加速模型是基于产品失效过程的物理化学解释而提出的。例如，化学家阿伦尼乌斯提出的阿伦尼乌斯模型就属典型的物理加速模型。该模型建立了产品寿命和温度应力之间的关系。另一个典型的物理加速模型是艾林模型，它是基于量子力学理论提出的，该模型也可用于描述产品寿命和温力、湿度等之间的关系。

经验加速模型是基于对产品性能长期观察的总结而提出来的。典型的经验加速模型如逆幂律模型、卡夫-曼森（Coffin-Manson）模型等。逆幂律模型常用于描述电压或压力等应力与产品寿命之间的关系。卡夫-曼森模型则给出了循环应力的强度与产品寿命之间的关系。

统计加速模型常用于分析难以对其失效过程用物理化学方法解释的失效数据，它是基于统计分析方法给出的经验模型。统计加速模型又可以分为参数模型和非参数模型。参数模型需要预先确定产品的寿命分布来进行分析；非参数模型是一种无分布假设的模型，因

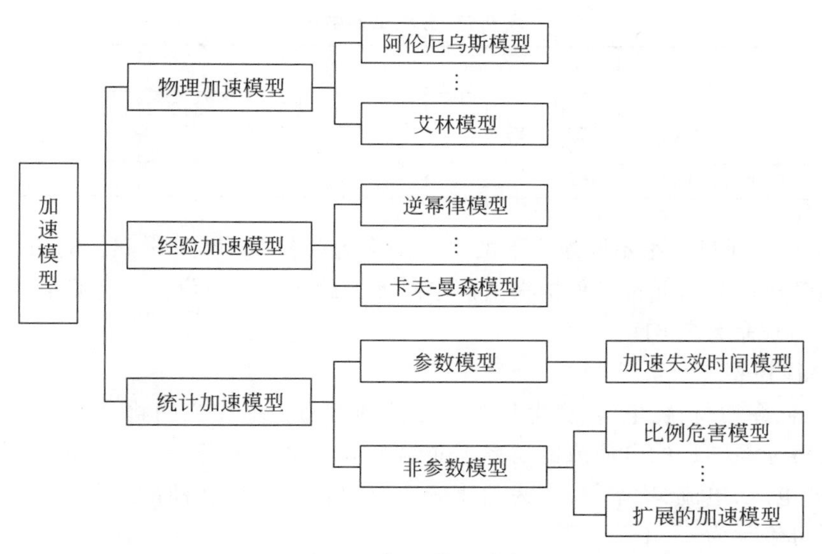

图 9-6　加速模型分类

此也更受欢迎。

下面介绍一些工程上常用的加速模型。

1）阿伦尼乌斯模型

温度是加速寿命试验中最常用的加速应力，因为高温能使产品（如电子元器件、绝缘材料等）内部化学反应加速，促使产品提前失效。阿伦尼乌斯在 1880 年研究了这类化学反应，在大量数据的基础上，总结出了反应速率与激活能的指数成反比、与温度倒数的指数成反比的规律。阿伦尼乌斯模型为

$$\frac{\mathrm{d}M}{\mathrm{d}t}=A\mathrm{e}^{-E_{\mathrm{a}}/kT} \tag{9-16}$$

式中，$\mathrm{d}M/\mathrm{d}t$ 是发生反应的速率；$A>0$，是一个常数；k 为玻尔兹曼常数，$k=8.617\times10^{-5}$；T 为热力学温度，数值等于摄氏度加上 273.15；E_{a} 为激活能（activation energy），也称为活化能，以电子伏特（eV）作为单位。激活能定义为：分子之间发生碰撞并发生反应的最低能量限。激活能越大，反应速率越慢；激活能越小，反应速率越快。

由式（9-16）经过变换，可得下式：

$$\ln\xi=a+\frac{b}{T} \tag{9-17}$$

式中，ξ 是产品的寿命特征（如中位寿命、特征寿命）。由式（9-17）可知，产品寿命特征 ξ 的对数与温度的倒数呈线性关系。

由式（9-16）还可以得到产品在温度 T 和 T' 下的加速因子 AF（对应的特征寿命 ξ 和 ξ' 的比值）

$$\mathrm{AF}=\frac{\xi}{\xi'}=\exp\left[\frac{E_{\mathrm{a}}}{k}\left(\frac{1}{T}-\frac{1}{T'}\right)\right] \tag{9-18}$$

【例 9-5】 某薄膜电路加速寿命试验共分 3 组，每组 8 个样品，试验到全部样品失效结束，结果如表 9-7 所示，试估计产品在 25℃时的平均寿命。

表 9-7 分组试验数据 单位：h

温度/℃	t_1	t_2	t_3	t_4	t_5	t_6	t_7	t_8	平均寿命
150	74	115	150	190	220	260	310	365	210.5
100	200	330	440	570	700	840	1000	1200	660
50	800	1380	1900	2400	3050	3700	4500	5450	2897.5

由式(9-17)，通过 3 组不同温度下的平均寿命值，可回归得到 a 和 b 的值(利用图估计或数值估计都可以)，由此再可外推得出额定温度下的产品寿命值。该薄膜电路在额定温度25℃时的平均寿命为 7361h。

2) 逆幂律模型

绝缘材料、介质材料、电容、微电机等元器件的寿命与电压之间符合逆幂律的关系。有些元器件的寿命与施加的电流或电功率等非温度应力之间也符合逆幂律的关系。因此，使用电应力(如电压、电流、功率等)作为加速应力也很常见。在这种情况下，产品的寿命 ξ 与应力的关系可表示为

$$\xi = AV^{-c} \tag{9-19}$$

式中，$A>0$，是一个常数；c 为一个与激活能有关的正常数；V 为应力，这里常用电压。

9.4 可靠性验证试验

进行可靠性验证试验的目的是验证产品的可靠性水平，保证使用方能拿到合格的产品。它包括可靠性鉴定试验和可靠性验收试验。

可靠性鉴定试验的目的是验证产品的设计是否达到了规定的可靠性要求。鉴定试验通常是由使用方认可的试验单位按选定的抽样方案，抽取有代表性的产品在规定的条件下所进行的试验，一般用于设计定型、生产定型及重大技术变更后的鉴定。可靠性鉴定试验也用来验证产品在批准投产之前已经符合合同规定的可靠性要求并向使用方提供合格证明。

可靠性验收试验的目的是验证待交付的产品是否具备规定的可靠性水平。验收试验的受试样本应从批生产的产品中随机抽取，受试产品及数量由订购方确定。

可靠性验证试验的试验条件应模拟产品的真实使用条件，需要经使用方、生产方协商确定试验方案，保证双方风险受控。生产方风险 α 表示产品整体合格时由于抽样试验的结果而被判定为不合格的概率；使用方风险 β 表示产品整体不合格时，由于抽样试验的结果而被判定为合格的概率。

可靠性验证试验按照截尾方式可分为定时截尾试验、定数截尾试验和序贯截尾试验。本节讨论寿命为指数分布的几种典型可靠性验证试验方案。

9.4.1 定时截尾试验

定时截尾试验是指对 n 个样品进行试验，事先规定试验截尾时间 t_0，也即到时刻 t_0 停止试验。利用试验数据来对产品的可靠性特征量进行鉴定。按试验过程中出现故障的产品所采取的措施，定时截尾试验又可分为有替换或无替换两种方案。

定时截尾试验方案的优点在于最大累积试验时间是事先确定的，因此在试验开始前就可以确定试验设备、人力、物力的最大需要量，便于计划组织，所以得到广泛的应用。其主要缺点是为了做出判断，质量好或很差的产品都要经历最大累积试验时间，才能停止试验。

给定 n 个样本投入试验，定时截尾试验方案就是确定总试验时间 T 和接收故障数 C（允许的故障数），当故障数小于等于 C 时，判定产品合格，接收这批产品；当故障数大于 C 时，判定产品不合格，拒收这批产品。设产品服从平均寿命（平均故障间隔时间，MTBF）为 θ 的指数分布，则 n 个产品在 $(0,T)$ 这段时间内的故障次数 x 服从参数为 T/θ 的泊松分布，即

$$P(x=r)=\frac{(T/\theta)^r}{r!}\mathrm{e}^{-T/\theta}$$

对平均寿命的验证试验实际就是进行如下的假设检验：

$$H_0:\theta=\theta_0,\quad H_1:\theta=\theta_1$$

根据定时截尾试验方案 (T,C)，产品的接收概率为

$$L(\theta)=P(r\leqslant C\,|\,\theta)=\sum_{r=0}^{C}\frac{(T/\theta)^r}{r!}\mathrm{e}^{-T/\theta} \tag{9-20}$$

当给定两类风险 α、β 和可接收的 MTBF 值 θ_0 和不可接收的 MTBF 值 θ_1 时，可推导得到

$$\begin{cases}\dfrac{2T}{\theta_1}=\chi_\beta^2(2C+2)\\[2ex]\dfrac{\theta_0}{\theta_1}=\dfrac{\chi_\beta^2(2C+2)}{\chi_{1-\alpha}^2(2C+2)}\end{cases} \tag{9-21}$$

解此联立方程就可以得到 T 和 C。但是，通常只能通过尝试法得到。为方便表示，令 $d(\alpha,\beta,C)=\chi_\beta^2(2C+2)/\chi_{1-\alpha}^2(2C+2)$。例如，GJB 899A—2009 中的定时截尾试验方案 17（$\alpha=\beta=20\%$，鉴别比 $d=\theta_0/\theta_1=3$，$T=4.3\theta_1$，$C=2$），将 α、β 及鉴别比 d 的值代入方程组(9-21)的下式，即得 $d(0.2,0.2,C)=3$，因此，尝试用不同的整数 C 代入 $d(0.2,0.2,C)$，以最接近 3 对应的 C 为最终方案的接收判据。

通过尝试法，可得 $d(0.2,0.2,2)=2.788$ 最接近 3，因此，取 $C=2$，代入方程组(9-21)上式得 $T=4.28\theta_1\approx4.3\theta_1$。验算风险：将 $C=2$ 和 $T=4.3\theta_1$ 代入方程组(9-21)得到 $\alpha=19.7\%$，$\beta=17.5\%$。计算结果与 GJB 899A—2009 表 A3 中的数值完全相同。

【例 9-6】 某产品研制合同中规定的 MTBF 指标为：规定值 $\theta_0=430\mathrm{h}$，最低可接受值 $\theta_1=250\mathrm{h}$，试设计一定时截尾鉴定试验方案，使 $\alpha=\beta=30\%$ 且试验时间尽量短。

由于鉴别比 $d=\theta_0/\theta_1=1.72$，GJB 899A—2009 中没有可直接套用的方案，需要将 $\alpha=\beta=30\%$ 及鉴别比 d 的值代入方程组(9-21)的下式，尝试用不同的整数 C 代入 $d(0.3,0.3,C)$，以最接近 1.72 对应的 C 为最终方案的接收判据。

由于 $d(0.3,0.3,3)=1.723$，与 1.72 最接近，将 $C=3$ 代入方程组(9-21)的上式得 $T=4.76\theta_1\approx4.8\theta_1$。将 $C=3$ 和 $T=4.8\theta_1=1200$ 代入方程组(9-21)得到 $\alpha=30.6\%$，$\beta=29.5\%$。即采用定时截尾试验方案（$T=1200$，$C=3$）时，若在 1200h 的有效试验时间内产品出现的责任故障次数不大于 3 次，则认为产品达到了设计的可靠性指标要求。

上面的例子是一种短时高风险定时试验方案。

鉴别比 d 和生产方风险 α、使用方风险 β 一起构成了可靠性验证试验方案的基本要素。鉴别比 d 要慎重确定：如果鉴别比 d 过大，则虽然试验判断较快，但是可能使设计难以实

现；如果鉴别比 d 过小，则可能导致试验时间过长。也可由 GJB 899A—2009 查表得到定时截尾试验方案。

9.4.2 定数截尾试验

定数截尾试验方案的优点是试验之前已确定了最大故障数，因此在没有修复或更换的情况下能够确定受试产品的最大数量，即样本量；缺点是为了做出判决，一定要在出现规定的最大故障数时才停止试验。这种试验由于事先不易估计所需的试验时间，所以实际应用较少。

给定 n 个样本投入试验，定数截尾试验方案就是确定截尾故障数 r 和接收判据 C（平均寿命）。设产品服从平均寿命（平均故障间隔时间，MTBF）为 θ 的指数分布，则有 $2r\hat{\theta}/\theta \sim \chi^2(2r)$，因此，根据两类风险的定义可得

$$L(\theta_0)=P(\hat{\theta}\geqslant C\,|\,\theta_0)=P\left(\frac{2r\hat{\theta}}{\theta_0}\geqslant\frac{2rC}{\theta_0}\right)=1-\alpha \tag{9-22}$$

从而有 $\frac{2rC}{\theta_0}=\chi^2_\alpha(2r)$，进而有

$$C=\theta_0\frac{\chi^2_\alpha(2r)}{2r}$$

同理可得

$$C=\theta_1\frac{\chi^2_{1-\beta}(2r)}{2r} \tag{9-23}$$

$$d=\frac{\theta_0}{\theta_1}=\frac{\chi^2_{1-\beta}(2r)}{\chi^2_\alpha(2r)} \tag{9-24}$$

因此，只要给定风险 α、β 及鉴别比 d，由式(9-24)可以尝试得到 r，进一步由式(9-23)可得接收判据 C。也可由 GJB 899A—2009 查表得到定数截尾试验方案。

【例 9-7】 某产品研制合同规定的 MTBF 指标为：规定值=1000h，最低可接受值=200h，经商定两类风险取 $\alpha=\beta=10\%$，试确定一个定数截尾鉴定方案。

由于鉴别比 $d=\theta_0/\theta_1=5$，$\alpha=\beta=10\%$，查 GJB 899A—2009 表可得：$r=3$，$C/\theta_1=1.835$，因此，$C=1.835\times\theta_1=1.835\times200\text{h}=367\text{h}$。由此，得到定数截尾鉴定方案为：故障截尾数 $r=3$，接收判据为 $C=367\text{h}$，即试验到出现 $r=3$ 个故障，试验截止。由 $\hat{\theta}=T_r/r$ 计算得到 $\hat{\theta}$，如果 $\hat{\theta}\geqslant367\text{h}$，则接收该批产品；否则，拒收。

9.4.3 序贯截尾试验

前面介绍的定时和定数截尾试验的优点是原理简单，但是它们只利用了试验结束时的信息，没有利用试验过程中的信息，在信息量的利用上还不够充分，一般适用于大样本的试验。对小样本可靠性试验，常用序贯试验方案，它充分利用试验过程中的信息，考察故障出现时相应的总试验时间 T：若 T 相当长，则认为产品合格；若 T 相当短，则认为产品不合格；若 T 不长不短，则需要继续试验，必要的时候需要设置截尾数，从而提前结束试验。

序贯截尾试验通常是按事先拟定的接收、拒收及截尾时间线，在试验期间，对受试品连续地观测，并将累积的相关试验时间和故障数、规定的接收数、拒收数或继续试验的判据进行比较的一种试验。

序贯截尾试验的主要优点是做出判断所要求的平均故障数和平均累积试验时间较少，因此常用于可靠性验收试验；缺点是随着产品质量不同，总的试验时间差别很大，受试时间和试验费用不固定，给试验计划、人力、物力安排带来困难。对某些产品，由于不易做出接收或拒收的判断，最大累积试验时间和故障数可能会超过相应的定时或定数截尾试验方案。在这种情况下，通常要进行截尾，以提前结束试验。

1. 序贯试验方案

设产品服从平均寿命为 θ 的指数分布，则 n 个产品在$(0,T)$这段时间内的故障次数 x 服从参数为 T/θ 的泊松分布，即

$$P(x=r)=\frac{(T/\theta)^r}{r!}\mathrm{e}^{-T/\theta}$$

当 $\theta=\theta_0$ 时，记

$$P_0(r)=P(x=r\mid\theta_0)=\frac{(T/\theta_0)^r}{r!}\mathrm{e}^{-T/\theta_0}$$

当 $\theta=\theta_1$ 时，记

$$P_1(r)=P(x=r\mid\theta_1)=\frac{(T/\theta_1)^r}{r!}\mathrm{e}^{-T/\theta_1}$$

记概率比为

$$\frac{P_1(r)}{P_0(r)}=\frac{P(x=r\mid\theta_1)}{P(x=r\mid\theta_0)}=\left(\frac{\theta_0}{\theta_1}\right)^r\mathrm{e}^{-\left(\frac{1}{\theta_1}-\frac{1}{\theta_0}\right)T} \tag{9-25}$$

当 $P_1(r)/P_0(r)$很大时，参考似然的思想，可理解为 $\theta=\theta_1$ 的可能性很大，该批产品不合格的可能性很大；反之，当 $P_1(r)/P_0(r)$很小时，可理解为 $\theta=\theta_0$ 的可能性很大，该批产品合格的可能性很大；若 $P_1(r)/P_0(r)$不大不小，则不能做出鉴定结论，需要继续试验。这就是序贯试验的原理。因此，为了进行序贯试验，需要选择一个较大的数 A 和一个较小的数 B，$A>B>0$，则序贯试验的判别规则为：

如果$\dfrac{P_1(r)}{P_0(r)}\leqslant B$，则认为 $\theta=\theta_0$，停止试验并接收该批产品；

如果$\dfrac{P_1(r)}{P_0(r)}\geqslant A$，则认为 $\theta=\theta_1$，停止试验并拒收该批产品；

如果 $B<\dfrac{P_1(r)}{P_0(r)}<A$，继续试验。

根据上面的继续试验条件

$$B<\frac{P_1(r)}{P_0(r)}=\left(\frac{\theta_0}{\theta_1}\right)^r\mathrm{e}^{-\left(\frac{1}{\theta_1}-\frac{1}{\theta_0}\right)T}<A$$

两边取自然对数后整理得继续试验条件为

$$-h_1+sr<T<h_0+sr \tag{9-26}$$

其中

$$h_0=\frac{\ln B}{\dfrac{1}{\theta_0}-\dfrac{1}{\theta_1}},\quad h_1=\frac{\ln A}{\dfrac{1}{\theta_1}-\dfrac{1}{\theta_0}},\quad s=\frac{\ln(\theta_0/\theta_1)}{\dfrac{1}{\theta_1}-\dfrac{1}{\theta_0}},\quad A=\frac{1-\beta}{\alpha},\quad B=\frac{\beta}{1-\alpha}$$

因此，只要给定 α、β、θ_0、θ_1，则参数 h_0、h_1、s 都可以确定，可以在 T-r 坐标上绘出接收线、拒绝线和继续试验区，如图 9-7 所示。

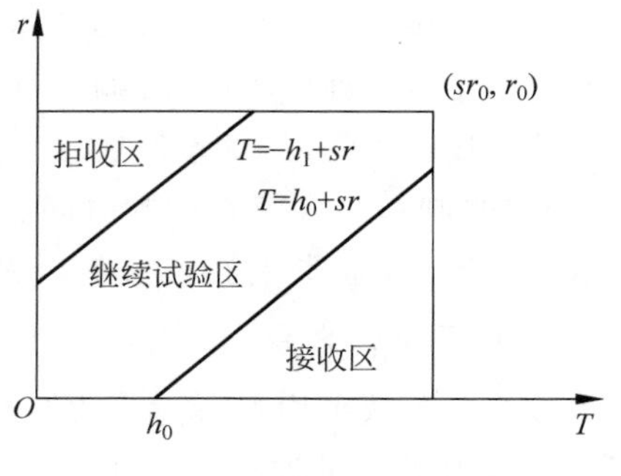

图 9-7　序贯试验方案

序贯试验的判别规则在实际操作中可解释为：每次抽样时，根据在试验过程中出现 r 次故障时对应的总试验时间 T，则

当 $T>h_0+sr$ 时，认为 $\theta=\theta_0$，停止试验并接收该批产品；

当 $T<-h_1+sr$ 时，认为 $\theta=\theta_1$，停止试验并拒收该批产品；

当 $-h_1+sr<T<h_0+sr$ 时，继续试验。

【例 9-8】 某产品采用序贯试验进行鉴定，商定 $\alpha=\beta=10\%$，鉴别比 $d=\theta_0/\theta_1=2$，试设计一个序贯试验方案。

由上面的公式可得

$$h_0=2\theta_1\ln 9=4.3944\theta_1$$
$$h_1=2\theta_1\ln 9=4.3944\theta_1$$
$$s=2\theta_1\ln 2=1.3863\theta_1$$

因此，得到序贯试验方案的接收线 T_A 和拒收线 T_R 为

$$\begin{cases}T_A=(1.3863r+4.3944)\theta_1\\T_R=(1.3863r-4.3944)\theta_1\end{cases}$$

该试验方案的接收线 T_A、拒收线 T_R 和继续试验区如图 9-8 所示。

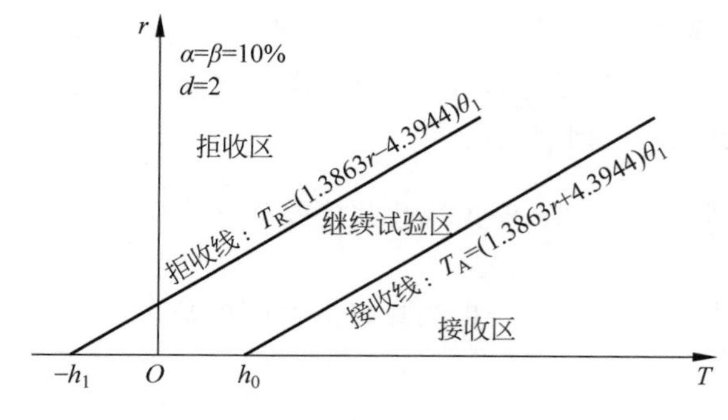

图 9-8　序贯试验方案

由于该试验方案的接收线 T_A、拒收线 T_R 均与拒收项 θ_1 相关，因此，为方便试验过程的判断，表 9-8 给出该序贯试验方案的接收-拒收判决表。

在序贯判断时，计算每次抽样试验的总时间 T（单位为 θ_1），若 $T\geqslant T_A$，则接收该批产品；若 $T\leqslant T_R$，则拒收该批产品；若 $T_R<T<T_A$，则继续试验。

表 9-8　接收-拒收判决表

故障数	标准化判决时间(单位为 θ_1)		故障数	标准化判决时间(单位为 θ_1)	
	T_R (拒收：$T \leqslant T_R$)	T_A (接收：$T \geqslant T_A$)		T_R (拒收：$T \leqslant T_R$)	T_A (接收：$T \geqslant T_A$)
0	不适用	4.39	6	3.922	12.71
1	不适用	5.78	7	5.308	14.096
2	不适用	7.166	8	6.69	15.48
3	不适用	8.55	9	8.08	16.86
4	1.15	9.938	10	9.47	18.25
5	2.536	11.324	11	10.85	19.64

2. 截尾序贯试验方案

序贯试验在根据抽样结果(T,r)进行判断时，如果始终处于继续试验区，会将试验时间拖长，经费也会难以支持。因此，在工程实践中，往往需要截尾。这就需要确定截尾线。

截尾线的确定方法是：首先选定合适的截尾故障数 r_0(通常与相应的定时截尾试验方案的允许故障数相等或略大)，然后过$(0,r_0)$点作一条与 T 轴平行的线 $r=r_0$，使之与直线 $T=sr$ 交于点 $C(sr_0,r_0)$。过 C 点再作一条垂线 $T=sr_0$。这样，就得到一个由四条线段包围的继续试验区，如图 9-9 所示。

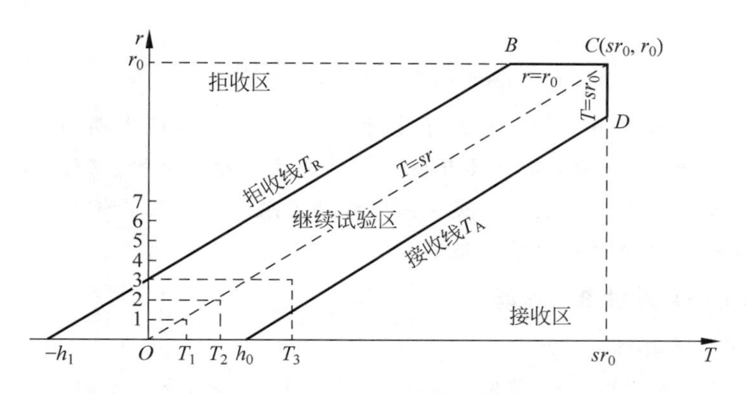

图 9-9　序贯截尾试验判断图

其中，$r=r_0$ 水平线段 BC 称为截尾的拒收线，$T=sr_0$ 垂线线段 CD 称为截尾的接收线。这样，如果点(T,r)在线段 BC 上或在线段 BC 之外，则拒收该批产品；如果点(T,r)在线段 CD 上或在线段 CD 之外，则接收该批产品。

由于序贯截尾试验方案中增加了截尾拒收线 BC 和截尾接收线 CD，因此改变了拒收区域和接收区域，使得生产方风险和使用方风险也发生了改变。即可能把该接收的判为拒收，把应该拒收的判为接收。为了保护使用方利益，通常采用的方法是改变拒收线 T_R 的截距，其他的如斜率和接收线 T_A 的截距均不变动。

【习题】

1. 可靠性试验的目的是什么？可靠性试验主要分为哪两类？
2. 产品研制过程中可以开展哪些可靠性试验？

3. 可靠性增长试验和环境应力筛选的区别是什么？

4. 某产品进行可靠性增长试验的截尾时间为 $T=123h$，获得样本的失效时间分别为 0.15，26，34.84，43.58，45，82.56，123h。试判断：该产品可靠性是否有增长？是否可以用 AMSAA 模型来描述增长过程？试验结束后的瞬时 MTBF 点估计值和可靠度点估计是多少？

5. 某产品的工作温度为 25℃。加速试验的温度应力为 105℃。根据经验，激活能 $E_a=0.68$，需要验证的产品设计寿命是 10 年。如果有 5 个样本投入试验，每个样本需要运行多长时间不发生故障，才能验证产品达到了设计寿命？

6. 某产品研制合同中规定的 MTBF 指标为：规定值 $\theta_0=1000h$，最低可接受值 $\theta_1=500h$，设计一定时截尾鉴定试验方案，使 $\alpha=\beta=20\%$。

7. 某产品进行验收时选取 MTBF 最低可接收值为 90h，当出现第 7 个故障时停止试验，累计试验时间 $T=840h$，试对产品 MTBF 进行估计。

8. 对某产品进行可靠性验收试验，试验设计要求：规定值 $\theta_0=300h$，最低可接受值 $\theta_1=200h$，要求 $\alpha=\beta=10\%$，试制定一个截尾序贯寿命试验的抽样方案。

9. 已知某产品的平均寿命约为 3000h，希望在 1000h 的试验中，能观测到 10 个失效，应投入多少样本进行试验？

发动机可靠性试验案例

某新型号发动机从研发到交付经历了多种可靠性试验：在研发期间开展了可靠性增长试验；进入批量生产后，针对批次产品开展了定时截尾的寿命试验，以验证生产出来的发动机可靠性能够达到设计要求；最后在交付用户之前开展了可靠性验证试验，通过双方协商，查找 GJB 899A—2009 来确定试验方案。

1. 研发期间的可靠性增长试验

该发动机研制的目标为：MTBF 达到 1000h。

按照可靠性增长管理的步骤，首先制定可靠性增长规划，确定增长总目标。其中增长的总目标为：使得发动机的 MTBF 达到 1000h。考虑到现役相似系统可靠性增长的信息，以及进行试验、分析及改进所需的时间，对进度、资源和可靠性要求，所确定的理想增长曲线如图 9-10 所示。

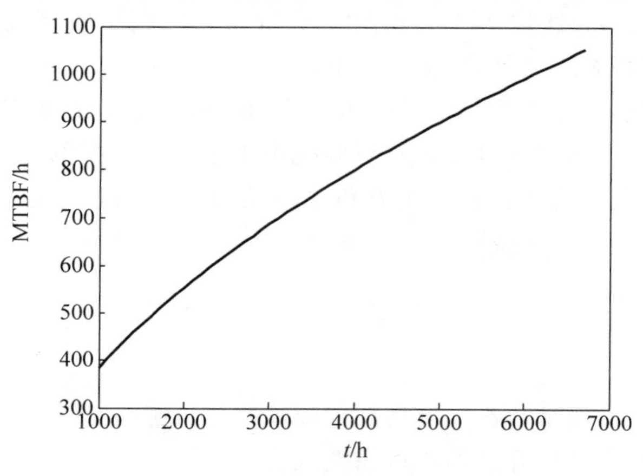

图 9-10 发动机的理想增长曲线

为了有效地控制发动机可靠性增长的过程，需要在可靠性增长规划的基础上细化增长要求，得到可靠性增长计划。计划增长曲线如图 9-11 所示。

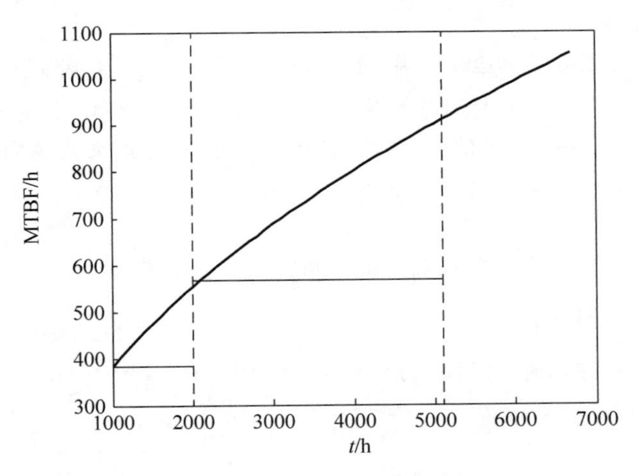

图 9-11 发动机的计划增长曲线

按照可靠性增长管理的步骤，其第三步为基于可靠性增长试验进行增长评估。在可靠性增长试验的过程中，采用即时纠正故障的策略。按照实验计划，第一阶段试验结束的条件为首次出现 8 个故障或者累计试验的时间达到 2000h，由此可得第一阶段可靠性增长试验的结果如表 9-9 所示。

表 9-9 第一阶段失效截尾试验失效时间 单位：h

10	171	313	641	948	1023	1452	1928

1）趋势检验

使用 U 检验法。将 $M=n-1=7$，$t_8=1928\text{h}$ 以及失效时刻 t_i 代入下面的 U 检验公式可得趋势检验统计量为 $\mu=-1.4872$。取 $\alpha=0.2$（趋势检验中一般将显著性水平取为 0.8），可得趋势检验统计量的临界值 $\mu_{1-\frac{\alpha}{2}}\approx 1.282$。因 $\mu<-\mu_{1-\frac{\alpha}{2}}$，故以显著性水平 0.20 表明，产品可靠性有明显的增长趋势。

$$\mu=\left(\sum_{i=1}^{M} t_i \Big/ Mt_n-0.5\right)\times\sqrt{12M}$$

2）参数估计

由式(9-27)可得形状参数 b 的估计为 $\hat{b}=0.4906$，由式(9-28)可得尺度参数 a 的估计为 $\hat{a}=0.1957$。

$$\hat{b}=\begin{cases}\dfrac{n-2}{\sum\limits_{i=1}^{n}\ln\dfrac{t_n}{t_i}}, & n>2\\[2ex] \dfrac{n}{\sum\limits_{i=1}^{n}\ln\dfrac{t_n}{t_i}}, & n=2\end{cases}\tag{9-27}$$

$$\hat{a}=\frac{n}{(t_n)^{\hat{b}}} \tag{9-28}$$

3）拟合优度检验

采用 Cramer-Von Mises 检验法。将 $M=7$，$t_8=1928$ 以及失效时刻 t_i 代入式(9-29)，可得 $C_7^2=0.0399$，在 $M=7$，$\alpha=0.05$ 处的临界值为 $C^2(7,0.05)\approx 0.208$。$C_7^2<C^2(7,0.05)$，表明拟合优度检验以显著性水平 $\alpha=0.05$ 不拒绝 AMSAA 模型，可以采用 AMSAA 模型拟合试验数据。

$$C_M^2=\frac{1}{12M}+\sum_{i=1}^{n}\left[\left(\frac{t_i}{t_n}\right)^{\hat{b}}-\frac{2i-1}{2M}\right]^2 \tag{9-29}$$

4）MTBF 的点估计

根据式(9-30)，可得此时 MTBF 的估计为 $\widehat{\mathrm{MTBF}}(t_n)=491.2641$，显然小于 1000h。

$$\widehat{\mathrm{MTBF}}(t_n)=\frac{t_n}{\hat{b}_n} \tag{9-30}$$

5）实验时间的预测

根据 AMSAA 模型的性质，可以得到瞬时 MTBF 的表达式为

$$\theta(t)=\frac{1}{\hat{a}\hat{b}t^{\hat{b}-1}} \tag{9-31}$$

将相应的参数估计值代入式(9-31)中，可以预测得到累计实验时间为 7781.3h，同时也可以得到第一阶段结束后跟踪曲线和理想曲线的关系，如图 9-12 所示。

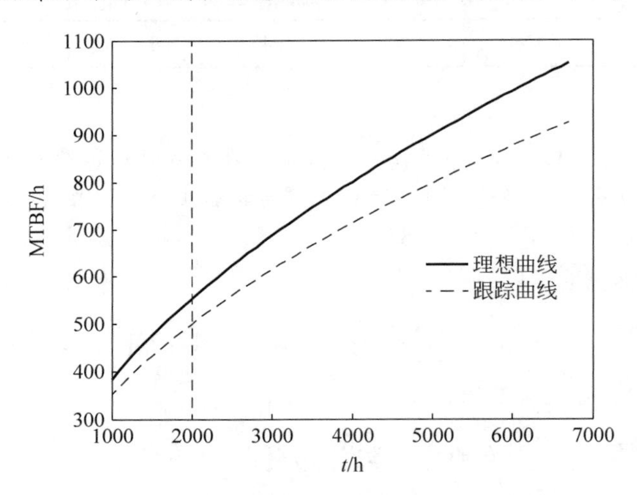

图 9-12 第一阶段实验结束后的跟踪曲线和理想曲线

得到预测的累积实验时间和跟踪曲线后，决策者认为还可以提高增长率，目前的进度不能被接受，需要加大纠偏的力度，在保证总目标实现的条件下尽量减少累积实验时间。为此需要在下一个阶段中进行严格的监督和控制，提高改进的有效性，即对增长过程进行控制。

第二阶段试验过程及失效情况：4 个故障出现后进行定数截尾。相应的数据如表 9-10 所示。

表 9-10　第二阶段截尾试验失效时间数据　　单位：h

2600	3412	4347	5125

按照第一阶段的数据分析方法，对第一阶段和第二阶段的混合数据进行分析，得到 MTBF 的点估计为 $\widehat{\mathrm{MTBF}}(t_n)=909.8\mathrm{h}$，接近 1000h。同理也可以得到其预测的增长曲线，如图 9-13 所示。

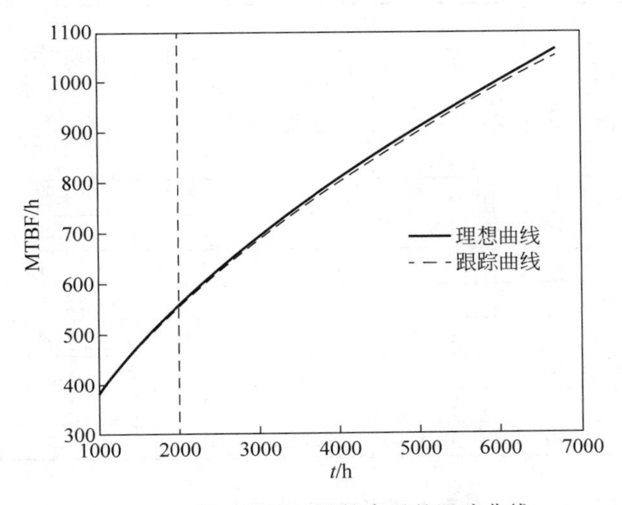

图 9-13　第二阶段试验结束后的跟踪曲线

按照前两个阶段的数据分析方法，对第三阶段试验进行分析，结果如下：

MTBF 的点估计为 $\widehat{\mathrm{MTBF}}(t_n)=1002.8$，达到了 1000h 的预期要求。此时的 MTBF 的区间估计(置信度为 0.9)为：(704.5672,2001.23)。因此，该发动机的研制已经达到了目标要求。

2. 生产过程的可靠性寿命试验

下一步，需要投入批量生产，并保证生产质量。在生产过程中，为了保证质量，需要进行抽检，验证批量的可靠性水平。抽检通过定时无替换试验来开展，试验方案为(10,800,无)，即试验截止时间为 800h。试验结束时，有 5 台发生故障，故障时间分别为 320,530,650,690,780h，则 $n=10$，$r=5$，因此

$$T_r=[320+530+650+690+780+(10-5)\times 800]\mathrm{h}=6970\mathrm{h}$$

$$\text{MTBF 的点估计为 }\hat{\theta}=\frac{T_r}{r}=\frac{6970}{5}\mathrm{h}=1394\mathrm{h}$$

取 $\alpha=0.2$，则 MTBF 的置信度为 $1-\alpha=0.8$ 的双侧置信区间为

$$\left[\frac{2T_r}{\chi^2_{1-\frac{\alpha}{2}}(2r+2)},\frac{2T_r}{\chi^2_{\frac{\alpha}{2}}(2r+2)}\right]=[751.51,2211.37]$$

由于生产过程的批量检验已经达到要求，因此生产过程质量是能够保证的。

3. 交付前的可靠性验证试验

最后需要做的就是交付用户前的验证试验。经研制方与用户协商，取双方风险为 $\alpha=$

10%,$\beta=10\%$,$\theta_0=1000$h,$\theta_1=500$h(鉴别比 $d=\theta_0/\theta_1=2$)。对该发动机的验证试验实际就是进行如下的假设检验:

$$H_0: \theta=1000, \quad H_1: \theta=500$$

根据上面确定的参数,查找 GJB 899A—2009 中的标准型定时试验方案,如表 9-11 所示,查得方案 12,可以得到总试验时间为 $18.8\theta_1=9400$h。

表 9-11 标准型定时试验统计方案简表(GJB 899A—2009 表 A.6)

方案号	决策风险/%				鉴别比 $d=\theta_0/\theta_1$	试验时间 (θ_1 的倍数)	判决故障数	
	名义值		实际值				拒收 (≥)	接收 (≤)
	α	β	α'	β'				
9	10	10	12.0	9.9	1.5	45.0	37	36
10	10	20	10.9	21.4	1.5	29.9	26	25
11	20	20	19.7	19.6	1.5	21.5	18	17
12	10	10	9.6	10.6	2.0	18.8	14	13
13	10	20	9.8	20.9	2.0	12.4	10	9
14	20	20	19.9	21.0	2.0	7.8	6	5
15	10	10	9.4	9.9	3.0	9.3	6	5
16	10	20	10.9	21.3	3.0	5.4	4	3
17	20	20	17.5	19.7	3.0	4.3	3	2

若在 9400h 的试验时间内产品出现的责任故障次数不大于 13 次,则认为该批发动机的 MTBF 达到了设计要求的 1000h。责任故障是指尝试样品在试验中出现的与功能关联的独立故障以及由此引起的任何从属故障。只有责任故障才能用于可靠性的统计分析。

第10章

系统可靠性评估

作者根据与某研究院合作的商业火箭课题可靠性评估工作总结如下：某型号运载火箭其设备可靠性评估工作一开始采用经典的可靠性评估模型，分别评估了几百个设备的可靠度。经过与可靠度分配值的比较可知，其中28个设备的可靠度不满足要求。鉴于某型号运载火箭属于商业发射火箭，其研发经费大约只有同类运载火箭的一半，因此再进行这28个设备的可靠性试验，会进一步消耗较为紧张的经费预算。后来，在引入贝叶斯(Bayes)理论后，利用现有的28个设备试验数据，再收集各自设备类似产品的试验数据形成先验分布，最后的评估结果使得25个设备满足了分配值。因此仅需要对3个设备补充可靠性试验数据，大大降低了研发成本。

10.1 概述

10.1.1 可靠性评估概述

产品可靠性评估是指根据产品的可靠性结构、寿命分布模型，利用试验信息或使用现场数据，运用统计学的数值估计理论和方法，求得产品可靠性特征量的区间估计过程。典型的可靠性特征量为可靠度置信下限、MTBF置信下限等。

可靠性评估的主要目的是：①定期评估装备达到的可靠性水平，并分析故障原因，提出纠正措施，实现产品的可靠性增长；②量化评估产品的可靠性水平，以确定产品的可靠性是否符合研制合同要求。

可靠性评估工作的意义主要有：①科学而先进的可靠性评估方法，为充分利用各种试验信息奠定了理论基础，这对减少试验经费，缩短研制周期，合理安排试验项目、试验时间，协调系统中各单元的试验量等有重要的作用；②研究提出小子样产品、系统级可靠性试验难以开展的可靠性评估方法，为解决航天器、火工产品、大型复杂通信系统等复杂系统可靠性评估问题提供有效手段；③为系统的使用提供条件，例如卫星发射机冗余数量的确定，发射机的可靠性、重量、经费等；④通过评估，检验产品是否达到了可靠性要求，并验证可靠性设计的合理性，如可靠性分配的合理性，冗余设计的合理性，选用元器件、原材料及加工工艺的合理性等；⑤评估工作会促进可靠性与环境工作的结合，在可靠性评估中，要定量地计算不同环境对可靠性的影响，验证产品的抗环境设计的合理性，验证改善产品微环境的效果；⑥通过评估，可以指出产品的薄弱环节，为改进设计和制造工艺指明方向，从而保障产品研制的可靠性增长过程；⑦通过评估，了解有关元器件、原材料、整机乃至系统的可靠性水平，可为制订新产品的可靠性计划提供依据。

可靠性评估的主要工作内容和程序包括：确定并了解评估对象，任务分析，系统组成分析，试验计划分析，制订评估大纲，数据收集预处理，评估计算，结果分析与报告生成等。

可靠性评估数据的有效获取，实际上不仅仅是一个工程问题，更是一个管理问题，因此，最重要的就是要严密组织，加强管理，制定规章制度，以实现对信息的客观、科学的收集，对于可靠性评估数据的收集最好能形成一个操作规范，在实际工作中工程技术人员要严格执行，以保证收集信息的完整性、可信性。

对于大型复杂系统的可靠性评估而言，获取可靠性评估数据的方式多种多样，可以概括为如下 6 种：设备及分系统试验信息，仿真试验信息，相似系统信息，系统或单元在不同环境下的试验信息，专家意见及工程经验，历史信息。

可靠性评估方法是多种多样的，国内外围绕评估方法形成了经典法、贝叶斯(Bayes)法、信赖(Fiducial)法三大学派，它们各有所长，各有其短，相互促进，相互发展。对于不同类型的产品应合理选取可靠性评估方法，才能事半功倍地得出产品真实的可靠性水平。

10.1.2 金字塔式可靠性综合评估

在复杂系统的可靠性评估中，有时系统级试验受到试验手段、环境条件、经费、时间进度等的限制，很难做大量的试验，导致系统级的试验数据不多甚至没有，这给系统可靠性评估带来了挑战。系统可分为若干级，如子系统、设备、单元、模块等，针对这些子系统、设备等可能做了大量的可靠性试验，我们要充分利用这些下层的试验信息对系统可靠性进行评估。金字塔式模型为我们提供了思路。金字塔式模型是先利用复杂系统下层功能单元的试验信息，向上一级进行信息折合，与上一级试验信息一起对上一级可靠性进行综合评定，从系统最底层一级一级向上进行信息折合，最终对系统可靠性进行综合评定，如图 10-1 所示。考虑到在工程试验中，复杂系统的各级功能单元级别越低，时间、成本限制越小，试验件次数越多，所以采用金字塔式模型可以解决复杂系统的可靠性评估问题。

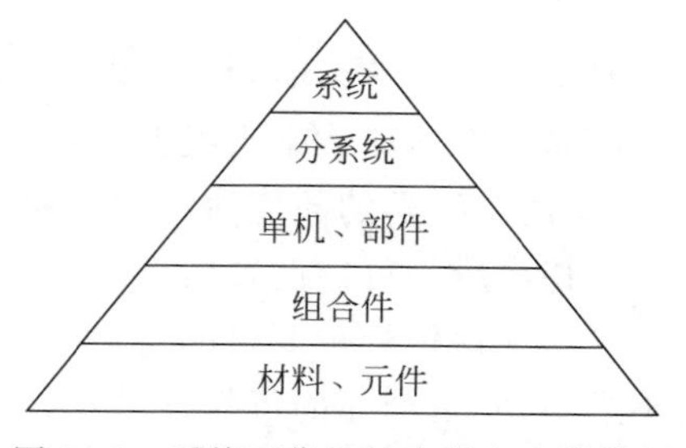

图 10-1 系统可靠性综合的金字塔模型

评估步骤如下：①根据复杂系统中相邻两级间的可靠性结构，给出相邻两级可靠性函数。②根据某一级的分系统可靠性函数式及其所属下一级的各功能单元的可靠性信息，求出该分系统的可靠性折合信息，将此折合信息与分系统的试验信息进行综合，可得到该分系统的综合信息。若该分系统无试验信息，则只有折合信息。按此方法求出某一级的各分系统的可靠性折合信息和综合信息。③利用系统可靠性函数式及其所属下一级各分系统的可靠性综合信息或折合信息，求出系统的折合信息，将此折合信息与该系统的试验信息进行综合，得到该系统的综合信息。若该系统无试验信息，则只有折合信息。按此方法求出与该系统同一级各系统的可靠性折合信息和综合信息。④按以上方法自下而上逐级折合和综合，直到整个复杂系统。由于信息综合关系简单，本章只给出各级折合信息公式。⑤根据复杂系统中的各级可靠性综合信息或折合信息，求出可靠性点估计或在给定置信水平下的可靠性区间估计。

10.2 基于经典法的系统可靠性评估

10.2.1 二项分布单元串联系统的可靠性评估

二项分布是 n 个独立的成功/失败试验中成功或失败次数的离散概率分布，也可称为成败型分布。假设一个由 m 个二项分布单元构成的可靠性串联系统，每个单元都有试验信息，第 i 个单元的试验数据为 (s_i, n_i)，n_i 为单元的试验次数，s_i 为单元 i 的成功次数，系统没做试验，没有实际试验信息，设想系统试验 n 次，成功 s 次。我们将 m 个单元的试验结果信息折合成系统试验数据，从而对系统可靠性进行评定。折合方法使用一、二阶矩拟合，将各单元的试验数据折算成系统等效试验数 n 和等效成功数 s，据此求系统可靠性置信下限。

串联系统可靠度的点估计 $\hat{R}$ 和方差 $D(\hat{R})$ 分别为

$$\hat{R} = \prod_{i=1}^{m} s_i / n_i \tag{10-1}$$

$$D(\hat{R}) \approx \sum_{i=1}^{m} \left(\frac{\hat{R}}{\hat{R}_i} \right)^2 \frac{\hat{R}_i (1 - \hat{R}_i)}{n_i} \tag{10-2}$$

折算的结果为系统等效试验 n 次，成功 s 次，则

$$\begin{cases} n = \dfrac{\prod\limits_{i=1}^{m} n_i / s_i - 1}{\sum\limits_{i=1}^{m} 1/s_i - \sum\limits_{i=1}^{m} 1/n_i} \\ s = n \prod\limits_{i=1}^{m} s_i / n_i \end{cases} \tag{10-3}$$

式(10-3)统称为修正极大似然(modified maximum likelihood，MML)公式。

根据(n, s)，在给定置信度 γ 的情况下，由下式可解得系统可靠性置信下限：

$$\sum_{k=0}^{f} \mathrm{C}_n^k R_L^{n-k} (1 - R_L)^k = 1 - \gamma \tag{10-4}$$

其中，$f = n - s$。

这种方法称为 MML 法，主要适用于大样本场合。

目前已有表可查，根据 n、s、γ 查《数据的统计处理和解释　二项分布可靠度单侧置信下限》(GB/T 4087—2009)，即得 m 个单元串联系统的可靠性置信下限。

当部分单元无失效时，即 $s_i = n_i$，由式(10-3)可知这部分单元不参加评定，这实际上相当于承认该单元可靠性为 100%，这不符合实际情况。为了处理这个问题，我们采用结合修正极大似然估计(MML)和逐次压缩(sequential reduction，SR)法，即 CMSR(combined MML & SR)法。CMSR 法是在试验次数最少的单元无失效时只进行一次信息压缩，然后应用 MML 法折合公式。

设 m 个单元的试验中有 j 个无失效，将 m 个单元按样本(试验次数)大小分别排序：

$$\begin{cases} n_1 \geqslant n_2 \geqslant \cdots \geqslant n_{m-j}, & n_i \neq s_i;\ i=1,2,\cdots,m-j \\ n_{m-j+1} \geqslant n_{m-j+2} \geqslant \cdots \geqslant n_m, & n_i = s_i;\ i=m-j+1,m-j+2,\cdots,m \end{cases} \tag{10-5}$$

即将 j 个无失效单元视为一个单元进行了试验(s_m,n_m)，综合(s_i,n_i)，(s_m,n_m)可得(s'_{m-j},n'_{m-j})，其中，当 $s_{m-j}<n_m$ 时有

$$\begin{cases} s'_{m-j}=s_m \\ n'_{m-j}=n_{m-j}n_m/s_{m-j} \\ s'_{m-j}=s_{m-j}s_m/n_m \\ n'_{m-j}=n_{m-j} \end{cases} \tag{10-6}$$

这样根据数据(s_1,n_1)，(s_2,n_2)，$\cdots$，(s_{m-j},n_{m-j})，(s'_{m-j},n'_{m-j})，可用式(10-3)计算 n 和 s。在给定置信度的情况下，根据 n、s 及置信度查 GB/T 4087—2009 即得可靠性置信下限。

【例 10-1】 设成败型系统由 3 个独立元件串联而成，元件及系统的试验数据如下：$n_1=30,s_1=28$；$n_2=30,s_2=29$；$n_3=20,s_3=19$。在给定置信度 $\gamma=0.9$ 的情况下，求该串联系统的可靠度点估计、方差及可靠性置信下限。

解：将上述数据代入式(10-1)～式(10-3)可得

$$\hat{R}=\prod_{i=1}^{3}s_i/n_i=\frac{28}{30}\times\frac{29}{30}\times\frac{19}{20}=\frac{15\ 428}{18\ 000}\approx 0.857$$

$$\hat{R}_1=\frac{28}{30}=0.933,\quad \hat{R}_2=\frac{29}{30}=0.967,\quad \hat{R}_3=\frac{19}{20}=0.95$$

$$D(\hat{R})\approx\sum_{i=1}^{3}\left(\frac{\hat{R}}{\hat{R}_i}\right)^2\frac{\hat{R}_i(1-\hat{R}_i)}{n_i}=0.001\ 758+0.000\ 835+0.001\ 933=0.004\ 526$$

$$n=\frac{\prod_{i=1}^{3}n_i/s_i-1}{\sum_{i=1}^{3}1/s_i-\sum_{i=1}^{3}1/n_i}=\frac{\frac{30}{28}\times\frac{30}{29}\times\frac{20}{19}-1}{\frac{1}{28}+\frac{1}{29}+\frac{1}{19}-\left(\frac{1}{30}+\frac{1}{30}+\frac{1}{20}\right)}\approx 27$$

$$s=n\prod_{i=1}^{3}s_i/n_i=27\times 0.857\approx 23$$

在给定置信度 $\gamma=0.9$ 的情况下，根据 n、s、γ 查 GB/T 4087—2009，即得该串联系统的可靠性置信下限为 0.725 46。

10.2.2 二项分布单元并联系统的可靠性评估

设系统由 m 个二项分布单元构成可靠性并联系统，每个单元都有试验信息，第 i 个单元的试验数据为(s_i,n_i)。该系统没做试验，没有实际试验信息，设想系统试验 n 次，成功 s 次。我们将 m 个单元的试验结果信息折合成系统试验数据，从而对系统可靠性进行评定。折合的方法使用一、二阶矩拟合，将各单元的试验数据折算成系统等效试验数 n 和等效成功数 s，据此求系统可靠性置信下限。

并联系统可靠性的极大似然估计和方差为

$$\hat{R}=1-\prod_{i=1}^{m}(1-\hat{R}_i) \tag{10-7}$$

$$D(\hat{R})=\sum_{i=1}^{m}\left[\prod_{\substack{j=1\\j\neq 1}}^{m}(1-\hat{R}_j)\right]^2 D(\hat{R}_i) \tag{10-8}$$

式中,$\hat{R}_i=s_i/n_i$ 为单元可靠性估计;$D(\hat{R}_i)=\hat{R}_i(1-\hat{R}_i)/n_i$ 为方差。

系统等效试验数据为

$$\begin{cases} n=\dfrac{\prod\limits_{i=1}^{m}\dfrac{n_i}{n_i-s_i}-1}{\sum\limits_{i=1}^{m}\dfrac{1}{n_i-s_i}-\sum\limits_{i=1}^{m}\dfrac{1}{n_i}} \\ s=n\left[1-\prod\limits_{i=1}^{m}\left(1-\dfrac{s_i}{n_i}\right)\right] \end{cases} \tag{10-9}$$

在给定置信度 γ 的情况下,根据 s、n、γ 查 GB/T 4087—2009,可得并联系统的可靠性置信下限。

【例 10-2】 某装备为由两个单元构成的可靠性并联系统,第 i 个单元的试验数据为 $(s_i,n_i)=(90,100)$,$i=1,2$,其中,n_i 为单元的试验次数,s_i 为单元 i 的成功次数,在置信度为 $\gamma=0.7$ 时,求该装备可靠性的置信下限。

解:根据题干已知该装备的两个单元为相同单元,其试验数据皆为(90,100),由式(10-7)和式(10-8)可知

$$\hat{R}_i=90/100=0.9$$

$$D(\hat{R}_i)=\hat{R}_i(1-\hat{R}_i)/n_i=0.0009$$

该装备的可靠性的估计为

$$\hat{R}=1-\prod_{i=1}^{2}(1-0.9)=0.99$$

$$D(\hat{R})=\sum_{i=1}^{2}\left[\prod_{\substack{j=1\\j\neq 1}}^{2}(1-\hat{R}_j)\right]^2 D(\hat{R}_i)=1.8\times 10^{-7}$$

由式(10-9)得系统等效试验数据为

$$\begin{cases} n=\dfrac{\prod\limits_{i=1}^{m}\dfrac{n_i}{n_i-s_i}-1}{\sum\limits_{i=1}^{m}\dfrac{1}{n_i-s_i}-\sum\limits_{i=1}^{m}\dfrac{1}{n_i}}=550 \\ s=n\left[1-\prod\limits_{i=1}^{m}\left(1-\dfrac{s_i}{n_i}\right)\right]=544.5 \end{cases}$$

查 GB/T 4087—2009,可得并联系统的可靠性置信下限为 $R_L=0.98528$。

10.2.3 指数分布单元串联系统的可靠性评估

设系统由 m 个寿命服从指数分布的单元串联组成,第 i 个单元的寿命用随机变量 x_i 表示,其概率密度函数为

$$f(x_i)=\begin{cases}\lambda_i e^{-\lambda_i x}, & x_i>0\\ 0, & x_i\leqslant 0\end{cases} \tag{10-10}$$

设各单元彼此统计独立，进行定数无替换截尾试验。第 i 个单元试验共投入 n_i 个样本，在第 r_i 个失效发生时停止试验。

试验总时间为

$$T_i = \sum_{j=1}^{r_i} t_{ji} + (n_i - r_i) t_{ri} \tag{10-11}$$

式中，t_{ji} 为单元 i 的第 j 个样本失效时的试验时间；t_{ri} 为单位 i 的最后一个样本失效时的试验时间。

假设任务时间为 t_0，则可得到第 i 个单元的可靠度点估计为

$$R_i = \mathrm{e}^{-\hat{\lambda}_i t_0} = \mathrm{e}^{-\frac{r_i}{T_i} t_0} = \mathrm{e}^{-\frac{r_i}{\eta_i}} \tag{10-12}$$

其中

$$\eta_i = \frac{T_i}{t_0} \tag{10-13}$$

为等效任务数。

把系统寿命设想为服从指数分布，任务时间为 t_0，设系统进行等价试验 η 次，失效 r 次。我们用一、二阶矩拟合的方法，将 m 个单元的试验结果信息折合成系统试验数据，从而对系统可靠性进行评定。将各单元的试验数据折算成系统等效试验数 η 和等效失效数 r，再结合系统试验数据(η_0, r_0)，求系统可靠性置信下限；当没有系统实验数据时，可以直接用等效实验数据求系统可靠性置信下限。

m 个指数分布单元串联系统可靠性的极大近似估计及方差为

$$\hat{R} = \prod_{i=1}^{m} \mathrm{e}^{-r_i/\eta_i} \tag{10-14}$$

$$D(\hat{R}) \approx \sum_{i=1}^{m} \hat{R}^2 r_i / \eta_i^2 \tag{10-15}$$

折合后的串联系统的等效试验数据为

$$\begin{cases} \eta = \dfrac{\sum_{i=1}^{m} r_i/\eta_i}{\sum_{i=1}^{m} r_i/\eta_i^2} \\ r = \eta \sum_{i=1}^{m} r_i/\eta_i \end{cases} \tag{10-16}$$

对定数截尾无替换、定数截尾有替换、定时截尾无替换、定时截尾有替换 4 种情况可统一有下式成立：

$$\begin{cases} \eta = \dfrac{\sum_{i=1}^{m} z_i/\eta_i}{\sum_{i=1}^{m} z_i/\eta_i^2} \\ r = \eta \sum_{i=1}^{m} z_i/\eta_i \end{cases} \tag{10-17}$$

其中，z_i 表示第 i 个单元的失效次数，

$$z_i=\begin{cases}r_i, & \text{定数无替换、定数有替换、定时有替换}\\ r_i+1, & \text{定时无替换}\end{cases} \tag{10-18}$$

用 z 表示折合后的系统等效试验失效数，

$$z=\begin{cases}r, & \text{定数无替换、定数有替换、定时有替换}\\ r+1, & \text{定时无替换}\end{cases} \tag{10-19}$$

如果系统本身还有试验结果(η_0,r_0)，则先做(η,z)与(η_0,r_0)的相容性检验，相容时可综合数据为$(\eta+\eta_0,z+r_0)$；若不相容则应认真分析、审查各单元及系统试验信息中的故障次数，时间收集的准确性与真实性，必要时应放弃(η,z)，利用(η_0,r_0)直接进行系统可靠性评估。

(η,z)与(η_0,r_0)的相容性检验的方法为：设检验的置信度为 γ，

(1) 对定数截尾有替换和无替换试验，如果 z/η 落在如下区间之内：

$$[\chi^2_{(1-\gamma)/2}(2r_0)/2\eta_0,\chi^2_{(1+\gamma)/2}(2r_0)/2\eta_0] \tag{10-20}$$

(2) 对定时截尾无替换试验，如果 z/η 落在如下区间之内：

$$[\chi^2_{(1-\gamma)/2}(2(r_0+1))/2\eta_0,\chi^2_{(1+\gamma)/2}(2(r_0+1))/2\eta_0] \tag{10-21}$$

(3) 对定时截尾有替换试验，如果 z/η 落在如下区间之内：

$$[\chi^2_{(1-\gamma)/2}(2r_0)/2\eta_0,\chi^2_{(1+\gamma)/2}(2(r_0+1))/2\eta_0] \tag{10-22}$$

则可判断(η,z)与(η_0,r_0)相容，可以做数据综合$(\eta+\eta_0,z+r_0)$，否则为(η,z)与(η_0,r_0)不相容。

根据系统折合信息，当置信度为 γ 时，可求得系统可靠度置信下限为

$$R_L=e^{-\frac{\chi^2_\gamma(2(z+r_0))}{2(\eta+\eta_0)}} \tag{10-23}$$

【例 10-3】 某电子设备由三个单元串联构成，因试验条件限制未进行整体试验，但各单元均有历史试验数据。现对三个单元均进行 10 次任务时间为 5h 的定时截尾无替换试验，其中一个单元在两次试验中分别运行 3h、4h 后失效。试求其可靠度极大近似估计及置信下限，取置信度 $\gamma=0.85$。

解：为求设备可靠性的极大近似估计，首先应求各单元的等效任务数和等效失效数。记失效单元为第三单元，则根据式(10-11)可得 $T_1=T_2=50\text{h}$，$T_3=47\text{h}$。以此求得各单元的等效任务数及等效失效数为：$\eta_1=\eta_2=10$，$\eta_3=9.4$，$z_1=z_2=1$，$z_3=2$。由式(10-14)得该电子设备的可靠性极大近似估计：

$$\hat{R}=\prod_{i=1}^{3}e^{-z_i/\eta_i}=0.6618$$

再由式(10-17)及式(10-23)，求出该电子元器件的置信度 85%的可靠性置信下限：

$$\eta=\frac{\sum_{i=1}^{3}z_i/\eta_i}{\sum_{i=1}^{3}z_i/\eta_i^2}=9.6815$$

$$r=\eta\sum_{i=1}^{3}z_i/\eta_i=3.9962$$

$$z = r + 1 = 4.9962$$

$$R_L = e^{-\frac{\chi_\gamma^2(2z)}{2\eta}} = e^{-\frac{\chi_{0.85}^2(2\times 4.9962)}{2\times 9.6815}} = e^{-\frac{14.5245}{19.363}} = 0.472\,312$$

10.2.4 指数分布单元并联系统的可靠性评估

设系统由 m 个指数分布单元并联组成，每个单元都有试验信息，单元 i 的试验数据为(η_i, z_i)，系统试验数据为(η_0, r_0)，设想系统试验 η 次，失效 z 次。我们将 m 个单元的试验结果信息折合成系统试验数据，从而对系统可靠性进行评定。折合的方法使用一、二阶矩拟合，将各单元的试验数据折算成系统等效试验数 η 和等效失效数 z，再结合系统试验数据，求系统可靠性置信下限；当没有系统实验数据时，可以直接用等效实验数据求系统可靠性置信下限。

单元 i 的试验数据 η_i、z_i 的定义与计算按 10.2.3 节的方法进行。系统可靠性的极大似然估计及方差为

$$\hat{R} = 1 - \prod_{i=1}^{m}(1 - \hat{R}_i) \tag{10-24}$$

$$D(\hat{R}) = \sum_{i=1}^{m}\left[\prod_{\substack{j=1\\ j\neq 1}}^{m}(1 - \hat{R}_j)\right]^2 D(\hat{R}_i) \tag{10-25}$$

$$\begin{cases}\hat{R}_i = \exp(-z_i/\eta_i)\\ D(\hat{R}_i) = \hat{R}_i^2 \cdot z_i/\eta_i^2\end{cases} \tag{10-26}$$

系统等效试验数据为

$$\eta = \frac{-\left[\dfrac{1}{\prod\limits_{i=1}^{m}\exp(-z_i/\eta_i)} - 1\right]\ln\left[1 - \prod\limits_{i=1}^{m}\exp(-z_i/\eta_i)\right]}{\sum\limits_{i=1}^{m}[\exp(-z_i/\eta_i)/(1-\exp(-z_i/\eta_i))]^2 z_i/\eta_i^2} \tag{10-27}$$

$$z = -\eta\ln\left[1 - \prod_{i=1}^{m}(1 - \hat{R}_i)\right] \tag{10-28}$$

(10-29)

对置信度为 γ 的可靠性置信下限为

$$R_L = \exp[-\chi_\gamma^2(2z+2)/2\eta]$$

【例 10-4】 在例 10-3 中，若该电子设备由题中的三个单元并联组成，其可靠性又将如何？

解：等效失效数等单元数据未变，套用式(10-24)～式(10-29)即可：

$$\hat{R} = 1 - \prod_{i=1}^{3}(1 - \hat{R}_i) = 1 - \prod_{i=1}^{3}(1 - \exp(-z_i/\eta_i)) = 0.9983$$

$$R_L = \exp[-\chi_\gamma^2(2z+2)/2\eta] = 0.8927$$

10.3 基于 Bayes 法的复杂系统可靠性评估

Bayes 方法主要应用于小子样数据背景下的单元、设备以及系统可靠性评估。Bayes 方法的基本思想是将评估对象的先验信息与样本信息融合，扩充评估数据量，以得到更为准确

的评估结果。Bayes 方法评估可靠性主要分为四步：①收集先验信息，将之转化为等价特征量；②收集样本现场试验数据，将之转化为等价特征量；③利用 Bayes 推理将先验信息与现场试验信息相结合得到后验分布；④根据后验分布估算可靠性置信限。

在统计学上有两个学派：频率学派和 Bayes 学派。两个学派都假设总体服从某种分布，但对分布中的未知参数的看法上存在根本的不同。频率学派认为，这些参数如可靠度等是客观存在的常量，可以通过试验数据对这些参数进行估计；而 Bayes 学派认为这些未知参数是随机变量，它们服从某一种分布，称为先验分布，先验分布可以根据人们的经验或历史数据分析得出。Bayes 学派进行统计分析是根据总体信息、先验信息及试验信息三种信息进行的。

10.3.1　Bayes 基本理论介绍

1. 三种信息

（1）总体信息。即总体分布或总体所属分布族给我们提供的信息，譬如，“总体是正态分布”这一句话就给我们带来很多信息：它的密度函数是一条钟形曲线；它的各阶矩都存在；有关正态变量（服从正态分布的随机变量）的一些事件的概率可以计算；由正态分布可以导出 χ^2 分布、t 分布和 F 分布等重要分布；还有许多成熟的点估计、区间估计和假设检验方法可供我们选用。总体信息是很重要的信息，获取此种信息往往耗资巨大。美国军界为了获得某种新的电子元器件的寿命分布，常常购买成千上万个此种元器件，做大量寿命试验、获得大量数据后才能确认其寿命分布。

（2）样本信息。即从总体抽取的样本给我们提供的信息。这是最“新鲜”的信息，并且愈多愈好。人们希望通过对样本的加工和处理对总体的某些特征做出较为精确的统计推断。没有样本就没有统计学可言。这是大家都理解的事实。

基于总体信息和样本信息进行的统计推断被称为经典统计学，它的基本观点是把数据（样本）看成来自具有一定概率分布的总体，所研究的对象是这个总体而不局限于数据本身。

现在回到我们讨论的问题上来，除上述两种信息外，在我们周围还存在第三种信息即先验信息，它也可用于统计推断。

（3）先验信息。即在抽样之前有关统计问题的一些信息，一般来说，先验信息主要来源于经验和历史资料。

基于总体信息、样本信息和先验信息进行的统计推断被称为 Bayes 统计学。它与经典统计学的主要区别在于是否利用先验信息，在使用样本信息上也是有差异的。Bayes 学派重视已出现的样本观察值，而对尚未发生的样本观察值不予考虑，Bayes 学派也很重视先验信息的收集、挖掘和加工，使它数量化，形成先验分布，参与到统计推断中来，以提高统计推断的质量。忽视先验信息的利用，有时是一种浪费，有时还会导致不合理的结论。

2. Bayes 公式

假设总体具有概率密度 $f(x|\theta)$，其中 θ 为待估未知分布参数，x 为试验结果。Bayes 学派的最基本的观点是：将未知参数 θ 看作一个随机变量，可用一个概率分布去描述 θ。记 $\pi(\theta)$ 为其先验分布，它反映了在试验前人们对 θ 的认识程度。

有了试验结果 x 后，θ 的后验概率分布密度 $\pi(\theta|x)$ 表示为

$$\pi(\theta \mid x)=\frac{f(x \mid \theta)\pi(\theta)}{\int_{\Theta} f(x \mid \theta)\pi(\theta)\mathrm{d}\theta} \tag{10-30}$$

式中，$f(x|\theta)$为基于样本信息的似然函数。这就是 Bayes 公式。

先验分布的确定有无信息先验和共轭先验分布等方法。下面介绍共轭先验分布方法。

3. 共轭先验分布

定义：设有任意的观测样本 X，θ 是总体分布中的参数(或参数向量)，$\pi(\theta)$是 θ 的先验密度函数，假如由试验信息算得的后验密度函数 $\pi(\theta|x)$与 $\pi(\theta)$有相同的函数形式，即属于同一分布族 F，则称 $\pi(\theta)$是 θ 的(自然)共轭先验分布，称 F 为关于 $f(x|\theta)$的共轭分布族，$f(x|\theta)$为 X 所属总体的分布密度函数。共轭分布的方法是使先验分布与后验分布具有同一形式，便于在数学上计算后验分布，方便应用。常见的共轭先验分布见表 10-1。

【例 10-5】 二项分布中的成功概率 θ 的共轭先验分布是贝塔分布。假设试验 n 次，成功 s 次事件出现的概率分布为

$$P(s,n \mid \theta)=\mathrm{C}_n^s\theta^s(1-\theta)^{n-s} \tag{10-31}$$

其密度函数中与 θ 有关的部分(核)为 $\theta^s(1-\theta)^{n-s}$。贝塔分布与二项分布属于同一个分布族，有相同的核。设 θ 的先验分布为贝塔分布 $\mathrm{Be}(\alpha,\beta)$，其核为 $\theta^{\alpha-1}(1-\theta)^{\beta-1}$，其中 α、β 已知，从而可以写出 θ 的后验分布

$$\pi(\theta \mid x) \propto \theta^{\alpha+s-1}(1-\theta)^{\beta+n-s-1}, \quad 0<\theta<1 \tag{10-32}$$

立即可以看出，这是贝塔分布 $\mathrm{Be}(\alpha+s,\beta+n-s)$的核，故此后验密度为

$$\pi(\theta \mid s)=\frac{\Gamma(\alpha+\beta+n)}{\Gamma(\alpha+s)\Gamma(\beta+n-s)}\theta^{\alpha+s-1}(1-\theta)^{\beta+n-s-1}, \quad 0<\theta<1 \tag{10-33}$$

表 10-1 常见的共轭先验分布

总体分布	参数	共轭先验分布
二项分布	成功概率	贝塔分布 $\mathrm{Be}(\alpha,\beta)$
泊松分布	均值	伽马分布 $\Gamma(k,\theta)$
指数分布	均值的倒数	伽马分布 $\Gamma(k,\theta)$
正态分布(方差已知)	均值	正态分布 $N(\mu,\sigma^2)$
正态分布(方差未知)	方差	逆伽马分布 $\mathrm{IGa}(\alpha,\beta)$

10.3.2 指数分布单元组成的设备可靠度评估

假设某设备由 N 个元器件组成，元器件的失效率已知，用 Bayes 方法将元器件的已知失效率作为先验信息利用起来，对设备进行可靠度评估。

1. 元器件失效率 λ 向等效特征量(β,α)的转化

从元器件向设备作金字塔式的可靠性评估时，有必要将元器件的失效率 λ 转化为等效特征量(β,α)。其中，参数 β 代表元器件的累计运行小时数，α 代表该时段内元器件累计失效次数。

取置信度为 γ，则失效率置信上限 λ_{U}(单位为 fit，1fit$=10^{-9}$/h)满足

$$\sum_{k=0}^{\alpha}\frac{(\lambda_{\mathrm{U}}\beta)^k}{k!}\mathrm{e}^{-\lambda_{\mathrm{U}}\beta}=1-\gamma \tag{10-34}$$

等效特征量(β,α)由上式决定。

当选定$\alpha=1$时,有

$$\beta=2.02232/\lambda_U\times10^9 \tag{10-35}$$

该(β,α)就是相对于给定单侧置信上限λ_U的元器件可靠性等效特征量,它将作为该品种元器件可靠性的先验信息。

2. 设备可靠性的先验信息

假定单元设备由N个主要元器件相互独立地串联组成(允许其中含有部分相同的元器件),每个元器件的失效率为λ_j,由式(10-34)可得出相应的等效特征量(β_j,α_j)。

按下式计算设备可靠性的先验信息(τ_0,z_0):

$$\begin{cases}\tau_0=\sum\limits_{j=1}^{N}\dfrac{\alpha_j}{\beta_j}\Big/\sum\limits_{j=1}^{N}\dfrac{\alpha_j}{\beta_j^2}\\ z_0=\tau_0\sum\limits_{j=1}^{N}\dfrac{\alpha_j}{\beta_j}\end{cases} \tag{10-36}$$

式中,τ_0——设备折合运行小时数;

z_0——设备折合失效次数;

α_j——第j个元器件的折合失效次数;

β_j——第j个元器件的折合试验小时数。

3. 设备可靠性评估

假定设备经过试验,累计收集到现场试验信息(τ_1,z_1)。联合设备的先验信息(τ_0,z_0),在共轭分布假定下经 Bayes 推断可求出设备的可靠性后验特征量:

$$\begin{cases}\tau=\tau_0+\tau_1\\ z=z_0+z_1\end{cases} \tag{10-37}$$

给定置信度γ,设备的失效率上限λ_U和可靠度 Bayes 下限R_L分别为

$$\begin{cases}\lambda_U=\chi_\gamma^2(2z)/2\tau\\ R_L=\exp(-\lambda_U t)\end{cases} \tag{10-38}$$

其中,t为设备任务时间;$\chi_\gamma^2(2z)$为自由度为$2z$的χ^2分布的上分位点。

4. 两类信息间的相容性检验

计算(τ,z)时,应注意设备的先验信息(τ_0,z_0)与现场试验信息(τ_1,z_1)之间的统计相容性问题。这可借助于以下双边区间估计值进行统计显著性检验。对定时截尾无替换试验,给定置信度γ,若先验信息的比值z_0/τ_0落在式(10-39)的区间内,则认为两者相容。

$$[\chi^2_{(1-\gamma)/2}(2(z_1+1))/2\tau_1,\chi^2_{(1+\gamma)/2}(2(z_1+1))/2\tau_1] \tag{10-39}$$

若先验信息的比值z_0/τ_0不为该区间所包含,则拒绝两者的相容性假设。此时用式(10-36)计算(τ,z)视为无效,需要核实原始信息的有效性,尤其需要确认失效次数z_1是否有充分依据,当确认两者不相容时,应当舍弃先验信息和放弃 Bayes 统计推断,只用设备的现场试验信息(τ_1,z_1)进行经典意义上的设备可靠性评估。

10.3.3 指数型串联系统可靠度评估

设系统由m个独立的寿命服从指数分布的设备串联组成,每个设备进行定时有替换截

尾试验，系统无试验数据，将系统等效为一个指数寿命型单元，设想系统等效试验 η 次，失效 z 次。我们将 m 个单元的试验结果信息折合成系统试验数据，从而对系统可靠性进行评定。引入先验分布，利用单元的先验信息，得到单元后验分布和后验特征量等效试验任务次数 η_i 和失效次数 z_i，用后验分布按一、二阶矩等价进行折合，将各单元的试验数据和先验信息综合折算成系统等效试验数 η 和等效失效数 z，据此求系统可靠性置信下限。

假设第 i 个设备收集到现场试验信息(τ_i^1, z_i^1)，其中 τ_i^1 表示总试验时间，z_i^1 表示故障次数，设备的先验信息为(τ_i^0, z_i^0)，其中 τ_i^0 表示先验总试验时间，z_i^0 表示先验故障次数，利用 Bayes 方法得到设备的可靠性后验特征量为

$$\begin{cases}\tau_i = \tau_i^0 + \tau_i^1 \\ z_i = z_i^0 + z_i^1\end{cases} \tag{10-40}$$

式中，τ_i 表示后验总试验时间，z_i 表示后验故障次数。

记 t_i 为第 i 个设备的任务时间，η_i 为第 i 个设备的等效任务数，$\eta_i = \tau_i / t_i$。

然后由下式解得串联系统可靠度 Bayes 下限近似解：

$$R_{\mathrm{L}} = \exp\left[-\chi_\gamma^2(2z)/2\eta\right] \tag{10-41}$$

串联系统可靠度 R 的一、二阶矩为

$$\begin{cases}\mu = E(R) = \prod_{i=1}^{m}\left(\dfrac{\eta_i}{\eta_i + 1}\right)^{z_i} \\ \nu = E(R^2) = \prod_{i=1}^{m}\left(\dfrac{\eta_i}{\eta_i + 2}\right)^{z_i}\end{cases} \tag{10-42}$$

系统可靠性的特征量(η, z)由下式解出：

$$\begin{cases}\dfrac{\ln \dfrac{\eta + 1}{\eta}}{\ln \dfrac{\eta + 2}{\eta + 1}} = \dfrac{\ln\mu}{\ln\left(\dfrac{\nu}{\mu}\right)} \\ z = \dfrac{\ln\mu}{\ln\left[\eta/(\eta + 1)\right]}\end{cases} \tag{10-43}$$

【例 10-6】 某一电子系统是由 3 个相同电子设备组成的串联系统，电子设备由两个元件串联组成，两个元件相同，其失效率为 10^{-4}/h，电子设备试验数据为(12 000，1)，设备任务时间 300h。给定置信度为 0.9，求该系统的可靠度。

解：(1) 假设电子设备寿命服从指数分布，根据元件失效率，结合公式(10-35)，λ_{U} 的单位为 fit，失效率 $\lambda = 10^{-4}/\mathrm{h} = 10^5 \mathrm{fit}$，$\beta = 2.022\,32/10^5 \times 10^9 \approx 20\,223$，可知元件可靠性等效特征量($\beta, \alpha$)为(2023，1)。

(2) 根据式(10-36)，计算电子设备可靠性的先验信息(τ_0, z_0)为

$$\begin{cases}\tau_0 = \sum_{j=1}^{2} \dfrac{1}{20\,223} \Big/ \sum_{j=1}^{2} \dfrac{1}{20\,223^2} = 20\,223 \\ z_0 = 2\end{cases}$$

(3) 根据式(10-37)，得到设备的可靠性后验特征量(τ, z)：

$$\tau = \tau_0 + \tau_1 = 20\,223 + 12\,000 = 32\,223, \quad z = z_0 + z_1 = 2 + 1 = 3$$

(4) 借助于式(10-39)进行两类信息间的相容性检验：双边区间估计值为

$$[\chi^2_{(1-\gamma)/2}(2(z_1+1))/2\tau_1,\chi^2_{(1+\gamma)/2}(2(z_1+1))/2\tau_1]=$$

$$[\chi^2_{0.05}(4)/24\,000,\chi^2_{0.95}(4)/24\,000]=\left[\frac{0.710\,72}{24\,000},\frac{9.487\,73}{24\,000}\right]=[0.000\,029\,6,0.000\,395\,3]$$

其中置信度 γ 为 0.9。先验信息的比值 $z_0/\tau_0=\frac{2}{20\,223}=0.000\,099$ 在该区间内，因此接受两者的相容性假设。

(5) 由于该电子系统是由 3 个相互独立的电子装备组成的串联系统，故根据式(10-42)，得到串联系统可靠度 R 的一、二阶矩：

$$\eta_i=\frac{\tau}{t}=\frac{32\,223}{300}=107.41,\quad i=1,2,3$$

$$\mu=E(R)=\left(\frac{107.41}{107.41+1}\right)^{3\times3}=0.919\,98,\quad \nu=E(R^2)=\left(\frac{107.41}{107.41+2}\right)^{3\times3}=0.847\,01$$

系统可靠性的特征量(η,z)由式(10-43)解出：

$$\eta=107.68,\quad z=9$$

根据式(10-41)，解得该串联系统可靠度 Bayes 下限近似解：

$$R_L=\exp[-\chi^2_{0.9}(2\times9)/(107.68\times2)]=e^{-25.989\,42/214.82}=0.886\,318$$

10.3.4 指数型相同设备并联系统可靠度评估

设系统由 m 个独立的相同设备并联组成，每个设备都有试验信息，即失效率分布信息。系统无试验数据。我们将每个设备的试验结果信息和先验信息折合成系统试验数据，从而对系统可靠性进行评定。折合的方法使用一、二阶矩拟合，将各单元的试验数据折算成系统等效试验数 η 和等效失效数 z，据此求系统可靠性置信下限。

得到每个设备的后验特征量为(η_0,z_0)，设备可靠度为 R_0，则系统可靠度的 Bayes 可靠性置信下限为

$$R_L=1-\left\{1-\exp\left[\frac{-\chi^2_{\gamma}(2z_0)}{2\eta_0}\right]\right\}^m \tag{10-44}$$

【例 10-7】 某一电子系统由两个相同的设备并联组成，每个设备又分别包含两个相同的串联元件，已知历史元件失效率为 10^{-3}。现有该设备现场试验数据$(\tau_1,z_1)=(1200,1)$，任务时间 300h。给定置信度为 0.9，求该电子系统的可靠度。

解：不妨假设电子设备寿命服从指数分布，根据元件失效率，结合式(10-35)，可得元件可靠性等效特征量(β,α)为(2022,1)。

根据式(10-36)，计算电子设备可靠性的先验信息(τ_0,z_0)为

$$\begin{cases}\tau_0=\sum_{j=1}^{2}\frac{1}{2022}\Big/\sum_{j=1}^{2}\frac{1}{2022^2}=2022\\ z_0=2\end{cases}$$

根据 Bayes 理论，将先验信息和现场试验信息结合。首先，进行两类信息间的相容性检验，由式(10-39)求得双边区间：

$$[\chi^2_{(1-\gamma)/2}(2(z_1+1))/2\tau_1,\chi^2_{(1+\gamma)/2}(2(z_1+1))/2\tau_1]=$$

$$[\chi^2_{0.05}(4)/2400,\chi^2_{0.95}(4)/2400]=\left[\frac{0.710\,72}{2400},\frac{9.487\,73}{2400}\right]=[0.000\,296,0.003\,953]$$

先验信息比值：

$$z_0/\tau_0 = 0.000\,98$$

故两类信息相容，运用 Bayes 统计推断求可靠性。根据式(10-37)，得到设备的可靠性后验特征量(τ, z)：

$$\tau = 2022 + 1200 = 3222, \quad z = 2 + 1 = 3$$

根据式(10-44)，可直接精确算得系统可靠度的 Bayes 可靠性置信度下限：

$$R_L = 1 - \left\{1 - \exp\left[\frac{-\chi^2_{0.9}(6)}{6444}\right]\right\}^2 = 0.999\,999\,88$$

开展可靠性评估工作时，需要注意以下事项：

(1) 无论是采用经典法、Bayes 法还是其他评估方法进行可靠性评估时，需要确认所评估产品的技术状态是否稳定、固化。

(2) 在可靠性评估过程中，若使用产品研制过程中的数据以及相似产品的试验数据，例如可靠性预计数据，需要进行先验信息的相容性检验；若不相容，则以所评估对象的试验数据为准，进行可靠性评估。

(3) 可靠性评估工作要基于一定量的试验数据进行。因此，在开展可靠性评估工作前要做一定量的试验，为可靠性评估提供数据支撑。

【习题】

1. 三叉戟运输机三台发动机中至少两台正常工作，飞机就能安全飞行，若每台发动机的 MTTF=2000h，试画出系统可靠度逻辑框图。当时间 $t=100$h 时，分别求出发动机及系统的可靠度。

2. 发动机整机试验结果(成功/失败)服从二项分布。发动机试验数据为：总共试验次数 $n=284$ 次，失效次数 $f=0$，成功次数 $s=284$ 次，评估发动机可靠度。

3. 在上题的情况下，发动机的类似产品试验数据为：点火成功次数 $s_0=39$ 次，失效 $f_0=1$ 次，在共轭先验假设下，结合 Bayes 理论评估发动机可靠度。

4. 对 10 台某型号可重复使用液体火箭发动机进行无替换截尾试验，直到出现 5 台发动机失效停止试验，前 5 台失效发动机的工作时间(单位：h)分别为

$$t_1 = 1000, \quad t_2 = 1200, \quad t_3 = 1500, \quad t_4 = 1550, \quad t_5 = 1650$$

设此型号液体火箭发动机寿命服从指数分布，置信度取 0.9，评估发动机可靠度。

5. 在上题的情况下，根据以往其他型号的火箭发动机的历史运行数据，确定失效率 λ 的共轭先验分布为伽马分布 Ga(2,5)，其密度函数表达式为

$$\pi_0 = \frac{25}{\Gamma(2)}\lambda \mathrm{e}^{-5\lambda}$$

结合 Bayes 理论，评估发动机可靠度。

某运载火箭发动机可靠度评估

火箭发动机工作正常与否直接关系到导弹武器系统的战术指标和作战任务的完成。因

此，火箭发动机的可靠性问题一直受到人们的高度重视。现实中受研制进度和研究经费等因素的制约，火箭发动机整机试验及飞行试验样本通常较少，难以充分暴露发动机研制中存在的薄弱环节，导致发动机可靠性评估困难。在工程应用领域，为解决小子样场合的可靠性评定问题，国外发展了 Bayes 可靠性评定理论，它能充分利用各类先验信息，较好地进行可靠性评估。利用在单元和系统的 Bayes 可靠性评定方法，充分利用各种试验信息，可以在火箭发动机现场试验样本量小的情况下，对其可靠性进行准确的分析和评定。

以两种火箭发动机为例，发动机 A 为二项分布型系统，发动机 B 为指数分布型系统，其中发动机 B 由两个相同的子系统串联而成。要求建立基于 Bayes 理论的二项分布型发动机可靠性评估模型，并计算发动机 A、发动机 B 与发动机组的可靠度。具体求解过程如下。

1. 可靠度评估模型

若总体分布服从二项分布，则以贝塔分布作为共轭先验分布，求解后验分布，评估产品可靠度。

成功概率即可靠度的先验分布：$f_0(R)=\beta(R|s_0,f_0)$，其中，s_0 为先验试验成功次数，f_0 为先验试验失败次数。

假设还有现场试验数据：s 和 f 为现场试验的成功与失败次数。通过 Bayes 方法将先验试验信息和现场试验信息综合运用，从而求得可靠度的后验分布。

产品发生概率的极大似然估计为

$$L(s,f\mid R)=C_n^f R^s(1-R)^f \tag{10-45}$$

则后验密度由 Bayes 定理确定：

$$\begin{aligned}f(R\mid s,f)&=f_0(R)L(s,f\mid R)\Big/\int_0^1 f_0(R)L(s,f\mid R)\mathrm{d}R\\&=\beta(R\mid s_0+s,f_0+f)\end{aligned} \tag{10-46}$$

在置信度 γ 的可靠度置信下限 R_L 满足

$$\begin{aligned}\int_0^{R_L} f(R\mid s,f)\mathrm{d}R&=\frac{1}{B(s_0+s,f_0+f)}\int_0^{R_L} R^{s_0+s-1}(1-R)^{f_0+f-1}\mathrm{d}R\\&=I_{R_L}(s_0+s,f_0+f)=1-\gamma\end{aligned} \tag{10-47}$$

其中

$$B(s_0+s,f_0+f)=\int_0^1 R^{s_0+s-1}(1-R)^{f_0+f-1}\mathrm{d}R$$

由此可求得可靠度置信下限 R_L。

2. 可靠度计算

1）发动机 A 的可靠度计算

（1）二项总体分布

发动机 A 总体分布服从二项分布。先验数据为总共试验 40 次，失效次数 $f_0=1$，成功次数 $s_0=39$。

（2）可靠度的共轭先验分布——贝塔分布

以贝塔分布作为共轭先验分布，将先验信息代入先验分布得出共轭型先验密度函数 $f_0(R)=\beta(R|39,1)$。

(3) 可靠度后验分布

其发生的概率为

$$L(s,f \mid R)=C_n^f R^s(1-R)^f=C_{40}^1 R^{39}(1-R)$$

已知发动机点火成功次数284次，失效0次，其二项实验结果为$(s,f)=(284,0)$，则发动机A的后验密度由Bayes定理确定：

$$f(R \mid s,f)=f_0(R)L(s,f \mid R)\Big/\int_0^1 f_0(R)L(s,f \mid R)\mathrm{d}R$$
$$=\beta(R \mid s_0+s,f_0+f)$$
$$=\beta(R \mid 323,1)$$

(4) 可靠度置信下限求解

置信度$\gamma=0.9$的可靠度置信下限$R_{\mathrm{L,B}}$满足：

$$\int_0^{R_{\mathrm{L,B}}} f(R \mid s,f)\mathrm{d}R=I_{R_{\mathrm{L,B}}}(S_0+S,f_0+f)=1-\gamma$$

即

$$\int_0^{R_{\mathrm{L,B}}} f(R \mid 284,0)\mathrm{d}R=I_{R_{\mathrm{L,B}}}(323,1)=0.1$$

求解发动机A发射可靠度为$R_{\mathrm{L,B}}=0.992\,897$。

2) 发动机B的可靠度计算

已知发动机B由两个相同的子系统串联而成，子系统的先验数据为$(\tau_0,z_0)=(562,1)$，试验数据为$(\tau_1,z_1)=(152,0)$，规定任务时间0.07h。给定置信度为0.9。

(1) 根据式(10-37)，得到子系统的可靠性后验特征量(τ,z)：

$$\tau=562+152=714,\quad z=1+0=1$$

(2) 借助于式(10-39)进行两类信息间的相容性检验：双边区间估计值为

$$[\chi^2_{(1-\gamma)/2}(2(z_1+1))/2\tau_1,\chi^2_{(1+\gamma)/2}(2(z_1+1))/2\tau_1]$$
$$=[\chi^2_{0.05}(2)/2\tau_1,\chi^2_{0.95}(2)/2\tau_1]=\left[\frac{0.102\,59}{304},\frac{0.599\,146}{304}\right]=[0.000\,337\,46,0.001\,970\,88]$$

其中置信度γ为0.9。先验信息的比值$z_0/\tau_0=\dfrac{1}{562}=0.001\,78$，在该区间内，因此不拒绝两者的相容性假设。

(3) 由于发动机B是由两个相互独立的子系统组成的串联系统，故根据式(10-42)，得到串联系统可靠度R的一、二阶矩：

$$\eta_i=\frac{\tau}{t}=\frac{714}{0.07}=10\,200,\quad i=1,2$$

$$\mu=E(R)=\left(\frac{10\,200}{10\,200+1}\right)^2=0.999\,804,\quad \nu=E(R^2)=\left(\frac{10\,200}{10\,200+2}\right)^2=0.999\,608$$

发动机B系统可靠性的特征量(η,z)由式(10-43)解出：

$$\eta=10\,200,\quad z=2$$

根据式(10-44)，解得该串联系统可靠度Bayes下限近似解：

$$R_{\mathrm{L}}=\exp[-\chi^2_{0.9}(2\times 2)/(10\,200\times 2)]=\mathrm{e}^{-7.779\,44/20\,400}=0.999\,662$$

第11章

维修性管理

航空发动机怎样做“体检”

如果身体不舒服,我们会去医院检查、开药;为预防重大疾病,还会定期体检。比人们更害怕“生病”的,航空发动机得算一个。它的工作地点在几千米甚至上万米高空,如果出现问题导致飞机失去动力,后果可能是机毁人亡。因此对它来说,时刻保持“身体健康”至关重要。

航空发动机是高度复杂的精密机械,包括进气道、压气机、燃烧室、涡轮和尾喷管五大部件。航空发动机在设计制造过程中要经历各种试验和测试,包括部件试验、核心机试验、整机地面试验、高空试验、飞行试验等。航空发动机在上岗前还要经历“入职体检”,它的体检与人类体检有些类似,但项目更繁多、更复杂,包括成分检测、尺寸和外观检查、宏观和内部微观组织检测,以及物理、化学、力学性能检测等。

正是这些烦琐的试验和检测,以及精密化的维修管理,保障着发动机的可靠性。美国通用电气航空集团(GE Aviation)的涡轮发电机被多家航空媒体(AIN,2016;Pro Pilot,2015)评为最佳涡轮发动机。以通用电气 CF6 发动机为例,该发动机从 1971 年投入运营以来,为类型众多的飞机提供了核心动力,包括 DC-10、A310、A330 和 B747 等。安全的、可靠的飞行保障,正是美国通用电气航空集团在航空发动机上制定了一系列完善的故障检测、状态检测、状态预测评估和维修与健康管理的结果。

通用电气航空集团拥有完备而精密的故障预测和健康管理的系统,该系统基于其数以万计的现役航空发动机和超过 1.2 亿 h 的飞行状态数据构建,并服务于现役的航空发动机。通用电气航空集团首先通过传感器采集飞行中的状态数据,并将该状态数据传输至其数据分析系统,通过大数据分析等手段对航空发动机进行寿命评估和当前状态的精确判断,并预测未来航空发动机的状态发展,制定合理的维修措施,可以更有利地对发动机进行分析和处理,提高发动机的安全可靠性。

参考资料:付毅飞. 航空发动机怎样做“体检”[N]. 科技日报,2017-09-14(5);PECHT M G,KANG M. Prognostics and Health Management of Electronics:Fundamentals,Machine Learning,and the Internet of Things[M]. Wiley-IEEE Press,2018:510-513.

维修性管理在现代企业中至关重要,对于提高设备可用性、降低维修费用、提高设备产能具有重要意义，尤其对于高精尖设备而言。那么究竟什么是维修性管理？具体该如何开展维修性管理工作呢？本章将介绍维修性管理的相关概念，以初步解答上述问题。

11.1 维修性管理的基本概念

随着科学技术的高速发展以及产品使用要求的不断提高，产品复杂化与费用昂贵的问题越来越突出。为应对各种功能繁多、组成复杂、技术先进的产品研制需求，急需应用系统工程的方法，并以全系统、全过程和全特性理念进行快速有效的设计。

维修性是产品（系统）的基本属性之一，是与产品的维修密切相关的设计特性，反映了产品是否具备维修方便、快捷、经济的能力。当今，不论是精良的武器装备还是民用产品，如果维修问题处理不好，不仅可能导致经济的损失，而且还可能因为不能及时修复导致整个装备或产品使用效用的降低，甚至付出生命代价。良好的维修性设计是提高维修效率和产品质量的重要手段。

11.1.1 产品维修

1. 维修的概念与分类

不论人们是否情愿接受，要求产品达到 100%可靠是不现实的。当产品发生故障或出现异常问题时，维修成为解决问题的基本方法与手段，是用户保持产品持续使用中无法回避的基本需求与工作内容。

维修是一种工程活动，即产品或系统在使用过程中，维修人员为保持或恢复产品的可使用状态所进行的活动，如技术保养、修理、改进、翻修等。按照维修开展的时机和目的、方式，维修主要分为修复性维修、预防性维修、应急性维修和特别批准下的改进性维修。

1）修复性维修

修复性维修指对发生了故障的产品进行修理，使其恢复到所规定的使用状态。人们日常生活中所谈论的维修通常就指的是修复性维修。修复性维修一般包括准备、故障定位与隔离、分解、更换、结合、调准及检测等活动内容。

2）预防性维修

预防性维修指通过对产品的系统检查、检测和发现故障征兆以防止故障发生，使其稳定执行特定工作任务的全部活动。通常是未出现故障下的处理工作，包括按工作时间或日历时间有计划地进行维修，以及产品工作前后的检测工作等，以确保产品保持所规定的状态。典型的预防维修工作类型包括润滑保养、操作人员监控、定期检查、定期拆修、定期更换及定期报废等。

3）应急性维修

应急性维修指在特殊环境中为了使已损坏或不能使用的产品暂时恢复到能执行任务的一种维修活动，包括对装备使用中（如飞机空中飞行）和停放时受各种武器打击所造成的损伤，以及战时装备故障或人为差错造成损伤实施的快速修理。

应急性维修是一种更广义范围的抢修，指在紧急情况下，采用应急手段和方法使损坏的装备快速恢复必要的功能所进行的突击性维修。应急性维修是一种特殊环境、特殊场合、特殊时间实施的暂时应对性维修，是以快速实现必要功能、保证基本安全为目的的一类维修任务。

4）改进性维修

改进性维修指在特殊情况下，经过有关责任单位的批准，以提高产品的技术性能，或弥补设计缺陷，或适合特殊用途对产品进行的改装和改进类维修活动。改进性维修实质是改变产品的设计状态，是常规维修的一种延伸。

2. 影响维修质量与效率的因素

20 世纪 90 年代，德国每年用于设备维护的资金高达 2000 多亿马克，占国民生产总值的 10%以上。其中工业行业偏高，其维修费占总产值的 11%～12%。住房和私人汽车的维修费用更高，占总费用的 15%～20%。提高维修质量与效率是实现维修目的、提升产品效能的重要保证。分析梳理清楚影响产品维修质量、效率的因素，对症下药是提升维修能力的正确方针。归纳起来，影响维修质量与效率的因素主要有以下几方面。

1）维修的技术

维修技术决定了采用何种有效技术手段去检查设备和诊断故障，以及什么样的合理修理工艺去修理出现问题的产品，它直接影响到产品的维修质量。

2）维修的人员及技能

维修人员的技术水平对修理工作的准确性和有效完成影响很大。

3）维修的器具材料

维修中使用的工具、仪器，以及维修器材质量是保证维修工作顺利进行的重要因素。

4）维修的程序

维修的规章、规程等程序、步骤要求对合理有序地开展产品维修活动，保证按照正确的方式进行产品维修意义重大。

5）维修的环境

实施维修活动的场地环境会影响维修人员的心理、生理适应性，同时环境条件也可能影响产品的装配质量与产品品质。

6）维修的管理

维修项目的规划、维修实施的组织、维修过程的控制等维修管理工作对保证维修工作有条不紊开展、维修质量得到有效把控具有非常关键的作用。

7）维修产品的固有特性

作为维修对象的产品本身所固有的设计特性，如安装布局结构、尺寸形状重量、功能实现技术、器件材料选优、故障检测手段等，都直接影响到维修中检测诊断、拆装更换、调整测试的方便快捷，以及对维修环境和维修工具的要求。

因此，正确解决维修质量与效率问题的关键，首要的应是抓住产品维修性管理这一环节，提高产品维修性水平，其次才是产品投入使用后的维修训练或其他操作环节。

11.1.2 维修性的概念

1. 维修性的定义

维修性作为一个正式概念提出来，源于武器装备使用中越来越突出的维修难问题。在第二次世界大战期间，美军军用飞机上电子设备的主要问题是失效率高，难以维护；在朝鲜战争中，问题更加突出，2/3的电子设备需要事后维修。由于电子设备不可能达到100%的可靠，在研究如何提高可靠性的同时军方也开始关注如何能够更方便地维修的问题。

维修影响因素分析和产品的维修实践表明，维修方便、快捷和经济与否直接同产品本身的某些固有设计特性关联。如是否设置必要的维修口盖、是否采用快卸安装方式、是否提供必要提示或设计措施防止错误连接、产品是否可互换、是否具有BIT(built-in test，机内测试)能力、安装布局是否符合维修人员人因工程要求等都对维修工作的开展有着直接的作用。

从另外一个角度看，随着产品复杂性的增加，可靠性的提高并不总能如意，而维修方便、快捷和经济可以弥补产品可靠性方面的不足，对提高产品的完好性起到重要作用。产品具有方便、快捷的维修能力，可以尽快修复故障，降低停机的时长。在战场上，当武器装备出现问题的时候能及时修好，它就能及时恢复战斗力；在商业竞争中，当企业销售的产品出现问题的时候能快速、经济地修好，则可以争取用户谅解并产生良好的经济效益，从而在同类商品中具备竞争力并得以生存。

因此，必须关注产品内在的这种方便维修、快速维修和经济维修的品质。为了系统化、科学化表述或度量装备或产品的这种品质，维修性被人们提出来表征产品的这一类品质。维修性的提出，为合理规划、设计和评价产品的维修能力提供了目标与方向。

维修性定义为：产品在规定的条件下和规定的时间内，按规定的程序和方法进行维修时，保持或恢复其规定状态的能力。

对于维修性定义中的各项规定和能力，在美国维修性军用手册中做出了一些更具体的说明，指出维修性是产品由规定技术水平的人员，用规定的程序和资源，在各规定的维修级别下进行维修时，在时间和资源消耗上相对快捷和经济的情况下，保持或恢复其规定状态的能力。

根据产品维修性评价的应用需要，维修性还可有多种表达。

(1) 任务维修性：产品在规定的任务剖面中，经维修能保持或恢复到规定状态的能力。

(2) 固有维修性：通过设计和制造赋予产品的，并在理想的使用和保障条件下所呈现的维修性，也称设计维修性。

(3) 使用维修性：产品在实际的使用维修中表现出来的维修性，它反映了产品设计、制造、安装和使用环境、维修策略等因素的综合影响。

2. 维修性常见问题

维修性的核心是产品设计问题，需要将某些方便维修、快速维修和经济维修的设计措施落实到产品设计图纸上。虽然某些因素，如良好的训练人员和及时的保障资源支持可以促使达到尽可能少的维修停机时间，但产品内在的设计特性决定了这一最短的时间。比如，飞机装备如果不设置必要的维修口盖，那么不管维修人员、维修工具多么优良，针对内部的故障单元，维修过程可能不得不花费大量时间、大量人力去接近被修单元，快速维修则无从谈起。应充分认识到，产品交付后通过在使用过程中改进训练或保障等措施不能补偿维修性设计不佳对产品可用性的影响。

维修性问题应在设计中得到重视，必须在产品设计之初尽早地投入力量并进行系统性规范考虑。广泛的工程实践表明，产品寿命周期不同阶段的费用投入与工作努力对产品的最终性能影响是非线性的，早期投入少效果大，后期投入多但效果小。

产品研制阶段早期的少量费用投入决定了产品寿命周期费用的绝大部分。这种费用投入与决定关系呈现明显的反向非线性走势。国外的实践经验也表明，在研制中维修性方面投资1美元，可以得到50～100美元的效益。

随着研制工作的推进，给予设计调整或改进的自由度越来越小，也即设计更改的难度越来越大。由于产品的研制牵涉各方面要求与制约，因此到了后期，任何的改变都将牵扯多方利益或限制，导致修改难度的增加。这是由产品研制的内在规律决定的。

维修性是产品各种性能要求的一部分，为实现装备综合能力的最佳化，维修性应该与装备的效能和性能的其他组成部分加以平衡。

总之，在产品设计中与其他设计工作同步推进维修性设计是非常必要和效果显著的。在产品研制中需要有目的地、有意识地、系统规范地开展维修性工作，这要求有一套科学的工作原则和方法。

11.1.3 维修性管理

维修性管理是根据产品/系统的不同复杂程度、重要程度、维修性难易程度，采用不同的维修性管理办法，从而减少维修成本，促进维修效果，提高产品/系统的可靠性，延长产品/系统的使用寿命。维修性管理的必要性在于，任何产品/系统在使用过程中都不可避免地存在故障、老化和有形无形的磨损，这些因素都会不同程度地影响产品/系统的使用性能和工作效益，而合理的维修性管理策略可在一定程度上恢复产品的使用性能和工作效益，并且产生较低的维修成本。

1. 维修性管理的一般流程

一般而言，产品寿命周期各阶段维修性工作的主要任务是与各阶段的研制目标协调一致的。

(1) 在论证阶段，产品的使用方依据产品发展的有关规划和产品的特点，结合相似产品的维修性水平与使用要求，讨论确定维修性设计要求和制定必要的维修性工作项目要求。

(2) 在方案阶段，产品的承制方依据使用方提出的维修性要求，制订维修性工作计划，通过初步的维修性分析明确总体设计要求与相应层次的维修性技术方案。

(3) 在工程研制阶段，产品各专业的设计人员依据技术方案和维修性工作要求，全面开展维修性设计分析与权衡评价，反复迭代改进，确定各层次产品的维修性设计细节，落实到最终的产品设计技术状态中。

(4) 在生产阶段，产品承制方收集、分析维修性问题，进行维修性试验与评价，不断改进并实现维修性增长。

(5) 在使用阶段，产品使用方与承制方协作，结合实际使用，不断收集、分析数据和评价维修性水平，进行必要的维修性改进，实行维修性增长。

2. 维修性管理的发展历程

维修性作为一门工程专业被加以研究与应用起源于美国。早在1901年，美国陆军通信兵与莱特兄弟签订的飞机研制合同就有要求：该飞机的“操纵与维修应简便”。

但就现代含义而言，维修性作为一门学科，应回溯到20世纪50年代初集中研究电子产品可靠性的另一产物。美国在第二次世界大战以及朝鲜战争中暴露出大量电子产品故障及相应的维修困难问题，引起了美国军方的高度重视。一开始，有关维修性的注意力集中在装备系统能否保养修复的能力上，并无正式而有效的方法与手段。

随着对维修性研究的深入，20 世纪 50 年代末，维修性的考虑集中到装备设计中的具体特点方面，起领先作用的是人因工程师和心理学家，而不是设计师们。美国罗姆航空发展中心及航空医学研究所等部门提出了设置电子设备维修检查窗口、测试点、显示及控制器等措施来改进电子设备的维修性。当时制定的许多良好的设计指导准则至今仍很有价值。

在这一时期，1954 年美国正式确认维修性概念，1962 年春举办了第一次大型的可靠性与维修性学术年会。并随着对维修性日益增长的关注，导致作为装备系统要求的军用规范的发展。1959 年美国颁布了有关维修性的第一个军用规范《空军航空空间系统与设备维修性要求》(MIL-M-26512)，标志着维修性工程的诞生。随后各军种相应规范激增，其结果是到了 20 世纪 60 年代中期美国国防部提出了减少规范数量的标准化计划，用军标来统一要求，形成了《维修性大纲要求》(MIL-STD-470)、《维修性验证、演示和评估》(MIL-STD-471)、《维修性预计》(MIL-HDBK-472)等主要的应用标准文件。

1962 年美国陆军器材司令部出版的工程设计手册丛书中的《维修性设计指导》代表了那个时期的工作成果。该书论述了装备设计中维修性工作的目标、程序和技术，详细地阐述了维修性的特征要求、技术措施和技术条件，指出了不同军用装备的维修性设计特点。

20 世纪 60 年代在发展各种军标与规范的同时，维修性工程发展的趋势从设计准则和人的因素研究转向维修性的定量化，提出将维修时间作为通用的度量参数，借鉴可靠性工程的方法，应用概率论和数理统计技术在维修性分配、预计、试验评定等方面取得了系列化研究与应用成果。

20 世纪 70 年代，设备的自测试、机内测试以及故障诊断的概念及重要性引起了设备设计师和维修性工程师的关注。电子设备维修性关注的重点已从拆卸及更换转到故障检测和隔离，故障诊断能力、机内测试成为维修性设计的主要内容，机内测试技术成为改善电子设备维修性的重要途径。到 1975 年提出测试性的概念，并在诊断电路设计等领域得到应用。1978 年美国国防部专门成立了测试性技术协调小组，负责测试性研究计划的组织、协调和实施。

随着测试性的深入研究与应用，测试性成为维修性工作的一个重要组成部分，人们认识到机内测试和外部测试不仅对维修性设计产生重大的影响，而且影响到武器装备的寿命周期费用。美国国防部通过《电子系统及设备的测试性大纲》(MIL-STD-2165)规定了电子系统及设备在研制阶段应实施的分析、设计及验证要求和方法，标志着测试性开始独立于维修性成为一门新的学科。

20 世纪 80 年代以来，随着传统设计专业计算机辅助设计工具及专家系统的使用，可靠性、维修性、保障性技术方法对于计算机辅助化和智能化的应用需求凸显。美军依托研究机构大力加强可靠性、维修性、保障性的计算机辅助技术研究，在 20 世纪 90 年代中期达到与机械、电子计算机辅助设计相当的水平。这些工作较好地解决了可靠性、维修性、保障性等技术运用的手段问题，极大地提高了可靠性、维修性、保障性技术应用的深度和广度。

20 世纪 90 年代，随着虚拟现实技术和产品数据管理技术的快速发展和广泛应用，维修性工程开始了基于电子样机进行维修性分析评价，以及基于并行工程理念的维修性与产品传统设计过程集成应用阶段。美军先后在 F22 和 F35 战斗机上运用虚拟现实技术进行维修性分析与评价，取得了显著的成效，大大提高了两个型号战斗机的维修性设计水平。

随着人们对环境的关注，20 世纪 80 年代以来，绿色维修的观念越来越得到认可。其对维修性设计也产生了积极影响，减少维修废弃材料对环境损伤和提高资源回收率成为产品设计中予以关注的内容。

近年来，集故障检测、健康评估、维修管理等技术于一体的故障预测与健康管理(prognostics health management，PHM)技术得到重视与应用，将故障检测、维修决策、维修资源调配等集成，实现快速维修响应、合理维修组织，使良好的固有维修性转化为有效的使用维修性。

美国在采用贯彻标准推进维修性工作的同时也发现一些问题，表现为应用的时候费用过大。于是在 20 世纪末开始推行减少标准，将原有标准转化为手册，从强制开展维修性工作项目到发挥承制部门主动性的做法。但十多年的实践表明，该做法效果并不理想。

我国对维修性工程与应用的关注较晚。20 世纪 70 年代后期，我国才开始引进国外先进的维修科学，先后翻译出版了美军维修工程和维修性工程的有关重要文献，主要有《维修工程技术》《维修性工程理论与方法》和《维修性设计指导》。20 世纪 80 年代，空军以军机使用和维修经验为基础，制定了我国第一套维修性方面的标准《飞机维修品质规范》(GJB 312—1987)。同时，结合美军标和我国装备发展现实，编制了《装备维修性通用规范》(GJB 368—1987)。这些标准对推动军用装备维修性工程的研究与应用产生了良好影响。

20 世纪 90 年代初期，研究人员总结标准的贯彻实施经验，编著了《维修性工程》，标志着初步形成了国内维修性工程的理论和方法体系。随着研究与应用的深入，维修性标准也日趋完善，颁布了《维修性试验与评定》(GJB 2072—1994)、《维修性分配预计手册》(GJB/Z 57—1994)和《维修性设计手册》(GJB/Z 91—1997)等重要标准，出版了《维修性设计与验证》等一系列专著，推动了我国维修性工程理论与应用的全面开展。在装备研制中，维修性也开始得到重视，开始提出维修性的定性定量要求，并开展了维修性分配预计、维修性分析和部分维修性演示验证工作。

从 20 世纪 90 年代中后期，我国维修性工程技术研究步入计算机辅助设计与分析技术阶段，开发了具有自主知识产权的维修性设计分析软件平台。“十五”期间开始了基于虚拟现实技术的维修性设计分析平台研究，“十一五”期间开展“性能与可靠性、维修性、测试性、保障性、安全性综合集成平台”研究与开发。

在国内型号应用过程中，各行业维修性工作发展还很不平衡，存在经验不足、数据缺乏、手段不全等问题，产品设计与维修性设计脱节情况还比较严重。但随着军方对可靠性、维修性、测试性、保障性、安全性的重视和推动，情况正迅速改变。新的技术手段“性能与可靠性、维修性、测试性、保障性、安全性综合集成平台”技术已开始在重点型号产品推广应用。可以相信，随着认识、技术手段、型号应用经验积累的不断到位与充实，我国装备维修性设计将进入一个全新时期。

21 世纪以来，随着社会朝现代化、智能化高速发展，维修技术开始朝着覆盖设备全系统、全寿命周期发展。为了适应设备全系统全寿命发展要求，通过发展设备可靠性、维修性指标，进行维修性设计、试验、验证、评价等技术，可以有效地将现代维修思想、维修保障要求以及设备改进需求等反馈至并影响设备方案论证、性能要求、功能设计等设备的研制以及设备的改造过程。除此之外，建设节约型社会对维修技术提出了新需求。我国是一个设备大国，有数以亿计的设备资产，这些设备在运行中的磨损、腐蚀、疲劳、老化、断裂等是不可避免的。采用先进维修技术，应用少量表面材料，修复设备损伤，恢复设备性能，延长设备寿命，节约备件购置费、新品制造费、采矿冶炼费、物流运输费及污染治理费等，从而达到节能、节材、节资、环保的目的，其关键在于发展先进的维修技术。而且随着多学科综合交叉的日益发展，维修技术也朝着多学科交融的方向迈进。维修技术是一门较为典型的综合性工程技术，其发展和创新越来越依赖于多学科的综合、渗透和交叉。不仅新兴的维修技术研究领域很多都跨越了传统的学科分类，而且许多传统的维修技术研究领域也都通过更深入的开发、更高层次的创造，突破了原有的传统技术界限。如故障诊断系统已经逐步发展成为一个复杂的综合体。在这个综合体中，包含了模式识别技术、形象思维技术、可视化技术、建模技术、并行推理技术和数据压缩技术等技术。这些技术的综合，有效地改善了故障诊断系统的推理能力、并发处理能力、信息综合能力和知识集成能力，推动故障诊断技术向着信息化、网络化、智能化和集成化的方向发展。

11.2 维修性分配与预计

11.2.1 维修性分配与预计概述

1. 维修性分配与预计的目的

维修性分配是系统进行维修性设计时要做的一项重要工作，是指根据提出的产品维修性指标，按需要把该指标分配到各层次及其各功能部分，作为它们各自的维修性指标，使设计人员在设计时明确必须满足的维修性要求。将产品的维修性指标分配到各层次各部分，根本目的在于明确各部分的维修性要求或指标，为系统研制单位提供对承制方和供应方进行管理的依据和手段，通过设计实现这些指标，保证产品最终符合规定的维修性要求。其具体目的是：

(1) 为系统或产品的各部分(各个低层次产品)研制者提供维修性设计指标，以保证系统或产品最终符合规定的维修性要求。

(2) 通过维修性分配，明确各承制方或供应方的产品维修性指标，以便于系统承制方对其实施管理。

维修性预计是研制过程中主要的维修性活动之一，是以历史经验和类似产品的数据为基础估计、测算新产品在给定工作条件下的维修性参数，以便了解设计满足维修性要求的程度。

在产品研制和改进过程中，进行了维修性设计，但能否达到规定的要求，是否需要进行进一步的改进，这就要开展维修性预计。所以，预计的目的是预先估计产品的维修性参数，了解其是否满足规定的维修性指标，以便对维修性工作实施监控，其具体作用包括：

(1) 预计产品设计或者设计方案可能达到的维修性水平，了解其是否能达到规定的指标，以做出研制决策(选择设计方案或转入新的研制阶段或实验)；

(2) 及时发现维修性设计及保障方面的缺陷，作为更改产品设计或保障安排的依据；

(3) 当研制过程更改设计或保障要素时，估计其对维修性的影响，以便采取适当对策；

(4) 维修性预计的结果常常作为维修性设计评审的一种依据。

2. 维修性分配与预计的应用流程

维修性分配的工作程序如下：

(1) 系统维修职能分析

维修职能分析是根据产品的维修方案规定的维修级别划分，确定各级别的维修职能，在各级别上维修的工作流程。

各类产品由于用途、编配使用条件等不同，维修级别划分不尽相同。对军事装备来说多数实行三级维修，即维修级别划分为：基层级(使用装备的分队和(或)基层维修机构，在使用现场或其附近以换件修理为主)、中继级(部队后方维修机构，除支援现场维修外，可在后方场所、设施进行修理)、基地级(后方的修理工厂或装备制造厂进行的修理)。维修职能分析对每个级别上的维修职能要进一步区分，即每个级别上干些什么，维修到什么程度，是换件修理还是原件修理等。

(2) 系统功能层次分析

在维修性分配前，要在一般系统功能分析和维修职能分析的基础上，对系统各功能层次各组成部分逐个确定其维修措施和要素，并用一个包含维修的系统功能层次图来表示。

(3) 确定各层次产品的维修频率

给各产品分配维修性指标，要以其维修频率为基础。故应确定各层次各产品的维修频率。各产品修复性维修的频率等于其故障率。如果已经进行了可靠性分配或预计，则有各产品的故障率的分配值或预计值，可以直接引用；否则，需要进行分配或预计。

为了便于维修性分配，可将上述获得的维修频率标注在功能层次框图各产品方框或圆圈旁边。同样应该注意，维修频率要随着研制的进度和发展趋势及时修正。

(4) 分配维修性指标

将给定的系统维修性指标自高到低逐层分配到各产品。

(5) 研究分配方案的可行性，进行综合权衡

分析各个产品实现分配指标的可行性，要综合考虑技术、费用、保障资源等因素，以确定分配方案是否合理、可行。

维修性预计是产品进行维修性设计时要做的一项重要工作，这项工作的主要目的是评价产品是否能够达到要求的维修性指标。在方案论证阶段，通过维修性预计，比较不同方案的维修性水平，为最优方案的选择及方案优化提供依据；在研制阶段，通过维修性预计，发现影响系统维修性的主要因素，找出薄弱环节，采取设计措施，提高系统维修性。

研制过程阶段的维修性预计，适宜采用不同的预计方法，其工作程序也有所区别。但一般来说，维修性预计要遵循以下程序：

(1) 收集资料

预计是以产品设计或者方案设计为依据的。因此，作维修性预计首先要收集并熟悉所预计产品设计或方案设计的资料，包括各种原理、方框图、可更换或者可拆装单元清单，乃至线路图、草图直至产品图等。维修性预计又要以维修方案、保障方案为基础。因此，还要收集有关维修(含诊断)与保障方案及其尽可能细化的资料。此外，所预计产品的可靠性数据也是不可缺少的。这些数据可能是可靠性预计值或者试验值。所要收集的第二类资料是类似产品的维修性数据。

(2) 维修职能与功能分析

与维修性分配相似,在预计前要在分析上述资料基础上,进行系统维修职能与功能层次分析。

(3) 确定设计特征与维修性参数的关系

如前所述,维修性预计归根结底要由产品设计或方案设计估计其参数。这种估计必须建立在确定出影响维修性参数的设计特征的基础上。例如,对一个可更换件,其更换时间主要取决于它的固定方式、紧固件的形式与数量等。对一台设备来说,其维修时间主要取决于设备的复杂程度(可更换件的多少)、故障检测隔离方式、可更换拆装难易等。因此,要从现有类似装备中找出设计特征与维修性参数值的关系,为预计做好准备。

(4) 预计维修性参数量值

预计维修性参数量值的各种方法不同。

11.2.2 维修性分配方法

维修性分配方法主要采用按故障率分配法。

按故障率分配法的分配原则是单元的故障率越高,分配的维修时间就越短;反之则长。

按故障率分配法的分配步骤如下:

(1) 确定第 i 种单元的数量 Q_i。

(2) 确定单个单元的故障率 λ_{ss}。

(3) 确定第 i 种单元的总故障率 λ_i,即第 i 种单元的数量 Q_i 与其单个单元故障率 λ_{ss} 的乘积:

$$\lambda_i = Q_i \lambda_{ss} \tag{11-1}$$

(4) 确定每种单元的故障率对总故障率影响的百分数,即确定每种分系统的故障率加权因子 W_i:

$$W_i = \frac{\lambda_i}{\sum_{i=1}^{n} \lambda_i} \tag{11-2}$$

式中,λ_i——单元 i 的故障率;

n——单元种类数。

(5) 按下面公式计算各单元的平均维修时间 T_{MT_i},其中系统的平均维修时间记为 T_{M}。

$$T_{\mathrm{MT}_i} = \frac{T_{\mathrm{M}} \sum \lambda_i}{n \lambda_i} = \frac{T_{\mathrm{M}}}{n W_i} \tag{11-3}$$

【例 11-1】 假设某串联系统由 5 个单元组成,要求其系统平均维修时间 $T_{\mathrm{M}} = 40\mathrm{min}$,预计各单元的元件数和故障率如表 11-1 所示,试按故障率分配法确定各单元的平均维修时间指标。

表 11-1 各单元的元件数和故障率

单元号	1	2	3	4	5	总计
元件数	400	500	500	300	600	2300
λ/h^{-1}	0.01	0.005	0.01	0.02	0.005	0.05

解：确定各种单元的数量 Q_i 及单个单元 i 的故障率 λ_{ss}，如表 11-1 中元件数与故障率所示。

确定各种单元的总故障率 $\lambda_i = Q_i\lambda_{ss}$，可得

$$\lambda_1 = 400 \times 0.01/\text{h} = 4/\text{h}$$
$$\lambda_2 = 500 \times 0.005/\text{h} = 2.5/\text{h}$$
$$\lambda_3 = 500 \times 0.01/\text{h} = 51/\text{h}$$
$$\lambda_4 = 300 \times 0.02/\text{h} = 6/\text{h}$$
$$\lambda_5 = 600 \times 0.005/\text{h} = 3/\text{h}$$

确定每种单元的故障率加权因子 W_i：

$$W_1 = \frac{\lambda_1}{\sum_{i=1}^{n}\lambda_i} = \frac{4}{4+2.5+5+6+3} = \frac{8}{41}$$

$$W_2 = \frac{\lambda_2}{\sum_{i=1}^{n}\lambda_i} = \frac{2.5}{4+2.5+5+6+3} = \frac{5}{41}$$

$$W_3 = \frac{\lambda_3}{\sum_{i=1}^{n}\lambda_i} = \frac{5}{4+2.5+5+6+3} = \frac{10}{41}$$

$$W_4 = \frac{\lambda_4}{\sum_{i=1}^{n}\lambda_i} = \frac{6}{4+2.5+5+6+3} = \frac{12}{41}$$

$$W_5 = \frac{\lambda_5}{\sum_{i=1}^{n}\lambda_i} = \frac{3}{4+2.5+5+6+3} = \frac{6}{41}$$

计算各单元的平均维修时间 T_{MT_i}：

$$T_{\text{MT}_1} = \frac{T_\text{M}}{nW_1} = \frac{40 \times 41}{5 \times 8}\text{min} = 41\text{min}$$

$$T_{\text{MT}_2} = \frac{T_\text{M}}{nW_2} = \frac{40 \times 41}{5 \times 5}\text{min} = 65.6\text{min}$$

$$T_{\text{MT}_3} = \frac{T_\text{M}}{nW_3} = \frac{40 \times 41}{5 \times 10}\text{min} = 32.5\text{min}$$

$$T_{\text{MT}_4} = \frac{T_\text{M}}{nW_4} = \frac{40 \times 41}{5 \times 12}\text{min} = 27.3\text{min}$$

$$T_{\text{MT}_5} = \frac{T_\text{M}}{nW_5} = \frac{40 \times 41}{5 \times 6}\text{min} = 54.7\text{min}$$

除了按故障率分配法以外，还有按故障率和设计特性分配法，以及相似产品分配法等方法，具体可以参考国家军用标准《维修性分配与预计手册》(GJB/Z 57—1994)。

11.2.3　维修性预计方法

维修性预计是装备研制过程中主要的维修性活动之一，是以历史经验和类似产品的数

据为基础估计、测算新产品在给定工作条件下的维修性参数，以便了解设计满足维修性要求的程度。常见的两种维修性预计方法是推断预计法和回归预计法。

推断预计法是最常用的现代预测方法，把它应用到维修性预计中，就是根据新产品的设计特点、现有类似产品的设计特点与维修性参数值，预计新产品的维修性参数值。因此，这种预计方法的基础是掌握某种类型产品的结构特点与维修性参数的关系，且能用近似公式、图表等表现出来。

回归预计法是广泛应用的现代预测技术。即对已有数据进行回归分析，建立模型进行预测。把它用在维修性预计中，就是利用现有类似产品改变设计特征（结构类型、设计参量等）进行充分试验或者模拟，或者利用现场统计数据，找出设备特征与维修性参量的关系，用回归分析建立模型，作为推断新产品或改进产品维修性参数值的依据。

回归预计法是一种粗略的早期预计技术，尽管粗略，但因为不需要多少具体的产品信息，所以在研制早期（例如战技指标论证或方案探索中）仍有一定应用价值。

对不同类型的产品而言，影响维修性参数值的因素不同，其模型有很大差别。影响电子设备维修时间的设计特征很多，经验表明，其中最主要的可能是以下两个：

（1）设备发生一次故障所需更换的元器件平均数 μ_1；

（2）设备的复杂性，即包含的元器件数或可更换单元数 μ_2。

经验表明，设备平均维修时间 T_M 与 μ_1、μ_2 近似呈线性关系，即

$$T_M = c_1\mu_1 + c_2\mu_2 \tag{11-4}$$

通过试验或统计数据，回归分析求出系数 μ_1、μ_2，可预计 T_M。

$$\hat{y} = \hat{y}(x_1, x_2, \cdots, x_s;\ b_0, b_1, \cdots, b_k) \tag{11-5}$$

式中，$\hat{y}$ 为因变量的预测值，即预计的维修性参数值；$x_1, x_2, \cdots, x_s$ 为自变量，即一组与维修性相关属性值，如产品结构特性、维修资源要求等；$b_0, b_1, \cdots, b_k$ 为未知参数。

预计步骤如下：

（1）确定与研究对象具有相似或相近之处的实例。

（2）根据研究对象的特点以及实例所包含的信息，确定模型中必须考虑的重要影响因素和可以忽略的次要因素。确定重要因素可采用主成分分析法或方差分析法等。

（3）对影响维修性的重要因素进行分析，不仅要对单个因素的作用进行分析，而且还应分析因素间的交互作用及其对维修性的影响。

（4）综合各因素对维修性特征量的影响，提出影响因素与维修性特征量之间的假想函数关系并利用实例进行函数的回归分析。

（5）对回归得到的函数式进行验证，求得修正后的函数关系式。

（6）对研究对象的影响因素进行量化，并将因素的值作为输入值输入到回归模型中，求得研究对象的维修性特征量。

【例 11-2】 假设某维修团队参与某新研雷达现场维修，估测该新研雷达现场维修过程中可能需要拆装的元器件数为 286 个，且发生一次故障所需更换的可更换单元数为 2.6 个。经过对大量的试验统计表明，雷达的维修性指标符合回归公式：

$$T_M = c_1\mu_1 + c_2\mu_2 \tag{11-6}$$

式中，μ_1 为雷达发生一次故障所需更换的元器件平均数；μ_2 为雷达所包含的元器件总数或可更换单元数。而根据我国的试验分析，对雷达可采用 $T_M = 0.15\mu_1 + 0.0025\mu_2$ 作为预计

模型,其中 T_M 以小时计。试预计该型雷达的平均维修时间。

解:将已知参数代入预计公式中,可得

$$T_M = (0.15 \times 2.6 + 0.0025 \times 286)\text{h} = 1.105\text{h}$$

即预计该雷达平均每次故障的维修时间为1.105h。

除了推断预计法以外,可靠性预计方法还有单元对比预计法、时间累计预计法等方法,具体可以参考国家军用标准《维修性分配与预计手册》(GJB/Z 57—1994)。

11.3 设备维修管理

11.3.1 维修策略

1. 维修策略的概念

维修策略是指针对产品劣化情况而制定的维修方针,包括决策依据、维修措施及执行时机。

1) 决策依据

决策依据是指用于评估产品劣化情况的依据,主要包括寿命、状态和故障。

寿命:产品统计寿命即可靠性寿命,一般用累积疲劳时间来描述。

状态:产品实际运行状态,一般用观察状态即产品运行时的各种“二次效应”,如振动信号、磨损颗粒、性能参数和功能参数等来描述。

故障:是对系统发生故障后的描述,如使用困难报告、故障监测报告、停机现象等。

2) 维修措施

维修措施是执行维修决策和达到预期效果的手段,一般包括润滑保养、一般检查、详细功能检查、修理、更换和改进设计等多种类型。预期效果是产品功能、性能、可靠性的保持或恢复的程度及水平,主要有以下3种:

基本维修或最小维修:产品修复后瞬间的故障率与故障前瞬间的故障率相同。

完全维修:产品修复后瞬间的故障率与新产品刚投入使用时的故障率相同,即修复如新。

中度维修:产品修复后瞬间的效果介于基本维修和完全维修之间。

3) 执行时机

执行时机包括维修间隔或周期的安排、检查间隔和周期的安排等。例如,民用飞机各种级别的维修检查周期一般为,日检:24h;A检:500飞行小时(fh);多重A检:N500(N代表次数)飞行小时;C检:4000飞行小时,或4000倍数,或18个月。

有效的维修策略可以减少产品运营过程中的停工次数,降低维修成本。维修策略优化的目标是提高系统可靠性、预防系统故障的发生和降低劣化带来的维修费用,即以尽可能最低的维修费用,保持或恢复产品到最合适的系统可靠性、可用度和安全性能。

2. 基本维修策略

目前很多学者在研究维修策略,每年都有几百篇关于维修策略理论和实践的论文发表在科技期刊、会议论文集和技术报告中。本章将维修策略分为预防性维修策略、修复性维修

策略、应急性维修策略和改进性维修策略。

(1) 预防性维修策略：在发生故障之前，使产品保持在规定状态所进行的各种维修活动。它一般包括擦拭、润滑、调整、检查、定期拆修和定期更换等活动。这些活动的目的是在产品故障前发现故障并采取措施，防患于未然。预防性维修适用于故障后果危及安全或任务完成，导致较大经济损失的情况。预防性维修又包括定时维修策略、视情维修策略和主动维修策略。

定时维修策略是在对产品故障规律充分认识的基础上，根据规定的间隔期、固定的累积工作时间或里程，按事先安排的时间计划进行的维修，而不管产品当时的状态如何。

视情维修策略是根据产品实际工作状态安排维修的一类策略。

主动维修策略对导致产品故障的根源性因素，如油液污染度增高、润滑介质理化性能退化以及温度变化等进行识别，主动采取事前的维修措施。

(2) 修复性维修策略：不在故障前采取预防性的措施，而是等产品发生故障或遇到损坏后，再采取措施使其恢复到规定技术状态所进行的维修活动。

(3) 应急性维修策略：在紧急情况下，采用应急手段和方法使损坏的装备快速恢复必要的功能所进行的突击性维修。应急性维修是一种特殊环境、特殊场合、特殊时间实施的暂时应对性维修，是以快速实现必要功能、保证基本安全为目的的一类维修任务。

(4) 改进性维修策略：通过重新设计，从根本上使维修更容易甚至消除维修的策略。

任何单位都有数量不等、型号不一的设备，有些设备复杂，有些设备简单。对大、中型企业来说则设备数量大、品种多。随着企业生产技术水平的进步，所拥有的设备的种类越来越多、技术性越来越强。不同的设备使用的环境不同、故障率曲线不一样，需要选择不同设备维修策略，进行设备维修，方法如下：

(1) 根据设备的重要性，采取相应的维修策略。

一般来说，企业规模越大，设备数量越多。大、中型企业拥有的设备数量非常多。不同设备在企业生产运行过程中所起的作用是不一样的，所采用的维修方式也不一样。在制定机器设备维修策略时，首先应对设备重要程度进行分类。分类的方法很多，其中 ABC 分类法就是一种常用的、较好的方法。在一个单位中，A 类设备数量少，所起的作用大，大约占总数的 10%。这类设备流程工艺复杂，是企业生产过程中的关键设备。一旦这些设备发生故障，会造成重大的经济损失，对企业产生重大影响，因此要求这类设备在运行过程中具有非常高的可靠性。这类设备应是设备维修工作的重点对象。对这些关键设备，应从维修的经济性出发选择合适的维修方式。这类设备最好采用状态维修方式，变计划维修为针对性维修，实施状态维修，这样可以使维修工作量和维修费用大幅降低，实现少投入多产出的效果。如果没有相应的诊断设备，或状态维修方式费用太高，技术经济分析的结果不合适，企业无法承受，则应采取标准维修法，也可以采用定期修理法。

(2) 根据设备故障信息的统计结果，选择合适的维修方式。

在对企业的 B 类和 C 类设备进行维修时，应根据设备故障信息选择合适的维修方式。对这些设备来说，故障信息是决定设备维修方式的基础。通过对故障信息的分析，可以判断设备故障的类型，从而选择维修方式。设备故障信息主要包括设备的故障次数(停机频率)和故障后果(停机时间长短、经济损失等)这两方面的统计资料。

收集一年来(或半年、季、月)设备的停机频率(次数)和停机时间的统计资料，绘制设备停机时间和停机频率排列图表，各单位设备很多，只需列出占总数80%以上的停机时间最长及停机次数最多的设备即可。对停机时间长、频率高的设备，采用计划维修，彻底消除故障。对停机频率低，但一旦停机需要延续较长的停机时间的设备，应对造成故障停机的过程和原因进行分析，并进行状态监测，进行状态维修。对停机频率高、停机时间短的设备采取的维修策略是提高操作人员的技能水平，一般维修由他们完成即可。对停机时间短、停机频率低的设备采取的方式是不坏不修。

11.3.2　预防性维修

预防性维修策略是在发生故障之前，使产品保持在规定状态所进行的各种维修活动。针对系统的某些设备或者整个系统（本节统称为设备），预防性维修的最小化目标通常为以下两者之一：

（1）维修和系统停工的总成本最小；

（2）系统停工时间最少。

对于该设备而言，如果预防性维修的维修时间和维修成本与修复性维修的维修时间和维修成本不相上下甚至更高，那么预防性维修是不被考虑的。相似地，如果预防性维修不能有效地改变设备的失效率，即该设备的失效率是恒定不变的，那么预防性维修也是不被考虑的。然而，通常而言，大部分设备基本满足预防性维修成立的三个基本假设：

（1）失效维修（修复性维修）的成本比预防性维修或更换的成本高；

（2）失效维修（修复性维修）耗时比预防性维修或更换耗时长；

（3）系统的失效率函数随时间单调递增。

1．期望失效次数的更新方程解法

无论是求设备的预防性维修情况下的维修和系统停工的总成本，还是求系统停工时间，我们均需要计算该设备在特定时间内的期望失效次数。考虑到本小节将会使用更新方程进行求解，故对其进行简单介绍。

如果每次更新后设备的工作相互独立且有相同的寿命分布，令 $N(t)$ 为在区间 $(0,t]$ 中的更新次数，则称计数过程 $\{N(t),t\geqslant 0\}$ 为更新过程。更新过程示意图见图11-1，在时刻 t 之前共发生 $N(t)=r$ 次设备失效，第 $N(t)=r+1$ 次设备失效发生在时刻 t 之后，假设失效更换的时间忽略不计。

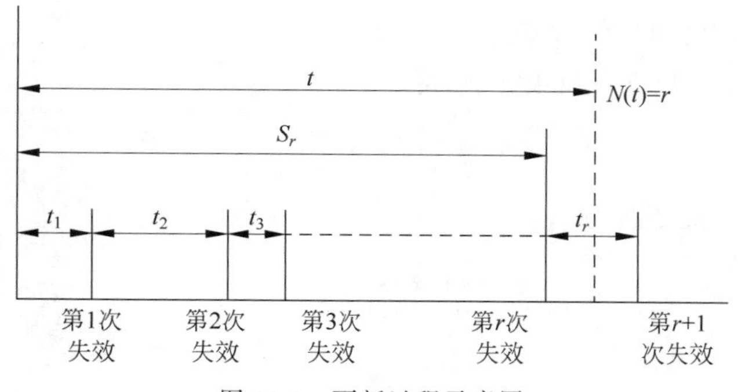

图11-1　更新过程示意图

令

$$M(t)=E[N(t)]$$

则 $M(t)$为时间段$(0,t]$内的期望失效数。

1）连续时间方法

对于连续时间而言，假定某一设备的失效分布函数为 $F(t)$，$f(t)$为其失效概率密度函数。

基础更新方程如下：

$$M(t)=F(t)+\int_0^t M(t-x)f(x)\mathrm{d}x \tag{11-7}$$

对基础更新方程两边进行拉普拉斯变换，可得

$$M^*(t)=F^*(t)+M^*(t)F^*(t)$$

求解得

$$M^*(s)=\frac{f^*(s)}{s[1-f^*(s)]}$$

对 $M^*(s)$进行拉普拉斯逆变换即可求得期望失效数 $M(t)$。

$M(t)$对时间求导可以得到更新密度 $m(t)$，$m(t)$即是在$[t,t+\Delta t]$内发生一次更新的概率：

$$m(t)=\frac{\mathrm{d}M(t)}{\mathrm{d}t}$$

与基础更新方程类似，更新密度方程为

$$m(t)=f(t)+\int_0^t m(t-x)f(x)\mathrm{d}x \tag{11-8}$$

采用相似的拉普拉斯变换求解法，得

$$m^*(s)=f^*(s)+m^*(s)f^*(s)$$

$$m^*(s)=\frac{f^*(s)}{1-f^*(s)}$$

对 $m^*(s)$进行拉普拉斯逆变换即可求得期望失效密度 $m(t)$。

【例 11-3】 假设一个具有恒定失效率的设备在失效后会被更换为一个全新的相同设备。其失效时间分布的概率密度函数为

$$f(t)=\lambda \mathrm{e}^{-\lambda t}$$

试求$(0,t]$时间区间内的期望失效数。

解：对概率密度函数进行拉氏变换，得

$$f^*(s)=\frac{\lambda}{s+\lambda}$$

则更新密度方程经拉氏变换为

$$m^*(s)=\frac{\lambda}{s+\lambda-\lambda}=\frac{\lambda}{s}$$

对上式取逆变换得

$$m(t)=\lambda,\quad t\geqslant 0$$

则期望失效数

$$M(t)=\lambda t,\quad t\geqslant 0$$

2）离散时间方法

离散时间方法是指在离散时间间隔点（如一周）观察系统或组件的失效情况的方法。当观察到失效时即刻进行维修或更换，然后重复此过程。

以3周的时长为例，我们计算至第三周末的期望失效数为：

$M(3)=$第一次失效发生在第一周时在间隔(0,3)的期望失效数×
第一次失效发生在间隔(0,1)时的概率＋
第一次失效发生在第二周时在间隔(0,3)的期望失效数×
第一次失效发生在间隔(1,2)时的概率＋
第一次失效发生在第三周时在间隔(0,3)的期望失效数×
第一次失效发生在间隔(2,3)时的概率

由此可得

$$M(3)=[1+M(2)]\int_0^1 f(t)\mathrm{d}t+[1+M(1)]\int_1^2 f(t)\mathrm{d}t+[1+M(0)]\int_2^3 f(t)\mathrm{d}t=\sum_{i=0}^{2}[1+M(2-i)]\int_i^{i+1} f(t)\mathrm{d}t$$

推广到 T 个离散周期，可得离散更新方程如下：

$$M(T)=\sum_{i=0}^{T-1}[1+M(T-i-1)]\int_i^{i+1} f(t)\mathrm{d}t,\quad T\geqslant 1 \tag{11-9}$$

【例 11-4】 一个生产5V电子灯泡的制造商通过将灯泡置于10V电压下以估计其在20周内的期望失效数。灯泡一旦失效立马被更换，并重复此过程。通过试验发现灯泡的失效时间在 $0\leqslant t\leqslant 20$ 周内呈均匀分布且 $f(t)=\frac{1}{20}$。试求4周内的期望失效数。

解：求解过程为

$$\begin{aligned}M(4)&=\sum_{i=0}^{3}[1+M(3-i)]\int_i^{i+1} f(t)\mathrm{d}t\\&=[1+M(3)]\int_0^1\frac{1}{20}\mathrm{d}t+[1+M(2)]\int_1^2\frac{1}{20}\mathrm{d}t+[1+M(1)]\int_2^3\frac{1}{20}\mathrm{d}t+[1+M(0)]\int_3^4\frac{1}{20}\mathrm{d}t\end{aligned}$$

其中

$$M(0)=0$$

$$M(1)=[1+M(0)]\int_0^1\frac{1}{20}\mathrm{d}t=\frac{1}{20}$$

$$M(2)=[1+M(1)]\int_0^1\frac{1}{20}\mathrm{d}t+[1+M(0)]\int_1^2\frac{1}{20}\mathrm{d}t=\frac{41}{400}$$

$$M(3)=[1+M(2)]\int_0^1\frac{1}{20}\mathrm{d}t+[1+M(1)]\int_1^2\frac{1}{20}\mathrm{d}t+[1+M(0)]\int_2^3\frac{1}{20}\mathrm{d}t=\frac{1261}{8000}$$

代入得 $M(4)=0.2155$ 次失效。

2. 恒定间隔更换策略

恒定间隔更换策略（constant-interval replacement policy，CIRP）是一种最简单的预防性维修和更换策略，该策略的实施方式见图11-2，包含两类维修活动：

(1) 固定时间间隔进行预防性更换；

(2) 失效后即刻进行更换。

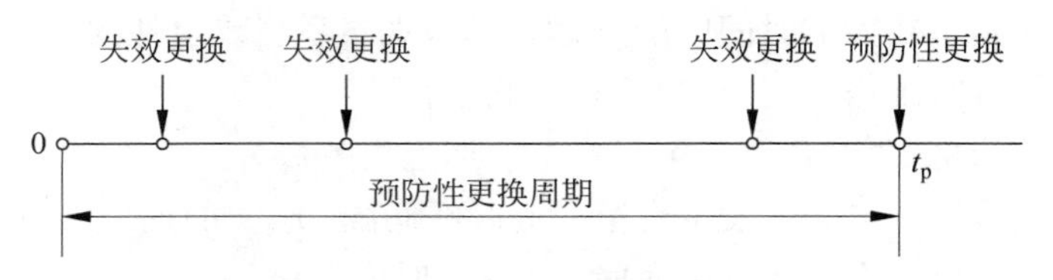

图 11-2　恒定间隔更换策略图例

1) 目标为“维修和系统停工的总成本最小”时的 CIRP

考虑预防性维修更换间隔恒定，我们将维修和系统停工的总成本转化为恒定间隔内的期望成本进行计算，由此转化为恒定间隔内的单位成本。

令 $c(t_p)$ 为 $(0,t_p]$ 时间间隔内的单位时间总更换成本，即

$$c(t_p)=\frac{(0,t_p]\text{ 间隔内的总成本期望}}{\text{间隔的期望时间长度}}$$

由此可得

$$c(t_p)=\frac{c_p+c_f M(t_p)}{t_p} \tag{11-10}$$

式中，c_p——预防性更换成本；

c_f——失效更换成本；

$M(t_p)$——$(0,t_p]$ 内的期望失效更换次数，由更新方程求解得到。

【例 11-5】 某一高速传动轴的滑动轴承的老化服从均值为 1×10^6 圈、标准差为 1×10^5 圈的正态分布。预防性更换成本为 50 美元，失效更换成本为 100 美元。假设预防性更换可以在离散时间间隔进行，更换周期为 1×10^5 圈的整数倍，求最优单位时间总成本下的 CIRP。

解：假设预防性维修更换周期为 t_p，更换周期内的期望失效更换次数为 $M(t_p)$，已知预防性更换成本 $c_p=50$ 元，失效更换成本 $c_f=100$ 元，由此可计算单位时间总更换成本为

$$c(t_p)=\frac{50+100M(t_p)}{t_p}$$

根据更新方程求解离散时间内的期望失效更新次数 $M(t_p)$，时间单位为 1×10^5 圈，则

$$M(0)=0$$

$$M(1)=[1+M(0)]\frac{1}{\sqrt{2\pi}}\int_0^1 e^{-\frac{(t-10)^2}{2}}\mathrm{d}t$$

$$M(2)=[1+M(1)]\frac{1}{\sqrt{2\pi}}\int_0^1 e^{-\frac{(t-10)^2}{2}}\mathrm{d}t+[1+M(0)]\frac{1}{\sqrt{2\pi}}\int_1^2 e^{-\frac{(t-10)^2}{2}}\mathrm{d}t$$

以此类推，我们可以求得不同离散时间预防性维修更换周期 t_p 下的单位时间总更换成本 $c(t_p)$，见表 11-2，可知当预防性维修更换周期 $t_p=8\times10^5$ 圈时达到最优。

表 11-2 不同离散时间预防性维修更换周期下的单位时间总更换成本 单位：美元

时间间隔 t_p/圈	期望失效数 $M(t_p)$	单位时间总成本 $c(t_p)$
1	0	0.000 500
2	0	0.000 250
3	0	0.000 166
4	0	0.000 125
5	0	0.000 100
6	0	0.000 083
7	0.001 40	0.000 072
8	0.002 75	0.000 063
9	0.158 75	0.000 073
10	0.500 05	0.000 100
11	0.841 35	0.000 121

2）目标为“系统停工时间最小”时的 CIRP

考虑到预防性维修更换间隔恒定，我们将系统停工时间转化为恒定间隔内的停工期望时间进行计算，由此转化为恒定间隔内的单位停工时间。

令 $D(t_p)$为$(0,t_p]$时间间隔内的单位总停工时间，即

$$D(t_p)=\frac{每次循环的总停工时间}{循环长度}$$

其中，每次循环的总停工时间包括失效导致的停工时间和预防性更换导致的停工时间，循环长度则包括预防性更换耗时和预防性更换周期。

由此可得

$$D(t_p)=\frac{M(t_p)T_f+T_p}{T_p+t_p} \tag{11-11}$$

式中，T_f——单次失效导致的停工时间；

T_p——单次预防性更换导致的停工时间；

$M(t_p)$——$(0,t_p]$内的期望失效更换次数，由更新方程求解得到。

【例 11-6】 高速传动轴的滑动轴承的老化服从均值为 1×10^6 圈，标准差为 1×10^5 圈的正态分布。预防性更换成本为 50 美元，失效更换成本为 100 美元。假设预防性更换可以在离散时间间隔进行，更换周期为 1×10^5 圈的整数倍，失效更换耗时 $T_f=5\times10^4$ 个循环，预防性更换耗时 $T_p=2.5\times10^4$ 个循环，求最小化停工时间下最优的 CIRP。

解：假设预防性维修更换周期为 t_p，更换周期内的期望失效更换次数为 $M(t_p)$，已知单次失效导致的停工时间 $T_f=5\times10^4$ 圈，单次预防性更换导致的停工时间 $T_p=2.5\times10^4$ 圈，由此可计算单位时间总更换成本为

$$D(t_p)=\frac{2.5\times10^4\times[1+2M(t_p)]}{2.5\times10^4+t_p}$$

与例 11-5 类似，根据更新方程求解离散时间内的期望失效更新次数 $M(t_p)$，已知时间单位为 10 万圈，我们可以求得不同离散时间预防性维修更换周期 t_p 下的单位总停工时间 $D(t_p)$，见表 11-3，可知当预防性维修更换周期 $t_p=8\times10^5$ 圈达到最优。

表 11-3 不同离散时间预防性维修更换周期下的单位总停工时间

时间间隔 $t_p/10^5$ 圈	期望失效数 $M(t_p)$	单位总停工时间 $D(t_p)$
1	0	0.2000
2	0	0.1111
3	0	0.0769
4	0	0.0588
5	0	0.0476
6	0	0.0400
7	0.001 40	0.0346
8	0.002 75	0.0305
9	0.158 75	0.0356
10	0.500 05	0.0488
11	0.841 35	0.0596

11.3.3 维修性决策应用

1. 维修决策应考虑的因素

维修决策过程其实就是解决要不要修(why)、修什么(what)、怎么修(how)、何时修(when)、在哪修(where)、谁来修(who)的问题，图 11-3 充分分析了维修决策过程中需要考虑的因素，即维修建模和优化过程中的考虑因素。

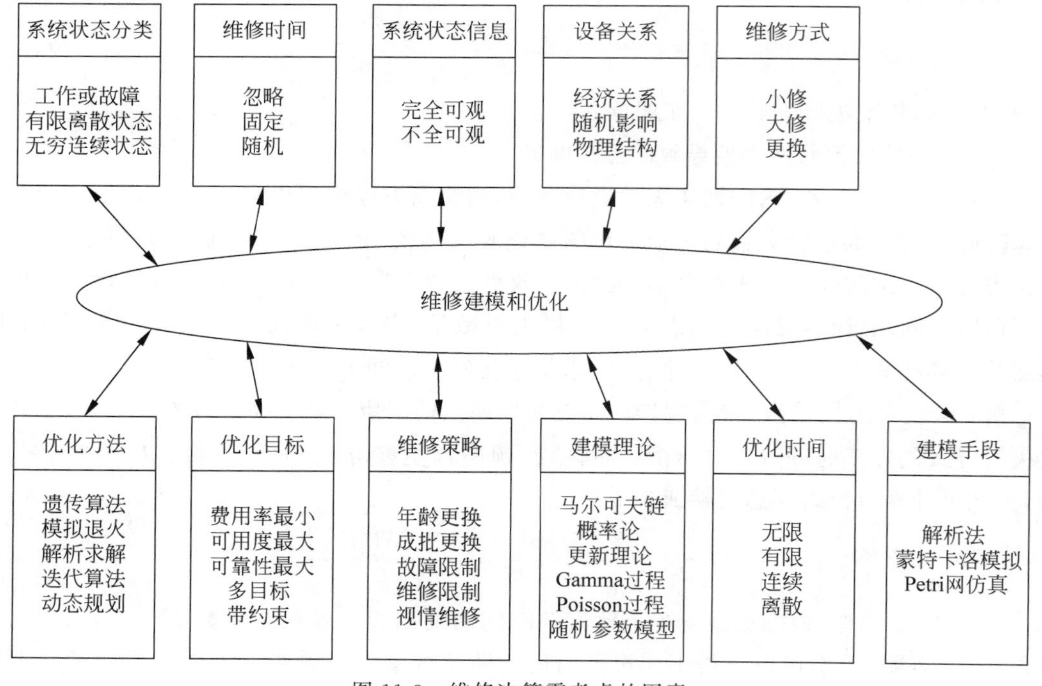

图 11-3 维修决策需考虑的因素

2. 维修决策模型构建流程

维修建模过程主要包括5个步骤：

(1) 选择合理的维修优化目标，主要包括最大安全性目标、最小费用目标和最大可用度目标等；

(2) 建立系统状态模型，依据监测状态参数可以评估系统状态以及状态转移过程；

(3) 确定维修间隔、维修方式和维修等级的阈值和决策范围；

(4) 选择优化方法，如遗传算法、组合优化等；

(5) 结合优化目标，确定决策变量。

3. 维修决策经典模型

维修决策模型按照预防性维修的工作类型可以划分为更换模型、功能检测模型、延迟时间模型和使用检查模型。

(1) 更换模型。这是针对定期报废和定期拆修策略建立的模型。不论哪种定期策略，建模过程中一般都假设经过更换(拆修)后的装备均恢复到新品状态，可称之为更换模型。根据计时方法的不同，更换模型又可进一步分为工龄更换和成组更换。

(2) 功能检测模型。功能检测工作之所以可行，是因为基于下列事实：大多数产品在发生功能性故障前会出现某种征兆，以预示故障即将发生或正在发生。如果通过检查发现这种征兆，及时采取预防性措施就可以避免功能故障的发生。

(3) 延迟时间模型。其基本原理是将装备的故障形成划分为两个阶段，第一阶段是指从装备投入使用到发生潜在故障的时间过程，称为初始时间，用U表示；第二阶段是指从潜在故障到发生功能故障的时间过程，称为延迟时间，用H表示，应用中又将这段时间称为P-F间隔期。

(4) 使用检查模型。使用检查是指通过使用操作对产品进行定性检查，如果检查时发现故障须及时进行修理或更换。从某种意义上讲这种故障后的检查工作不应是预防性工作，但它却可以预防故障后果的发生。这种策略多针对备用系统，如灭火器、保护装置、冗余设备，只有突然事件发生时，系统才启用。这类系统通常从可用度的角度来考察预防性维修的效果。

维修决策模型按产品的复杂程度可以划分为单部件模型和多部件系统模型。

1) 单部件的维修决策模型

对于单个部件的维修决策模型来说，主要是基于对其故障机理和故障模式的研究，分析其在整个寿命周期内的退化过程，然后根据其状态构建优化模型。对于单个部件的维修决策大多采用基于状态的维修策略。总结国内外单部件系统建模的研究现状，基本可把单部件维修决策模型分为两类：第一类是将部件的整个退化过程进行离散化处理，将单部件的状态划分为空间中$1\sim n$个状态，其中用数字1表示部件处于未使用的状态，数字n表示部件出现失效，中间数字表示部件的一个中间状态，该过程的模型优化通常采用半马尔可夫和马尔可夫决策过程进行求解；第二类是基于概率统计方法、泊松过程及更新过程方法等，运用传感器获取的状态数据，通过参数估计的方法估算决策模型中的不确定参数，然后采用不同的决策目标构建决策模型。常见的单部件维修决策模型包括时间延迟模型、比例风险模型、冲击模型、莱维过程模型、马尔可夫决策过程模型等。

2）多部件系统的维修决策模型

对多部件系统的维修决策模型研究较多的是机会维修、分组维修和批量维修。

（1）机会维修。机会维修主要综合考虑预防性维修和修复性维修，从而节约修复性维修的拆装成本。

（2）分组维修。经典的静态分组策略包括基于装备役龄的维修策略、基于故障次数的维修策略以及将役龄和故障次数综合考虑的维修策略。其中，基于装备役龄的维修策略是指当装备的役龄达到维修间隔期时，则进行分组维修；基于故障次数的维修策略是指当装备的累积故障次数达到设定的阈值时，则进行分组维修；基于役龄和故障次数的维修策略是指不管是役龄还是累积故障次数达到设定阈值，就要进行分组维修。

（3）批量维修。批量维修策略不同于分组维修策略，它是基于系统设定的维修周期，定时对装备中的各个部件采取预防性维修或者进行预防性更换。批量维修策略可以对在规定维修周期内发生故障的零件进行替换，而分组维修是不允许的，这是它与分组维修的最大区别。

4. 维修决策系统案例

制定合理的设备维修策略，是保障企业经营成功的一个重要因素。对于波音公司而言，合理的维修策略有助于确保飞机飞行安全、可靠且具有低成本效益。波音公司与运营商和监管机构合作，为其商业机队制定和管理飞机维修策略。为了进一步改进这些维修策略，波音公司实施了新的统计分析程序。该过程从飞机维护寿命周期的各个方面分析数据，并使用一系列算法和先进的统计分析技术来确定用于维护检查的最佳维护间隔。随着时间的推移，飞行总时长的增加，波音公司对飞机性能的理解和飞行数据不断增加，这些经验和数据不断地用以优化飞机维修策略。此过程已被美国联邦航空局、欧洲航空安全局和加拿大运输部民航局批准使用。

维修策略优化的统计分析（statistical analysis for scheduled maintenance optimization，SASMO）是专门设计用于根据生产中飞机的机队性能确定最佳计划维修间隔的工具。该分析基于可靠性和成本管理模型，这些模型允许确定最佳间隔。在航空公司的运行维修数据数字化后，SASMO 通过使用高度复杂的算法对这部分数据进行统计分析，通过分析计划内和计划外的维修数据以计算飞机维修间隔期间的可靠性。SASMO 流程使用了代表飞机寿命周期的大量维修数据源，例如维修操作、计划中断和车间数据。这种全面的数据分析有助于降低维修成本，提高调度可靠性及安全性。

波音公司不断努力优化飞机维修策略，以确保安全性和可靠性并减少飞机停运的时间，飞机的典型机库预定维修间隔不断增加，从 1991 年平均 4000 个飞行时长，到 2001 年平均 6000 个飞行时长，再到 2011 年平均 1 万个飞行时长，在保障飞机安全性、可靠性的同时显著地增加了其经济效益。维修决策系统 SASMO 极大地增强了波音飞机的可靠性，使得部分波音飞机达到同类型飞机中的最佳水平，99.5%的飞机能够准时起飞。

11.4 故障预测与健康管理

故障预测与健康管理（prognostic and health management，PHM）的重点是利用先进的传感器的集成，并借助各种算法和智能模型来预测、诊断、监控和管理产品的状态。

PHM通过测试和计算关键部件的剩余寿命来主动地监视系统的健康状态，用于优化维修活动及后勤保障。健康状态获取的基本方法是将传感器测到的对象系统的响应与该系统模型的响应作比较，用理论推导方法或对特定部分做磨损试验得到老化模型，再使用老化模型计算关键部件的剩余寿命。

1. 发展历史

1）从外部测试到机内测试(20世纪60—70年代)

早期的飞机系统比较简单，航电系统为分立式结构，依靠人工在地面上检测和隔离飞机中的问题(外部测试)。这些飞机由彼此独立的模拟系统构成；随着飞机系统变得复杂，机内测试(built-in test，BIT)被引入飞机中，先是为了警告飞行员在重要部件中出了关键故障，后来又成为支持机械师查找故障的助手。

2）从BIT到智能BIT(20世纪80年代)

为了解决常规BIT存在的问题，美国原罗姆航空发展中心(Rome Air Development Center，RADC)在20世纪80年代初率先提出运用人工智能技术来改善BIT的效能，以降低虚警、识别间歇故障，这就是所谓的智能BIT。智能BIT是指采用人工智能及相关技术，将环境应力数据、BIT输出信息、BIT系统历史数据、被测单元输入/输出、设备维修记录等多方面信息综合在一起，并经过一定的推理、分析、筛选过程，得出关于被测单元状态的更准确的结论，从而增强BIT的故障诊断能力。

3）综合诊断的提出和发展(20世纪80年代后期至90年代)

20世纪70—80年代，复杂装备在使用中暴露出测试性差、故障诊断时间长、BIT虚警率高、使用与保障费用高、维修人力不足等各种问题，引起美英等国军方和工业部门的重视。问题的根源在于各诊断要素彼此独立工作，缺少综合；而且除测试性和BIT外，都是在主装备设计基本完成后才开始设计的。从解决现役装备保障问题的角度出发，美国国防部颁布军用标准和国防部指令，强调采用"综合后勤保障"的途径来有效解决武器装备的保障问题。"诊断"问题成为贯彻综合后勤保障的瓶颈。美国原安全工业协会于1983年首先提出了"综合诊断"的设想，对构成武器装备诊断能力的各要素进行综合，并获得了美国军方的认可和大力提倡。

美英等国相继开始研究综合诊断方案，并在现役装备改进改型和新一代装备研制中加以应用。80年代中期相继实施了综合诊断研究计划，其中包括通用综合维修和诊断系统计划(空军)，综合诊断保障系统计划(海军)，维修环境中的综合诊断计划。1991年4月，美国颁布军标和指南，把综合诊断作为提高新一代武器系统的诊断能力和战备完好性，降低使用与保障费用的一种有效途径。1999年，美国海军军官发展学校启动了"综合诊断开放系统方法演示验证"研究计划，探讨统一的、通用的综合诊断功能实现方法的可行性。其战略目标是：降低费用，增加互用性，加快引入新技术。该项目通过对军、民用领域内具有不同测试和诊断特征的10个典型案例的深入研究和演示验证，最终提出一种基于信息的综合诊断开放式体系结构，并制定了实施路线图。

综合诊断向测试、监控、诊断、预测和维修管理一体化方向发展，主要表现在：诊断系统复杂性和综合程度日益增加；综合诊断系统向基于信息的开放式体系结构发展，诊断数据采用标准通信方式；模型成为诊断设计和诊断功能的基础，即基于模型的诊断；嵌入式诊断和预测功能日益加强，并出现了专用的诊断分系统(区域管理器)；广泛运用人工智能(机器学习)技术，诊断系统自主能力日益提高。

2. PHM 技术发展的意义

目前通常采用三级维修，即基层级、中继级和基地级：基层级维修由系统使用者或者拥有者负责，任务只限定为系统保养、检查及更换简单的零部件；中继级维修具有较高的维修能力，通常要配备较多的维修人员和保障设备；基地级维修承担系统大修任务。PHM 将具备取消中间级维修环节的能力，使三级维修缩减为二级，大量节约了保障设备和维修人员的开支费用。

例如，JSF 的 ATE 设备洛马之星（LM-STAR）与 F-16 的保障设备相比规模小很多，F-16 的保障设备在基地级至少有 6 种类型，而洛马之星仅有基本型、光电、射频 3 种类型。从人力和后勤基础设施方面比较，洛马之星将比 F-16 战斗机的保障设备减少 40%～50%。

PHM 将显著降低运行维修和操作保养成本，进而降低全寿命周期成本，获取未来使用阶段的更多效益。例如，美国空军 F/A-22 每架飞机的平均成本高达 1.6 亿美元左右，JSF 每架费用降为 3000 万美元左右，不到 F/A-22 的 1/5，维修保障费用比 F-16 降低约 30%。

提高经济性的另一个方面在于节省维护保障人力。例如，JSF 通过采用 PHM 技术使飞机智能化程度显著提高，以 PHM 为基础提出自主后勤保障概念，使得 JSF 飞机与 F-16 相比，在人力与拥有费用方面降低了约 30%，保障设备减少 50%，维护人员减少 20%～40%，架次生成率增加 25%。

3. PHM 系统及应用

一个 PHM 系统通常有如图 11-4 所示的系统功能。一个 PHM 系统通过传感器从对象系统的各个层次获取监测数据，然后通过相关的数据处理和分析过程，形成诊断和预测分析，最后给出目标系统的剩余寿命分布、性能退化程度或任务失效的概率，从而为维护计划提供决策信息。

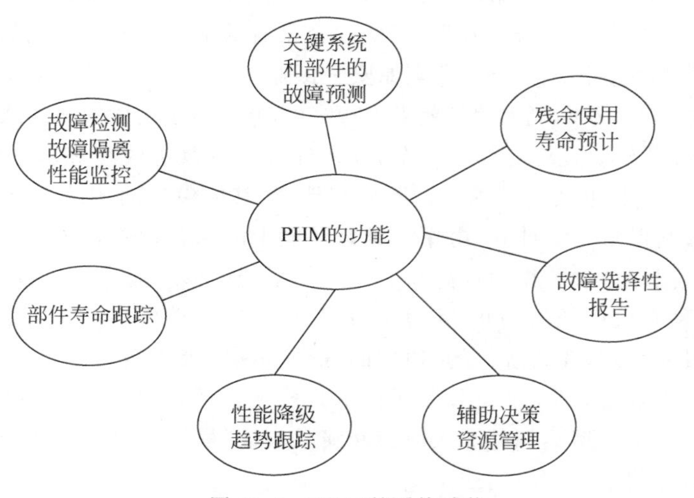

图 11-4　PHM 的系统功能

一个完整的 PHM 系统通常包括 5 个模块，即设备状态监测模块、数据收集模块、故障诊断模块、故障预测模块、维修决策模块。由设备状态监测模块监测系统状态，数据收集模块将设备状态监测模块监测到的数据进行收集，将数据注入故障诊断模块和故障预测模块，最终将结果输入维修决策模块，形成维修策略。

1）设备状态监测模块

设备状态监测模块的主要任务是监测系统状态，通过选择合适的测量技术、测量位置，选择合适的传感器，对某些需要测量的参数进行测量，实现对系统状态的监测功能。传感器布局应考虑经济性原则、故障可检测性原则以及故障可识别性原则。

监测参数是按照预先选择的监测方案确定的，可能有一种或几种测量技术适用于具体的可测量参数。测量结果可能是参数的直接测量结果或者间接测量结果。对于一些参数（如电流、电压和振动）的简单测量值可能不足以指示故障发生，为揭示故障引起的变化，可能需要辅助方法。

监测位置应选择可能检测出故障的位置。测点应做唯一标示，推荐使用永久性标牌或识别码，应考虑的因素包括作业安全、传感器选择、信号处理、对故障状态变化的高灵敏性、抵抗其他干扰的稳健性、测量的可重复性、信号衰减或损失、可接近性、对周围环境的影响、投入产出比等。

传感器有多种形式，可以使用永久性安装、半永久性安装或便携式测量仪器现场采集数据；对于无法安装传感器的情况，可以通过数据采样来进行离线分析。

2）数据收集模块

数据收集模块主要实现的功能是在设备状态监测模块的基础上进行数据收集，具体包括收集频率设定等要求。数据收集频率依据预期故障的可观测性及设备老化速度确定。

3）故障诊断模块

故障诊断模块的主要功能是在数据收集之后对故障进行诊断。可采用特征提取对数据进行预处理，并使用诊断方法来进一步分析数据。

特征提取的目的是为故障诊断提供输入。提取与设备运行状态强相关的特征信息，以提高故障诊断的准确性。在特征提取过程中要格外注意提取特征的代表性以及与故障模式的相关性，确保提取数据具有原始数据的性质。常用的特征提取方法包括但不限于基于概率统计理论、基于时频域分析等方法。

常用的故障诊断方法有数据驱动的方法、基于失效物理的方法和基于经验规则的方法。数据驱动的方法需要用大量故障数据来训练算法，实现对故障模式的分析。基于失效物理的方法通过对设备及其故障特征的建模，并通过残差比较等方式判断故障原因。基于经验规则的方法依赖于领域专家基于自身经验对故障逻辑的评估和判断。上述 3 种方法还可以结合使用。

4）故障预测模块

故障预测模块在故障诊断之后预测故障出现的时间，并提供预警和报警功能。可基于历史数据和推理模型对故障演化趋势进行拟合并进行故障预测。

常用的故障预测方法有基于物理模型的预测方法、基于数据模型的预测方法和基于数模混合的预测方法。基于物理模型的故障预测方法是根据产品物理失效机理来进行预测的方法。例如，基于累计损伤的方法、基于预警装置的方法和基于特定模型的方法等。基于数据模型的预测方法是利用对象的历史数据或当前数据，在一定函数约束下，建立可以逼近对象数据与故障之间隐含映射机制的模型来进行预测的一类方法。例如，基于统计回归的方法、基于相似性的方法及基于随机过程的方法等。基于数模混合的预测方法利用机理模型来确定参数个数或故障模式，再通过数据来提高模型的精度。

报警和预警一般需要基于失效设置点的相应值。失效设置点是设备或系统失效时的最终的参数值，这个值需要通过标准、制造说明书、历史统计数据以及经验确定。预警和报警限值一般小于失效设置点的相应值。预警限值决定了维修所需要的提前时间，在确定这个预警值时，需要确定预报的置信度、未来产品的需求、维修时间、趋势预测等参数。

5）维修决策模块

维修决策模块主要以故障诊断与预测模块为基础，确定维修策略。维修策略通常包括故障后维修、预防性维修或设计维修等。

以机车车辆关键系统为例，机车车辆关键系统主要包含牵引系统、高压电器、辅助电气系统、控制管路与制动系统和转向架。故障诊断、预测及维修系统主要针对机车车辆的转向架、牵引系统、制动系统、辅助电气系统、网络系统等影响列车运行安全、运营、检修维修的关键机械电气系统，系统主要完成状态监测、数据收集、故障诊断、故障预测、状态评估和维修决策等功能。图 11-5 示出了机车车辆关键系统故障诊断、预测及维修系统功能图。

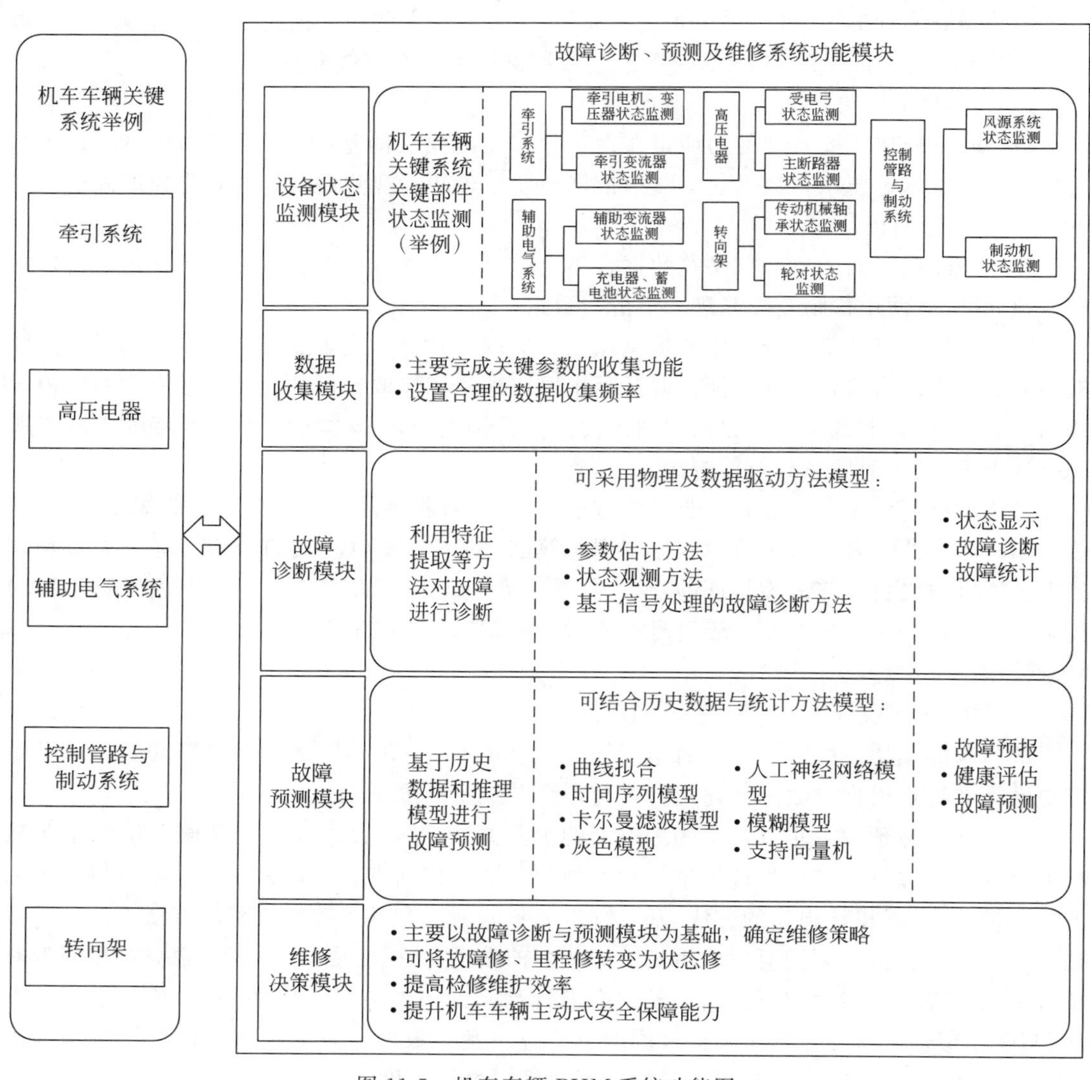

图 11-5 机车车辆 PHM 系统功能图

4. PHM系统实施步骤

仍以机车车辆关键系统为例，故障诊断、预测及维修的实施步骤一般包括确定对象、对象的参数选择、数据采集、故障诊断与预测、确定维修策略、验证与评估、使用阶段。故障诊断、预测及维修的具体实施步骤如图11-6所示。

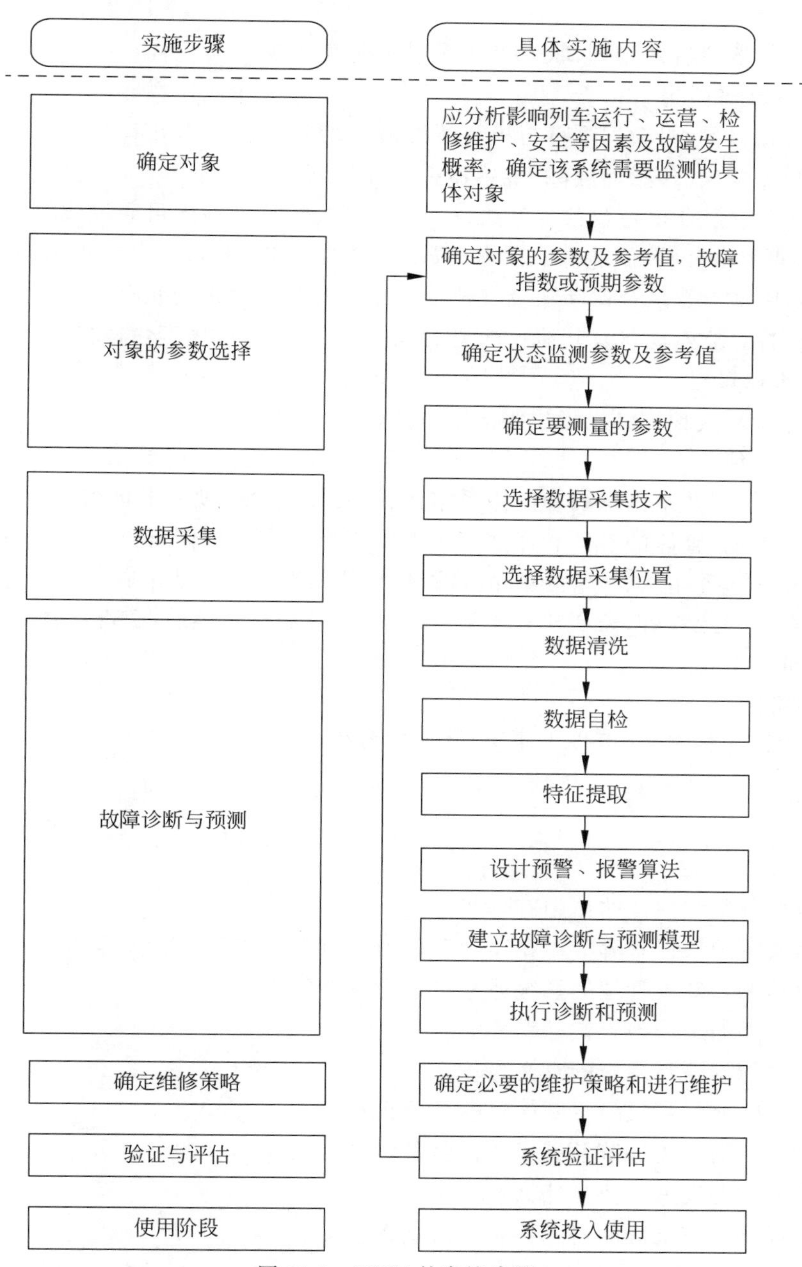

图11-6　PHM的实施步骤

各步骤的具体内容如下：

1）确定对象

应分析影响列车运行、运营、检修维护、安全等的关键因素及故障发生概率，确定该系统需要监测的具体对象。对系统的设计/运行参数、功能、运行状态及工况等进行详细的调查分析，开展方式包括但不限于设计调研、工程现场调查、现场讨论、绘制可靠性框图、FMECA 等。

2）对象的参数选择

对象的参数来源于但不限于设计制造参数及其正常运行时的数据等。

3）数据采集

传感器的设置应有效合理，状态参数采集应准确可靠。

4）故障诊断与预测

应根据分析目的，对数据进行自检与清洗，提取其数据特征，并有效记录。数据处理过程中要注意数据缺失、传感器故障、传感器干扰等问题。

报警及预警：设计报警及预警算法，检测异常状况，这种检测可通过比较设备当前的特征量与基准，或者由经验、制造商的技术参数、调试试验或统计数据分析等来完成。

诊断：采用多参数融合诊断法及其他方法建立机车车辆系统状态的诊断模型。

预测：通过对故障现状及其演化趋势的分析，预估剩余可用寿命，实现故障预测。

5）确定维修策略

根据故障诊断或预测结果做出维修决策建议。

6)验证与评估

故障诊断、预测及维修系统中的体系结构、核心算法、软/硬件平台均需要进行充分的验证和评估。一方面，整体的验证和评估工作需要兼顾现有基础储备以及未来平台演进和发展的空间；另一方面，诸如计算引擎、故障诊断与预测算法以及基于嵌入式计算环境下的算法精度、准确度、稳定性等，需要建立科学、规范的验证和评估体系，实现计算体系、算法和平台的充分验证。

7）使用阶段

在系统验证评估之后，可投入使用，并关注系统运行状态。

【习题】

1. 维修性分配和预计的作用有哪些？

2. 维修决策的依据有哪些？在实际工程中如何进行决策才能获得最大的利润？

3. 故障预测与健康管理的系统通常包括哪几部分？

4. 设备管理的工作内容包括哪些？

5. 设备故障诊断与维修的意义是什么？

6. 故障诊断方法和故障诊断的目的是什么？

7. 故障诊断的主要环节及其工作任务是什么？

8. 维修方式的发展趋势是什么？

9. 如何理解状态维修的概念？它有何重大意义？

10. 设备管理的意义是什么？

11. 某大型生产系统共有 4 个子系统，针对该生产系统我们使用按故障率分配的分配方法对各子系统的维修时间进行分配，要求生产系统的平均修复时间等于 1h。各子系统设计方案和故障率见表 11-4。

表 11-4 某生产系统各子系统设计方案和故障率

子系统	故障检测		可达性		可更换性		可调整性		故障率/h^{-1}
	类型	权重	类型	权重	类型	权重	类型	权重	
1	半自动	3	差	4	插拔	1	不调	2	0.02
2	自动	1	较差	3	卡扣	2	微调	3	0.03
3	人工	5	好	1	螺钉	4	微调	3	0.01
4	自动	2	很差	10	焊接	6	联调	5	0.05

12. 某在研立式加工中心的自动换刀系统需要进行维修性预计。使用单元对比预计法，以序号 1 的故障模式为基准模式建立了加工中心自动换刀系统修复时间相对系数表，见表 11-5，该表由于某些原因部分值残缺。已知序号 1 的故障的修复性维修和预防性维修时间均为 10min，请补充残缺的表格，并计算系统平均修复性维修时间和系统平均预防性维修时间。

表 11-5 加工中心自动换刀系统修复时间相对系数表

可更换单元序号	k_{ij}	h_{ij}				h_i	k_ih_i
		h_{i1}	h_{i2}	h_{i3}	h_{i4}	$\sum h_{ij}$	
1	1	0.410	0.098	0.328			
2	6	0.131	0.541		0.410	1.295	7.77
3	3		0.459	0.262	0.443		4.87
4	3	0.131	0.213	0.016	0.213	0.574	1.72
5	2	0.475	0.377		0.279	1.311	2.62
6	2	0.213		0.230	0.377	1.361	
合计		—	—	—	—	—	

13. 某产品连续使用了 1810h，其间发生 3 次故障(其中，第三次故障发生在第 1810h)，第一次维修时间为 3h，第二次为 8h，第三次为 2h。

(1) 计算产品平均维修时间。

(2) 计算产品平均故障间隔时间。

(3) 假设产品故障服从指数分布，计算故障率。

高速铁路动车组智能运维

20 世纪以来，铁路交通方式随着世界经济的发展不断进步，1964 年日本新干线的诞生拉开了高速铁路时代的帷幕，也标志着铁路交通迎来了质的飞跃。近年来，高速铁路的运行速度不断上升，带来时效性的同时也伴随着安全性和可靠性的挑战。1998 年 6 月 3 日，德国发生 ICE 高速城际列车脱轨事故，而导致事故的直接原因只是因为一个车轮的钢材破损、剥离。而究其根源，则是因为车轮多边形，即圆周方向发生的周期性磨耗所导致的。

高速动车组轮对的车轮多边形磨损是影响其安全可靠性的一个关键性问题。因高速动车组的车轮多边形磨损可能导致轮轨系统的剧烈振动，对轨道和重要的车辆部件造成严重危害。其引起的高频高幅振动以及滚动噪声，也会影响乘客的安全及乘坐舒适度。

为了应对车轮多边形对高速动车组所带来的安全隐患，需要应用 PHM 技术对其进行故障诊断，并且基于 PHM 数据进行轮对寿命预测以及镟修决策优化。

1. 故障诊断

对于车轮的故障诊断，常用的方法是基于振动或噪声信号。李彦夫等在研究某列车的车轮周围噪声与车轮非圆化阶次的高阶程度的关系时，发现高阶程度和噪声主频的声压级密度近似呈现对数关系，如图 11-7 所示。

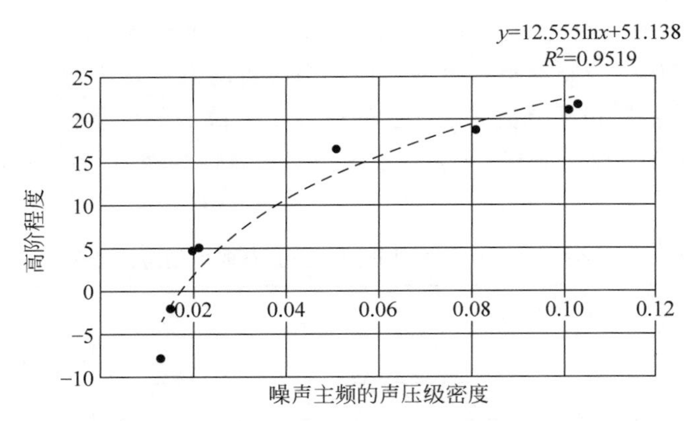

图 11-7 某车厢各车轮噪声主频的声压级密度-高阶程度图

因此，噪声数据可作为轮对健康状况的健康指标之一，用于对轮对进行故障诊断。

2. 寿命预测

关于轮对的寿命预测，基于大量历史数据分析可知，轮缘的磨耗速度要大于车轮的踏面，反映轮缘磨耗的一个重要指标是轮缘的综合值(即 QR 值)。因此，需建立相应的以 QR 值为健康指标的寿命预测模型。可以采用多种回归方法来对其进行数学建模，其中多项式拟合、对数拟合等为常用方法，可以用其对 QR 值参数进行趋势估计。基于特定轮对的现场测量数据建立的对数函数预测模型，能较好地预测相对应的轮缘磨耗趋势，但未必适合不同的轮对。因此，典型的对数函数参数应该进一步从轮缘值参数中提取出来，聚类分析方法则可以从大量的历史数据中提取具有代表性的对数函数，常用的聚类分析方法有 k-均值聚类算法等。图 11-8 中显示了某车厢某车轮轮缘综合值(QR 值)随里程变化的情况，利用大数

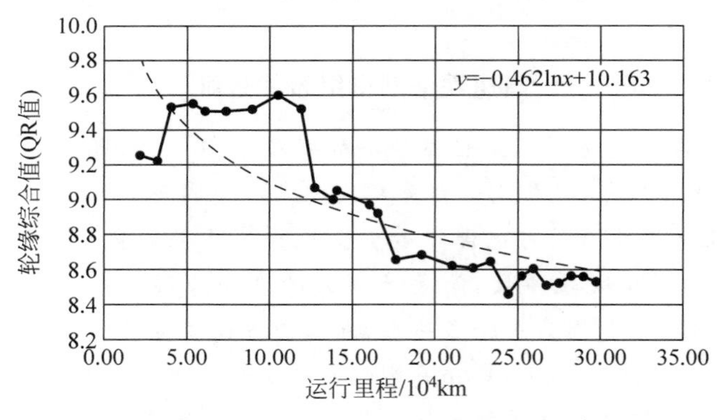

图 11-8 某车厢某车轮轮缘综合值(QR 值)随里程变化

据聚类获得的函数信息对车轮进行对数拟合，即可对车轮的剩余使用寿命进行预测。

3. 维修决策

根据轮对的故障诊断或预测结果，可以做出相应的维修决策建议。目前我国为了保证轨道交通机车车辆的安全性，缩短了车轮镟修周期，并且每列车的镟修周期都是固定的，这加重了人工和经济负担。部分车轮状况良好，却和状况一般的车轮同时镟修，这也造成了浪费。因此，基于状态的镟修以及预测性镟修是未来发展的方向，也是维修决策优化的目标。为了提高车轮的全寿命周期寿命，同时保证安全性，需要使用到构建的健康指标，通过健康指标来实时评估车轮的健康状况，并且利用大数据来分析出健康指标与列车剩余使用寿命之间的关系，从而做出下一次维修时间的判断，同时对车辆的安全性有所把握。

对于机车车辆基于状态的维修，我国学者在对已有的车轮多边形程度与运行里程数据进行研究分析后，发现季节对于车轮多边形磨损的发生具有显著影响。对此，他们建立了多状态的连续时间马尔可夫链模型来对车轮的退化进行建模。具体的模型及求解方法可以在文献[2]中找到，在此不再赘述。根据该退化模型，文献[2]的作者提出了基于季节的车轮维修策略，该策略基于季节动态调整车轮镟修间隔，具体见表 11-6。

表 11-6 基于季节的维修决策 单位：km

总运行里程	季　　节	原维修间隔	可靠性优先的维修间隔	效率优先的维修间隔
$0\sim1\times10^6$	夏季	2×10^5	2×10^5	2.5×10^5
	其他季节	2×10^5	3×10^5	3.2×10^5
$(1\sim2)\times10^6$	夏季	2×10^5	1.5×10^5	2×10^5
	其他季节	2×10^5	3×10^5	3.2×10^5
$(2\sim3)\times10^6$	夏季	2×10^5	1.5×10^5	2×10^5
	其他季节	2×10^5	2.5×10^5	3×10^5
$>3\times10^6$	夏季	2×10^5	1×10^5	2×10^5
	其他季节	2×10^5	2×10^5	2.5×10^5

如果采用可靠性优先的维修间隔，则能够在大大提高列车运行可靠性的前提下，在夏季以外的其他季节节省 15%～20%的维修成本。若采用效率优先的维修间隔，将在保证可靠性的前提下，节省全年 30%的维修成本。由此可见，基于数据驱动的状态维修能够大幅提高系统可靠性，同时节省经济资源。

第12章

安全性管理

波音737系列飞机是美国波音公司生产的一种中短程双发喷气式客机，自研发以来五十多年销路长久不衰，因此也成为民航历史上最畅销的客机。然而一段时间以来，波音客机因两起空难被推向舆论的风口浪尖。2018年10月，印度尼西亚狮航注册号为PK-LQP的波音737MAX8从雅加达飞往邦加槟港的飞机坠毁，造成189名乘客和机组人员死亡，而据飞常准数据，该波音飞机机龄仅0.3年。2019年3月，埃塞俄比亚航空公司注册号为ET-AVJ的同一机型从斯亚贝巴飞往肯尼亚首都内罗毕的飞机坠毁，造成机上157名乘客和机组人员死亡。而据飞常准数据，该波音飞机机龄仅4个月。这两起空难发生后，波音737MAX飞机遭遇全球禁飞潮，目前已造成约400架飞机积压。波音公司称两起重大事故原因与自动驾驶软件的缺陷有关，已经对其进行修复。但在2019年12月，波音公司在应美国联邦航空管理局(FAA)要求进行安全检查时，发现737MAX客机的电气系统存在未发现的安全隐患，若操作不当或导致坠毁。

波音737系列飞机由于安全性问题一而再地被推上舆论的热点，而对于民机而言，安全性是首要考虑的问题，贯穿于飞机从研制、生产、运营到退役的整个寿命周期，同时安全性也是民机能够通过适航审查及进入市场并获得公众信任的前提条件。因此本章将介绍如何实施安全性管理，辨别系统的危险源，并采取有效措施，从而保证系统在规定的性能、时间和成本范围内达到最佳的安全程度。

12.1 概述

安全性是系统的重要品质之一，其与可靠性的关系也很紧密，甚至在某些情况下，两者是等同的，即在某些情况下，若系统是可靠的，那么也是安全的。但这并不意味着在所有情况下都是如此，事实上二者也有着不相同的定义。可靠性是产品在规定的条件下，规定的使用时间内，完成规定功能的能力。安全性是产品在规定的条件下具有的不导致人员伤亡、装备损坏、财产损失或不危及人员健康和环境的能力，它所关注的范围是产品全寿命周期内的性能指标。

安全性工作是应用工程化的方法、技术和专业知识，通过策划与实施一系列管理、设计与分析、验证与评价等方面的工作，识别、消除危险或降低其风险。装备开展安全性工作的目标是在装备寿命周期内，综合权衡性能、进度和费用，将装备的风险控制到可接受水平。装备的安全性工作是一个反复迭代的系统工程过程，其基本过程见图12-1。

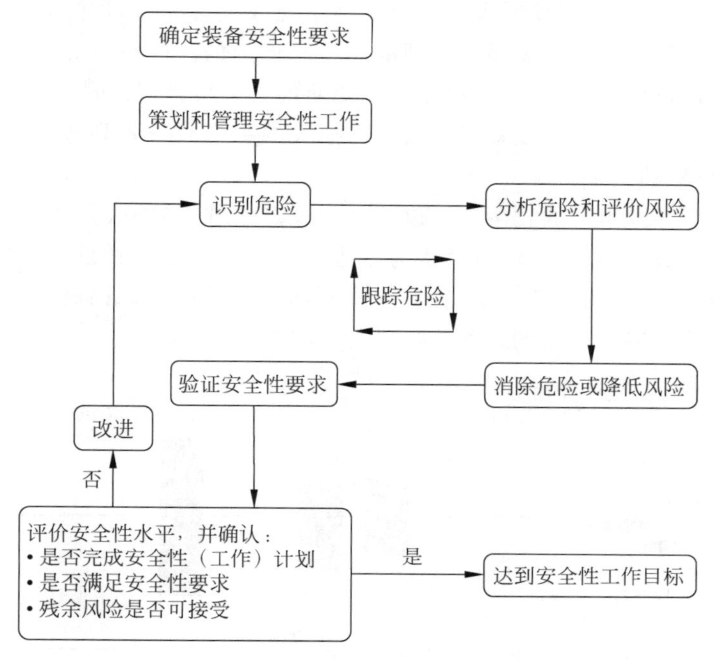

图12-1　装备安全性工作的基本过程

根据《装备安全性工作通用要求》(GJB 900A—2012)，使用方应根据装备的危险特性、可接受的风险水平，综合考虑军事需求、使用要求、任务剖面、技术基础、研制进度以及全寿命周期费用等，确定装备安全性要求。承制方首先应协助使用方对装备的安全性要求进行论证，确保安全性要求的可实现性。其次，围绕装备的安全性要求，策划装备全寿命周期中所需要开展的安全性工作，并规定在安全性计划、安全性工作计划等文件中。以文件为依据，组织、协调、实施和管理装备的安全性工作。对于识别危险环节，需要依据历史信息与相似产品经验教训，采用相应的技术方法(如GJB/Z 99—1997的初步危险表、GJB/Z 1391—2006的故障模式、影响及危害性分析、GJB/Z 768A—1998的故障树分析等)，综合考虑硬件、软件、环境及使用与维修规程等因素，识别装备在全寿命周期中所有可能存在的危险。在识别出危险后，分析每个危险的发生原因、发生可能性及后果，并确定其危险严重性和危险可能性。从危险严重性和危险可能性两方面，综合评价危险的风险水平，评价可采用定性或定量的方法。再次，根据风险分析和评价的结果，通过在装备研制过程中有重点、有针对性、持续地采取安全性设计措施，消除危险或降低风险。采取改进措施后，需要选择合适的方式(试验、演示、分析等)，验证装备对安全性要求的满足情况。之后，需要综合安全性设计、分析与验证的结果，评价装备的安全性水平，并以此确认：安全性(工作)计划是否完成、安全性要求是否得到满足，残余风险是否可接受。如果是，表明达到装备安全性目标；如果没有，则按照图12-1所示，根据验证与评价的结果改进后，继续开始下一循环安全性工作。最后，在装备寿命周期内建立并运行危险跟踪系统，建立危险清单，对每个危险、危险严重性及可能性、危险原因、所采取的控制措施、验证方法及结论、危险消除或风险减低措施及残余风险等进行记录。

危险是可能导致事故的状态或情况，如毒性、能量、放射性等，是事故发生的前提或条件，可以用危险模式或危险场景来表达。对一个系统或设备而言，危险是客观存在的，是与系统或设备的工作特性或工作需要以及周围环境相伴随的。以空空导弹为例，为实现一定的功能或达到损伤目标，空空导弹不可避免地要使用火工品、炸药、固体推进剂等危险物质。事故是造成人员伤亡、职业病、设备损坏或财产损失的一个或一系列意外事件，是一有序的事件集，是危险导致的结果。

危险不一定会导致事故的发生，只有危险（在一定条件下）的失控才会造成各种各样的损害。硬件或软件故障、有害环境以及人为差错往往仅是造成这种危险失控的某种原因或条件，会导致某种不期望的事件发生，若对这些不期望事件的控制措施失效，则将可能导致事故的发生。危险发展为事故的过程，即事故机理如图 12-2 所示。

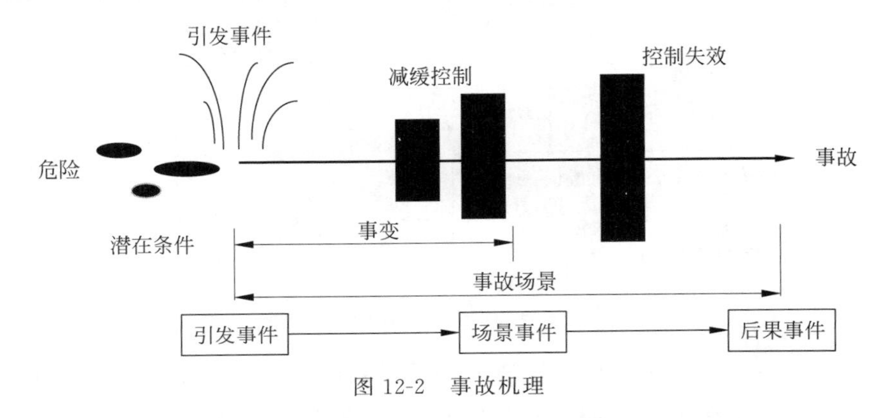

图 12-2 事故机理

事故机理描述了基于事件序列的系统状态演化过程，危险、潜在条件和场景事件是事故的三个重要因素。危险已在前面定义，下面论述潜在条件和场景事件。

1. 潜在条件

潜在条件是事故发生的前提条件，但不一定是特定事故的必要条件。这些潜在条件尽管先于任何事故的引发而存在，但是其并不是危险本身。

2. 场景事件

场景事件包括引发事件（又称初始事件）、中间事件和后果事件。引发事件是事故过程中的第一个不希望事件，其发生标志着事故过程的开始；后果事件是造成某种恶性后果的不希望事件，它直接导致人员伤亡、财产损失、环境破坏等；中间事件是指在引发事件后可能发生的恶性事件，如果不被控制，这些事件将导向后果事件，这些事件又称为事变事件。初始事件、中间事件和后果事件都是事故场景过程中的一个环节，因此这些事件统称为不期望事件。场景就是由上述各类不期望事件所构成的某一假定的可能事故过程。

事故发生的重要前提是客观事物及其运行环境中含有与该事故相关联的危险，如毒性、能量、放射性、腐蚀性等，并且只有这些危险（在一定条件下）失控才会造成各种各样的损害。严格地说，这些危险是客观存在的，是与系统或设备的工作特性或工作需要以及周围环境相伴随的，往往是系统及其运行环境不可分割的有机部分。若运用得当，这种物质特性便可能成为积极的系统要素；反之，则会对系统的安全性造成影响，甚至导致事故的发生。事故是一有序的事件集，而作为一种物质特性、客观存在的危险不是事件，因而其本身不是事故的固有部分，是先于事故的发生而存在的。因此，对所包含材料和设备危险的有效控制是保证工程技术系统安全的关键。

12.2　安全性设计与评估体系

当前安全性的有关标准与规范对安全性分析的有关工作项目及支持技术作了说明，强调通过系统化的设计与分析活动，把安全性问题在系统的设计与研制的过程中解决。但如何系统化、有效地进行安全性分析，仍是一个需要研究的问题。一方面，安全性分析的实践很大程度上还处于一种"艺术性"阶段，安全性分析的成功往往取决于分析人员的工程经验、知识水平和个人技能，因而难以确保在分析过程中能识别系统中所有的危险因素，找出可能存在的安全性隐患，从而不造成潜在事故要素或事件的遗漏。另一方面，进行安全性分析的技术方法众多，如何综合这些安全性分析方法和技术以求最佳地达到分析目的还有待研究。安全性分析包括一系列的技术工作项目，其各环节如何有机衔接、相辅相成从而达到目标，在实际工程中仍缺乏操作上的明晰性，特别是在国内大型工程技术系统的开发上仍缺乏此类完整的成功案例。

本节在上一节事故致因机理分析的基础上，建立了基于事故机理的安全性分析框架来指导实际工程系统中安全性分析的开展，以确保分析的系统性和有效性。

12.2.1　系统安全性分析框架

安全性分析的目的就是鉴别出所有可能的事故场景，将系统风险控制在可接受的水平。事故的发生、发展遵循一定的客观规律，充分认识和把握其过程与要素，在实际工程中是可以采取针对性的措施（如各种减缓/限制措施）将事故予以消除或控制的。事故机理清晰地描述了事故发生的原因、发生过程，能将导致事故的各个方面的因素有机地组织起来。因此，以事故机理为基础，建立安全性分析框架，围绕场景这个明确具体的中心来开展系统安全性分析，从而获得系统全面、彻底的事故场景，对系统的安全性进行评价、验证以及设计改进都十分有效。基于事故机理的安全性分析框架参见图 12-3。

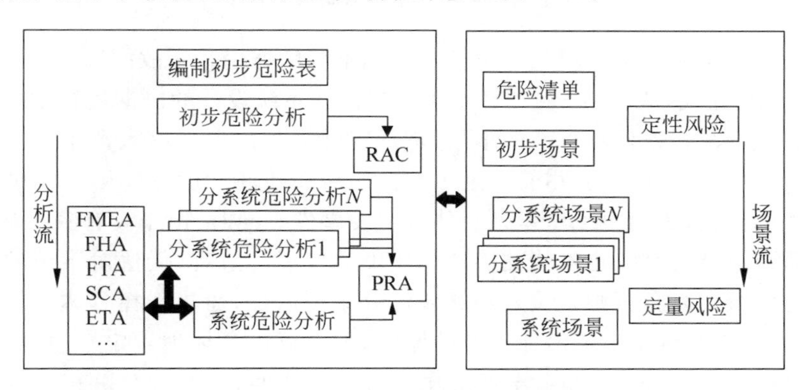

图 12-3　安全性分析框架

从图 12-3 中可以看出，系统安全性分析工作主要包括危险分析和风险评价两方面。系统安全性分析贯穿系统全寿命周期。在不同的寿命周期，系统设计的详细程度不同，分析人员可利用的数据不同，因此安全性分析的过程及其详细程度也不一样。事故场景的识别也由粗到细，逐步细化。在寿命周期的早期，系统设计不详细，因此通过危险分析只能识别出粗略的事故场景，只需也只能进行定性的风险评价，如风险评价指数法(risk assessment code，RAC)，安全性分析结果对系统设计和决策只能提供有限的支持；随着系统设计深入，事故场景的识别也不断详细，定量的风险评价结果能够更好地支持风险管理决策，如概率风险评价(probabilistic risk assessment，PRA)方法。

安全性分析的首要任务便是事故场景及其各要素的鉴别，这项工作通过危险分析来完成。危险分析方法包括危险分析类型(工作项目)和分析技术两个方面。分析类型涉及在何时、何地及对何种对象进行危险分析，分析技术是支持危险分析的手段和方法。常用的分析类型包括初步危险表(preliminary hazard list，PHL)、初步危险分析(preliminary hazard analysis，PHA)、分系统危险分析(sub-system hazard analysis，SSHA)、系统危险分析(system hazard analysis，SHA)(后两者有时又统称为详细危险分析(detailed hazard analysis，DHA))等；危险分析技术很多，最常用的有故障模式、影响及危害性分析(failure mode effects criticality analysis，FMECA)、故障树分析(fault tree analysis，FTA)、事件树分析(event tree analysis，ETA)、故障危险分析(fault hazard analysis，FHA)、潜通电路分析(sneak circuit analysis，SCA)等。分析类型的选择由系统安全性的总体要求确定，而详细的分析任务则通过选用具体的(一个或多个)分析技术来完成，这种基本关系如图 12-4 所示。

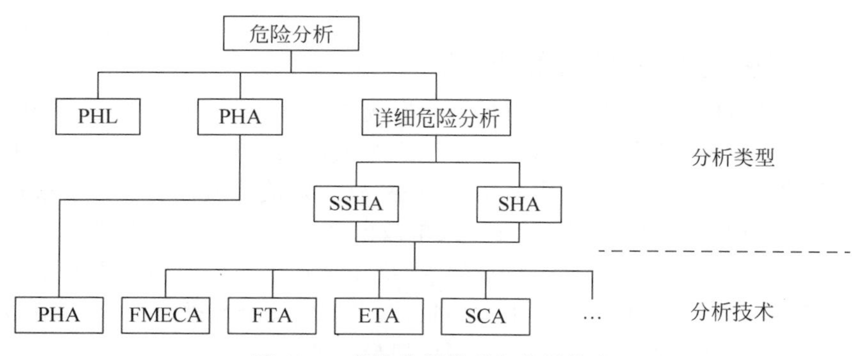

图 12-4　危险分析类型与分析技术

危险分析工作项目在事故场景的识别上起到不同的作用。事故的源头——危险的识别通过制定 PHL 来完成，从而为 PHA 确定了范围。在系统设计的早期进行 PHA，可以确定构成系统中事故的潜在条件和可能的事故，进行定性评价之后能够大致了解系统的风险水平。但此时的分析是不详细的，尽管确定了相关的潜在条件，但通过 PHA 可能不足以确定造成危险条件的原因，因而也无法识别具体的引发事件。同时，由于没有深入具体的分系统以及详细的系统设计，因此，也不能准确地描述事故发展的过程，无法对系统的风险进行定量的评价。分系统危险分析则是深入到具体的分系统内部，通过选择具体的危险分析技术(如 FMECA、FTA)来确定造成潜在条件的原因，因而可以具体地确定事故的初始事件，及其发生概率(频率)。但分系统危险分析只限于分系统本身，系统危险分析则考虑各分系统以及系统与环境、系统与操作人员之间的接口，进而确定初始事件之后的事故进程。用事件树对事故场景建模，就可以定量评价系统运行的风险。

12.2.2　安全性设计与分析工作项目

在事故机理的安全性分析框架下，无论是分析类型还是分析技术，其运用都是为了安全性目标的实现，即通过安全性分析鉴别出系统设计中可能的事故场景，评价其风险，提出设计改进措施并实施以达到可接受的风险水平。事故场景及其要素的鉴别是安全性分析的首要任务，系统各寿命周期阶段各类安全性分析都围绕此目标而展开，这正是解决以往安全性理论方法可操作性的一个突破点。本节结合基于事故机理的安全性分析框架，结合 GJB 900A—2012 中的相关安全性设计与分析工作项目，阐述安全性分析的系统性和有效性。

1. 安全性要求分解

安全性要求分解的目的在于将装备的安全性定性要求和定量指标分解到规定层次产品（包括软件），作为产品承制单位规划安全性工作和提出外协、外购产品安全性要求的依据。

在安全性要求分解过程中，使用方应明确：

(1) 要求分解的产品层次；

(2) 提供使用方指定产品的安全性已达到的水平和相关的使用与环境信息；

(3) 其他需要提交的资料项目。

2. 初步危险分析

初步危险分析是指承制方在装备研制早期，初步识别装备设计方案中可能存在的危险后，进行初始的风险评价，并提出后续的安全性管理和控制措施。初步危险分析应根据装备特点和设计方案，并利用有效信息（包括相似装备的安全性信息与工程经验、适用于特定装备的危险检查单、GB 18218—2018 等适用的法规与标准等），初步识别具有危险特性的功能、产品、材料以及与环境有关的危险因素等，分析可能发生的危险，编制初步危险表。

1) 编制初步危险表(PHL)

PHL 是一份危险清单。它是在系统研制初期通过对系统设计构想或初步设计进行全面的考察，确定出其包含的危险并记录编制而成的。其目的在于列出系统设计中需要考虑的危险因素或在后续安全性分析中需详细研究的危险部位，并用于在全寿命周期中对事故风险实施跟踪。制定 PHL 一般应在指标论证阶段进行，如果各备选方案差别太大，在论证阶段还不能制定 PHL，则在方案阶段制定。通过制定 PHL 才可以确定初步危险分析和分系统危险分析的范围。

由事故机理可知，危险作为事故的潜在源头，任何遗漏都可能造成事故场景的不完善，从而可能忽视重大风险的存在，导致安全性分析努力的失败。因此，PHL 应是系统所含危险及其因素的一份详尽清单，并在后续安全性分析中不断地鉴别增补。

编制 PHL 可利用的信息是很广泛的，包括系统设计资料、设计知识与经验、危险源数据、历史资料、相似系统设计与使用资料等。PHL 的组成除包括危险名称及说明外，还可包括危险因素、危险部位、系统阶段、对系统的影响、严重性、建议措施等初步信息；作为后续安全性设计与分析的数据准备，还可收集与该清单中所列危险相关的信息（如危险失控原因与影响、安全暴露极限、危险控制技术、安全性设计准则、安全性设计方法等）作为 PHL 的附加材料，以便结合系统设计辅助鉴别危险事件引发的潜在条件（表 12-1）。

表 12-1 危险分析表例表

危险源	任务阶段	潜在事故	潜在条件	引发事件			严重性	可能性	预防控制措施	备注
				人为差错	产品故障	有害环境				

2）初步危险分析（PHA）

针对危险分析表，开展初步危险分析。通过分析每项危险的严重性和可能性，应用风险指数评价法等方法初步评价风险，并提出安全性管理和控制措施，以便在方案的选择和权衡中考虑安全性问题。特别地，在装备全寿命周期，应综合装备的研制或使用进展更新初步危险分析，以确保全面识别设计中存在的危险。

作为系统寿命期中最先应用的危险分析，PHA 一般在系统研制初期缺乏详细设计资料时予以运用。由于 PHA 是针对整个系统的，其分析的范围相当广泛，除 PHL 所列的危险外，还应包括故障、接口、环境、使用、试验、维修、规程、人为因素等方方面面的可能的危险分析。PHA 结果将作为其他安全性分析的基础。因此，根据初步的系统设计方案，在识别出各种危险的基础上（可能要对 PHL 进行增补），要尽可能鉴别出其导致的事故场景，包括潜在条件与引发事件，相应的事变及后果事件。这些场景可能还不完整、详细，或还缺乏系统设计的细节，但应最广泛、彻底地鉴别危险及其可能的相应场景。此处应特别注意事故场景的源头是危险，而不是某个恶化事件及其状态，否则可能导致场景的不完整而忽视了真实的事故原因。

分析人员通过 PHA，可全面识别系统及其使用、运行环境中存在的危险因素、相关的危险特征和危险状态，确定可能的事故。PHA 应尽可能早地进行，并随着设计和研制工作的开展不断地改进。根据需要，PHA 可以在系统或设备研制的任何阶段开始。在论证阶段，通过 PHA 可考察各备选方案的安全性，提供方案选择的依据。在方案阶段进行 PHA，可使设计人员了解系统或设备中潜在的事故原因及安全关键部件，以便通过设计来消除或尽量减少这些危险因素、控制危险状态和潜在事故发生。但 PHA 进行得越晚，可能的设计更改将越受到限制，而且难以通过这种分析来确定初步的安全性要求。当分系统的设计可进行详细的分系统危险分析时，则应终止 PHA。PHA 也可用于已有系统以初步考察其安全性状态。通过 PHA 不仅可以识别安全关键领域，也为下一步的安全性工作提供了许多必要的信息，所以，首先进行的安全性分析项目必须是 PHA。

分析人员通过对所识别的潜在事故进行定性风险评价，可初步确定系统的风险水平。在论证阶段，评价的结果是进行方案选择的直接依据之一。在其他阶段，通过初步风险评价可以确定系统中主要的危险区域及危险因素，为实施危险控制提供初步的决策支持。

PHA 既是一个危险分析工作项目，又是一种具体的分析方法。作为一种具体的方法应用时，PHA 按事故机理展开，具有以下工作步骤：

（1）明确安全性对象的范围，即可能遭受危害的对象，如人员、设备、生产能力、作战能力、环境等。

(2) 考察管理规程,确定可接受的风险水平(指标)。有可能对每一类安全性目标都要确定一个风险接受水平。

(3) 定义系统边界和事件阶段(即系统状态),确定分析的范围。

(4) 具体分析潜在的事故场景:

① 确定具体分析对象(系统、分系统或设备);

② 确定系统事件阶段;

③ 确定相关危险因素;

④ 分析危险条件;

⑤ (可能的话)识别初始事件;

⑥ 分析事故发展过程和事故后果。

(5) 确定每一个事故发生的可能性和严重性,定性评价其风险等级。

(6) 确定事故风险是否可接受。

(7) 对不可接受风险的事故,提出相应的控制措施,并分析控制措施是否会导致新的事故。

初步危险分析和定性风险评价紧密关联。为保持完整性,在上述步骤中包括了定性风险评价的内容,即步骤(2)、(5)。

PHA 的详细程度取决于系统所处的寿命周期阶段,也与系统设计的详细程度、可获得的信息的多少相关。对于新的系统,在论证阶段系统的设计一般不很明确,所能获得的信息也就较少,PHA 也不能很详细。在其他阶段,随着系统设计的细化,PHA(如果要进行的话)的程度也会不断详细。对于改进的系统,如果原系统已经进行过初步危险分析,则分析的重点在于改进之处,而原来的 PHA 结果是改进系统重要的参考数据。对于已有系统,因为系统的设计和使用都已经确定,则 PHA 可以进行得比较详细。

PHA 是一种系统性的检查和分析技术,为分析出系统中潜在的事故,分析人员必须全面考察事故场景所涉及的各方面因素,其中主要的影响事故场景的因素有系统的结构层次、所涉及的各种危险因素和系统所处状态。

(1) 结构层次

事故的原因总可以归结到系统层次结构的某个部分。PHA 是一种系统性的检查和分析技术,为系统地识别可能的事故场景,进行 PHA 时必须全面分析系统的各层次和组成部分,从系统级开始,然后到分系统级、设备,逐步从上往下进行分析。PHA 所分析的最低层次取决于可以获得的信息的程度。

(2) 系统状态

事故发生同系统所处的具体状态相关,这些状态包括执行任务、维护、运输、储存等。一些状态可能还有分状态,如飞机飞行阶段还包括滑行、起飞、飞行、着陆。一些文献中也称之为系统工作模式或任务阶段。只有首先确定了系统状态,才有可能确定事故场景。

(3) 危险因素

危险因素是发生事故的根本原因。为系统地识别出潜在事故,分析人员必须找出所有可能的事故源头,即识别所有的危险因素。由于系统设计的结构特性和使用环境特性,许多危险因素客观存在,分析人员必须对这些原因加以识别。危险检查表是识别危险因素的主要方法,但工程经验和判断以及分析人员的直觉也是必不可少的手段。

上述三个因素一旦确定，分析人员就能够方便地识别相关的危险条件，也就能够分析出由初始事件而导致的系统状态的变化过程，即识别潜在事故场景。

PHA结果应包括每一危险所对应的事故场景及事故场景中重要的要素，尽管分析结果可能由于缺乏数据而不完整，但却是后续安全性分析的宝贵输入数据，也是安全性管理决策的依据。

3. 制定安全性设计准则

制定安全性设计准则是指制定并贯彻安全性设计准则，以指导设计人员开展安全性设计。承制方应总结相似装备的工程经验和事故教训，并根据装备特点以及相关规章、条例、标准、规范、文件或要求以及初步危险分析的结果，制定安全性设计准则，作为本装备应满足的安全性设计要求。安全性设计准则应纳入规范或设计文件之中，供设计人员在设计中贯彻。此外，应分析设计要求、分系统/设备任务书、系统接口要求说明书或其他相关文件，确保全面、正确地制定安全性设计准则。

通用的安全性设计准则可参考但不局限于以下内容：

(1) 应通过设计(包括原材料、元器件的选择和替代)，消除已识别的危险或将其风险降低到可接受水平；

(2) 危险的物质、零部件和操作应与其他活动、区域、人员以及不相容的器材相隔离；

(3) 对于不能消除的危险，应考虑采取补偿措施减少其风险，这类措施包括连锁、冗余、故障安全设计、系统保护、灭火和个体防护、防护设备、应急规程等；

(4) 当采取各种补偿措施都不能将危险的风险降低到可接受程度时，应在装配、使用、维护和修理说明书中给出告警和注意事项，并在危险零部件、器材、设备和设施上做出醒目标记(标记应符合GB 2894—2008的有关规定，采用的安全色应符合GB 2893—2008的规定)；

(5) 尽量减少恶劣环境条件(例如：温度、压力、噪声、毒性、加速度、振动、冲击和有害射线等)所导致的危险；

(6) 装备设计时应同步开展防误操作设计、人机工效设计，降低人为差错的风险；

(7) 装备的布局应使人员在操作、维护或调试过程中能尽量避开危险；

(8) 应综合考虑各种不利因素(环境及使用因素等)的影响，并留有一定的设计余量；

(9) 对Ⅰ级和Ⅱ级危险应采取容错设计；

(10) 对于影响安全的关键功能的冗余应在物理上或功能上进行隔离，设置保护措施；

(11) 应进行故障隔离设计，防止因设备自身故障而导致与之有接口关系的产品发生Ⅰ级和Ⅱ级危险；

(12) 对装备安全性起关键作用的系统、分系统、设备或部件应进行故障-安全设计，使其发生故障后仍能保证装备的安全；

(13) 已有的标准、设计规范中的安全性要求，例如：GJB/Z 102A—2012规定的软件安全性设计准则。

另外，使用方应明确不符合安全性设计准则项目的处置要求。

危险严重性等级划分见表12-2。

表 12-2　危险严重性等级划分

等级	程度	定　　义
Ⅰ	灾难的	人员死亡、装备完全损毁或报废、严重的不可逆的环境破坏
Ⅱ	严重的	人员严重伤害(或严重职业病)、装备严重损坏、较严重但可逆的环境破坏
Ⅲ	轻度的	人员轻度伤害(含轻度职业病)、装备或环境轻度破坏
Ⅳ	轻微的	轻于Ⅲ类的人员伤害、装备或环境破坏

4. 系统危险分析

系统危险分析的目的是在初步危险分析的基础上,随着装备研制进展,进一步全面、系统地识别、评价和消除或控制可能存在的危险,提高装备的安全性。承制方应随着装备研制的逐步具体与细化,在初步危险分析的基础上,进一步识别可能由产品故障或功能异常、危险品、能源、环境因素、人为差错、接口等导致的危险,制定详细的危险清单。

承制方应针对装备详细设计和细化后的危险清单,在确认初步危险分析所制定安全性措施的有效性和充分性的基础上,应用风险指数评价法等方法,对危险进行风险评价,对不可接受的危险,提出设计改选或使用补偿的措施。此外,系统危险分析应在装备各层次(如装备、系统、分系统、单机、设备、部件、组件等)全面展开,并在研制阶段持续迭代进行,直到确认装备的危险均得到消除或风险降低到可接受水平,安全性要求得到满足。

系统危险分析应重点考虑以下方面:

(1) 与规定的安全性设计要求或设计准则的符合程度;

(2) 分析独立失效、关联失效或同时发生的危险事件,主要包括人为差错、单点故障、系统故障、安全装置故障及产品间相互作用导致的危险或增加的风险;

(3) 软件(包括由其他承制单位开发的软件)的正常工作、故障和其他异常情况对安全性的影响;

(4) 安全性试验与产品性能试验计划和程序的综合;

(5) 为实现产品要求所采取的设计更改对安全性的影响(如是否降低安全性水平、引入新危险等);

(6) 低层次产品危险对高层次产品安全性的影响及其控制措施。

1) 分系统危险分析(SSHA)

SSHA 是在分系统层次上进行的危险分析工作项目,是 PHA 的扩展,但比 PHA 复杂、详细。当可以得到分系统详细信息时,就应该立即开展分系统危险分析。通过 SSHA,要完成对分系统的详细危险分析,得到部件故障模式、人为差错、软件故障、功能故障等对相关危险场景的关联关系。在分系统设计完成之前,随着分系统设计的改进,SSHA 要反复进行并不断修改。在运行阶段,SSHA 也能有效地分析事故之间的因果联系,并为定量评价提供概率数据。

SSHA 围绕 PHA 的结果进行,为细化 PHA 所描述的事故场景提供详细信息。在分系统的范围内,通过 SSHA 来详细分析以下方面的事故原因及其相关场景:

(1) 与分系统相关的事故原因及其场景;

(2) 分系统部件和设备之间功能关系方面的事故原因及其场景;

(3) 分系统部件工作或故障而导致的事故原因及其场景。

根据系统的特点和经费、进度等方面的要求，分析人员选择最经济有效的方法来完成SSHA。分析的方法可分为两大类：硬件法和功能法。当硬件产品可按设计图纸及其他工程设计资料明确定义时，一般采取硬件法进行分析。这种方法由下往上进行，从零部件开始，再扩展到分系统或系统。当硬件不能明确定义，如在设计阶段初期，各部件的设计尚未完成，得不到详细的部件清单、系统原理图和系统总图时，一般采取功能法进行分析。对于某些较复杂的分系统或系统，必须两种方法结合使用。具体的分析方法包括FMEA（功能法和硬件法都适用）、FHA（适用于硬件法）、FTA（主要适用于功能法）、SCA（适用于功能法）等。

SSHA最根本的目的是要鉴别出分系统中所含危险及其关联的所有可能事故场景，只有这样，才能确保安全危险因素无遗漏，保证设计改进措施的针对性和有效性，最终得到符合安全性要求的产品。

2）系统危险分析（SHA）

SHA是在所有SSHA完成之后从系统层次上进行的危险分析工作项目，主要用于识别与分系统接口和系统功能故障相关的事故。在初步设计评审后就应开始SHA，在设计完成之前应不断修改；当设计更改时，应评价这些更改对系统及分系统安全性的影响；SHA应提出消除或降低已判定的危险及其风险的纠正措施。系统危险分析的重点在于各分系统间的接口，考虑各部件或分系统间的接口关系成为SHA中的一项重要工作。这些接口间的关系主要有以下三类：

（1）物理关系：各分系统在几何尺寸及机械结构方面的相互关系。

（2）功能关系：各分系统的输入与输出之间的相互影响。

（3）能量流关系：各分系统间的电、机械、热、核、化学或其他形式能量的相互关系。

同SSHA一样，SHA也是一个危险分析工作项目，为完成此工作项目，分析人员要根据系统的特点以及费用、进度等各方面要求，选取具体的分析方法。完成此工作项目的分析方法很多，一般来说，适用于SSHA的分析方法也适用于SHA。但在进行SHA时，不仅要考虑各个分系统内部导致事故的原因，而且必须考虑各分系统之间的相互作用和作为系统整体导致事故的原因。人为差错也是进行SHA时要考虑的一个因素。

使用方应明确以下几方面内容：

（1）功能实施系统危险分析的产品层次（如装备、系统、分系统、单机、设备、部件、组件等）；

（2）需向使用方报告的危险发生可能性和严重性的等级；

（3）采用的分析技术和报告格式。

5. 使用与保障危险分析

使用与保障危险分析的目的是识别由环境、人员、装备使用与保障规程等造成的危险，评价用于消除、控制或降低风险措施的充分性和有效性，识别并评价由人员操作、执行任务或实施保障导致的危险，分析中应考虑各阶段的装备状态、设施间接口、设定的环境（或区域）、保障工具或其他专用设备等，并重点考虑软件控制的测试设备、使用或任务的次序、并行工作的效果与限制、人的生理因素、意外事件的影响、人为差错等导致的危险。

该分析工作应确定以下内容：

（1）需在危险环境下完成的工作、工作时间及将其风险降到最低所需的措施；

(2) 为消除、控制或降低相关危险，对装备软硬件、设施、工具及试验设备在功能或设计要求方面进行的更改；

(3) 对安全装置和设备提出的要求，包括人员安全和生命保障设备等；

(4) 警告、告警或专门的应急规程(如出口、营救、逃生、废弃安全、爆炸性装置处理、不可逆操作等)；

(5) 危险材料的包装、装饰、运输、储存、维修和报废处理要求；

(6) 安全性培训和人员资格的要求；

(7) 与其他系统部件或分系统相关联的非研制硬件和软件的影响；

(8) 操作人员可控制的危险状态。

此外，应按相关法规或合同规定的准则，提出消除危险或将风险降低到可接受水平所需要的安全性措施；对装备生产、部署、安装、装配、试验、使用、维修、服务、运输、储存、改进、退役和报废处理等工作规程进行安全评价并记录成文；当系统设计或使用规程发生更改时，应更新使用和保障危险分析；使用和保障危险分析的结果应作为制定安全性关键项目清单的依据；应对使用和保障危险分析的过程和结果进行记录，为制定安全的装备使用和保障规程提供依据。

使用方则应明确以下几方面内容：

(1) 承制方需要向使用方报告的危险可能性和严重性的等级；

(2) 采用的分析技术和报告格式；

(3) 需要评价的具体规程。

开展使用和保障危险分析工作需要以下信息：

(1) 装备、保障设备和设施的说明；

(2) 保障规程和操作手册；

(3) 初步危险分析、系统危险分析的报告；

(4) 装备使用等要求、约束条件和人员能力要求；

(5) 经验教训，包括以往由人为差错导致的事故。

6. 职业健康危险分析

职业健康危险分析的目的在于确定有害健康的危险并提出防护措施，以将相关风险降低到使用方可接受的水平。此项工作不仅要分析由材料引起的危险，还要考察此类危险相关部件的备选材料，推荐可降低风险的材料。对某些可能直接或间接对人体健康或后代产生不良影响的材料应加以分析，分析中应考虑危险废弃物的影响。对有害材料的分析应包括以下内容：

(1) 确定有害材料的名称和货号，受影响的部件和规程，装备中这类材料的数量、特性和浓度及与该材料有关的原始文件；

(2) 确定有害材料能被身体器官吸入、摄入或吸收的条件，分析其对人健康造成的威胁，以便采取改进措施；

(3) 说明有害材料的特征和确定基准数量及危险等级，检查急性/慢性健康危害、致癌作用、接触情况、易燃性和环境危害等；

(4) 估计每种有害材料在每道工艺或每个部件中的使用率，确定其对子系统、系统和装备的影响；

(5) 推荐对已确定的各种有害材料的处理方法。

在产品的操作、维护、运输和材料的使用中，若存在可能导致人员死亡、损伤、急慢性疾病、残疾、职业病或使人产生心理压力而降低工作能力的状态，需要进行职业健康分析，并考虑以下方面：

(1) 化学危险(易燃、易爆、腐蚀、有毒、致癌、窒息、呼吸刺激物等)；

(2) 物理危险(如噪声、冷热应力、离子辐射或非离子辐射等)；

(3) 生物危险(细菌、病毒等)；

(4) 人机工效危险(如提升要求、工作强度等)；

(5) 防护装置(如迎风、噪声衰减、辐射屏蔽等)失效危险。

此外，职业健康危险分析的结果应作为制定安全性关键项目清单的依据，并且应对职业健康危险分析的过程和结果进行记录。

使用方则应明确以下几方面内容：

(1) 承制方需要向使用方报告的危险可能性和严重性的等级；

(2) 采用的分析技术和报告格式。

职业健康危险分析的步骤为：

(1) 确定装备及其保障活动涉及的有毒物质数量或物理因素的量级，并分析这些物质或物理因素与装备及其保障活动的关系；

(2) 根据这些物质或物理因素的量级、类型以及与装备及其保障活动的关系评价人员可能接触的场合、方式及接触频度(如果可能)；

(3) 在装备及其保障设备或设施的设计中采用费效比较好的控制措施，将人员与有害物质或物理因素的接触降到可接受水平；

(4) 若控制措施的寿命周期费用很高，则需考虑更改设计方案。

12.2.3 各寿命周期阶段系统安全性分析

系统安全性分析在系统研制的早期就要开始，并贯穿于整个寿命周期，其主要目的是在发生事故之前消除或尽量减少事故的可能性及其影响，在对系统硬件进行高费用的更改之前就采取最为经济有效的预防和纠正措施。

我国将装备系统寿命周期划分为 6 个阶段，分别为战术技术指标论证阶段(简称论证阶段)、方案论证及确认阶段(简称方案阶段)、工程研制阶段(简称工程阶段)、生产阶段、使用阶段、退役阶段。在不同的寿命周期，系统设计的详细程度不同，可利用的数据不同，因此系统安全性分析的过程及其详细程度也不一样。国内外相应的标准和规范都没有描述各寿命周期阶段系统安全性分析内容和流程，这是目前在实际工程系统的研制开发过程中开展系统安全性分析的一个困难之处，也是开发计算机辅助软件时要解决的一个基本问题。

本节以国家军用标准 GJB 900—1990 为基础，依据系统工程原理，研究各寿命周期阶段系统安全性分析流程。

1. 论证阶段系统安全性分析

1) 分析内容

论证阶段的大部分安全性工作集中在设计方案的评价方面。在此阶段，应根据任务的要求并参考历史上类似型号的经验教训，明确任务中与系统安全性有关的各项要求。同时，对每个备选方案的安全性进行初步评价，并提出相应要求。此阶段的系统安全性分析工作包括以下几方面内容：

(1) 制定初步危险表，进行初步危险分析，以确定各备选方案中的危险源，并记录成文；

(2) 根据相似系统的经验和所研制系统自身的特点，确定系统安全性要求。

2) 分析流程

论证阶段的系统安全性分析流程如下：

首先，根据任务需求、任务安全性目标、安全性要求文件和类似、前代系统的经验，评价备选的系统方案。列出各方案中需要考虑的危险及危险因素，制定初步危险表(PHL)，在此基础上进行初步危险分析，常用的方法包括危险与可操作性(hazard and operability, HAZOP)、PHA 及检查表方法等。随后，对危险分析所确定的潜在事故用 RAC 或总风险暴露指数(total risk exposure code, TREC)进行初步(定性的)风险评价，并将结果记入初步危险分析表。如果风险评价结果可以接受，即可初步确定系统安全性要求；如果风险评价结果不可接受，则应对系统方案进行重新论证和改进，并重复上述步骤，直到风险达到可接受的水平为止。将初步确定的系统安全性要求纳入系统要求规范。进行阶段评审(不属于系统安全性分析的内容)，以确定是否能够进入方案阶段。将危险分析表进行整理，形成危险分析报告，并将需要下阶段考虑的潜在事故综合成危险跟踪报告。

值得注意的是，如果由于各备选方案的差别很大，在论证阶段无法或不必要进行某些上述安全性分析工作，则相应的分析工作应该移到方案阶段进行。

2. 方案阶段系统安全性分析

1) 分析内容

在方案阶段，系统安全性工作的目的是论证并确认系统方案设计能达到并维持适当的安全性水平，并提出相应的安全性要求。此阶段的系统安全性分析工作包括以下内容：

(1) 针对寿命周期内所采用的所有可能影响安全性的器材、设计情况，以及生产、维修、保障、使用方案和环境进行分析；

(2) 进行综合权衡研究，以评价设计对安全性的影响，并根据研究结果提出系统设计的改进建议，确保达到符合性能和系统要求的最佳安全性水平；

(3) 确定可能有的安全性接口问题，包括与软件控制的系统功能有关的问题；

(4) 分析与备选方案相似的、安全的、成功的设计；

(5) 修改完善论证阶段进行的初步危险分析，在条件具备时，可对设计进行详细的危险分析(分系统危险分析、系统危险分析)；

(6) 进一步确定系统设计的安全性要求和装备验证要求的准则，并将其纳入相应的规范；

(7) 确定可能影响安全性的关键零件、组件、材料、生产技术、组装程序、设施、试验和检查要求；

(8) 确定使用系统时的安全性问题，并分析在设计中可能消除危险或降低风险的措施。

2) 分析流程

方案阶段的系统安全性分析形成如下流程：

首先，根据系统安全性要求、有关的安全性要求文件，参考类似设计经验数据以及在指标论证阶段的分析结果，评价系统方案设计。如果在论证阶段没有制定初步危险表，则列出各方案需要考虑的危险及危险因素，制定初步危险表，进行初步危险分析（PHA），形成初步危险分析报告；在初步危险分析的基础上，进行详细的危险分析，包括分系统危险分析（SSHA）和系统危险分析（SHA）。对论证阶段的相应分析结果进行修改和补充，并通过初步危险分析和详细危险分析确定安全性关键功能及项目，形成安全性关键功能及项目清单。

随后，对危险分析所确定的潜在事故进行风险评价。对初步危险分析的结果进行定性评价，对详细危险分析的结果用事件树和故障树建模，进行定量的风险评价（PRA），并将结果记入分系统和系统危险分析表。检查风险评价结果是否达到可接受的水平。对于可接受的风险，将系统安全性要求分解细化为项目安全性要求，同时提出项目安全性大纲要求；对于不可接受的风险，应通过选择降低风险的措施对系统方案设计进行更改，并重复上述步骤，直到符合系统要求为止。在选择降低风险措施的同时，应确定设计验证的要求，将其纳入项目安全性要求，并根据其内容对系统安全性要求进行修改。根据所确定的安全性关键功能及项目，可以确定相应的控制要求，并将其纳入安全性大纲要求。将项目安全性要求纳入项目研制规范；将安全性大纲要求纳入工作说明（statement of work，SOW）。

最后，进行阶段评审，以确定能否批准进入工程研制阶段。将分系统和系统危险分析表进行整理，形成相应的危险分析报告，并将需要下阶段考虑的潜在事故综合成相应的危险跟踪报告。

3. 工程阶段系统安全性分析

1）分析内容

工程阶段系统安全性分析的目的是，分析硬件和软件的设计，以及研制中出现的故障危险，分析系统设计的接口，并修改各种危险分析报告，确保已消除或控制了以前确定出的危险以及研制中出现的故障危险，并确保设计满足规定的安全性要求。

分析工作包括以下内容：

（1）分析和评审初步设计，以确保达到了安全性要求，并消除了以前所确定的危险，或将风险降低到可接受的水平。

（2）在分析和评审的基础上修改完善系统规范、研制规范或设计文件中的安全性要求。

（3）进行详细危险分析（SSHA、SHA），提出所需的设计更改建议，并修改以前的分析结果。

（4）验证项目所采取的降低风险的措施，确认危险已被消除或得到控制。

2）分析流程

工程阶段的系统安全性分析形成如下流程：

首先，根据系统安全性要求、项目安全性要求、安全性要求文件及前阶段安全性分析结果评价系统项目设计使用方案，如有必要，可进行初步危险分析（PHA）。在上阶段或本阶段危险分析的基础上，进行详细危险分析，包括分系统危险分析（SSHA）和系统危险分析（SHA），并进行定量风险评价。

其次，进一步修改和完善危险源清单和相应的危险分析报告。对于风险可接受的设计，进一步形成产品规范和质量大纲要求；对于风险不可接受的设计，需要通过选择降低风险措施对设计进行更改，并重复上述步骤，直到满足要求为止。对所采取的降低风险的措施，应制定相应的设计验证要求，以验证措施的有效性。对系统项目设计更改进行安全性验证，对于通过安全性验证的设计进行风险评价；对于未通过安全性验证的设计，应继续采取降低风险的措施或修改系统安全性要求及项目安全性要求。还应根据危险分析结果，确定安全性关键功能及项目清单，修改完善安全性关键功能及项目清单。根据安全性关键功能及项目清单，制定相应的控制要求，并纳入质量大纲要求。

最后，进行阶段评审，以确定能否批准进入生产阶段。

4. 生产、使用和退役阶段系统安全性分析

生产阶段系统安全性工作的目的是确保按批准的规范和设计进行系统的生产，因此，要通过安全性分析来确定在生产过程中是否引入了额外的危险和危险因素，以及是否会导致潜在事故。通过分析还要确定影响安全性的关键部件、组件、生产技术、组装程序以及试验和检查要求，以指导生产过程中的安全性工作，同时也为使用安全奠定必要的基础。

在此阶段进行的危险分析包括初步危险分析和详细的危险分析，其中大部分的危险分析工作是初步危险分析。对生产过程中提出的各种工程更改建议，首先进行初步危险分析，确定更改是否会带来新的危险和危险因素并识别可能产生的潜在事故，定性地评价风险。如果风险可以接受，则认可该更改；如果风险不可接受，则进行详细的系统危险分析，并定量评估可能的风险，针对更改导致的潜在事故提出控制措施来降低风险，在使用和维修规程中添加相应的内容。对生产过程进行安全性控制和检查是本阶段安全性工作的主要内容。

在使用阶段，所生产的系统开始交付用户使用，本阶段的系统安全性工作主要是保证系统的安全使用，因此，应在使用中检验系统的安全性，并把有关信息反馈到承制单位。在使用中对设计所进行的任何更改，都应进行相应的系统安全性分析。如果分析结果表明设计更改将带来新的不安全因素，就应采取措施，降低不安全因素的风险，并验证所采取措施的有效性。

根据系统安全性要求、使用环境要求和使用规程要求，进行初步危险分析，以识别出前阶段未能识别出的危险条件。对初步危险分析结果进行定性的风险评价，形成初步危险分析报告。在此基础上，进行详细的危险分析，主要是系统危险分析，针对各任务阶段，重点考虑各分系统之间以及系统和环境、系统和操作人员之间的接口。对危险分析结果用事件树和故障树建模，进行定量的风险评价(PRA)，并将结果记入分系统和系统危险分析表。检查风险评价结果是否达到可接受的水平。对于可接受的风险，将系统安全性要求加入到系统使用大纲中，同时将分析结果作为经验教训提供给其他研制单位和使用部门；对于不可接受的风险，应通过选择降低风险的措施对系统方案设计进行更改，并重复上述步骤，或通过采取预防措施、培训、更改使用规程、制定紧急处理程序和采取营救措施来降低使用的风险。

退役阶段是系统寿命周期的最后一个阶段。本阶段要重点考虑系统中的危险因素(能量源、有毒物质、放射性物质)和潜在事故是否会对无关人员(如居民)和环境造成影响。在对系统进行初步危险分析和详细的危险分析的基础上，参考前面各阶段安全系统安全性分析结果，制定对特殊物质的处理规程。有时也要进行风险评价，以确定退役处理时的风险水平。相对而言，本阶段的分析比较简单。

12.2.4 案例分析

本节以某型空空导弹固体火箭发动机为例，基于事故场景进行系统安全性分析。固体火箭发动机以其高可靠性和良好性能在导弹武器中广泛应用。固体火箭发动机所用固体推进剂是一种含能材料,同时又含有火工品,当其受到热、火焰、机械撞击、静电等意外激励时,可能发生非受控的化学反应和能量释放,导致燃烧甚至爆炸事故发生,不但使其丧失应有功能,而且会造成严重生命财产损失。一般地,固体火箭发动机主要由推进剂装药、壳体、喷管、点火装置四个部件组成,发动机依靠点火器的火焰将固体推进剂点燃,在燃烧室内产生高温高压的燃气从喷管高速地喷出,产生反作用力即推力,给予导弹所需的速度,推动导弹向前飞行。同时,点火器的压力进入发动机前端的保险执行机构,使保险执行机构具有解除保险所必需的压力。

1. 初步危险表(PHL)

危险辨识过程中应参照 GJB/Z 99—1997,按照物理现象对危险进行分类,主要有:环境危险、热、压力、毒性、振动、噪声、辐射、化学反应、污染、材料变质、着火、爆炸、电气、加速度和机械共 15 类危险。另外,危险辨识过程中要注意不同工作过程危险形式的变化。以某型空空导弹固体火箭发动机为例,其危险辨识过程如图 12-5 所示。

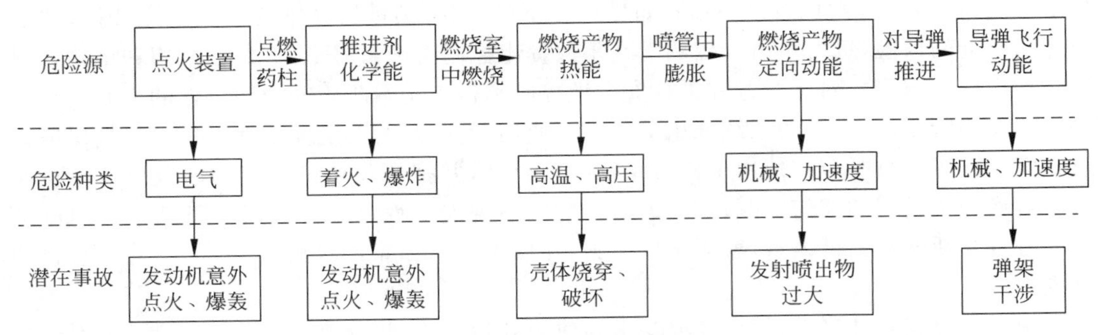

图 12-5 固体火箭发动机危险辨识

2. 初步危险分析(PHA)

PHL 为初步危险分析(PHA)确定了分析范围,PHL 制定后应及时开展 PHA。以图 12-5 中危险源"点火装置"为例进行初步危险分析,如表 12-3 所示。由表可知,通过初步危险分析可以初步确定构成系统中事故的潜在条件和引发事件;制定的预防控制措施可以为安全性设计准则的制定和完善提供有效输入;另外,进行定性评价之后能够大致了解系统的风险水平。

表 12-3 某型固体火箭发动机初步危险分析表

任务阶段		挂飞、弹架初始安全分离
潜在事故		发动机意外点火,危及载机和人员安全
潜在条件		热电池激活
引发事件	人为差错	飞行员操作失误
	产品故障	点火控制电路失效、飞控误输出点火指令
	有害环境	电磁干扰、静电放电
严重性		I
可能性		D

续表

预防控制措施	(1) 对飞行员进行安全培训； (2) 对元器件进行环境应力筛选； (3) 采用 GJB 344A—2005 规定的 A 类钝感点火元件； (4) 点火线路采用双绞屏蔽线，所有点火线路的引线和接头应屏蔽，不得间断，并且能在 30kHz～40GHz 频段内提供至少 40dB 的衰减，屏蔽层与结构地的搭接电阻不大于 2.5mΩ 等
备注	下阶段通过 SSHA 进一步辨识导致“热电池激活”“点火控制电路失效”“飞控误输出点火指令”发生的原因，完善事故场景；并开展相关安全性验证试验项目

PHA 应在装备型号方案和工程研制的早期开展，若在后期才开始 PHA，后期可能存在的设计更改将受到限制，而且不可能通过这种分析来确定初步的安全性要求。此时的分析是不详细的，尽管确定了相关的潜在条件，但通过 PHA 可能不足以确定造成危险条件的原因，因而也无法识别具体的引发事件。由于没有深入具体的分系统以及详细的系统设计，因此，不能准确地描述事故发展的过程，也无法对系统的风险进行定量的评价。若分系统的设计已满足详细的分系统危险分析要求，则应终止 PHA。

3. 分系统危险分析(SSHA)

在工程研制初样阶段的后期或试样阶段的早期应开展分系统危险分析(SSHA)。SSHA 用于识别与分系统设计有关的危险(包括硬件或软件的故障、人为差错等)和组成分系统部件之间的接口关系所导致的危险。

SSHA 深入分系统内部，通过选择具体的危险分析技术来确定造成潜在条件的原因，并具体地确定事故的引发事件。SSHA 应在 PHA 的基础上开展，可以通过 FMEA 和 FTA 等危险分析技术对表 12-3 中的“点火控制电路失效”和“飞控误输出点火指令”等引发事件进行进一步的分析，进而确定导致“点火控制电路失效”和“飞控误输出点火指令”的深层次原因，明确其故障机理，进一步完善事故场景。以“点火控制电路失效”为顶事件进行故障树分析，如图 12-6 所示。

4. 系统危险分析(SHA)

在工程研制试样阶段的后期应开展系统危险分析(SHA)。SSHA 只能识别分系统本身的事故场景，SHA 则通过识别各分系统以及系统与环境、系统与操作人员之间接口的危险，确定引发事件之后的事故进程。为了描述完整的事故场景并定量评价系统运行的风险，一般采用主逻辑图(master logic diagram，MLD)、ETA 与 FTA 相结合的方法，其综合关系如图 12-7 所示。

系统危险分析的主要内容如下：

(1) 确定初因事件。根据系统运行的历史资料并借鉴 PHA 和 FMEA 等安全性和可靠性分析资料，编制出引发事件的清单；在条件允许时，也可以通过 MLD 分析方法确定或补充系统的引发事件的清单。

(2) 引发事件分组。为了简化分析过程，减少后续项目中 ETA 和 FTA 的工作量，在得到初因事件清单后，需要对初因事件进行重新分组。

(3) 事故链建模。系统的事故链通常采用事件树进行描述。当引发事件确定以后，按后续事件成功或失败(二态)分析各种可能的结果，直到符合系统故障或事故为止。

(4) 场景事件建模。事故链模型中的场景事件一般用故障树来描述。FTA 首先把事

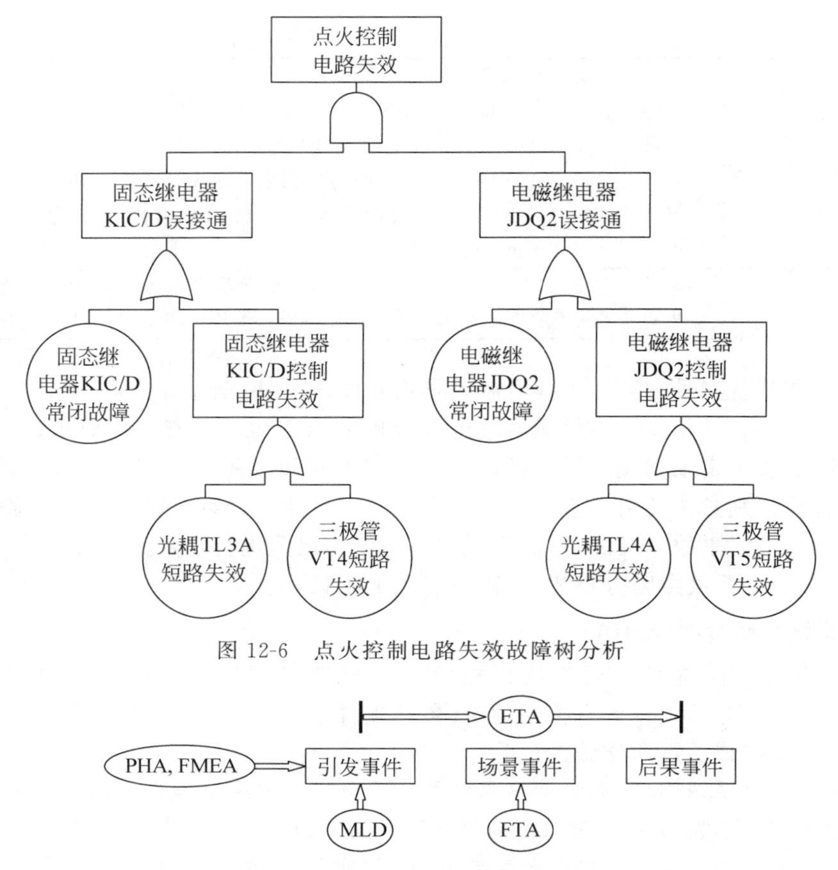

图 12-6 点火控制电路失效故障树分析

图 12-7 系统危险分析过程

件树中的决策分支点事件的故障状态作为故障树的顶事件，然后找出顶事件发生的所有可能的原因组合，直到确定底事件为止。

以表 12-3 中确定的引发事件“电磁干扰”为例进行事故链建模，如图 12-8 所示。将“点火控制电路滤波失效”“热电池意外点火”“点火装置意外解除保险”故障树分析的顶事件进行场景事件建模，就形成了完整的事故场景。如果有基础失效数据作为支撑，就可以对该事故场景风险进行定量评价。

意外电磁干扰	点火控制电路对电磁干扰进行滤波	保证热电池不被点火	保证点火装置不解除保险	后果事件
引发事件	成功			安全
	失败	成功		安全
		失败	成功	安全
			失败	发动机意外点火

图 12-8 事故链建模过程

12.3　安全性分析技术

在复杂产品安全系统工程的一系列基本环节中，安全分析是一个承上启下的关键环节，它基于安全调查的数据支持，是进一步进行安全评估的基础。通过对复杂产品进行深入、细致的安全分析，了解系统存在的风险，评估不安全事件的发生概率和可能产生的伤害及损失的严重程度，确定哪些风险能够通过修改系统的结构设计或改变系统的运行程序来进行预防。

在安全系统工程的分析工具中，用于安全分析的方法有很多，可以分为定性分析方法和定量分析方法。定性安全分析方法主要包括安全检查表、预先风险分析、危险和可操作性分析、因果分析图法以及作业危害分析等，这类方法只能进行可能性分析，即判断不安全事件是否发生，而没有进一步给出数量化的描述。定量安全分析方法主要包括马尔可夫分析、安全系数方法、事故树等，主要思路是运用数学方法分析系统不安全事件及影响因素之间的数量关系，从而定量描述不安全事件的风险。本节主要介绍因果分析图法和安全系数方法。

12.3.1　因果分析图法

因果分析图法是把系统中产生事故的原因和造成的结果所构成的错综复杂的因果关系，采用简明文字和线条加以全面表示的方法。用于表述事故发生原因与结果关系的图形称为因果分析图，其形状像鱼刺，所以也叫鱼骨图。

鱼骨图一般从人、物、环境和管理四个方面查找影响事故的因素，每一个方面作为一个分支，然后逐次向下分析，找出直接原因、间接原因和基本原因，依次用大、中、小箭头标出。典型的鱼骨图如图 12-9 所示。鱼骨图分析具有主次原因分明、逻辑关系清晰、事故过程一

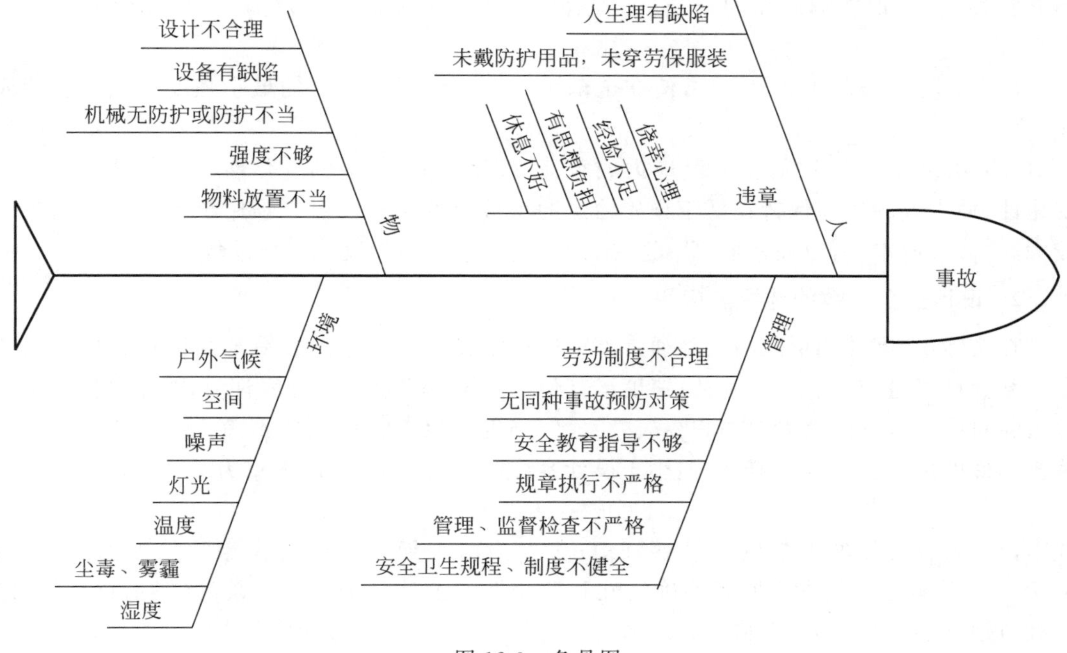

图 12-9　鱼骨图

目了然、容易掌握等特点，因此应用比较广泛。

因果分析图法的步骤一般如下：

(1) 确定要分析的特定问题或事故，写在图的右边，画出主干，箭头指向右端；

(2) 确定造成事故的因素分类项目，如安全管理、操作者、操作对象、环境等，画出大枝；

(3) 将上述项目深入发展，画出中枝并写出原因，一个原因画出一个枝，文字记在线的中枝的上下；

(4) 将上述原因层层展开，一直到不能再分为止；

(5) 确定鱼骨图中的主要原因，并标上符号，作为重点控制对象；

(6) 注明鱼骨图的名称。

12.3.2 安全系数方法

1. 安全系数在设计计算中的作用

在设计阶段，也就是在产品制造出来之前，通过预测并消除潜在的失效隐患，防止出现不正常故障和失效，是一个关键的设计策略。通过识别可能的主导性的失效模式，尝试选择最适用的材料，预测失效情景，可以为选择零件的形状和尺寸提供基础。

如果载荷、环境和材料性能完全已知，通过确保在产品的所有危险点处的工作载荷或应力都不超过材料的强度，可以很容易地确定产品零件的形状和尺寸。但实际情况是不确定性和变化性在设计中普遍存在。载荷经常是变化的，且无法准确地知道；强度也是变化的。有时对某些失效模式成应力状态也不能准确地获得；计算模型中的假设也使所确定的尺寸不准确；其他不确定性可能来自制造质量、运行环境、检测和维护维修条件的变化。这些不确定性和变化因素无疑使设计工作变得复杂。必须重视在选择形状、尺寸和材料方面的不确定性，这些都影响产品的安全、可靠运行。为了实现预防失效的目的，设计者有两种选择：

(1) 选用一个设计安全系数，使在全部可预测的情况下材料的最小强度都大于载荷或应力。

(2) 用统计学方法描述强度、应力或载荷、模型误差、制造的变化性以及环境和维修的变化性，使失效的概率保持在低于预先给定的可接受的水平。由于采用统计学方法的难度较大，且涉及成本，所以通常取第一选择，即选用一个适当的设计安全系数。

2. 设计安全系数的选择与应用

在实际中，零件的形状与尺寸通常首先通过定义一个选定的载荷下的设计容许值来确定。载荷可以是应力、变形、载荷、速度或其他。为了确定这个设计容许值，要用设计安全系数去除对应于所选载荷参数的临界失效水平(强度)，以考虑可能的不确定性。这样就可以算出零件的尺寸，使得载荷最大但小于设计容许值。数学上，可以表示为

$$P_{d}=L_{fm}/n_{d}$$

式中，P_{d} 为载荷强度参数的设计容许值；L_{fm} 为由主导失效模式决定的临界失效水平；n_{d} 是由设计者选定的考虑所有不确定性和变化性的设计安全系数。通常(但不总是)选定的载荷强度参数是应力，而临界失效水平是材料的临界强度。因此，上式的一般形式为

$$\sigma_{d}=S_{fm}/n_{d}$$

式中，σ_d 为设计容许应力；S_{fm} 为材料的失效强度；n_d 为设计安全系数。为了保证设计安全，确定出的零件尺寸要保证最大工作应力小于等于设计应力。

安全系数必须谨慎选取。若选得过小，失效概率将会很大；若选得过大，尺寸、重量、成本都将很大。选取安全系数需要对所使用的计算模型或模拟程序、材料的性能以及使用条件等的限制与假设有很好的了解。设计经验对选取安全系数来说是非常有价值的，即使只有有限的经验，也能做出合理的选择。这里建议的方法是将选择过程分解为一系列半定量的若干决策过程，通过分别权衡与重建，得出可接受的设计安全系数值。

为了选择设计安全系数，分别考虑以下8个系数：①确定载荷、应力、变形或其他失效因素的精度；②确定应力或其他载荷强度参数的精度；③确定材料强度等指标的精度；④节省材料、重量、空间或成本的需要；⑤失效所造成的人身与财产损失的严重性；⑥制造质量；⑦运行条件；⑧检测与维护维修的质量。

第一步是评定上述8个系数的半定量数值RN（在$-4\sim+4$范围内）。其具体数值RN有如下意义：

（1）RN=1，轻微修正 n_d；

（2）RN=2，中等修正 n_d；

（3）RN=3，较大修正 n_d；

（4）RN=4，极端修正 n_d。

另外，如果需要增大安全系数，则RN取正值；若需要减小安全系数，则RN取负值。

第二步是计算以上8个系数的代数和 t，即

$$t=\sum_{i=1}^{8}\mathrm{RN}_i$$

由此，设计安全系数的计算公式为

$$\begin{cases} n_d=1+(10+t)^2/100, & t>-6 \\ n_d=1.15, & \text{其他} \end{cases}$$

为了设计已存在产品的安全系数，用载荷严重性参数的临界失效水平除以最大工作载荷值，即

$$n_{ex}=L_{fm}/P_{max}$$

一般可表示为

$$n_{ex}=S_{fm}/\sigma_{max}$$

式中，n_{ex} 为已存在产品的安全系数；L_{fm} 为对应于主导失效模式的临界失效水平；S_{fm} 为对应于主导失效模式的临界强度；σ_{max} 为危险点的最大工作应力。

12.4 安全风险评价方法

复杂产品具有研发成本高、规模大、小批量生产及集成度高的特点，例如民航飞机、汽车、大型船舶等，其安全性风险分析存在不确定性、动态性及累积性等特征。安全评价(safety assessment)也称风险评价或危险评价，安全与风险是同一事物的两面，二者不可分离，研究安全离不开研究风险，反过来，研究风险就是为了增强安全性。复杂产品的安全评

估是以风险界定的，其目的是把产生伤害或损害的风险控制在可接受水平。而风险评估的任务就是要清晰认识各种风险的性质和危害程度，确定风险的可接受性，对于不可接受的风险，提出警告信息和采取控制措施的建议。

本节介绍概率风险评价法、危险指数评价法以及模糊综合评价法三种实用的定量安全风险评价方法。概率风险评价法使用故障类型影响和致命度分析、事件树分析、事故树分析等方法求出系统发生故障或事故的概率，进而计算出风险率，以风险率来判断系统是否安全。这种评价方法需要一定的数据和数学基础，评价结果的精确度较高，但实施起来比较困难。危险指数评价法以危险指数作为衡量系统安全的标准，这类方法使用起来比较容易，但精确度稍差。模糊综合评价法是一种基于模糊数学的综合评价方法。该综合评价法根据模糊数学的隶属度理论把定性评价转化为定量评价，即用模糊数学对受到多种因素制约的事物或对象做出一个总体的评价。它具有结果清晰、系统性强的特点，能较好地解决模糊的、难以量化的问题，适合各种非确定性问题的解决。

12.4.1 概率风险评价法

概率风险评价法建立在大量的实验数据和事故统计分析基础之上，因此评价结果的可信度较高。由于该方法能够直接给出系统的事故发生概率，因此便于各系统可能性大小的比较。特别是对于同一个系统，概率风险评价法可以给出发生不同事故的概率、不同事故致因因素的重要度，便于不同事故可能性和不同致因因素重要性的比较。但该类评价方法要求数据准确、充分，分析过程完整，判断和假设合理，特别是需要准确地给出基本致因因素的事故发生概率，显然这对一些复杂、存在不确定因素的系统是十分困难的。因此该类评价方法不适于基本致因因素不确定或基本致因因素事故概率不能给出的系统。但是，随着计算机在安全评价中的应用，以及模糊数学理论、灰色系统理论和神经网络理论在安全评价中的应用，弥补了该类评价方法的一些不足，扩大了应用范围。

1. 风险率

风险率是衡量危险性的指标。危险性在一定的条件下发展为事故，所造成的后果受两个因素影响，一个是发生事故的概率，另一个是发生故障造成后果的严重程度。即

$$风险率(R)=概率(Q)\times 严重度(S)$$

如果事故发生的概率很小，即使后果十分严重，风险也不会很大。反之，事故发生的概率很大，即使每次事故的后果不太严重，风险依然很大。所以，为了比较风险性，风险率是一个可用的衡量指标。

风险率用单位时间内故障造成损失的大小来表示。单位时间可以是一年、半年或者一个月等，也可以是系统运行(或大修)周期。事故损失可以是人员的伤亡、工作日损失或经济损失。

一般来说，在生产过程中的任何系统都可能发生事故，所以生产者都要承担事故造成的人和物损失的风险。即风险是客观存在的，是不可避免的。同时，人们从事生产活动总期望获得较高的收益，而较高的收益都要付出较高的代价，都要承担较大的风险。对于获益较少的生产活动，承担的风险就相对小些。因此，风险的大小取决于受益程度，两者基本上成正比关系。

在生产活动中,若每人每年死亡概率的数量级为 10^{-2} 是极其危险的,是绝对不可接受的; 10^{-3} 属于高度危险,这种情况虽然很少,但要立即采取措施; 10^{-4} 属于中度危险,人们不愿这种情况出现,因而愿意拿出经费进行改善; 10^{-5} 属于低度危险,相当于游泳时淹死的事故情况,人们对此是关心的; 在 10^{-6} 及以下基本可以忽略,这相当于遭受天灾而死亡的概率。

2. 安全标准

任何生产系统都有一定的风险率,但达到什么程度才算安全呢?对这个问题,在计算出系统的风险率以后,要把计算结果和公认为安全的风险率数值进行比较,看是否符合标准,得出结论。这个公认为安全的风险率数值被称为安全标准(指标),它是根据多年积累的经验所确定并为公众所承认的指标。

安全标准可用单位时间死亡率、损失工作日或经济损失表示。

(1) 以单位时间死亡率表示。目前,国际上经常采用单位时间死亡率来进行系统安全评价,这是因为:①保障人身安全是安全系统工程的根本任务;②"死亡"这一事件是非常明确的,统计数据可靠性也最高,而且从海因里希的 1∶29∶300 法则出发,可以从死亡的人数中引申和推断发生轻伤和无伤害的情况。

(2) 以单位时间损失工作日表示。事故除了少数可能产生死亡结果外,大多数会造成负伤。为了对负伤风险进行评价,可根据统计规律来求出各行业负伤风险率期望值,即负伤安全标准。一般以每接触小时的损失工作日数为计算单位。表 12-4 所示为美国各行业的负伤安全标准。

表 12-4 美国各行业的负伤安全指标

行业类型	风险率(损失日数/接触小时)	行业类型	风险率(损失日数/接触小时)
全美工业	6.7×10^{-4}	钢铁工业	6.3×10^{-4}
汽车工业	1.6×10^{-4}	石油工业	6.9×10^{-4}
化学工业	3.5×10^{-4}	造船工业	8.0×10^{-4}
橡胶与塑料工业	3.6×10^{-4}	建筑业	1.5×10^{-3}
商业(批发与零售)	4.7×10^{-4}	采矿、采煤业	5.2×10^{-3}

(3) 以单位时间经济损失表示。以单位时间内经济损失价值的风险率进行安全性评价,是全面评价系统安全性的方法。它既考虑事故发生可能造成的经济损失,同时又把人员伤亡损失折合成经济损失,统一计算事故造成的总损失。一般来说,事故的经济损失越大,其允许发生的概率越小;事故的经济损失越小,允许发生的概率越大。这个允许范围就是安全范围。如果评价结果超出安全范围,则必须采取各种措施对系统进行调整,使安全风险降至安全目标值以下,以达到系统安全的目的。

12.4.2 危险指数评价法

危险指数评价法以物质系数法为基础,用危险指数作为衡量系统安全的标准。指数评价法根据工厂所用原材料的一般化学性质,结合它们具有的特殊危险性,再加上进行工艺处理时的一般和特殊危险性，以及使用量方面的因素，换算成火灾爆炸指数或评点数，然后按指数或评点数划分危险等级，最后根据不同等级确定在建筑结构、消防设备、电器防爆、监测仪表、控制方法等方面的安全要求。美国道化学公司火灾爆炸危险指数评价法(Dow Chemical Company Fire and Explosion Index，简称DOW法)是目前广泛使用的危险指数评价法。

1. DOW法概述

1) 产生和发展

道化学公司首先提出的火灾与爆炸危险指数F&EI被化学工业界公认为是最主要的危险指数。关于这个指数的评价方法，是世界上开发最早、应用最为成功、影响最为广泛的一种针对化工生产系统的综合性评价方法。

DOW法既是一种针对化工单元的具体评价法，又是一种指导评价的思想方法与工作方法。它自身在不断地发展变化中，也带动和促进了其他评价方法的产生与改进。英国帝国化学公司在道化学公司火灾爆炸指数评价法的基础上，考虑了物质的毒性，提出了ICI蒙德法。日本劳动省制定了《化工厂安全评价指南》。我国也开展了危险指数评价的研究，在1992年发布的GB 13548—1992采用了危险指数计算程序。

美国道化学公司自1964年开发第1版火灾爆炸危险指数评价法以来，历经29年，不断修改完善，在1993年推出了第7版，可以说更完善、更趋成熟。它是以工艺过程中物料的火灾、爆炸潜在危险性为基础，结合工艺条件、物料量等因素求取火灾爆炸指数，进而可求出经济损失的大小、以经济损失评价生产装置的安全性。评价中定量的依据是以往事故的统计资料、物质的潜在能量和现行安全措施的状况。

2) 基本特点

(1) 整个评价基于对物质危险性的评价和对工艺过程危险性的评价。两者相比又以物质危险性更为基础，整个危险指数可认为是工艺过程通过对物质及其反应的影响而体现的。

(2) 所评价的危险性指数反映了系统的最大潜在危险，预测事故可能导致的最大危害程度与停产损失，是系统中物质、工艺定下来以后的固有危险性，基本上未涉及当时生产过程中人和管理的因素。

(3) 评价中所用的数据来源于以往事故的统计资料、物质的潜在能量和现行安全防灾措施的经验。所以尽管把这些经验量化成了数据，但该方法本质上仍属定性的、相对比较的方法。

(4) 固有危险和安全措施的效能最后都通过折算为美元来表现，风险评价与保险的目的很突出。

3) 评价目的

评价的目的是：能真实地量化潜在火灾爆炸和反应性事故的预期损失；确定可能引起事故发生或使事故扩大的设备(或单元)；向管理部门通报潜在的火灾、爆炸和危险性；使工程技术人员了解各工艺部分可能的损失，并帮助确定减轻潜在事故严重性和总损失的有效而又经济的途径。

2. 评价程序

该方法以物质系数为基础，求出火灾爆炸指数。再根据火灾爆炸的影响范围和安全措施补偿系数，计算最大可能财产损失、实际最大可能损失及停产损失，最后根据评价的结果采取相应的预防措施。道化学火灾爆炸指数评价法第7版的评价程序如图12-10所示。

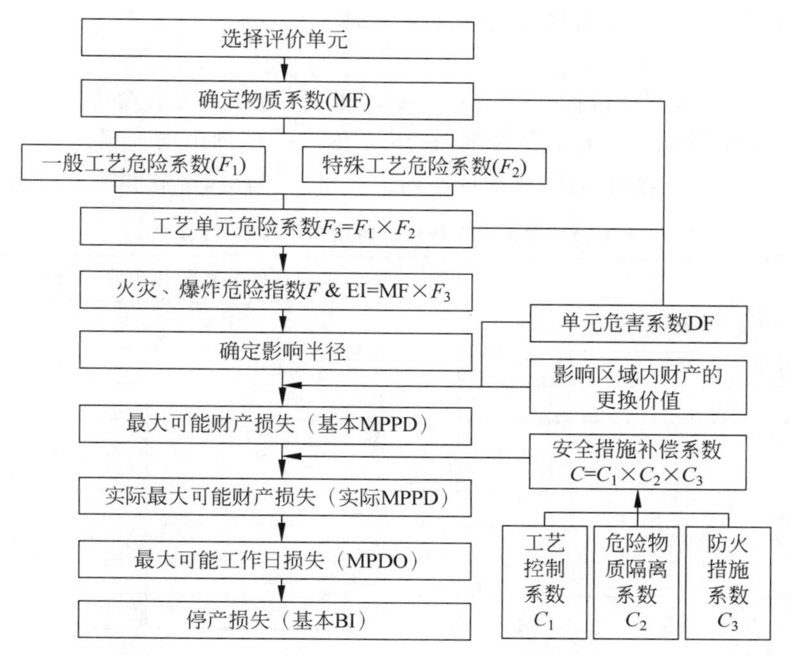

图 12-10　道化学火灾爆炸指数评价法第 7 版程序

该评价程序具体有 10 个步骤：

(1) 选择评价单元；

(2) 确定物质系数 MF；

(3) 按单元的工艺条件，选用适当的危险系数(F_1 和 F_2)；

(4) 将一般工艺危险系数和特殊工艺危险系数相乘求出工艺单元危险系数($F_3=F_1\times F_2$)；

(5) 将工艺单元危险系数与物质系数相乘，求出火灾、爆炸危险指数(F&EI)；

(6) 用火灾、爆炸危险指数算出单元的影响区域半径，并计算影响面积；

(7) 查出单元影响区域内的所有财产的更换价值，并确定单元危害系数，求出基本最大可能财产损失(基本 MPPD)；

(8) 应用安全措施补偿系数乘以基本 MPPD，求出实际最大可能财产损失(实际 MPPD)；

(9) 根据实际 MPPD，确定最大可能工作日损失(MPDO)；

(10) 用最大可能工作日损失(MPDO)计算停产损失(BI)。

3. DOW 法计算说明

1) 选择评价工艺单元

单元是装置的一个独立部分，与其他部分保持一定的距离，或使用防火灾的墙。选择恰当工艺单元的重要参数有 6 个：物质的潜在的化学能(物质系数)，工艺单元中危险物质的数量；资金密度；操作压力与操作温度；导致火灾、爆炸事故的历史资料；对装置操作起关键作用的设备。一般参数值越大，该工艺单元就越需要评价。

2) 确定物质系数 MF

物质系数是最基础的数值，它表示物质由燃烧或其他化学反应引起的火灾、爆炸事故中释放能量大小的内在特性。DOW 法第 7 版给出了近 330 种常见化合物的 MF 值，可直接查用。数值范围为 1～40，数值越大，表示危险度越高。

3）确定工艺单元危险系数

工艺单元危险系数 F_3 包括一般工艺危险系数 F_1、特殊工艺危险系数 F_2。一般工艺危险系数是确定事故损害大小的主要因素，它涉及表 12-5 中列出的 6 项内容，包括放热化学反应、吸热反应、物料处理与输送、密闭或室内工艺单元、通道、排放和泄漏控制。

表 12-5　单元火灾爆炸危险指数（F&EI）计算表

评价单元：	EO/EG 装置氧化单元（100＃）	
确定 MF 的物质及其 MF 值：	乙烯　MF＝24	
1. 一般工艺危险	危险系数范围	采用危险系数
基本系数	1.00	1.00
A. 放热化学反应	0.30～1.25	1.00
B. 吸热反应	0.20～0.40	0
C. 物料处理与输送	0.25～1.05	0.25
D. 密闭或室内工艺单元	0.25～0.90	0
E. 通道	0.20～0.35	0.20
F. 排放和泄漏控制	0.25～0.50	0
一般工艺危险系数（F_1）		2.45
2. 特殊工艺系数	危险系数范围	采用危险系数
基本系数	1.00	1.00
A. 毒性物质	0.20～0.80	0.20
B. 负压＜500mmHg	0.50	0
C. 接近易燃范围的操作：惰性化、无惰性化		
a. 罐装易燃物质	0.50	
b. 过程失常或吹扫故障	0.30	
c. 一直在燃烧范围内	0.80	0.80
D. 粉尘爆炸	0.25～2.00	0
E. 压力：操作压力/kPa(绝对) 释放压力/kPa(绝对)		0.45
F. 低温	0.20～0.90	0
G. 易燃及不稳定物质量/kg 物质燃烧热 H_c/(J/kg)		
a. 工艺中的液体及气体		0.10
b. 贮存中的液体及气体		
c. 贮存中的可燃固体及工艺中的粉尘		
H. 腐蚀与磨损	0.10～0.75	0.20
I. 泄漏——接头和填料处		0.30
J. 使用明火设备		0
K. 热油与热交换系统	0.15～1.15	0
L. 传动设备	0.50	0.50
特殊工艺危险系数（F_2）		3.55
3. 工艺单元危险系数（$F_3=F_1\times F_2$）		8.70
4. 火灾、爆炸危险指数（F&EI＝MF×F_3）		209.00

评价单元时，要根据具体情况选取恰当的系数，填入表12-5中，无危险系数时使用0，并将这些危险系数相加(基本系数为100)，得到单元一般工艺危险系数，并将其填入表的F_1栏中。例如：放热化学反应的危险系数取值范围为0.30～1.25，若属轻微放热反应取0.30，中等放热反应取0.50，剧烈放热反应取1.00，特别剧烈(如硝化)的反应就取上限1.25。

特殊工艺危险系数是影响事故发生概率的主要因素，特定的工艺条件是导致火灾、爆炸事故的主要原因。特殊工艺危险系数涉及表12-5中的12项内容，包括毒性物质、负压、接近易燃范围的操作、粉尘爆炸、压力、低温、易燃及不稳定物质量、腐蚀与磨损、泄漏——接头和填料处、使用明火设备、热油与热交换系统以及传动设备。

每一个评价单元不一定每项都取值，有关各项按规定求取危险系数。与F_1的计算方法相同，把得到的F_2填入相应的栏内。

根据一般工艺危险系数、特殊工艺危险系数，可计算工艺单元危险系数：

$$F_3 = F_1 \times F_2$$

4) 计算火灾、爆炸危险指数

火灾、爆炸危险指数是表示生产工艺过程、生产装置及贮罐等危险程度的指标，被用来估计生产中事故可能造成的破坏。它是物质系数和工艺单元危险系数的乘积，即

$$F\&\mathrm{EI} = \mathrm{MF} \times F_3$$

火灾、爆炸危险指数按其范围不同划分为5个等级：

(1) 1～60，属于最轻危险等级，主要是处理基本上无危险的可燃物和爆炸性物质，可不采取措施。

(2) 61～96，属于较轻危险等级，主要是处理低等危险程度的可燃物和爆炸性物质，可适当考虑采取措施。

(3) 97～127，属于中等危险等级，应考虑采取措施，并有实施措施的方法。

(4) 128～158，属于很大危险等级，应采取实际的措施并实施。

(5) 159以上，属于非常大危险等级，必须采取实际措施，并予以实施。

5) 确定影响区域及其财产的更换价值

(1) 先确定火灾爆炸事故的影响半径R，计算方法为

$$R = 0.84 \times F\&\mathrm{EI} \times 0.3048\mathrm{m} = 0.256 \times F\&\mathrm{EI}\ \mathrm{m}$$

(2) 确定影响区域：影响(暴露)区域面积为πR^2，也可以计算出影响区域体积。

(3) 确定影响区域内财产的更换价值：

$$更换价值 = 原来成本 \times 0.82 \times 增长系数$$

其中0.82是考虑事故时有些成本不会被破坏或无须更换，如道路、地下管线等；如更换价值有更精确的计算，这个系数可以改变；增长系数由工程预算专家确定。

(4) 单元危害系数(DF)：危害系数是指工艺单元中危险物质的能量释放造成火灾、爆炸事故的全部效应，可由MF值和F_3值来确定。

6) 计算事故损失

(1) 计算最大可能财产损失(基本MPPD)，它为影响区域内财产的更换价值与单元危害系数的乘积。

(2) 在确定了安全措施补偿系数(C)后，可计算实际最大可能财产损失，计算式为

$$实际\ \mathrm{MPPD} = 基本\ \mathrm{MPPD} \times C$$

(3) 确定安全措施补偿系数 C，它是工艺控制安全补偿系数 C_1、危险物质隔离安全补偿系数 C_2 及防火措施安全补偿系数 C_3 的乘积：

$$C = C_1 \times C_2 \times C_3$$

工艺控制安全补偿系数包括应急电源、冷却、抑爆、紧急切断装置、计算机控制、非活泼性气体保护、操作规程/程序、化学活泼性物质检查、其他工艺危险分析 9 个方面的内容。物质隔离安全补偿系数包括遥控阀、卸料/排空装置、排放系统、连锁装置 4 个方面的内容。防火措施补偿系数包括泄漏检验装置、结构钢、消防水供应系统、特殊灭火系统、洒水灭火系统、水幕、泡沫灭火装置、手提式灭火器和喷水枪、电缆保护 9 个方面的内容。

对每一个评价单元要根据实际采取的补偿措施选取恰当的系数，填入表 12-5 中，无安全补偿系数时，填入 1.00。每一类安全措施的补偿系数是该类别中所有系数的乘积。

(4) 计算最大可能工作日损失(MPDO)

根据算出的实际 MPPD，查《最大可能停工天数(MPDO 计算图)》得到 MPDO。

(5) 计算停产损失 BI

$$\text{BI} = \text{MPDO}/30 \times \text{VPM}(\text{月产值}) \times 0.7(\text{固定成本和利润})$$

12.4.3 模糊综合评价法

系统安全状况是由多因素、多变量、多层次的人机系统决定的。在这个系统中，除了客观事物的差异在中间过渡阶段所呈现的“亦此亦彼”性外，还有人们思维和行动中的模糊性。可以说，系统安全状况小的各种问题，从信息决策到目标控制，都有不可忽视的模糊性。用模糊数学理论建立的系统安全评价模型，综合系统中的多个相互影响的因素进行评价，对安全管理工作具有指导意义。

现以二级模糊评价为例加以说明。

(1) 确定因素层次。设因素集为

$$U = \{u_1, u_2, \cdots, u_m\}$$

其中，$u_i(i=1,2,\cdots,m)$为第一层次(也是最高层次)中的第 i 个因素，它又由第二层次中的 n 个因素决定，即

$$u_i = \{u_{i1}, u_{i2}, \cdots, u_{ij}, \cdots, u_{im}\}, \quad j = 1,2,\cdots,n$$

(2) 建立权重集。根据每一层次中各个因素的重要程度，分别给每一因素赋以相应的权数，于是得各个因素层次的权重集如下：

第一层次的权重

$$A = \{a_1, a_2, \cdots, a_i, \cdots, a_m\}$$

其中，$a_i(i=1,2,\cdots,m)$是第一层次中第 i 个因素 u_i 的权重。

第二层次的权重

$$A_i = \{a_{i1}, a_{i2}, \cdots, a_{ij}, \cdots, a_{in}\}, \quad j = 1,2,\cdots,n$$

其中，a_{ij} 是第二层次中决定因素 u_{ij} 的权重。

(3) 建立备择集。不论因素层次有多少，备择集只有一个。设总评判的结果共有 p 个，则备择集可一般地建立为

$$V = \{v_1, v_2, \cdots, v_p\}$$

(4) 一级模糊综合评判。由于每一因素都是由低一层次的若干因素决定的，所以每一

因素的单因素评判，应是低一层次的多因素综合评判，则第二层次的单因素评判矩阵为

$$\boldsymbol{R}_i=\begin{bmatrix} r_{i11} & r_{i12} & \cdots & r_{i1p} \\ r_{i21} & r_{i22} & \cdots & r_{i2p} \\ \vdots & \vdots & & \vdots \\ r_{in1} & r_{in2} & \cdots & r_{inp} \end{bmatrix}$$

决定 u_i 的 u_{ij} 因素有多少个，$\boldsymbol{R}_i$ 矩阵便有多少行；备择集元素有多少个，$\boldsymbol{R}_i$ 矩阵便有多少列。

于是，第二层次模糊综合评判为

$$\boldsymbol{B}_i=\boldsymbol{A}_i\cdot\boldsymbol{R}_i$$

即

$$\boldsymbol{B}_i=[a_{i1},a_{i2},\cdots,a_{in}]\cdot\begin{bmatrix} r_{i11} & r_{i12} & \cdots & r_{i1p} \\ r_{i21} & r_{i22} & \cdots & r_{i2p} \\ \vdots & \vdots & & \vdots \\ r_{in1} & r_{in2} & \cdots & r_{inp} \end{bmatrix}=[b_{i1},b_{i2},\cdots,b_{ip}]$$

（5）二级模糊综合评判。一级模糊综合评判仅是对最低一层因素进行综合，实际上仅是上一层次的单因素评判。为了综合考虑所有因素的影响，还必须进行二级模糊综合评判，即对上一层次中各因素的影响进行综合。即第一层次的单因素评判矩阵为

$$\boldsymbol{R}=\begin{bmatrix} \boldsymbol{B}_1 \\ \boldsymbol{B}_2 \\ \vdots \\ \boldsymbol{B}_m \end{bmatrix}=\begin{bmatrix} \boldsymbol{A}_1\cdot\boldsymbol{R}_1 \\ \boldsymbol{A}_2\cdot\boldsymbol{R}_2 \\ \vdots \\ \boldsymbol{A}_m\cdot\boldsymbol{R}_m \end{bmatrix}$$

于是，二级模糊综合评判为

$$\boldsymbol{B}=\boldsymbol{A}\cdot\boldsymbol{R}=\boldsymbol{A}\cdot\begin{bmatrix} \boldsymbol{A}_1\cdot\boldsymbol{R}_1 \\ \boldsymbol{A}_2\cdot\boldsymbol{R}_2 \\ \vdots \\ \boldsymbol{A}_m\cdot\boldsymbol{R}_m \end{bmatrix}=[b_1,b_2,\cdots,b_p]$$

（6）求系统安全评价的总得分 f。f 的计算式为

$$f=\boldsymbol{B}\cdot\boldsymbol{S}^{\mathrm{T}}$$

式中 $\boldsymbol{S}^{\mathrm{T}}$ 为各级别的分值。

（7）求综合评价系统的安全等级。综合评价系统的安全等级如表 12-6 所示。

表 12-6　综合评价系统的安全等级

系统安全得分	＞90	80～89	70～79	60～69	50～59	＜50
安全等级	很好	好	良好	中等	较差	差

12.4.4　模糊综合评价的应用实例分析

本节采用模糊综合评价的方法对某电解铝厂的安全状况进行评估。

1. 电解铝生产安全评价指标体系的建立

根据指标体系的建立原则，结合电解铝生产的几个主要组成部分，确定电解铝生产的安全评价包括工作准备、电解作业、焙烧启动、处理漏槽、天车作业、抬母线作业6个方面，并将其作为评价体系的准则层。在准则层下又细化成17个不同的评价指标构成指标层，形成一个完整的电解铝生产安全评价指标体系，见表12-7。

表12-7 电解铝生产安全评价指标体系

	二级指标	三级指标
电解铝生产安全综合评价指标	工作准备	劳保用品
		物料、工器具的预热
	电解工作	换极
		效应管理
		极块运输
		取电解质
		电解槽绝缘
		大修槽装炉
	焙烧启动	软连接
		抬电压
	处理漏槽	阴极母线保护插板
		降阳极
	天车作业	吊具钢丝绳
		安全装置
		吊装作业组织
	抬母线作业	母线提升机管理
		母线提升作业组织

2. 权重集的确立

运用层次分析法求各级指标的权重。先构建两两比较的判断矩阵 $\boldsymbol{A}=[a_{ij}]_{n\times n}$。综合专家评判结果，电解铝6个二级指标的判断矩阵为

$$\boldsymbol{A}=\begin{bmatrix}1 & 1/4 & 1/2 & 1/2 & 1/3 & 1/2\\4 & 1 & 3 & 3 & 2 & 3\\2 & 1/3 & 1 & 1 & 1/2 & 1\\2 & 1/3 & 1 & 1 & 1/2 & 1\\3 & 1/2 & 2 & 2 & 1 & 2\\2 & 1/3 & 1 & 1 & 1/2 & 1\end{bmatrix}$$

用特征向量法计算权重，本次评价采用方根法进行计算。电解铝6个二级指标的权重为：$V_1=\sqrt[6]{1\times0.25\times0.5\times0.5\times0.33\times0.5}=0.47$，$V_2=2.45$，$V_3=0.83$，$V_4=0.83$，$V_5=1.51$，$V_6=0.83$。归一化后，二级指标的权重向量记为

$$\boldsymbol{V}=(0.07,0.35,0.12,0.12,0.22,0.12)^{\mathrm{T}}$$

计算得判断矩阵的最大特征根 $\lambda_{\max}=6.0323$，一致性指标 C. I. $=0.065$，一致性比例 C. R. $=0.0051<0.1$，该判断矩阵的一致性可以接受。

3. 电解铝生产模糊安全综合评价的计算

建立因素集 U,令 $U=\{\boldsymbol{u}_1,\boldsymbol{u}_2,\cdots,\boldsymbol{u}_m\}=\{$工作准备、电解工作、焙烧启动、处理漏槽、天车作业、抬母线作业$\}$,其中每个因素又可进一步细分成基础性要素,即 $\boldsymbol{u}_1=(u_{11},u_{12},\cdots,u_{1n})=($劳保用品,物料、工器具的预热$)$,$\boldsymbol{u}_2=(u_{21},u_{22},\cdots,u_{2n})=($换极,效应管理,极块运输,取电解质,电解槽绝缘,大修槽装炉$)$,$\cdots$,$\boldsymbol{u}_m=(u_{m1},u_{m2},\cdots,u_{mn})$,这里 m 为评价因素的个数,$n_i(i=1,2,\cdots,6)$为每个评价因素的分类指标数。然后运用层次分析法建立 U 的三级指标权重。各层次评价指标的权重分配及其模糊关系综合矩阵见表 12-8。

表 12-8 各层次评价指标的权重分配及其模糊关系综合矩阵

评价因素		评价子因素		第三层次的模糊关系综合矩阵	$\boldsymbol{B}_i=\boldsymbol{A}_i\cdot\boldsymbol{R}_i$
内容	权重	内容	权重		
工作准备	0.07	劳保用品	0.60	$\boldsymbol{R}_1=\begin{bmatrix}0.1 & 0.3 & 0.3 & 0.3 & 0.0\\ 0.0 & 0.1 & 0.3 & 0.4 & 0.2\end{bmatrix}$	$\boldsymbol{B}_1=\begin{bmatrix}0.06\\ 0.22\\ 0.30\\ 0.34\\ 0.08\end{bmatrix}$
		物料、工器具的预热	0.40		
电解工作	0.35	换极	0.20	$\boldsymbol{R}_2=\begin{bmatrix}0.2 & 0.3 & 0.3 & 0.2 & 0.0\\ 0.1 & 0.2 & 0.3 & 0.2 & 0.2\\ 0.0 & 0.2 & 0.4 & 0.3 & 0.1\\ 0.1 & 0.2 & 0.2 & 0.3 & 0.2\\ 0.2 & 0.1 & 0.3 & 0.3 & 0.1\\ 0.1 & 0.1 & 0.2 & 0.3 & 0.3\end{bmatrix}$	$\boldsymbol{B}_2=\begin{bmatrix}0.13\\ 0.19\\ 0.28\\ 0.26\\ 0.14\end{bmatrix}$
		效应管理	0.20		
		极块运输	0.10		
		取电解质	0.15		
		电解槽绝缘	0.20		
		大修槽装炉	0.15		
焙烧启动	0.12	软连接	0.50	$\boldsymbol{R}_3=\begin{bmatrix}0.0 & 0.2 & 0.3 & 0.4 & 0.1\\ 0.0 & 0.1 & 0.3 & 0.4 & 0.2\end{bmatrix}$	$\boldsymbol{B}_3=\begin{bmatrix}0.00\\ 0.15\\ 0.30\\ 0.40\\ 0.15\end{bmatrix}$
		抬电压	0.50		
处理漏槽	0.12	阴极母线保护插板	0.50	$\boldsymbol{R}_4=\begin{bmatrix}0.0 & 0.2 & 0.3 & 0.4 & 0.1\\ 0.0 & 0.1 & 0.3 & 0.5 & 0.1\end{bmatrix}$	$\boldsymbol{B}_4=\begin{bmatrix}0.00\\ 0.15\\ 0.30\\ 0.45\\ 0.10\end{bmatrix}$
		降阳极	0.50		
天车作业	0.22	吊具钢丝绳	0.35	$\boldsymbol{R}_5=\begin{bmatrix}0.1 & 0.1 & 0.3 & 0.3 & 0.2\\ 0.2 & 0.2 & 0.3 & 0.2 & 0.1\\ 0.1 & 0.3 & 0.4 & 0.1 & 0.1\end{bmatrix}$	$\boldsymbol{B}_5=\begin{bmatrix}0.12\\ 0.21\\ 0.34\\ 0.19\\ 0.14\end{bmatrix}$
		安全装置	0.20		
		吊装作业组织	0.45		

续表

评价因素		评价子因素		第三层次的模糊关系综合矩阵	$B_i = A_i \cdot R_i$
内容	权重	内容	权重		
抬母线作业	0.12	母线提升机管理	0.40	$R_6 = \begin{bmatrix} 0.1 & 0.2 & 0.3 & 0.4 & 0.0 \\ 0.0 & 0.2 & 0.4 & 0.3 & 0.1 \end{bmatrix}$	$B_6 = \begin{bmatrix} 0.04 \\ 0.20 \\ 0.36 \\ 0.34 \\ 0.06 \end{bmatrix}$
		母线提升作业组织	0.60		

电解铝生产安全的模糊综合评价矩阵为

$$B_i = A_i \cdot R_i$$

$$= [0.07 \quad 0.35 \quad 0.12 \quad 0.12 \quad 0.22 \quad 0.12] \cdot \begin{bmatrix} 0.06 & 0.22 & 0.30 & 0.34 & 0.08 \\ 0.13 & 0.19 & 0.28 & 0.26 & 0.14 \\ 0.00 & 0.15 & 0.30 & 0.40 & 0.15 \\ 0.00 & 0.15 & 0.30 & 0.45 & 0.10 \\ 0.12 & 0.21 & 0.60 & 0.19 & 0.14 \\ 0.04 & 0.20 & 0.36 & 0.34 & 0.06 \end{bmatrix}$$

$$= [0.081 \quad 0.188 \quad 0.309 \quad 0.299 \quad 0.123]$$

结合层次分析法中的1-9标度法，计算电解铝生产安全总得分 f：

$$\begin{aligned} f &= e_1 b_1 + e_2 b_2 + e_3 b_3 + e_4 b_4 + e_5 b_5 \\ &= 35 \times 0.081 + 50 \times 0.188 + 65 \times 0.309 + 80 \times 0.299 + 95 \times 0.123 \\ &= 67.925 \end{aligned}$$

根据系统的总得分，对比表12-9可知该厂电解铝生产安全综合评价等级为“安全性一般”，该结果与实际相符。

表 12-9　安全级别赋分表

安全级别	差	较差	中	较好	好
分数	35	50	65	80	95

【习题】

1. 简述系统安全性设计与评估体系。
2. 安全评价有哪些类型？
3. 安全评价有哪些常用方法？
4. 通过查阅资料，试举一个安全评价的实例。
5. 要求确定一个设计安全系数，以计算新设计的飞机起落架的尺寸。已知使用条件多为“平均水平”，材料性能方面的知识比平均情形稍好，有较强的尺寸和空间限制，失效会导致重大人身与财产损失，检测和维修条件很好。根据已知信息，8个系数取值如表12-10所示。

表 12-10　8个系数取值

序　号	系　数	RN
1	载荷精度	0
2	应力计算精度	0
3	强度精度	−1
4	节省要求	−3
5	失效后果的严重性	3
6	制造质量	0
7	操作条件	0
8	检测/维修质量	−4

6. 采用层次分析法，根据6个指标对某电解铝厂的安全状况进行评估，根据1～9的比例标度得到两两比较判断矩阵 **A** 为

$$\boldsymbol{A}=\begin{bmatrix}1 & 1/4 & 1/2 & 1/2 & 1/3 & 1/2\\ 4 & 1 & 3 & 2 & 2 & 5\\ 2 & 1/3 & 1 & 1 & 1/2 & 1\\ 2 & 1/2 & 1 & 1 & 1/2 & 1\\ 3 & 1/2 & 2 & 2 & 1 & 3\\ 2 & 1/5 & 1 & 1 & 1/3 & 1\end{bmatrix}$$

判断该矩阵能否通过一致性检验，并计算在该准则下各指标的排序权重。

机轮刹车系统SSHA示例

1. 系统描述

机轮刹车系统(wheel brake system，WBS)安装在两个主起落架上面，在飞机滑行、着陆以及中断起飞(reject take-off，RTO)阶段可通过其对主轮的制动来达到使飞机安全停止的目的。该型飞机的机轮刹车系统的初步原理如图12-11所示，其功能还包括防止飞机停场时的无指令动作，以及飞机滑行时通过对主轮采取微小的制动对其运动方向进行控制，同时WBS还能在主轮被收起时防止主轮转动。

地面刹车可以通过刹车踏板脚蹬进行人工控制，也可以在没有刹车踏板脚蹬输入的情况下通过自动刹车系统进行控制，飞行员可以在飞机起飞或着陆之前为自动刹车系统预先设置好减速率。防滑系统工作时，自动刹车系统才能使用，备用与应急刹车模式下都没有自动刹车系统。

该型飞机的八个主轮均采用多片式碳刹车。根据系统级FHA确定的安全性需求，所有机轮的刹车功能每次飞行的失效概率应当小于5×10^{-7}，每一个刹车都由两套相互独立的液压系统来控制。一套是绿色液压系统，在正常模式下为主用刹车系统提供液压源；另一套是蓝色液压系统，为备用刹车系统提供液压源，当正常刹车系统故障时将自动切换到备用刹车系统进行工作，此系统也可以由蓄电池提供动力来驱动刹车。在紧急刹车模式下(蓝

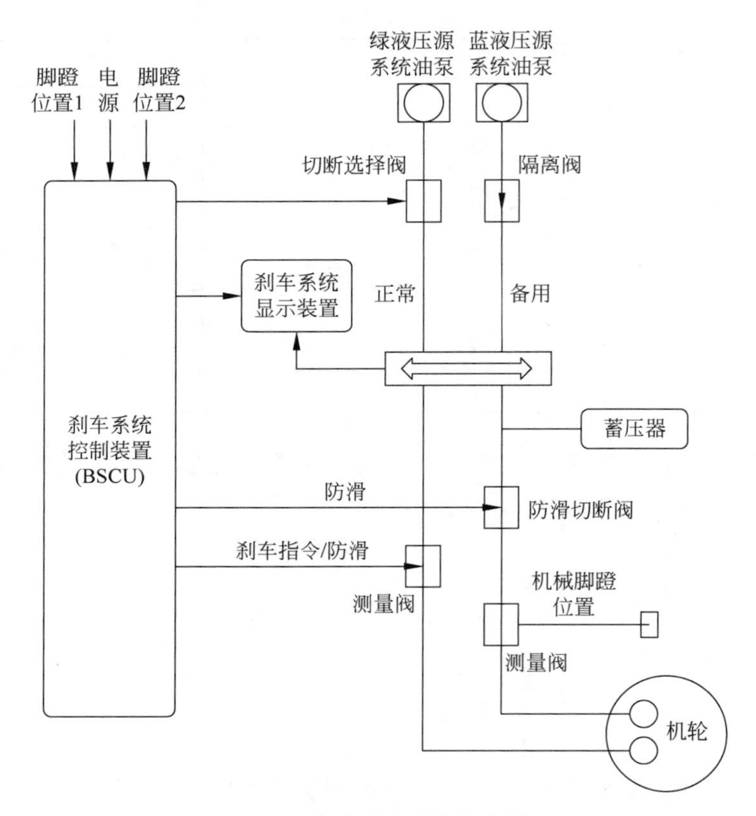

图 12-11 机轮刹车系统初步原理

色液压系统失效同时主用刹车系统也不可用时)，蓄电池将为备用系统提供动力。在不同的故障情形下，控制开关可自动转换，也可人工选择。当绿色液压供应系统本身的损失或刹车系统控制组件(brake system control unit，BSCU)的移动存在故障时，绿色液压系统压力将减少到初始值以下，这时自动选择器会启用备用刹车系统。无论在正常模式还是备用模式下，当所有机轮的速度超过 2m/s 时，必须启用防滑功能。

在正常刹车模式下，八个主轮均通过各自的伺服阀独立完成刹车与防滑功能。当启用备用系统时，一个双测量阀通过四个伺服阀执行刹车功能，四个伺服阀为四对主轮提供防滑功能。当正常模式下主用刹车系统工作时，备用刹车系统不工作。

在正常模式下，刹车踏板脚蹬的位置会通过电信号反馈到刹车系统控制计算机中，然后转换成相应的控制信号输给刹车。此外，刹车系统控制计算机会监控飞机及其系统状态的各种信号，从而实现正确刹车的功能，并改善系统容错能力。刹车系统控制计算机通常被称为“刹车系统控制组件”，它会自动实现如下功能：

(1) 代替人工刹车(通过刹车踏板脚蹬)，或实现自动控制(着陆过程中，通过自动驾驶仪指令驱动自动刹车)；

(2) 控制与飞机其他系统的接口；

(3) 依照收到的指令和系统的状态发出刹车命令；

(4) 自动避免飞机主轮滑动；

(5) 传输有关 BSCU 的状态信息(通过显示器指示、报警灯、警告音等方式)给驾驶舱以及飞机的各种控制计算机。

2. SSHA 输入

SSHA 的输入为飞机整机级、系统级 PHA 以及共因故障分析中确定的各项安全性需求(注:本书中假定飞机平均飞行持续时间为 5h)。

(1) 在每次飞机着陆或 RTO 阶段,“机轮的刹车功能完全丧失(包括通过通告与未通告)”的发生概率必须小于 5×10^{-7}。

(2) 在每次飞机的着陆过程中,“机轮刹车非对称失效同时前轮与方向舵控制功能丧失”的发生概率必须小于 5×10^{-7}。

(3) 在每次飞机起飞过程中,所有锁定机轮发生“V1 速度前无指令刹车”的概率必须小于 5×10^{-7}。

(4) 在每次飞机起飞过程中,所有锁定机轮发生“V1 速度后无指令刹车”的概率必须小于 5×10^{-9}。

(5) 在每次飞机起飞过程中,任一锁定机轮发生“未通告的无指令刹车”概率应小于 5×10^{-9}。

飞机刹车系统设计特性必须满足的安全性需求与设计方案如表 12-11 所示。

表 12-11 机轮刹车系统安全性需求与设计方案

安全性需求	设计方案	备注
在每次飞机着陆或 RTO 阶段,“机轮的刹车功能完全丧失(包括通过通告与未通告)”的发生概率必须小于 5×10^{-7}	要求一个以上的液压系统达到这个目标(有维修经历)。两个 BSCU 通道以及多种方式的刹车控制	完整的机轮刹车系统可用性能够满足这一要求。可参见图 12-12～图 12-14
在每次飞机的着陆过程中,“机轮刹车非对称失效同时前轮与方向舵控制功能丧失”的发生概率必须小于 5×10^{-7}	将方向舵和鼻轮操纵系统从机轮刹车系统中分离出来,使每一边机轮刹车系统的液压供应达到平衡	机轮刹车系统将被看作完全从方向舵和鼻轮操纵系统中独立出来。被分离出来的各个系统可参见区域安全性分析以及特殊危险分析
在每次飞机起飞过程中,所有锁定机轮发生“V1 速度前无指令刹车”的概率必须小于 5×10^{-7}	无	要求更加严格,因此将推动飞机的设计工作
在每次飞机起飞过程中,所有锁定机轮发生“V1 速度后未指令刹车”的概率必须小于 5×10^{-9}	没有单个故障会导致这一情形的发生	无
在每次飞机起飞过程中,任一锁定机轮发生“未通告的无指令刹车”概率应小于 5×10^{-9}	没有单个故障会导致这一情形的发生	无

3. 衍生的安全性需求

根据表12-11中所描述的机轮刹车系统设计方案,可衍生出如下的安全性需求(包括可用性、集成性与安装等方面)。

(1) 机轮刹车系统和反推系统的设计方案应能排除共因故障(疲劳爆裂、火灾、结构失效等)的发生;

(2) 机轮刹车系统和反推力系统的设计应排除所有可能发生的共模故障(液压系统、电子系统、维修、维护、操作、设计、制造等)。

总之,关于WBS系统衍生的安全性需求总结为如表12-12所述。

表12-12 衍生的刹车系统安全性需求

安全性需求	设计方案	备注
机轮刹车系统和反推系统的设计方案应能排除共因故障(疲劳爆裂、火灾、结构失效等)的发生	在主起落架支柱前面和后面安装液压供应系统	相关依据可参见ZSA和PRA(注:此例仅仅针对起落架主轮舱区域和疲劳爆裂一类的特殊危险)
机轮刹车系统和反推力系统的设计应排除所有可能发生的共模故障(液压系统、电子系统、维修、维护、操作、设计、制造等)	选择两个不同的液压系统供应液压能给刹车,如果没有电能则采取紧急制动	相关依据可参见CMA

4. 失效状态评估

飞机级和系统级FHA中识别确定的故障失效状态如表12-11所示,本部分将对每一个故障失效状态进行初步的分析。

PSSA的故障树分析如图12-12～图12-14所示。

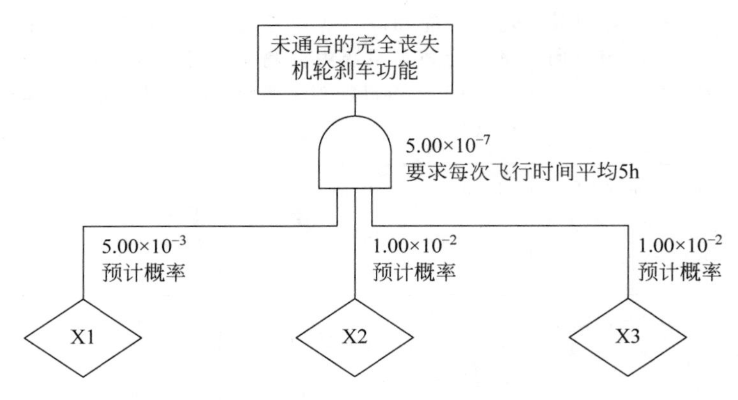

图12-12 机轮刹车故障功能丧失且无故障指示通告顶层故障树

图12-12所示为PSSA顶层故障树,反映了刹车系统顶层的安全性需求,描述了三个子刹车系统,并且对每个子系统发生“未通告的功能丧失”的概率进行了预计。图中菱形节点

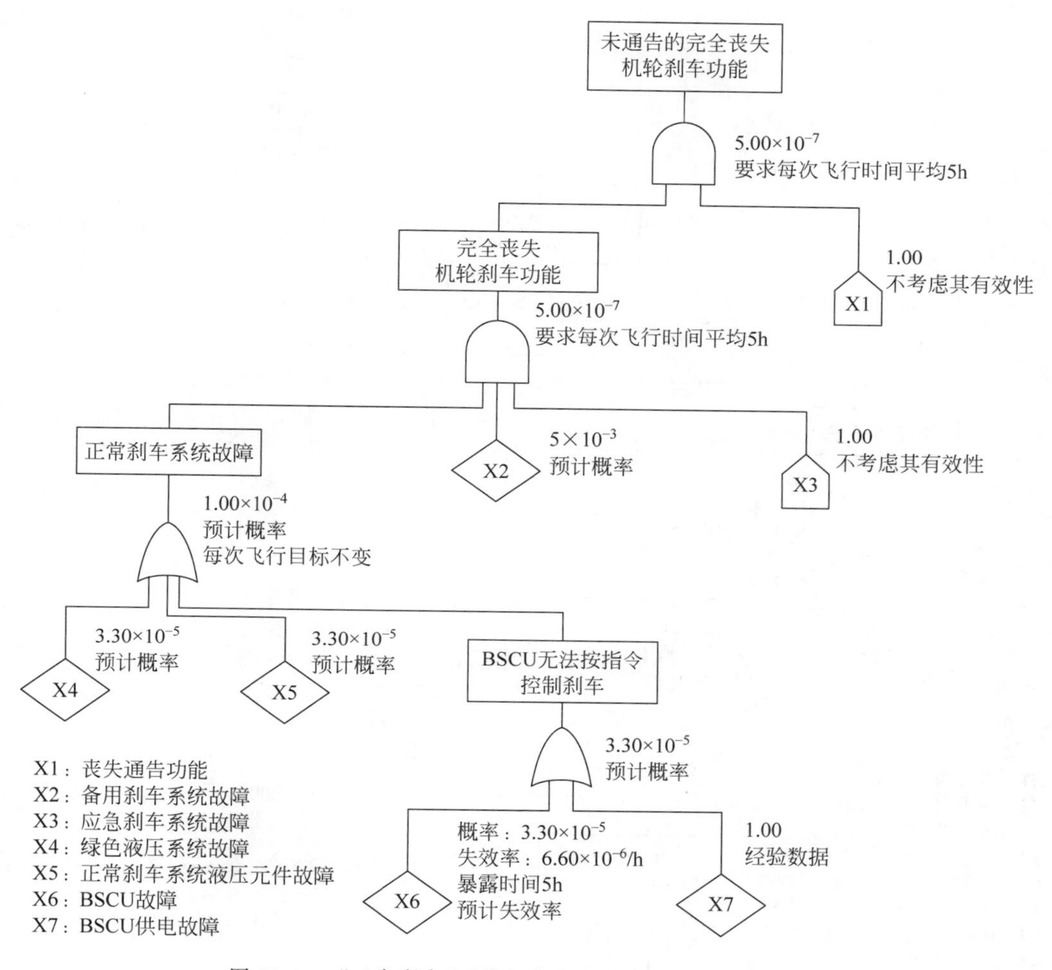

图 12-13 “正常刹车”系统机轮刹车故障功能丧失故障树

表示未探明事件。

图 12-13 展示了向下延伸的“正常刹车”系统设计，通过预计故障概率来识别并确定“正常刹车系统故障”的类别(绿色液压供应系统故障、液压元件故障以及 BSCU 不能按指令控制刹车的故障)。BSCU 不能按指令控制刹车的故障很大程度上来源于两个主要方面：BSCU 元件故障以及 BSCU 电能电源供应出现故障。对飞机电源故障率的预计可适当地应用到 BSCU 故障率预计中来，对 BSCU 每飞行小时 6×10^{-6} 的故障率预计的总要求将通过逆运算来满足 BSCU 预计的高一层损失。作为系统的设计要求，应该完成对 BSCU 能源供应的完整性预计。

BSCU 供应商的历史经验表明，对 BSCU 某一复杂功能的设计来说，6.6×10^{-6} 的故障率预计是不现实的。因此，为了实现这一预计故障率，BSCU 需要增加一定的冗余设计，即再增加一个 BSCU。图 12-14 中的故障树描述了改进设计后的冗余 BSCU，用“与”门连接，每次飞行时每个通道的故障率预计为 1.15×10^{-3}。这也是对图 12-13 中未探明事件节点 X6 的展开说明。

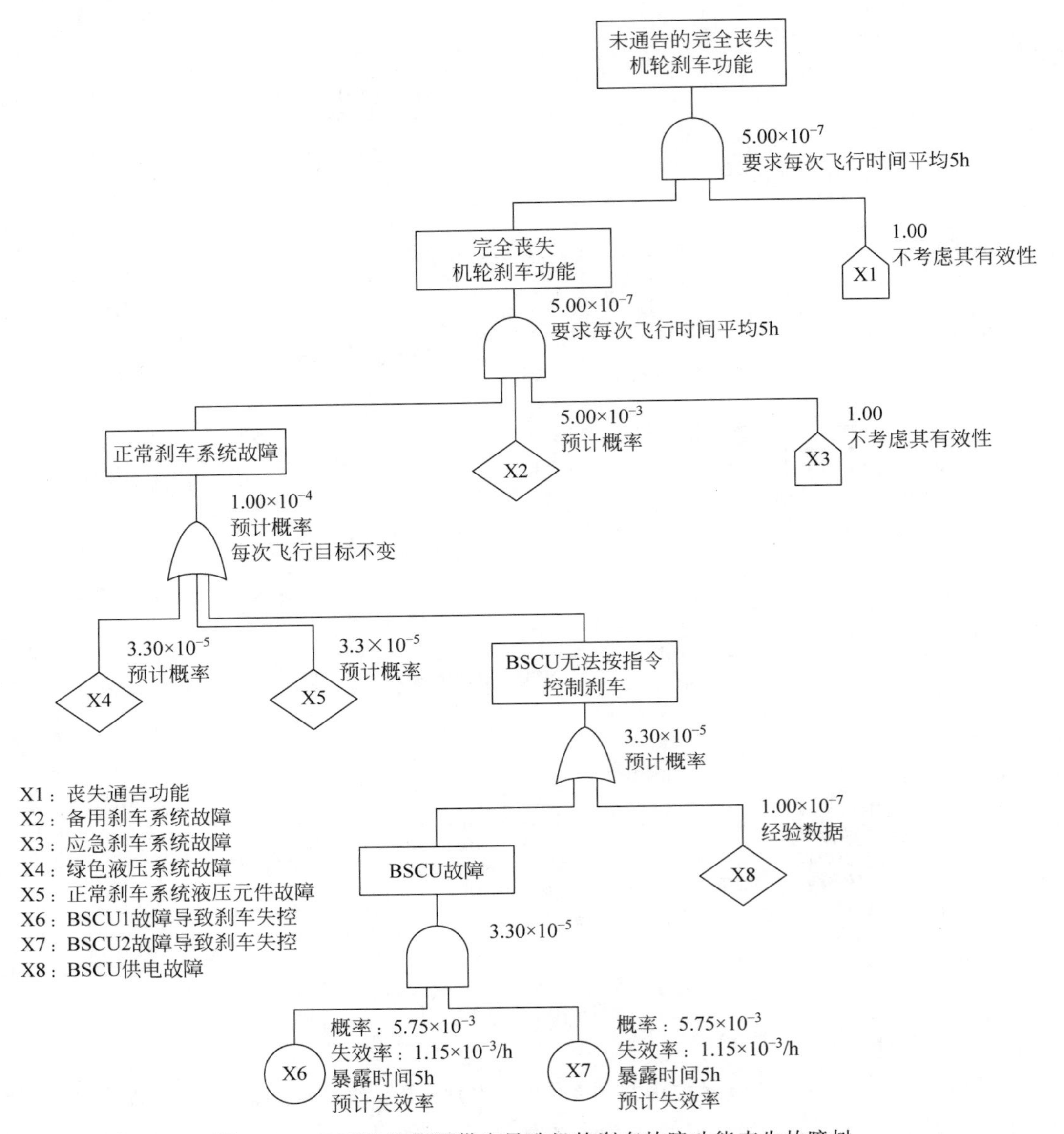

图 12-14 BSCU 的能源供应导致机轮刹车故障功能丧失故障树

【延伸阅读】 民机系统安全性评估的发展过程

附　　录

附录 A　常用的概率分布

1. 指数分布

指数分布是可靠性研究中最常用的一种分布形式。电子产品的寿命分布一般服从指数分布。指数分布的密度函数为

$$f(t)=\lambda e^{-\lambda t},\quad t>0 \tag{A-1}$$

其中,λ 是大于 0 的常数。可靠度函数为

$$R(t)=e^{-\lambda t} \tag{A-2}$$

其中,失效率 λ 与 t 无关,是一常数。产品的平均寿命为

$$E(\xi)=\frac{1}{\lambda} \tag{A-3}$$

指数分布的重要性质是"无记忆性",即一个产品的寿命 τ 服从指数分布,当时刻 t 产品正常时,则它在 t 以后的剩余寿命与新的产品一样,与 t 无关。

2. 威布尔分布

瑞典的威布尔(Weibull),找出钢球的寿命服从以下分布:

$$\begin{cases}R(t)=\exp\left(-\dfrac{t^m}{t_0}\right)=\exp\left[-\left(\dfrac{t}{\eta}\right)^m\right]\\ f(t)=m\dfrac{t^{m-1}}{t_0}\cdot\exp\left(-\dfrac{t^m}{t_0}\right)\end{cases},\quad t\geqslant 0,t_0>0,m>0 \tag{A-4}$$

这是指数分布的一种扩展,当 $m=1$ 时即为指数分布。威布尔分布密度函数如图 A-1 所示。

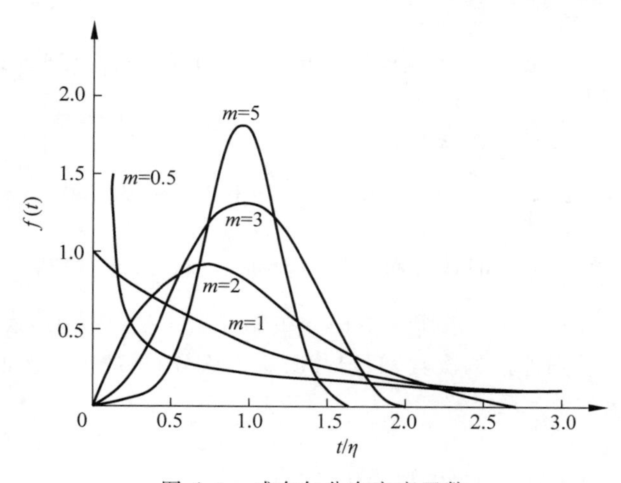

图 A-1　威布尔分布密度函数

另外,失效率函数为

$$\lambda(t)=\frac{m}{t_0}t^{m-1} \tag{A-5}$$

它随着 t 的增加,当 m 不同时有以下趋势:

当 $m<1$ 时,减少;

当 $m=1$ 时,为定值(指数分布);

当 $m>1$ 时,增加。

式(A-4)中只有两个参数,再引入一个参数即得

$$R(t)=\exp\left[-\frac{(t-r)^m}{t_0}\right]=\exp\left[-\left(\frac{t-r}{\eta}\right)^m\right],\quad t\geqslant r,m>0 \tag{A-6}$$

式中,m 为形状参数(shape parameter);η 为尺度参数(scale parameter),$\eta=t_0^{1/m}$;r 为位置参数(location parameter)。

平均寿命(均值)和方差为

$$\mu=r+\eta\Gamma\left(1+\frac{1}{m}\right) \tag{A-7}$$

$$\sigma^2=\eta^2\left[\Gamma\left(1+\frac{2}{m}\right)-\Gamma^2\left(1+\frac{1}{m}\right)\right] \tag{A-8}$$

参数越多所适用的数据越广。引入参数时一定要考虑它的物理意义,例如形状参数决定分布的形状,尺度参数对应当时规模,这些参数比较好理解。但对位置参数的质疑却常被提出,如果正的位置参数 r 存在的话,则表示在小于 r 的区间里绝对不会发生故障。

确实,考察磨损造成的故障和疲劳现象造成的故障时,假设存在 r,但全样本是否都取同一个 r 等要考虑的问题很多,需要结合实际问题考虑,因此,避免引入 r 比较好。引入 r 后,$\lambda(t)$ 随时间 t 的变化趋势如图 A-2 所示。

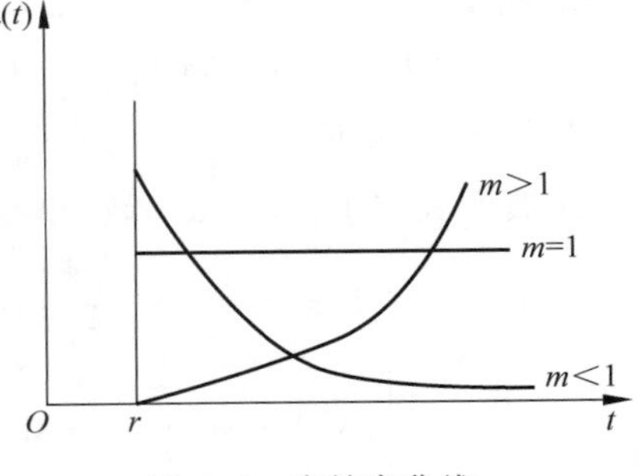

图 A-2 失效率曲线

3. 伽马分布

与 Weibull 分布一样,伽马分布也可认为是指数分布的一种扩展。其概率密度函数为

$$f(t)=\frac{\lambda^k}{\Gamma(k)}t^{k-1}e^{-\lambda t},\quad t>0,\lambda>0,k>0 \tag{A-9}$$

$$\Gamma(k)=\int_0^{\infty}t^{k-1}e^{-t}dt=(k-1)!,\quad k\text{ 为整数}$$

式中,k 为形状参数,当 $k=1$ 时该分布为指数分布。$\frac{1}{\lambda}$是尺寸参数。

伽马分布对应于当随机发生的服从泊松分布的冲击发生 k 次时,产品发生故障的寿命分布。现在固定 t,求受到冲击的次数,假定其服从泊松分布,冲击 r 次的概率为

$$P_r=e^{-\lambda t}\frac{(\lambda t)^r}{r!} \tag{A-10}$$

因此,受到 k 次以上(含 k 次)冲击的概率为

$$F(t)=1-\sum_{r=0}^{k-1}\mathrm{e}^{-\lambda t}\frac{(\lambda t)^r}{r!} \tag{A-11}$$

对 t 求导数，得故障概率密度函数如下：

$$f(t)=\frac{\mathrm{d}F(t)}{\mathrm{d}t}=\sum_{r=0}^{k-1}\frac{\lambda^{r+1}t^r\mathrm{e}^{-\lambda t}}{r!}-\sum_{r=1}^{k-1}\frac{\lambda^r t^{r-1}\mathrm{e}^{-\lambda t}}{(r-1)!}=\frac{\lambda^k t^{k-1}}{(k-1)!}\mathrm{e}^{-\lambda t} \tag{A-12}$$

这与式(A-9)是一致的。

泊松分布与指数分布的关系通过在式(A-11)中令 $k=1$ 得到，即

$$F(t)=1-\mathrm{e}^{-\lambda t} \tag{A-13}$$

该模型表示由于一次随机冲击引起的故障与指数分布对应。

4. 正态分布

正态分布是质量与可靠性分析中常用的分布，一些机械产品的寿命服从正态分布。在结构可靠性分析和质量合格检验中常用正态分布，其概率密度函数的表达式为

$$\varphi(x)=\frac{1}{\sqrt{2\pi}\sigma}\mathrm{e}^{-\frac{(x-\mu)^2}{2\sigma^2}},\quad -\infty<x<\infty \tag{A-14}$$

式中，μ 表示正态分布的期望，即均值；σ^2 为方差，σ 为标准差，$\sigma>0$。

其分布函数为

$$\Phi(x)=\frac{1}{\sqrt{2\pi}\sigma}\int_{-\infty}^{x}\mathrm{e}^{-\frac{(t-\mu)^2}{2\sigma^2}}\mathrm{d}t \tag{A-15}$$

若随机变量 X 服从正态分布，可记为 $X\sim N(\mu,\sigma^2)$。对于任何一个正态分布，均可以将之变换成 $\mu=0,\sigma=1$ 的标准正态分布。具体做法是利用公式 $u=(x-\mu)/\sigma$ 将随机变量 x 变换为 u，而得到的 u 值分布就是标准正态分布，记为 $X\sim N(0,1)$。

标准正态分布的概率密度函数表达式为

$$\varphi(x)=\frac{1}{\sqrt{2\pi}}\mathrm{e}^{-\frac{x^2}{2}},\quad -\infty<x<\infty \tag{A-16}$$

其分布函数表达式为

$$\Phi(x)=\int_{-\infty}^{x}\varphi(x)\mathrm{d}t=\frac{1}{\sqrt{2\pi}}\int_{-\infty}^{x}\mathrm{e}^{-\frac{t^2}{2}}\mathrm{d}t \tag{A-17}$$

对变量 x 作变换 $u=(x-\mu)/\sigma$，当 $x\in(\mu-\sigma,\mu+\sigma)$ 时，可得

$$P\{\mu-\sigma<x<\mu+\sigma\}=\Phi(1)-\Phi(-1)=0.6826=68.26\%$$

即曲线在横坐标 $\pm\sigma$ 范围内所围成的面积占总体的 68.26%，如图 A-3 所示。

当随机变量 $x\in(\mu-2\sigma,\mu+2\sigma)$ 时，可得

$$P\{\mu-2\sigma<x<\mu+2\sigma\}=\Phi(2)-\Phi(-2)=0.9545=95.45\%$$

即曲线在横坐标 $\pm2\sigma$ 范围内所围成的面积占总体的 95.45%。

当随机变量 $x\in(\mu-3\sigma,\mu+3\sigma)$ 时，可得

$$P\{\mu-3\sigma<x<\mu+3\sigma\}=\Phi(3)-\Phi(-3)=0.9973=99.73\%$$

即曲线在横坐标 $\pm3\sigma$ 范围内所包含的面积占总体的 99.73%。

对于第三种情况而言，在横坐标 $\pm3\sigma$ 范围之外曲线所围成的面积仅占总体的 0.27%，可以认为落在该区域是小概率事件，几乎不可能发生，故常以 $\pm3\sigma$ 作为判别合格品的准则，

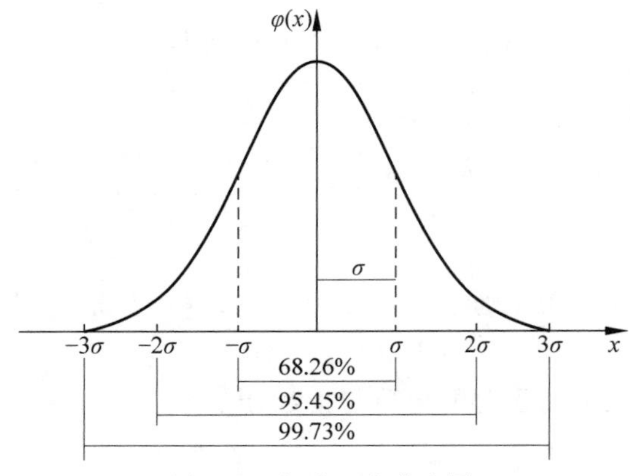

图 A-3　标准正态分布图

简称"±3σ"准则。其含义是将±3σ 所在位置作为 x 的界限值，如果子样落在±3σ 范围内，则有理由推断产品是合格的。

5. 对数正态分布

对一随机变量取对数后，当这个值服从正态分布时，称这个随机变量服从对数正态分布。讨论时间变量 t，其对数为 $\ln t$，密度函数为

$$f(t)=\frac{1}{\sqrt{2\pi}\sigma t}\cdot\exp\left[-\frac{(\ln t-\mu)^2}{2\sigma^2}\right],\quad t>0,\sigma>0 \tag{A-18}$$

平均寿命和方差为

$$\begin{cases}E(t)=\mathrm{e}^{\mu+\sigma^2/2}\\ V(t)=\mathrm{e}^{2\mu+2\sigma^2}-\mathrm{e}^{2\mu+\sigma^2}\end{cases} \tag{A-19}$$

这个分布常用于表述维修时间的分布。

6. 二项分布

如果 n 次试验都具有以下特点：

(1) 每次试验只有"成功"或"失败"两种可能结果。例如，抛掷一枚硬币只有正面或反面；一个人进行一次跳高，只有跳过和跳不过两种结果。若将其中一种结果视为"成功"，另一种结果即为"失败"。再如，发射一枚导弹，只有成功和失败两种可能结果。

(2) 每次"成功"的概率都为 $p(0<p<1)$，"失败"的概率为 $q=1-p$。

(3) n 次试验是相互独立的，即每次试验结果不受其他各次试验结果的影响。

则称这 n 次独立重复试验为"n 重伯努利试验"。

在 n 重伯努利试验中，"成功"(事件 A 发生)的次数 X 是一个随机变量，其概率分布为

$$P(X=k)=\mathrm{C}_n^k p^k q^{n-k},\quad k=0,1,2,\cdots,n \tag{A-20}$$

此概率分布是二项式 $(p+q)^n$ 展开式的第 $n+1$ 项，故称 X 服从二项分布，记为 $X\sim B(n,p)$，n、p 为参数。次数 X 的期望值为

$$E(X)=np$$

方差为

$$D(X)=npq$$

在可靠性工程中，二项分布常用来计算成败型系统的成功概率。

附录B　抽样检验表

参考文献

[1] 全国质量管理和质量保证标准化技术委员会. 质量管理体系——基础和术语：GB/T 19000—2016/ISO9000：2015[S]. 北京：中国标准出版社，2016.

[2] 郭波，武小悦，张秀斌，等. 系统可靠性分析[M]. 长沙：国防科技大学出版社，2002.

[3] 康锐. 可靠性维修性保障性工程基础[M]. 北京：国防工业出版社，2010.

[4] 苏秦. 质量管理与可靠性[M]. 北京：机械工业出版社，2013.

[5] 苏秦. 现代质量管理学[M]. 2 版. 北京：清华大学出版社，2013.

[6] 苏秦. 质量管理[M]. 2 版. 北京：中国人民大学出版社，2019.

[7] 约瑟夫 · A. 德费欧，弗兰克 · M. 格里纳. 朱兰质量管理与分析[M]. 6 版. 苏秦，张鹏伟，译. 北京：机械工业出版社，2017.

[8] 韩福荣. 现代质量管理学[M]. 4 版. 北京：机械工业出版社，2018.

[9] 汪修慈. 可靠性管理[M]. 北京：电子工业出版社，2015.

[10] 张建民. 现代企业生产运营管理[M]. 北京：机械工业出版社，2013.

[11] 孙家栋，杨长风. 北斗二号卫星工程系统工程管理[M]. 北京：国防工业出版社，2017.

[12] JIANG R Y. Introduction to Quality and Reliability Engineering[M]. 北京：Science Press and Springer，2015.

[13] 苏秦. 服务质量、关系质量与顾客满意——模型、方法及应用[M]. 北京：科学出版社，2010.

[14] 宋永涛，苏秦. 质量管理与新产品开发：理论及实务[M]. 北京：中国经济出版社，2013.

[15] 苏秦，何进，张涑贤. 软件过程质量管理[M]. 北京：科学出版社，2008.

[16] 姜鹏，苏秦，宋永涛，等. 不同情景下质量管理实践与企业绩效模型的实证研究[J]. 管理评论，2010，22(11)：111-119.

[17] 宋永涛，苏秦，彭晓辉. 全面质量管理系统的动态演化模型[J]. 科技管理研究，2008(08)：209-211.

[18] 苏秦. 敏捷竞争环境中 TQM 与 ISO 9000 标准比较研究[J]. 南开管理评论，2001(02)：70-73.

[19] SU Q，LI Z，ZHANG S X，et al. The Impacts of Quality Management Practices on Business Performance：An Empirical Investigation from China[J]. International Journal of Quality & Reliability Management，2008，25(8)：809-823.

[20] 王祖和. 项目质量管理[M]. 北京：机械工业出版社，2004.

[21] 茆诗松，周纪芗，陈颖. 试验设计[M]. 2 版. 北京：中国统计出版社，2012.

[22] 光昕，李沁. 质量管理与可靠性工程[M]. 北京：电子工业出版社，2005.

[23] 唐先德. 质量管理学实战教程[M]. 北京：清华大学出版社，2017.

[24] 杨艺. NGSOC 软件研发项目质量控制研究[D]. 北京：中国科学院大学工程科学学院，2019.

[25] 张根保. 现代质量工程[M]. 北京：机械工业出版社，2015.

[26] 马风才. 质量管理[M]. 北京：机械工业出版社，2017.

[27] 韩之俊. 质量管理[M]. 北京：科学出版社，2017.

[28] 李明荣. 质量管理[M]. 北京：科学出版社，2018.

[29] 王祖和. 现代项目质量管理[M]. 北京：中国电力出版社，2014.

[30] 闵小琪. 质量管理与控制[M]. 北京：科学出版社，2016.

[31] 杨青. 项目质量管理[M]. 北京：机械工业出版社，2008.

[32] 梁建明，岳修峰，张全意. 电厂烟囱工程质量控制点设置与管理[J]. 中州煤炭，2004(5)：53.

[33] 陈晨. 6S 现场管理与产品质量的关系[J]. 山东交通科技，2016(5)：132-134.

[34] 龚益鸣. 现代质量管理学[M]. 北京：清华大学出版社，2007.

[35] 梅苇. 工程施工项目的质量成本管理研究[D]. 北京：北京交通大学，2010.

[36] 周丹. 基于顾客满意的空调净化设备企业质量成本控制研究[D]. 上海：华东理工大学,2017.
[37] 林鸣,王孟钧,罗冬,等. 港珠澳大桥岛隧工程项目管理探索与实践[M]. 北京：中国建筑工业出版社,2018.
[38] 刘哲铭. 基于六西格玛理论的 BF 集团公司产品质量成本控制研究[D]. 长春：吉林大学,2018.
[39] 吕楠. 基于六西格玛的质量成本管理及其应用研究[D]. 长春：吉林大学,2007.
[40] 伍爱. 质量管理学[M]. 3 版. 广州：暨南大学出版社,2006.
[41] 陈国华,贝金兰. 质量管理[M]. 3 版. 北京：北京大学出版社,2018.
[42] 梁工谦. 质量管理学[M]. 3 版. 北京：中国人民大学出版社,2018.
[43] 马义忠,汪建均. 质量管理学[M]. 北京：机械工业出版社,2012.
[44] 黄宏升. 统计技术与方法在质量管理中的应用[M]. 北京：国防工业出版社,2006.
[45] 美国质量协会. 质量改进手册[M]. 北京：中国城市出版社,2003.
[46] 王祖和,王海鑫. 工程质量持续改进[M]. 北京：中国电力出版社,2014.
[47] 罗国勋. 质量工程与管理[M]. 北京：高等教育出版社,2009.
[48] 杨全义,符志民. 质量管理成熟度模型评价[J]. 项目管理技术,2011,2(3)：34-37.
[49] 卢春房. 高速铁路工程质量系统管理[M]. 北京：中国铁道出版社有限公司,2019.
[50] 孙永福,王孟钧,陈辉华,等. 青藏铁路工程方法研究[J]. 工程研究：跨学科视野中的工程,2016(8)：491-501.
[51] 刘玉国. 市政污水处理建设工程质量管理研究[D]. 天津：天津大学,2016.
[52] 田茂. 城市轨道交通设备系统建设一体化关键技术研究[D]. 北京：中国铁道科学研究院,2019.
[53] 朱稀彦. 火电厂燃烧系统改造项目中的 PDCA 质量控制[D]. 大连：大连理工大学,2015.
[54] 刘忠鹏,陈虓. 港珠澳大桥岛隧工程精细化质量管控[J]. 公路,2018,63(8)：79-82.
[55] 梅启智,廖炯生,孙惠中. 系统可靠性工程基础[M]. 北京：科学出版社,1992.
[56] 冯静,孙权,罗鹏程. 装备可靠性与综合保障[M]. 长沙：国防科技大学出版社,2008.
[57] 康锐,石荣德,李瑞莹,等. 型号可靠性维修性保障性技术规范[M]. 北京：国防工业出版社,2010.
[58] 曾声奎. 可靠性设计与分析[M]. 北京：国防工业出版社,2015.
[59] 王春华. 1998 年历史上第一例高铁出轨事故[J]. 生命与灾害,2017(3)：26-29.
[60] 可靠性维修性保障性术语：GJB451A—2005[S]. 北京：中国人民解放军总装备部,2005.
[61] 装备研制与生产的可靠性通用大纲：GJB450—88[S]. 北京：国防科学技术工业委员会,1998.
[62] 故障报告、分析和纠正措施系统：GJB841—90[S]. 北京：国防科学技术工业委员会,1990.
[63] 姜同敏. 可靠性与寿命试验[M]. 北京：国防工业出版社,2012.
[64] 胡湘洪,高军,李劲. 可靠性试验[M]. 北京：电子工业出版社,2015.
[65] 梅文华. 可靠性增长试验[M]. 北京：国防工业出版社,2003.
[66] 温熙森. 可靠性强化试验理论与应用[M]. 北京：科学出版社,2007.
[67] 蒋平,邢云燕. An Introduction to Reliability Engineering(可靠性工程概论)[M]. 长沙：国防科技大学出版社,2010.
[68] 蔡洪,张士峰,张金槐. Bayes 试验分析与评估[M]. 北京：国防工业出版社,2015.
[69] (俄)凯耶斯,宋太亮. 加速可靠性和耐久性试验技术[M]. 北京：国防工业出版社,2015.
[70] 姜同敏,王晓红. 可靠性试验技术[M]. 北京：北京航空航天大学出版社,2012.
[71] GUO B, JIANG P, XING Y Y. A Censored Sequential Posterior Odd Test (SPOT) Method for Verification of the Mean Time to Repair[J]. IEEE Transaction Reliability,2008,57(2)：243-247.
[72] 武小悦,陈忠贵. 柔性制造系统的可靠性技术[M]. 北京：兵器工业出版社,2000.
[73] 张金槐,刘琦,冯静. Bayes 试验分析方法[M]. 长沙：国防科技大学出版社,2007.
[74] 蒋平,邢云燕,郭波. 机械制造的工艺可靠性[M]. 北京：国防工业出版社,2014.
[75] 张志华. 可靠性理论及工程应用[M]. 北京：科学出版社,2012.
[76] 邢云燕,蒋平. 基于顺序 Dirichlet 分布的 Bayes 可靠性增长评估方法[J]. 系统工程与电子技术,

2017,39(5): 1178-1182.
[77] JIANG P,ZHAO Q,XIAO H,et al. A Reliability Demonstration Test Plan Derivation Method based on Subsystem Test Data[J]. Computers & Industrial Engineering,2022,170: 108325.
[78] 周源泉. 可靠性评定[M]. 北京: 科学出版社,1990.
[79] 刘松. 武器系统可靠性工程手册[M]. 北京: 国防工业出版社,1990.
[80] 刘晗. 基于 Bayes 理论的小子样可靠性评定方法研究[D]. 长沙: 国防科技大学,2006.
[81] 周广涛. 计算机辅助可靠性工程[M]. 北京: 宇航出版社,1990.
[82] 工业和信息化部电子第五研究所、中机生产力促进中心. 电工术语 可信性: GB/T 2900. 99—2016[S]. 北京: 中国标准出版社,2016.
[83] 全国统计方法应用标准化技术委员会术语、符号和统计用表分委员会工作组. 统计分布数值表: GB/T4086. 1～4086. 6[S]. 北京: 中国标准出版社,1984.
[84] 东北师范大学,北京大学,中国标准化研究院. 数据的统计处理和解释 二项分布可靠度单侧置信下限: GB/T 4087—2009[S]. 北京: 中国标准出版社,2009.
[85] 电子工业部五所. 设备可靠性试验 恒定失效率假设的有效性检验: GB/T 5080. 6—1996[S]. 北京: 中国标准出版社,2004.
[86] 中国标准化研究院. 数据的统计处理和解释 指数分布样本离群值的判断和处理: GB/T 8056—2008[S]. 北京: 中国标准出版社,2009.
[87] 电子设备可靠性预计手册: GJB/Z299C—2006[S]. 北京: 中国人民解放军总装备部,2006.
[88] 火工品可靠性评估方法: GJB376—1987[S]. 北京: 国防科学技术委员会,1987.
[89] CHI Z,LIN J,CHEN R,HUANG S. Data-driven Approach to Study the Polygonization of High-speed Railway Train Wheel-sets Using Field Data of China's HSR Train[J]. Measurement,2020,149: 107022.
[90] GAUTAM P,PIYA P,KARKI R,Development and Integration of Momentary Event Models in Active Distribution System Reliability Assessment[J]. IEEE Transactions on Power Systems,2020,35(4): 3236-3246.
[91] 杨洪旗,聂国健,杨礼浩,等. 基于试验数据的军事网络系统可靠性评估技术[J]. 电子产品可靠性与环境试验,2020,38(4): 37-43.
[92] 盛达,徐存亮,钱贵鑫. 复杂电子系统多态可靠性评估方法研究[J]. 科技创新与应用,2020(17): 139-141.
[93] 余博. 基于贝叶斯网络推理的列车可靠性评估方法[J]. 城市轨道交通研究,2020,23(4): 15-18.
[94] BASEEM K,HASSAN H A,FSAHA M G. A holistic Analysis of Distribution System Reliability Assessment Methods with Conventional and Renewable Energy Sources[J]. AIMS Energy,2019,7(3): 413-430.
[95] CUI X Y,WANG S P,LI T Y,et al. System Reliability Assessment Based on Energy Dissipation: Modeling and Application in Electro-Hydrostatic Actuation System[J]. Energies,2019,12(18): 3572-3594.
[96] 付毅飞. 航空发动机怎样做“体检”[N]. 科技日报,2017-09-14(5).
[97] PECHT M G,KANG M. Prognostics and Health Management of Electronics: Fundamentals, Machine Learning,and the Internet of Things[M]. Wiley-IEEE Press,2018.
[98] 装备以可靠性为中心的维修分析: GJB1378A—2007[S]. 北京: 中国人民解放军总装备部,2007.
[99] SAEJA1011,Evaluation Criteria for Reliability-Centered Maintenance (RCM) Processes [S]. America: The Engineering Society for Advancing Mobility Land Sea Air and Space,1999.
[100] THOMPSOND J,JONESC J C. A Review of the Modelling of Wheel/Rail Noise Generation[J]. Journal of Sound and Vibration,2000,231(3): 519-536.
[101] 李彦夫,门天立. 列车车轮多边形磨损及其噪音研究综述[J]. 振动、测试与诊断,2019,39(6),1143-

1152,1355.
[102] 曹晋华,程侃.可靠性数学引论[M].北京：高等教育出版社,2006.
[103] 谢里阳,何雪宏,李佳.机电系统可靠性与安全性设计[M].哈尔滨：哈尔滨工业大学出版社,2006.
[104] 许素睿.安全系统工程[M].上海：上海交通大学出版社,2015.
[105] 修忠信.民用飞机系统安全性设计与评估技术概论[M].上海：上海交通大学出版社,2013.
[106] 装备安全性工作通用要求：GJB900A—2012[S].北京：中国人民解放军总装备部,2012.
[107] 周光巍.系统安全性分析技术在空空导弹中的应用[J].航空兵器,2016(4)：74-77.
[108] 郭博智,王敏芹,阮宏泽.民用飞机安全性设计与验证技术[M].北京：航空工业出版社,2015.